Geschichte ohne Grenzen?

Geschichte ohne Grenzen?

Europäische Dimensionen der Militärgeschichte
vom 19. Jahrhundert bis heute

Im Auftrag des
Zentrums für Militärgeschichte und
Sozialwissenschaften der Bundeswehr
herausgegeben von
Jörg Echternkamp und Hans-Hubertus Mack

DE GRUYTER
OLDENBOURG

Umschlagabbildung:
Das Verbandsabzeichen des Eurokorps am linken Ärmel der Uniform eines Soldaten während
der Kommandoübergabe am Hauptquartier des Eurokorps in Strasbourg am 4. September 2003.

pa/dpa/EPA/Hoslet Olivier

Redaktion: ZMSBw, Potsdam, Fachbereich Publikationen (0775-1)
Satz/Layout: Carola Klinke, Antje Lorenz und Martina Reuter
Karten: Daniela Heinicke, Yvonn Mechtel, Bernd Nogli und Frank Schemmerling
Lektorat/Bildredaktion: Aleksandar-S. Vuletić und Marina Sandig

ISBN 978-3-11-041118-8
E-ISBN (PDF) 978-3-11-045486-4
E-ISBN (EPUB) 978-3-11-045231-0

Bibliografische Information der Deutschen Nationalbibliothek
Die Deutsche Nationalbibliothek verzeichnet diese Publikation in der
Deutschen Nationalbibliografie; detaillierte bibliografische Daten sind
im Internet über http://dnb.dnb.de abrufbar.

Library of Congress Cataloging-in-Publication Data
A CIP catalog record for this book has been applied for at the Library of Congress.

© 2017 Walter de Gruyter GmbH Berlin/Boston
Druck und Bindung: Hubert & Co. GmbH & Co. KG, Göttingen
♾ Gedruckt auf säurefreiem Papier
Printed in Germany

www.degruyter.com

FSC
www.fsc.org
MIX
Papier aus verantwor-
tungsvollen Quellen
FSC® C016439

Inhalt

III. Militärisch-zivilgesellschaftliche Verflechtungen

IV. Militär in Europa: Selbst- und Fremdbilder

V. Europäische Streitkräfte in militärpolitischen Bündnissen

VI. Europa in außereuropäischen Zusammenhängen

VII. Nach dem Ende des Kalten Krieges

Anhang

Vorwort

Die Europäische Union (EU) ist nicht nur in politischer und wirtschaftlicher Hinsicht ein bedeutender Mitsprecher in der internationalen Gemeinschaft. Auch militärisch verfügt sie über Möglichkeiten, ihren Einfluss geltend zu machen. Das zumindest ist das Ziel der Europäischen Sicherheits- und Verteidigungspolitik (ESVP), die nach dem Ende des Kalten Krieges mit seiner Block-Konfrontation vorangetrieben wurde. Die ESVP ist ein Bestandteil der Gemeinsamen Außen- und Sicherheitspolitik der EU und im EU-Vertrag geregelt. Eine eigene EU-Armee gibt es jedoch nicht, auch keine abgestimmte europäische Rüstungspolitik. Stattdessen stellen die Mitgliedstaaten Truppen für EU-Missionen zur Verfügung. Militärpolitik ist weiterhin in hohem Maße eine nationale Angelegenheit. Die gemeinsame Sicherheitspolitik bewegt sich daher hin und her zwischen nationaler Souveränität und europäischer Integration. Sie ist zudem mit der NATO eng verbunden.

Die Aufstellung multilateraler Verbände ist Teil dieses grundlegenden Wandels der NATO und der Streitkräfte zahlreicher europäischer Staaten in Richtung einer neuen militärischen Multinationalität. Sicherheitspolitische, außenpolitische und auch wirtschaftliche Gründe sind die Antriebskräfte für die Weiterentwicklung dieser Multinationalität auf europäischer Ebene. Aus dem europapolitischen Blickwinkel ist umgekehrt die ESVP *das* Integrationsprojekt im Europa des 21. Jahrhunderts.

Diese Entwicklung hat weitreichende Folgen für das Selbstverständnis und den Umgang der Soldaten unterschiedlicher Staaten miteinander. Dabei stehen die Soldaten in einem Spannungsverhältnis zwischen alten und neuen Rollen, zwischen nationalem Interesse und humanitären Zielen, die weltweit gelten (sollten). Zudem ist ihre Fähigkeit, das Selbstbild und die militärische Kultur der Anderen zu verstehen, längst ein notwendiges Element ihrer Professionalität geworden. Die Kenntnis der geteilten, wenn auch nicht gemeinsamen Vergangenheit ist dafür unabdingbar. Die Herausbildung eines europäischen Sicherheitssystems erfordert daher ein Umdenken in der historischen Bildung und der militärischen Geschichtspolitik, die noch immer weitgehend nationalgeschichtlich geprägt sind.

Dem Zentrum für Militärgeschichte und Sozialwissenschaften der Bundeswehr (ZMSBw), das 2013 aus dem Militärgeschichtlichen Forschungsamt und dem Sozialwissenschaftlichen Institut der Bundeswehr hervorgegangen ist, kommt hier eine besondere Aufgabe zu. Daher hatte ich – nach ersten Überlegungen 2008 – das Projekt eines Europäischen Militärgeschichtsbuchs angestoßen, das auf die »Europäisierung« der historischen Bildung zielt. Es betritt methodisches und didaktisches Neuland. Zum einen greift es auf moderne Ansätze der Wissenschaftsdisziplin Militärgeschichte zurück, die sich besonders für grenzübergreifende Ereignisse, Prozesse und Wechselbeziehungen interessieren. Zum anderen sollen die entsprechenden Forschungsergebnisse so »aufbereitet« werden, dass sie zielgruppengerecht vermittelt werden. Durch diesen Blick auf ausgewählte europäische Ereignisse und Entwicklungen seit dem Ende der Napoleonischen Kriege soll erstmals nicht nur ein historisches Orientierungswissen vermittelt werden, sondern auch die Fähigkeit, das vergangene Geschehen durch die Brille eines anderen zu betrachten (Multiperspektivität) und darüber mit ihm reden zu können (narrative Kompetenz). Es geht nicht darum, wie in einem Handbuch die europäische Militärgeschichte zu erzählen (als ob es die gäbe). Es geht vielmehr darum, den Leserinnen und Lesern systematisch ausgewählte aufschlussreiche Beispiele für eine nicht-nationalgeschichtliche Militärgeschichte im europäischen Rahmen anzubieten und so einen neuen Blick auf unsere Vergangenheit zu ermöglichen.

Was die deutschen Streitkräfte betrifft, so soll komplementär zu der militärischen Traditionsstiftung und der Lehre der deutschen Militärgeschichte eine neue, zukunftsfähige Form des historischen Denkens entwickelt werden, die die Europakompetenz der Streitkräfte stärkt.

Das internationale Autorenteam umfasst ausgewiesene Expertinnen und Experten aus einem Dutzend ost- und westeuropäischer Staaten – darunter neben Deutschland, Frankreich und Großbritannien, Italien, Polen und Spanien auch Dänemark, Estland, die Niederlande, Österreich, Rumänien und die Schweiz. Hinzu kommen Kollegen aus den USA und Russland, die daran erinnern, dass Europa seinerseits in größere historische Zusammenhänge eingebunden war und ist. Viele Beiträge sind so angelegt, dass die Autorinnen und Autoren nicht die »eigene« Nationalgeschichte betrachten, sondern durch den Vergleich, den europageschichtlichen Bezug oder die Betrachtung eines anderen Landes über den nationalen Tellerrand hinausblicken. Insofern ist das Projekt selbst ein gelungenes Beispiel für europäische Zusammenarbeit. Dafür danke ich Priv.-Doz. Dr. Jörg Echternkamp als dem wissenschaftlichen Herausgeber. Im Fachbereich Publikationen hat Dr. Aleksandar-S. Vuletić das Projekt betreut; ihm ist ebenso zu danken wie Antje Lorenz und Martina Reuter für die Mitarbeit bei der Satzvorbereitung und Carola Klinke bei der Layoutgestaltung sowie Daniela Heinicke, Yvonn Mechtel, Dipl.-Ing. Bernd Nogli und Frank Schemmerling für die Erstellung der Grafiken wie auch Dipl.-Phil. Marina Sandig für die Klärung der Bildlizenzen. Ich wünsche dem Werk eine freundliche Aufnahme und eine weite Verbreitung.

Dr. Hans-Hubertus Mack
Oberst und Kommandeur
Zentrum für Militärgeschichte und
Sozialwissenschaften der Bundeswehr

Jörg Echternkamp / Hans-Hubertus Mack

Europäische Militärgeschichte in zwei Jahrhunderten – transnationale Beziehungen, internationale Bündnisse und nationale Bilder. Eine Einführung

Der europäische Reisepass signalisiert Einheitlichkeit. Zwar identifizieren die angegebenen Personalien zunächst den einzelnen Bürger und seine Staatsangehörigkeit. Doch seit den 1980er-Jahren weist das bordeauxrote Dokument seine Inhaber auch als Bürger Europas aus, seit 2005 sogar anhand biometrischer Daten. Wurde der Reisepass früher benötigt, um von einem europäischen Land ins andere zu reisen, kann man ihn in den meisten Fällen längst getrost in der Schublade liegen lassen, es sei denn, man begibt sich ins außereuropäische Ausland. Dieser Hinweis auf die doppelte, nationale und europäische Zugehörigkeit lenkt den Blick auf grundsätzliche Fragen: Wie steht es mit der europäischen »Identität« und der Vergangenheit, die sie womöglich begründet? Was macht eine Geschichte aus, die über die Vergangenheit des (eigenen) Nationalstaats hinausgeht? Wie entwickeln Historiker gemeineuropäische Zusammenhänge?

Von einem Band, der Beiträge zu einer *europäischen* Militärgeschichte versammelt, darf der Leser zunächst einmal Antworten auf diese Fragen erwarten. Gleiches gilt für die Auskunft über die methodischen Überlegungen, die dem Band zugrunde liegen und die Auswahl der Beiträge begründen. Das gilt allemal, wenn der Band in didaktischer Absicht auf den Weg gebracht wurde und in erster Linie auf die historisch-politische Bildung zielt.[1]

Die Euroskepsis, die in der Schulden-, Banken- und Wirtschaftskrise ab 2007/08, in der sogenannten Flüchtlingskrise 2015/16 sowie im britischen Votum für einen EU-Austritt 2016 zum Ausdruck kommt, lässt sich als eine Herausforderung an die historische Begründung des europäischen Projekts verstehen. Sie scheint ein Zeichen dafür zu sein, wie sehr das Bild eines harmonisch vereinten Europas die historisch bedingte Vielfalt und die Verschiedenartigkeit der Vergangenheiten des Kontinents unterschätzt hat. Militärische Konflikte haben immer wieder besonders tiefe Gräben gerissen.

Eine europäische Militärgeschichte muss daher dieser auch konfliktreichen Vielfalt Rechnung tragen. Sie sollte daher die aus heutiger Sicht negativen Kapitel der Geschichte wie auch die verschiedenen, teils entgegengesetzten Erinnerungen an die Vergangenheit gleichermaßen berücksichtigen. So kann der Gefahr begegnet werden, sozialen Zusammenhalt durch einseitige historische Identitätsstiftung schaffen zu wollen. Das vorliegende Buch zur Europäischen Militärgeschichte greift daher ein aktuelles Problem auf, begleitet die Europäisierung der Sicherheitsstrukturen – und ist selbst ein europäisches Kooperationsprojekt.

Deshalb wird im Folgenden, erstens, an die sicherheitspolitische und gesellschaftliche Aktualität des Themas erinnert. Die militärische Multinationalität bildet einen vergleichsweise neuen Erfahrungshintergrund für das Verständnis von Geschichte und damit eine veränderte Bedingung der historischen Bildung. Zweitens sollen einige

Überlegungen der Debatte unter Experten über eine europäische Geschichte aufgegriffen und mit wenigen Strichen nachgezeichnet werden. Denn historische Bildung kann nur vermitteln, was die Fachwissenschaft ihr anbietet. Drittens geht es um Folgen für die Art und Weise, wie sich die Streitkräfte in Europa mit der Vergangenheit befassen – zwischen Traditionsstiftung und militärhistorischer *Allround*-Bildung. Schließlich werden, viertens, der Aufbau des Bandes erläutert und die hier versammelten Beiträge in diesen Zusammenhang eingeordnet. Das begründet ihre Auswahl und veranschaulicht zugleich am konkreten Beispiel, worum es uns methodisch geht.

Militärische Multinationalität: Ein neuer Verständniszusammenhang von Militärgeschichte in den europäischen Streitkräften

Streitkräfte sind ein Teil der Gesellschaft, so lautete lange eine Binsenweisheit. Bemerkenswerter ist die unausgesprochene Annahme, dass hier eine bestimmte, eine nationale Gesellschaft gemeint war. Kein Wunder, bildete doch die Verfügbarkeit über eine eigene Armee ein deutliches Zeichen der Souveränität von Nationalstaaten. Deren Gründungsmythen sind wiederum in vielen Fällen – allemal im preußisch-deutschen Fall – mit kriegerischen Ereignissen aufs Engste verflochten.

Doch gilt diese Verknüpfung von Militär, Staat und Gesellschaft noch im Zeitalter der Weltgesellschaft? Ob Naturkatastrophen, Kapitalflüsse oder Migration, die Finanzkrise oder die Kommunikation im virtuellen Raum des *Cyberspace*: Die Prozesse und Ereignisse, die unser Leben prägen, sind nicht länger national begrenzt. Sie lassen sich auch nicht mehr allein mit nationalpolitischen Instrumenten steuern. Nationale Gesellschaften sind zu weltweit Handelnden geworden und längst von globalen Entwicklungen betroffen. Der amerikanische Sozialwissenschaftler David Harvey spricht von einem Zusammenpressen von Zeit und Raum (»Time-space compression«): Sein Sprachbild drückt aus, dass sich einerseits die Zeiterfahrung beschleunigt und sich andererseits die Bedeutung von räumlicher Entfernung in einem bestimmten historischen Moment verringert.

Selbst das, was man unter Nationalstaatlichkeit versteht, hat sich seit 1945 radikal verändert, weil diese mit einem gewollten Souveränitätsverzicht einhergeht. Die jüngeren Nationalstaaten unter den europäischen Mitgliedstaaten mussten erfahren, dass die Nationalstaatlichkeit, die sie erlangt haben, nicht mehr dieselbe ist wie die der älteren Nationen. Die Soziologen sprechen daher heute von »postsouveränen Nationalstaaten« (Ulrich Bielefeld). Als »postsouverän« lassen sie sich bezeichnen, nicht weil sie ihre staatliche Unabhängigkeit verloren haben, sondern »weil sie sich die Fiktion der Souveränität zu Bewusstsein gebracht haben«. Weil sie wissen, dass ein Festhalten an der überkommenen Nationalstaatlichkeit sie teuer zu stehen käme, verzichten sie auf einen Teil ihrer Souveränität. Zugleich bestehen sie als Staat und als Nation weiter.

An dieser Schnittstelle von nationalen und übernationalen Zusammenhängen befindet sich auch das Militär. Seit den 1990er-Jahren haben sich die Streitkräfte grundlegend verändert. Zu den Antriebskräften dieser Entwicklung zählen: die Globalisierung in Raum (Verkehr) und Zeit (Kommunikation), die Transnationalisierung (die grenzübergreifende Zusammenarbeit von nicht-staatlichen, transnationalen Akteuren untereinander und mit staatlichen Akteuren) sowie die Internationalisierung (die Steuerung durch überstaatliche Institutionen). Auf vielfältige, noch zu erläuternde Weise stehen die Streitkräfte des einen Staates zu denen der anderen in einem Wechselverhältnis, sei es des Konflikts, sei es der Kooperation. Seit 1945 ist die europäische Zusammenarbeit im Bereich der Sicherheitspolitik ein Teil des europäischen Einigungsprozesses. Nach dem Ende des Kalten Krieges wurde diese Zusammenarbeit auch auf Osteuropa ausgeweitet. Dazu diente zunächst das 1994 eingeführte NATO-Programm *Partnership for Peace* (PfP), das in seiner ersten Phase darauf zielte, durch Kooperation mit europäischen Staaten jenseits des ehemaligen Eisernen Vorhangs die Sicherheit Europas zu stärken.

Zwei Betrachtungsebenen und Entwicklungstendenzen lassen sich für die weitere Überlegung unterscheiden: erstens der Aufbau multinationaler Verbände, zweitens der Wandel von Selbstverständnis und Interaktion der Soldaten im Binnenverhältnis als die zentrale Folge. Die förmliche Integration der Streitkräfte zeigt sich – das ist der *erste Punkt* – in der zunächst fallweisen, dann dauerhaften Beteiligung nationaler Truppen an multinationalen Verbänden. Die Einrichtung multilateraler Verbände, die dauerhaft zusammenarbeiten, ist deshalb Teil des Wandels in der NATO und unter europäischen Ländern, der nationale Streitkräfte in der Regel auf Korpsebene »multinationalisiert«. Die Deutsch-Französische Brigade, das Eurokorps oder das Deutsch-Niederländische Korps sind ältere Beispiele. Im April 2010 haben Frankreich und Italien den Aufbau einer gemeinsamen Gebirgsjägereinheit nach dem Vorbild der Deutsch-Französischen Brigade beschlossen, und seit 2007 gibt es die »EU Battlegroups« für den Ersteinsatz in Krisengebieten. Im ersten Halbjahr 2013 war das die »Weimar Battlegroup«, eine trinationale, deutsch-französisch-polnische Kampftruppe. Der französische Außenminister Bernard Kouchner betonte im April 2010, dass neben dem NATO-Engagement vieler EU-Staaten auch ein gemeinsames europäisches militärisches Agieren entwickelt werden müsse. »Dies wird das Europa der Verteidigung sein«. Vor dem Hintergrund der Ukraine-Krise machte sich 2015 EU-Kommissionspräsident Jean-Claude Juncker für die Gründung einer gemeinsamen europäischen Armee stark – nicht zuletzt als symbolisches Signal für das friedliche Miteinander der EU-Staaten und für ihre Bereitschaft zur »Verteidigung der Werte der Europäischen Union«. Aus der Berliner Regierungskoalition erhielt er dafür Zustimmung[2]. Europa – eine »leise Supermacht«?

Die internationale Verflechtung zeigte sich auch in den EU-Operationen: 2003 startete die EU die Polizeimission in Bosnien und Herzegowina (EUPM). Das war nach eigener Aussage ihre erste Operation im »zivilen Krisenmanagement«. Im Rahmen der Europäischen Sicherheits- und Verteidigungspolitik (ESVP) wurden allein 16 Operationen bis 2006 gestartet, von denen vier erfolgreich abgeschlossen wurden. Ab 2004 erweiterte die EU die Bandbreite ihrer bislang auf militärische und polizeiliche Aufgaben begrenzten Missionen. Die Einsatzgebiete reichen inzwischen vom westlichen Balkan über den Mittleren Osten, Afrika und den südlichen Kaukasus bis nach Südostasien. Die multinationalen Verbände dienen nicht nur oder nicht mehr zur Verbesserung der Sicherheit in Europa selbst. Sie bereiten auch Friedensmissionen außerhalb Europas vor und fungieren damit, politisch gesehen, als Werkzeug einer Sicherheits- und Außenpolitik, die nicht zwingend von der nationalen Bedrohung ausgeht.

Spätestens seit der Finanzkrise 2007/08 werden immer häufiger auch wirtschaftliche Zwänge für den Aufbau einer EU-Armee angeführt. Der *European Council on Foreign*

»Junckers Wunschbild«. Karikatur von Klaus Stuttmann, 9.3.2015, http://www.stuttmann-karikaturen.de

Relations hat ausgerechnet, dass ein Großteil der jedes Jahr von den Mitgliedstaaten in ihre nationale Verteidigung investierten 200 Mrd. Euro verschwendet werden. Kostensparend würde sich dagegen beispielsweise die zentrale Beschaffungspolitik für Europäische Streitkräfte auswirken. Insofern ist die Aufstellung gemeinsamer Truppen auch ein Sparmodell. Dass europaweit operierende Rüstungsunternehmen wie die *European Aeronautic Defence and Space Company* (EADS), Europas größter Luft- und Raumfahrtkonzern, ein Interesse an einer »europäischen Identität« haben, überrascht nicht. Wenig überraschend ist auch die Meinung der Kritiker, dass die Rede von der »europäischen Identität« allein der Legitimationsbeschaffung eines *Global Players* wie der EADS diene.

So sind sicherheitspolitische, außenpolitische und wirtschaftliche Gründe nationale Antriebskräfte für eine Weiterentwicklung der militärischen Multinationalität auf europäischer Ebene. Diese militärische Entwicklung lässt sich umgekehrt auch von außen, aus dem europapolitischen Blickwinkel betrachten. Als *das* Integrationsprojekt im Europa des 21. Jahrhunderts gilt vielen die ESVP. Bereits 1999 auf dem Kölner EU-Gipfel wurde dieses Projekt auf den Weg gebracht. Nach der Umsetzung der Europäischen Währungsunion sahen Politiker und Wissenschaftler die größte Aufgabe der EU darin, sich als ein Akteur auf der sicherheitspolitischen Bühne zu präsentieren. Die »Europa-Armee« ist das Mittel zu diesem Zweck.

Der *zweite Punkt* betrifft die einzelnen multinationalen Verbände. Mit zunehmender Multinationalität und weltweitem Einsatz stehen Soldaten zunehmend in einem Spannungsverhältnis zwischen althergebrachten und ganz neuen Rollen.

Militärsoziologen sind bereits Ende der 1990er-Jahre zu der Einschätzung gelangt, dass die Entwicklung des militärischen Multilateralismus eine »enorme Herausforderung« für die Soldatinnen und Soldaten sowie die *military culture* darstellt. Denn die neuen Vorstellungen militärischer Zusammenarbeit übersteigen das traditionale Rollenverständnis der Streitkräfte – Abschreckung und Verteidigung – und das ältere, nationale Selbstverständnis des Soldaten.

Ein Seitenblick auf die Militärgeschichte zeigt, dass Streitkräfte in vielen Kriegen, die Weltkriege eingeschlossen, für oder gegen Koalitionen von Staaten und ihre Armeen gekämpft haben. Die NATO ist das geläufige Beispiel einer solchen internationalen Sicherheitsorganisation, von der sich einzelne Staaten einen Gewinn an nationaler Sicherheit versprechen. Zuletzt waren das die ost- und südosteuropäischen Staaten. Entgegen dieser auf Dauer angelegten, keineswegs konfliktfreien Form militärischer Zusammenarbeit stellte der eher kurzfristige militärische Multilateralismus etwa in Somalia die an den Operationen beteiligten militärischen Kontingente vor ungleich größere Probleme. Das zeigt in erster Linie die konkrete Schwierigkeit, die erforderliche Verständigung herzustellen, zu der unter anderem die Probleme der verschiedenen Sprachen und der kulturellen Unterschiede gehören. Das neue Berufsbild der Soldatinnen und Soldaten beruht deshalb zum einen »nicht primär auf Patriotismus und nationaler Verpflichtung, [sondern] auf einer Art humanitären Kosmopolitismus, der nationalen Interessen nicht widerspricht, sondern sie übersteigt«.[3] Zum anderen ist die Fähigkeit, das Selbstbild und die militärische Kultur der Anderen zu verstehen, ein notwendiges Element der Professionalität. Auch von einer höheren Warte aus gilt: Unterschiedliche »strategische Kulturen« erklären die unterschiedliche Bereitschaft zur Kriegführung. Zugleich ist von einem besonderen europäischen Sicherheitsdenken die Rede, das sich in gemeinsamen Strategien und Programmen ausdrückt.

Ein Weiteres kommt hinzu: Das Modell der Freiwilligenarmee und das Prinzip der Arbeitnehmerfreizügigkeit führen vielleicht in Zukunft dazu, dass Bürger eines EU-Staates in der Armee eines anderen EU-Landes den Beruf des Soldaten ergreifen, wie das in Belgien und Luxemburg bereits der Fall ist. In Belgien stehen die Streitkräfte seit 2003 allen EU-Bürgern offen; in Luxemburg machen Bürger aus anderen EU-Staaten 7 Prozent der Streitkräfte aus. Der Übergang zur Freiwilligenarmee ging in der Regel mit einer stärkeren gesellschaftlichen Mischung der Truppe einher, um das Rekrutierungspotenzial zu erhöhen. Freiwilligenarmeen dienen wie beispielsweise in Großbritannien und Spanien als Instrument zur sozialen Eingliederung von Migranten. Sie spiegeln insofern die Vielfalt der Gesellschaft inzwischen besser wider als eine männlich geprägte und ethnisch einheitliche Wehrpflicht-Armee, in der Migranten nur unterdurchschnittlich und Frauen gar nicht rekrutiert wurden. Die größere Repräsentativität wiederum erhöht die Annerkennung der Truppe nach außen, erschwert jedoch die Integration im Inneren.

Was folgt nun daraus? Das neue Konzept einer korporativen Sicherheit, das den Soldaten neben den alten Aufgaben neue überträgt, erfordert ein Umdenken auch in der militärischen Ausbildung. Das betrifft besonders die historisch-politische Bildung. Vor allem die Notwendigkeit des militärischen Multilateralismus lässt ein neues Ausbalancieren von professionellen Fähigkeiten und politischer Bildung ratsam, ja unausweichlich erscheinen. Hier kommen Historiker/innen ins Spiel. Denn Integration setzt ein Mindestmaß an Kenntnis der geteilten Vergangenheit voraus.

Europäisierung der Militärgeschichte:
Möglichkeiten und Grenzen neuer Forschungsansätze

Wenn es denn stimmt, dass Politik der historischen Vergewisserung bedarf, dann bliebe auch Sicherheitspolitik ohne militärgeschichtliches Wissen unvollständig. Insbesondere im Fall der Militärgeschichte liegt der Zusammenhang auf der Hand. In den »Erinnerungskulturen« aller europäischen Staaten haben Kriege und Kriegsfolgen einen besonderen Platz. Zahlreiche nationalstaatliche Gründungsmythen nehmen in einem Krieg, in seinem siegreichen Ende oder in der Befreiung von einer Besatzungsmacht ihren Ausgang. Das gilt im 19. Jahrhundert für die Zeit nach den antinapoleonischen Kriegen ebenso wie im 20. Jahrhundert etwa für die vermeintliche Selbstbefreiung der Franzosen 1944.

Dazu gehört spätestens seit den 1990er-Jahren die Einsicht, dass die Europäer nur dann gemeinsam auftreten können, wenn sie sich ihrer Unterschiedlichkeit bewusst sind. In die Irre führt nämlich ein Identitätsbegriff, der eine vermeintliche Gemeinsamkeit von oben als Ziel vorgibt. Aufschlussreicher ist es dagegen zu schauen, ob und inwiefern Menschen ein Selbstverständnis als Europäer entwickelt haben, wie sie sich selbst und die Anderen gesehen haben, vor allem: wie sich ihr Verhältnis zueinander entwickelt hat. Dann wird rasch deutlich, wie sehr das »Projekt Europa«, das im Rückblick gerne verkürzt als eine Erfolgsgeschichte hingestellt wird, durch historische Brüche geprägt ist. Das Europa der Freiheit und Sicherheit, das die Staatsmänner nach dem Zweiten Weltkrieg ausgerufen haben, ist ohne die gewaltsamen Konflikte des 19. und 20. Jahrhunderts nicht zu verstehen. Zum Nachdenken über Europa in der Gegenwart gehört es deshalb auch, sich diese Zwiespältigkeit der Vergangenheit vor Augen zu halten.

Noch eins kommt hinzu: Ein Gefühl der Gemeinsamkeit setzt gemeinsame Erinnerung voraus. Ohne eine geteilte Vorstellung von der »eigenen« Vergangenheit bleibt die gemeinsame Identität eine leere Hülse. »Kollektive Identitäten« speisen sich aus dem historischen Bewusstsein derer, die sich gewissermaßen für das Identifikationsangebot interessieren, das ihnen Politiker, Medien und Intellektuelle unterbreiten. Europa ist auch insofern weder etwas Gegebenes noch etwas Unveränderliches. Die wiederkehrende Unsicherheit der Europäer über ihre Identität, als die sich zurzeit die Auseinandersetzung mit dem Islam ebenso wie mit der »Euro-Krise« interpretieren lässt, ist vielmehr Teil der Dynamik kultureller Selbstbesinnung.

Beide Erfordernisse – die Auseinandersetzung mit dem Zukunftsprojekt »Europa« und mit seinem Identitätsangebot – lenken den Blick zurück in die Geschichte. Nun sind Geschichte und Erinnerung zweierlei. Was die Historiker/innen über die Vergangenheit zu Tage fördern, deckt sich in der Regel nicht mit den Erinnerungskulturen und dem historischen Bewusstsein einer Gesellschaft, geschweige denn in Europa. Wenn man gleichwohl einen Grundzug der öffentlichen Auseinandersetzung mit Geschichte in den europäischen Staaten ausmachen möchte, dann diesen: Seit dem letzten Drittel des 20. Jahrhunderts hat sich das europäische Geschichtsbewusstsein gründlich verschoben. »Zunehmend kehrt Europa«, so bilanzierte der Münchener Zeithistoriker Andreas Wirsching, »einer heroischen Anschauung von Geschichte den Rücken, wie sie im 19. Jahrhundert und im Zeitalter der Weltkriege dominiert hat.«[4] Statt Helden zu küren und in vergangenen Kriegen Vorbilder für künftige zu präsentieren, gehen die meisten Europäer auf Abstand zu den dunklen, von Gewalt geprägten Epochen.

Kolonialismus und Imperialismus, Erster und Zweiter Weltkrieg, Bolschewismus und Nationalsozialismus: Die Kritik an diesen Kapiteln der Vergangenheit, ihre »Aufarbeitung«, ja »Bewältigung« sind für viele demokratische Geschichtskulturen im postheroischen Europa typisch.

In den einzelnen Ländern verlief und verläuft diese Beschäftigung mit der Vergangenheit allerdings ganz unterschiedlich. In westeuropäischen Staaten wurden spätestens seit den 1980er-Jahren Zweiter Weltkrieg und *Holocaust* in einem engen Zusammenhang gesehen. So verlagerte sich in der Bundesrepublik der Schwerpunkt von der Betrachtung der Deutschen als Opfer auf die Beschäftigung mit den Opfern der Deutschen. In Frankreich löste seit den 1980er-Jahren eine kritische Sicht der Kollaboration mit dem NS-Regime den Mythos ab, dass sich Frankreich überwiegend im Widerstand befunden und am Ende unter der Leitung Charles de Gaulles selbst befreit habe. In den osteuropäischen Staaten bestimmte bis zur Wende um 1990 die marxistisch-leninistische Weltanschauung das offizielle Geschichtsbild. Zwischenzeitlich hat sich hier die Erinnerung an die kommunistische Herrschaft gleichsam zwischen die Gegenwart und Vergangenheit des Zweiten Weltkrieges und der NS-Herrschaft geschoben.

Seit dem Ende des Kalten Krieges gewann zudem häufig eine Lesart an Zustimmung, der zufolge 1945 der Beginn der Befreiung und der Einigung Europas gewesen sei. Davon hätten seit den 1990er-Jahren schließlich auch die ostdeutschen Staaten profitiert. Dieses gemeinsame Verständnis der Vergangenheit hat sich als eine Grundlage für die Versöhnung entpuppt. Zum 60. Jahrestag der Landung der Alliierten in der Normandie 1944 nahm erstmals ein deutscher Bundeskanzler, Gerhard Schröder, an den internationalen Feierlichkeiten in Caen teil. Auch auf dieser Grundlage gedenken deutsche, britische und französische Veteranen auf nordfranzösischen Soldatenfriedhöfen gemeinsam ihrer Kameraden, die im Zweiten Weltkrieg gefallen sind. In den osteuropäischen Staaten bleibt allerdings der Befreiungsbegriff angesichts der nachfolgenden Besatzung durch sowjetische Truppen umstritten, wie sich zum 70. Jahrestages des Kriegsendes 2015 gezeigt hat.

Doch es wäre eine unzulässige Verkürzung einer europäischen Geschichte des 20. Jahrhunderts, wenn man sie auf ein »kurzes«, von 1914 bis 1989 dauerndes Jahrhundert reduzieren wollte. Es wäre irreführend, sie als einen Zeitraum zu begreifen, der in erster Linie von militärischer Gewalt geprägt war, nicht nur während der Weltkriege. Als ein »Zeitalter der Extreme« hat der britische Historiker Eric Hobsbawm diese Epoche mit relativ eindeutigen Anfangs- und Endpunkten bezeichnet[5]. Der Eindruck mag noch dadurch verstärkt werden, dass Historiker den Ersten Weltkrieg zum 100. Jahrestag seines Beginns als europäische »Urkatastrophe« bezeichnen, die ein kriegerisches Jahrhundert geprägt hat. Dagegen ist an die politischen, gesellschaftlichen und kulturellen Entwicklungen zu erinnern, die über jene auf den Krieg bezogenen Zäsuren hinausreichen. Historiker sprechen deshalb auch von einem »langen« 20. Jahrhundert, das aus der Gegenwart weit in das 19. Jahrhundert zurückweist. Die Anfänge der »Hochmoderne«, in der wir leben, reichen bis in die Zeit vor 1914 zurück. Die Geschichte des Handelns, der Erfahrungen und der Erinnerung der Menschen in Europa erschöpft sich nicht in einer Gewaltgeschichte.[6] Das haben zuletzt die Geschichte der Umwelt, des Massenkonsums, des Sozialstaats oder die neue Geschichte der internationalen Beziehungen gezeigt. Aber nicht nur die zeitlichen Grenzen historischer Untersuchungsräume sind in der Diskussion. Insbesondere ihre räumlichen Grenzen hat die Geschichtswissenschaft seit den 1990er-Jahren weiter gezogen, ja neu definiert.

Einerseits antwortet eine neue »Globalgeschichte« auf die Globalisierung, die sich weltweiten Entwicklungen widmet. Ebenso so anregend ist ein Ansatz, der als »transnationale Geschichte« bezeichnet wird. Beide Ansätze überwinden alte Grenzen, betrachten Beziehungen und Verflechtungen, interessieren sich für inter- und übernationale Organisationen von Staaten und Nichtregierungsorganisationen. Sie erweitern damit ein Blickfeld, das allzu lange auf die (eigene) Nationalgeschichte beschränkt gewesen ist. Eine »Spielart« dieser transnationalen Geschichte zielt auf die »Europäisierung« der Geschichtsschreibung.

Europäische Dimensionen der Geschichte: Das kann nicht eine Geschichte Europas bedeuten, weil Europa als eine historische Einheit nicht existiert. Ganz abgesehen davon gibt es nie die *eine* Geschichte. Und die Geschichte Europas als Geschichte der Europäischen Gemeinschaft oder der Europäischen Union (wie sie seit 1992 heißt) zu schreiben wäre eine Verkürzung auf den Integrationsprozess seit 1945. Doch auch viele Geschichten aller europäischen Staaten sind hier nicht gemeint. Denn das liefe nur auf das unverbundene Nebeneinander von Nationalgeschichten hinaus. Zwischen beiden Extremen haben Historiker/innen einen Ansatz für eine europäische Geschichtsschreibung entwickelt, dem auch die Beiträge in diesem Band mehr oder weniger ausdrücklich verpflichtet sind. Dabei geht es darum, Verbindungslinien zu erkennen und nachzuzeichnen, die über nationale Grenzen hinausgehen. Das kann mal festere Formen annehmen, wenn etwa diese Verbindungen durch Organisationen oder Rituale untermauert werden. Das kann aber auch weniger greifbar sein, wenn es zum Beispiel um das Nachahmen von Entwicklungen geht, die als vorbildlich erachtet wurden. »Verflechtungsgeschichte« lautet der Fachbegriff für diese Art der historischen Betrachtung von Beziehungen, Austausch und Übertragung.

In den Brennpunkt der Betrachtung geraten historische Ereignisse, Entwicklungen und Institutionen dann nicht in erster Linie, weil sie eine große Bedeutung für die Militärgeschichte eines bestimmten Landes oder gar *die* Geschichte besitzen. Wichtig sind sie vielmehr deshalb, weil sie auf diese andere, übernationale Dimension hinweisen. Von Interesse sind dabei häufig nicht nur die historischen Ereignisse selbst, sondern auch die vielfältigen Erinnerungen daran. Diese haben ihrerseits historische Wirkungskraft entfaltet und sind insofern ebenso »real« wie das Ereignis, auf das sie sich beziehen. Eine europäische Militärgeschichte zielt deshalb darauf, das militärische Wirkungs- und Beziehungsgeflecht in Europa über längere Zeiträume zu untersuchen. Sie geht von der Annahme aus, dass die Historiker/innen nur so dem Handeln und den Erfahrungen der Zeitgenossen gerecht werden können.

Andererseits führt kein Weg an der scheinbar entgegengesetzten Einsicht vorbei: Der Aufstieg des Nationalismus und die Nationsbildungen im 19. Jahrhundert führten dazu, dass sich spätestens im 20. Jahrhundert der Nationalstaat mit voller Wucht durchsetzte. Er prägte maßgeblich die politische Ordnung im Außen- wie im Innenverhältnis: Im Namen nationaler Interessen wurden Bündnisse geschlossen oder Kriege geführt, wurden Menschen als Teil einer »Volksgemeinschaft« anerkannt oder aus ihr verbannt. In der »Flüchtlingskrise« 2015/16 zeigte sich das zuletzt.

Dieser ungebrochenen Bedeutung des Nationalstaats sollte deshalb eine europäische Militärgeschichte ebenfalls Rechnung tragen. Die Nationalstaaten boten und bieten ihren Bürgern militärischen Schutz. Aus den nationalen Gesellschaften rekrutieren sich die Soldaten für nationale Armeen, häufig durch die allgemeine Wehrpflicht. Das eigene Militär ist bis heute der eigentliche Träger staatlicher Souveränität geblieben. Auf die nationale Geschichte (oder was man dafür hielt) greift die militärische Traditionsstiftung zurück. Das war selbst in den sozialistischen Staaten der Fall, deren Geschichtsbild eigentlich ganz im Zeichen der internationalen Solidarität der Arbeiterklasse stand. Und um das eigene Militär geht es vor allem, wenn sich eine Gesellschaft über das zivil-militärische Verhältnis verständigt (etwa in der Frage der Wehrpflicht), wenn sie Skandale diskutiert (etwa im Rüstungswesen) oder wenn sie das Militär als modernen Arbeitgeber herausstellt (etwa durch das Werben mit Jobsicherheit und Technikfaszination). »Wir. Dienen. Deutschland« lautet nicht zufällig die Devise, mit der in der Bundesrepublik seit einigen Jahren um Freiwillige geworben wird – der multinationalen »Einsatzwirklichkeit« zum Trotz. Dieser anhaltenden nationalen Orientierung widerspricht nicht, dass die verschiedenen Armeen in internationalen Militärallianzen verbunden oder auf Divisionsebene gar miteinander verflochten sind.

Ein Buch, das Einblicke in Dimensionen der europäischen Militärgeschichte geben soll, muss daher beides berücksichtigen: einerseits die vielfältigen internationalen Beziehungen, transnationalen Verflechtungen und gemeineuropäischen Entwicklungen, andererseits die nationalen Besonderheiten. Die weiterreichende Aufgabe einer noch zu schreibenden europäischen Militärgeschichte kann der vorliegende Band nur andeuten, nicht lösen: nämlich die spezifisch nationalen und die gemeineuropäischen Entwicklungen der Militärgeschichte in der Zusammenschau zu bündeln und systematisch gegeneinander abzuwägen. Damit erhält auch die historische Bildung in den Streitkräften eine neue Basis.

Für eine Europäisierung der historischen Bildung

Ein europäisches Militärgeschichtsbuch antwortet auf die Nachfrage nach historischer Selbstvergewisserung jenseits des Nationalen. Dieser Bedarf ist auch innerhalb der deutschen Streitkräfte wiederholt zum Ausdruck gebracht worden. Drei Argumente lassen sich unterscheiden:[7] Erstens wurde und wird auf die historisch-moralische Orientierungsfunktion hingewiesen. Militärische Vorgesetzte müssen immer häufiger Entscheidungen in einem multi-ethnischen und multi-kulturellen Umfeld treffen. Deshalb sei die Kenntnis der europäischen Geschichte eine Voraussetzung dafür, die in der internationalen Sicherheitspolitik verankerte deutsche Politik angemessen einordnen zu können. Eine historische Bildung, die Verständnis für die Vergangenheit jenseits der Nationalgeschichte vermittelt, untermauert aus diesem Blickwinkel die ethischen Grundlagen des Soldatenberufs. Das erweiterte historische Wissen dient als Orientierungshilfe für das eigene Handeln. Das gilt angesichts des sicherheitspolitischen Strukturwandels nicht zuletzt für die Führungsphilosophie der Inneren Führung in den deutschen Streitkräften.

Ein zweites Argument zielt auf die erwähnte Identität und Integration. Das Berufsbild der Soldatinnen und Soldaten wird auch in Zukunft in einem nationenübergreifenden, europäischen Zusammenhang definiert und verstanden. Deshalb bildet die »europäische Identität« einen Bezugsrahmen, der nicht zuletzt historisch ausgefüllt werden müsse. Schließlich soll, so lautet ein dritter Hinweis, die Fähigkeit der

Soldatinnen und Soldaten zur Kritik gegenüber nationalen Geschichtsmythen verstärkt werden. Sie sollten über den Tellerrand einer vor allem deutschen, französischen, polnischen usw. Militärgeschichte hinausschauen. Nur so begreifen sie die Voraussetzungen der eigenen nationalen Geschichtskultur und werden erkennen, dass Geschichte auch instrumentalisiert werden kann – das zumindest ist das Lernziel. Die drei Überlegungen zeigen: Die Deutung der Vergangenheit, das Verständnis der Gegenwart und der Ausblick auf die Zukunft wurden im militärischen Alltag selbst so miteinander verbunden, das die historische Bildung neue Impulse, neue Vorgaben erhält.

»Tradition« ist eine spezielle Form militärischer Geschichtspolitik, man denke etwa an die »Traditionserlasse«. Sie nimmt die Geschichte als einen Steinbruch, aus dem sie nur die wertvollen Stücke zu Tage fördert. Diese Art des Geschichtsbezuges, der in der Regel auf störende Elemente und irritierende Mehrdeutigkeit verzichtet, ist zu Recht als »wenig glaubwürdig«, ja als »abwegig« kritisiert worden.[8] Der Traditionsbegriff, der sich mit der »alten« Bundeswehr verbindet, ist vielmehr selbst als ein Instrument der Führungsphilosophie historisch einzuordnen. Für die Bundeswehr als einer »Armee im Einsatz« reicht er nicht länger hin. Auch das gelegentliche Bemühen, überkommene nationale Traditionsbestände auf ihren Vorbildcharakter für alle zu untersuchen (im deutschen Fall etwa den militärischen Widerstand gegen Hitler) und durch das Herausarbeiten des allgemeinen Wertes zu »europäifizieren«, liefert keinen überzeugenden Ansatz für den Vergangenheitsbezug der Streitkräfte.

Zwischen dem wählerischen Traditionskonzept und der umfassend angelegten Vermittlung historischen Wissens ist vielmehr ein Mittelweg einzuschlagen. So kann die wertegebundene Vermittlung von Geschichte in den Streitkräften den neuen Handlungs- und Deutungszusammenhängen von Militärgeschichte im Militär Rechnung tragen. Der damalige Generalinspekteur der Bundeswehr Klaus Naumann forderte, dass es bei der historischen Bildung in den Streitkräften um die »Befähigung zu einer kritischen Auseinandersetzung mit Traditionen, Berufsbild und Selbstverständnis des Soldaten gehe«. Nimmt man ihn beim Wort, dann kann sich der Geschichtsbezug nicht auf die Vermittlung von traditionswürdigen Segmenten der Vergangenheit beschränken. Wie sollten sich Soldatinnen und Soldaten mit ihnen kritisch auseinandersetzen können, wenn nicht, indem sie diese in größere Zusammenhänge einordnen?[9]

Ein anderer Blick:
Militärische Verflechtungen in Europa seit 1800

Der vorliegende Band soll für den Bereich der Militärgeschichte einen Beitrag dazu leisten, die Vielfalt in Europa herauszustellen, grenzübergreifende Beziehungen beispielhaft herauszuarbeiten und die Geschichte der historischen Tradition in Europas Streitkräften zur Verfügung stellen. Das Ziel ist es dagegen *nicht*, einen handbuchartigen Abriss im Zeitverlauf zu bieten. Die Gliederung des Bandes und die Auswahl der Themen folgen daher in erster Linie einem systematischen Kriterium, erst in zweiter Linie einem zeitlichen. Im Folgenden geht es deshalb auch nicht darum, eine Kurzfassung des Inhalts zu liefern. Vielmehr dienen die Hinweise auf die anschließenden Kapitel dazu, die verschiedenen Formen und Inhalte der Verflechtung als Träger einer europäischen Militärgeschichtsschreibung beispielhaft zu verdeutlichen.

Die erläuterte Verschiebung des Blickwinkels der Historiker/innen eröffnet darüber hinaus neue Einsichten in die Militärgeschichte der vergangenen zweihundert Jahre. Dazu gehört der Wechsel des Standpunktes, von dem aus der Blick auf internationale Ereignisse und Entwicklungen fällt. Für die europäische Geschichte bietet es sich an, das größere Ganze einmal nicht vom Zentrum aus zu betrachten, sondern auch gleichsam von seinem Rande aus. Der Band soll durch die Berücksichtigung Osteuropas und kleinerer Staaten das räumliche Ungleichgewicht ausbalancieren, das sich seit der Geschichtsschreibung des 19. Jahrhunderts eingeschlichen hat und demzufolge die großen nordwesteuropäischen Staaten bevorzugt behandelt wurden. Die Kapitel mit Ausschnitten aus der Militärgeschichte Estlands und Rumäniens, aber auch der Schweiz sind Beispiele dafür. Ebenso sollen die größeren Staaten im Süden und Norden Europas, die häufig ausgeblendet wurden, hier berücksichtigt werden.

Ein eher chronologisches Kapitel geht zunächst intensiver auf die militärhistorische Entwicklung bis zum Ende des Kalten Krieges ein (I.). Sodann werden die verschiedenen Herangehensweisen in fünf systematischen Teilen gebündelt. Es geht um Kriege und Friedensbemühungen (II.), zivil-militärische Verflechtungen jenseits des Nationalen (III.), die militärische Bedeutung nationaler Selbst- und Fremdbilder (IV.), die Zugehörigkeit nationaler Streitkräfte zu militärischen Bündnissen (V.) sowie den außereuropäischen Zusammenhang, in dem sich die europäische Militärgeschichte bewegt (VI.). Die Teile thematisieren die Bandbreite der Handlungsfelder, die von der Gesellschaft über die Kultur und die Außen- und Sicherheitspolitik bis zum Völkerrecht reichen. Schließlich lenkt ein weiteres eher chronologisches Kapitel den Blick über das Ende des Kalten Krieges hinaus (VII). Hinweise auf weiterführende Literatur zu den einzelnen Teilen finden sich am Ende in einer Auswahlbibliografie, die auf Hinweisen der Autoren gründet.

Zu Beginn skizziert ein Überblick über Grundzüge der europäischen Militärgeschichte (*Georges-Henri Soutou*) die längerfristigen Linien von Kontinuität und Wandel über zwei Jahrhunderte bis zum Ende des Kalten Krieges. Der Aufstieg des Nationalismus, die Industrielle Revolution und die Globalisierung ermöglichten die Radikalisierung der Kriegführung, während die europäische Tradition des strategischen Denkens mit ihren Leitideen der Bewegung und Vernichtung durch die Verwissenschaftlichung ihre Blütezeit erlebte. Zugleich wandelte sich das Bild des Krieges: Als militärisches Instrument der Politik kam er angesichts der nuklearen Hochrüstung in Europa während des Kalten Krieges kaum noch in Frage.

Im *zweiten Teil* (»Krieg und Frieden in Europa«) geht es um den ureigenen Gegenstand der Militärgeschichte, der ja von vornherein auf eine Art (häufig negativer) Verflechtung angelegt ist: um den Krieg und um die Vor- und Nachkriegszeiten. Eine Prägekraft, die weit über das Kriegsende hinaus reichte, entwickelten die (anti)napoleonischen Kriege (*Michael Rowe*). Nur drei Jahre nach dem Sturm auf die *Bastille* 1789 führten die französischen Revolutionäre Krieg gegen die europäischen Großmächte. Bis 1815 dauerte der militärische Konflikt in Europa und weit darüber hinaus. Die »Revolutionskriege« oder »Napoleonischen Kriege«, wie sie genannt wurden, stellten dem Umfang und ihrer Intensität nach bisher Dagewesenes in den Schatten. Auf Schlachtfeldern zwischen Lissabon im Westen und Moskau im Osten tobten Schlachten mit mehr als 100 000 Soldaten auf jeder Seite. Im Rückblick erscheint jedoch etwas

»Der neue Universalmonarch«. Karikatur auf Napoleon. Kolorierte Radierung von Johann Michael Voltz, Nürnberg 1814.   Westfälisches Landesmuseum für Kunst und Kulturgeschichte Münster

ganz anderes bedeutsam: Das ideologische Erbe der Revolution, das Konzept einer »Nation in Waffen«, veränderte das Bild des Krieges radikal. Es definierte »Krieg« neu, vor allem das Verhältnis von Armeen und Nationen, von Soldaten und Staatsbürgern. Jeder, der zu einer Nation gehörte, war fortan verpflichtet, sie zu verteidigen. Und so, wie Napoleon Bonaparte den neuen Typus des politischen Generals verkörperte, hingen die allgemeine Wehrpflicht und eine neue, auf politische Teilhabe zielende Vorstellung von Staatsbürgerschaft aufs Engste zusammen.

Ohne diesen ideologischen Wandel wäre »1914/18« nicht zu verstehen. Der Stand der Technik und der Produktionsweise bildeten die Grundlage eines militärischen Gleichgewichts. Weil die Kriegsparteien in großem Umfang die verschiedensten Waffen hergestellt hatten, erwies sich ein Angriff zunächst auf der taktischen, dann auf der operativen Ebene als immer aussichtsloser. Die politisch-moralische Tatsache, dass die Soldaten und die Zivilbevölkerung vieler kriegführenden Staaten »national« organisiert waren, kann erklären, warum der Erste Weltkrieg trotz eines zermürbenden Gleichgewichts so lange dauerte. Weil sie sich als Staatsbürger der jeweiligen Gesellschaft eines Nationalstaats sahen, ließen sich menschliche wie materielle

Ressourcen solange für den Krieg mobilisieren. Deshalb auch endete er nicht mit einer Entscheidungsschlacht, sondern mit der Erschöpfung einer Seite *(Roger Chickering)*.

Die beiden Weltkriege waren nicht nur aufgrund des globalen Ausmaßes übernational – das liegt auf der Hand. Interessanter ist für unsere Zwecke, beispielhaft Querverbindungen nachzuzeichnen, die verschiedene Kriegsschauplätze verbanden. Für den Zweiten Weltkrieg zeigen zwei zentrale Operationen – die Schlacht bei Stalingrad von September 1942 bis Februar 1943 und die Landung der Alliierten in der Normandie am 6. Juni 1944 –, wie die Kriegsverläufe in Ost- und Westeuropa miteinander zusammenhingen und in der Rückschau im Zusammenhang gedeutet wurden. Heutzutage gelten beide Schlachten als Wendepunkte des Krieges, in denen sich die Niederlage des nationalsozialistischen Regimes abzeichnete. Tatsächlich zeigt sich in dieser weitverbreiteten Deutung eher der Wunsch, in der Vergangenheit den Kampf des Guten gegen das Böse in einer leicht zu vermittelnden Weise darzustellen. Mit der historischen Wirklichkeit hat das weniger etwas zu tun, fällt doch die militärhistorische Bedeutung der beiden Großereignisse kleiner aus *(Jean-Luc Leleu)*.

In den folgenden vierzig Jahren teilte der »Eiserne Vorhang« Europa in zwei Bereiche, die sich aufgrund ihrer unvereinbaren Staats- und Gesellschaftsordnung unterschieden und entgegengesetzten Militärbündnissen, der NATO und dem Warschauer Pakt, angehörten. Kaum war der Zweite Weltkrieg vorbei, sprachen die Menschen von einem »Kalten Krieg« zwischen den kapitalistischen, zum größten Teil parlamentarisch-demokratischen Staaten unter der Führung der Vereinigten Staaten von Amerika auf der einen und den Diktaturen der kommunistischen Parteien unter der straffen Leitung der Sowjetunion auf der anderen Seite. Es war ein Systemkonflikt zwischen zwei einander ausschließenden, auch missionarischen Alternativen für eine neue Weltordnung, die das Machtvakuum nach der Niederlage Deutschlands und Japans füllen sollte. Es war ein nahezu totaler Kalter Krieg, der in allen Bereichen der Gesellschaft geführt wurde: ideologisch, politisch, wirtschaftlich, kulturell und militärisch – durch die konventionelle und atomare Hochrüstung wie auch die Bereitschaft und Fähigkeit, große Armeen im Kriegsfall zu mobilisieren. Nahezu total war dieser Konflikt, weil die letztmögliche Waffe – die Atombombe – ständig wie ein Damoklesschwert über Europa und der Welt hing. Diese besondere Lage führte dazu, dass der Kalte Krieg eine ganz eigene »Logik« besaß, für die Widersprüche typisch waren. Widersprüchlich war vor allem, dass sich beide Seiten darauf vorbereitet hatten, den Gegner zu vernichten – das aber auf alle Fälle vermeiden wollten und mussten, wenn sie dem nuklearen Inferno entgehen wollten. Paradox war auch, dass beide Seiten sich gegenseitig von Grund auf so misstrauten, dass sich die eigene Sicherheitspolitik nach den *möglichen* Fähigkeiten des Gegners richtete. Hier spielte die wechselseitige Wahrnehmung eine entscheidende Rolle. Zur »Logik« des Kalten Krieges gehörte schließlich der »Rüstungswettlauf«, der sich ebenfalls als ein Rückkopplungsprozess zwischen den beteiligten Staaten und Blöcken verstehen lässt – und letztlich zum Zerfall des Ostblocks führte *(Jan Hoffenaar)*.

Die zwei Systeme waren insofern durch *eine* Logik verbunden. Zu konkreten Kontakten führte fast 30 Jahre nach Kriegsende eine Reihe von blocküberübergreifenden Konferenzen europäischer Staaten, die vor allem auf Initiative des Warschauer Pakts ab dem 3. Juli 1973 in Helsinki stattfand. Diese »Konferenz über Sicherheit und Zusammenarbeit in Europa« (KSZE, seit 1995 »Organisation für Sicherheit und Zusammenarbeit in Europa, OSZE) setzte auf eine Absichtserklärung: die Schlussakte von Helsinki. Dieser Verständigungsprozess war nicht nur für das Verhältnis der europäischen Staaten untereinander von Bedeutung; das hat die Geschichte der internationalen Beziehungen gut herausgearbeitet. Wie das internationale Geschehen auf eine nationale Staats- und Gesellschaftsordnung zurückwirkte, zeigt sich beispielsweise, wenn wir den Blick von den Großmächten und vom Zentrum weg zum südosteuropäischen Rand Europas wenden. Schaut man zur Abwechslung auf einen kleineren Unterzeichnerstaat wie das kommunistische Rumänien, zeigt sich, wie dessen Diktator Nicolae Ceauşescu das außenpolitische Forum der KSZE zu dem einen innenpolitischen Zweck nutzte: seine eigene Macht und seine relative Unabhängigkeit von der Sowjetunion zu sichern *(Carmen Rijnoveanu)*.

Das Recht bildet jedenfalls eine grenzübergreifende Verbindungsebene. Mag es sich auf den ersten Blick um ein trockenes Thema handeln: Die Geschichte der internationalen Verrechtlichung von Krieg und Frieden spiegelt sowohl innergesellschaftliche als auch außenpolitische Entwicklungen wider. Gewalt ist Kernbestandteil eines jeden Krieges. Ihre Ausübung ist jedoch Normen, Regeln und schließlich auch internationalen Gesetzen unterworfen. Ab der zweiten Hälfte des 19. Jahrhunderts schlossen Staaten eine Vielzahl von Verträgen, um Verstöße einzuhegen und gegebenenfalls sogar zu bestrafen: die erste Genfer Konvention von 1864, die Brüsseler Deklaration von 1874, die Haager Landkriegsordnungen von 1899 und 1907 sowie die Überarbeitungen der Genfer Konventionen bis heute. Als problematisch erwiesen sich seitdem mögliche Verstöße gegen diese Normen. Das betraf zum Beispiel die Behandlung von Kriegsgefangenen, die Stellung von irregulären Kämpfern oder die Geisel- und Repressalmaßnahmen.

Das Völkerrecht konnte zwar Kriegsverbrechen nicht verhindern, wie die europäischen Kriege zeigen. Es bildete und bildet aber bis heute einen wichtigen Bezugsrahmen, ohne den Kriege weitaus grausamer ausfielen. Hatte man nach dem Ersten Weltkrieg die Verfolgung von Gesetzesbrüchen noch den einzelnen Nationalstaaten überlassen, setzten die Nürnberger Kriegsverbrecherprozesse nach dem Zweiten Weltkrieg neue Standards der Rechtsprechung. Einerseits führten die damaligen Siegermächte eine neue Rechtskategorie ein (»Verbrechen gegen die Menschlichkeit«), und andererseits wurden massive Verstöße gegen geltendes Recht erstmals auf internationaler Ebene verhandelt. Diese Tendenz hat sich nach dem Jugoslawienkrieg in den 1990er-Jahren weitgehend durchgesetzt: Seit dem 1. Juli 2002 ist der Internationale Strafgerichtshof (IStGH) mit Sitz in Den Haag (Niederlande) für Delikte des Völkerstrafrechts zuständig *(Peter Lieb)*.

So wie das Recht ist auch der »Frieden« ein internationaler Begriff. Frieden kann es nur zwischen Staaten geben; den Weltfrieden gar forderten die Pazifisten. In Europa gilt die Friedensbewegung, die sich hier im letzten Drittel des 19. Jahrhunderts bildete, vielen als Wegbereiter einer gesamteuropäischen Zivilgesellschaft, wie sie sich vor allem seit den 1970er-Jahren herausgebildet hat. Schaut man auf die Friedensbewegungen der verschiedenen europäischen Länder, zeigen sich erneut Querverbindungen. Die jeweiligen nationalen Debatten über Krieg, Militär, Sicherheit und Frieden standen in einem transnational-europäischen Zusammenhang. Das betraf Netzwerke der Organisation ebenso wie typische Muster der politischen Argumentation. Nicht als ein einheitlicher europäischer Akteur, sondern als Akteure in Europa lassen sich die Friedensbewegungen verstehen. Ihre rhetorische Stoßrichtung ging über nationale

Grenzen weit hinaus. Ihre historische Prägung verdankten sie dagegen der jeweiligen nationalen Geschichte militärischer Gewalt (*Holger Nehring*).

Der *dritte Teil* (»Militärisch-zivilgesellschaftliche Verflechtungen«) nimmt diesen zivil-militärischen Aspekt auf. Es geht gleichsam um eine doppelte Verbindung: Die Betrachtung verknüpft den Brückenschlag zwischen Militär und ziviler Gesellschaft mit der trans- und internationalen Perspektive. Das betrifft zunächst die Entstehung des »militärisch-industriellen Komplexes«: das Verhältnis von Militär, Rüstungsfirmen und dem Staat, der nicht nur die Produktion von Waffen, Panzern und Flugzeugen in Auftrag gibt, sondern auch Rüstungsforschung finanziert und durch seine Gesetzgebung Waffenexport ermöglicht oder verhindert. Die Wege der Entscheidungsfindung im Spannungsfeld von Freiheit und Sicherheit waren und sind nicht immer deutlich erkennbar; an Skandalen mangelt es in der Geschichte der Verquickung von Industrie, Politik und Wissenschaft nicht (*Michael Epkenhans*).

Die militärisch-zivile Verbindung kommt auch in Bürgerkriegen zum Ausdruck, die sich von den Staatenkriegen nicht nur als Kriegstypus unterscheiden. In unserem Zusammenhang sind sie aber aus einem anderen Grund aufschlussreich für eine grenzübergreifende Militärgeschichte. Wenn sie auch auf binnengesellschaftliche Konflikte zurückgingen, entfalteten sie doch eine Sogwirkung auf Politik und Militär in anderen Ländern und hatten Auswirkungen auf andere Staaten. Der Russische Bürgerkrieg von 1917 bis 1922 – eine Folge der Russischen Revolution – lässt sich nicht mehr allein als ein Konflikt zwischen den »Roten« (den *Bolschewiki*) und den »Weißen« (ihren Gegnern) betrachten. An den militärischen Auseinandersetzungen auf dem Gebiet des ehemaligen Russischen Reiches beteiligten sich vielmehr unterschiedliche Parteien: erstens die im Entstehen begriffene Rote Arbeiter- und Bauernarmee, zweitens die verschiedenen militärischen Formierungen der »Weißen«, die sowohl von den Siegermächten des Ersten Weltkrieges als auch von Deutschland unterstützt wurden, drittens Partisanentruppen (die so genannten Grünen), die oft eine eigene (lokale) Agenda verfolgten, sowie viertens die verschiedenen nicht-russischen nationalen Armeen, die vor allem in Ostmitteleuropa das Ausscheren aus dem imperialen Staatsverband militärisch sichern wollten. Der Kampf um Petrograd, wie die alte Hauptstadt Sankt Petersburg von 1914 bis 1924 hieß, unterstreicht die entscheidende militärische Rolle der ehemaligen Nationalitäten, der Finnen, Esten und Letten, die dem Reich einst angehörten. In allgemeiner Hinsicht betont das Beispiel den Einfluss der besonderen mentalen, kulturellen und gesellschaftlichen Bedingungen auf den militärischen Konflikt (*Karsten Brüggemann*).

Im Gegensatz zu den meisten anderen europäischen Staaten beteiligte sich Spanien nach den Napoleonischen Kriegen nicht an europäischen Kriegen, die das Nationalbewusstsein seiner Bevölkerung geprägt hätten. Hier entwickelte sich vielmehr eine »Bürgerkriegskultur«. Die zunehmende Spaltung der spanischen Gesellschaft erreichte während der Zweiten Spanischen Republik in den 1930er-Jahren einen kritischen Punkt. Doch den Bürgerkrieg stellten beide Konfliktparteien als das Ergebnis eines Konflikts zwischen Faschismus und Kommunismus dar – und gaben ihm so eine europäische Dimension. In ganz Europa wurden Freiwillige mobilisiert. Mehr noch als im russischen Fall wurde der Spanische Bürgerkrieg insofern zu einem nationalen Konflikt internationalen Ausmaßes. Eine innergesellschaftliche Krise geriet zu einem europäischen Ereignis. Aus der Erfahrung des Bürgerkrieges und der

Diktatur erwuchs unter den Spaniern ein überwältigender Wunsch nach Demokratie, Modernisierung und Europäisierung *(Carsten Humlebaek)*.

Zu den übergreifenden Entwicklungen in der Militärgeschichte zählt der Wandel der Wehrverfassung. Das Kantonsystem des Preußen-Königs Friedrich Wilhelm I., vor allem aber die Einführung der allgemeinen Wehrpflicht in der Französischen Revolution 1789 leitete in den meisten europäischen Staaten den Übergang zur modernen Wehrverfassung ein. Neben die langdienenden Berufssoldaten traten Wehrpflichtige, die für eine begrenzte Zeit mobilisiert wurden. Nur in der Schweiz existiert bis heute ein »Milizsystem«: Männer, die zivile Berufe ausüben, werden in einem bestimmten Zeitraum für einige Wochen im Jahr zum Wehrdienst eingezogen *(Rudolf Jaun)*.

Ganz anders die französische Fremdenlegion. Sie formte Männer aus verschiedenen Staaten in ihren Reihen zu einer multinationalen Söldnerarmee. Die Fremdenlegion ist wohl das markanteste Beispiel für die »Gleichzeitigkeit des Ungleichzeitigen« auch in der Militärgeschichte. Hier überdauerte der frühneuzeitliche Typus der multinationalen Söldnerformation in einem durch nationale Wehrpflichtigenarmeen gekennzeichneten Zeitalter. Weniger außergewöhnlich erscheint dieses Phänomen, wenn man die Fremdenlegion mit anderen Truppen der europäischen Kolonialmächte vergleicht, die im 19. und 20. Jahrhundert in Übersee eingesetzt wurden. Einzigartig blieb die Legion aber bis in die 1960er-Jahre insofern, als sie sich nur aus Europäern rekrutierte. Die wechselnde Zusammensetzung der Nationalitäten und ihr Zusammenleben in der Legion bargen für die französische Führung so manche Probleme *(Eckard Michels)*.

Das militärische Handwerk bot einen gemeinsamen Nenner, der militärische Zusammenarbeit über (Sprach-) Grenzen hinweg möglich machte. Dieses soldatische Selbstverständnis, das auf einer gemeinsamen Profession beruhte, erklärt auch, warum nach dem Zweiten Weltkrieg just jene Soldaten, die sich eben noch bekämpft hatten, als Vorreiter der internationalen Versöhnung taugten. Bereits in den 1950er-Jahren entwickelten sie Netzwerke über Staatsgrenzen hinweg, wie das deutsch-französische Beispiel eindrucksvoll zeigt. Überkommene Feindbilder verloren langsam, aber stetig ihre Wirkungskraft *(Christiane Wienand)*.

Selbst- und Fremdbilder stehen im Mittelpunkt des *vierten Teils*. Welche Bilder hatten die Soldaten von sich selbst, welche von ihren Gegnern? Welche Rolle spielten Medien für die Vermittlung von Vorstellungen? Wie hing und hängt unser Bild der Vergangenheit mit den vorangegangenen Gewalterfahrungen zusammen? Auch hier reicht das Themenfeld räumlich über nationalgeschichtliche Grenzen weit hinaus und zeitlich bis in die Zeit der Revolutions- und Napoleonischen Kriege um 1800 zurück. Nimmt man den Ersten Weltkrieg als Beispiel, ist die Gräuelpropaganda an der Westfront am ehesten bekannt. Lenkt man erneut den Blick auf Osteuropa, wird auch hier die Bedeutung des »Krieges der Geister« deutlich. So nannten die Zeitgenossen die furchtbaren Hasstiraden, mit denen sich berühmte Schriftsteller, Gelehrte und Künstler überzogen. Berauscht von nationalistischer Euphorie, lieferten Intellektuelle die Kampfbegriffe der geistigen Mobilmachung. Das gilt für Russland, aber auch für jene Nationen, die nach Eigenstaatlichkeit strebten. Hier, wo der militärische Konflikt vom Balkankrieg 1912 bis in die frühen 1920er-Jahre dauerte, entwickelten Intellektuelle Feindbilder, ohne welche die militärische Gewalt in Mittel- und Osteuropa unverständlich bliebe. Als »Verräter« brandmarkte die russische Propaganda beispielsweise die Russlanddeutschen, die Tschechen und Juden im

Lande – auch wenn sie als Soldaten für Russland kämpften. Selbst die 1703 gegründete Hauptstadt klang plötzlich zu deutsch: Aus Sankt Petersburg wurde Petrograd. Barbaren!, Hunnen! – So wurden die Deutschen in diesem Kulturkrieg verteufelt (*Maciej Górny*).

Doch die kulturelle Dimension des Krieges erschöpft sich keineswegs in plumper Feindpropaganda. Auch wenn es zunächst paradox erscheint: Zum militärischen Konflikt gehörte die Musik, und zwar nicht nur das Schlachtlied und die Marschmusik. Insbesondere die Musik im Radio und von der Schallplatte prägte im Zweiten Weltkrieg Millionen Soldaten. Dabei war Musik nicht nur eine nationale Waffe, sondern auch ein internationales Instrument der Verständigung. Die Berliner Philharmoniker gingen auf Tournee, und ein deutscher Schlager wie »Lili Marleen« entpuppte sich als erfolgreiches Exportprodukt, bis heute (*Sven O. Müller*).

Zur Kultur des Krieges zählt schließlich die Kriegserinnerung. Wie der »Erinnerungsboom« seit den 1990er-Jahren gezeigt hat, fasziniert die »Geschichte zweiten Grades« nicht nur die Experten. Wie hat sich die Vergegenwärtigung von Vergangenheit gewandelt? Auf welchem Wege haben sich bestimmte Formen und Inhalte der Erinnerung verändert? Weil Kriegserfahrungen zu den nachdrücklichsten, ja traumatisierenden Ereignissen zählen, betreffen diese Fragen nicht zuletzt die Militärgeschichte. Für diesen Band werden drei unterschiedliche Felder der Kriegserinnerung in den Blick genommen.

Erstens sind es die ehemaligen Schlachtfelder in West- und Osteuropa, die seit geraumer Zeit als »Erinnerungsorte« dienen, um mit dem französischen Historiker Pierre Nora zu sprechen. Der Fachbegriff, der längst seinen Weg in die Alltagssprache gefunden hat, geht von der Idee aus, dass sich das »kollektive Gedächtnis« einer Gruppe an bestimmten Orten verdichtet und kristallisiert. Ein solcher Ort ist nicht nur geografisch gemeint, sondern kann Institutionen, Ereignisse oder Gegenstände bezeichnen, deren symbolische Bedeutung für diese Gruppe Identität stiftet. Eignen sich Schlachtfelder als Lern- und Erinnerungsorte, an denen europäische Geschichte vermittelbar wird? Wenn man dazu den Blick noch einmal in die Normandie und nach Wolgograd (ehem. Stalingrad) richtet, zeigen die Denkmäler, Museen und Soldatenfriedhöfe, aber auch der Zustand der authentischen Spuren der Schlachten, wie die Kriegsereignisse der Vergangenheit präsent gehalten wurden. Zugleich ist das wirtschaftliche Interesse der betroffenen Regionen nicht zu übersehen: Schlachtfelder als Reiseziele der »Histouristen«. Diese historisch interessierten Touristen konkretisieren nationale Kriegserinnerung durch internationalen Kontakt (*Bernd Mütter*).

Zweitens verläuft über die Generationenfolge ein Weg, Erfahrungen von Gewalt über einen längeren Zeitraum wachzuhalten. Nicht der Nationalstaat bildet hier den Rahmen für das kollektive Gedächtnis, sondern die Familie. Über mehrere Generationen vermittelten deren Angehörige konkrete Kriegserfahrungen bis weit in den Kalten Krieg hinein. Wie dieses »Erbe« aussah, hing einerseits davon ab, ob man während des Krieges Mitläufer, Kollaborateur oder Täter oder etwa im Widerstand aktiv war. Aber auch die jeweilige politische, gesellschaftliche und kulturelle Lage beeinflusste in der Nachkriegszeit die Erinnerungen. Das gilt nach 1918 wie nach 1945. Besonders spannend ist es, Personengruppen zu betrachten, die an verschiedenen Orten in Ost- und Westeuropa gelebt haben. Briefe und Tagebücher sind hervorragende Quellen für einen solchen militärgeschichtlichen Ansatz (*Mary Fulbrook*). Diese Nahsicht auf den Platz von Krieg und Militär im historischen Bewusstsein Einzelner steht jenem Zugriff auf die Militärgeschichte gegenüber, der Staaten als Akteure zum Untersuchungsgegenstand nimmt.

Drittens prägen die Medien unsere Vorstellungen von vergangenen Kriegen. Ein Kinofilm von Steven Spielberg erreicht ein viel größeres Publikum als das Fachbuch eines Militärhistorikers. Kriegsfilme sind daher seit ihrem Boom in den 1950er-Jahren zentrale Medien der Erinnerungskultur. Sie personalisieren und dramatisieren Geschichte. Eine durchschaubare Handlung mit einer überschaubaren Zahl von Personen machen komplizierte historische Konflikte anschaulich. Ihre Regisseure greifen auf Klischees zurück und bekräftigen vorherrschende Überzeugungen. Dabei verzerren sie das Kriegsbild, weil sie auf *Action* setzen und die Langeweile ausblenden. Schwarz-Weiß-Malerei stellt das Böse dem Guten gegenüber; für Grautöne – etwa die Kollaborateure in europäischen Ländern – bleibt da kaum Platz. So unterschlägt der Kriegsfilm aus Hollywood zumeist den Rassismus in den US-Streitkräften zugunsten eines harmonischen Bildes nationaler Geschlossenheit. Filme wie »Der längste Tag«, »Patton« oder »Die Brücke von Arnheim« stellten die kriegsentscheidende Rolle der Amerikaner heraus und spielten die Bedeutung der Sowjetunion weitgehend herunter (*Andreas Etges*).

Der *fünfte Teil* thematisiert militärgeschichtliche Verflechtungen auf dieser außen- und sicherheitspolitischen Ebene. Militärallianzen als Ausdruck einer (vorübergehenden) internationalen Verbindung bildeten daher schon früh einen eigenen Forschungsgegenstand. Die Bündnissysteme europäischer Staaten prägten das Kriegsgeschehen bis 1945. Möglich wurden diese Bündnisse, weil sich die militärischen Strukturen in den europäischen Staaten vergleichsweise ähnlich waren. Koalitionen konnten sich vor allem dort zu effektiven Instrumenten der Kriegführung entwickeln, wo kulturelle Unterschiede die Kommunikation der militärischen Eliten nicht allzu sehr behinderten. Starke Führungspersönlichkeiten im eigenen Lager, aber auch ein gemeinsames Feindbild trugen vom frühen 19. Jahrhundert bis 1945 dazu bei (*Günther Kronenbitter*).

Durch Integration zur Sicherheit: Das war nachgerade ein Leitmotiv der Außen- und Sicherheitspolitik in der zweiten Hälfte des 20. Jahrhunderts (*Massimo de Leonardis*). Die Harmonie, die das »Europäische Konzert« (Klemens Wenzel Fürst von Metternich) der Großmächte zwischen 1815 und 1914 suchte, ging mit frühen Visionen der »Vereinigten Staaten von Europa« einher. Auch die nationalsozialistische Utopie eines »arisch« beherrschten Europa und die verzerrende Darstellung der Waffen-SS als einer internationalen Truppe gehört in diesen Zusammenhang. Nach 1945 war klar: Ein europäischer Zusammenschluss, nun aber auf parlamentarisch-demokratischer Grundlage, bildete die Voraussetzung dafür, neben den Großmächten USA und UdSSR noch eine Rolle auf der internationalen Bühne spielen zu können. Hinzu kam die Skepsis derer, die in den Nationalstaaten alten Typs die Quelle für neue Konflikte sahen und deshalb auf eine europäische Föderation setzten. Für Westeuropa bot die Nordatlantische Allianz (NATO) den (nuklearen) Schutzschirm für jene Staaten, die sich 1954 als Westeuropäische Union (WEU) zusammengeschlossen hatten.

Unmittelbar zuvor war der erste Anlauf zu einer Europäischen Verteidigungsgemeinschaft (EVG) in den Jahren 1952 bis 1954 gescheitert, weil die französische Nationalversammlung dem Vertragswerk seine Zustimmung versagt hatte. Wie konnte man Westdeutschland wiederbewaffnen, ohne dass man Angst vor einem erneuten deutschen Waffengang haben musste? Die Idee, (west)deutsche Truppen in eine Europäische Armee einzugliedern, deren übrige Kontingente im Gegensatz zur

Bundesrepublik aus einer bereits bestehenden, auch weiterhin eigenständigen Armee rekrutiert werden konnten, reichte Mitte der 1950er-Jahre auf französischer Seite nicht, um Ängste zu zerstreuen *(Corine Defrance/Ulrich Pfeil)*.

Mit der Verschärfung des Ost-West-Konflikts spiegelten NATO und Warschauer Pakt den Systemkonflikt auf militärischer Ebene wider. Dabei kam es nicht nur zu Spannungen zwischen den Bündnissen. Der systematische Vergleich zeigt: Auch untereinander machten sich die Bündnisstaaten das Leben nicht immer leicht. Neben der militärischen Funktion hatte das westliche Bündnis unter anderem die Aufgabe, den Zusammenhalt seiner Mitgliedstaaten zu stärken. Über allem stand die Frage nach dem Einfluss der jeweiligen Supermacht USA bzw. UdSSR *(Winfried Heinemann)*.

Für eine *europäische* Militärgeschichte bleibt daher zweierlei festzuhalten. Zum einen haben die Militärbündnisse nach 1945 die Beziehungen zwischen den europäischen Staaten – sowohl innerhalb eines Lagers als auch blockübergreifend – geprägt; zum anderen weist vor allem das Nordatlantische Bündnis – weil es auch die Aufgabe hatte, die politische Integration der Mitgliedstaaten voranzutreiben – auf die Einbettung Europas in die außereuropäische Militärgeschichte.

Der *sechste Teil* soll deshalb einem Risiko begegnen, das sich aus dem besonderen Interesse an einer europäischen Geschichtsbetrachtung ergibt. Kritiker sprechen von einer »eurozentrischen« Sichtweise, die so tut, als könne man europäische Geschichte wie einen separaten Bereich der Vergangenheit betrachten, weil er unabhängig von anderen Einflüssen geblieben ist. In der Tat kann das Bemühen, über den nationalgeschichtlichen Tellerrand hinauszuschauen und »Europa« als ein historisches Netzwerk zu betrachten, dazu führen, außereuropäische Verbindungen zu ignorieren. Deshalb sollen drei »Seitenblicke« dieser – offenkundig irreführenden – Verzerrung entgegenwirken. Geht es in der Hauptsache um Militärgeschichte als (inner)europäische Verflechtungsgeschichte, stehen jetzt Querverbindungen und Wechselbeziehungen im Vordergrund, die »Europa« seinerseits zum Ausgangspunkt oder Ziel von Verbindungen mit den Großmächten oder kleineren Staaten auf anderen Kontinenten gemacht haben.

Erstens ist die Militärgeschichte der USA des 18., vor allem des 19. Jahrhunderts ohne die Orientierung an europäischen Vorbildern nicht denkbar. Die Professionalisierung amerikanischer Soldaten richtete sich nach Modellen, die den Soldaten als Bürger in Uniform oder als taktisch versierten Techniker entwarfen. Mit der Nationalisierung des Krieges im 19. Jahrhundert glichen sich die Entwicklungen weiter an. So besaß etwa die französische Armee große Bedeutung für die amerikanische Militärakademie; das napoleonische Leitbild der Entscheidungsschlacht beherrschte den Amerikanischen Bürgerkrieg von 1861 bis 1865. Dort zeigten sich die Anfänge einer totalen Kriegführung, wie sie wiederum die europäischen Kriegsschauplätze der Weltkriege prägten. Führende amerikanische Militärtheoretiker griffen auf die Ideen zurück, die ihre preußischen und britischen – und nicht mehr französischen – Kollegen zum strategischen Denken, zu Befehls- und Organisationsstrukturen entwickelt hatten. Durch die Erfahrungen im Zeitalter der Weltkriege wurden die USA schließlich zu einem militärischen Machtfaktor in Europa bis heute *(Donald Abenheim)*.

Zweitens war Russland bzw. von 1922 bis 1991 die Sowjetunion die andere Supermacht. Gestützt auf enorme territoriale und personelle Ressourcen, hatte das Land eine Politik betrieben, die militärische Gewalt androhte und einsetzte. Als ein zentraler Akteur hat Russland/die UdSSR die europäische Militärgeschichte im 19. und

20. Jahrhundert geprägt: von der Beteiligung an den antifranzösischen Koalitionen und am »Vaterländischen Krieg« gegen Napoleon 1812 über den Ersten Weltkrieg bis zum »Großen Vaterländischen Krieg«, wie der Zweite Weltkrieg noch heute in Russland genannt wird *(Boris Khavkin)*.

Drittens geht es um die auch künftig brennende Frage, inwiefern nicht zuletzt europäische Armeen im Zuge »humanitärer Interventionen« militärisch eingreifen sollen und können. *(Matthew Jamison)*. Die Geschichte dieser Interventionen lässt sich daher ebenfalls als Versuch lesen, einer eurozentrischen Sicht der Militärgeschichte entgegenzuwirken.

Wie eine Klammer um die systematischen Teile II bis VI schreibt schließlich der Beitrag zur Auflösung Jugoslawiens die chronologische Entwicklung fort, über das Ende des Kalten Krieges hinaus. Das Kriegsbild änderte sich mit der Jugoslawien-Krise in den frühen 1990er-Jahren *(Leopoldo Nuti)*. Der Krieg in Bosnien-Herzegowina, dann im Kosovo hat, so lautet das Argument, die Gemeinsame Außen- und Sicherheitspolitik wie auch die spätere GSVP in erster Linie geprägt. Die Intervention auf dem Balkan, welche die Rolle der NATO stärken sollte, führte unter den Europäern zu der Auffassung, dass sie ihre eigene militärische Zusammenarbeit intensivieren mussten.

Ein Fazit

Als Fazit dieser Überlegungen bleibt: Angesichts der zunehmenden Multinationalität des Militärs im Rahmen der ESVP besitzt eine historische Selbstvergewisserung der Streitkräfte, die nicht länger nationalgeschichtlich fixiert ist, wachsende sicherheitspolitische Bedeutung. Der ältere Traditionsbegriff, der in der »alten« Bundeswehr normative Geschichtsbezüge regeln sollte, ist für eine wertgebundene Vermittlung von historischem Denken im europäischen Kontext ebenso wenig geeignet wie eine umfassende, auf die »eigene« militärische Vergangenheit bezogene historische Bildung oder die Aneinanderreihung mehrerer nationaler Militärgeschichten. Weiter führt dagegen, so lautet die These, eine ergänzende und vermittelnde Position. Sie lässt den engen Traditionsbegriff mit dem Ziel eines gesamteuropäisch angelegten historischen Denkens hinter sich. Dieses Denken ist gleichermaßen normativ gebunden (nichts anderes kommt nach dem Grundgesetz in Frage) und trifft ebenfalls eine Auswahl aus der Vergangenheit (wie das in der Geschichtsschreibung zwangsläufig der Fall ist), ohne das eventuelle Ziel einer europäischen Identität in die Vergangenheit zu übertragen. Mit der methodischen Anleihe bei der Geschichtswissenschaft jenseits des Territorialprinzips zielt dieser Band daher erstmals auf die Integration europäisch-vergleichender, transfergeschichtlicher und transnationaler Ansätze im Bereich der Militärgeschichte und ihre zielgruppengerechte Darstellung durch internationale Kooperation.

Anmerkungen

1   Im Folgenden stütze ich mich auf Grundgedanken meiner Konzeption: Jörg Echternkamp, Europäische Militärgeschichte. Neue Wege des historischen Lernens in den Streitkräften Europas, unveröffentl. Ms., 58 S., Potsdam 2010.
2   Juncker fordert eine europäische Armee. In: Zeit online, 8.3.2015 (15.4.2015).

3   So lautet das Fazit von Wilfried von Bredow und Gerhard Kümmel, Das Militär und die Herausforderung globaler Sicherheit. Der Spagat zwischen traditionellen und nicht-traditionellen Rollen, Strausberg 1999 (= Sozialwissenschaftliches Institut der Bundeswehr, SOWI-Arbeitspapier, 1999, Nr. 119), S. 24.

4   Andreas Wirsching, Der Preis der Freiheit. Geschichte Europas in unserer Zeit, München 2012, S. 377 f.

5   Eric Hobsbawm, Das Zeitalter der Extreme. Weltgeschichte des 20. Jahrhunderts, München 1995.

6   Vgl. Christoph Cornelißen, Vom Schreiben einer Geschichte Europas. In: ZeitRäume. Potsdamer Almanach des Zentrums für Zeithistorische Forschung 2012/2013. Hrsg. von Frank Bösch und Martin Sabrow, Göttingen 2013, S. 65–86.

7   Vgl. insbesondere die programmatischen Überlegungen des Kommandeurs des Zentrums für Militärgeschichte und Sozialwissenschaften der Bundeswehr (vorm. MGFA): Hans-Hubertus Mack, Prolegomena für ein europäisches Geschichtsbuch für Soldaten. In: Gneisenau Blätter 7 (2008) S. 87–97; ders., Historische Bildung und Erziehung in deutschen Streitkräften. In: Gneisenau Blätter, 5 (2007) S. 51–67.

8   Manfred Görtemaker, Tradition und Militärgeschichte in der Bundeswehr. Konstruktion und Dekonstrukion – Kommentar. In: Perspektiven der Militärgeschichte. Raum, Gewalt und Repräsentation in historischer Forschung und Bildung. Im Auftrag des MGFA hrsg. von Jörg Echternkamp, Wolfgang Schmidt und Thomas Vogel, München 2010, S. 315–320, hier S. 319. Vgl. den Versuch, die Reformer zu kontextualisieren: Jörg Echternkamp, Feinde in den Freiheitskriegen. Tradition an der Spitze des Fortschritts. In: Militärgeschichte. Zeitschrift für historische Bildung, 10 (2000), 4, S. 67–75.

9   Weisung zur Intensivierung der Historischen Bildung in den Streitkräften – BMVg GenInsp/ Fü S I 7 – Az 35-20-01 vom 2.3.1994.

I. Militärische Grundzüge bis 1989/90

Georges-Henri Soutou

Europäische Militärgeschichte vom Beginn des 19. Jahrhunderts bis zum Ende des Kalten Krieges

Zwei Jahrhunderte Krieg und Kriegsgefahr in Europa und wegen Europa – so könnte man die Militärgeschichte von 1815 bis 1990 zusammenfassen. Der Aufstieg des Nationalismus, die Industrielle Revolution und eine der größten Globalisierungswellen der Geschichte führten dazu, dass die Auswirkungen militärischer Gewalt mit jedem Konflikt größer wurden. Zugleich erreichte der Einfluss der europäischen Tradition des strategischen Denkens einen Höhepunkt. Schließlich änderte sich im 19. und 20. Jahrhundert die Wahrnehmung des Krieges radikal: Als Mittel zur Durchsetzung politischer Ziele oder, mehr noch, zur Lösung politischer Probleme kam er am Ende immer weniger in Frage.

Bis 1914 hielten sich bewaffnete Konflikte in den meisten Fällen sowohl hinsichtlich der Anzahl der Teilnehmer als auch der eingesetzten Mittel oder der verfolgten Ziele in Grenzen. Im Rahmen des »europäischen Konzerts«, das nicht den Anspruch erhob, den Krieg vollständig auszurotten, blieben die Konflikte denn auch unter Kontrolle, geografisch begrenzt und ausschließlich eingesetzt als Mittel im Dienste der Politik. Nach den Erfahrungen der französischen Revolutionskriege und der napoleonischen Zeit wollte man die allmähliche Steigerung der Gewalt des Krieges bis hin zum Äußersten verhindern. Auch wenn die großen Kriege (1859, 1866, 1870) erbittert geführt wurden, so waren sie, was die räumliche Ausdehnung und die eingesetzten Mittel anbelangt, doch beschränkt. Sie endeten mit dem Aushandeln eines immer neuen europäischen Gleichgewichts, das jedoch stets an das überlieferte Verständnis anknüpfte. Die Lehren von Carl von Clausewitz entsprachen trotz manch anders lautender Auslegung weit mehr dieser Art der Kriegführung als der Zuspitzung bis hin zu extremer Gewalt.

Ab 1914 standen sich riesige Bündnisse gegenüber: Aus den Kriegen wurden Weltkriege. Die Kriegsziele der jeweiligen Kriegsparteien bestanden nicht mehr nur darin, das internationale System zu verändern, sondern es zu zerstören. Die Kriege wurden immer mehr zu »totalen Kriegen«. Während des Kalten Krieges wurde gar die vollständige Auslöschung angedroht. Die verschiedenen politischen Systeme waren darüber hinaus bis 1914 – zumindest was die Außenpolitik und die militärische Organisation betraf – miteinander weitgehend vergleichbar. In allen Ländern glich sich das Handeln der Politiker, Diplomaten und militärischen Führer erheblich; ihre Ordnungssysteme und ihr theoretisches Verständnis von Strategie entsprachen sich weitgehend.

Nach 1919 jedoch entwickelten sich neue Organisationsmodelle: Die Auffassung von Außenpolitik und deren Methoden unterschieden sich sowohl im nationalsozialistischen Deutschland als auch in der Sowjetunion grundlegend von denen der demokratischen Mächte. Dies hatte auch Auswirkungen auf die Strategie und die militärische Ordnung der westlichen Demokratien.

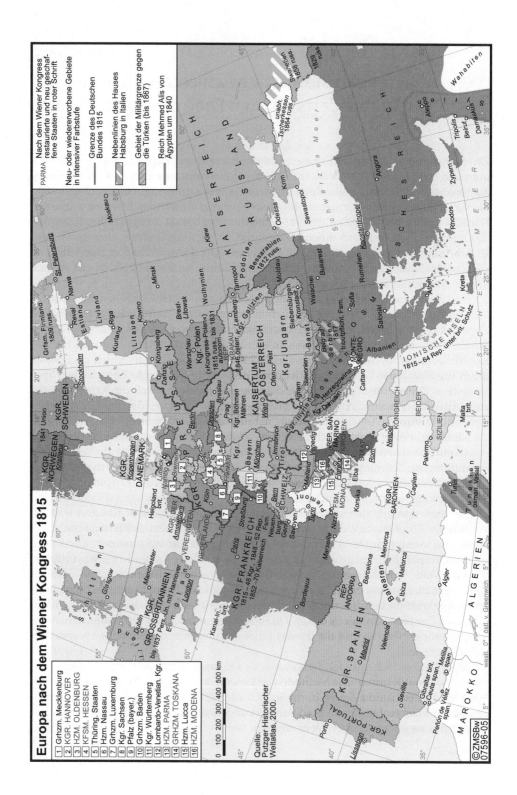

Europa nach dem Wiener Kongress 1815

1	Grhzm. Mecklenburg
2	KGR. HANNOVER
3	HZM. OLDENBURG
4	KFSM. HESSEN
5	Thüring. Staaten
6	Hzm. Nassau
7	Grhzm. Luxemburg
8	Kgr. Sachsen
9	Pfalz (bayer.)
10	Grhzm. Baden
11	Kgr. Württemberg
12	Lombardo-Venetian. Kgr.
13	HZM. PARMA
14	GRHZM. TOSKANA
15	Hzm. Lucca
16	HZM. MODENA

0 100 200 300 400 500 km

Quelle:
Putzger Historischer
Weltatlas, 2000.

PARMA Nach dem Wiener Kongress
restaurierte und neu geschaffene Staaten in intensiver Farbstufe

Neu- oder wiedererworbene Gebiete
in intensiver Farbstufe

—— Grenze des Deutschen
Bundes 1815

Nebenlinien des Hauses
Habsburg in Italien

Gebiet der Militärgrenze gegen
die Türken (bis 1867)

Reich Mehmed Alis von
Ägypten um 1840

©ZMSBw
07596-05

Volksarmee oder Berufsarmee? Zwischen Qualität und Quantität

Die Jahre von 1815 bis 1990, die geprägt waren vom Modell der Volksarmee, lagen zwischen zwei Phasen, in denen Berufsarmeen vorherrschten. Der Nachwuchs und das Selbstverständnis dieser Volksarmeen waren zunehmend national ausgerichtet. Die Vielfalt der alten Armeen mit ihrer feudalen Tradition ging ebenso verloren wie der Ruf und die Rolle des Adels als des Bewahrers der Kriegskunst in Europa. Aus organisatorischer Sicht beruhte das neue System darauf, dass sich im Falle einer Krise die Armee der Friedenszeit mithilfe eines ausgeklügelten Systems der Mobilmachung in eine riesige Feldarmee verwandelte. Dies führte in operativer und taktischer Hinsicht zu beträchtlichen Änderungen in der Kriegführung: Gewaltige Streitkräfte operierten nun an zusammenhängenden Frontlinien, die sich über den gesamten Kontinent zogen, mit schwerwiegenden Folgen für die Führungs- und Fernmeldeorganisation.

Der allgemeine Wehrdienst ging einher mit der Entwicklung des allgemeinen Wahlrechts und war eng verbunden mit der Einführung der Schulpflicht für alle Kinder, einer bis dahin nicht gekannten Alphabetisierung der gesamten Bevölkerung und dem Aufkommen einer auch für ärmere Schichten erschwinglichen Tagespresse. Das klassische Zeitalter des demokratischen Staates, so wie er sich in Europa herausbildete, war eng verknüpft mit diesem Wandel auf militärischem Gebiet (Großbritannien bildete hier die Ausnahme). Hingegen stand die liberale Tradition zu Beginn des 19. Jahrhunderts dem allgemeinen Wehrdienst ausgesprochen feindlich gegenüber. Auch diesbezüglich lässt sich das Ausmaß der Umwälzungen in Europa nach 1815 ermessen. Vielsagend ist die Tatsache, dass die allgemeine Wehrpflicht nach dem Ende des Kalten Krieges weitgehend verschwunden ist. Es gab auch psychologische, politische und kulturelle Aspekte. Einerseits nahmen die Militarisierung der Gesellschaft, die ideologische Bindung der Bevölkerung an die großen Kriege sowie die Brutalität der Konflikte zu. Auf der anderen Seite jedoch verbreiteten sich der Pazifismus, die Ablehnung des Krieges und die Forderung, das Völkerrecht auch in einem Konflikt einzuhalten (*ius in bello*, d.h. das Recht im Krieg).

Demokratisierung, Industrialisierung und technischer Fortschritt ermöglichten das Aufstellen von Massenarmeen, die dank der Mobilmachung der Reserve und der Ankurbelung der Waffenproduktion sehr schnell vom Friedens- in den Kriegszustand übergehen konnten. Das Prinzip einer Volksarmee, die auf einem umfassenden Wehrdienst beruhte, wurde während der Französischen Revolution erdacht, die damit allerdings eine Einrichtung des französischen Absolutismus, des *Ancien Régime*, weiterführte (die Miliz). Zum ersten Mal umgesetzt wurde es in Preußen mit einer echten allgemeinen Wehrpflicht, die ein raffiniertes System der Reserve und der Mobilmachung umfasste. Die Siege Preußens in den Kriegen von 1866 und 1870 zogen die allgemeine Einführung dieses Modells nach sich – außer in Großbritannien, das sich erst 1916 – zwei Jahre nach Beginn des Ersten Weltkrieges – zur Einführung der Wehrpflicht durchringen konnte.

Das hatte operative und strategische Folgen: Die Unterschiede zwischen der Armee im Frieden und der Feldarmee nach der Mobilmachung waren beträchtlich. Die Anzahl der einberufenen Soldaten konnte sich innerhalb weniger Wochen verdreifachen, wenn nicht sogar vervierfachen. Wenn ein Land in Europa seine Truppen für den Krieg mobilisierte, taten es ihm deshalb seine Nachbarn oder Gegner unweigerlich gleich.

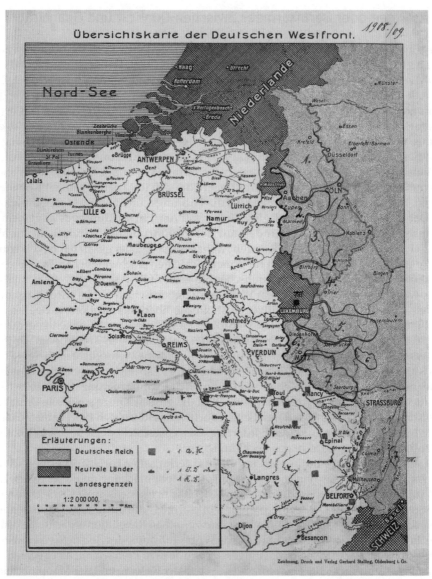

Aufmarschplan: Übersichtskarte der deutschen Westfront. Aus: Der Schlieffenplan. Analysen und Dokumente. Hrsg. von Hans Ehlert, Michael Epkenhans und Gerhard P. Groß, Paderborn [u.a.] 2006, S. 403.

Die Instabilität des Systems, die sich daraus ergab, trug wesentlich zum Ausbruch des Ersten Weltkrieges 1914 bei. Das Deutsche Reich war insbesondere versucht, die langsame Mobilmachung in Russland zu nutzen, um Frankreich durch eine schlagartige Offensive zu vernichten und anschließend sämtliche verfügbaren Truppen gegen Russland zu schicken (Schlieffen-Plan).

Neue Transportmittel wie die Eisenbahn und immer häufiger auch motorisierte Fahrzeuge und neue Techniken der Nachrichtenübermittlung wie der Telegraf, das Telefon und später auch der Funk machten es möglich, dass riesige Armeen befehligt wurden und kilometerlange Fronten entstanden. Infolge der Industrialisierung war es zum ersten Mal möglich, Massenheere zu versorgen, anzukleiden und auszurüsten sowie gewaltige Material- und Munitionsmengen bereitzustellen. Aus der Kriegskunst wurde weitestgehend ein industrieller, messbarer Prozess: Der Verbrauch an Munition war bis zu einer bestimmten Tonnenzahl geplant; soundsoviele Verluste für den Gewinn von soundsovielen Metern feindlicher Schützengräben waren hinnehmbar. Die kalkulierbare Quantität sorgte für eine veränderte Qualität des Krieges.

Im Ersten Weltkrieg wurde dieses System ins Absurde gesteigert: Die Führung eines Krieges in einem großen Raum wurde größtenteils ersetzt durch eine rein taktische Betrachtungsweise. Statt sich strategisch sinnvolle Bewegungen zu überlegen, versuchte man Geländegewinne zu erzielen, wobei die Gewinne in keinem Verhältnis zu den enormen personellen und materiellen Verlusten standen.

Um diese sinnlosen Verluste in einem zukünftigen Krieg zu verhindern und der Ausweglosigkeit des geländeverhafteten Abnutzungskriegs zu entgehen, probierte man ab 1917/18 neue Konzepte und Kampfmethoden aus. Man wollte die unbewegliche Front durchbrechen, um wieder zu Manövern in der Tiefe in der Lage zu sein. Ermöglicht wurde dies durch die neu aufgestellten deutschen Eliteeinheiten (»Sturmtruppen«), wie die Beispiele der Schlachten von Riga im Baltikum und Caporetto (12. und letzte Isonzoschlacht) zeigen, bzw. durch den Einsatz von motorisierten Truppen, Panzern und Flugzeugen auf Seiten der Alliierten 1918. Diese ersten Versuche wurden später noch erweitert (der »Blitzkrieg« war eine operative und strategische Weiterentwicklung der ersten Erfahrungen). Charles de Gaulle in Frankreich, Sir Basil Liddell Hart in Großbritannien und Heinz Guderian in Deutschland arbeiteten dieses Konzept weiter aus; später dann stellte die Wehrmacht neben den herkömmlichen Verbänden zu Fuß und zu Pferd tatsächlich eine kleine, aber schlagkräftige Panzerarmee auf.

Nur die Briten und Amerikaner besaßen jedoch die erforderliche industrielle Leistungsfähigkeit, um ab 1943 vollständig motorisierte oder gepanzerte Armeen zu bilden. Die Entwicklung hin zu mehr Qualität war jedoch nicht zu übersehen: Die amerikanischen und britischen Armeen konnten die bei Weitem größte Feuerkraft mit der geringsten Anzahl an Soldaten aufbringen. Besonders bei den Amerikanern waren die meisten Soldaten keine Kämpfer im eigentlichen Sinne mehr, sondern wurden in der Logistik und für Dienste eingesetzt.

Das Tempo der Kampfhandlungen nahm zu – man denke an die motorisierten Fahrzeuge, die viel flexibler waren als die Eisenbahn, an die Flugzeuge, die Flugkörper mit Atomsprengkopf sowie die neuen Kommunikationsverfahren. So wurde das Prinzip der Mobilmachung zugunsten der Aufstellung ständig einsatzbereiter Armeen zurückgedrängt. Im Falle eines Krieges nämlich musste man mit den Mitteln auskommen, über die man in dem Moment verfügte. Die sonst üblichen Warnsignale wie die Verschärfung einer diplomatischen Krise oder die Abfolge der militärischen Maßnahmen vom Auslösen der Vorwarnstufe bis hin zur Generalmobilmachung fielen fort. Die atomare Abschreckung setzte immer kürzere Reaktionszeiten voraus; Mobilmachungsmaßnahmen in begrenztem Umfang waren allenfalls nach Beginn eines

Krieges denkbar, um, soweit überhaupt möglich, Verstärkung in die Kampfgebiete zu entsenden. Der Kalte Krieg war zugleich auch eine Zeit der extremen Spannung, sowohl für die NATO-Staaten als auch für die Staaten des Warschauer Pakts. Für die Atommächte des Ostens und des Westens bedeutete er eine Zeit großer Nervosität. Die Radaranlagen, die Kommunikationsknotenpunkte, die Befehlszentralen, die wesentlichen Anteile der Luftverteidigung und die Atomstreitkräfte mussten ständig einsatzbereit sein. Die obersten politischen Führer mussten kontaktiert werden können und ständig in der Lage sein, Entscheidungen zu treffen. Die großen Krisen wie die Berlin-Krise 1961 und die Kuba-Krise 1962 entfalteten aus diesem Grund eine besondere Dynamik.

Abgesehen von den technischen und militärischen Folgen für die Streitkräfte in Europa auf beiden Seiten des Eisernen Vorhangs, aber auch für die Streitkräfte der Vereinigten Staaten und der Sowjetunion, die auf europäischem Boden stationiert waren, führten die neuen Kriegsgefahren zu einem Wiedererstarken des Pazifismus, der noch erfolgreicher wurde als 1919 – sofern das überhaupt möglich war.

Die Blütezeit des europäischen strategischen Denkens

In das 19. und 20. Jahrhundert fiel aber auch die von Europa geprägte Blütezeit des strategischen Denkens. Sprach man zunächst von einer »einfache[n] Kunst, bei der alles auf die Ausführung ankommt« (Napoleon Bonaparte), oder von einem »System der Aushülfen« (Hellmuth von Moltke d. Ä.), wurde die Strategie schließlich in den Rang einer Wissenschaft erhoben. Das war zumindest der Anspruch der Strategen. Zahlreiche Fachleute oder militärische Führer befassten sich vor allem mit dem operativen Denken. Dazu untersuchten sie in theoretischen Abhandlungen die Schlachten Napoleons, des Deutsch-Französischen Krieges von 1870/71 und der beiden Weltkriege.

Bis heute kennt man die Namen der Militärtheoretiker Carl von Clausewitz, Antoine-Henri Jomini, Raoul Castex und anderer mehr. Ihre Schriften werden weiterhin gelesen oder zumindest anerkennend erwähnt. Es fällt aber dennoch heute schwer, sich das hohe Ansehen vorzustellen, das den großen europäischen Militärakademien und ihren Absolventen, den Stabsoffizieren, bis 1945 entgegengebracht wurde. Nicht zufällig wurden sie in Preußen/Deutschland – keineswegs nur ironisch – als »Halbgötter« bezeichnet.

Das Wesentliche an dieser Tradition der Strategie könnte man wie folgt auf den Punkt bringen: Das wichtigste Ziel des Krieges ist nicht die Eroberung von Gebieten, sondern die Vernichtung der gegnerischen Armeen. Erreicht wird dies durch die Konzentration der Kräfte zum richtigen Zeitpunkt am richtigen Ort. Eine erfolgreiche Strategie besteht darin, zum einem die eigenen Streitkräfte so zu lenken, dass sie sich gleichzeitig fortbewegen, Nachschub erhalten und, wenn möglich, den Gegner in Bezug auf ihre Absichten täuschen, zum anderen, dass sie durch die Konzentration der Kräfte und eine kluge Auswahl des Ortes und der Richtung des Angriffs Überlegenheit erringen. Nach einem deutlichen Sieg schließlich nimmt dann die politische Führung die Sache wieder in die Hand und stellt einen Frieden her, mit dem sie ihre Kriegsziele verwirklicht.

Die Grenzen dieser europäischen Sichtweise/Idealvorstellung sind jedoch offensichtlich. Zunächst lässt sich eine zu deutliche Trennung zwischen der Politik einerseits und der militärischen Umsetzung von politisch festgelegten Zielen andererseits feststellen. Die Phase der politischen Entscheidungen und die des Krieges folgen jedoch in der Realität nicht zwangsläufig aufeinander, sondern können nebeneinander bestehen. Außerdem wurde Strategie in erster Linie als eine direkte militärische Strategie betrachtet: Kaum eine Rolle spielten andere Instrumente wie Propaganda, Geheimpolitik und wirtschaftlicher Druck. Kurzum: Das europäische strategische Denken im 19. und 20. Jahrhundert entsprach dem europäischen System der Nationalstaaten, die über vergleichbare militärische Organisationen verfügten und ähnliche Ziele verfolgten. Für Konflikte, die nicht in dieses Schema passten wie ideologische Kriege oder Kriege gegen nichtstaatliche Gegner, eignete sich diese strategische Denkschule weit weniger.

Formen des Krieges

Die Tradition der europäischen Strategie räumt der Bewegung den Vorrang ein. Sie soll es ermöglichen, einen entscheidenden Sieg zu erringen und somit die Kriegsziele durchzusetzen. Immer wieder versuchte man, zum Bewegungskrieg zurückzukehren; doch immer wieder drohte der Krieg sich in einen langsamen und mühsamen Stellungskrieg zu verwandeln. Das hatte verschiedene Gründe: Strategie beruht auf einem Gegensatz und betrifft mindestens zwei Gegner. Die riesigen Armeen und ausgedehnten Frontlinien, wie sie durch die Industrielle Revolution möglich geworden waren, blockierten sich gegenseitig. Darüber hinaus war die Defensive mit modernen Waffen häufig wirkungsvoller als die Offensive – eine Tatsache, die ein neues Kapitel in der Geschichte der Strategie einleitete. Ziel der Strategen war jetzt nicht mehr nur die Beweglichkeit. Vielmehr setzten sie nun auf den Durchbruch, um wieder beweglich zu werden. In Wirklichkeit jedoch kam die Bewegung häufig zum Stillstand. Das zeigte u.a. der Grabenkrieg nach dem Scheitern des Schlieffen-Plans. Der Sieg wurde nur langsam errungen: 1870/71 nach sieben Monaten, 1914/18 nach vier Jahren und 1939/45 nach sechs Jahren.

1914 dachte man, Europa nach einem kurzen Waffengang zugunsten eines stabilen Gleichgewichts neu organisieren zu können. Das Scheitern des kurzen Krieges eröffnete zwei Möglichkeiten: Entweder begrenzte man die Kriegsziele und versuchte nicht mehr, den Gegner vollständig zu vernichten, sondern ihn vielmehr an den Verhandlungstisch zu bringen oder ihn zumindest in Zukunft in bestimmten Grenzen zu halten (Ermattungsstrategie). Oder man erzwang, im Gegenteil, einen entscheidenden Sieg durch den Einsatz sämtlicher Mittel (militärischer, wirtschaftlicher, propagandistischer usw.) und lähmte so den Gegner durch die Überlegenheit der bloßen Kraft. Dahinter stand die Idee vom »totalen Krieg«, die zum ersten Mal der deutsche General Erich Ludendorff im Ersten Weltkrieg entwickelte. Der nächste Schritt war der Vernichtungskrieg, in dem nicht nur die Streitkräfte des Gegners vernichtet werden sollten, sondern auch seine materiellen Ressourcen und seine Bevölkerung. Die Gegensätzlichkeit der Absichten radikalisierte auf beiden Seiten die Kriegführung.

Mit den Bombardierungen der Kriegsjahre 1939 bis 1945 wurden die von General Giulio Douhet in den 1920er-Jahren entwickelten Luftkriegstheorien Wirklichkeit. Die Atomwaffen trieben das insofern auf die Spitze, als sie nicht überall und nicht immer nur als Mittel der Abschreckung betrachtet wurden.

Um dieser Zuspitzung des Krieges bis hin zur Sinn- und Nutzlosigkeit der Streitkräfte für die Politik zu entgehen, versuchten viele immer wieder dem Krieg erneut eine strategische Richtung zu geben.

So gesehen, wurden der Gegensatz zwischen der Konzentration an der Hauptfront und deren Umgehen an der Peripherie sowie der damit vergleichbare Gegensatz zwischen dem Kontinentalkrieg und dem Seekrieg die Merkmale der klassischen europäischen Strategie. Napoleon hatte seine Soldaten mit großer Entschiedenheit und sehr erfolgreich stets auf den größten Schwachpunkt seines Gegners konzentriert – ganz im Gegensatz zur Strategie der Befestigungen und Verbindungslinien der meisten Heerführer des 18. Jahrhunderts. Dagegen führte er vorwiegend kontinentale Kriege. In Seeschlachten, zu denen er sich nur widerstrebend durchrang, hatte er keinen Erfolg, etwa auf dem Weg nach Ägypten oder bei der Vorbereitung einer Landung in England, die mit der Niederlage von Trafalgar endete. Gleichzeitig sicherte sich Großbritannien durch seine strategische Ausrichtung auf das Meer und die abgelegenen Gebiete seine Vormachtstellung im 19. Jahrhundert. Die Kontinentalmacht Russland wiederum spielte eine wesentliche Rolle bei der Niederlage Napoleons: Beide Strategien waren notwendig gewesen.

Gleiches gilt für den Ersten Weltkrieg: Der Seekrieg, die Seeblockade, die Kriegsschauplätze am Rande (Gallipoli, Saloniki, Naher Osten) gehörten zu den wichtigsten Aufgaben der britischen Streitkräfte, die – allerdings mit schweren Verlusten – zugleich an der französischen Front eingesetzt wurden. Nach 1919 wurde in Großbritannien deshalb eine Theorie der Kriegführung an der Peripherie entwickelt (der »indirekte Ansatz«, Basil Liddell Hart), die während des Zweiten Weltkrieges zu einer großen Zurückhaltung gegenüber möglichen Kämpfen auf dem europäischen Kontinent führte. Während des Kalten Krieges lässt sich bei den britischen Planungen eine ähnliche Zurückhaltung feststellen. Diese strategischen Konzepte wurden durch das einflussreiche Modell des britischen Geografen Halford Mackinder gestärkt, der in seinem bekannten Aufsatz von 1904[1] den grundlegenden Gegensatz zwischen kontinentaler Macht und Seemacht sowie die strukturelle Überlegenheit der Seemacht beschrieben hatte.

Hitler wiederum unternahm trotz der eindringlichen Warnung vieler seiner Berater keine wesentlichen Schritte gegen die Strategie Londons. Für ihn befand sich der Hauptkriegsschauplatz auf dem Kontinent. Letzten Endes wurde er durch die Kontinentalmacht Russland entscheidend geschlagen, auch wenn der anglo-amerikanische Beitrag, der See- und Luftkrieg, die Seeblockade, das Landungsunternehmen, eine wesentliche Rolle spielten. Das Leitmotiv der europäischen Kriege war nicht so sehr der Gegensatz zwischen Land und See, zwischen Hauptfront und Peripherie, sondern vielmehr eine Kombination aus beidem.

Die Tatsache, dass die Europäer lange vor Hiroshima bereits die Abschreckung kannten, wird häufig außer Acht gelassen. Die Kriegsschiffe vor 1914 wie die Jagdbomber vor 1939 waren nicht nur für den Einsatz gedacht, sondern auch als Mittel der Abschreckung. Die deutsche kaiserliche Flotte hatte Großadmiral Alfred von Tirpitz nicht nur als Kriegsgerät vorgesehen, sondern sie diente in erster Linie dazu, die Briten von einer Beteiligung an einem Krieg gegen das Deutsche Reich abzuschrecken. Bis 1939 hatte die britische Jagdbomberflotte vor allem den Zweck, mögliche Gegner von einer Bombardierung der britischen Inseln abzuhalten. Tatsächlich wurde diese Flotte zu Beginn des Zweiten Weltkriegs nur sehr zurückhaltend eingesetzt.

Man erinnert sich auch kaum daran, dass die Europäer zahlreiche asymmetrische Kriege führten, auch wenn sie viel weniger zum Anlass für die Entstehung theoretischer Konzepte wurden als die großen Kriege des 18. und 19. Jahrhunderts: die Kolonialkriege, die Bekämpfung der zahlreichen bewaffneten Aufstände im Rahmen der großen Kriege (nicht nur 1939–1945, sondern auch bereits 1870/71), die Entkolonialisierungskriege nach 1945. Letztere waren allerdings durchaus Gegenstand von Untersuchungen, vor allem der Aufstand gegen die Briten in Malaysia und gegen die Franzosen in Algerien. Die vermeintlich richtigen Schlussfolgerungen führten maßgeblich und wahrscheinlich mit häufig falschen Ergebnissen zu den derzeitigen Diskussionen über die *Counterinsurgency*.

Dieses trotz historischer Brüche bestehende Gefühl der Kontinuität trifft auch auf die Friedenseinsätze auf dem Balkan und im Mittelmeer im 19. Jahrhundert zu (Unabhängigkeit Griechenlands 1821, Syrien 1860, Kreta 1895). Die aktuellen friedenserhaltenden Einsätze auf dem Balkan, bei denen die Interessen der Mächte – zwischen dem Bemühen um Stabilität und der zunehmenden Berücksichtigung der Frage der Menschenrechte – ebenfalls maßgeblichen Anteil haben, sind im Grunde genommen nichts Neues. Die gesamte Problematik des Krieges in all seinen Ausprägungen spielte in dieser Phase der zeitgenössischen Geschichte eine Rolle.

Wird dem Krieg die Rechtmäßigkeit aberkannt?

Zu Beginn des 19. Jahrhunderts wurden Kriege, auch Angriffskriege, als ein durch und durch rechtmäßiges Instrument der Staatsräson betrachtet. Die Entwicklung der Konflikte in Europa im 20. Jahrhundert bewirkte neben der Entstehung des *ius in bello*, des Rechts im Krieg, mit den Haager Friedenskonferenzen von 1897 und 1907, dass die Rechtmäßigkeit des Krieges zunehmend in Frage gestellt wurde. Zum ersten Mal wurde 1928 im Briand-Kellogg-Pakt der Angriffskrieg für völkerrechtswidrig erklärt, und 1945 vereinbarten die Vereinten Nationen (wirkungsvoller als der Völkerbund 1919, der in diesem Punkt nicht sehr weit ging) Bedingungen, die das Recht auf Selbstverteidigung regelten. Sie sahen vor, dass internationale Organisationen den Angreifer identifizierten und nicht eine Macht, die nicht unbedingt als unparteilich gelten dürfte.

Daneben entwickelte sich in Europa ein weit verbreiteter Pazifismus, der mittlerweile ein typisches Merkmal des Kontinents geworden ist. Für viele Europäer ist heute nicht nur die Idee des Krieges selbst, sondern auch die der Macht (selbst einer europäischen Macht, die über den Nationalstaaten steht) unbegreiflich und abstoßend. Sollte Krieg in Europa und in der Wahrnehmung der Europäer ein für allemal der Vergangenheit angehören?

Anmerkung

1   The Geographical Pivot of History. In: The Geographical Journal, 23 (1904), 4, S. 421–437.

II. Krieg und Frieden in Europa

Michael Rowe

Die Napoleonischen Kriege und ihre Folgen

»La Nation française renonce à entreprendre aucune
guerre dans la vue de faire des conquêtes, et n'emploiera
jamais ses forces contre la liberté d'aucun peuple.«
(Die französische Nation verzichtet auf jeglichen
Eroberungskrieg. Sie wird ihre Streitkräfte niemals gegen
die Freiheit eines anderen Volkes verwenden).[1]

Der Ausbruch der Französischen Revolution im Jahre 1789 versprach die Abschaffung
des Krieges. Das war zumindest die Absicht der französischen Revolutionäre, wenn
man ihren Worten und der Verfassung von 1791 Glauben schenkt. Kriege waren
das Ergebnis des Ehrgeizes der Könige und nicht der Ausdruck des Volkswillens.
Diese offenkundig weitreichende Änderung der französischen Haltung zum Krieg
war in der Außenpolitik schnell zu spüren: Im Januar 1790 erreichte die britische
Regierung die Nachricht über einen Zwischenfall, der sich im vorangegangenen
Sommer im Nootka-Sound an der nordamerikanischen Pazifikküste ereignet hatte. Der
Zwischenfall, bei dem britische Schiffe in umstrittenen Gewässern von der spanischen
Marine beschlagnahmt wurden, drohte sich in einem Seekrieg zu entladen. Spanien
erwartete Unterstützung von seinem langjährigen Bündnispartner Frankreich, doch
die neugewählte Nationalversammlung in Paris lehnte das selbstbewusst ab. Auf sich
allein gestellt, war Madrid gezwungen, eine für London günstige Verhandlungslösung
zu akzeptieren.

Durch das französische Vorgehen im Jahre 1790 wurde ein Krieg abgewendet.
Dennoch begann Frankreich zwei Jahre später einen Krieg, der fast ohne Unterbrechung
bis 1815 wüten sollte. An diesem Krieg, oder besser gesagt: an dieser Reihe von
Kriegen waren alle Großmächte (Österreich, Großbritannien, Frankreich, Preußen und
Russland) und die meisten kleineren Mächte beteiligt. Dieser Kampfakt schwappte von
Europa über nach Amerika, in den Nahen Osten, auf den Indischen Subkontinent und
nach Ostindien. Historiker unterteilen diesen Krieg in der Regel in die sogenannten
Revolutionskriege (1792–1802) und die Napoleonischen Kriege (1803–1815). Letztere
allein forderten schätzungsweise fünf bis sieben Millionen Menschenleben und waren
somit hinsichtlich ihrer Auswirkungen, gemessen am Verhältnis der Zahl der Getöteten
zur Gesamtbevölkerung in Europa, vergleichbar mit dem Ersten Weltkrieg. Diese
Kriege veränderten Europa. Nach den napoleonischen Siegen und der Auflösung des
Heiligen Römischen Reiches Deutscher Nation (1806) sah die Landkarte Deutschlands
völlig anders aus. In Übersee trugen die Napoleonischen Kriege zum Zusammenbruch
des spanischen Kolonialreichs bei, wo neue Nationen ihre Unabhängigkeit von Madrid
errangen. Dagegen ging das britische Weltreich aus dieser Zeit gestärkt hervor; das
Jahrhundert der *Pax Britannica* in der Welt außerhalb des europäischen Kontinents
wurde eingeläutet. Letztlich unterlag Napoleon, und im Jahre 1815 hatte Russland
Frankreich als vorherrschende Landmacht abgelöst.

Die Gründe für den Ausbruch der Revolutionskriege im Jahre 1792 sind umstritten.
Ältere historische Berichte betonen die weltanschaulichen Unterschiede zwischen dem
revolutionären Frankreich und den europäischen Monarchien: Das neue Prinzip der

Volkssouveränität war mit der bestehenden internationalen Ordnung nicht vereinbar. In der neueren Forschung werden diese ideologischen Konflikte heruntergespielt: Die Kriege erscheinen demnach vielmehr als eine Fortsetzung der unruhigen europäischen Geopolitik des 18. Jahrhunderts. Tatsächlich waren die Französische Revolution selbst, die darauffolgenden Revolutionskriege und Napoleonischen Kriege Teil einer umfassenderen Krise des europäischen Staatensystems bereits vor 1789. Nach dieser Darstellung waren die Revolutionskriege und Napoleonischen Kriege nichts besonderes, sondern vielmehr nur Teil – wenn auch ein beachtlicher Teil – einer größeren Serie von Konflikten, zu denen auch die folgenden miteinander verbundenen Kriege zählen: der Russisch-Türkische Krieg (1768–1774), der Russisch-Österreichische Türkenkrieg (1787–1792) und der Russisch-Schwedische Krieg (1788–1790) sowie der preußische Einmarsch in Holland (1787), der Amerikanische Unabhängigkeitskrieg (1775–1783), der Siebenjährige Krieg (1756–1763) und der Österreichische Erbfolgekrieg (1740–1748). Dieser breitere Zeitrahmen wird noch weiter ausgedehnt, wenn man den britischen Begriff »Zweiter Hundertjähriger Krieg« für alle in der Zeit von 1689 bis 1815 zwischen England bzw. Großbritannien und Frankreich geführten Kriege akzeptiert.

Wenn für die Revolutionskriege und Napoleonischen Kriege etwas außergewöhnlich war, dann ihr Ausmaß, das alle früheren europäischen Konflikte übertraf. Die Mobilmachungsstärke der Armeen stieg drastisch an. Frankreich gelang es 1794, eine Armee von mehr als einer Million Mann zu mobilisieren; das war mehr als doppelt so viel wie der Höchststand vor 1789. Doch diese Stärke war nicht aufrecht zu erhalten, und die französische Armee schrumpfte in der napoleonischen Zeit (1799–1815) auf die Hälfte dieser Größe. Was den Mobilmachungsgrad pro Kopf betrifft, so entsprach die französische Mobilmachung der Jahre 1793 bis 1794 der von Preußen in den Jahren 1813 bis 1814, das aus einer Bevölkerung von weniger als fünf Millionen beinahe 300 000 Mann aufbrachte. Sowohl Österreich als auch Russland mobilisierten eine noch größere Anzahl von Soldaten, wenngleich aus einer wesentlich größeren Bevölkerung: Österreich setzte 1813 bis 1814 insgesamt 425 000 Mann ein und Russland 800 000 (diese Zahl beinhaltet zugegebenermaßen die schlecht ausgerüstete Miliz, die sogenannte *Opolčenie*), um der Invasion Napoleons 1812 entgegenzutreten. Im Gegensatz dazu war die reguläre britische Armee vergleichsweise klein: Zum Zeitpunkt ihrer maximalen Stärke 1813 umfasste sie 260 000 Mann. Diese Zahl allein steht jedoch nur für einen Teil der britischen Anstrengungen. Nicht zu vergessen sind die 150 000 Mann (im Jahre 1813) an Bord der 900 Schiffe der *Royal Navy*, ganz zu schweigen von der 200 000 Mann starken Armee, welche die *East India Company* unterhielt.

Die Mobilmachung in Europa erreichte ungekannte Ausmaße. In Frankreich, wo der Prozess eingeleitet worden war, lieferte die Revolution selbst den ideologischen Antrieb. Das »Jourdan-Delbrel-Gesetz« von 1798 schrieb die Wehrpflicht fest. Danach wurden junge Franzosen im Alter von 20 bis 25 Jahren zum Militärdienst verpflichtet, wobei die Entscheidung, wer tatsächlich eingezogen wurde, per Los gefällt wurde. Der Dienst in Friedenszeiten war auf fünf Jahre begrenzt; in Kriegszeiten blieb das Ende der Verpflichtungszeit offen. Zwar führte Napoleon I. später Änderungen ein, doch im Kern hatte das Gesetz bis nach der Niederlage von Napoleons Neffen – Napoleon III. – im Deutsch-Französischen Krieg von 1870/71 Bestand. Zu den wesentlichen Änderungen Napoleons gehörte die Möglichkeit, dass sich Wohlhabende vom Dienst freikaufen konnten, indem sie einen Ersatzmann anheuerten. Diese

Maßnahme beruhigte die Schicht der »Notablen«, auf die sich das Regime gründete. Napoleon entwickelte auch den französischen Staatsapparat weiter und setzte damit die Wehrpflicht trotz ihrer Unbeliebtheit durch. »Weiterentwickeln« bedeutete hier vor allem, den Staatsapparat zu zentralisieren und die von der Zentralregierung ernannten Präfekten mit Machtbefugnissen auszustatten. Dagegen verloren die in den Gemeinden gewählten Räte die Macht, die sie in den frühen Jahren der Republik besessen hatten. Es ist keineswegs übertrieben zu behaupten, dass die Notwendigkeit, die Wehrpflicht durchzusetzen, zur Militarisierung der zivilen Regierung in Frankreich führte: Entscheidungen von oben nach unten verdrängten demokratische Kontrolle. Zwang übersteuerte die Bemühungen um Einvernehmen, nicht zuletzt durch den Ausbau einer paramilitärischen Polizei, der *Gendarmerie*. In gewissem Maße regierte Napoleon Frankreich so, als wäre es ein erobertes Gebiet. Das überrascht nicht, wenn man sich vor Augen führt, dass er seine früheren Verwaltungserfahrungen in französisch besetzten Gebieten sammelte – vor allem in Italien und Ägypten.

Das »Jourdan-Delbrel-Gesetz« sorgte für einen permanenten Zustrom von Wehrpflichtigen, der die französische Kriegsmaschinerie am Laufen hielt. Es ermöglichte Napoleon, die Entscheidungsschlacht zu suchen, weil er sicher sein konnte, dass schwere Verluste durch nachrückende Rekruten ersetzt würden. Eine größere Bereitschaft, hohe Verluste zu ertragen, war eines der Rezepte des französischen Erfolgs in den Revolutionskriegen. Obwohl die französische Bevölkerung in den 1790er-Jahren bei Gefahr für das Vaterland (*La Patrie*) bereit war, große Verluste an Toten und Verwundeten hinzunehmen, sträubten sich die Menschen, mit dem gleichen Opfermut Napoleons

Einzug Napoleons in Düsseldorf am 3. November 1811. Aquarell von Johann Petersen.
Stadtmuseum Landeshauptstadt Düsseldorf, Objekt-Nr.: C 6229 IV 9

spätere Feldzüge zu unterstützen, weil sie diese auf dessen persönlichen Ehrgeiz zurückführten. Die scheinbar unstillbare Gier des Regimes nach Rekruten, darunter auch aus verbündeten Satellitenstaaten, untergrub die öffentliche Unterstützung und beflügelte die feindliche Propaganda im gesamten napoleonischen Europa.

Dieses negative Image, das Napoleon in seinen späteren Jahren besaß, steht in einem deutlichen Gegensatz zu den positiven Eindrücken aus den 1790er-Jahren. Öffentliche Zustimmung war für Napoleons Aufstieg wichtig. Siege mussten errungen, aber auch öffentlich bekannt gemacht werden, damit die Führung politisches Kapital daraus schlagen konnte.[2] Napoleon war nicht der Einzige, der diese Kunst beherrschte, aber er verkörperte einen neuen Typus des politischen Generals, der Ende der 1790er-Jahre aufkam. Dass dieser Typus ausgerechnet im revolutionären Frankreich in Erscheinung treten sollte, das Krieg und Ungleichheit doch ablehnte, ist eine Ironie des Schicksals.

Verschiedene Entwicklungen veränderten die Armee der Französischen Republik. Sie wurde nun zu einer treu ergebenen Truppe hochrangiger Heerführer, eine Art Prätorianergarde, wie sie die römischen Kaiser eingesetzt hatten. Dazu gehörte die Entschlossenheit der Regierung, die Soldaten von politischen Streitigkeiten abzuschirmen, wodurch sie zu einer Gesellschaftsklasse für sich wurden. Ihre militärische Erfolge ließen die französische Armee Ende der 1790er-Jahre weit über die Grenzen der Republik vorrücken, und diese physische Entfernung trug auch zu einer Trennung zwischen dem zivilen und dem militärischen Frankreich bei, was wiederum den Kommandeuren auch die Gelegenheit gab, sich vom Gängelband der zivilen Kontrolle loszureißen. Generale wie der junge Napoleon Bonaparte sammelten Erfahrung in der Führung großer Zivilbevölkerungen ohne jegliche »Dienstaufsicht«, und das zu einer Zeit, in der innenpolitische Unruhen in Frankreich selbst dazu führten, dass sich Politiker militärische Verbündete suchten, um ihre Gegner zu schlagen. Die Französische Republik forderte Heldentaten, und politisch durchtriebene Generale und die von ihnen geförderten Künstler und Journalisten erfüllten diese Forderung. Unter diesen Bedingungen riss Napoleon im November 1799 die absolute Macht in Frankreich an sich – in dem wohl ersten Militärputsch der Neuzeit.

Dennoch ist es falsch, das napoleonische Frankreich als Militärdiktatur zu sehen. Das neue Regime ruhte auf mehreren Säulen, und die Armee war nur eine davon. Gleichwohl erreichte die Verherrlichung militärischer Werte ein nie gekanntes Ausmaß. Langfristig zeigte sich das in dem Orden der »*Légion d'Honneur*« (Ehrenlegion), die 1802 als Auszeichnung für besondere Verdienste gegründet wurde, in jener Zeit jedoch überwiegend Soldaten vorbehalten blieb. Regelmäßige Paraden der berühmten Kaiserlichen Garde vor dem *Palais des Tuileries* wurden zu einer beliebten Pariser Attraktion. Dieser Militärkult hinterließ in der französischen Hauptstadt berühmte Baudenkmäler: den Triumphbogen (*Arc de Triomphe*), den kleineren Triumphbogen *Arc de Triomphe du Carrousel*, die Triumphsäule (*Colonne Vendôme*), die Pfarrkirche *La Madeleine*, ganz zu schweigen von den nach berühmten Schlachten benannten Straßen und Brücken (wie etwa die *Rue de Rivoli* oder den *Pont d'Iena*). Die Militarisierung Frankreichs ging über die Baudenkmäler und Straßenbenennungen hinaus und betraf auch die Zusammensetzung der Regierung: Zivile *départements* wurden mit *divisions militaires* zusammengeführt, und die *Gendarmerie* wurde verstärkt.

Diese Entwicklungen gab es nicht nur in Frankreich. Sie fanden auch nicht das erste Mal statt. Die Militarisierung von Gesellschaft und Kultur war im 19. Jahrhundert ein europaweites Phänomen. In Russland fand sie ihren Ausdruck in noch größeren

Militärparaden, die in Sankt Petersburg als unverkennbares Zeichen der Macht des Zaren abgehalten wurden. Was Baudenkmäler anbelangt, so hinterließen die Napoleonischen Kriege Russland die Alexandersäule (Sankt Petersburg) und die Christ-Erlöser-Kathedrale (Moskau). Zudem entstanden die sogenannten Militärsiedlungen. Sie dienten nicht nur dazu, eine sehr große Armee zu unterhalten, sondern sollten auch die Landwirtschaft entwickeln. Selbst Großbritannien legte seinen althergebrachten Argwohn gegenüber dem stehenden Heer ab, das nun im öffentlichen Leben nicht mehr zu übersehen war. Noch begeisterter feierten die Briten ihre *Royal Navy*, wie der Kult um den britischen Admiral Horatio Nelson besonders gut zeigt, der 1805 in der Schlacht bei Trafalgar die napoleonische Flotte geschlagen hatte und dabei ums Leben gekommen war. Durch Baudenkmäler und kostbar verkleidete Zeremonienschwerter, oft aus öffentlichen Spenden finanziert, sollte das Heldentum von einfachen Offizieren gewürdigt werden. Deren Taten inspirierten Künstler und Journalisten in Großbritannien genauso wie in Frankreich. Die Militarisierung erstreckte sich sogar auf die Damenmode: Motive, die von Husaren- und nach 1812 Kosakenuniformen abgeleitet wurden, zierten die Kleidung der Frauen.

Bisher wurde in diesem Kapitel der Unterschied zwischen dem revolutionären und napoleonischen Frankreich einerseits und seinen Gegnern andererseits eher gering eingeschätzt. Gilt das auch für den Bereich der militärischen Taktik? In älteren Studien wird wiederum der Unterschied zwischen der revolutionären Begeisterung Frankreichs und der institutionellen Erstarrung des Alten Reiches (wie das Heilige Römische Reich Deutscher Nation kurz genannt wird) betont. Taktisch spiegelte sich das scheinbar darin wider, dass die Franzosen die Anordnung der Infanterietruppen in Kolonnen bevorzugten, eine Formation, welche die revolutionäre Leidenschaft am besten in Bewegung und Stoß umzusetzen wusste. Im Gegensatz dazu blieben die Armeen des Alten Reiches mit der unflexiblen Lineartaktik verbunden, die den Soldaten zwang, wie eine Maschine blind und brutal zu handeln. Die neuere Forschung weist darauf hin, dass diese Unterscheidung übertrieben ist und dass *alle* Armeen – die Franzosen und ihre Gegner – eine Kombination aus Kolonne und Linie nutzten. Der Schlüssel für den militärischen Erfolg bestand darin, je nach Lage von der einen zur anderen Formation zu wechseln. Das war eher eine Frage der Ausbildung und Erfahrung als der revolutionären Begeisterung. Zu dem fehlte es anfangs auf der französischen Seite noch an Ausbildung und Erfahrung, so dass oft die reine zahlenmäßige Überlegenheit der eigenen Truppen zum Sieg führte. Bei Napoleons Machtergreifung hatte sich die Lage deutlich gebessert. Die französische Armee von 1799 verfügte über sieben Jahre Kampferfahrung, und die ahnungslosen Rekruten der Jahre 1792 und 1793 waren nun »Veteranen« mehrerer Feldzüge. Das Jourdan-Delbrel-Gesetz sorgte gewissermaßen für eine andauernde Blutzufuhr, so dass immer neue Rekruten von Veteranen ausgebildet werden konnten. Die verbesserte Qualität der Armee zeigte sich im Zweiten Koalitionskrieg (1798–1801), unter anderem in der entscheidenden Schlacht bei Marengo, wo die Franzosen die gemischte Ordnung aus Linear- und Kolonnentaktik (*ordre mixte*) erfolgreich einsetzten, um eine zahlenmäßig überlegene österreichische Streitkraft zu schlagen. Das taktische Können der Franzosen erreichte in den folgenden Jahren einen Höhepunkt, insbesondere während der intensiven Ausbildungsperiode im Truppenlager 1804/05 zur Vorbereitung auf die geplante Invasion Englands.

Dieser Moment war der offizielle Beginn von Napoleons *Grande Armée*. Diese Streitkraft verbesserte nicht nur die Taktik auf unterer Ebene, indem sie die

Theorie des *Ancien Régime* mit den Erfahrungen der Revolutionskriege verband, sondern sie meisterte auch den Einsatz der Korps als grundlegendes strategisches Manöverelement. Die Korps funktionierten wohl als selbstständige kleine Armeen mit ihren eigenen Kommandos und Stäben und allen Truppengattungen. Diese scheinbare Neuerung stützte sich wiederum auf Ideen des *Ancien Régime*, obwohl Napoleon das Verdienst gebührt, sie als erster in die Praxis umgesetzt zu haben. Die Vorteile, die sich aus dem Einsatz der Korps ergaben, lagen auf der Hand: die Fähigkeit, größere Kräftegruppierungen über längere Distanzen bei höherer Geschwindigkeit zu bewegen und sie nur an der entscheidenden Stelle und zum entscheidenden Zeitpunkt zu einer Armee zu vereinigen. Diese Vorzüge sorgten für Napoleons Siegesserie im Dritten und Vierten Koalitionskrieg. Dazu gehörten die Siege bei Ulm, Austerlitz (beide 1805), Jena und Auerstedt (beide 1806), welche die französische Vormachtstellung in Mitteleuropa begründeten.

Das napoleonische Frankreich erreichte zu diesem Zeitpunkt den Zenit seiner Macht, obwohl es seine Fläche bis 1812 weiter ausdehnte. Die territoriale Ausdehnung über einen gewissen Punkt hinaus war Teil des Problems: Sie führte zur »imperialen Überdehnung«, da neuerworbene Territorien Kosten mit sich brachten, die alle Vorteile wettmachten. Napoleons Versuch, 1808 Spanien zu erobern, ist ein klassisches Beispiel. Die französische Invasion Spaniens lässt sich als Teil einer größeren Strategie zur Niederschlagung Großbritanniens begründen. Napoleon beabsichtigte, die britische Überlegenheit auf See zu bekämpfen, indem er die französische Landmacht dafür einsetzte, den britischen Handel vom Kontinent abzuschneiden, so dass die britische Wirtschaft ruiniert werden würde. Um diese Strategie zum Erfolg zu führen, musste Frankreich Europas Küsten kontrollieren. Doch damit musste Napoleon weitere Gebiete erobern, für deren Beherrschung es ihm an Ressourcen fehlte: Portugal, Spanien, Mittel- und Süditalien, Illyrien, die Niederlande, die Hansestädte und, fatalerweise, Russland. Ideologisch stützte sich diese Strategie auch auf die Überheblichkeit, die oft aus militärischem Erfolg resultiert. Im Falle Napoleons zeigte sie sich in dem Glauben, das Frankreich in einzigartiger Weise die Fähigkeit habe, den Rest der Menschheit zu »erneuern«.

Manche Bildungsbürger in Europa begrüßten diese Zivilisierungsmission der Franzosen. Andere lehnten sie ab, vor allem in den eher ländlichen Gebirgsregionen des Kontinents, wo die gesellschaftlichen Voraussetzungen für die Zustimmung zu einer Regierungsform im napoleonischen Stil fehlten. Neuere Forschungen widersprechen eher der Vorstellung, dass der Volkswiderstand gegen Napoleons Armeen zum großen Teil durch den aufkommenden Nationalismus motiviert gewesen sei. Das gilt sogar für Spanien, wo der Widerstand auf den ersten Blick offensichtlich »national« zu sein schien. Eine genauere Analyse weist jedoch auf Spaniens Zerrissenheit hin, auf seine sozialen Konflikte und den tief verwurzelten Provinzialismus.[3] Abgesehen davon, machte diese Weiträumigkeit des Kampfes um Spanien es besonders schwer, dem »kleinen Krieg« (*Guerilla*-Kriegführung) mit konventionellen militärischen Methoden zu begegnen. Napoleon unterschätzte die Schwierigkeiten und setzte irrtümlicherweise unzureichend Kräfte ein, um Spanien nach den weitverbreiteten Aufständen, die im Mai 1808 in Madrid begonnen hatten, zu unterwerfen. In der Folge wurden die eingesetzten französischen Kräfte überdehnt. Das war der Grund für die spektakuläre Niederlage eines ganzen Korps bei Bailén am 21. Juli 1808. Die französische Armee verlor 20 000 Mann, doch noch schlimmer war wohl die Niederlage für ihr Ansehen. Sie schien plötzlich besiegbar, was die Gegner von Napoleons Vorherrschaft in Europa ermutigte.

Und die wurden aktiv. Großbritannien reagierte mit der Verlegung einer beachtlichen Anzahl von Landstreitkräften auf die Iberische Halbinsel. Portugal stellte eine Operationsbasis sowie zusätzliche Streitkräfte zur Verfügung. Portugal ist ein oft vergessenes Beispiel dafür, welcher Mobilmachungsgrad unter den Rahmenbedingungen des *Ancien Régime* erreicht werden konnte: Bis Anfang 1812 wurden über 100 000 portugiesische Soldaten aufgestellt – eine Anstrengung vergleichbar mit der Frankreichs in den Jahren 1793/94 und Preußens 1813/14. Britische Operationen auf der Iberischen Halbinsel stellten außerdem die Fähigkeit der Seemacht unter Beweis, Landoperationen zu unterstützen. Die Rückführung einer 28 000 Mann starken Armee aus Coruña im Jahre 1809 zeigte insbesondere die Fähigkeit der Briten, gemeinsame Feldzüge durchzuführen. Das Debakel von Walcheren, die gescheiterte britische Invasion der französisch besetzten niederländischen Halbinsel in der zweiten Jahreshälfte 1806, verdeutlichte allerdings auch die Risiken.

Die *Royal Navy* genoss eine Überlegenheit auf See, die Napoleon an Land nie erreichte. Die Industrialisierung Großbritanniens unterstützte die Anstrengungen der *Navy*. Das ist nicht sofort erkennbar. Die Konstruktion der Kriegsschiffe blieb ziemlich konventionell, da die Admiralität das Leistungsvermögen der ersten Dampfmaschinen zum Antrieb hochseetauglicher Kriegsschiffe mit Skepsis betrachtete. Das war nicht etwa ein Ausdruck für tief sitzenden Konservatismus, sondern eher eine realistische Einschätzung des Stands der Technik. Die Admiralität unterstützte jedoch den Einsatz von Dampf als Energiequelle für solche alltäglichen, aber notwendigen Tätigkeiten wie das Ausbaggern von Militärhäfen und das Herstellen von Seilen und Blöcken der Takelage. Die *Royal Navy* war ein Großverbraucher von Industriegütern und Rohstoffen. Dazu gehörten nicht zuletzt Kupfer, aus dem die Platten am Unterwasserschiffskörper hergestellt wurden, und Eisen, das für verschiedene Zwecke eingesetzt wurde: von der Verstärkung des Schiffsrumpfes bis zum Bau von Frischwassertanks, welche die Holzfässer ersetzten. Nicht zu vergessen ist das kommerzielle und finanzielle Fundament der britischen Seemacht: Die große Handelsmarine stellte die Masse des Personals für die Kriegsflotte bereit. Handel und Banken sicherten dem britischen Staat nicht nur hohe Steuereinnahmen, sondern gaben ihm auch die Möglichkeit, riesige Summen durch langfristige Kredite zu finanzieren und damit die Kosten für die Napoleonischen Kriege auf mehrere Generationen aufzuteilen.

»Marinefreundliche« Interpretationen der Napoleonischen Kriege, darunter das Werk des amerikanischen Konteradmirals und Marineschriftstellers Alfred Thayer Mahan (1840–1914) aus dem ausgehenden 19. Jahrhundert, lassen den entscheidenden Beitrag der Landheere außer Acht. Wie sich die Schere zwischen der französischen Armee und ihren Gegnern allmählich schloss, wurde im Krieg von 1809 offensichtlich. Dass es Napoleon nicht gelang, die Österreicher endgültig zu schlagen, war zum Teil auf die Neuerungen im österreichischen Heer zurückzuführen, die Erzherzog Karl von Österreich nach 1806 eingeführt hatte. Zu den Schlüsselelementen der Reformen zählten die Einführung von Korps, die Konzentration der Regimentsartillerie in Brigadebatterien, die Bildung von neuen leichten Infanterie-(oder Jäger-)Truppenteilen sowie die Schaffung einer Reserve (Landwehr). Diese vom französischen Modell angeregten Reformen waren 1809 noch nicht vollendet, aber dennoch verringerten sie die Lücke zwischen den eigenen und den französischen Fähigkeiten. Im Gegensatz dazu hatte die militärische Leistung der Franzosen seit dem Höhepunkt von 1805/06 nachgelassen, nicht zuletzt aufgrund der horrenden Verluste, die sie 1807 gegen die russischen Streitkräfte erlitten hatten,

Christoph Suhr (1771–1842), Soldaten der Freiheitskriege. V.l.n.r. drei Soldaten »vom Corps des Herzogs von Braunschweig-Oels, einer der hanseatischen Legion und ein preussischer Husar«. Gouache auf Papier.
Stiftung Hanseatisches Wirtschaftsarchiv, Tafel 145

die zur Unterstützung Preußens nach Westen vorgestoßen waren. Letztlich besiegte Frankreich die Russen, zahlte dafür jedoch einen hohen Preis.

Auch Preußen reagierte auf seine Niederlage, indem es ebenfalls wichtige Militärreformen einführte. Zu den Veränderungen im preußischen Heer gehörten erstens die Bildung von Brigaden, in denen Infanterie, Kavallerie und Artillerie effektiver zusammengefasst wurden; zweitens die größere Bedeutung, die der Entfaltung von Infanteriebataillonen in Kolonnen- statt Lineartaktik beigemessen wurde, sowie drittens der Einsatz von mehr Soldaten der leichten Infanterie, der Plänkler. Abgesehen davon sollte die Bedeutung der taktischen Reformen Preußens nach 1806 jedoch nicht überbetont werden. In vielerlei Hinsicht stützten sie sich auf Veränderungen, die bereits vor 1806 eingeleitet worden waren. Wichtiger war die umfassende Erneuerung des Generalkorps – einer Schätzung zufolge waren in der preußischen Armee, die 1813 half, Napoleon aus Mitteleuropa zu vertreiben, nur zwei der 143 Generale, die 1803 Kommandeurspositionen inne gehabt hatten (einer von ihnen war Gebhard Leberecht von Blücher).[4] Nach der Blamage von 1806 zeichnete sich Preußens militärische Führung weniger durch taktische Neuerungen als vielmehr durch die Entschlossenheit aus, sich dem napoleonischen Frankreich entgegenzustellen und es niederzuschlagen. Diese Haltung wurde nach Jahren der Unterdrückung von der Armee und der Bevölkerung insgesamt geteilt.

Selbst eine reformierte preußische Armee hätte 1806 das napoleonische Frankreich nicht besiegen können angesichts der geopolitischen Lage in Europa. Erst die

Vernichtung des Großteils der 600 000-Mann-Armee, die Napoleon nach Russland geführt hatte, im Jahre 1812 änderte das Kräfteverhältnis deutlich. Zwar zauberte die rationelle napoleonische Verwaltung auf wundersame Weise eine neue französische Armee hervor, die Napoleon 1813 nach Mitteleuropa führte. Doch diese Armee bestand vorwiegend aus schlecht ausgebildeten unerfahrenen Rekruten. Außerdem fehlte es an Kavallerie, da ausgebildete Reittiere noch schwerer zu beschaffen waren als Soldaten. Dieser Mangel hinderte Napoleon daran, an eine Reihe von Siegen in der Eröffnungsphase des Feldzugs von 1813 anzuknüpfen, vor allem bei Lützen (2. Mai 1813) und Bautzen (20.–21. Mai 1813). Außerdem waren die Stärken der gegnerischen Koalition unübersehbar: Die neuen gemeinsamen Ziele hielten zusammen mit den Finanzspritzen der Briten ein Bündnis zusammen, das im August zum ersten Mal Österreich, Großbritannien, Preußen und Russland zusammenführte. Jeder brachte etwas Eigenes in die Koalition ein: Österreich setzte nicht nur eine ausreichend große Armee ein, damit einer ihrer Generale, Friedrich Fürst zu Schwarzenberg, zum Oberbefehlshaber der Koalition ernannt wurde. Durch Metternichs Diplomatie wurde auch das Überlaufen der einstmaligen Verbündeten Napoleons im Rheinbund erleichtert. Der damit verbundene personelle Zuwachs half, die strategischen Verluste wett zu machen, die die Koalitionsarmeen im Zuge ihres Vormarsches Richtung Westen durch Deutschland und weiter nach Frankreich erlitten. Obwohl die Briten durch den Krieg gegen die USA, der 1812 ausgebrochen war, abgelenkt waren, stellten sie Schiffe, Geld, Musketen und Wellingtons Armee in Spanien zur Verfügung. Preußen zeichnete sich durch seine Entschlossenheit aus, Napoleon zu vernichten – eine Haltung, die sich in der Mobilmachung von Truppen widerspiegelte, deren Zahl gemessen an der Bevölkerung die Anstrengungen seiner wichtigsten Koalitionspartner überstieg. Russland meisterte schließlich die enorme logistische Herausforderung: die Verlegung einer großen Armee Hunderte von Kilometern von den eigenen Landesgrenzen entfernt. Der russische Erfolg von 1813 wurde meist von den russischen Anstrengungen im Jahre 1812 überschattet. In vielerlei Hinsicht war die russische Leistung 1813 allerdings viel beeindruckender. Fortan sollte sich jeder davor hüten, diese Macht als ein größtenteils primitives Gebilde zu betrachten, das nur dank der enormen personellen und natürlichen Ressourcen über die Runden kam.[5]

Die Koalition von 1813/14 verfügte nicht nur über größere Ressourcen, sondern setzte sie dank einer wirksamen Strategie optimal ein. So konzentrierte man sich zunächst darauf, nachgeordnete Truppenteile der französischen Armee, die von Napoleons Untergebenen befehligt wurden, zu bekämpfen und zu vernichten. Dabei wollte man eine Schlacht mit den Hauptkräften möglichst vermeiden, es sei denn, die Aussichten auf einen Sieg waren außerordentlich günstig. Diese Situation ergab sich bei der Völkerschlacht bei Leipzig vom 16. bis 19. Oktober 1813. Sie war die größte Schlacht der Napoleonischen Kriege. Mehr als 400 000 Mann der Koalitionstruppen besiegten 200 000 Franzosen. Mit dieser Niederlage zerbröckelte Napoleons Macht in Mitteleuropa. Anfang 1814 war die Bühne reif für den letzten Akt der Napoleonischen Kriege: die Invasion Frankreichs, die Eroberung von Paris (30. März 1814) und schließlich die Abdankung Napoleons (11. April 1814). Nachdem Napoleon von der Mittelmeerinsel Elba, wohin er nach seiner Abdankung verbannt worden war, im Jahre 1815 geflohen war und sich die französische Armee bei seiner Landung im Süden Frankreichs um ihn gesammelt hatte, begann der sogenannte Hundert-Tage-Feldzug. Er endete mit der letzten Schlacht der Napoleonischen Kriege bei Waterloo am 18. Juni 1815.

Der einflussreiche Militärtheoretiker Carl von Clausewitz war das Produkt der Revolutionskriege und der Napoleonischen Kriege, an denen er als preußischer Offizier aktiv teilgenommen hatte. Er untersuchte die Beziehung zwischen dem militärischen Konflikt und seinem gesellschaftlichen und politischen Kontext. So wurde die historische Bedeutung dieser Kriege deutlich. Dieser Zeitraum begann mit der Französischen Revolution, die eine neue politische Ordnung versprach, in der Krieg überholt wäre. Stattdessen schuf sie ein Staatswesen, das zu einer Mobilmachung für den Krieg in vorher nie gekanntem Ausmaße fähig war. Die Kriegführung formte Staat und Gesellschaft, nicht zuletzt durch die Einführung der allgemeinen Wehrpflicht. Gleichzeitig wuchs eine neue Generation politisch engagierter Offiziere heran, für die Napoleon Bonaparte ein Paradebeispiel war. Diese Entwicklungen betreffen vor allem das Frankreich der 1790er-Jahre, allerdings stießen sie in ganz Europa und darüber hinaus auf große Resonanz.

Was blieb jedoch nach Waterloo von diesen Entwicklungen? Worin besteht das Erbe der Napoleonischen Kriege? Die staatlichen Einrichtungen, die in Kriegszeiten aufgebaut worden waren, um Ressourcen zu mobilisieren, blieben nach 1815 im Wesentlichen bestehen. Diese Einrichtungen waren insgesamt durch einen höheren Grad von Zentralisierung und Regelhaftigkeit gekennzeichnet, als dies im *Ancien Régime* der Fall war. Die Stärke der Armeen und Flotten, die dieses Gefüge stützten, wurde nach Kriegsende verringert. Doch selbst in Großbritannien, wo die »Kürzungen« besonders stark ausfielen, war die Armee nach 1815 wesentlich größer als mit der Friedensstärke des vorangegangenen 18. Jahrhunderts. Nach den Revolutionskriegen und Napoleonischen Kriegen war Europa stärker militarisiert als zuvor. Dabei ging es nicht nur um den größeren Umfang der Streitkräfte, sondern auch um ihre Sichtbarkeit und ihr verbessertes Ansehen. Die Streitkräfte und ihr zunehmend professionelles und selbstbewusstes Offizierkorps waren politisch aktiver als zuvor, zumindest in einigen Teilen Europas. Man denke nur an die Rolle, die napoleonische Veteranen in der Oppositionspolitik im nachrevolutionären Frankreich, in Italien, Spanien und Russland spielten. In Deutschland wurden Forderungen nach liberalen Reformen laut, die sich auf das Argument stützten, dass das »Volk« maßgeblich dazu beigetragen habe, Napoleon zu schlagen. Umstrittene Kriegserinnerungen wurden Teil der politischen Konflikte der 1820er- bis 1840er-Jahre. Erst Ende des 19. Jahrhunderts wurden diese Erinnerungen durch offizielle Interpretationen der Kriege ersetzt, wie die Feierlichkeiten anlässlich des 100. Jahrestags in Russland (1912) und Deutschland (1913) zeigen. Dabei wurde das Thema der Freiheit zugunsten der Befreiung und der nationalen Einheit heruntergespielt.

Anmerkungen

1   Verfassung von 1791: TITRE VI – Des rapports de la Nation française avec les Nations étrangères. Zitiert nach: http://www.conseil-constitutionnel.fr/conseil-constitutionnel/francais/la-constitu tion/les-constitutions-de-la-france/constitution (9 July 2012). Vgl. Die deutsche Fassung: http://www.verfassungen.eu/f/fverf91-i.htm (22.8.2012).
2   Philip Dwyer, Napoleon. The path to power, 1769–1799, London 2007.
3   Charles Esdaile, The Peninsular War. A new history, London 2002.
4   Hannsjoachim W. Koch, A History of Prussia, New York 1978, S. 183.
5   Dominic Lieven, Russia against Napoleon. The battle for Europe, 1807 to 1814, London 2009.

Roger Chickering

Der Erste Weltkrieg als industrieller Volkskrieg

Industrieller Volkskrieg: So lautet die Formel zur Charakterisierung des Ersten Weltkrieges. Sie weist darauf hin, dass dieser Krieg von Massenarmeen geführt wurde, die aufgrund der allgemeinen Wehrpflicht ausgehoben und mit den modernsten Waffen, sprich: Kriegsmaschinen, ausgerüstet worden waren. Die Formel spielt auch auf andere Kennzeichen dieses Krieges an, die ihm seinen »totalen« Charakter verliehen – die Intensität und das fast unbegrenzte Ausmaß der Kampfhandlungen, die zu katastrophalen militärischen Verlusten, zur durchgreifenden Mobilisierung der Heimat (vor allem der Rüstungsindustrie) und nicht zuletzt zur Verfolgung extremer Kriegsziele führten, welche die Stimmung an der sogenannten Heimatfront aufrecht erhalten sollten.

Ziel der folgenden Bemerkungen ist es nicht, diese Feststellungen in Zweifel zu ziehen, sondern vielmehr die Bedeutung der Formel »industrieller Volkskrieg« mit Bezug auf den Ersten Weltkrieg ein wenig zu hinterfragen. Ausgehend von zwei Beispielen sollen zunächst einige Bemerkungen zu den einzelnen Elementen dieser Formel angestellt werden, um danach mit einigen allgemeineren Betrachtungen zu der historischen Bedeutung dieser Elemente zu schließen, wie sie 1914–1918 zusammen zum Vorschein kamen.

Warum war der Krieg ein »industrieller«?

Im Jahre 1916 wurde eine hochexplosive britische 4,5-Zoll-Granate in 27 verschiedenen Arbeitsgängen hergestellt. In einer speziell für dieses Verfahren eingerichteten Werkstatt wurde ein aus phosphorlosem Eisen höchster Qualität geschmolzener und wie Zylinder geformter Stahlblock geschliffen, gedreht, ausgebohrt, geformt, mit Schraubengewinden, einer Sockelplatte und einem Kupferband versehen, dann gesandstrahlt, lackiert, angestrichen, kontrolliert und für den Transport verpackt. In anderen Werkstätten wurde der Granate dann die Sprengladung beigegeben und ein Zünder montiert. Die Vorgänge zeigen die enge Zusammenarbeit zwischen Mensch und Maschine. So wurde zum Beispiel das Bohren auf einer Drehbank von einem Arbeiter erledigt und das Montieren des Kupferbandes mit einer von zwei Arbeitern bedienten Wasserpresse durchgeführt, wobei die Stückleistung pro Stunde vier bzw. fünfundvierzig Granaten betrug. Auf diese Weise war man in der Lage, alle 24 Stunden bis zu 4000 Granaten in einer mittelgroßen Werkstatt mit einer Belegschaft von ca. 300 Arbeitern herzustellen.

Die Herstellung einer Granate war eindeutig ein industrielles Verfahren. Das Prägende lag jedoch nicht so sehr in den zugrunde liegenden Technologien der hochexplosiven Artilleriemunition, die schon mitten im 19. Jahrhundert vorhanden waren und vor Kriegsausbruch eine dramatische Entwicklung ihrer Zerstörungskraft erlebt hatten. Ausschlaggebend war vielmehr die allgemeine Organisation der Produktion. Obwohl es schon mehrere Großbetriebe mit bis zu 100 000 Arbeitern gab, blieb die Herstellung von fast allen Kriegsgeräten im Vergleich etwa zur Ära des Zweiten

Weltkrieges ein arbeitsintensives Verfahren mit handwerklichem Charakter. Das Verfahren wurde zunehmend mechanisiert, in seine Bestandteile zerlegt, so dass mehrere Betriebe an der Produktion einer einzigen Granate beteiligt waren. Zudem wurde die Arbeitsteilung immer internationaler. Kanadische Werkstätten stellten britische 4,5-Zoll-Granaten her. Die *Canadian Steel Foundries Ltd.* in Montreal beispielsweise produzierte die Stahlblöcke.

In allen kriegführenden Staaten war die Produktion von Munition aller Art auf dieser Grundlage organisiert, wenn auch in unterschiedlichem Ausmaß. Das Ergebnis war atemberaubend. 1918 produzierte die französische Kriegsindustrie jeden Tag 261 000 Artilleriegeschosse. Bis Ende des Krieges hatte die britische Kriegsproduktion insgesamt mehr als 170 Mio. Geschosse hergestellt, die in 25 000 Geschützen Verwendung fanden. In Italien wurden im Laufe des Krieges knapp 70 Mio. Geschosse hergestellt. Ende 1916 lag die deutsche Pulverproduktion bei mehr als 8000 Tonnen pro Monat. Die Zahlen für Gewehre, Kriegsschiffe, Giftgas oder Flugzeuge sind ähnlich beeindruckend. So verfügte etwa die *Entente* 1917 über 67 276 Maschinengewehre. Die industrielle Produktion ermöglichte es auch, Massenarmeen mittels Eisenbahnen und Proviantwagen mit Waffen, Munition, Nahrungsmitteln und anderen unentbehrlichen Sachen zu versorgen.

Die Bedeutung dieser Zahlen für den Charakter des Ersten Weltkrieges als industriellen Krieg lässt sich in wenigen Punkten zusammenfassen. Erstens führte die industrielle Kriegsproduktion zu einer gewaltigen Steigerung der militärischen Feuerkraft auf beiden Seiten. Bei annäherndem Gleichgewicht der Ausrüstung wirkte sich diese Steigerung zum enormen Nachteil derjenigen Seite aus, die mit ungeschützten Infanteristen die taktische Offensive gegen Positionen ergreifen musste, die durch Kriegsgerät bestens geschützt waren. Das belegten die großen Schlachten im Westen: bei Arras (1915), um Verdun (1916), an der Somme (1917) und am Chemin des Dames (1917) sowie bei Ypern bzw. Paschendaele (1917). Die Folge dieser taktischen Dynamik war das strategische Patt, mindestens bis zur Einführung des Panzerwagens nach 1916 (der den Angreifern die eigenen Kriegsmaschinen als Schutzmittel bot). Die taktische Mobilität der Kampfhandlungen im Osten war dagegen der ungleichen Ausrüstung der Armeen zu verdanken. So verfügten im Mai 1915, am Vorabend der großen Offensive in Polen, die Armeen der Zentralmächte über 675, ihre russischen Gegner nur über vier schwere Geschütze. Gleichwohl blieb für die Mittelmächte der Sieg wegen der Größe des Kampfgebiets und der russischen Streitkräfte auch auf diesem Kriegsschauplatz unerreichbar, so dass hier ebenfalls bis 1917 die Pattsituation andauerte. Unter diesen Umständen war es kein Zufall, dass sich auf beiden Seiten die Metaphern von Krieg und Industrie in der Gestalt des Soldaten als »Kriegsarbeiter« überschnitten.

Der zweite Punkt hat mit den Kosten des industriellen Krieges zu tun. Die industriell produzierte Feuerkraft war außerordentlich zerstörerisch. Sie forderte bisher unvorstellbare militärische Verluste auf beiden Seiten. Die Zahl der Toten und Verwundeten betrug ungefähr zweieinhalb Millionen in Großbritannien, über drei Millionen in Frankreich, über fünf Millionen in Russland sowie über sechs Millionen in Deutschland und in Österreich-Ungarn. Die finanziellen Kosten der »industriellen« Zerstörung waren bis dahin unvorstellbar. So kauften die Ententemächte 1916 in den USA zum Beispiel Werkzeugmaschinen, wie die für die Herstellung von Granaten erforderlichen Drehbänke, Wasserpressen und Bohrgeräte, im Wert von über 160 Mio.

US-Dollar. Abgesehen von den langfristigen und mittelbaren Kosten (z.B. dem Wert der militärischen Verluste), die sich kaum errechnen lassen, betrugen die gesamten unmittelbaren Kriegskosten (umgerechnet in US-Dollar) in Großbritannien 44 Mrd., in Frankreich 26 Mrd. und in Deutschland 40 Mrd. Zum Teil mussten diese Kosten während des Krieges beglichen werden. Damit wird das andere Element des industriellen Volkskrieges angesprochen.

Warum war der Krieg ein Volkskrieg?

Am 15. September 1915 wurde in der Wiesbadener Wilhelmstraße der »Eiserne Siegfried« eingeweiht. Es handelte sich um einen 3,80 Meter großen, aus Lindenholz gefertigten Block, der die germanische Sagenfigur Siegfried mit Helm und Schwert darstellte. Im Lauf der nächsten Monate versammelten sich Honoratioren und andere Bürger der Stadt regelmäßig vor dieser Holzfigur, um sie mit eisernen, versilberten und vergoldeten Nägeln zu beschlagen, die sie vom Roten Kreuz gekauft hatten. Auf diese Weise wurden in Wiesbaden ca. 2,5 Mio. Goldmark für die Kriegsfürsorge aufgebracht. Für derartige Veranstaltungen, die 1915/16 überall in Deutschland stattfanden (so auch am Berliner Königsplatz, wo der Sieger von Tannenberg, Paul von Hindenburg, als Holzfigur »benagelt« wurde), gab es zwei Gründe. Erstens sollte Geld für verschiedene Kriegszwecke eingebracht werden. Wichtiger noch war der zweite Grund: Die Aktion sollte demonstrieren, wie sehr die sogenannte Heimatfront die kämpfende Truppe loyal unterstützte. Zwar war die Summe, die durch das Einschlagen der Nägel zustande kam, angesichts der gewaltigen Kosten des Krieges eher unbedeutend. Sie brachte jedoch den Volkswillen deutlich zum Ausdruck.

In Deutschland wie in anderen kriegführenden Ländern wurden die breite Unterstützung des Krieges sowie die Siegeszuversicht auch regelmäßig aus einem anderen Anlass zur Schau gestellt. In Deutschland boten die zweimal im Jahre aufgelegten Kriegsanleihen eine Gelegenheit für großartige Werbekampagnen mit einer Reihe vaterländischer Veranstaltungen, welche die Einheit des Volkes unterstützten und die Bürger zum Zeichnen der Anleihen ermutigen sollten. Sie waren in jeder Hinsicht erfolgreich, wurden doch bis Ende des Krieges mit ihnen insgesamt nahezu 100 Mrd. Mark oder ca. zwei Drittel der Kriegskosten der Reichsregierung finanziert. Auch in Frankreich war man in der Lage, die direkten Kriegskosten großenteils durch die Zeichnung von *Bons de la Défense nationale* zu decken. In Großbritannien, wo man eigentlich eher geneigt war, die Kriegskosten durch Steuererhöhungen zu decken, spielten *war loans* und *war bonds* nicht nur als Geldbeschaffungsmittel, sondern auch als Zeichen der Solidarität des Volkes mit der Truppe eine wesentliche Rolle.

Beim Zeichnen der Kriegsanleihen war das Eigeninteresse gewiss mit im Spiel, sofern Staatsbürger Geld in der Erwartung anlegten, Gewinn zu machen. Man sollte aber nicht darüber hinwegsehen, dass die Anleihen in allen Ländern den Ersten Weltkrieg als Volkskrieg kennzeichneten. Es ging um die Arbeitsteilung im Krieg: Die Soldaten hatten zu kämpfen, und »die Heimat« sollte sie dabei materiell und moralisch unterstützen. Die Aufgaben von Männern und Frauen waren klar verteilt.

Der Begriff »Unterstützung« nahm viele Formen an, vom Sammeln für die Kriegswohltätigkeit und das Versenden von »Liebesgaben« an die Front bis hin zur Kranken- und Verwundetenpflege. Von größter Bedeutung für den industriel-

Die Technik gab dem Krieg ein neues Gesicht: Deutsche Soldaten mit Gasmasken und Maschinengewehr im Grabenkrieg, 1918.   akg-images

len Krieg war aber die Arbeit in der heimischen Kriegswirtschaft. Dazu gehörte bald fast alles, was für die Kriegführung irgendwie brauchbar war, etwa Nahrungsmittel und Lesestoff für die Truppe. In erster Linie bezog sich der Begriff jedoch auf die Herstellung von Waffen und Munition. Die Folge war die dramatische Ballung von Ressourcen und Arbeitskräften im Rüstungssektor, beispielsweise in Petrograd, an der Ruhr, im schottischen Clydesdale und um Paris. Es stellte sich aber bald heraus, dass die Nachfrage nach Kriegsgeräten aller Art so schnell und mit unvorhergesehenen Folgen anstieg, dass sie den Markt überforderte und eine zentrale staatliche Produktionskontrolle notwendig machte. Nach der Einberufung oder freiwilligen Meldung von zahlreichen gelernten Rüstungsarbeitern am Anfang des Krieges kam es z.B. in Großbritannien und Frankreich zu einer Produktionskrise, die dazu führte, dass viele Arbeiter von der Front zurückgeholt werden mussten. Während des Krieges war es ein ständiges Problem, den Bedarf der Streitkräfte gegen die Nachfrage der Rüstungsindustrie nach Arbeitskräften abzuwägen. Immerhin sorgten weibliche Arbeitskräfte für eine erhebliche Entlastung.

Die britische Antwort auf die Spannungen und Engpässe in der Rüstungsindustrie kam 1915 mit der Gründung des *Ministry of Munitions* unter David Lloyd George, das bis Ende des Krieges im Grunde die gesamte rüstungsrelevante Produktion unter seine Kontrolle brachte. Der französische Gegenpart war der Sozialist Albert Thomas, der 1916 Rüstungsminister wurde. Das deutsche Beispiel unterschied sich von diesem Muster weniger in der Zentralisierung der Wirtschaft als in der Tatsache, dass die

Kontrolle über die Rüstungsproduktion, die 1916 ihren Ausdruck vor allem im sogenannten Hindenburg-Programm fand, in die Hand der Armee gelangte.

Ganz gleich, ob Soldaten oder Zivilbeamte sie ausübten: Die Staatsmacht war
im Krieg allgegenwärtig. Problematisch ist dies, wenn die Idee des Volkskrieges
auf einen allgemeinen Konsens von Soldaten und Zivilisten hindeutet, dass der
Krieg ein Verteidigungskrieg sei und deshalb gerechtfertigt werden könne. Aus
dieser Perspektive war nicht der staatliche Zwang, sondern gerade die zwangslose
Zustimmung des von außen angegriffenen Volkes die grundsätzliche Eigenschaft
des modernen Volkskrieges. Das war angeblich der Grund, warum so viele so lange
»durchgehalten« haben. »Was also hielt sie trotz allem ›im Felde‹?« So haben Gerhard
Hirschfeld und Gerd Krumeich die zentrale Frage vor Kurzem formuliert, die man
auch auf die Unterstützung des Krieges an der »Heimatfront« ausdehnen könnte. »Es
war die in allen kriegsbeteiligten Nationen anzutreffende kollektive Überzeugung,
dass es um Sein oder Nicht-Sein, um die Verteidigung des jeweiligen Vaterlands,
die Ehre und Zukunft der eigenen Nation ging«. Über diese Annahme ist jedoch in
den letzten Jahren besonders unter französischen Historikern eine rege Kontroverse
entstanden. Der Zankapfel ist die Idee einer »Kriegskultur«, einer allgemeinen, von
allen Volksgruppen, wenn auch im unterschiedlichen Maße geteilten patriotischen
Zustimmung zum Krieg. Dagegen ist geltend gemacht worden, dass es keine einheitliche Kriegskultur gebe oder geben könne, dass verschiedene Bevölkerungsteile wie
Katholiken oder sozialistische Arbeiter ihre eigenen Auffassungen vom Charakter des
Krieges pflegten und – was besonders streitig ist – dass sowohl in den Schützengräben
als auch an der Heimat der Zwang ausschlaggebend gewesen sei. So gesehen war nicht
die allgemeine Kriegsbegeisterung des Sommers 1914, sondern die Meuterei 1917 der
prägende Moment des Krieges in Frankreich.

Diese Debatte weist auf die Unterschiedlichkeit der »Kriegskulturen« in den
europäischen Ländern hin. Allerdings führt die Annahme eines Gegensatzes zwischen Zustimmung und Zwang schnell in die Irre. Denn es war die große Leistung
des modernen Nationalstaates, die allgemeine Wehrpflicht, die die Aufstellung der
Massenarmeen des Ersten Weltkrieges ermöglichte, auf eine moralische Grundlage
zu stellen. Hinter dem moralischen Druck stand schließlich die Gewalt. Fahnenflucht,
Verrat, Kriegsdienstverweigerung oder Umsturzversuche wurden auch im Volkskrieg
immer noch hart bestraft. Auffallend war im Ersten Weltkrieg aber, mindestens in
den westlichen Ländern, wie selten es zu diesen Delikten kam. In den britischen,
französischen und deutschen Feldarmeen gab es schätzungsweise jeweils drei Fälle
von Fahnenflucht bzw. unerlaubter Entfernung pro 1000 Soldaten jährlich. In den
Schützengräben erschwerten die Kameradschaft und die Dynamik der kleinen
Gruppe zwar die Desertion, doch muss man sich fragen, warum anders als etwa im
18. Jahrhundert die Kameradschaft nunmehr die Neigung zur Fahnenflucht nicht eher
bestärkte. Die allgemeine Wehrpflicht wurde in Großbritannien erst 1916 eingeführt.
Bis dahin hatten sich fast 2,5 Millionen Freiwillige für die sogenannten »Kitchener-
Armeen« gemeldet, die ihren ersten Einsatz 1916 an der Somme erlebten. Dass es
so viele Freiwillige gab, widerspiegelte zweifellos die Kraft der »Kriegskultur« in
Großbritannien. Aber die Grenze zwischen freiwilliger Zustimmung und Zwang war
fließend. Junge Männer, die vor 1916 ohne Uniform in der Öffentlichkeit auftraten,
mussten damit rechnen, dass Frauen ihnen am Mantelaufschlag eine weiße Feder als

Feigheitszeichen ansteckten. In Deutschland übten nicht selten Schulkinder moralischen Druck auf ihre Eltern aus, Kriegsanleihen zu zeichnen und Geld zu spenden.

Nach dem Sommer 1914 war der Krieg nicht mehr »populär« und die Hoffnung weit verbreitet, er möge baldmöglichst ein annehmbares Ende finden. Wenn sich auf dieser Grundlage der Durchhaltewille trotzdem sowohl unter den Soldaten als auch unter den Zivilisten als außerordentlich zäh erwies, war dies in erster Linie dem moralischen Zwang zu verdanken, über den der moderne volkskriegführende Nationalstaat in seiner Notlage ausüben konnte.

1914–1918: Ein »industrieller Volkskrieg«

Schon vor dem Ersten Weltkrieg hatte der industrielle Volkskrieg eine lange Entwicklung hinter sich. Die Grundlagen des Volkskrieges wurden bereits Ende des 18. Jahrhunderts während der Französischen Revolution gelegt, als die erste Phase der Industriellen Revolution in England begonnen hatte. Das Zusammenspiel dieser beiden Entwicklungen auf den Kriegsschauplätzen wurde dann erst in jenen Kriegen offenbar, die in der Mitte des 19. Jahrhunderts stattfanden. Das gilt in erster Linie für den Amerikanischen Bürgerkrieg (1861–1865), den ersten Krieg, in dem maschinell hergestellte Waffen die taktische und strategische Dynamik weitgehend diktierten, obwohl die eine Seite (die Nordstaaten) den industriellen Krieg, die andere Seite (die Südstaaten) den Volkskrieg führte.

Großbetriebe, Verkehrsnetze und Geldmarkt einerseits, staatsbürgerliche Einrichtungen wie öffentliche Schulen, Wahlrecht und allgemeine Wehrpflicht andererseits waren Ergebnisse dieser Entwicklung. Vor diesem Hintergrund stellte der Erste Weltkrieg eine Art Test für die Weiterentwicklung der industrialisierten Massenproduktion und der staatsbürgerlichen Integration dar. Man kann sowohl die Ergebnisse als auch das militärische Gepräge des Ersten Weltkrieges weitgehend im Lichte dieser institutionellen Entwicklungen analysieren. Es ging um die institutionelle Fähigkeit der kriegführenden Länder, im industriellen Volkskrieg durchzuhalten.

Ausschlaggebend war das Gefälle zwischen Russland, Österreich-Ungarn und Italien auf der einen Seite, und Frankreich, Großbritannien, den USA und Deutschland auf der anderen. Die Nachteile der industriellen Rückständigkeit plagten die Armeen Italiens und namentlich Russlands, die wegen ihrer schlechten Ausrüstung ihren Gegnern ständig unterlegen waren. Die russische Industrie war nicht in der Lage, die großen Armeen des Landes angemessen auszurüsten. Darüberhinaus konnte das russische Bahnnetz diese Armeen nur unzureichend mit neuen Rüstungsgütern versorgen. Hinzu kam, dass der russische Soldat kein Bürger in Uniform war, sondern eher als Untertan behandelt wurde. Das Gleiche galt aber auch für den russischen Zivilisten, dessen anfängliche Unterstützung des Krieges die zaristische Regierung eher als politische Gefahr angesehen und entsprechend abgewiesen hatte. Die Leistungen der russischen Armee im Kampf gegen die Truppen Österreich-Ungarns legt dennoch die Vermutung nahe, dass die Nachteile der Doppelmonarchie noch schwerer wogen. Das hatte vor allem mit der ethnischen Vielfalt der Staatsbürger zu tun, so dass Soldaten der slawischen und italienischen Minderheiten großenteils einem Krieg nicht zustimmen konnten, der gegen das slawistische Russland bzw. das italienische Königreich geführt wurde. Weder Österreich-Ungarn noch Russland waren ein Nationalstaat.

Das führte dazu, dass die Disziplin in den Streitkräften immer häufiger auf nackter Gewalt ruhte. Ähnliches gilt für die Rüstungsfabriken, wo die Arbeiter unter militärischem Befehl standen. Besonders in den tschechischen und italienischen Einheiten der Habsburgerarmee belegt das der Anstieg der Fahnenflucht. Die Folge war entweder, dass sich diese Armeen in der letzten Phase des Krieges auflösten (wie im Fall der russischen und österreichisch-ungarischen) oder kurz vor ihrer Auflösung standen (wie im Fall Italiens im Herbst 1917).

Die Streitkräfte der westlichen Mächte waren insgesamt viel besser ausgestattet, zumal alle Zugang zu den fast grenzenlosen materiellen und, nach 1917, personellen Ressourcen der USA besaßen. Trotz der Meutereien in der französischen Armee, die man geschickt unterdrückte, blieb den Heeresleitungen eine Disziplinlosigkeit in der Truppe, wie es sie in den Armeen Russlands und Österreich-Ungarns gab, bis Kriegsende erspart. Dass all diese Mächte demokratisch legitimierte Regierungen hatten, erklärt in hohem Maße die Bereitwilligkeit der Bevölkerung, die Entbehrungen des Krieges zu tragen.

Deutschland war der Sonderfall. Das Kaiserreich war zwar keine parlamentarische Demokratie, aber der Krieg fand hier ebensoviel Unterstützung wie in Frankreich und Großbritannien. Die Probleme, welche die deutsche Verfassung für die Kriegführung bereitete, lagen vielmehr im deutschen Föderalismus. Das institutionelle Wirrwarr erschwerte die deutschen Kriegsanstrengungen erheblich. Trotzdem war die militärische Leistung der deutschen Streitkräfte ebenso beeindruckend wie aussichtslos. Das Scheitern der ersten deutschen Offensive an der Marne im September 1914, deren Erfolg wohl einen langen, industriellen Volkskrieg verhindert hätte, führte schließlich zur deutschen Niederlage. Diese Annahme klingt überzeugend. Wie es auch immer mit der politischen Verfassung des Landes bestellt war – die Deutschen waren nicht in der Lage, einen langen Krieg gegen ein Bündnis zu führen, dessen personelle und materielle Kapazitäten haushoch überlegen waren. Von größter Bedeutung war die Abriegelung der deutschen Wirtschaft vom amerikanischen Markt, weil sie bald zu Engpässen vor allem in der Nahrungsmittelproduktion führte, die sich sowohl auf die Truppe als auch auf die Zivilbevölkerung schwerwiegend auswirkten. Bis Herbst 1918 war die Erschöpfung allgemein verbreitet. Hätte sich der Krieg bis 1919 verlängert, wäre eine eindeutige deutsche Niederlage unausweichlich gewesen, zumal Millionen amerikanische Soldaten am Feldzug teilgenommen hätten. In der Tat hielt die Disziplin in der deutschen Feldarmee, wenn auch nicht in der Etappe, bis zum Waffenstillstand im November 1918, nachdem die Heeresleitung den Krieg für verloren erklärt hatte.

So zeigt der Erste Weltkrieg schließlich einen Widerspruch. Von allen wohl am besten für einen Krieg vorbereitet, war das Deutsche Reich mit modernsten Waffen ausgerüstet, und eine große Mehrheit seiner Bevölkerung unterstützte seine Streitkräfte. Sowohl die militärische als auch die politische Führung unterschätzten aber die Dynamik des industriellen Volkskriegs und ließen sich auf einen Krieg ein, den sie nicht gewinnen konnten. 1939 machte man denselben Fehler.

Jean-Luc Leleu

Stalingrad, die Landung in der Normandie und die Befreiung Europas

Der Stellenwert eines historischen Ereignisses hängt in erster Linie von den Vorstellungen ab, die wir damit verbinden. So überschätzen viele Menschen die Bedeutung der Schlacht von Stalingrad 1942/43 und insbesondere der Landung in der Normandie 1944. Tatsächlich ist das in der öffentlichen Meinung herrschende Bild von diesen beiden Schlachten weitgehend falsch. Unsere Gesellschaften stehen noch immer unter dem Einfluss der Kriegspropaganda, aber auch der unterschiedlichen Erinnerungskulturen des Kalten Krieges. Sie suchen in der Vergangenheit nach symbolträchtigen Geschichten, die ihnen als gemeinsamer kultureller Bezugspunkt und politischer Kompass dienen. Die beiden Schlachten, von denen jede als ein »Wendepunkt des Krieges« gilt, der angeblich die Niederlage des nationalsozialistischen Deutschen Reiches herbeigeführt hat, stehen für den Sieg des Guten über das Böse. Dies ist jedoch zumindest eine vereinfachte Deutung des Konfliktes, wie sich im Folgenden zeigen wird.

Die historische Einzigartigkeit des Zweiten Weltkrieges

Der Zweite Weltkrieg ist aufgrund der beispiellosen Gewalt und des Gegensatzes von Gut und Böse einzigartig in der Geschichte der Menschheit. Seine wesentlichen Merkmale lassen sich stichwortartig folgendermaßen beschreiben: eine Reihe von typischen Angriffskriegen, die von den »Achsenmächten« Deutschland, Italien und Japan geführt wurden; die erbarmungslose Unterdrückung sowie massive wirtschaftliche Ausplünderung der Gebiete, die sie besetzt hielten; schließlich auf deutscher Seite ein Völkermord, der zur systematischen Vernichtung von rund sechs Millionen europäischen Juden sowie Sinti und Roma führte. Insgesamt kamen während des Krieges 60 Millionen Menschen, zumeist Zivilisten, ums Leben – so viel wie nie zuvor in der Geschichte der Kriege. Allein diese Größenordnung verleiht dem Zweiten Weltkrieg seinen außergewöhnlichen Charakter.

Ein derartiges Blutbad lässt sich nur durch das Zusammentreffen von technik-, ideen- und ideologiegeschichtlichen Entwicklungen in der ersten Hälfte des 20. Jahrhunderts erklären. In technischer Hinsicht sorgte die Entwicklung der Waffen für größere Verluste zum einen auf den Schlachtfeldern. Hier sorgten automatische Waffen, eine effizientere Artillerie und die industrielle Massenproduktion von Waffen und Munition für eine erhöhte Feuerkonzentration. Zum anderen stiegen die Verlustzahlen auch weit hinter den Frontlinien drastisch an, weil der Krieg auch in das feindliche Gebiet hineingetragen wurde. Der Einsatz von Langstreckenbombern und der Abwurf der Atombomben im August 1945 sind dafür eindrucksvolle Beispiele.

Ideen- und ideologiegeschichtlich stand der Zweite Weltkrieg im Zeichen der »Totalisierung« und »Brutalisierung« der Kriegführung (wie der amerikanische Historiker George L. Mosse das einmal formuliert hat). Diese Entwicklung hatte sich seit dem Ende des 19. Jahrhunderts in den europäischen Militärdoktrinen abgezeichnet und mit dem Ersten Weltkrieg einen ersten Höhepunkt erreicht. Der Nationalismus erweiterte seit dem 19. Jahrhundert den Kreis der Gegner, die als Feinde verteufelt wurden. Zu den Feinden zählten nun nicht mehr nur die Soldaten in Uniform, sondern auch die Zivilisten der gegnerischen Seite. In den Augen der Führungsstäbe stellten die Kriegsindustrie und die Bevölkerung des Feindes ebenso »legitime« Ziele dar wie die Frontkämpfer. So hielt die *Royal Air Force* zwischen den beiden Weltkriegen die strategische Bombardierung der gegnerischen Bevölkerung für eine äußerst wirkungsvolle Maßnahme, um die Moral einer feindlichen Macht zu brechen und sie so in die Knie zu zwingen.

Dieser Radikalisierungsprozess beschleunigte sich zwischen 1920 und 1930 weiter mit dem Aufkommen totalitärer Regierungsformen in der Sowjetunion (Kommunismus), in Italien (Faschismus), in Japan (imperialistischer Militarismus) wie auch in Deutschland (Nationalsozialismus). Der grundlegende Gegensatz zwischen der kommunistischen Ideologie und dem Nationalsozialismus wurde durch dessen Verbindung mit dem antislawischen Rassismus noch verstärkt, der seit Ende des 19. Jahrhunderts in der Kultur der deutschen Streitkräfte vorhanden war. Nicht zuletzt dieser Gegensatz führte dazu, dass der deutsch-russische Krieg in einen Kampf auf Leben und Tod ausartete.

Umgekehrt standen die im Verlauf des Zweiten Weltkrieges begangenen Verbrechen, abgesehen von ihrem unerreichten Ausmaß und ihrer beispiellosen Gewalt, im Widerspruch zu der »Humanisierung« von militärischen Konflikten. Von dem Bemühen, Kriegsgewalt völkerrechtlich »einzuhegen«, zeugen das Haager Abkommen 1899 und die Genfer Konventionen 1929. Diese Verrechtlichung des Krieges mündete schließlich in der Einrichtung einer internationalen Gerichtsbarkeit, wie wir sie heute mit dem Internationalen Strafgerichtshof kennen, der 2002 in Den Haag seine Tätigkeit aufgenommen hat.

Stalingrad – ein psychologischer Wendepunkt

Auf dem europäischen Kontinent war Deutschlands Niederlage für die Alliierten eine Frage des Überlebens. Das galt zunächst für Großbritannien und später in noch stärkerem Maße für die Sowjetunion. Auch wenn das gesamte Ausmaß der verübten Verbrechen zum damaligen Zeitpunkt noch nicht bekannt war: Die Völkerrechtsverletzungen des Deutschen Reichs machten die Befreiung Europas von den Nationalsozialisten zu einem »heiligen Auftrag«. So bezeichnete der amerikanische General Dwight D. Eisenhower, der ab 1944 die alliierten Expeditionsstreitkräfte im Westen befehligte, diese Aufgabe als einen »Kreuzzug in Europa«.

Gleichzeitig stellte das Ziel, Deutschland zu besiegen, eine enorme Herausforderung dar. Zwar war die Wehrmacht zu keiner Zeit jene unbezwingbare Kriegsmaschine, als die sie die NS-Propaganda so häufig pries. Doch wies sie eine durchaus beeindruckende Erfolgsbilanz vor. In nur 21 Monaten, von September 1939 bis Mai 1941, waren die meisten west- und mitteleuropäischen Länder nach einer Reihe schneller militärischer Feldzüge besiegt und besetzt worden. Frankreich, das noch im Jahr 1939 als erste Militärmacht des europäischen Kontinents galt, wurde im Mai und Juni 1940 innerhalb von nur sechs Wochen geschlagen. Gewiss hatte die Wehrmacht im Herbst 1941 vor den Toren Moskaus ihre erste richtige Niederlage erlitten. Doch die Öffentlichkeit nahm diesen Fehlschlag kaum als Niederlage wahr. Die deutschen Truppen hatten zwar schwere Stunden hinter sich und vor dem Feind zurückweichen müssen, aber sie standen nach wie vor tief in sowjetischem Gebiet. Im Übrigen ließen die spektakulären Erfolge, welche die Wehrmacht bei ihrer Offensive Richtung Wolga und Kaukasus abermals verzeichnen konnte, die Illusion von der deutschen Unbesiegbarkeit wiederaufleben.

Vor diesem Hintergrund fand von September 1942 bis Februar 1943 die Schlacht um Stalingrad statt. Während die deutschen Truppen die Verteidiger der Stadt nach erbitterten Häuserkämpfen ans Ufer der Wolga zurückdrängten, führten sowjetische Gegenangriffe im Rücken der 6. Armee am 23. November zu deren Einkesselung. Zweieinhalb Monate tobte der Kampf. Am Ende waren die 6. Armee und ein Teil der 4. Panzerarmee vernichtet. Von 250 000 Mann wurden nur 40 000 gerettet – Verwundete zumeist, die auf dem Luftweg evakuiert wurden –, die Hälfte wurde bei den Kämpfen getötet, die übrigen Soldaten gerieten in Kriegsgefangenschaft. Nur 6000 Soldaten sollten nach dem Krieg aus den sowjetischen Gefangenenlagern zurückkehren.

Die Gründe für diese Niederlage lassen sich in drei Punkten zusammenfassen: Erstens hatte das Missverhältnis zwischen den anfänglich festgelegten Zielen (die Einnahme Stalingrads, der kaukasischen Ölfelder weiter südlich) und dem Umfang der dafür eingesetzten Streitkräfte eine gefährliche Überdehnung der Verbindungslinien zur Folge. Zweitens war die Luftwaffe entgegen den Versicherungen ihres Oberbefehlshabers Hermann Göring anders als im Jahr zuvor in Demjansk nicht in der Lage, die Versorgung der eingekesselten Truppen zu gewährleisten. Drittens war die Niederlage auf Hitlers strikte Weigerung zurückzuführen, dem Oberbefehlshaber der 6. Armee, General Friedrich Paulus, die Möglichkeit einzuräumen, aus dem sowjetischen Kessel auszubrechen und sich dem Rest der deutschen Streitkräfte anzuschließen. Hier ging es in erster Linie um das Prestige: Der symbolische Wert einer Stadt, die Stalins Namen trug, war zu hoch, als dass Hitler sie hätte aufgeben können.

Da der sowjetische Sieg unbestreitbar und der erste seiner Art war, hatte er beträchtliche Auswirkungen. In einer Welt, in der Nachrichten über den Kriegsverlauf auf beiden Seiten zensiert, Erfolge übertrieben und Niederlagen verschleiert wurden, zerplatzte der Mythos von der deutschen Unbesiegbarkeit wie eine Seifenblase. Bis dahin bestanden die Erfolge der Alliierten – man denke an die Luftschlacht um England im Sommer 1940, an Moskau im Dezember 1941 und El Alamein im Oktober 1942 – lediglich darin, einem weiteren deutschen Vordringen Einhalt zu gebieten. Mit der Vernichtung und der umfassenden Kapitulation einer ganzen Armee war nun der Beweis erbracht, dass die deutschen Streitkräfte in einer offenen Schlacht restlos besiegt werden konnten, womit sich wiederum die Perspektive einer vollständigen Niederlage der Achsenstreitkräfte auf dem europäischen Kontinent eröffnete. Das Ereignis war somit für die Alliierten, aber auch für die Bevölkerung der besetzten Gebiete in Europa, ein deutliches Signal der Hoffnung. Es stärkte nebenbei die kommunistischen Widerstandsbewegungen, welche die Nachricht von diesem Sieg in der Öffentlichkeit verbreiteten. So gesehen stellte die Schlacht von Stalingrad in der Tat einen psychologischen Wendepunkt dar. Sie brachte den Alliierten zwar keinen entscheidenden Sieg, doch die Kämpfe des Jahres 1943 bewiesen, dass für die Achsenstreitkräfte sowohl in Nordafrika, Sizilien und Italien als auch in der UdSSR die Stunde des Rückzugs gekommen war.

Die NS-Propaganda verklärt die Katastrophe von Stalingrad.   bpk

Im Deutschen Reich verklärte die Propaganda diese Schlacht zum Mythos. Nachdem das Regime über das Schicksal der an der Wolga eingekesselten deutschen Truppen fast zwei Monate lang Stillschweigen bewahrt hatte, deuteten die Mitarbeiter des Reichspropagandaministers Joseph Goebbels den Untergang der 6. Armee zu einem »Heldendrama der deutschen Geschichte« um, als ginge es um eine Oper von Richard Wagner. Damit verfolgte das NS-Regime drei Ziele. Durch das eindringliche Hervorheben der Männer, die »starben, damit Deutschland lebe«, konnte zunächst einmal dem von ihnen erbrachten Opfer ein Sinn verliehen werden, indem sie als die an vorderster Front kämpfenden Verteidiger eines Deutschlands dargestellt wurden, das durch Horden aus dem Osten bedroht wurde. Zweitens konnte sich die Führung, die diese erste Katastrophe herbeigeführt hatte, dadurch der Verantwortung entziehen. Sie münzte drittens die Niederlage in eine moralische Aufforderung an die deutsche Bevölkerung um, in diesen schweren Stunden erneut zusammenzurücken und weitere Opfer zu erbringen. Mit der Wirklichkeit hatte diese heroisierende Darstellung der bis zum Ende kämpfenden Soldaten, die sich ihrer Pflicht und des Einsatzes bewusst waren, allerdings nichts zu tun. Wie aus den Zensurberichten der Feldpost hervorgeht, fühlten sich die meisten Soldaten im Stich gelassen und hegten Zweifel an der Kriegführung.

Die Landung in der Normandie – eine entscheidende Schlacht?

Westliche Medienberichte, die in der Regel nicht an Superlativen sparten, vermitteln der breiten Öffentlichkeit heute den Eindruck, dass die Landung in der Normandie für den Ausgang des Krieges von maßgeblicher Bedeutung gewesen sei. Selbst ein so angesehener Militärschriftsteller und -kritiker wie Sir Basil Liddell Hart ließ sich dazu hinreißen, die Landung in der Normandie als »das dramatischste und wohl auch das entscheidendste Ereignis des zweiten Weltkriegs«[1] zu bezeichnen. Solche Kommentare, die eine sehr westliche Sichtweise des Konfliktes widerspiegeln, müssen dringend präzisiert werden.

Als die westlichen Alliierten das Landungsunternehmen am 6. Juni 1944 starteten, befand sich das Dritte Reich bereits seit über viereinhalb Jahren im Kampf und führte vor allem seit drei Jahren ohne Unterbrechung einen Vernichtungskrieg gegen die UdSSR. Die strategische Weisung Nr. 51, die Hitler im November 1943 erteilte, um die Truppen im Westen angesichts der zu erwartenden Landung der Alliierten zu ver-

> »Der harte und verlustreiche Kampf der letzten zweieinhalb Jahre gegen den Bolschewismus hat die Masse unserer militärischen Kräfte und Anstrengungen aufs Äußerste beansprucht. Dies entsprach der Größe der Gefahr und der Gesamtlage. Diese hat sich inzwischen geändert. Die Gefahr im Osten ist geblieben, aber eine größere im Westen zeichnet sich ab: die angelsächsische Landung! Im Osten läßt die Größe des Raumes äußersten Falles einen Bodenverlust auch größeren Ausmaßes zu, ohne den deutschen Lebensnerv tödlich zu treffen.
>
> Anders im Westen! Gelingt dem Feind hier ein Einbruch in unsere Verteidigung in breiter Front, so sind die Folgen in kurzer Zeit unabsehbar. Alle Anzeichen sprechen dafür, daß der Feind spätestens im Frühjahr, vielleicht aber schon früher, zum Angriff gegen die Westfront Europas antreten wird. Ich kann es daher nicht mehr verantworten, daß der Westen zu Gunsten anderer Kriegsschauplätze weiter geschwächt wird.«
>
> Aus: Hitlers Weisungen für die Kriegführung 1939–1945. Dokumente des Oberkommandos der Wehrmacht. Hrsg. von Walter Hubatsch, Erlangen, o.J. (1962), S. 233.

stärken, und die jeglichen Abzug personeller Kräfte aus diesem Kampfgebiet fortan untersagte, blieb eine bloße Absichtserklärung. Genau einen Monat nach dieser Weisung, am 3. Dezember 1943, erforderte der dringende Bedarf an der Ostfront weitere Truppenverlegungen und den Austausch von Personal. Gewiss wurden ernsthafte Bemühungen zur Verstärkung der Streitkräfte im Westen unternommen. Die Situation änderte sich jedoch nicht grundlegend, was an der Verteilung der deutschen Divisionen vom 1. Juni 1944 deutlich zu erkennen ist: 57 Prozent der deutschen Divisionen waren an der Ostfront und nur 19 Prozent im Westen eingesetzt – ein Verhältnis von 164 zu 54 Divisionen – während sich die übrigen Divisionen in Italien (27,5), auf dem Balkan (25) sowie in Dänemark und Norwegen (15) befanden.

Für die meisten Historiker, welche die mit der alliierten Landung verbundenen Schwierigkeiten betonen und so ihren Schilderungen eine gewisse Dramatik geben, war Hitlers Weisung Nr. 51 im Nachhinein wie ein Geschenk des Himmels. Deshalb standen sie diesem Text auch recht unkritisch gegenüber. Zwischen dieser Weisung und der Landung in der Normandie verstrichen aber sieben Monate – sieben Monate, in denen sich die Lage erheblich veränderte. Nachdem die Rote Armee im Verlauf des Winters 1943/44 an der südlichen Ostfront 400 bis 500 Kilometer vormarschiert war, stand sie Anfang Juni 1944 noch 530 Kilometer von dem wichtigen Steinkohlebecken in Oberschlesien und 320 Kilometer von den rumänischen Ölfeldern bei Ploieşti entfernt. Unterdessen hatten die Sowjets bereits am 4. Januar 1944 polnisches Gebiet erreicht, im Frühjahr die baltischen Staaten. Alles in allem war das Anfang November 1943 in der Weisung Nr. 51 erwähnte strategische Glacis im Osten in der Zwischenzeit stark zusammengeschrumpft, wenn nicht ganz verschwunden. Im Gegensatz zu dem trügerischen Bild, das die unendliche Weite der russischen Steppe in unserer Phantasie entstehen lässt, war die östliche Frontlinie Anfang Juni 1944 also nicht weiter vom schlesischen Industriegebiet entfernt als die französische Küste vom Ruhrgebiet. Im Übrigen hatte die deutsche Bevölkerung sich nicht geirrt. Die ukrainische Stadt Schytomyr, die im November 1943 fiel, lag auf halbem Wege zwischen Stalingrad und Berlin.

Ein Punkt wurde zudem in der Weisung Nr. 51 nicht ausreichend berücksichtigt: das Ausmaß der deutschen Verluste an der Ostfront. Am 1. Juni 1944, also kurz vor der Landung in der Normandie, waren seit September 1939 bereits 2,3 Millionen Angehörige der Streitkräfte des Deutschen Reiches einschließlich paramilitärischer Einheiten ums Leben gekommen, wobei hier nicht zwischen den Todesursachen unterschieden wird. Davon hatten seit Juni 1941 fast 1,9 Millionen, d.h. 81 Prozent, allein an der Ostfront den Tod gefunden. Dieses Verhältnis änderte sich natürlich durch den militärischen Feldzug in Westeuropa, der sich an die im Sommer 1944 erfolgten Landungen der Alliierten in der Normandie und in der Provence anschloss. Gleichwohl starben vom 1. Juni bis zum 31. Dezember 1944 noch 66 Prozent der deutschen Streitkräfte, d.h. 883 000 von 1,35 Millionen Mann, im Kampf gegen die Rote Armee. Mit anderen Worten: Während vor dem 6. Juni 1944 vier von fünf deutschen Soldaten im Osten ums Leben kamen, waren es danach noch vier von sechs.

Dieses Verhältnis entsprach übrigens in etwa der jeweiligen Intensität der deutschen Einsätze. So kämpften zwei Monate nach der Landung in der Normandie von insgesamt 147 Divisionen der Wehrmacht, die an Gefechten hoher Intensität (d.h. mit hohen Verlusten) beteiligt waren, 103 im Osten (70,1 %), wohingegen 24 in Frankreich (16,3 %) und 20 in Italien (13,6 %) eingesetzt waren.

Der Kriegsverlauf in Europa von 1942 bis 1945

ISLAND

Petsamo
Kirkenes○ Murmansk
Narvik 9. – 10.44
NORWEGEN Kiruna○
Gällivare○
Faröer-In. Rovaniemi○ Archangelsk○
SCHWEDEN Luleå○
Shetland-In. Drontheim○ FINNLAND
19.9.44 Waffenstillstand
Orkney-In. Bergen○ 3.3.45
OSLO Petro-
SOWJETUNION sawodsk○
Stavanger○ HELSINKI Wiborg○
STOCKHOLM Leningrad○ Schlüsselburg
Nordsee Dagö○ Narwa 1.43
Ösel○ Demjansk○ Gorki○
GROSS- DÄNEMARK Ostsee Pleskau○ Rschew○
BRITANNIEN Riga○ Welikije MOSKAU
IRLAND Flensburg○ Königsberg○ Kowno○ Luki○ Wjasma○
LONDON Hamburg○ Danzig○ Witebsk○ Smolensk○ Murmanbahn
Plymouth NDL. Peene- 2.45 Goldap○ Minsk○ Mogilew○ Orel○ Woronesch Kapitulation
South- münde Königsberg Bialystok○ 1.43 31.1./2.2.43
ampton Arnheim DEUTSCHES Potsdam○ Kursk○ Stalin-
6.44 Antwerpen Stettin○ BERLIN Kutno○ Brest-Litowsk○ Gomel○ 11.42 grad
Cherbourg○ BEL. 8./9.5.45 Kapit. 2.5.45 Warschau○ Belgorod○
Dieppe Aachen Torgau REICH Kiew Charkow○ 11.42
Brest○ 12.44 21.10.44 25.4.45 Dresden Breslau○ 6.5.45 Kiew Stalino○ Rostow○
Lorient○ PARIS Frankfurt○ Auschwitz Lemberg○ 11.43 Saporoschje○ 1.43
St. Nazaire Reims Nürnberg PRAG 27.1.45 Tarno- Kriwoj Rog○
25.8.44 7.5.45 Kapit. 30.4.44 pol○ 1.43
Orléans○ Straßburg○ München○ Linz○ SLOWAKEI 1.43
FRANKREICH BERN 4.45 UNGARN Odessa○ Kertsch○
La Rochelle Vichy○ SCHWEIZ WIEN 31.12.44 Noworossijsk○
Oradour○ Brenner BUDAPEST Sewastopol○ Jalta Tuapse○
Bordeaux○ »ÉTAT Lyon○ Grenoble○ Mailand○ Triest○ RUMÄNIEN 5.44 2.45, »Gr. Drei«
FRANÇAISE« La Spezia○ Salò○ Agram○ 25.8.44 Schwarzes Meer
SPANIEN Cannes 10.43 Bologna○ KROATIEN BEL- BUKAREST
Barcelona○ 8.44 Ravenna○ Sarajevo○ GRAD SERB.
Korsika Pisa○ Zara○ MONTE- SOFIA ANKARA
ROM Gran Sasso NEGRO BULGARIEN
9.43 Nettuno○ Monte TIRANA 8.9.44 Istanbul○ TÜRKEI
Balearen 1.44 Cassino ALB. Saloniki○ 23.2.45
Sardinien Neapel○ Salerno○ 9. – 10.44
ITALIEN 9.43 SYRIEN
8.9.43 Kapit. 9.43 26.2.45
13.10.43 Messina○ ATHEN Zypern○ BEIRUT DAMASKUS
ALGIER Bizerte○ 9.43 Kalavryta○ LIBANON
11.42 Böne○ Reggio GRIECHENLAND 27.2.45 Palästina Trans-
TUNIS Pantelleria 7.43 Syrakus Kreta Rhodos○ JERUSALEM SAUDI-
5.43 Malta 7.43 Mittelmeer jordanien
Gabes○ Benghasi Tobruk Alexandria○ Port Said○ ARABIEN
Algerien TRIPOLIS 11.42 11.42 El Alamein Sues○ 1.3.45
1.43 El Agheila○ ÄGYPTEN Kairo○
Libyen 26.2.45

Stalingrad und die Landung in der Normandie   63

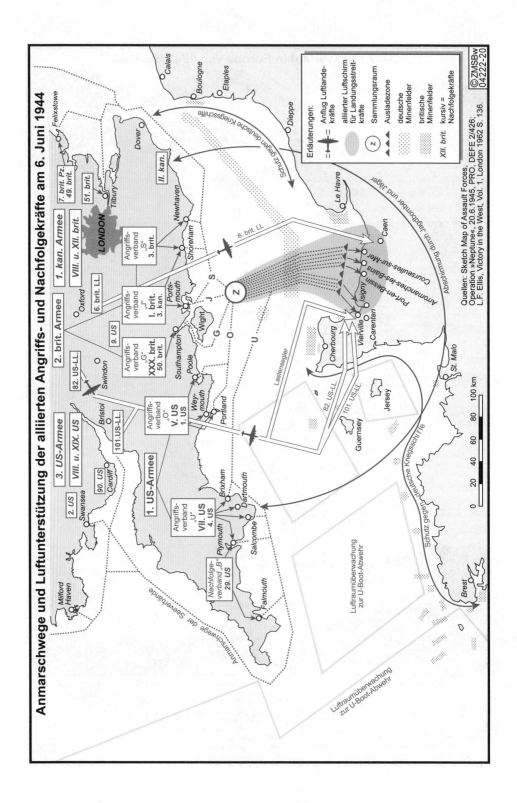

Anmarschwege und Luftunterstützung der alliierten Angriffs- und Nachfolgekräfte am 6. Juni 1944

Erläuterungen:

- ⇉ Anflug Luftlandekräfte
- ⬭ alliierter Luftschirm für Landungsstreitkräfte
- Ⓩ Sammlungsraum
- Ausladezone
- ▲ deutsche Minenfelder
- britische Minenfelder
- *XII. brit.* kursiv = Nachfolgekräfte

Quellen: Sketch Map of Assault Forces,
Operation »Neptune«, 20.6.1945, PRO, DEFE 2/426;
L.F. Ellis, Victory in the West, Vol. 1, London 1962 S. 136.

©ZMSBw
04222-20

Mit den Offensiven der westlichen Streitkräfte in Europa änderte sich also das zahlenmäßige Verhältnis der deutschen Verluste in den unterschiedlichen Kampfgebieten. Doch größere Auswirkungen auf die geografische Verteilung der personellen Verluste des Deutschen Reiches hatte das nicht. Diese waren für die Wehrmacht in der Sommeroffensive der Roten Armee (Operation »Bagration«) verheerend. In nur drei Wochen wurden 28 Divisionen vernichtet. Die Heeresgruppe Mitte, welche die ganze Wucht des sowjetischen Angriffs zu spüren bekam, verzeichnete vom 22. Juni bis zum 15. Juli 1944 einen Personalverlust von 300 000 Soldaten (Gefallene und Vermisste). Die Heeresgruppe Nordukraine hatte ihrerseits vom 11. Juli bis zum 17. August 1944 infolge eines zweiten Vorstoßes der Roten Armee 115 000 gefallene und verwundete Soldaten zu beklagen.

Angesichts dieser Fakten stellte die Landung in der Normandie keinen Wendepunkt des Krieges dar. Sie entschied vor allem, wie der Hamburger Historiker Bernd Wegner bereits 1994 festgestellt hat, über die Rangfolge der Gewinner des Krieges in Europa und deren späteren Einfluss auf dem Kontinent. Nach Wegners Auffassung ist die Tatsache, dass ein deutscher Sieg rein rechnerisch unmöglich war, wohl in erster Linie auf die USA und deren unerschöpfliche Ressourcen zurückzuführen. Dennoch sei der Umstand, dass Deutschland den Krieg dann tatsächlich verloren habe, in erster Linie der Sowjetunion zu verdanken.

Letztlich wurde das totalitäre System des Nationalsozialismus durch ein anderes totalitäres Regime, eine kommunistische Diktatur, unter entsetzlichen Verlusten der sowjetischen Bevölkerung gestürzt. Der Anteil der westlichen Demokratien an der Niederlage des Deutschen Reiches sollte daher nicht überschätzt werden, so bedeutend er auch war.

Kriegs- und Nachkriegspropaganda

Wie kam es nun dazu, dass die beiden Schlachten – bei Stalingrad und in der Normandie – bis heute so verzerrt wahrgenommen werden? Sicherlich spielt der politische, ideologische und gedächtniskulturelle Wettstreit zwischen den Blöcken während des Kalten Krieges eine maßgebliche Rolle. Für die sowjetischen, später russischen Historiker waren Moskau, Stalingrad und Kursk die drei »entscheidenden« Schlachten des »Großen Vaterländischen Krieges«. Die Normandie bleibt damit außen vor. Dies zeigt, wie weit die Auffassungen auseinandergehen. Im Westen hatte die sowjetische Geschichtsschreibung ihre Glaubwürdigkeit wegen der ideologischen Übertreibungen bald verloren. Zudem wurden die Arbeiten russischer Historiker wegen der Sprachbarrieren hier kaum gelesen.

Der Wunsch, den Anteil der Roten Armee an der deutschen Niederlage zu schmälern, lebte jedoch auch nach dem Zusammenbruch des Ostblocks im Wendejahr 1989/90 weiter. Es ist im Übrigen recht aufschlussreich, dass Wladimir W. Putin als Präsident der Russischen Föderation, also als ehemaliger Alliierter, erst 2004 anlässlich des 60. Jahrestages der alliierten Landung in der Normandie zu den Gedenkfeierlichkeiten eingeladen wurde, das heißt zur selben Zeit, zu der auch Deutschland als ehemaliger Verliererstaat mit Bundeskanzler Gerhard Schröder erstmals dort vertreten war.

Gleichwohl lässt sich die Überbewertung der Rolle des 6. Juni 1944 nicht allein durch die Rivalität zwischen Ost und West nach dem Krieg erklären. Zwar steht fest, dass der Krieg in Europa zur damaligen Zeit seinen »objektiven« Wendepunkt bereits überschritten hatte. Das Scheitern der deutschen Offensive vor den Toren Moskaus im Dezember 1941 und die deutsche Kriegserklärung an die USA gaben hier den Ausschlag. Für die Deutschen und Amerikaner wie für die Bevölkerungen der besetzten Gebiete stand aber damals fest, dass die Landung der Alliierten im Westen von entscheidender Bedeutung sein würde.

Dieser Gegensatz zwischen zeitgenössischen Empfindungen und historischer Analyse wirft die Frage auf, welche Rolle die damalige Propaganda spielte. Er erinnert uns daran, dass die Landung der Alliierten in Westeuropa fast vier Jahre lang das bevorzugte Thema eines regelrechten Nervenkrieges war, bevor sie in eine militärische Operation umgesetzt wurde.

Bereits am 21. Oktober 1940 stellte der britische Premierminister Winston S. Churchill eine Landung in Frankreich als Teil einer kriegsentscheidenden Operation in Aussicht. Seine Rundfunkansprache an die Franzosen, in der er ihnen (in ihrer Sprache) bis zum Morgen der Befreiung eine »Gute Nacht« wünschte, ließ frühzeitig erahnen, in welche Richtung er die Hoffnungen der Franzosen lenken wollte. Von diesem Tag an bis zum 6. Juni 1944 war die Landung im Westen zentraler Gegenstand eines regelrechten Schlagabtauschs, der mit zahlreichen offiziellen Stellungnahmen geführt wurde. Dieses Kernstück der Propaganda war nicht nur Teil des antideutschen Nervenkrieges, sondern auch einer Verzögerungstaktik gegenüber den Sowjets (zumindest bis 1943), die ungeduldig auf die Eröffnung einer »zweiten Front« drängten. Ein Angriff im Westen sollte den deutschen Druck im Osten verringern.

Mit dem Mythos einer »Festung Europa« trug die deutsche Propaganda ebenfalls zur Mythisierung der alliierten Landung im Westen bei. Viele Bildberichte in der Presse stützten die Vorstellung, dass es einen unüberwindbaren »Atlantikwall« gebe. Der Erfolg eines Landungsunternehmens galt daher als unrealistisch. Dass die deutsche Verteidigung am 6. Juni in weniger als 24 Stunden überall durchbrochen werden konnte, ist der beste Beweis für den Überraschungseffekt.

In den besetzten Gebieten Westeuropas, die den zunehmenden Bombardierungen der Briten und Amerikaner ausgesetzt waren, bewirkten die zahlreichen amtlichen Mitteilungen über die beabsichtigte alliierte Landung nur, dass die Bevölkerung der Befreiung von einer erdrückenden Besatzungsmacht mit wachsender Ungeduld entgegensah. Diese Sehnsucht war umso größer, als einheimische paramilitärische Kräfte wie etwa die Miliz des Vichy-Regimes in Frankreich das deutsche Besatzungsregime noch verschärft hatten.

Mit der Zuspitzung der allgemeinen militärischen Lage und unter dem Druck der alliierten Luftangriffe und der schlechten Nachrichten von den Fronten sank die Moral der Deutschen. So berichtete am 4. Mai 1944 der Sicherheitsdienst der SS: Für einen großen Teil der Deutschen könne die Moral nur noch aufrechterhalten werden, wenn »etwas wirklich Entscheidendes«[2] geschehe, das über kurz oder lang ein Ende des Konfliktes erwarten lasse. Für den Mann auf der Straße konnte dieses Ereignis ebenso gut die Vereitelung der alliierten Landung sein wie der Einsatz der »Vergeltungswaffen«. Wie groß der Druck war, der auf den Deutschen lastete, lässt sich am besten an der Erleichterung, ja Begeisterung erkennen, welche die Bevölkerung und die Regierung bei der Meldung des Angriffs in der Normandie empfanden.

All diese Faktoren führten schließlich dazu, dass die internationale Öffentlichkeit große Erwartungen in die Landung der Alliierten setzte. In der Tat findet sich in den Kriegen des 20. Jahrhunderts kaum ein vergleichbares Beispiel für einen groß-angelegten Angriff, der jahrelang angekündigt und erwartet wurde. Diese Erwartungen führten letztendlich dazu, dass das Ereignis von der Nachwelt in der uns heute bekannten Form wahrgenommen wurde, auch wenn sich die Darstellung in der Folge zweimal änderte.

Zuerst ist hier der Kinofilm »Der längste Tag« aus dem Jahr 1962 zu nennen. Der Film brachte das 1959 veröffentlichte Werk von Cornelius Ryan dank eines internationalen Staraufgebots einem breiten Publikum näher. Er bestätigte die Auffassung, dass der 6. Juni 1944 ein kriegsentscheidendes Datum gewesen sei, und prägte spätere Bearbeitungen des Stoffs. In den folgenden Jahrzehnten griff die Filmindustrie diese Vorstellung in direkter oder indirekter Form auf, zum Beispiel 1998 mit Steven Spielbergs Blockbuster »Der Soldat James Ryan«.

Obwohl »Der längste Tag« eine Reihe von Ungenauigkeiten aufweist und manches unter den Tisch fallen lässt (den Krieg im Osten etwa), hat der Film die Vorstellungen von der Landung in der Normandie im kollektiven Unterbewusstsein der westlichen Gesellschaften tiefer und nachhaltiger geprägt und verankert, als jede Geschichtsstunde es könnte. Dieses in Hollywood entworfene Bild vom Krieg wurde selbst zu einem Teil der Geschichte, der in zahlreichen Wiederholungen mehrere Generationen von Kinogängern und Fernsehzuschauern beeinflusst hat.

Die Wahrnehmung des Ereignisses änderte sich 1984 ein zweites Mal, als US-Präsident Ronald Reagan die Gedenkfeier zum 40. Jahrestag der alliierten Landung zur Bekräftigung seiner Innen- und Außenpolitik nutzen wollte. Deren Ziel war es nach der Niederlage in Vietnam, die konservativen Werte und den Patriotismus in den Vereinigten Staaten wiederherzustellen. Reagan erinnerte an die historische Berechtigung der Kriege, die sein Land in der Vergangenheit im Namen von Demokratie und Freiheit geführt hatte – im Kalten Krieg war das ein brisanter Hinweis.

Seitdem erhielten die Gedenkfeiern im Zehnjahresrhythmus umso mehr Bedeutung, als sich gekrönte Häupter Seite an Seite mit den mächtigsten Staats- und Regierungschefs der Welt in der Normandie einfanden, um gemeinsam politische Einheit zu demonstrieren und den Beginn der Befreiung Europas zu feiern – zuletzt zum 70. Jahrestag 2015. Die Gedenkfeiern sind auch Höhepunkte des »Gedenkstättentourismus«, der zu einem wichtigen Wirtschaftsfaktor der Region geworden ist. In diesem Zusammenhang steht auch das Vorhaben, die Landungsstrände zum UNESCO-Welterbe zu erklären. Hier zeigt sich erneut die bereits 1945 von französischer Seite eingeleitete Politik der Tourismusförderung, die ihrerseits die althergebrachten Vorstellungen bekräftigt.

Zum Schluss: Die Ereignisse und ihre Darstellung

Ein Zeitgenosse hätte 1941/42 schon über eine außergewöhnliche Weitsicht verfügen müssen, um zu der Überzeugung zu gelangen, dass der Ausgang des Konfliktes unwiderruflich feststand – nach der deutschen Offensive in der UdSSR und der Kriegserklärung des Deutschen Reiches an die USA. Es liegt jedoch in der Natur des Menschen, sich eher an konkreten Beweisen zu orientieren (wie Siegen und Niederlagen) als an einer Vielzahl von politischen, moralischen oder wirtschaftlichen Indizien. Gleichwohl sind es diese Faktoren, die zusammengenommen bereits zu einem frühen Zeitpunkt über den Ausgang eines Konfliktes entscheiden. Tatsächlich war und ist sowohl im Falle Stalingrads als auch der Normandie der symbolische Wert von ebenso großer Bedeutung wie die Wirklichkeit, auf die er sich bezieht. Sind wir 70 Jahre später in der Lage, die Klischees der Kriegspropaganda zu korrigieren? Dann ließen sich diese bedeutenden Ereignisse unserer gemeinsamen Geschichte, die Schlacht bei Stalingrad und die Landung der Alliierten in der Normandie, aus einem kritischen Blickwinkel betrachten.

Anmerkungen

1   Basil H. Liddell Hart, Strategie, Wiesbaden 1955, S. 367.
2   Meldungen aus dem Reich. Die geheimen Lageberichte des Sicherheitsdienstes der SS 1938–1945. Hrsg. von Heinz Boberach, Herrsching 1984, Bd 17, S. 6509.

Jan Hoffenaar

Die Logik des Kalten Krieges: Fähigkeiten, Absichten, Wahrnehmungen

Bereits kurz nach dem Ende des Zweiten Weltkrieges trat die Menschheit in eine der merkwürdigsten Phasen ihrer Geschichte ein, die als die Zeit des Kalten Krieges bezeichnet wird. Diese Beschreibung klingt wie ein Widerspruch in sich. Ein Krieg ist ja ein flammender, ein »heißer« Kampf, in dem die Anwendung von Waffengewalt im Zentrum steht. Was war denn dann ein »kalter« Krieg? Dafür gibt es zahlreiche Beschreibungen. Der Kalte Krieg wird oft als Konflikt zwischen kapitalistischen, mehrheitlich parlamentarisch-demokratischen Staaten mit den USA als Führungsmacht einerseits und kommunistischen, parteidiktatorischen Staaten unter strenger Führung der Sowjetunion andererseits gesehen. Es war ein Kampf zwischen zwei sich ausschließenden Missionen für eine neue Weltordnung, die das Machtvakuum in Europa und Asien nach der Niederlage Deutschlands bzw. Japans füllen sollte. Es war ein beinahe allumfassender Kampf, der in nahezu allen Bereichen der Gesellschaft geführt wurde: ideologisch, politisch, wirtschaftlich, kulturell und militärisch. Beinahe allumfassend war dieser Kampf, weil das letzte Mittel, die Atomwaffe, zwar ständig wie ein bedrohliches Damoklesschwert über der Welt hing, glücklicherweise aber nie eingesetzt wurde.

Wann begann der Kalte Krieg und wann endete er?

Ein echter, »heißer« Krieg hat einen klaren Anfang und ein klares Ende. Der Kalte Krieg hatte das nicht. Fast gegen ihren Willen waren die USA und die Sowjetunion aus dem Zweiten Weltkrieg als die beiden neuen Weltmächte hervorgegangen. Diese Position bedeutete für beide Staaten internationale Verantwortung und Erwartungen. Alle Welt blickte auf sie; ihr Denken und Handeln war vielen anderen ein Vorbild. Es gab allerdings ein grundlegendes Problem: Die beiden Staaten stützten ihre Politik auf gegensätzliche, ja feindliche Ideologien. Jede Seite hielt ihre Ideologie außerdem für weltweit gültig und machte daraus auch kein Geheimnis. Die Sowjetunion hatte sich seit 1917 mit ihrer marxistisch-leninistischen Grundlage ausdrücklich als Alternative zu einer Gesellschaft präsentiert, die auf dem Kapitalismus basierte. Der Konflikt mit dem Rest der Welt lag so in ihren »Genen«. Als dann aus dem am stärksten kapitalistisch ausgerichteten Staat und der Führungsmacht der kommunistischen Weltrevolution die beiden stärksten Weltmächte geworden waren, war ein weltweiter Konflikt unvermeidlich.

Die Frage war nur, wie hart würde er ausgetragen werden? Sehr hart, das zeigte sich schnell. Die Spannungen konzentrierten sich anfangs vor allem auf die Festlegung der Einflussbereiche im Europa der Nachkriegszeit und auf den Umgang mit dem besiegten Deutschland. Als in den letzten Kriegsjahren deutlich wurde, dass die Alliierten Deutschland und Japan aufgrund ihrer personellen und materiellen Überlegenheit früher oder später besiegen würden, war es den USA und der Sowjetunion trotz großer Meinungsverschiedenheiten noch gelungen, miteinander Abkommen zu vereinbaren. Sobald aber die Waffen schwiegen und konkrete Maßnahmen getroffen werden sollten, funktionierte das nicht mehr. Bereits Anfang 1946 gingen die politischen Entscheidungsträger in den USA davon aus, dass sie mit dem sowjetischen Staats- und Parteichef Josef Stalin selbst über die wichtigsten Themen kein Einvernehmen mehr erzielen konnten. Die Zusammenarbeit wurde abgelöst von der Eindämmungspolitik (*containment*), die den Einfluss der Sowjetunion und des Kommunismus in Grenzen halten sollte. Dann waren noch einige Konferenzen und Zwischenfälle erforderlich, bis auch in Europa jeder verstanden hatte, dass die Gegensätze unüberbrückbar waren.

Ende 1947 war der Kalte Krieg eine unübersehbare Tatsache. Quer durch Europa verlief der »Eiserne Vorhang«, der Europa entzweite. Auch Deutschland fiel auseinander. In der Sowjetischen Besatzungszone wurde 1949 die Deutsche Demokratische Republik (DDR) ausgerufen, während die Britische, die Französische und die Amerikanische Besatzungszone zur Bundesrepublik Deutschland zusammengefasst wurden. Mittelpunkt des Konflikts wurde – zumindest aus europäischer Perspektive – Berlin, das in einen Ost- und einen Westteil zerfiel. Die 1961 errichtete Berliner Mauer zwischen beiden Teilen der Stadt wurde zum Symbol des Kalten Krieges. Inzwischen hatte dieser einen weltweiten Charakter erhalten. Bereits ab Ende der 1940er-Jahre hatte er in Südostasien und ab Ende des folgenden Jahrzehnts in Afrika und Lateinamerika zu »heißen« Konflikten geführt. Der allumfassende Kalte Krieg beherrschte die internationalen Beziehungen ganz und gar.

Das Ende des Kalten Krieges nahte ab der zweiten Hälfte der 1980er-Jahre, als der Generalsekretär der KPdSU Michail S. Gorbatschow einen neuen Weg der Wirtschaftsreformen (*perestroika*) und politischen Offenheit (*glasnost*) einschlug, sowohl innerhalb der Sowjetunion als auch gegenüber den Bündnispartnern in Osteuropa. Diese Politik war verständlich, aber auch riskant. Verständlich, weil die Sowjetunion aufgrund ihrer wirtschaftlichen Situation die Belastungen als Supermacht (durch das Wettrüsten mit den USA und die Unterstützung befreundeter Regime auf der ganzen Welt) kaum mehr tragen konnte. Sie benötigte dringend westliche Technologien und Kredite. Riskant, weil diese Politik mit der Trennung von den zwei Grundpfeilern des Sowjetimperiums einherging: der Anführung der marxistisch-leninistischen Weltrevolution und (der Drohung mit) dem Einsatz der Streitkräfte zum Machterhalt in Osteuropa. Die Bevölkerung ergriff diese Chance mit beiden Händen und schaffte es, Ende 1989 die Berliner Mauer einzureißen und die kommunistischen Regime mit (überwiegend) friedlichen Revolutionen zum Rücktritt zu zwingen. Dies alles führte innerhalb der Sowjetunion zu Demonstrationen für staatliche Unabhängigkeit – das hatte Gorbatschow ganz sicher nicht gewollt. Am Ende diese Entwicklung, 1991, zerfiel die UdSSR, die Union der Sozialistischen Sowjetrepubliken. Diese Entwicklung markierte das Scheitern des Marxismus-Leninismus als Staatsform, so dass die ideologische Grundlage des Kalten Krieges unterging.

Gegenseitige Vernichtung garantiert!

Der Kalte Krieg hatte seine eigene Logik mit verschiedenen Widersprüchen und Eigentümlichkeiten. Das erklärt sich durch das gegenseitige Misstrauen und das Vorhandensein gewaltiger Atomwaffenarsenale in beiden Lagern. Das Misstrauen auf beiden Seiten sorgte bereits 1950 für eine Militarisierung des Kalten Krieges. Die

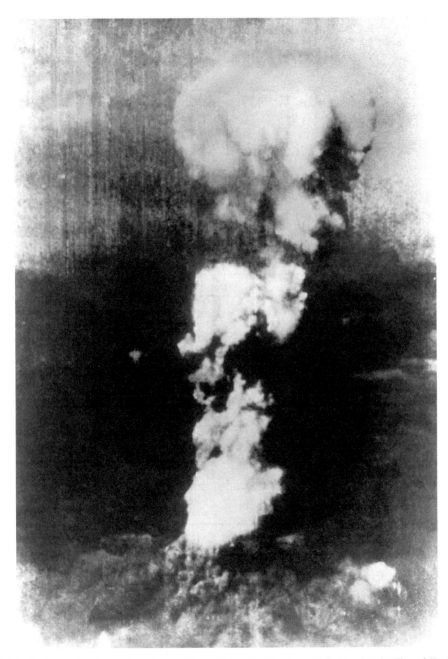

Bei der Explosion der Atombombe steigt über Nagasaki eine 18 000 m hohe pilzförmige Rauchwolke auf. Vor 50 Jahren kam das Inferno über die japanischen Städte Nagasaki und Hiroshima: Am 6. August 1945 explodierte über Hiroshima »Little Boy«, die erste militärisch eingesetzte Atombombe in der Geschichte der Menschheit. Die Detonation und der anschließende Feuersturm töteten 140 000 Menschen. In Nagasaki fielen 70 000 Menschen der Bombe zum Opfer. Zehntausende von Überlebenden erlagen später Strahlenschäden. Mit den beiden Atombomben zwangen die USA das japanische Kaiserreich zur Kapitulation. picture-alliance/dpa

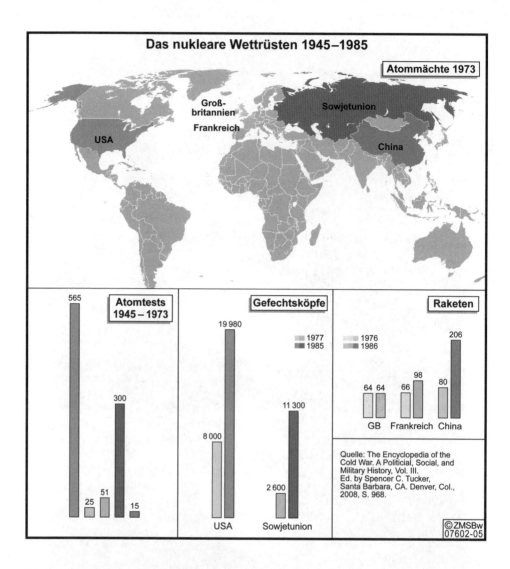

Das nukleare Wettrüsten 1945–1985

Atommächte 1973

Großbritannien
Frankreich
USA
Sowjetunion
China

Atomtests 1945 – 1973

565
300
51
25
15

Gefechtsköpfe

1977
1985
1976
1986

19 980
11 300
8 000
2 600

USA   Sowjetunion

Raketen

206
98
80
64 64
66

GB   Frankreich   China

Quelle: The Encyclopedia of the
Cold War. A Politicial, Social, and
Military History, Vol. III.
Ed. by Spencer C. Tucker,
Santa Barbara, CA. Denver, Col.,
2008, S. 968.

©ZMSBw
07602-05

Machthaber in Moskau fürchteten eine politische, wirtschaftliche und letztendlich auch militärische Einschließung ihres Landes und Einflussbereichs. Entsprechend deuteten sie unter anderem die großzügige amerikanische Wirtschaftshilfe für die Länder West- und Südeuropas sowie das Entstehen der Nordatlantischen Vertragsorganisation (NATO), die 1949 als Ausdruck der Solidarität zwischen den Ländern auf beiden Seiten des Atlantiks gegründet wurde. Gleichzeitig betrachteten die Politiker in den USA und in Europa sehr genau, wie die Sowjetunion ihren politischen und wirtschaftlichen Einfluss in Osteuropa mit militärischer Macht untermauerte. Der Einmarsch in die Tschechoslowakei im Februar 1948 war ein klares Signal. Dieses Misstrauen wurde auch dadurch bestärkt, dass die Sowjetunion nach dem Zweiten Weltkrieg eine riesige Armee behalten hatte, während die westlichen Alliierten ihre Truppen deutlich reduziert hatten. Welches Ziel verfolgte sie damit?

1949 wurde China unter Mao Tse-tung kommunistisch, und die Sowjetunion führte einen erfolgreichen Atomtest durch, der das amerikanische Monopol auf diesem Gebiet beendete. Doch Stalin schätzte die Lage im Juni 1950 ganz falsch ein. Er unterstützte den Einmarsch des kommunistischen Nordkorea in Südkorea in der Erwartung, dass die USA und andere Länder nicht eingreifen würden. Die US-Regierung betrachtete jedoch Korea ebenfalls als einen Prüfstein ihrer Politik der Eindämmung nach dem Motto: Bis hierher und nicht weiter. Ihre europäischen Bündnispartner befürchteten, dass die große Rote (Sowjet-)Armee früher oder später auch in ihre Richtung marschieren würde. Der Einmarsch in Südkorea war das Signal, um der Sowjetunion Einhalt zu gebieten. In Korea entsandte man dazu Truppen unter der Flagge der Vereinten Nationen. In Europa baute man deshalb zügig eine starke Verteidigung auf. Der Koreakrieg war mit über vier Millionen Todesopfern der erste heiße Krieg während des Kalten Krieges. Mit ihm begann ein umfassender Rüstungswettlauf.

Dieses »Wettrüsten« war einmalig in der Geschichte. Niemals zuvor oder danach haben sich zwei Gruppen von Staaten bis an die Zähne bewaffnet so lange gegenübergestanden – ohne tatsächlich loszuschlagen. Die Atomwaffen gaben dem Rüstungswettlauf einen einzigartigen Charakter. Aufgrund ihrer alles vernichtenden Kraft waren sie in erster Linie Abschreckungswaffen. Aus dem gleichen Grund fungierten die Atomwaffen im strategischen Denken der Amerikaner anfangs vor allem als Druckmittel auf politischer Ebene, die eventuell nur auf militärstrategischer Ebene tatsächlich einsetzbar waren. Bereits nach einigen Jahren wurde ihnen auf niedrigerer operativer und taktischer Ebene ein Platz in der Verteidigungsstrategie der NATO eingeräumt. Das bedeutete, dass Atomwaffen sogar relativ kleinen Einheiten wie Bataillonen zugewiesen wurden. In der Erwartung, dass der Kalte Krieg lange dauern würde, bestand die Idee hinter dieser »Nuklearisierung« darin, dass eine Verteidigung mit Atomwaffen kostengünstiger als eine Verteidigung ausschließlich mit konventionellen Waffen und dadurch länger durchzuhalten wäre. Die NATO-Truppen hatten zahlenmäßig einen deutlich geringeren Umfang als die des Warschauer Paktes. Dessen Einrichtung 1955 hatte als Reaktion auf den NATO-Beitritt der Bundesrepublik Deutschland die politische und militärische Herrschaft der Sowjetunion in Osteuropa besiegelt. Weil taktische Atomwaffen über eine viel größere Schlagkraft verfügten als konventionelle Waffen, mussten die NATO-Mitgliedstaaten nicht so große Streitkräfte aufbauen. Übrigens verhinderte die Abschreckung, dass der Gegner militärisch aggressiv agierte, was ja der Ausgangspunkt der Strategie der NATO war.

Doch die Logik der »Nuklearisierung« erwies sich sehr bald als Illusion. Ab der zweiten Hälfte der 1950er-Jahre hatten beide Lager so große Atomwaffenarsenale aufgebaut, dass sie in der Lage waren, einander gegenseitig zu vernichten, auch wenn sie nicht als erste Atomwaffen einsetzen würden. Mit Tausenden zu Land und auf U-Booten stationierten Flugkörpern großer Reichweite, die jeweils über mehrere schwere Atomsprengköpfe verfügten, hielten sie einander in Schach. Gleichzeitig bauten sie im wichtigsten Konfrontationsgebiet, in Europa, Streitkräfte auf, die mit taktischen nuklearen und mit den modernsten konventionellen Waffen ausgestattet waren. Auch die NATO-Mitgliedstaaten verstärkten ihre konventionellen Streitkräfte. Sie waren zu der Erkenntnis gelangt, dass die »Nuklearisierung« ihre Möglichkeiten begrenzte, auf eventuelle Maßnahmen des Warschauer Paktes zu reagieren. Die NATO hätte sich bereits in einem sehr frühen Stadium eines lokalen oder regionalen Konfliktes gezwungen gesehen, als erste Seite Atomwaffen einzusetzen. Das

Risiko, dass der Konflikt dann zu einem totalen Atomkrieg eskaliert wäre, war zu groß geworden. Daher wurden die erhofften Kosteneinsparungen nicht umgesetzt. Im Gegenteil: Es begann ein Wettrüsten sowohl bei nuklearen als auch bei konventionellen Waffensystemen.

Die strategisch-nukleare Zwangssituation besaß eine eigene Logik, die nach der sogenannten Kubakrise im Jahre 1962 andauerte. Die Supermächte gerieten in diesem Jahr sehr nahe an eine militärische Konfrontation, als der sowjetische Staats- und Parteichef Nikita S. Chruschtschow Mittelstreckenraketen auf Kuba stationierte und erst nach massivem Druck wieder abzog. Seitdem ist man solche Risiken nicht mehr eingegangen. Für die Sowjetunion und die USA war eine direkte militärische Konfrontation keine Option mehr. 1972 schlossen sie sogar den *Anti-Ballistic Missile Treaty*. In diesem ABM-Vertrag vereinbarten die beiden Supermächte, bewusst ein Gleichgewicht des Schreckens einzuhalten. Das Paradoxe an dieser Politik war, dass ihre Sicherheit nur garantiert war, solange die gegenseitige Zerstörung im Falle eines Krieges garantiert blieb.

Auf das militärische Potenzial fixiert

Da die beiden Blöcke im Kalten Krieg einander grundsätzlich misstrauten, richteten sie ihre Aufmerksamkeit ausschließlich auf das militärische Potenzial des Gegners. Die tatsächlichen Absichten der Gegenpartei waren uninteressant, weil sie in der Logik des Kalten Krieges immer als zutiefst feindselig betrachtet wurden. Das Ausspionieren des Gegners und das Sammeln von Informationen im weitesten Sinne zielte nicht so sehr darauf zu erfahren, was dieser plante. Vielmehr ging es darum herauszufinden, wozu der Gegner theoretisch in der Lage war, um Gegenmaßnahmen zu treffen. Tiefes Misstrauen trieb so den Rüstungswettlauf voran, wobei der rasante technische Fortschritt das Ganze weiter beschleunigte. Die Flugkörper konnten immer größere Distanzen überwinden, wurden mit mehr und mit schwereren Sprengköpfen ausgestattet und benötigten immer kürzere Reaktionszeiten. Allerdings verbesserte sich auch der Schutz ihrer Abschussvorrichtungen immer mehr. Die Geschütze wurden immer schneller, genauer und tödlicher, während sich gleichzeitig die Panzerung gegen Artillerieeinschläge ständig verbesserte. Die Flugzeuge wurden schneller und wendiger, konnten unter allen Bedingungen und rund um die Uhr fliegen und versuchten mit wechselndem Erfolg, außerhalb des Radarbildes des Gegners zu bleiben. Demgegenüber standen Verbesserungen bei den Luftzielgeschützen. Der Fortschritt in der Informations- und Kommunikationstechnologie sorgte dafür, dass wichtige Informationen immer schneller und in verarbeitbaren Mengen zum richtigen Zeitpunkt und an der richtigen Stelle sein konnten. Die Kehrseite dieser Entwicklung war die zunehmende Empfindlichkeit der Kommunikation gegenüber feindlichen »Störsendern«. Unter Wasser schließlich spielten die U-Boote ein gefährliches Katz-und-Maus-Spiel.

Das tiefe gegenseitige Misstrauen und der einseitige, aber verständliche Blick auf das militärische Potenzial der Gegenseite führten häufig zu einer verkehrten Wahrnehmung. Vor allem Anfang der 1980er-Jahre, als die internationalen Beziehungen besonders angespannt waren, entstanden gefährliche Missverständnisse. Sowjetische Politiker beschuldigten die USA und die NATO öffentlich, einen Angriffskrieg vorzubereiten, während hochrangige Militärs gar einen Atomkrieg diskutierten. Auf beiden Seiten kursierten Gerüchte über Angriffe durch bereits gestartete Flugkörper. Zum Glück bewahrten die Betroffenen einen kühlen Kopf, so dass Europa und die Welt, wenn auch mit Mühe, einer Katastrophe entgingen.

Nach dem Kalten Krieg aufgetauchte Geheimdokumente zeigen, dass beide Seiten die Absichten der Gegenseite falsch eingeschätzt hatten. So hatte Stalin nicht ernsthaft beabsichtigt, Westeuropa anzugreifen und bis zum Atlantik vorzustoßen. Auch in späteren Jahren hegte die Sowjetunion nie Angriffsabsichten, nicht in den 1950er-Jahren und, wie gesagt, ganz gewiss nicht, nachdem das Gleichgewicht des Schreckens vereinbart worden war. Der Warschauer Pakt bereitete zwar einen groß angelegten präventiven Atomschlag vor, aber nur für den Fall, dass glaubwürdige Informationen eingingen, dass ein gegnerischer Angriff bevorstehe – sozusagen ein Angriff zur Verteidigung.

Die NATO legte ihrer Strategie allerdings ein anderes Szenario zugrunde. Der Warschauer Pakt würde nach Ansicht der NATO aufgrund des Gleichgewichts des Schreckens höchstwahrscheinlich nie einen massiven Atomschlag führen. Hingegen könnten regionale oder lokale Aggressionen mit konventionellen Kräften sehr wohl möglich sein als Reaktion auf falsche Informationen infolge einer Fehleinschätzung oder beim Versuch, an bestimmten Stellen Fakten zu schaffen. Darauf begründete die NATO seit den 1960er-Jahren ihre Strategie der *Flexible Response* für den Fall, dass die Abschreckung nicht ausreichen sollte. Dem Feind sollte nach dieser Strategie auf der gleichen militärischen Ebene entgegengetreten werden, und er sollte darüber im Unklaren gelassen werden, wann das Bündnis den Konflikt durch taktische und in einer Folgephase gegebenenfalls durch den Einsatz strategischer Atomwaffen eskalieren lassen würde.

Der Kreml und die Generäle des Warschauer Paktes interpretierten diese Strategie und die großangelegten Übungen ebenfalls als aggressive Versuche, einen Atomkrieg dennoch zu ermöglichen. Ihre Unsicherheit darüber, wie sie angemessen reagieren sollten, vergrößerte noch ihre Unsicherheit über die Absichten des Gegners. Dies sorgte dafür, dass sie nur an einem Szenario festhielten: am Atomkonflikt. Sie hätten dann – im Gegensatz zu dem, was in NATO-Kreisen vermutet wurde – den Krieg nicht auf Europa beschränkt, sondern sofort auch Atomraketen gegen die USA abfeuern lassen. Das war alles nicht mit den Annahmen vereinbar, die der Strategie der *Flexible Response* zugrunde lagen. Außerdem hatten die NATO-Mitgliedstaaten wenig Gespür dafür, dass die Kremlführung ab Ende der 1950er-Jahre China, den kommunistischen »Konkurrenten« auf der Weltbühne, als eine viel größere Gefahr betrachtete.

Auch auf kommunistischer Seite gab es hartnäckige Vorurteile. Der marxistisch-leninistischen Logik zufolge würden die kapitalistischen Imperialisten früher oder später angreifen. Erfahrungen mit Angriffen aus dem Westen in der jüngsten und auch weiterer Vergangenheit bestätigten diese Annahme. Dabei handelte es sich nicht nur um Propaganda der Staats- und Parteiführung, um die Unterstützung der Bevölkerung zu erhalten. Sondern viele waren wirklich davon überzeugt, dass die NATO hauptsächlich aggressive Absichten hege. So gut die osteuropäischen Nachrichtendienste auch über die Verteidigungsabsichten der politischen und militärischen Pläne der NATO informiert waren – sie interpretierten diese Informationen von ihrem ideologisch gefärbten Betrachtungswinkel aus. Das war ebenfalls ein Teil der Logik des Kalten Krieges.

Die einander ausschließenden Ideologien, politischen Auffassungen und Wirtschaftsstrukturen, das damit verbundene tiefe gegenseitige Misstrauen und die Logik des Wettrüstens sorgten dafür, dass eine vorsichtige Verbesserung der Beziehungen zwischen den Blöcken, wie sie im Zeitraum der Entspannung von 1969 bis 1979 eintrat, nur oberflächlicher Art sein konnte. Die Sowjetunion und die USA schlossen zwar Verträge über die Begrenzung ihrer strategischen Waffenarsenale und den bereits angeführten ABM-Vertrag, gleichzeitig aber stockten die Verhandlungen über beiderseitige Truppenreduzierungen in Europa, und die zahlenmäßige Erweiterung und Verbesserung anderer Waffensysteme wurde unverdrossen fortgesetzt. Die Sowjetunion baute in diesem Zeitraum eine weltweit operierende Flotte auf. Der Kalte Krieg ging in Asien, Afrika und Lateinamerika weiter. In Europa bot die Entspannungspolitik (die »Ostpolitik« von Bundeskanzler Willy Brandt) Raum für eine gewisse Annäherung zwischen Ost- und Westdeutschland und mehr Zusammenarbeit zwischen den europäischen Staaten im Allgemeinen. Ein deutliches Zeichen setzte die Konferenz über Sicherheit und Zusammenarbeit in Europa (KSZE), die 1975 zur Schlussakte von Helsinki führte. Aber auch diese Episode war nur von kurzer Dauer. 1979 war nach dem sowjetischen Einmarsch in Afghanistan die Entspannungspolitik definitiv zu Ende. Die USA hatten damals bereits mit der Aufrüstung begonnen. Damit reagierten sie in ihren Augen auf die Steigerung der nuklearen und konventionellen Kampfkraft der Sowjetunion in den vorangegangenen Jahren. Die Sowjetunion wiederum hatte diese Aufrüstung für notwendig gehalten, um das Gleichgewicht zwischen den beiden Supermächten wieder herzustellen.

Anfang der 1980er-Jahre begann eine neue Phase des Wettrüstens. Die USA und die anderen NATO-Mitgliedstaaten konzentrierten sich auf die Entwicklung und Anwendung neuer, vor allem computergestützter Technologien, um ihre qualitative Überlegenheit besonders auf dem europäischen Kriegsschauplatz gegenüber einem Gegner zu erhöhen, der zahlenmäßig überlegen war. In beiden Blöcken hatten sich in den vorherigen Jahrzehnten große Teile der Wirtschaft und Gesellschaft mit der Waffenindustrie eng verzahnt. In der Sowjetunion waren zwei Drittel der Industrie direkt oder indirekt mit der Verteidigung verbunden. Ein drastischer Rückgang der Verteidigungsausgaben hätte zu einer Zerrüttung der Gesellschaft und damit zu einer Untergrabung des politischen Systems geführt. Bei den NATO-Bündnispartnern hätte ein solcher Schritt vergleichbare wirtschaftliche und soziale Probleme verursacht und wäre einem politischen Selbstmord gleichgekommen. Das Wettrüsten hatte somit außer militärischen und technischen auch wirtschaftliche, soziale und politische Triebfedern. Auch diese »Logik« trieb den Kalten Krieg an. Letztendlich trug sie, wie bereits angeführt, auch zum Zusammenbruch der Sowjetunion und damit zum Ende des Kalten Krieges bei.

Vier Besonderheiten

Betrachtet man abschließend die Logik des Kalten Krieges, fallen vier Besonderheiten auf. Diese betrafen die militärischen Einsatzpläne, den Spannungsbogen zwischen Bündniszusammenhalt und nationalen Interessen, den Gegensatz zwischen Worten und Taten in der Politik und schließlich die tatsächliche Globalisierung des Kalten Krieges.

Das erste Merkmal betrifft die Einsatzpläne. Die Sowjetführung ging von einem präventiven, groß angelegten atomaren und konventionellen Angriff des Warschauer Paktes aus, falls ihr ein Angriff von Seiten der NATO unvermeidlich erscheinen würde. Ein Teil ihres Einsatzplans bestand darin, Europa mit »Wellen« aus Heereseinheiten zu überrollen: zunächst vor allem aus den kleineren Mitgliedstaaten des Warschauer Paktes, dann der Sowjetunion. Die echten Einsatzpläne des Warschauer Paktes befinden sich derzeit in Moskauer Archiven und können nicht eingesehen werden. Inwieweit die Pläne, welche die Militärführung der einzelnen Mitgliedstaaten des Warschauer Paktes zu sehen bekamen, damit übereinstimmten, können Militärhistoriker daher im Moment nicht feststellen. Wahrscheinlich stimmten die echten Pläne und diese Teilpläne, über die mehr bekannt ist, größtenteils überein. Die Pläne des östlichen Militärbündnisses für diese Teiloperationen waren allerdings in hohem Maße unrealistisch, ja trügerisch. Innerhalb einer Woche sollten die Truppen des Warschauer Paktes die Nordsee und den Atlantik erreichen, ohne dabei, so schien es, die Verteidigung der NATO und die Folgen des Atomwaffeneinsatzes zu berücksichtigen. Obwohl damalige Generäle aus kleineren Mitgliedstaaten des Warschauer Paktes ernsthafte Zweifel an der Umsetzbarkeit der Pläne hegten, protestierten sie kaum. Das wäre riskant und sinnlos gewesen. Sie erkannten, dass der tatsächliche Verlauf eines Atomkrieges nicht vorhersehbar war und wahrscheinlich das Ende der Welt bedeuten würde. Solange allerdings diese Apokalypse nicht begonnen hatte, wirkten sich optimistische Szenarien besser auf die Motivation der eigenen Truppen aus als pessimistische.

Die NATO, die sich auf die Strategie der *Flexible Response* stützte, kämpfte mit vergleichbaren Dilemmata. Die Einsatzpläne für den europäischen Kriegsschauplatz beschränkten sich auf die ersten Kriegstage, bis das Bündnis als erstes Atomwaffen einsetzen würde, um die feindliche Offensive länger aufhalten zu können. Diese Pläne sollten erst in Kraft treten, wenn die Abschreckung gescheitert wäre, um trotzdem noch das Beste aus der Situation zu machen.

Das zweite Merkmal hängt ebenfalls mit der Strategie der *Flexible Response* zusammen: die Spannung zwischen der erforderlichen Einigkeit innerhalb der Bündnisse einerseits und den verschiedenen regionalen und nationalen Interessen und Zielen andererseits. Für die NATO ist das seit Langem bekannt. Die Abschreckung war nur dann glaubhaft, wenn der Gegner von der Einigkeit der NATO-Partner überzeugt war, doch die NATO war über den eigenen Kurs oft tief gespalten. Die europäischen Mitgliedstaaten waren zum Beispiel in ständiger Furcht vor einer Abkoppelung ihrer Sicherheitsinteressen von denen der USA. Sie hatten Angst, dass sich die Amerikaner auf die Strategie der *Flexible Response* berufen und sich bei einem eventuellen Krieg heraushalten würden, um diesen auf Europa zu beschränken. Für Frankreich war dies der Grund dafür, eine eigene Atommacht aufzubauen und sich aus der militärischen Organisation des Bündnisses zurückzuziehen. Diese Uneinigkeit war auch dem Gegner bekannt. Dazu musste er nur die Medienberichte verfolgen. Für die NATO war es sehr viel schwieriger, die Verhältnisse innerhalb des Warschauer Paktes richtig einzuschätzen. Meistens war das nicht möglich. So ahnte kaum jemand, dass es auch innerhalb des Warschauer Paktes große Meinungsverschiedenheiten gab und dass dieses Bündnis weniger von der Führung in Moskau gelenkt wurde, als dies im Westen unterstellt wurde.

Ein drittes Merkmal war, dass Worten und Taten häufig nicht übereinstimmten. Die beiden Großmächte und Bündnisse behaupteten, bestimmte Werte und allgemeingültige Interessen zu vertreten. Die Sowjetunion sah sich als Wegbereiterin der marxistisch-leninistisch inspirierten Weltrevolution, während die USA für die weltweite Verbreitung der Demokratie eintraten. Die Praxis stand häufig in starkem Widerspruch dazu. Die Sowjetunion war in vielerlei Hinsicht ein normaler Staat, der seine eigenen Interessen voranstellte. Ihre Legitimität im In- und Ausland beruhte allerdings auf ihrer Führungsrolle in der Weltrevolution und ihrem hegemonialen Kampf gegen die USA. Ihre Führer begründeten ihr jeweiliges Vorgehen mit ideologischen Formulierungen, handelten aber vor allem als opportunistische Politiker, die ihre Macht erhalten wollten. Die USA, die vorgaben, überall in der Welt für demokratische Werte und Menschenrechte einzutreten, handelten im Widerspruch dazu, wenn sie diktatorische Regime mit dem Argument stützten, dass der Kommunismus dadurch eingedämmt würde. Auch für amerikanische Politiker galt, dass sie vor allen weltweiten Zielen die nationalen Interessen verfolgten, dabei manchmal mit den von ihnen verkündeten Idealen brachen und diesen Widerspruch mit schiefen, ideologisch gefärbten Argumenten verteidigten, an die sie oft selbst nicht glaubten. Auch andere NATO-Mitgliedstaaten, die angeblich die gleichen Werte vertraten, gerieten in den 1960er- und 1970er-Jahren in Erklärungsnot, weil mit Portugal und Griechenland zwei Militärdiktaturen dem Bündnis angehörten.

Eine vierte Besonderheit war der weltumspannende Charakter des Kalten Krieges. Der Konflikt wurde weltweit ausgetragen, nachdem zwischen den Supermächten und den jeweiligen europäischen Staaten eine Pattsituation eingetreten war. Bereits seit Ende des Zweiten Weltkrieges waren verschiedene Länder im Nahen Osten zum Spielball der Großmächte in ihrem Streben nach Einflussbereichen geworden. Zwar blieb die direkte Konfrontation zwischen NATO und Warschauer Pakt aus, doch es gab andere Kriegsschauplätze, auf denen sogenannte Stellvertreterkriege geführt wurden. Ein Beispiel sind die späteren Kriege zwischen arabischen Staaten, die von der Sowjetunion unterstützt wurden, und Israel, dem die USA und andere westliche Länder halfen. Die Kriege 1956, 1967 und 1973 boten die Gelegenheit, die Effizienz der Waffensysteme auf beiden Seiten auf einem Nebenkriegsschauplatz zu testen. Die USA glaubten außerdem an die »Domino-Theorie«: Sollte der Kommunismus in einem Staat gewinnen, würde bald auch das Nachbarland wie ein Dominostein »kippen« und kommunistisch werden. Die Entwicklung in den ehemaligen Kolonien in Südostasien, die gerade unabhängig geworden waren, beobachteten die Amerikaner ebenfalls aus diesem Blickwinkel. Der Vietnamkrieg, der sich von 1955 bis 1975 in Indochina dahinschleppte, ist die bekannteste Folge. Die USA, China und die Sowjetunion setzten hier alle verfügbaren Mittel ein, um den Erfolg des anderen ideologischen Lagers zu verhindern. Dieser Krieg zeigte, wie der Kalte Krieg oft lokale oder regionale Konflikte beherrschte. Stellvertreterkriege gab es auch in Afrika und in vielen Ländern Mittel- und Südamerikas, in denen marxistische Revolutionäre gegen die diktatorischen Regime die Waffen erhoben.

Der weltpolitische und militärische Schwerpunkt des Kalten Krieges aber blieb Europa, wo dieser Konflikt tatsächlich »kalt« blieb. Doch die schwer bewaffneten Bündnisse der Supermächte hielten einander Tag und Nacht in Schach. Die NATO und der Warschauer Pakt waren jederzeit bereit, der Gegenseite sofort mit allen Mitteln militärisch zu Leibe zu rücken – und den europäischen Kontinent in Schutt und Asche zu legen.

Carmen Rijnoveanu

Die Konferenz über Sicherheit und Zusammenarbeit in Europa – eine Bühne der rumänischen Sicherheitspolitik

Die Ära des Kalten Krieges brachte einen allgemeinen Umbruch und eine dramatische Veränderung der geostrategischen Architektur mit sich, die sich nun auf zwei Säulen stützte: die USA und die Sowjetunion. Es begann eine Periode der Konfrontation und des Wettbewerbs um globalen Einfluss und Macht, und dieser wiederum wirkte sich auf die möglichen politischen und sicherheitspolitischen Aussichten der kleineren Mächte aus, die keine andere Wahl hatten, als sich auf einen der beiden Blöcke zu stützen, die sich um Moskau bzw. Washington gebildet hatten. Rumänien war in einer heiklen Lage. Es war ein Opfer des »Übereinkommens« der beiden Supermächte, musste es doch seine nationalen Interessen und den sowjetischen Herrschaftsanspruch ausbalancieren. Deshalb ist Rumäniens sicherheitspolitische Rolle während des Kalten Krieges ein faszinierendes Thema für Militärhistoriker, die sich für Entscheidungsprozesse innerhalb eines vielfältigen Netzwerkes interessieren, das über 50 Jahre lang das Verhalten des Landes auf der internationalen Bühne bestimmt hat.

Dieses Kapitel ist in drei Teile gegliedert: Zunächst geht es um Rumäniens Sicherheitsvorstellungen während des Kalten Krieges und die nachfolgende Neubewertung seines außenpolitischen Programms. Die Gründe für die strategische Hinwendung zu Moskau und seine Auswirkungen auf die Sicherheit sind ebenso Teil der Analyse. Dann steht Bukarests Sicherheitsagenda innerhalb der Konferenz für Sicherheit und Zusammenarbeit in Europa (KSZE) im Mittelpunkt, bevor abschließend Rumäniens Diplomatie vor dem Hintergrund der KSZE – seine Initiativen, sein politisches Verhalten und die Ergebnisse – betrachtet wird.

Die rumänische Wahrnehmung der Sicherheitslage

Infolge des Zweiten Weltkrieges und des strategischen Wandels in der globalen strategischen Lage wurde Rumänien in das von der Sowjetunion dominierte Sicherheitssystem integriert und in neu gebildete politische, wirtschaftliche und militärische Strukturen aufgenommen, welche die sowjetische Führung als Instrument der Machtprojektion im globalen Wettbewerb mit den USA und als Kontrollmechanismus für die Satellitenstaaten Mittel- und Osteuropas geschaffen hatte. Rumäniens Bindung an das sowjetische Lager war ein Bruch mit der politischen Ausrichtung nach Westen seit dem 19. Jahrhundert. Dem Land blieben nur wenig Möglichkeiten in Bezug auf seine außen- und innenpolitische Unabhängigkeit. Durch die Bindung an den 1949 gegründeten Rat für Gegenseitige Wirtschaftshilfe (RGW) und den 1955 gegründeten Warschauer Pakt und die auf rumänischem Staatsgebiet stationierten sowjetischen Truppen wurde der völlige Gehorsam gegenüber der Kremlführung das wichtigste Element, welches das Verhalten der rumänischen Machthaber in der ersten Dekade des Kalten Krieges bestimmte.

Anfang der 1960er-Jahre startete die kommunistische Führung Rumäniens einen Aktionsplan mit dem Ziel, die Haltung des Landes gegenüber der UdSSR neu zu gestalten; im Kern forderte man von Moskau mehr Unabhängigkeit ein, ohne die Treue zum kommunistischen Bündnis in Frage zu stellen. Bei der Entwicklung seiner »Strategie« folgte der rumänische Kommunistenführer Gheorghe Gheorghiu-Dej einem Kalkül, dass sich auf praktische Gründe und Möglichkeiten stützte. Seine wichtigste Sorge war es, Wege zu finden, um die Autorität seines Regimes zu festigen und mögliche Schritte der sowjetischen Seite, ihn und seine Mannschaft abzusetzen, zu verhindern. Das Überleben des kommunistischen Regimes war letztlich das Ziel, das sowohl Gheorghiu-Dej als auch sein Nachfolger Nicolae Ceauşescu bis zum Sturz des Regimes 1989 verfolgten. Sie hatten gehofft, dass diese Politik Erfolg haben konnte, wenn die sowjetische Kontrolle über das Land drastisch eingeschränkt würde.

Zu den Gründen für einen solchen Schritt mag man die zunehmenden Befürchtungen der kommunistischen Führung Rumäniens zählen, die sich von den Sowjets direkt bedroht fühlte, weil diese versuchten, die in den Statellitenstaaten an der Macht befindlichen alten stalinistischen Seilschaften loszuwerden – der sogenannte Entstalinisierungsprozess –, um sie stärker unter die Kontrolle der Sowjetunion zu bringen. Darüber hinaus zeigten die dramatischen Ereignisse des Jahres 1956 in Ungarn und Polen den Herrschern in Bukarest, wie schutzlos sie der sowjetischen Führung ausgeliefert waren, die sie jederzeit absetzen konnte. Die Unberechenbarkeit der sowjetischen Machthaber gegenüber ihren Satellitenstaaten als der größte Unsicherheitsfaktor führte zu einer Veränderung im Sicherheitsdenken der rumänischen Staats- und Parteiführung.

Zudem dürfen wir die Auswirkungen der internationalen Dynamik nicht vergessen, die das politische Engagement der Machthaber in Bukarest in diesem neuen politischen Spiel förderte. Die Änderung der sowjetischen Strategie gegenüber dem Westen auf der Grundlage des Prinzips der »friedlichen Koexistenz« seit 1956 und der chinesisch-sowjetische Konflikt in den späten 1950er-Jahren, der zu einem offenen Bruch innerhalb des kommunistischen Lagers führte, sollten der Führung in Bukarest eine Möglichkeit bieten, eine neue Strategie im Umgang mit der sowjetischen Führung zu entwickeln: sich von deren Vorherrschaft zu lösen und den eigenen Spielraum in den internationalen Beziehungen auszuweiten.

Die während der Herrschaft von Gheorghiu-Dej herausgegebene »April-Deklaration« aus dem Jahre 1964 gilt als Wendepunkt in der allgemeinen politischen Haltung der rumänischen Führung gegenüber ihrem »Gönner«. Die Deklaration von 1964, welche die Prinzipien von Unabhängigkeit und Nichteinmischung in die inneren Angelegenheiten der anderen sozialistischen Staaten zum Ausdruck bringt, kann als Gründungsakt der autonomen Politik Rumäniens angesehen werden. Die kommunistischen Führer Rumäniens bestanden darauf, dass die Beziehungen zwischen Staaten auf folgenden Grundsätzen beruhen müssten: Einhaltung der Unabhängigkeit und nationalen Souveränität, gleiche Rechte, gegenseitiger Vorteil, Nichteinmischung in die inneren Angelegenheiten anderer Staaten, territoriale Integrität und sozialistischer Internationalismus. Diese Grundsätze dienten auch dazu, das politische Denken der rumänischen Führung während der gesamten kommunistischen Zeit zu rechtfertigen und das außenpolitische Verhalten Rumäniens zu erklären.

Ceaușescus Politik der »Abgrenzung«

Gheorghiu-Dejs Nachfolger Nicolae Ceaușescu entwickelte diese Strategie weiter. Sein politischer und persönlicher Ehrgeiz drängte auf eine umfassende Neugestaltung des rumänisch-sowjetischen Verhältnisses. Er ging sogar noch weiter: über politische Erklärungen hinaus zu konkreten Akten des Ungehorsams, die innerhalb des Warschauer Pakts und des kommunistischen Blocks zu großen Widersprüchen führten und Anlass für eine wesentliche Neubewertung der rumänischen Außenpolitik boten.

Zum einen drängte die rumänische Führung und wies auf die Notwendigkeit hin, die blockinternen Beziehungen neu abzuwägen mit dem geplanten Ziel, die sowjetische Tendenz zur Einmischung in die inneren Angelegenheiten kleinerer Bündnispartner einzuschränken. Sie beklagte und verurteilte die zunehmenden Tendenzen der sowjetischen Führung, die wirtschaftliche Integration innerhalb des RGW und die politisch-militärische Integration innerhalb des Warschauer Pakts zu verschärfen. Zum anderen wollte sie ihren Handlungsspielraum erweitern, indem sie die Aussichten für eine Zusammenarbeit mit den westlichen Ländern, vor allem mit den USA und der Bundesrepublik, verbesserte und versuchte, den Westen als Trumpfkarte gegen den verstärkten politisch-wirtschaftlichen Druck der Sowjetunion auszuspielen. Neben den erhofften wirtschaftlichen Vorteilen war das Hauptinteresse der rumänischen Machthaber politischer Natur, da ein privilegiertes Verhältnis zum Westen breite internationale Unterstützung für Rumänien und seine Führung garantieren und einen Sonderstatus sowie zunehmende Glaubwürdigkeit des Landes auf der internationalen Bühne herbeiführen sollte.

Die Autonomieforderungen lösten eine Serie von Entscheidungen aus, die zu Konflikten im Verhältnis zwischen Bukarest und Moskau führten. Diese Entscheidungen betrafen Rumäniens Haltung zu wichtigen internationalen Ereignissen (zur Deutschen Frage, zum israelisch-arabischen Konflikt), aber auch seine schwierige Position innerhalb des kommunistischen Blocks (im Hinblick auf den Einmarsch in die Tschechoslowakei, den chinesisch-sowjetischen Konflikt und die Militärreform des Warschauer Pakts). Dieser politische Kurs erreichte seinen Höhepunkt mit dem Einmarsch des Warschauer Pakts in der Tschechoslowakei im August 1968. Er führte zu einer grundlegenden Neubewertung der nationalen Sicherheit und veranlasste die rumänische Staats- und Parteiführung dazu, ihren außenpolitischen Kurs zu radikalisieren.

In der Folgezeit erreichten die Beziehungen zwischen Rumänien und dem Westen ein nie dagewesenes Niveau mit einem hohen wirtschaftlichen und politischen Nutzen. Die Besuche des französischen Präsidenten Charles de Gaulle 1968 und des amerikanischen Präsidenten Richard Nixon 1969 in Rumänien waren ein Beweis für den Sonderstatus, den der Westen Rumänien im politischen Spiel des Kalten Krieges gewährte. In der folgenden Zeit wurde Rumänien die Mitgliedschaft im Allgemeinen Zoll- und Handelsabkommen (GATT, 1971), im Internationalen Währungsfonds (IWF), der Weltbank (1972) und der Gruppe der 77 (1976) angeboten. 1975 erhielt Rumänien von den USA den Status einer *most favoured nation* (MFN) und damit die Behandlung nach dem Meistbegünstigungsprinzip. Die privilegierte Stellung im Verhältnis zum Westen bestätigte Ceaușescus Anspruch auf eine Sonderrolle im Ost-West-Dialog. Er wollte an dem komplexen globalen Balanceakt beteiligt sein, zu dem bestimmte internationale Fragen zwischen den beiden Supermächten unweigerlich führten.

Briefmarken signalisierten Rumäniens Beteiligung an der KSZE.   *privat*

Der militärische Einmarsch in die Tschechoslowakei im August 1968 verkomplizierte die rumänisch-sowjetischen Beziehungen insgesamt und machte die vielbeschworene»Unabhängigkeit« des rumänischen kommunistischen Regimes überdeutlich. Am wichtigsten ist jedoch, dass die tschechoslowakische Episode das Ausmaß der sowjetischen Bedrohung zeigte und Ceaușescus Sorge vor einer wahrscheinlichen militärischen Intervention mit dem Ziel, ihn aus seinem Amt zu entfernen, verstärkte. Das Überleben der politischen Führung wurde unter diesen Umständen zum vordringlichen Ziel, da die UdSSR nicht nur als Unsicherheitsfaktor gesehen wurde, sondern sich auch als reale Bedrohung für die nationale Sicherheit des Landes erwies.

Das Gebot der Sicherheit und das zunehmende Gefühl der Verwundbarkeit bestimmten Ceaușescus weitere politische Schritte, und daher richtete sich sein Hauptaugenmerk darauf, weitere Möglichkeiten zu finden, um dieses Sicherheitsdefizit zu kompensieren. Zur Umsetzung seiner neuen Strategie fuhr er zweigleisig: intern durch Verabschiedung einer nationalen Militärdoktrin für den Heimatschutz (und damit eine Verschärfung der von Moskau abweichenden Politik) und extern durch eine Förderung des europäischen Entspannungsprozesses, nicht zuletzt im Kontakt mit den westlichen Ländern.

Die Bukarester Sicherheitsagenda innerhalb der KSZE

Die Ereignisse in der Tschechoslowakei im August 1968 hatten einen entscheidenden Einfluss auf das rumänische Handeln im Bereich der KSZE. Sie führten insbesondere dazu, dass das Ceauşescu-Regime die Notwendigkeit einer europäischen Sicherheitskonferenz hervorhob und damit eine dynamische Strategie im Bereich der KSZE verfolgte.

Im Grunde genommen sollte die KSZE den Aufbau einer umfassenden Plattform zur Sicherung der territorialen Integrität Rumäniens ermöglichen und jegliche ausländische Einmischung in die inneren Angelegenheiten abwenden, welche die Führung in Bukarest hinterfragen oder ihre Macht bedrohen könnte. Sie war außerdem eine hervorragende Möglichkeit für Rumänien, die eigenen Karten endlich auf den Tisch zu legen und damit seine erklärte Emanzipation vom Satellitenstatus, die Erweiterung seiner Autonomie in internationalen Fragen ins Spiel zu bringen und so die Glaubwürdigkeit als eigenständiger Akteur zu beweisen, der zur Gestaltung einer neuen europäischen Architektur beitragen könne. Daher muss man Rumäniens Haltung zur europäischen Sicherheit im Kalten Krieg im Zusammenhang des »Sonderstatus« Rumäniens im Verhältnis zur Sowjetunion und der Notwendigkeit verstehen, ein mögliches Szenario nach dem Vorbild der Tschechoslowakei zu vermeiden.

Rumänien formulierte seine eigenen Vorstellungen von den Gründen und Zielen der KSZE, auf der es seine Verhaltensgrundsätze aufbaute und die Umsetzung mehrerer Grundprinzipien forderte: Achtung des Prinzips der nationalen Souveränität, Unabhängigkeit und Nichteinmischung in die inneren Angelegenheiten; striktes Verbot der Anwendung und Androhung von Gewalt in den Beziehungen zwischen Staaten ungeachtet ihres politischen Systems; Auflösung der Militärblöcke und damit Aufhebung der Teilung Europas. Dem politischen Denken Rumäniens zufolge würde die Normalisierung der Beziehungen zwischen den Staaten entscheidend zur gleichzeitigen Auflösung der beiden politisch-militärischen Blöcke beitragen. Dies sollte durch ein Netzwerk bilateraler Beziehungen zwischen den europäischen Staaten erreicht werden. Es wurde jedoch vereinbart, dass weder die Auflösung der beiden politisch-militärischen Blöcke noch die Lösung der Deutschen Frage als Bedingung für die europäische Sicherheit gelten sollte, »da die deutsche Frage nicht die einzige mögliche Konfliktquelle auf dem europäischen Kontinent ist«.[1]

Dabei werden zwei Dinge besonders deutlich. Erstens führte die blockfeindliche Haltung Rumäniens zu widersprüchlichen Aktionen und brachte das Land in eine komplizierte Lage sowohl den USA als auch der Sowjetunion gegenüber. Die rumänische Führung äußerte ständig ihre Abneigung gegen ein allein zwischen den Regierungen in Moskau und Washington vereinbartes europäisches Sicherheitssystem, das schließlich zu einer realen Bedrohung für die eigene nationale Sicherheit Rumäniens würde. Das langfristige Ziel der Führung in Bukarest bestand darin, einerseits die Einrichtung neuer Einflusssphären auf der Grundlage eines privilegierten Abkommens zwischen den beiden Supermächten zu vermeiden und andererseits kleinen und mittleren Staaten zu gestatten, als unabhängige Akteure auf der internationalen Bühne aufzutreten, so dass die Vorherrschaft eines einzelnen Staates deutlich eingeschränkt würde.

Es war offensichtlich, dass sich die Verhandlungen zwischen Ost und West den politischen Realitäten der Blockkonfrontation nicht entziehen konnten. Daher erschien Ceauşescus eigensinnige Haltung unrealistisch und erschwerte den gesamten KSZE-

Dialog. Dies rief schließlich die Regierungen in Bonn und Washington auf den Plan, die sich bemühten, Rumäniens Forderungen zu mäßigen.

Zweitens konnte der Führung in Bukarest die Bedeutung der Bonner »Neuen Ostpolitik« nicht entgehen: Sie reagierte auf die gefühlte Veränderung im Umgang Westdeutschlands mit dem Sowjetblock. Am 31. Januar 1967 nahm Rumänien diplomatische Beziehungen zur Bundesrepublik Deutschland auf – eine Entscheidung, die Moskau schockierte und die erste große Krise innerhalb des von der Sowjetunion geführten Lagers verursachte.

Die Deutschlandpolitik Ceaușescus war einer der erfolgreichsten Bereiche seiner Außenpolitik und brachte Rumänien sowohl auf politischer als auch auf wirtschaftlicher Ebene außerordentliche Vorteile. Die Auswirkungen des besonderen bilateralen Verhältnisses waren während der KSZE-Verhandlungen zu spüren. Zwar wichen die Positionen der beiden Staaten in vielen heiklen Fragen voneinander ab. Doch dank ihrer besonderen Kommunikationswege konnten sie einen Konsens erreichen. Ceaușescu wusste genau, dass seine eigene Rolle auf der internationalen Bühne durch ein besonderes Verhältnis zur Bonner Regierung garantiert wurde. Deshalb beschäftigte er sich mit der Deutschen Frage, die in der Tat der entscheidende Faktor in der europäischen Entspannung und den Ost-West-Beziehungen im Allgemeinen war.

Rumäniens Handeln im Rahmen der KSZE

Nachdem die KSZE-Vorverhandlungen begonnen hatten, entwickelte die rumänische Führung eine umfangreichere Tagesordnung, die alle Punkte berücksichtigte, die für den zukünftigen politischen Kurs Rumäniens und das Überleben seiner Führung als wichtig erachtet wurden. Bei den KSZE-Verhandlungen lag die oberste Priorität für Bukarest darin, eine kraftvolle Erklärung zur europäischen Sicherheit zu erreichen, die zur Schaffung eines Sicherheitssystems führen sollte, das feste Sicherheitsgarantien bot und jede militärische Aggression streng untersagte.

Das Mandat der an den KSZE-Vorverhandlungen beteiligten Delegation wurde am 30. November 1972 vom Ständigen Präsidium des Zentralkomitees der Rumänischen Kommunistischen Partei (RCP) genehmigt. Das Hauptinteresse lag auf Korb I (politische und militärische Aspekte) und Korb II (wirtschaftliche Fragen). Hinsichtlich Korb III (Menschenrechte) war die rumänische Delegation im Wesentlichen angewiesen worden, den Positionen der anderen Teilnehmerstaaten zuzustimmen.

Rumänien ging daher während der KSZE-Verhandlungen zu einer Reihe von Initiativen über, die dem Land einen besonderen Status unter den anderen sozialistischen Ländern geben sollten. Seinem vermeintlich autonomen Weg folgend, tat Rumänien alles, um nicht mit der von der Sowjetunion geführten Staatengruppe identifiziert zu werden. Die Regierung distanzierte sich von gemeinsam vereinbarten Positionen, indem sie sogar Vorschläge, die von der sowjetischen Delegation eingereicht wurden, hinterfragte. Rumäniens Haltung brachte die Sowjetunion in eine schwierige Lage, die weitere Spaltungen innerhalb des sozialistischen Lagers zu verhindern suchte und während der KSZE-Verhandlungen eine abgestimmte Position zu einer Reihe von Themen verfocht.

Ein erster Punkt auf der politischen Tagesordnung Bukarests betraf die Vermeidung der Anwendung oder Androhung von Gewalt unter den Teilnehmerstaaten. Die

Die »drei Körbe« der Konferenz über Sicherheit und Zusammenarbeit in Europa

Korb I:

- Souveräne Gleichheit, Achtung der Souveränität innewohnenden Rechte
- Enthaltung von der Androhung oder Anwendung von Gewalt
- Unverletzlichkeit der Grenzen
- Territoriale Integrität der Staaten
- Friedliche Regelung von Streitfällen
- Nichteinmischung in innere Angelegenheiten
- Achtung der Menschenrechte und Grundfreiheiten, einschließlich der Gedanken-, Gewissens-, Religions- oder Überzeugungsfreiheit
- Gleichberechtigung und Selbstbestimmungsrecht der Völker
- Zusammenarbeit zwischen den Staaten
- Erfüllung völkerrechtlicher Verpflichtungen nach Treu und Glauben

Korb II:

- Zusammenarbeit in den Bereichen
  - Handel
  - Industrie
  - Wissenschaft und Technik
  - Umwelt
- Zusammenarbeit auf anderen Gebieten (u.a. Fragen der Sicherheit und Zusammenarbeit im Mittelmeerraum)

Korb III:

- Zusammenarbeit in humanitären und anderen Bereichen

- 1. Menschliche Kontakte, u.a.
  - Kontakte und regelmäßige Begegnungen auf der Grundlage familiärer Bindungen
  - Familienzusammenführung
  - Eheschließung zwischen Bürgern verschiedener Staaten
  - Reisen aus persönlichen oder beruflichen Gründen
  - Verbesserung der Bedingungen für den Tourismus auf individueller oder kollektiver Grundlage
  - Begegnungen der Jugend
  - Sport

- 2. Information
  - Verbesserung der Verbreitung von, des Zugangs zu und des Austausches von Information
  - Zusammenarbeit im Bereich der Information
  - Verbesserung der Arbeitsbedingungen für Journalisten

- 3. Zusammenarbeit und Austausch im Bereich der Kultur

- 4. Zusammenarbeit und Austausch im Bereich der Bildung

Korb I: Fragen der Sicherheit in Europa

Korb II: Zusammenarbeit in den Bereichen der Wissenschaft und der Technik sowie der Umwelt

Korb III: Zusammenarbeit in humanitären und anderen Bereichen

Quellen: Schlussakte von Helsinki, die auf dem ersten Gipfeltreffen der Staats- und Regierungschefs der Konferenz über Sicherheit und Zusammenarbeit in Europa unterzeichnet wurde, Helsinki, 1. August 1975, http://www.osce.org/de/mc/39503?download=true.

©ZMSBw
07536-03

Hauptforderungen konzentrieren sich auf den Abzug ausländischer Truppen aus den Hoheitsgebieten der europäischen Staaten, die Auflösung ausländischer Militärstützpunkte, den Verzicht auf Militärmanöver und andere Gewaltaktionen auf dem Territorium anderer Staaten, die Kürzung der Militärhaushalte und die Auflösung der Militärblöcke. Die rumänische Delegation in Genf wurde angewiesen, auf die Verabschiedung einer Reihe der oben genannten Punkte und deren Aufnahme in das Schlussdokument der Konferenz zu drängen. Was die militärischen Aspekte der Konferenz und der vertrauensbildenden Maßnahmen anging, betonte die rumänische Seite immer wieder die Notwendigkeit, Vertrauen und Stabilität unter den europäischen Staaten zu erhöhen; sie schlug zum Beispiel die Ankündigung großangelegter

Manöver sowie großer Truppenbewegungen mit möglichst umfassenden Angaben zu Teilnehmern, Notifikationsgebiet und -zeitraum mindestens 30 Tage im Voraus vor. Der rumänische Vorschlag, großangelegte Militärmanöver anzukündigen, sollte mögliche Versuche erschweren, diese Übungen als Vorwand zur Mobilmachung für eine Invasion eines anderen Landes zu nutzen. Auch hier bestimmten die Ereignisse in der Tschechoslowakei das rumänische Denken.

Ein zweiter Punkt auf der politischen Agenda Rumäniens betraf die institutionellen Auswirkungen der KSZE. Die Konferenz sollte nach Meinung der rumänischen Führung einen Mechanismus festlegen, der die Umsetzung ihrer Beschlüsse garantierte. Mit anderen Worten: Es ging um die Schaffung einer europäischen Einrichtung, deren Aufgabe darin bestand, sich jeglicher aggressiven Handlungen der Sowjetunion gegen abtrünnige Verbündete anzunehmen bzw. diesen vorzubeugen. Im August 1973 schlug die rumänische Delegation unter genauer Einhaltung politischen Vorgaben aus Bukarest zwei Projekte zur weiteren Diskussion durch die Teilnehmerstaaten vor: »Maßnahmen, die darauf abzielen, die Verhinderung der Anwendung bzw. Androhung von Gewalt unter den Teilnehmerstaaten festzuschreiben«, und die Gründung eines ständigen Organs für Beratungen zur europäischen Sicherheit und Zusammenarbeit.

Das »Prinzip der friedlichen Änderung von Grenzen« wurde jedoch zu einem hohen politischen Risiko auf der KSZE-Agenda Rumäniens. Während der Genfer Verhandlungen nahm man in Bukarest eine starre Haltung in dieser Frage ein, und die rumänische Delegation war angewiesen, im Schlussdokument auf klare Bestimmungen hinsichtlich der Unverletzlichkeit der Grenzen zu drängen. Zwei Monate vor der Unterzeichnung der Schlussakte führte die Haltung Rumäniens zu unerwarteten Entwicklungen, die einer kleinen Krise auf der Ebene der rumänisch-westdeutschen Beziehungen gleichkamen. Ceauşescu hatte zu Recht verstanden, dass das Hauptziel der Bundesrepublik in der KSZE darin bestand, die Aussichten auf eine Wiedervereinigung offen zu lassen und deshalb die Verabschiedung eines Dokuments zu vermeiden, das dieses langfristige Ziel stören könnte. Den verfügbaren Dokumenten zufolge wollte die Bundesrepublik mit der rumänischen Delegation eine Übereinkunft über die friedliche Änderung von Grenzen erreichen, doch die rumänische Seite lehnte einen Kompromiss nach den deutschen Bedingungen strikt ab. Ceauşescu selbst nannte den Hauptgrund für die Haltung Rumäniens: »Wir haben aus tausend Gründen kein Interesse daran, die Frage der Grenzen aufzuwerfen, da dies Ungarn, Bulgarien und anderen den Weg öffnet, dieselbe Frage zu stellen [...] Wir unterstützen voll und ganz das Prinzip der Unverletzlichkeit der Grenzen, denn wir werden niemals, was immer auch geschehen möge, zustimmen, dass die rumänischen Grenzen zur Diskussion gestellt werden[2]. Aus Ceauşescus Sicht hätte ein Friedensvertrag auf der Grundlage des territorialen Status quo alle Konfliktquellen in Europa beseitigt. Genau das wollte die Bundesrepublik vermeiden. Die Krise dauerte bis Juli 1975, als die rumänische Delegation unter dem gemeinsamen Druck der Delegationen der Bundesrepublik und der USA nach einem zuvor mit den sowjetischen Vertretern erzielten Kompromiss in dieser Frage gezwungen war, die Formulierung der Bundesrepublik zu akzeptieren, mit der alle Verweise auf das Völkerrecht in Bezug auf die Änderung der Grenzen aus der Schlussakte entfielen.

Festzuhalten ist, dass Rumänien mit seiner Agenda auf der KSZE in allen wichtigen Punkten im Widerspruch zu seinen Verbündeten im Warschauer Pakt stand und sich in der heiklen Lage befand, mehr mit den westlichen Delegationen, vor allem mit den USA, zusammenzuarbeiten.

Fazit

Die Haltung zur europäischen Sicherheit war ein wichtiger Teil der rumänischen Außenpolitik, die es der Führung in Bukarest gestattete, ihre besonderen diplomatischen Ziele zu verfolgen. Rumäniens Kernstrategie während der KSZE bestand darin, den Status eines glaubwürdigen und unabhängigen Akteurs zu gewinnen, der vor hegemonischen Einmischungen geschützt wurde, und die Einschränkungen der bipolaren Ordnung zu überwinden. So konnte Ceaușescu seine persönliche Macht konsolidieren und einen starken Schutzwall gegen ausländische Interventionen errichten, die in irgendeiner Weise das kommunistische Regime und seine Führung hätten in Frage stellen können.

Erfüllte die KSZE-Politik Rumäniens die Erwartungen, und erreichte sie ihr ursprüngliches Ziel? Die Antwort ist zwiespältig. Einerseits befand sich Rumänien durch seine kompromisslose Politik von Anfang an in einem Spannungsverhältnis zu seinen eigenen Bündnispartnern im Warschauer Pakt, aber auch zu einigen seiner westlichen Verbündeten, insbesondere den USA und der Bundesrepublik. Die Ablehnung der »Blockpolitik«, die als unmittelbare Bedrohung der Unabhängigkeit der kleinen und mittleren Staaten angesehen wurde, und der hartnäckige Widerstand gegen ein »exklusives Übereinkommen« zwischen den Supermächten erschwerten das ohnehin angespannte sowjetisch-amerikanische Verhältnis. Nach Ansicht der rumänischen Führung war allein die Entwicklung konstruktiver bilateraler Beziehungen zwischen Staaten mit unterschiedlicher politischer Ordnung der Schlüssel für die Ost-West-Annäherung. Die »Blockpolitik« musste deshalb überwunden werden.

Trotz der guten Absichten und der realen Sicherheitsbedenken, die das Verhalten der Bukarester Führung innerhalb der KSZE bestimmten, beruhte ihre Haltung auf falschen Voraussetzungen und unrealistischen Erwartungen. Ceaușescu und seinen Gefolgsleuten konnte natürlich die wahre Bedeutung des »großen Spiels«, das im Hintergrund zwischen den beiden globalen Akteuren ablief, nicht entgehen. Sie waren sich der Beschränkungen und Zwänge, deren Einhaltung man den anderen Ländern »freundlich empfohlen« hatte, durchaus bewusst. Rumänien war gar nicht in der Lage, die Entwicklung in irgendeiner Weise zu beeinflussen. Immerhin fand die kommunistische Führung Rumäniens in der KSZE eine Möglichkeit, ihre Sicherheitsbedenken zum Ausdruck zu bringen und einen neuen Status für die kleinen Staaten zu fordern, deren sicherheitspolitischer Handlungsspielraum im Kern davon abhing, wie sich die Großmächte auf der internationalen Bühne verhielten. Eins stand deshalb außer Frage: Europa brauchte ein Dokument, das alle Betroffenen einschließlich der beiden Supermächte unterzeichnet hatten, das Sicherheitsgarantien klar und deutlich festschrieb und jegliche Bedrohung verbot, welche die territoriale Integrität eines Landes gefährdete. So gesehen erreichte Rumänien sein Ziel, ohne die wahre Bedeutung des KSZE-Prozesses zu verstehen. Das rumänische Denken blieb in seiner Angst vor einem Konflikt mit der Sowjetunion gefangen und sah sich unter Druck, die großen internationalen Akteure zu veranlassen, diesen Konflikt durch internationale Garantien zu verhindern. Ceaușescus Wille, auf der internationalen Bühne eine entscheidende Rolle zu spielen und eine umfassende Anerkennung für seine Politik zu erhalten, muss ebenfalls in diese politische Gleichung einfließen.

Gleichwohl stellte die Bukarester Führung trotz der Verschärfung der sowjetisch-rumänischen Differenzen nie die Zugehörigkeit Rumäniens zum Warschauer Pakt in Frage. Obwohl sich das Ceaușescu-Regime weigerte, die gemeinsame Militärdoktrin des Bündnisses zu billigen, und seine eigene Verteidigungspolitik vorantrieb sowie sein eigenes Sicherheitskonzept entwickelte, suchte es in den 1970er-Jahren nach einem Kompromiss, um einen Bruch mit den Verbündeten im Warschauer Pakt zu vermeiden. Daher spielte es die Unabhängigkeitskarte als einzige Lösung im Umgang mit den Sowjets in einer Zeit, als die politischen Realitäten die Handlungsmöglichkeiten kleiner Staaten schrumpfen ließen.

Rumäniens widerstrebende Politik innerhalb des Pakts fand große Aufmerksamkeit und Unterstützung im Westen und verlieh Ceaușescu über fast ein Jahrzehnt ein Prestige, das unter den anderen sozialistischen Ländern einzigartig war. Dennoch vereinnahmten die Herrschenden in Bukarest die westliche Unterstützung für die eigenen Interessen. Das Sicherheitskonzept wurde dem Wunsch der rumänischen Führung nach Machterhalt untergeordnet. Tatsächlich sollte die Erhöhung der nationalen Sicherheit des Landes die persönliche Sicherheit der kommunistischen Führung gewährleisten.

Die sowjetische Führung war sich zweifellos im Klaren über die Grenzen der rumänischen Autonomiepolitik. Klar war auch, dass die Widerborstigkeit des Landes nicht zu einem offenen Bruch mit dem Warschauer Pakt führen durfte, der die Einheit und Integrität des von der Sowjetunion kontrollierten Lagers gefährdete. Daher entschied sich Moskau für einen gemäßigten Ton im Umgang mit den Bukarester Autonomiebestrebungen und ermutigte die Rumänen sogar gelegentlich dazu, um so das Bild eines offenen und »demokratischen« Bündnisses zu vermitteln. Diese Realität schmälert jedoch nicht die Bedeutung der von der kommunistischen Führung Rumäniens ergriffenen Maßnahmen des Widerstands und des Ungehorsams sowohl auf wirtschaftlicher als auch auf politisch-militärischer Ebene. Die diplomatischen und politischen Initiativen im Bereich der KSZE waren in diesem Zusammenhang von besonderer Bedeutung.

Anmerkungen

1   AMFA, Problem 220/FRG-1967, Direction III Relations, S. 32–34: Note regarding the FRG, 12 August 1967 (Bucharest).
2   CHNA, Fond CC of RCP, Chancellery Section, File no. 133/ 1973, 21–23: »Stenographic transcript of the meeting of the Permanent Presidium of CC of RCP«, 20 August 1973.

Peter Lieb

Völkerrecht und Verbrechen in europäischen Kriegen des 20. Jahrhunderts

»Der Krieg ist ein Akt der Gewalt, und es gibt in der Anwendung derselben keine Grenzen; so gibt jeder dem anderen das Gesetz, es entsteht eine Wechselwirkung, die dem Begriff nach zum äußersten führen muß.«[1] So umschrieb Carl von Clausewitz die seiner Meinung nach natürliche Tendenz des Krieges – hin zur Eskalation, bis zum »Absoluten Krieg«. Clausewitz erlebte persönlich die Napoleonischen Kriege an der Wende vom 18. zum 19. Jahrhundert. Es war eine Zeit, als der Krieg Massenheere verschlang und Napoleon Bonaparte die Karte Europas neu zeichnete. Der Krieg war in ein neues Zeitalter eingetreten. Mäßigung schien es für Clausewitz kaum mehr zu geben, die Kriegsziele stiegen ins Maßlose, der Anwendung der Gewalt waren keine natürlichen Grenzen gesetzt. Diese Entwicklung war damals erst an ihrem Anfang und sollte im Zeitalter der Weltkriege ihren Höhepunkt finden. Gleichzeitig gab es aber auch Bemühungen, die Anwendung von Gewalt einzuschränken.

Dieses Kapitel skizziert jene Spannung zwischen Gewalt einerseits und den Versuchen einer Einhegung des Krieges andererseits. Dafür ist zunächst die Entwicklung des Kriegsrechts nachzuzeichnen. Anschließend werden anhand von kollektiven Gewaltmaßnahmen sowie der Behandlung von Gefangenen beispielhaft zwei klassische Felder von Kriegsverbrechen in den Blick genommen. Am Ende steht ein Überblick über die Ahndung von Verstößen gegen das gültige Kriegsrecht.

Die Entwicklung des Kriegsvölkerrechts

Krieg ist nicht mit einer archaischen oder anarchischen Anwendung von Gewalt gleichzusetzen. Von jeher gab es akzeptierte und nicht-akzeptierte Formen der Gewalt, wobei die Kontrahenten diese durchaus unterschiedlich auslegen können. Grundsätzlich wird zwischen dem Recht zum Führen eines Krieges (*ius ad bellum*) und dem Recht in einem Krieg (*ius in bello*) strikt unterschieden.

Das *ius ad bellum* ist mit der Idee des »Gerechten Krieges« (*bellum iustum*) eng verbunden. Bereits der Heilige Augustinus machte sich im 6. Jahrhundert Gedanken darüber. Spätere Philosophen wie Thomas von Aquin oder Hugo Grotius nahmen diese Gedanken im Mittelalter bzw. in der Frühen Neuzeit wieder auf. Demnach waren Kriege nur zur Verteidigung, zur Wiedererlangung von Eigentum und als Strafmaßnahme zulässig. Allgemein gültige, festgeschriebene Regeln aber gab es bis ins 20. Jahrhundert hinein nicht. Erst nach den Erfahrungen des Ersten Weltkrieges schrieb die Völkerbundsatzung von 1920 ein Gebot zur friedlichen Streitbeilegung zwischen Staaten vor.

Einen Meilenstein in der Ächtung des Krieges setzte der Briand-Kellogg-Pakt vom 27. August 1928. In dem vom französischen Außenminister Aristide Briand sowie seinem amerikanischen Kollegen Frank B. Kellogg ausgehandelten Vertrag verzichteten die vertragsschließenden Parteien auf den Krieg »als Werkzeug nationaler

Politik«. Der Briand-Kellogg-Pakt erwies sich aber schon sehr bald als unwirksam, da mehrere Signatarmächte eklatant dagegen verstießen: Japan bei der Invasion in die Mandschurei 1931, Italien im Abessinienkrieg 1936 sowie das Deutsche Reich und die Sowjetunion 1939 zu Beginn des Zweiten Weltkrieges. Als Manko erwies sich, dass der Briand-Kellog-Pakt allein auf idealistischen Vorstellungen gründete und keinerlei Sanktionsmöglichkeiten kannte. Zudem ächtete er nur den Krieg, nicht aber andere Formen der Gewaltanwendung.

Nach dem Ende des Zweiten Weltkrieges startete die Völkergemeinschaft einen neuen – und diesmal deutlich erfolgreicheren – Versuch, um das Gewaltverbot durchzusetzen. So verzichteten alle Nationen in Artikel 2, Absatz 4 der UN-Charta von 1945 auf die Anwendung oder gar Androhung von Gewalt in internationalen Beziehungen. Kapitel VII der UN-Charta legte ferner fest, dass bei einem Verstoß kollektive Zwangsmaßnahmen verhängt werden. Damit war und ist das Führen von Kriegen rechtlich nur noch nach einem UN-Mandat sowie zur Verteidigung legal. Das gilt für einen einzelnen Staat oder ein Verteidigungsbündnis. Das Phänomen des Krieges hat die UN-Charta freilich nicht beenden können, da nach 1945 nicht-staatliche Formen der kollektiven Gewaltanwendung immer mehr an Bedeutung gewonnen haben. Nicht umsonst wird heute der Begriff »Krieg« häufig durch »Konflikt« oder andere Formulierungen ersetzt. Das ist nicht nur eine semantische, sondern vor allem auch eine politische sowie rechtliche Tarnung.

Falls es zum Krieg zwischen Staaten kommt, wird das *ius ad bellum* hinfällig. Stattdessen bildet das *ius in bello* die einzige Rechtsgrundlage. Beim *ius in bello* gilt es wiederum zwischen dem ungeschriebenen Gewohnheitsrecht sowie dem kodifizierten, also schriftlichen Recht zu unterscheiden. Das Gewohnheitsrecht in Kriegen lässt sich über Jahrhunderte zurückverfolgen. Beispielsweise gab es im Mittelalter innerhalb der christlich-europäischen Ritterschaft einen Ehrenkodex, den gefangenen Gegner nicht aus Willkür zu töten. Das galt allerdings nur für Vertreter des eigenen Standes, nicht jedoch für das gemeine Fußvolk und schon gar nicht für Andersgläubige wie Moslems oder Heiden.

Unter dem Eindruck der technischen Entwicklung der Waffen sowie der Ideen der Aufklärung gab es seit der zweiten Hälfte des 19. Jahrhunderts verstärkt Bemühungen, international bindende Rechtsnormen schriftlich niederzulegen. Eine Schlüsselrolle nahm der Schweizer Henry Dunant ein. 1859 erlebte er als Beobachter persönlich die Leiden der Soldaten in der Schlacht von Solferino und entschloss sich, eine neutrale Hilfsgemeinschaft zur Linderung des Loses von Verwundeten und Gefangenen zu gründen: das Rote Kreuz. 1864 unterzeichneten zunächst zwölf europäische Staaten in Genf den ersten internationalen Vertrag zur Einhegung des Krieges, dem sich bald weitere Staaten anschließen sollten. In dieser (Ersten) Genfer Konvention wurde das bis heute gültige Symbol des roten Kreuzes auf weißem Grund als Schutz für verwundete Soldaten festgelegt.

Mit der Genfer Konvention war der Grundstein für das humanitäre Völkerrecht gelegt, doch gab es international nach wie vor keine rechtlichen Grundlagen für eine Einhegung der Kriegführung. Nach der gescheiterten Brüsseler Konferenz von 1874 gelang 1899 der entscheidende Durchbruch auf der Konferenz in Den Haag. Die Haager Landkriegsordnung (HLKO) von 1899 (1907 wurde sie noch einmal unwesentlich abgeändert) bildete den ersten internationalen schriftlichen Vertrag zur Begrenzung der Gewaltanwendung. Nun war endgültig klar, dass bewaffnete Konflikte kein

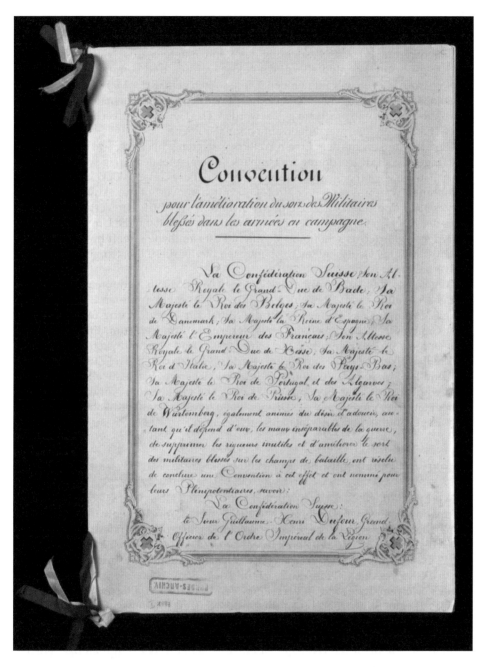

Erste Genfer Konvention, 1864 (Titelblatt). Die erste Genfer Konvention »betreffend die Linderung des Loses der im Felddienst verwundeten Militärpersonen«, unterzeichnet von zwölf Staaten: Baden, Belgien, Dänemark, Frankreich, Hessen, Italien, die Niederlande, Portugal, Preußen, die Schweiz, Spanien und Württemberg. Bereits im selben Jahr schlossen sich Norwegen und Schweden an.

Schweizerisches Bundesarchiv

rechtsfreier Raum sind. Fortan schienen wichtige Fragen geregelt zu sein, vor allem die Behandlung von Kriegsgefangenen, der Umgang einer Besatzungsarmee mit der Zivilbevölkerung oder die Festlegung des Kombattantenstatus. Nicht alle Aspekte der Kriegführung konnten allerdings gelöst werden, und so musste das Haager Vertragswerk Lücken in Kauf nehmen. Diese sollten gemäß der Martenschen Klausel (benannt nach dem russischen Völkerrechtler Friedrich Martens) dem ungeschriebenen Gewohnheitsrecht entsprechend gelöst werden. Das Gewohnheitsrecht unterlag aber unterschiedlichen Interpretationen auf nationaler Ebene.

Die Erfahrungen aus dem Ersten Weltkrieg zeigten schließlich, wie unvollständig die Haager Landkriegsordnung im Hinblick auf einen totalen Krieg war. Allerdings geschah in der Zwischenkriegszeit nur wenig, um diese Gesetzeslücken zu schließen. Ausnahmen waren das Genfer Protokoll mit dem Verbot zur Anwendung von Giftgas 1925 und die (Dritte) Genfer Konvention von 1929 zur Verbesserung des Loses der Kriegsgefangenen. Der Zweite Weltkrieg legte dann die Unvollständigkeit des Kriegsvölkerrechts schonungslos offen. Fast sämtliche kriegführenden Staaten – allen voran das Deutsche Reich – benutzten häufig diese Lücken, um ihr eigenes Fehlverhalten zu rechtfertigen.

Angesichts der Katastrophe des Zweiten Weltkrieges bedeutete die (Vierte) Genfer Konvention von 1949 einen wichtigen Schritt zur weiteren Einhegung des Krieges. Während das Haager Recht die Mittel zur Kriegführung festlegt, stehen beim Genfer Recht die potenziellen Opfergruppen im Zentrum. Erst die Genfer Konvention von 1949 nahm sich der schwächsten und verwundbarsten Gruppe an: der Zivilbevölkerung. Die Konvention wurde nochmals durch zwei Zusatzprotokolle 1977 und 2005 erweitert. Vollkommen ist das Kriegsrecht bis heute allerdings nicht. Nach wie vor steht es im Spannungsfeld zwischen militärischer Notwendigkeit und Humanität, wie zum Beispiel die Diskussionen um sogenannte Kollateralschäden in den Kriegen in Irak und Afghanistan gezeigt haben.

Kollektive Gewaltmaßnahmen

Dieses Spannungsfeld ist freilich nicht neu. Ein Fall sind die kollektiven Gewaltmaßnahmen, insbesondere die Geisel- und Repressalienfrage. Durch die Geiselnahme soll der Gegner *von vornherein* am Rechtsbruch gehindert werden. Dafür haften die Geiseln im Extremfall mit ihrem Leben. Die Repressalie hingegen bedeutet einen bewussten Verstoß gegen gültiges Recht *nach* einem Rechtsbruch des Gegners. Durch die Repressalie soll ihm die Beachtung des Völkerrechts wieder aufgezwungen werden. Geiselnahme und Repressalien gehören zu den ältesten Rechtsformen der Geschichte. So wurden bis in die Frühe Neuzeit Friedensverträge durch den Austausch von Geiseln abgesichert. Ab den 19. Jahrhundert setzte sich dann aber die einseitige Geiselnahme durch, meist wenn sich eine Besatzungsarmee vor Überfällen aus der Zivilbevölkerung schützen wollte, so die deutschen Truppen im Deutsch-Französischen Krieg 1870/71.

Die Haager Landkriegsordnungen von 1899 und 1907 schwiegen sich zum Thema Geiseln und Kriegsrepressalien aus. Lediglich bei Kriegsgefangenen waren gemäß Genfer Konvention von 1929 Geiselnahme und Repressalie ausdrücklich verboten. Bei Zivilisten hingegen sollte die jeweilige nationale Rechtsvorstellung diese Frage regeln.

Während deutsche Rechtswissenschaftler die Rechtmäßigkeit von Geiselnahme und sogar Geiselerschießung bejahten, lehnte die französische Rechtsschule diese strikt ab – zumindest in der Theorie. Das britische *Manual of Military Law* von 1929 sowie die *American Rules of Land Warfare* von 1940 akzeptierten die Geiselnahme sowie die Verhängung von Repressalien, sagten aber nichts zur Geiseltötung. Es gab also weder im Ersten noch im Zweiten Weltkrieg ein internationales Gesetz, das die Geiselnahme/-tötung sowie die Repressalie ausdrücklich erlaubt oder verboten hätte.

Dies war eine Lücke, die vor allem das Deutsche Reich ausnutzte. Beim Einmarsch in Belgien und Nordfrankreich 1914 fielen einige tausend Zivilisten deutschen Repressalien zum Opfer, als sich die Invasionsarmee Angriffen aus der Bevölkerung ausgesetzt glaubte. Bis heute ist nicht zweifelsfrei geklärt, ob man sich die Bedrohung bloß eingebildet hatte. Ähnlich ging die Wehrmacht auch 1939 in Polen und vor allem 1941 in der Sowjetunion vor. Die deutsche Armee war aber kein Sonderfall. Auch die russische Armee in Ostpreußen und in Galizien 1914/15 sowie die österreichisch-ungarische in Serbien und ebenfalls Galizien 1914/15 griffen jeweils zu tödlichen Repressalien sowie Geiselerschießungen im Rahmen von Kampfhandlungen. Auch die französische, britische und amerikanische Armee gaben während ihres Einmarsches in Deutschland 1945 den Befehl heraus, bei zivilem Widerstand die jeweiligen Dörfer mit Artillerie zu zerstören. Dazu kam es aber nur selten – beispielsweise in Freudenstadt –, weil die deutsche Zivilbevölkerung kaum Widerstand leistete.

Bei Aufruhr im besetzten Gebiet griffen vor allem die Deutschen im Zweiten Weltkrieg zu drastischen Mitteln. Am 16. September 1941 ordnete das Oberkommando der Wehrmacht an, im Falle eines kommunistischen Aufruhrs für jeden getöteten deutschen Soldaten 100 und für jeden verwundeten 50 Geiseln zu erschießen. Bisher hatte ein Schlüssel von 1:3 bis maximal 1:10 international als akzeptabel gegolten. Überdies definierten die Deutschen ihre Geiselopfer nach politischen und rassenideologischen Gesichtspunkten neu. Jahrhunderte lang waren Geiseln stets aus den sogenannten »Notablen«, also Bürgern der Oberschicht, ausgewählt worden. Ab 1941 erschossen die Deutschen hingegen bevorzugt Juden und Kommunisten als Geiseln. Bei militärischen Unternehmen gegen bewaffnete Widerstandsgruppen töteten SS, Polizei und Wehrmacht im deutsch besetzten Europa Hunderttausende von Widerstandskämpfern und Zivilisten, vorrangig in der Sowjetunion und auf dem Balkan; zahllose Dörfer wurden als Repressalie abgebrannt.

Gemessen an der Opferzahl und dem Umfang der Zerstörungen stand das deutsche Vorgehen im europäischen Vergleich einzigartig da. Ob es sich dabei auch qualitativ grundlegend von anderen Kriegsteilnehmern abhob, ist jedoch unklar – sieht man von den Judenerschießungen ab. Auch Italiener und Bulgaren griffen auf dem Balkan zu radikalen Mitteln. Unbekannt sind die offiziellen Regelungen in der Rote Armee. Die Westalliierten diskutierten intern vor dem Einmarsch in Deutschland 1944/45, ob zur Aufrechterhaltung der Sicherheit im besetzten Deutschland auf Geiselerschießungen zurückgegriffen werden sollte.

Angesichts der exzessiven deutschen Praxis im Zweiten Weltkrieg erklärten die Richter im Nürnberger Prozess 1945/46 Geiselerschießungen zu Kriegsverbrechen. Explizit befasste sich dann allerdings erst einer der Nürnberger Folgeprozesse mit dieser juristischen Frage. Im sogenannten Geisel-Prozess (Fall VII) verwarfen die amerikanischen Militärrichter 1947/48 die Vorlage aus dem Hauptprozess und sahen Geiselerschießungen nicht generell als verbrecherisch an, sondern als ein legales Mittel zur Aufrechterhaltung der inneren Sicherheit in einem besetzten Gebiet, sofern mehrere Bedingungen erfüllt waren. Die deutschen Maßnahmen auf dem Balkan und im Osten stuften die Richter dagegen als eindeutige Kriegsverbrechen ein, da sie unter anderem mit einen Schlüssel von 1:100 massiv gegen den Grundsatz der Verhältnismäßigkeit verstoßen hatten. Die Genfer Konventionen von 1949 zogen einen Schlussstrich unter diese leidige juristische Streitfrage und verboten bereits die Geiselnahme. Hingegen sind Repressalien wegen der leidvollen Erfahrungen aus dem Zweiten Weltkrieg zwar stark umstritten, jedoch bis heute nicht generell untersagt.

Kombattanten, Freischärler und Kriegsgefangene

Eng mit der Aufrechterhaltung der inneren Sicherheit in einem besetzten Gebiet verbunden war und ist bis heute auch eine andere Frage: Wer konnte einerseits als rechtmäßiger Kombattant gelten und somit Schutz als Kriegsgefangener beanspruchen? Wer beteiligte sich andererseits als Freischärler illegal an Kampfhandlungen? Die Haager Landkriegsordnungen legten vier Kriterien fest, die eine Person erfüllen musste, um als Kombattant anerkannt zu werden: erstens das offene Führen von Waffen; zweitens das Tragen eines erkennbaren Abzeichens oder einer Uniform; drittens ein einheitlicher Oberbefehl; viertens das Beachten der Kriegsgesetze. Zudem herrschte die gewohnheitsrechtliche Übereinstimmung, dass diese Person für einen international anerkannten Staat kämpfen musste. Dies wurde erst in den Genfer Zusatzprotokollen von 1977 aufgrund der Palästinensischen Befreiungsorganisation (PLO) und anderer Freiheitsbewegungen in der »Dritten Welt« geändert.

Die Regelungen der Haager Landkriegsordnung galten jedoch nur in einem nicht besetzten Gebiet. Ob es ein legales Recht der besetzten Bevölkerung auf Widerstand gab, war bis 1945 nicht geklärt und ist es im Prinzip bis heute nicht. Ebenso wenig war völkerrechtlich geregelt, was mit gefangenen Freischärlern geschehen sollte: Mussten sie vor ein Kriegsgericht gestellt werden? Oder durften sie sofort auf Befehl eines Offiziers exekutiert werden? Lediglich körperliche Misshandlungen waren nach dem Gewohnheitsrecht verboten.

Legt man all diese formellen Maßstäbe an, so waren die meisten Widerstandsbewegungen im deutsch besetzten Europa des Zweiten Weltkrieges im strikt rechtlichen Sinne illegal. In deutschen Akten wurden daher Widerstandskämpfer meist als »Terroristen« kriminalisiert und bei Gefangennahme erschossen. Die rechtliche Problematik wird besonders offensichtlich im Falle der französischen *Résistance*, deren Kämpfer sich meist auf die Regierung Charles de Gaulles in London beriefen. Allerdings war nicht de Gaulles Regierung damals völkerrechtlich gesehen die legale Regierung Frankreichs, sondern bis August 1944 das Vichy-Regime unter dem Marschall Philippe Pétain, wenngleich dieses seit 1942 eine reine Marionette in der Hand der Deutschen war. Dennoch pflegten neutrale Staaten wie die Schweiz oder Schweden weiterhin ihre diplomatischen Beziehungen zu Vichy und nicht zu de Gaulle. Selbst die Alliierten erkannten de Gaulle erst im Oktober 1944 als Chef einer provisorischen Regierung Frankreichs an. In den Nürnberger Prozessen gab die französische Anklage selbst zu, dass ihre Widerstandskämpfer meist außerhalb des Gesetzes agiert hätten. Heute verwundert uns natürlich eine derartige Rechtsauffassung, denn kaum jemand wird am moralischen Recht der *Résistance* oder anderer europäischer Widerstandsbewegungen

»Bandenkampf«: Gefangennahme von Partisanen in Russland, September 1942.

BArch Bild 183-N0123-500

im Zweiten Weltkrieg zweifeln. Jedoch darf man gerade deshalb hier nicht Legalität und Legitimität verwechseln oder gleichsetzen.

Selbst wenn der Kombattantenstatus eindeutig geklärt war, hieß dies noch lange nicht, dass Soldaten auch tatsächlich als Kriegsgefangene gemäß den Haager Landkriegsordnungen sowie vor allem der Genfer Konvention von 1929 behandelt worden wären. In allen Kriegen der Geschichte kam es vor, dass Kriegsgefangene noch auf dem Schlachtfeld getötet wurden. Häufig wurde dies durch die Situation begünstigt, etwa wenn harte und verlustreiche Kämpfe vorangingen. Zudem begünstigten ideologische Motive zweifellos derartige Verbrechen. Beispielsweise kam es im Russischen Bürgerkrieg 1917–1922, im Polnisch-Sowjetischen Krieg 1919–1921 sowie im Deutsch-Sowjetischen Krieg 1941–1945 zu zahllosen Massenexekutionen von Gefangenen – und zwar auf beiden Seiten. Aber diese Verbrechen waren keineswegs auf die Armeen von totalitären Regimen beschränkt. Auch die Westalliierten töteten in Westeuropa 1944/45 in vielen Fällen deutsche Kriegsgefangene, vorrangig Soldaten der Waffen-SS. Diese wiederum nahmen häufig keine alliierten Gefangenen.

Selbst in so mörderischen Kriegen wie dem Deutsch-Sowjetischen wurde aber die große Mehrheit der Kriegsgefangenen nicht auf dem Schlachtfeld ermordet. Vielmehr kamen sie in ein Kriegsgefangenenlager und sollten dort ausreichend versorgt und ernährt werden. So sah es zumindest das Kriegsrecht vor. In der Realität bedeutete das Kriegsgefangenenlager freilich nicht automatisch das Überleben, wenngleich die Todesraten in den jeweiligen Kriegen und vor allem auf den Kriegsschauplätzen extrem variieren konnten. So behandelten das Deutsche Reich und die Westalliierten im Großen und Ganzen ihre jeweiligen Kriegsgefangenen in beiden Weltkriegen nach dem

Kriegsrecht, die Sterberaten lagen unter 5 Prozent. Sogar die allermeisten westalliierten Kriegsgefangenen jüdischen Glaubens überlebten den Zweiten Weltkrieg.

Anders lag die Sache allerdings in den Kriegen in Osteuropa. Im Ersten Weltkrieg behandelte lediglich das Deutsche Reich seine russischen Gefangenen gerade noch ausreichend, während 15 bis 20 Prozent der deutschen und österreichisch-ungarischen Kriegsgefangenen in russischer Hand starben – meist an Unterernährung, hervorgerufen durch die Misswirtschaft im Zarenreich und den anschließenden Bürgerkrieg. Im Polnisch-Sowjetischen Krieg 1919–1921 verschlechterten sicherlich noch ideologische Motive das Los der Kriegsgefangenen. Nach neuesten Untersuchungen kann man von einer Sterberate von etwa 25 Prozent für polnische und 40 Prozent für sowjetische Gefangene ausgehen. Von den deutschen Kriegsgefangenen in sowjetischer Hand starben im Zweiten Weltkrieg etwa 30 bis 35 Prozent. Auch hier spielten ökonomische Sachzwänge sowie ideologische Vorgaben eine zentrale Rolle. Hinzu kam, dass viele deutsche Soldaten wie in Stalingrad 1943 bereits unterernährt in Kriegsgefangenschaft gerieten.

Das größte Massenverbrechen an Kriegsgefangenen in europäischen Kriegen des 20. Jahrhunderts war aber die Behandlung der sowjetischen Kriegsgefangenen, die sich im Gewahrsam der Wehrmacht befanden. Gewisse Gruppen wie Kommissare oder jüdische Rotarmisten sollten sofort erschossen oder später in den Lagern »selektiert« werden. Doch auch für die Masse der restlichen Gefangenen waren die Überlebenschancen nicht sehr hoch. Nach verschiedenen Berechnungen kamen etwa 45 bis 55 Prozent der insgesamt über fünf Millionen Rotarmisten in deutscher Gefangenschaft um, der Großteil davon im Herbst und Winter 1941/42. Bis heute ist es strittig, ob es hierfür einen gezielten deutschen Mordplan gegeben hat oder ob die Gefangenen Opfer einer Politik der bewussten Vernachlässigung wurden. Zweifellos spielten aber auch hier generelle Versorgungsengpässe, logistische Überforderung, Unterernährung der Soldaten bei Gefangennahme sowie ideologische Motive eine wichtige Rolle für den Hungertod der Rotarmisten.

Die Ahndung von Kriegsverbrechen

Wo kein Richter, da kein Recht. Dieser Grundsatz gilt natürlich auch für das Kriegsrecht. Der Weg zur strafrechtlichen Ahndung von Verstößen und Verletzungen der gültigen Regeln war genauso steinig wie die Entwicklung des Kriegsrechts selbst. Zwar hoffte der Präsident des Internationalen Komitees des Roten Kreuzes, Gustave Moynier, in der zweiten Hälfte des 19. Jahrhunderts, die Staaten würden bald international gültige Sanktionsmechanismen finden, doch dies erwies sich damals noch als utopisch. Immerhin führten die meisten Staaten bis zum Ersten Weltkrieg in ihren eigenen Armeen nationale Strafrechtsordnungen ein.

Die Dominanz der nationalstaatlichen Souveränität zeigte sich auch in der Verfolgung von Kriegsverbrechen nach dem Ersten Weltkrieg. Nach längeren diplomatischen Verhandlungen stimmte das Deutsche Reich zu, deutsche Kriegsverbrecher – vorrangig wegen Gräueltaten in Belgien und Nordfrankreich 1914 sowie Verstößen gegen das Seerecht – vor eigene Gerichte zu stellen. Die von 1921 bis 1927 in Leipzig geführten 17 Kriegsverbrecherprozesse gerieten allerdings zur Farce. Einerseits sprachen die deutschen Richter entweder die Angeklagten frei oder verhängten lediglich geringe Freiheitsstrafen. Damit glaubte das Deutsche Reich zeigen zu können, wie sehr es sich doch – von kleineren Verstößen abgesehen – an das *ius in bello* gehalten hätte. Andererseits machten die alliierten Siegerstaaten keinerlei Anstalten, Kriegsverbrecher in ihren eigenen Reihen vor Gericht zu stellen. Warum sollten – so die allgemeine Stimmung im Deutschen Reich – nur die Verlierer ihre Kriegsverbrecher aburteilen?

Zu einem echten Meilenstein in der Ahndung von Kriegsverbrechen wurden dann die Nürnberger (und Tokioter) Prozesse in der Zeit von 1945 bis 1949. Zwar haftete auch ihnen damals häufig das Stigma der »Siegerjustiz« an, da bisweilen Urteile auf rechtlichen Grundlagen gefällt wurden, die zum Tatzeitpunkt gar nicht existiert hatten oder sehr umstritten gewesen waren, wozu beispielsweise das Führen eines Angriffskrieges zählte. Auch ließen die Alliierten wie schon nach dem Ersten Weltkrieg eigene Verstöße, vor allem im Luft- und Seekrieg sowie bei der Vertreibung der Deutschen aus Osteuropa, erneut unter den Tisch fallen. Doch all dies sollte nicht über die wahren Errungenschaften aus Nürnberg hinwegtäuschen. Erstmals war es der Staatengemeinschaft gelungen, Verstöße gegen das Völkerrecht effizient zu ahnden. Von den Angeklagten im Nürnberger Hauptprozess wurden schließlich zwölf zu Tode verurteilt, darunter zentrale NS-Schergen wie Hermann Göring oder Ernst Kaltenbrunner. Sieben weitere Angeklagte wurden zu Freiheitsstrafen verurteilt und drei freigesprochen. Letzteres zeigt eindeutig, wie sehr sich die Nürnberger Prozesse der rechtsstaatlichen Ordnung verpflichtet sahen. Die deutschen Verbrechen waren im Zweiten Weltkrieg so mörderisch gewesen, dass sich die Siegermächte gezwungen sahen, in Nürnberg eine neue Rechtskategorie einzuführen: Verbrechen gegen die Menschlichkeit. Darunter fiel beispielsweise die Ermordung der europäischen Juden.

Seit Nürnberg werden Kriegsverbrechen auf zwei Ebenen verfolgt: auf nationaler und auf internationaler. Auch nach dem Zweiten Weltkrieg ist die nationale Rechtsprechung bei Verstößen gegen das gültige Kriegsrecht nicht obsolet geworden. Dazu gehören in den 1960er-Jahren beispielsweise die Frankfurter Auschwitz-Prozesse und der Jerusalemer Eichmann-Prozess sowie in den letzten Jahren die deutschen Prozesse gegen die noch lebenden NS- und Kriegsverbrecher. Daneben nahm die Bedeutung der internationalen Kriegsverbrecherprozesse in den vergangenen Jahrzehnten zu. 1981 begannen die Vereinten Nationen die nach Nürnberg eingeschlafenen Bemühungen um einen internationalen Strafrechtskodex wiederzubeleben. Dies gipfelte schließlich 1998 in der Verabschiedung des Statuts des Internationalen Strafgerichtshofs in Den Haag, nach dem Völkermord in Ruanda 1994 sowie den Jugoslawien-Kriegen 1991–1999.

Auf dem Weg zu einer internationalen Strafgerichtsbarkeit?

Clausewitz brachte es auf den Punkt: Gewalt ist Kernbestandteil eines jeden Krieges. Gleichwohl vernachlässigt diese Sichtweise, dass die Gewaltausübung in bewaffneten Konflikten seit alters her Gewohnheiten und Regeln, in der neuesten Geschichte auch internationalen Gesetzen unterworfen ist. Die Geschichte der europäischen Kriege hat gezeigt, dass Verstöße gegen das Kriegsrecht eher die Ausnahme als die Regel sind. Angesichts der unglaublichen Vernichtungskraft, die in Kriegen freigesetzt werden kann, ist das eigentlich erstaunlich. Gleichwohl sind Kriegsverbrechen eine konstante Begleiterscheinung eines jeden Krieges. Ob bei ihrer Ahndung in Zukunft die internationale Rechtsprechung langfristig die nationale ablösen wird, erscheint derzeit noch zweifelhaft. Schließlich haben sich bis heute drei der mächtigsten Staaten der Welt – China, Russland und die USA – einer Beteiligung am Internationalen Strafgerichtshof in Den Haag verweigert.

Anmerkung

1 Carl von Clausewitz, Vom Kriege, Frankfurt a.M. 1991, S. 17–37 (1. Buch, 1. Kapitel: Was ist der Krieg?).

Holger Nehring

Europäische Friedensbewegungen
seit dem 19. Jahrhundert

Als ein Kontinent des Friedens, wenn nicht gar von idealistischen Friedensbewegten, welche die Bedeutung des Militärs für die Durchsetzung nationaler Interessen verkannten: So erschien ganz Europa aus der Perspektive konservativer amerikanischer Politiker und Kommentatoren in den Debatten um die militärischen Interventionen in Afghanistan und im Irak nach den Terroranschlägen auf das *World Trade Center* in New York. Während sich die Bürger der USA scheinbar geschlossen hinter den Einsätzen versammelten, schien in Europa die Kritik daran vorzuherrschen. So einfach, wie es die Zeitgenossen glaubten, lagen die Dinge freilich nicht. Aber die Diskussionen führen vor Augen, dass »Frieden« eine zentrale Herausforderung für die europäischen Gesellschaften ist und war: gerade weil in den letzten zweihundert Jahren oft versucht wurde, einen dauerhaften Frieden durch Waffengewalt zu schaffen und weil die europäische Geschichte der letzten zwei Jahrhunderte so stark von Militär, Gewalt und Krieg geprägt war.

»Frieden« ist somit auch Teil einer europäischen Militärgeschichte. Die Bedeutung von Friedensbewegungen lag erstens darin, dass sie Bilder vom Krieg in die gesellschaftlichen und politischen Diskussionen einspeisten. Zweitens lieferten sie sowohl eine Diagnose der Probleme des Schaffens von Frieden nach dem Krieg als auch eine Prognose, wie ein solcher Frieden am besten zu schaffen sei. Drittens machten Friedensbewegungen auf diese Weise die Rolle von Gewalt für die Lösung von politischen Konflikten sowohl innergesellschaftlich als auch in den Beziehungen zwischen den Staaten zum Thema.

In diesem Kapitel soll durch einen Überblick über Friedensbewegungen in der europäischen Geschichte versucht werden, wichtige Elemente der Militärgeschichte aus der Perspektive der Kritiker von Kriegsgewalt zu skizzieren. Der Begriff »Friedensbewegung« wird hier sehr breit ausgelegt: Er umfasst also nicht nur jene Gruppen, die in Anlehnung an Leo Tolstoi oder Mahatma Gandhi oder die religiöse Gruppe der Quäker völlige Gewaltfreiheit propagierten. Er soll hier auch als Kennzeichnung für eine ganze Reihe von Reform- und Protestbewegungen und Vereinen gelten, die sich ganz allgemein für die Regulierung von Konflikten einsetzten. Auf diese Weise soll der historische Wandel dessen, was Zeitgenossen jeweils unter »Friedensbewegung« verstanden, herausgearbeitet werden.

Zwar hat man Friedensbewegungen in Europa in den letzten zweihundert Jahren immer wieder vorgeworfen, nicht national, sondern internationalistisch zu denken. Eine einheitliche europäische Friedensbewegung hat es jedoch, wie es Sandi Cooper für das 19. Jahrhundert und Benjamin Ziemann in einem grundlegenden Aufsatz für die Zeit nach 1945 besonders gut gezeigt haben, nie gegeben. Trotz ihrer vielfältigen Verbindungen haben europäische Friedensbewegungen immer auch aus einer dezidiert nationalen Perspektive gedacht. Nationales und europäisches Denken und Argumentieren standen für sie dabei nicht im Widerspruch zueinander, sondern gingen mitunter direkt ineinander über.

Die Ursprünge des organisierten Pazifismus

Seit dem Mittelalter hatten sich europäische Denker darüber Gedanken gemacht, wie Frieden hergestellt werden könne. So entwarfen Philosophen und Theologen wie Erasmus von Rotterdam (ca. 1466–1536) im Zusammenhang einer europäisch agierenden katholischen Kirche Pläne, unter welchen Bedingungen Krieg legitim sein könnte. Sie entwickelten Lehren vom gerechten Krieg und dachten darüber nach, wie ein Frieden beschaffen sein sollte, der weitere Kriege unwahrscheinlich, wenn nicht gar unmöglich machen würde. Nach der Reformation waren diese Debatten immer auch von den konfessionellen Gegensätzen zwischen Protestantismus (und seinen verschiedenen Spielarten) und Katholizismus geprägt. Doch bis ins 18. Jahrhundert hinein galt Krieg als Teil der göttlichen Ordnung der Welt. »Frieden« wurde verstanden als eine gerechte, vom jeweiligen Herrscher gestiftete Ordnung. Friedensbewegungen im heutigen Sinne konnte es deshalb nicht geben.

Dies änderte sich erst gegen Ende des 18. Jahrhunderts. Frieden wurde zunehmend als ein Zustand gesehen, den Menschen durch ihr Handeln aktiv herbeiführen konnten, der also nicht einfach durch die menschlichen oder göttlichen Herrscher gestiftet wurde. Für diesen Wandel waren hauptsächlich zwei transnationale Faktoren verantwortlich: die europäische Aufklärung und die Erfahrungen der Kriege, die sich im Gefolge der Französischen Revolution von 1789 in ganz Europa, aber auf jeweils regional und national spezifische Art und Weise bemerkbar machten. Im Rahmen der europäischen Aufklärung hatten sich verschiedene Denker – der bekannteste war der Königsberger Philosoph Immanuel Kant – darüber Gedanken gemacht, wie Frieden am besten zu schaffen sei. Sie verbanden dies mit einer Fundamentalkritik an einer von Fürsten gestifteten Ordnung. Philosophen wie Kant betonten die Bedeutung des politischen Engagements des Bürgertums im öffentlichen Gemeinwesen. Nach außen könnten solche bürgerlichen Gesellschaftsordnungen dann Konföderationen bilden.

Die Kriege im Gefolge der Französischen Revolution, die in fast allen europäischen Ländern zur Mobilisierung von Gesellschaften in ungekanntem Ausmaß führten, verschafften diesen Ideen eine breite Resonanz: Sie führten das durch den Krieg verursachte Leiden eindrucksvoll vor Augen und stärkten jene Gruppen, die sich für die Einhegung von Kriegen einsetzten. Dabei wurden Kriege vor allem als Konflikte gedeutet, die Herrscher zu ihrem eigenen Vorteil führten. Interessanterweise galt selbst vielen Pazifisten der »Volkskrieg«, wie er etwa in den deutschen Ländern gegen die französische Besatzung geführt wurde, als legitim. Nur eine kleine Minderheit religiöser Gruppen, wie jene der Quäker in Großbritannien, lehnte Gewalt zur Lösung von Konflikten fundamental ab.

Die Mehrheit der frühen pazifistischen Organisationen wurde von ganz ähnlichen Gedanken getragen wie die in diesem Zeitraum entstehenden Nationalbewegungen. Sie luden diese Argumente aber anders auf, indem sie sie für die Rechtfertigung einer Friedensordnung wendeten. Für die frühen Pazifisten in den Regionen Italiens und den deutschen Ländern waren die noch zu führenden nationalen Einigungskriege gewissermaßen die letzten legitimen Kriege. Denn durch nationale Vereinigung und nationale Bewegungen könnte jedes Volk zu seinem eigentlichen Ziel geführt werden: Die individuelle Nation war gleichzeitig im Rahmen der allgemeinen (aber stets europäisch gedachten) »Menschheit« aufgehoben.

Eine Sonderstellung in diesen Debatten nahm Großbritannien ein. In wohl keinem anderen Land waren die pazifistischen Organisationen gesellschaftlich so gut verankert. Das hing zum einem damit zusammen, dass Kriege immer auf dem europäischen Kontinent oder aber auf kolonialen Kriegsschauplätzen geführt wurden. Zum anderen ließ sich das pazifistische Ideal in das Nationalbewusstsein des sich rasch modernisierenden und industrialisierenden Landes einfügen. Dies zeigt sich besonders an den Ideen des für den britischen Pazifismus zentralen liberalen Politikers Richard Cobden (1804–1865). Für Cobden war der freie Handel die Grundvoraussetzung für Frieden im Innern und nach außen. Freier Handel bedeutete für ihn, dass sich die verschiedenen Interessen automatisch durch die unsichtbare Hand des Marktes regulierten; Konflikte würden danach nicht durch Waffengewalt gelöst, sondern über Handelsbeziehungen friedlich ausgetragen. Freilich ignorierte Cobden dabei, dass diese Deutung selbst auf der hervorgehobenen Stellung seines Landes beruhte. Aufgrund seiner Vormachtstellung in Europa und der Welt konnte es sich Großbritannien leisten, eine solche Position des *laissez faire* zu vertreten. Und die Betonung des Handels diente auch der nationalen Interessenpolitik: Sein eigenes Modell der liberalen Gesellschaftsordnung sollte als Maßstab weltweit etabliert werden. Cobdens Ideen fanden vor allem in Frankreich eine breitere Resonanz, etwa in der *Ligue Internationale et Permanente de la Paix*.

Diese national unterschiedlichen Auffassungen von Frieden ließen sich in der ersten Hälfte des 19. Jahrhunderts in europaweiten Friedensorganisationen überbrücken. Denn wie auch die frühen bürgerlichen Nationalbewegungen sahen die pazifistischen Organisationen ihre eigene Nation und eine europäische Friedensordnung nicht als Widersprüche an. Vielmehr galten die verschiedenen »Völker« als jeweils unterschiedliche Ausformungen einer europäischen »Zivilisation«. Pazifisten in diesen Organisationen waren sich nur selten bewusst, dass sie aus einer Perspektive argumentierten, die europäische Normen von »Zivilisation« und »Humanität« absolut setzten. Diese Normen wurden besonders in Frankreich, Großbritannien, im Habsburgerreich, aber auch in den nationalen Bewegungen in Italien, Preußen und anderen deutschen Ländern zur Rechtfertigung kolonialer Expansion oder von Kriegen gegen »unzivilisierte« und »barbarische« Völker gebraucht.

Getragen wurden diese Diskussionen von einem letztlich aufklärerischen Verständnis politischer Verhältnisse. Fürsten und Herrscher wurden nicht mehr als Friedensstifter gesehen, sondern als Kriegstreiber. Allein »das Volk«, hier meist verstanden als Angehörige des gehobenen gebildeten Bürgertums, konnte den Frieden dauerhaft sichern.

Als Ideal des Friedens galt den Pazifisten das Modell einer »europäischen Föderation«, eines eher lockeren Zusammenschlusses unabhängiger Nationalstaaten, in denen das Bildungsbürgertum und kultivierte Aristokraten führende Kräfte in der Politik sein sollten. Die politische Herrschaft von Liberalen galt als Grundbedingung einer solchen europäischen Friedensordnung. Beginnend mit der 1816 von John Price und William Allen gegründeten *London Peace Society*, entstanden nach dem Ende der Napoleonischen Kriege und dem Schaffen einer europäischen Staatenordnung auf dem Wiener Kongress 1815 eine ganze Reihe von Friedensgesellschaften in den verschiedenen europäischen Ländern, etwa die vom Genfer Calvinisten Jean-Jacques Comte de Sellon ins Leben gerufene *Société de la Paix* oder die 1841 in Paris gegründete *Société de la Morale Chrétienne*. Ihre Organisatoren und Mitglieder trafen sich ab 1843 auf internationalen Kongressen, auf denen sie bis zu Anfang der fünfziger Jahre ihre Friedensentwürfe diskutierten.

Pazifismus im Schatten der nationalen Einigungskriege in Europa

Der organisierte Pazifismus stand den nationalen Einigungskriegen in Europa, die sich von den 1860er-Jahre bis in die 1870er-Jahre entluden, einigermaßen hilflos gegenüber. Die Kriege bedeuteten besondere Probleme für das Verhältnis zwischen deutschen und französischen Pazifisten, besiegelte doch der Krieg gegen Frankreich 1870 die deutsche Vereinigung. Denn jene linksliberalen Bürger, die bisher pazifistische Gedanken getragen hatten, wurden geschwächt. Nationalismus wurde zunehmend an das Führen von Krieg gebunden.

Der organisierte Pazifismus in Europa formte sich nun ein weiteres Mal um. Nachdem durch die italienische Vereinigung (1861) und die Entstehung des Deutschen Reiches (1871) das Europa der Reiche durch ein Europa der Nationalstaaten abgelöst worden war, ging es den Pazifisten vor allem darum, die Beziehungen zwischen den Nationalstaaten zu regulieren. Das sollte vor allem durch das im Entstehen befindliche Völkerrecht geschehen. Die Argumentation vieler Pazifisten seit den 1870er-Jahren war deshalb vor allem juristischer Natur. Sie fand nun immer seltener in lokalen und regionalen Friedensgesellschaften statt, sondern auf nationaler Ebene. So war die 1892 vom Österreicher Alfred Hermann Fried in Abstimmung mit der österreichischen Pazifistin Bertha von Suttner gegründete »Deutsche Friedensgesellschaft« die erste pazifistische Organisationen, die den Anspruch hatte, für das ganze Deutsche Reich zu sprechen. Für Verbindungen zwischen den nationalen Friedensvereinigungen sorgten das 1891 in Genf gegründete »Internationale Ständige Friedensbüro« sowie die 1889 gegründete und seit 1892 in Bern ansässige Interparlamentarischen Union zwischen Mitgliedern nationaler Parlamente, die bis heute (mit Sitz in Genf) besteht und sich vor allem für Demokratie und Frieden einsetzt.

Viele der prominentesten Pazifisten jener Zeit waren Völkerrechtler, und es ging dem organisierten Pazifismus jener Jahre um die Vermeidung von Kriegen durch das Schaffen einer internationalen Schiedsgerichtsbarkeit. Trotz des mitunter gegenüber Pazifisten feindlichen gesellschaftlichen Klimas konnten pazifistische Organisationen gerade in diesem Bereich erste Erfolge verzeichnen. Auf den Haager Konferenzen von 1899 und 1907 wurden, ironischerweise auf Initiative der autokratischen Regierung des russischen Zaren, erste Regelungen für ein internationales Schiedsgericht diskutiert und auch Regeln über die Grenzen von Tötungsgewalt im Krieg festgezurrt. Andere pazifistische Debatten konzentrierten sich auf Kampagnen gegen die Hochrüstung im ersten Jahrzehnt des 20. Jahrhunderts, wobei die meisten europäischen Pazifisten die militärische Expansion europäischer Staaten in Afrika ignorierten, weil diese auch ihnen als Mittel einer zivilisierten Politik galt.

Dennoch bedeutete die Nationalisierung der europäischen Politik, dass sich die pazifistischen Organisationen in allen europäischen Ländern mit dem Vorwurf auseinanderzusetzen hatten, sie seien national unzuverlässig. Denn je mehr die Nation über den Krieg definiert wurde, desto suspekter mussten jene erscheinen, die Krieg

Die Friedens-Warte.

Wochenschrift für internationale Verständigung.

Herausgegeben von **Alfred H. Fried,** Berlin W., Goltzstr. 37.

Die Friedens-Warte erscheint jeden Montag und kostet für Deutschland und Oesterreich-Ungarn viertel-
jährlich 1,50 Mark, für das Ausland 1,65 Mark. Inserate 30 Pfg. die 3 gespaltene Nonpareillezeile. Manuscripten
und Anfragen ist Porto beizufügen.

III. Jahrgang.   **Berlin, den 4. März 1901.**   **No. 8/9.**

Zeichnungen für den Deckungsfond der „Friedens-Warte".

Vortrag aus voriger Nummer	M. 340,96
Frl. Trautler, Bonn	„ 10,—
Geh. Kommerzienrath Goldberger, Berlin	„ 4,—
G. Fritsche, Görlitz	„ 6,—
Kommerzienrath W. Schütt, Berlin	„ 10,—
Carl Netter, Berlin	„ 10,—
Geh. Justizrath v. Bar, Göttingen	„ 10,—
A. G. Baron von Suttner, Hermanndorf	„ 20,—
In Summa	M. 410,96

Baronin Bertha von Suttner

an die

englischen Friedens= freunde.

(Zum 22. Februar 1900.)

Unser Friedenstag, verehrte Mitkämpfer, ist mir eine willkommene Gelegenheit, gerade nach jenem Lande, wo gegenwärtig unser Stern verdunkelt ist, eine gesinnungstreue Botschaft zu senden und mir Einiges von dem drückenden Missverständniss vom Herzen wegzusprechen, das jetzt zwischen der Mehrzahl der englischen Nation und den Friedensfreunden der ganzen Welt obwaltet.

Weil England augenblicklich Krieg führt, so betrachtet es die Friedensprediger im eigenen Lande als Verräther und die des Auslandes als Feinde. Die Begriffe Krieg und Nation sind so eng mit einander verwachsen, dass die Leute ganz vergessen, dass die Friedensarbeiter ihre Arbeit über-

haupt von einer ganz anderen Plattform aus betreiben als der nationalen. nämlich auf der der Menschheit. Von hier aus verurteilen sie die brutale Gewalt als Mittel zur Schlichtung internationaler Differenzen, oder als Mittel zur Eroberung und Gebietsausbreitung. Nur eine legitime Anwendung der Gewalt giebt es: Schutz der Schwachen, Hülfeleistung gegen Massakres, wie z. B. diejenigen in Armenien. Von hier aus sind sie unablässig bemüht einen legalen und gesicherten Friedenszustand herbeizuführen, um die ganze civilisirte Welt — nicht dieses oder jenes Land — von der unseligen Geissel zu befreien, die in ihren Augen die losgelassene Hölle ist: der Krieg.

Dass Krieg niemals gerecht und unvermeidlich ist, das gehört auch in unseren Glaubenssätzen, und dass er, wenn schon begonnen, jeden Augenblick unterbrochen — unter allen Umständen und zum allgemeinen Segen unterbrochen werden kann, das glauben wir auch, und daher dieses unablässige Ankämpfen, dieses immer wiederholte Flehen von Seiten aller pacifiques, die englische Regierung möge dem Krieg ein Ende machen, indem sie dem kleinen, sich verzweifelt um seine Existenz wehrenden Völkchen ehrenvolle Bedingungen gestattet.

Warum wir uns mit unserem Flehen nicht an die Buren wenden, sie mögen sich ergeben? — Nun, wenn sie es thäten, so wäre es wohl auch besser als das fortgesetzte Blutvergiessen; aber in der völligen Unterwerfung, in der moralischen Vernichtung des Schwachen, in dem durchgesetzten Werk der Eroberung läge kein Gewinn für die nach höherer Gesittung ringende Menschheit, sondern eine neue Bejahung, eine neue Stärkung des Rechts des Stärkeren. Die Sympathie und Anfeuerung, welche die englische Regierung bei den Mächtigen des

---

Die 1899 gegründete Zeitschrift ist heute die älteste Zeitschrift im deutschsprachigen Raum, die sich mit der internationalen Organisation der Friedenssicherung befasst. Als Signet der Zeitschrift »Die Friedens-Warte« hatte der spätere Friedensnobelpreisträger Alfred H. Fried ineinandergreifende Zahnräder gewählt, die das internationale Zusammenwirken für den gemeinsamen Zweck herausstellen sollten.

und Gewalt allenfalls als letztes Mittel ansahen. Ganz allgemein galt der Pazifismus in Europa als Ideologie verweichlichter und schwacher Männer, die zu feige waren, sich für ihr Vaterland einzusetzen.

Der Pazifismus verlor damit seit Beginn des 20. Jahrhunderts in allen europäischen Ländern, nicht nur im Deutschen Reich, an politischem Rückhalt. Mit der Ausnahme von Frankreich und Großbritannien, wo pazifistische Ideen in den liberalen Parteien weiterhin eine Rolle spielten, verlagerte sich der Wirkungsraum des Pazifismus immer weiter in den vorparlamentarischen Bereich, vor allem in bürgerliche Vereine. Aus dieser Zeit um 1900 stammt auch der Name »Pazifismus« als Selbstbezeichnung jener Gruppen, die sich für den Frieden einsetzen. Der Präsident der *Ligue Internationale de la Paix et de la Liberté*, der französische Notar Émile Arnaud, hatte den Begriff 1901 in einem Aufsatz als Kennzeichnung vorgeschlagen, um die verschiedenen Strömungen des Engagements für den Frieden zu bündeln und dieses Engagement mit Sozialismus, Liberalismus und Konservatismus auf Augenhöhe zu bringen. Das Ziel des neuen Namens war es also, die Gruppen in den politischen Debatten auch ohne parteipolitische Anbindung satisfaktionsfähig zu machen. Dass die Ideen der Friedenssicherung breit, wenn auch kontrovers, diskutiert wurden, zeigt, dass der Weg in den Ersten Weltkrieg nicht unausweichlich war.

Pazifismus nach dem Ersten Weltkrieg

Mit dem Ausbruch des Ersten Weltkrieges im Juli 1914 verlor der Pazifismus noch mehr an gesellschaftlichem Rückhalt. Pazifisten zogen sich entweder aus den europäischen Netzwerken zurück oder betätigten sich sogar an der militärischen Verteidigung ihres jeweiligen Vaterlandes. Noch bedeutender war es, dass die optimistischen Deutungen der Pazifisten aus der Vorkriegszeit an Überzeugungskraft verloren hatten. Denn die Hoffnungen auf einen durch gesellschaftliche Modernisierung und Demokratisierung getragenen Frieden, der noch 1913 diskutiert wurde, hatten sich zweifellos nicht bewahrheitet.

Alle europäischen Gesellschaften sahen sich deshalb mit der Herausforderung einer »kulturellen Demobilisierung« (John Horne) konfrontiert. Friedensbewegungen spielten eine zentrale Rolle dabei, das Wissen von der Gewalt im Krieg in die europäischen Gesellschaften einzuspeisen und ihm so politische Bedeutung zu geben. Schon während des Krieges hatte es vielerorts, besonders in Großbritannien etwa mit der 1914 gegründeten *Union of Democratic Control*, Demonstrationen gegen die Allgemeine Wehrpflicht und für eine wirksamere Kontrolle der Rüstungspolitik gegeben. Diese neuartigen pazifistischen Organisationen und Kampagnen stellten Soldaten als Opfer einer zynischen Machtpolitik der Regierungen dar und unterstützten aktiv die Kriegsdienstverweigerung und die Desertion.

Die national sehr unterschiedlichen Deutungen und Auswirkungen dieser Erfahrungen lassen sich am deutschen und britischen Beispiel erläutern. In Deutschland war die kulturelle Demobilisierung von der Verarbeitung der Niederlage in einer neu gegründeten Republik gekennzeichnet. Sie stand dabei im Zeichen der Debatten um den Charakter des Versailler Vertrages von 1919 und der Stellung Deutschlands in der europäischen Nachkriegsordnung. Zwar war mit dem Völkerbund nun eine internationale Organisation geschaffen worden, die den Forderungen der Pazifisten aus der

Vorkriegszeit entgegenkam. Doch Deutschland, dem maßgeblich die Schuld am Krieg angelastet wurde, war zunächst ein Außenseiter in den internationalen Beziehungen. Die im Versailler Vertrag festgelegte Reduzierung der Armee auf ein 100 000-Mann-Heer nahm der Republik ein zentrales Attribut seiner Souveränität. Selbst den meisten Pazifisten gefielen diese Regelungen nicht, interpretierten sie doch diese Sanktionen als Bestrafung des Volkes für die Sünden der kaiserlichen Regierung und des Militärs. Die Deutungen vieler deutscher Pazifisten näherten sich sogar der Argumentation jener Gruppen an, die eine Revision des Versailler Vertrages erreichen wollten. Das sorgte besonders in den Beziehungen zwischen deutschen und französischen Pazifisten für Irritationen.

Organisatorisch war der deutsche Pazifismus von Kontinuität geprägt. Die »Deutsche Friedensgesellschaft« bestand weiter, ging aber in dem 1922 gegründeten »Deutschen Friedenskartell«, einem Zusammenschluss verschiedener Verbände, auf. Daneben waren das linksliberale Bürgertum und seine Partei, die politischen Trägerschichten des Pazifismus, deutlich geschwächt aus dem Krieg hervorgegangen. Zudem entwickelten nun auch Sozialdemokraten und Kommunisten eigene Friedensvorstellungen. Einige neu geschaffene, aber kleinere Gruppen mit geringerer gesellschaftlicher Resonanz (etwa Kurt Hillers 1926 gegründete »Gruppe revolutionärer Pazifisten«) versuchten, sich diesem Konsens zu entziehen. Sie arbeiteten international etwa mit anderen sozialistischen Gruppen in der *War Resisters' International* zusammen, der ersten Friedensorganisation, die von Europa aus weltweit Friedensgruppen zusammenbringen wollte. Charakteristisch für die neuen Gruppen war, dass sie durch direkte Aktionen auch die Gesellschaft verändern wollten. Sie versuchten, Friedenskampagnen vor allem durch den Kampf gegen Wehrdienst und Wehrpflicht zu organisieren, waren also kaum an völkerrechtlichen Fragen interessiert. Außerdem sahen sie sich nicht mehr allein als bürgerliche Vereine, sondern als Teile einer Kampagne, die sich über den Aktivismus selbst definierte, also auch Demonstrationen organisierte und nicht mehr nur über Lobbyismus politischen Einfluss nehmen wollte.

Diese Zersplitterung des organisierten Pazifismus in der Weimarer Republik war aber kein Zeichen der Schwäche eines von Anfang an dem Untergang geweihten Staatswesens. Vielmehr zeigte sich in der Zersplitterung das Fehlen eines nationalen Konsenses der Verarbeitung des Krieges: Es handelte sich nach Benjamin Ziemann um stets »umstrittene Erinnerungen«.[1] Kurt Tucholskys Kommentar »Die Pazifisten« vom Oktober 1924 zeigt beispielhaft, wie schwer es deutschen Pazifisten fiel, sich aus dem nationalen Konsens der Weimarer Republik zu lösen und was diese für die internationale Wahrnehmung des Landes nach außen bedeutete:

»Zu den ausgeprägtesten Merkmalen der deutschen Isolierung von heute gehört die Tatsache, daß so wenige unserer Kompatrioten wissen, was der Pazifismus ist, und daß er bei den demokratischen Nationen der Welt zu einer Großmacht emporgewachsen ist [...] Aber auch die Gäste werden sich nicht wenig wundern. Und mit Fug. Denn sie werden zum erstenmal mit dem Gros unseres pazifistischen Heerbanns Tuchfühlung nehmen [...] Vielleicht werden gerade jetzt die kosmopolitisch denkenden Bürger der Siegerstaaten Gelegenheit finden, hinter die Kulissen zu schauen. Und da werden sie sehen, wie mit den von ihnen hoch bewerteten Führern im eigenen Hause umgesprungen wird. Männer von Distinktion und Niveau haben es in keinem Distrikt der deutschen Politik besonders leicht. Aber was ausgerechnet im pazifistischen Lager an Verunglimpfung, Verdächtigung und Ketzerrichterei geleistet wird, das ist selbst für deutsche Verhältnisse maßlos.«[2]

Die Tragik solcher Debatten lag darin, dass mit der Machtübernahme der Nationalsozialisten viele Pazifisten (darunter Carl von Ossietzky) dennoch ihre Überzeugung mit ihrem Leben, mit ihrer Freiheit oder mit dem Verlassen ihres Heimatlandes bezahlen mussten. Viele Pazifisten wurden in Konzentrationslager eingeliefert.

In Großbritannien dagegen lässt sich, wie John Lawrence gezeigt hat, eine andere Entwicklung beobachten. Hier etablierte sich in der Auseinandersetzung mit den Gewalterfahrungen des Ersten Weltkrieges eine politische Kultur, die in der Tradition des Pazifismus des 19. Jahrhunderts auf ein *peaceable kingdom*, ein friedfertiges und friedensorientiertes Königreich setzte. Gerade weil die Gewalt des Weltkrieges als so schrecklich erfahren worden war, teilte eine Mehrheit die Überzeugung, dass sich »Zivilität« und »Frieden« als Grundnormen gesellschaftlichen und außenpolitischen Handelns verankern ließen, allerdings ohne den Anspruch militärischer Weltgeltung aufzugeben. Pazifisten in Großbritannien wurden gewissermaßen in den 1920er- und 1930er-Jahren fast zu Sprechern des gesellschaftlichen *Mainstream*. Allerdings bezog sich *peaceable kingdom* nur auf die Heimatgesellschaft, nicht auf die Kolonien. Die Gewalt wurde also gewissermaßen ausgelagert, etwa nach Indien, aber auch nach Irland, wo britische Soldaten brutal gegen jene vorgingen, die sich der britischen Herrschaft widersetzten – wenige Friedensgruppen in Großbritannien griffen dies jedoch auf. Denn sie blieben weiterhin einem Verständnis von Frieden verhaftet, das sich auf europäische Ideale von Zivilisiertheit berief, die für »unzivilisierte Gruppen«, zu denen im protestantisch geprägten Großbritannien auch die katholischen Iren zählten, nicht galten. Die britische Politik des »Appeasement« (Beschwichtigung) gegenüber der aggressiven Expansionspolitik des nationalsozialistischen Deutschland auf dem europäischen Kontinent war also nicht das Ergebnis eines organisierten Pazifismus, sondern einer von verschiedenen Friedensbewegungen mitgetragenen, aber nicht allein zu verantwortenden »kulturellen Demobilisierung«.

Europäische Friedensbewegungen und Kalter Krieg

Die nationalsozialistische Herrschaft in Europa zerstörte nicht nur die pazifistischen Organisationen und Netzwerke. Die Gewalterfahrungen des Zweiten Weltkrieges setzten auch ein Umdenken darüber in Gang, was »Frieden« heißen konnte und wie er zu schaffen sei. Besonders in Frankreich und in Großbritannien hatte aufgrund der schlechten Erfahrungen mit dem *Appeasement* der 1930er-Jahre der traditionelle Pazifismus einen schweren Stand. Der Kalte Krieg zwischen den USA und ihren Alliierten im Westen einerseits und der Sowjetunion und ihren Alliierten im Osten andererseits bildete nun einen zentralen europaweiten Erfahrungszusammenhang. Vor allem Nuklearwaffen prägten das Kriegsbild innerhalb der Friedensbewegungen ab den 1950er-Jahren, allerdings nicht immer gleichermaßen. Dass es sich beim Kalten Krieg in Europa vor allem um ein auf der Drohung mit Nuklearwaffen basierendes Wettrüsten handelte, war eine besondere Herausforderung für die europäischen Friedensbewegungen: Sie mussten die Gefahren des Krieges in einer Zeit verstehbar und erfahrbar machen, als es keinen »heißen« militärischen Konflikt in Europa gab.

Hinzu kam eine ideologische Herausforderung. »Frieden« war der zentrale ideologische Kampfbegriff des Kalten Krieges: Für Politiker des Westen war er, ohne die Verbindung mit »Freiheit«, synonym mit kommunistischer Politik; und für Kommunisten, für die Sowjetunion und ihre Verbündeten bedeutete »Frieden« ein umfassendes Programm sozialer Reform, wenn nicht gar sozialistischer Revolution. Die Tradition dieses durchaus martialisch auftretenden Friedenskampfes ging auf die antifaschistischen Bewegungen der 1930er-Jahre zurück, wie sie sich durch die Propaganda der Kommunistischen Internationale – des Zusammenschlusses von kommunistischen Parteien unter der Ägide der Sowjetunion – herausgebildet hatten. Mit der Teilung Europas in eine westliche (demokratisch-pluralistische) und eine östliche (sozialistisch-volksdemokratische) Hälfte ab 1947 wirkte sich dieser bisher vor allem innergesellschaftlich ausgetragene Konflikt auch auf die internationalen Beziehungen aus. Der »Friedenskampf« wurde zu einem der zentralen Pfeiler der sozialistischen Diktaturen Osteuropas. Nach dieser Logik konnte es dort keine unabhängige Friedensbewegung geben: Die sozialistischen Staaten selbst waren Ausdruck des Friedenswillens der Bevölkerung.

Gerade deshalb hatten es die Friedensbewegungen im Westen äußerst schwer, sich von der Zerschlagung durch den Nationalsozialismus zu erholen. »Frieden« galt im Westen vor allem als Vehikel kommunistischer Propagandabemühungen. Bezeichnend war, dass die westlichen Bewegungen der unmittelbaren Nachkriegszeit jeglichen Bezug auf den Friedensbegriff vermieden, um Kommunismus-Vorwürfe gar nicht erst aufkommen zu lassen: Nicht »Frieden« war ihre Leitidee, sondern Sicherheit. So ging es in den Debatten um die Wiederbewaffnung der Bundesrepublik Anfang der 1950er- und um Atomwaffen Ende des Jahrzehnts/Anfang der 1960er-Jahre nicht darum, weitreichende Friedensstrategien zu entwickeln: Die Proteste gegen atomares Wettrüsten und gegen Atomwaffen ermöglichten vielmehr das Sprechen über das Erbe der Gewalt des Zweiten Weltkrieges, besonders des Luftkrieges. Die Gefahren des Kalten Krieges wurden also vor allem durch das Aufrufen der Erinnerung an den Zweiten Weltkrieg verstehbar gemacht. Auch die Form des Engagements für den Frieden hatte sich aufgrund der neuen internationalen politischen und gesellschaftlichen Bedingungen geändert. Die alte und traditionsreiche Deutsche Friedensgesellschaft etwa fristete ein Schattendasein. Aus dem organisierten Pazifismus, der über Vereine bei Politikern und in Parteien warb, war eine breit angelegte soziale Bewegung geworden.

Doch mit dem Vertrag zwischen den USA, der 1963 Atomversuche in der Atmosphäre verbot, und mit der Entspannung der internationalen Beziehungen während der 1960er-Jahre schwächte sich das Bewusstsein von den Gefahren des Atomzeitalters und von den Gewalterfahrungen des Zweiten Weltkrieges in den (west)europäischen Gesellschaften ab. Friedensproteste konzentrierten sich nun vor allem auf den außereuropäischen Raum: auf den Vietnamkrieg in Asien. Sie entwarfen dabei ein Bild vom Kalten Krieg, das sich aus der Position der USA im internationalen System ergab. Nicht mehr die national spezifischen Sicherheitspolitiken, sondern die USA schienen nun zentral für das Verständnis des Kalten Krieges innerhalb der westeuropäischen Friedensbewegungen zu sein. Der Krieg in Vietnam erschien den Friedensbewegten so als neuartiger, mit großer Brutalität geführter Kolonialkrieg. Der organisierte Pazifismus spielte für diese Proteste eine immer geringere Rolle, zumal einige Aktivisten Gewalt als Mittel des Protests duldeten, wenn nicht gar befürworte-

Anhänger der Friedensbewegung demonstrieren am 11. Juni 1982 anlässlich des Besuchs des amerikanischen Präsidenten Ronald Reagan in der Bundesrepublik.

ten. Vielmehr speisten sich die Proteste aus einer ganzen Reihe von Unzufriedenheit mit dem gesellschaftlichen, kulturellen und politischen Wandel jener Jahre.

Die Friedensbewegungen der 1980er-Jahre entwickelten zum ersten Mal ein Verständnis vom Kalten Krieg als einem Krieg, der durch die Drohung mit Atomwaffen geführt wurde. Anlass war zunächst die Stationierung neuer Mittelstreckenwaffen in Europa, die Ende der 1970er-Jahre angedacht, Anfang des folgenden Jahrzehnts durchgeführt wurde. Die Friedensbewegungen unterschieden sich von jenen der 1950er- und 1960er-Jahre in dreierlei Hinsicht. Erstens spiegelten sie nun weniger die Erfahrungen des Zweiten Weltkrieges als die des Kalten Krieges wider. Zweitens thematisierten sie deshalb auch die allgemeine Gefahr, die von der radioaktiven Strahlung der Waffen ausging. Deshalb fanden sie rasch Anschluss an die Debatten der Umweltbewegung. Friedensbewegte stellten also gerade die unsichtbaren Gefahren radioaktiver Strahlung in den Vordergrund. Drittens bemühten sich die Friedensbewegungen der 1980er-Jahre ausdrücklich um die Überwindung eines in den Kategorien des Kalten Krieges gefangenen Denkens: Der Gegensätze von Kapitalismus und Kommunismus und der pro- und antikommunistischen Einstellungen in Ost und West.

Besonders in der Bundesrepublik führte dies oft dazu, dass Zeitgenossen einen »neuen Nationalismus« wahrnahmen. Die Friedensbewegung schien die Grundlagen der Einbindung Westdeutschlands in die Nordatlantische Allianz abzulehnen: nämlich die Einschränkung der deutschen Souveränität durch Besatzung und Teilung des Landes. Die mitunter harsche Kritik an den USA bemühte auch gängige nationale Vorurteile, wenn sie etwa die Kulturlosigkeit, Oberflächlichkeit und Konsumorientiertheit Amerikas beschwor.[3]

Innerhalb dieser allgemeinen Trends existierten jedoch große Unterschiede. In Frankreich etwa gab es nach 1945 nur eine sehr kleine eigenständige Friedensbewegung, weil die Frage des »Friedens« vor allem parteipolitisch verhandelt wurde. Der *Mouvement de la Paix* war eng mit der Französischen Kommunistischen Partei verbunden und damit Teil der von der Sowjetunion gesteuerten Bewegung im Rahmen des sogenannten Weltfriedensrats. In Italien war die Friedensbewegung eng an progressive Kreise der katholischen Kirche geknüpft, die sich vor allem an lateinamerikanischen Modellen eines sozialen Friedens orientierten. In den sozialistischen Diktaturen Osteuropas verbanden sich die Ende der 1970er-Jahre entstehenden Friedensbewegungen bald mit den Kampagnen für Menschen- und Bürgerrechte. Eine europaweite Friedensbewegung, wie sie etwa die Bewegung *European Nuclear Disarmament* (END) anstrebte, gab es aber nur in Ansätzen. Zu groß waren die Meinungsunterschiede zwischen den Friedensbewegungen in den pluralistischen Gesellschaften des Westens und ihren aufstrebenden Pendants in den sozialistischen Diktaturen des Ostens: Während die einen das Verhandeln mit den sozialistischen Machthabern als gelebten Frieden betrachteten, erschien dies den Friedens- und Bürgerrechtlern des Ostens als heuchlerisch, hatten sie doch mit gewaltigen Repressionen zu kämpfen.

Mit dem Ende des Kalten Krieges setzte gerade zu dieser Frage eine rege Debatte über die politische Bedeutung der Friedensbewegung ein, die bis heute andauert. Während die Friedensbewegten selbst im Ende des Kalten Krieges das Ergebnis ihres Engagements sehen, sprechen ihnen dies konservativere Politiker und Historiker ab. Für sie wurde der Kalte Krieg durch die Politiker des Westens gewonnen, die sich den Wünschen der Friedensbewegung nach Abrüstung widersetzten. Sie sehen die Friedensbewegungen vor allem als Agenten der Interessen der Sowjetunion. Der Kalte Krieg, so lautet ihr Argument, wurde nur wegen des Wettrüstens beendet. Die Armeen des Westens waren für sie die wichtigste Friedensbewegung. Aus historischer Perspektive ist dagegen interessant, dass »Frieden« in den politischen Kulturen der verschiedenen Länder ganz unterschiedliche Bedeutungen hatte. Ob man sich mit ihren jeweiligen Zielen identifizieren kann oder nicht: Die Friedensbewegungen speisten ein Wissen über Gefahren des nuklearen Wettrüstens in Politik und Öffentlichkeit ein. Sie ermöglichten damit eine politische Auseinandersetzung über Militär, Rüstung und Armee und ihre Kontrolle.

Europäische Friedensbewegungen und Militärgeschichte

Das Europa der Friedensbewegungen war stets ein durch nationale Erfahrungen geprägtes Europa. Im Mittelpunkt standen die unterschiedlichen Erfahrungen von Krieg. Insgesamt zeigt sich, dass Friedensbewegungen nie von der Gesellschaft hermetisch abgeschlossene Gruppen waren. Das sahen sie zwar selbst oft so, und vor allem wurde ihnen das von ihren Gegnern oft vorgeworfen. Doch wie dieses Kapitel gezeigt hat, waren die Argumentationen von pazifistischen Organisationen immer in einen jeweils historisch spezifischen politischen, gesellschaftlichen und kulturellen Erfahrungszusammenhang eingebunden. Sie wirkten nicht primär durch ihren Einfluss auf politische Entscheidungen, sondern dadurch, dass sie Erfahrungen von Krieg und Gewalt in der Gesellschaft zum Thema machten und so in die Politik vermittelten. Bis heute zeigen sich deshalb in der Geschichte der europäischen Friedensbewegungen auch national unterschiedliche, aber doch miteinander verbundene historisch gewachsene Erfahrungen mit Krieg und Militär. Sie bilden bis heute den Hintergrund, vor dem Krieg und Frieden in Europa diskutiert werden.

Anmerkungen

1 Benjamin Ziemann, Contested Commemorations. Republican War Veterans and Weimar Political Culture, Cambridge 2013.
2 Abgedruckt in: Carl von Ossietzky, Rechenschaft. Publizistik aus den Jahren 1913 bis 1933, Frankfurt a.M. 1984, Kapitel 12, http://gutenberg.spiegel.de/buch/1947/12 (1.4.2014).
3 Benjamin Ziemann, A Quantum of Solace? European Peace Movements during the Cold War and their Elective Affinities. In: Archiv für Sozialgeschichte, 49 (2009), S. 351–389, hier S. 376–378.

III. Militärisch-zivilgesellschaftliche Verflechtungen

Michael Epkenhans

Militär, Politik und Industrie in Europa: Zur Entstehung des militärisch–industriellen Komplexes

Es vergeht kaum eine Woche, in der nicht öffentlich Kritik an der Rüstungsindustrie im Allgemeinen und einzelnen Firmen im Besonderen geübt wird. Diese nutzten, so lautet ein Vorwurf, ihre Marktstellung im Interesse der Steigerung des eigenen Profits zu Lasten der Allgemeinheit schamlos aus. Zugleich würden sie versuchen, den jeweiligen Regierungen ständig neue Produkte aufzudrängen. Nur deren Einführung garantiere die eigene Verteidigungsfähigkeit und Sicherheit. Mit diesem vermeintlichen Zwang zur Innovation würden sie zudem offene oder verdeckte Rüstungswettläufe herbeiführen oder weitertreiben, internationale Krisen verschärfen und manchmal sogar Kriege regelrecht verursachen, wenn ein Staat glaube, nur durch einen Präventivkrieg der Spirale schließlich nicht mehr bezahlbarer Rüstungskosten entkommen zu können. Um die eigenen Gewinne zu erhöhen, verhielten sich die »Händler des Todes« – ein geflügeltes Wort seit der Wende vom 19. zum 20. Jahrhundert – darüber hinaus unpatriotisch. Ohne Skrupel lieferten sie daher sowohl dem eigenen Land als auch dessen zukünftigen Gegnern Waffen. Enge personelle Beziehungen zwischen Militär und Industrie garantierten schließlich den Erfolg der Rüstungsunternehmer. Ihre Marktmacht aufgrund der Einzigartigkeit ihres Produkts, die Kapitalkraft ihrer Unternehmen und ihr Spezialwissen auf der einen, das Interesse des Militärs an den neuesten Produkten für den Ernstfall andererseits hätten zur Herausbildung eines »Komplexes« geführt, der nach eigenen, schwer zu kontrollierenden Regeln funktioniere.

Doch nicht nur die Rüstungsfirmen sind seit jeher Gegenstand öffentlicher Kritik. Diese trifft vielmehr immer auch den Staat, der als Auftraggeber Rüstungsforschung betreibt, milliardenschwere Projekte für die eigenen Armeen vergibt oder zur Unterstützung der heimischen Industrie die Erlaubnis zum Waffenexport an Länder mit fragwürdigen politischen Systemen erteilt. Wie aber ist dieser »militärisch-industrielle Komplex« entstanden?

Von staatlichen Werkstätten zu modernen »Rüstungsunternehmen«

Die Herausbildung privater Rüstungsunternehmen ist ein Ergebnis der industriellen und technischen Revolution des 19. Jahrhunderts. Bis dahin hatten sich alle Armeen und Marinen fast ausschließlich auf staatliche Werkstätten gestützt. Im Zuge der Durchsetzung des staatlichen Gewaltmonopols hatten sie in der Frühen Neuzeit begonnen, eigene Werkstätten – zumeist Arsenale genannt – zur Herstellung von Gewehren, Bajonetten, Geschützen und Schiffen nebst Zubehör zu errichten. Merkantilistische, d.h. auf staatliche Eingriffe ziehende Prinzipien, aber auch die Notwendigkeit, im Konfliktfall nicht von wenigen Handwerkern oder ausländischen Liefe-rungen abhängig zu sein, spielten dabei gleichermaßen eine Rolle.

Die Zahl dieser zum Teil bereits im 17. Jahrhundert gegründeten Werkstätten war beachtlich, wie ein kurzer Blick auf einige ausgewählte zeigt: Werkstätten in Wien, Märzsteig und Prag arbeiteten für die kaiserliche österreichische Armee; in Preu-ßen gab es entsprechende Einrichtungen unter anderem in Spandau und Potsdam, in Frankreich in Saint-Étienne und Vincennes, in Spanien in Madrid und Oviedo, im Königreich Piemont in Turin, im russischen Zarenreich in Tula und Ischew sowie in England in Woolwich, Enfield und Waltham Abbey. Hinzu kamen staatliche Werften in Danzig (Preußen), Chatham und Portsmouth (England) oder in Le Havre, Dünkir-chen, Nantes und Toulon (Frankreich). Daneben gab es von Anfang an auch private Werkstätten, die, wie in Suhl (Kursachsen), in Oberndorf am Neckar, in Steier (Öster-reich), Paris und Lille (Frankreich), Barcelona (Spanien) oder in Lüttich, auf eigene Rechnung Waffen herstellten, um diese dann überregional anzubieten.

Die Leistungsfähigkeit dieser Einrichtungen war beachtlich: Die staatlichen und privaten Gewehrfabriken in Lüttich, die hinsichtlich Qualität und Quantität zu den führenden Werkstätten in Europa gehörten, stellten zu Beginn des 19. Jahrhunderts jährlich 6000 Jagdgewehre, 27 000 Infanteriegewehre und 2000 Pistolen her; die Werk-stätten im nunmehr preußischen Suhl produzierten im selben Zeitraum ca. 60 000 »Rohre«, wie es in einer zeitgenössischen Abhandlung hieß. Manche dieser privaten Werkstätten florierten bald, andere wie die 1785 gegründeten Werkstätten in Le Creu-sot, später eine der wichtigsten Waffenschmieden Frankreichs, gingen nach wenigen Jahren zunächst ein, da sie weder die versprochene Qualität an Geschützen liefern konnten noch, wie vergleichbare Unternehmen in England, in der Marine einen fes-ten Abnehmer hatten.

Die Leistungsfähigkeit dieser Werkstätten hing jedoch von einer Zahl von Faktoren ab, die auch später für das Entstehen einer modernen Rüstungsindustrie von großer Bedeutung waren: Dazu gehörte zunächst die Verfügbarkeit von Eisenerz und Kohle, um das für die Waffenproduktion notwendige Rohmaterial überhaupt herstellen zu können. Gleichermaßen wichtig waren jedoch gut ausgebildete Handwerker. Diese mussten zum einen den Prozess der Eisen- bzw. Bronzeherstellung beherrschen, zum anderen aber in der Lage sein, aus dem mühsam gewonnenen Eisen oder der Bronze in angemessener Zeit und mit gleichbleibender Qualität Rohre, Gewehrschlösser und -schäfte, Geschütze sowie Bajonettklingen herzustellen. Gleiches galt für den Schiff-bau. Nur das Land, das über gut ausgebildete Schiffszimmerer, leistungsfähige Werf-ten und eine ausreichende Zahl von Trockendocks verfügte, konnte, wie Großbri-tannien, Kriegsschiffe bauen, die über Jahrzehnte im Dienst waren und nicht wie in Frankreich oder Russland innerhalb weniger Jahre buchstäblich verfaulten. Ohne die regelmäßige Versorgung mit qualitativ hochwertigem Holz, das ausreichend ablagern konnte, fehlte jedoch die Grundlage für den Bau von Kriegsschiffen.

Sichere Rohstoffquellen für die staatlichen Heereswerkstätten und Werften, kapi-talkräftige und risikobereite Unternehmer, die bereit waren, im königlichen Auftrag eine entsprechende Manufaktur zu errichten und eine gute Anbindung an das Ver-kehrsnetz spielten daher schon früh eine bedeutende Rolle beim Aufbau von Armeen und Flotten. Der Besitz von Eisenerz- und Kohlegruben oder großen Wäldern spielte im Zeitalter der Kabinettskriege eine genauso wichtige Rolle wie die Anwerbung von spezialisierten Handwerkern. Viele Monarchen, wie die preußischen Könige Friedrich Wilhelm I. und Friedrich II., warben daher Handwerker beispielsweise aus den damals führenden Gewehrfabriken in Lüttich ab oder ließen sich, wie Zar Peter der Große selbst, auf den damals führenden Werften in Holland oder England ausbilden, um das Schiffbauhandwerk von Grund auf zu erlernen.

Ohne eine solide finanzielle Grundlage waren alle Bemühungen um den Aufbau und Erhalt leistungsfähiger Heereswerkstätten und Werften jedoch vergebens: Nur wenn der Staat in der Lage war, diese kontinuierlich zu beschäftigen sowie Meister, Gesellen und Arbeiter auch in Zeiten der »Flaute«, d.h. in Jahren ohne Krieg, gut und regelmäßig zu bezahlen, damit sie nicht abwanderten, konnte er deren Leistungsfähigkeit dauerhaft sichern. Der Staatsbankrott Frankreichs von 1759 war insofern eine wesentliche Ursache für den Verlust großer Gebiete in Übersee: Ohne ausreichende finanzielle Mittel war die französische Marine seitdem nicht mehr in der Lage, neue Schiffe zu bauen, um die Verluste im Seekrieg gegen Großbritannien auszugleichen, die noch vorhandenen zu reparieren und für längere Operationen auszurüsten sowie die auf fernen Kriegsschauplätzen kämpfenden Truppen zu versorgen und zu unterstützen. Verlustreiche Kriege wie der Siebenjährige Krieg konnten ebenfalls dazu führen, dass, wie bei der Spandauer Gewehrfabrik, die Produktion zurückging, spezialisierte Handwerker abwanderten und Teile der Werkstätten für längere Zeit stillgelegt werden mussten.

In der Frühen Neuzeit spielten Innovationen bei Weitem nicht die Rolle wie in späteren Jahrhunderten. Das Militär setzte, überkommenen Traditionen folgend, zum einen grundsätzlich auf den Faktor »Mensch«. Zum anderen gab es unter den verantwortlichen Militärs eine große Scheu, von vermeintlich bewährten Verfahren abzuweichen und Neues mit all seinen Auswirkungen auf die Führung von Armeen und das Verhalten der Truppe auf dem Schlachtfeld auszuprobieren. »Die Artilleristen mit ihrer gefühllosen Mathematik wurden als ein subversives Element empfunden, das alles untergrub, was das Leben der Soldaten heroisch, bewundernswürdig, ehrenvoll machte« (William H. McNeill, 1984). Hinzu kamen finanzielle Erwägungen. Jede Neu- oder Umbewaffnung zog erhebliche Folgekosten nach sich, die aus Sicht der Verantwortlichen die Staatskasse unnötig belasteten. Gleichwohl waren manche sich der Notwendigkeit von Innovationen durchaus bewusst. Der Übergang von glatten Rohren zu gezogenen Läufen in fast allen Armeen im Zuge der Revolutionskriege ist dafür nur ein Beispiel.

Industrialisierung, technischer Fortschritt und das Entstehen moderner Rüstungsfabriken

Die Bestellung der ersten modernen Hinterladergeschütze durch die britische Armee bei der Firma Elswick im Jahre 1854, der wenig später (1859) folgende Auftrag der preußischen Heeresverwaltung für 300 Geschütze bei der Essener Firma Krupp (1859) sowie der Bau von *HMS Warrior*, dem ersten vollkommen aus Stahl gebauten Panzerschiff der Welt, bei den Thames Ironworks im Jahre 1860 stehen symbolhaft für den schließlich epochalen Wandel in der Herstellung von Geschützen und Kriegsschiffen und deren Beschaffung durch Armee- und Marineverwaltungen in ganz Europa seit der Mitte des 19. Jahrhunderts. Das Bestreben privater Unternehmer, mit der Produktion von Rüstungsmaterial einen zusätzlichen Markt zu erschließen, und der Wille

Erste Krupp-Kanone von 1848/49 im Berliner Zeughaus.

Historisches Archiv Krupp, Essen, WA 16f 1.3

staatlicher Beschaffungsämter, sich dieses neue Potenzial zunutze zu machen, ergänzten sich bald in idealer Weise.

Auch wenn dieser Prozess sich über viele Jahre hinzog, beschafften Armee und Marine seitdem in immer größeren Umfang Waffen und Ausrüstung bei privaten Anbietern. Allein diese waren leistungsfähig genug, um für den modernen Krieg immer größere Mengen bereitzustellen, deren Qualität sicherzustellen und, vor allem, auf eigene Kosten deren Weiterentwicklung zu betreiben. Insbesondere im Bereich des Kriegsschiffbaus war es mit dem Übergang zum Schiffbau aus Stahl und Eisen sowie vom Wind- zum Dampfantrieb unmöglich, auf private Unternehmer zu verzichten. Wellen, Steven und Bleche, Antriebsmaschinen, Lafetten und Geschütztürme, Panzerplatten und elektrische Anlagen zum Betrieb

Bau des Panzerschiffes Royal Oak Ironclad.

des Schiffes, zur Feuerleitung oder zur Kommunikation der Schiffe untereinander oder mit Kommandostellen an Land sowie tausende weitere kleinere oder größere Einzelteile: All das konnten bestehende staatliche Werften nicht herstellen. Dazu fehlten die entsprechenden Betriebe und Fachkräfte, teilweise aber auch die Möglichkeiten zur Erweiterung der Anlagen. Die traditionsreichen *Royal Dockyards* in Plymouth waren für den Bau von Großkampfschiffen schlichtweg ungeeignet.

Die Firmen, die seit der Mitte des 19. Jahrhunderts die Produktion von Rüstungsmaterial aufnahmen, waren jedoch im Gegensatz zu den staatlichen Arsenalen, die allein für die jeweiligen Armeen und Marinen arbeiteten, keine reinen Rüstungsbetriebe. Rüstung machte in Friedenszeiten zumeist nur einen Teil der gesamten Produktion aus. So stellte Krupp neben Panzerplatten, Schiffsgeschützen und Kanonen vor allem Radreifen, Eisenbahnschienen und Bleche aller Art her. Die Hamburger Blohm & Voss-Werft baute neben Großen Kreuzern in erster Linie Handels- und Passagierdampfer, und auch Krauss-Maffei-Wegmann, heute weltweit führender Hersteller von Panzern und Kettenfahrzeugen, hat seine Ursprünge im Bau von Lokomotiven und Waggons, einer bis heute wichtigen Sparte des Unternehmens. Auch Schneider-Creusot stellte zunächst viele Jahrzehnte Stahl für den Bau von Eisenbahnlinien und Schiffen sowie Lokomotiven her, bevor der Konzern 1870 mit der Entwicklung und Produktion von Geschützen beauftragt wurde, um den Krupp-Kanonen in einem zukünftigen Krieg eine überlegene Waffe entgegensetzen zu können. Gleiches gilt schließlich für die führenden britischen Hersteller von Rüstungsmaterial im ausgehenden 19. und beginnenden 20. Jahrhundert, Vickers und Armstrong, oder die Firma Bofors in Schweden und den Oerlikon-Bührle-Konzern in der Schweiz: Sie stellten ebenfalls zunächst »Friedensmaterial« her, bevor sie nach und nach in den Rüstungsmarkt einstiegen.

Dieser Einstieg in den Rüstungsmarkt nahm für die jeweiligen Firmen jedoch höchst unterschiedliche Ausmaße und Formen an, da für manche Firmen das Rüstungsgeschäft ein Nischengeschäft blieb, für andere hingegen einen wichtigen, wenn nicht gar überwiegenden Teil des eigenen Umsatzes und damit auch der Gewinne ausmachte. Der Markt förderte zugleich drei wichtige Entwicklungen: Zum einen gingen viele Stahlkonzerne dazu über, horizontal zu expandieren. Indem sie Werften oder auch Maschinenbaufirmen übernahmen oder selber gründeten, stärkten sie ihre Marktmacht. Fortan konnten sie bei Kriegsschiffen beispielsweise »Komplettangebote« anstelle von Einzelangeboten für Panzerplatten, Geschütze oder Munition vorlegen. Die Übernahme der Kieler Germania-Werft 1896 durch Krupp oder der Barrow-Werft durch Vickers im Folgejahr sind dafür zwei Beispiele. Je komplizierter und kostspieliger das Rüstungsgeschäft aufgrund des Kapitalbedarfs oder auch notwendiger, aber nicht vorhandener eigener Expertise war, desto mehr begannen Rüstungskonzerne zu fusionieren. Die Fusionen von Vickers und Armstrong im Zeichen abnehmender Rüstungsaufträge und finanzieller Schwierigkeiten Ende der 1920er-Jahre, von Royal Ordnance sowie Heckler und Koch 1991, dem Panzerhersteller Krauss-Maffei-Wegmann in München und der Wehrtechniksparte der Hamburger Werft von Blohm & Voss 1991 oder des französischen Flugzeugherstellers Dassault und der Thales-Gruppe seien an dieser Stelle genannt. Der Stärkung der eigenen Effizienz und damit auch der Marktmacht dienten und dienen darüber hinaus Kartelle. Interne Absprachen waren und sind aus Sicht privater Rüstungsunternehmer das Mittel, um dem Streben der Auftraggeber in Armee- und Marineverwaltungen Einhalt zu gebieten, durch öffentliche Ausschreibungen die Wettbewerber gegenseitig auszuspielen.

Die Form der Vergabe von Aufträgen ist von jeher – zumindest in der Theorie – das wichtigste Mittel der Militärverwaltungen europaweit gewesen, das Profitstreben privater Unternehmer einzudämmen. Mithilfe beschränkter Ausschreibungen konnten sie versuchen, marktwirtschaftliche Mittel bei der Preisgestaltung zu nutzen. Dies erschien umso wichtiger, als eine Kontrolle der Preise in der Regel nur schwer möglich war. Versuche, durch spezielle Kommissionen Einblick in das Verhältnis von Produktionskosten und Gewinnen zu erhalten, sind in der Regel eben so gescheitert wie neue Verträge und andere Formen der Überwachung. So stark die monopolartige Stellung staatlicher Auftraggeber im Rüstungsbereich auch war, so schwach war sie, wenn es darum ging, sich bei speziellen Produkten von einem oder nur wenigen Anbietern frei zu machen. Die vergeblichen Versuche des Kaiserlichen Reichsmarineamts vor 1914, anstelle von Krupp als einzigem Lieferanten von Panzerplatten neue Mitbewerber heranzuziehen, sind dafür nur ein Beispiel.

Das zumindest der Theorie nach »natürliche« Gegengewicht zu einer zu großen Marktmacht privater Betriebe waren die teilweise bis ins 16. und 17. Jahrhundert zurückreichenden staatlichen Heereswerkstätten. Im Deutschen Reich stellten diese vor 1914 immerhin noch 40 Prozent des benötigten Rüstungsmaterials her. Auch die Kaiserlichen Werften in Danzig, Kiel und Wilhelmshaven waren durchaus in der Lage, moderne Kriegsschiffe zu bauen. Dabei waren sie aber, wie die Heereswerkstätten, mangels fehlender Anlagen auf Zulieferungen seitens der Industrie oder gar die Überlassung von Patenten angewiesen. Die aufgrund von Berichten über überhöhte

Gewinne zulasten des Steuerzahlers mehrfach erörterte Frage, die staatlichen Werkstätten auszubauen, wurde in Deutschland im Sommer 1914, noch vor Kriegsausbruch, abgelehnt. Der Bericht einer dafür eigens eingesetzten Reichstagskommission hatte die erhobenen Vorwürfe nicht bestätigt. Auch schienen staatliche Werkstätten weder leistungsfähig genug in Zeiten schnellerer Aufrüstung, noch wirklich rentabel zu sein. Mit der Niederlage 1918 wurden all diese Werke in die Deutsche Werke bzw. Deutsche Industriewerke AG überführt, die nun auch zivile Produkte herstellten.

Während staatliche Werkstätten in Deutschland nach dem Ersten Weltkrieg weitgehend verschwanden, blieben sie in anderen europäischen Ländern teilweise bis heute erhalten. Das trifft auf die ehemalige Sowjetunion und ihre Satellitenstaaten zu, in denen alle entsprechenden Betriebe schon aus ideologischen Gründen im staatlichen Besitz waren. Doch auch im urliberalen Großbritannien erfolgte die Rüstungsproduktion, teilweise bis heute, unter direkter oder indirekter staatlicher Regie. British Aerospace und Royal Ordnance als wichtigste Hersteller von Flugzeugen bzw. Handfeuer- und anderer Waffen waren viele Jahrzehnte in öffentlicher Hand. Auch die *Coventry Ordnance Works* entstanden 1905 maßgeblich auf Initiative der Admiralität, die damit ein Gegengewicht gegen die großen Schiffbauer Vickers und Armstrong schaffen wollte.

Verwissenschaftlichung

Auch wenn Erfinder wie der griechische Mathematiker, Physiker und Ingenieur Archimedes bereits in der Antike »Maschinen« entwickelten, welche die Kriegführung beeinflusst haben, so ist die Verwissenschaftlichung der Produktion von Waffen ein Ergebnis der Industriellen Revolution. Systematische Forschungen bei der Herstellung von Stahl, beim Bau von Maschinen und bei der Entwicklung von Chemikalien sowie optischer und elektrischer Geräte hatten nicht nur Auswirkungen auf die industrielle Produktion. Die Eigenschaften dieser Werkstoffe und Geräte waren auch geeignet, völlig neue Waffen zu entwickeln: Mit hochmodernem Stahl ließen sich Geschütze herstellen, die schneller und weiter schossen. Neue Pulvermischungen verliehen den Geschossen größere Durchschlagkraft, und optische Geräte verbesserten die Treffergenauigkeit. Moderne Maschinen ersetzten den Wind als Schiffsantrieb und machten Kriegsschiffe unabhängig vom Wetter und den Meeresströmungen. Elektrische Geräte ermöglichten nicht nur eine moderne Feuerleitung im Gefecht mit zunehmender Präzision, sondern verbanden auch Kommandobehörden und weit auseinander liegende Einheiten zu Lande, zur See sowie in der Luft miteinander und revolutionierten so Raum und Zeit bei der Planung und Durchführung von Operationen. Verantwortlich dafür, dass dies möglich war, waren Ingenieure und Facharbeiter, die zuvor auf technischen Hoch- und Fachschulen gut ausgebildet worden waren. Eigene Labors trieben beispielsweise bei Krupp, Vickers und anderen großen Konzernen die Entwicklung neuer »Produkte« systematisch voran.

Die Unterscheidung zwischen rein zivilen und militärischen Forschungen ist dabei nicht immer leicht. Bessere Stahllegierungen verbesserten beispielsweise die Wettbewerbsfähigkeit sowohl auf dem zivilen als auch auf dem militärischen Markt. Neue Schiffsantriebe wie die Dreifachexpansionskolben-Dampfmaschine, der Dieselmotor oder später der Atomreaktor ließen sich auf Fracht- und Kriegsschiffen einsetzen, und elektrische Schaltungen konnten einfache Haushaltsgeräte, aber auch Feuerleitanlagen auf Schiffen oder in Panzern steuern.

Je schneller die technische Entwicklung voranschritt, je bedeutender es für militärische Planer war, Qualität den Vorrang vor Quantität zu geben und dadurch im industrialisierten Volkskrieg den vielleicht entscheidenden Vorteil gegenüber dem Gegner zu haben, desto stärker versuchten diese, in den Forschungsprozess einzugreifen und diesen nun ihrerseits voranzutreiben. Die Entwicklung des Großdiesels für Kriegsschiffe durch M.A.N. und die Kieler Germaniawerft am Vorabend des Ersten Weltkrieges ist dafür ebenso ein Beispiel wie die Herstellung von Stickstoff zur Munitionsherstellung sowie von Giftgas durch den Chemiker Fritz Haber oder die Rolle bedeutender britischer Ingenieure bei der Entwicklung von U-Boot-Ortungsgeräten, des Tanks oder des Radars während des Ersten und des Zweiten Weltkrieges. Ohne diese Verwissenschaftlichung ist auch die der Bau der ersten Raketen vom Typ V2, von Düsenflugzeugen wie der Me 262 sowie schließlich der Atombombe nicht zu erklären.

Die Dynamik dieses sich stetig beschleunigenden Prozesses der Verwissenschaftlichung nahm im Zeichen des nuklearen Wettrüstens nach 1945 ungeheure Formen an. Kostspielige Forschungsprogramme hatten nun häufig kein anderes Ziel, als vorhandene Waffensysteme weiter- oder vollständig neu zu entwickeln. Satelliten zur Überwachung des Gegners aus sicherer Distanz, computergesteuerte Feuerleitanlagen oder Hubschrauber, »intelligente« Munition, Nachtsichtgeräte und Schutzwesten aus völlig neuen Werkstoffen seien als Beispiele genannt.

Rüstung und Konjunktur

Rüstungsaufträge waren jedoch nicht allein Mittel, die eigenen Armeen und Flotten mit modernstem Gerät zur Abschreckung möglicher Gegner oder für den Fall eines Konflikts auszustatten. Häufig genug dienten sie dazu, die Konjunktur anzukurbeln, einzelne notleidende, aus militärischer Sicht aber durchaus wichtige Betriebe oder ganze Branchen vor dem Zusammenbruch zu retten oder strukturschwache Gebiete wie das schottische Rosyth durch die Neuanlage einer Werft zu stärken. Die britischen Flottenbauprogramme in den 1880er-Jahren sind ohne den Willen, die kriselnde, für die *Royal Navy* aber existenzielle Werftindustrie über Wasser zu halten, nicht zu erklären. Aber auch der Tirpitzschen Flottenrüstung seit 1897/98 und der Vergabe der Fregatten vom Typ F 122 für die Bundesmarine an die deutsche Werftindustrie in den 1980er-Jahren lagen neben militärpolitischen auch wirtschaftspolitische Ziele zugrunde: Konjunktureinbrüche sollten vermindert, die heimischen Werften als national und international wettbewerbsfähige Betriebe gestärkt sowie hochqualifizierte Arbeitsplätze langfristig gesichert werden – vor allem in strukturschwachen Küstenregionen.

Derartige Überlegungen schufen allerdings auch Abhängigkeiten, die sich immer wieder negativ auswirkten. In Krisenzeiten konnten einzelne Betriebe und Branchen enormen Druck aufbauen mit dem Argument, ohne neue Aufträge vor dem Ruin zu stehen. Die Akten des Reichsmarineamts sind voll von Eingaben von Werftvertretern und Lobbyisten, die die Kaiserliche Marine zu drängen versuchten, ihnen ungeachtet bisheriger Marineplanungen Aufträge zu erteilen, damit sie den Betrieb nicht einstellen mussten. Derartige Einflussversuche gefährdeten jedoch nicht nur sorgfältig durchdachte Bau- und Finanzplanungen, sondern auch die Außenpolitik. Der britische

Navy Scare 1908/09 ist dafür ein gutes Beispiel: Um der unter Auftragsmangel leiden-den Danziger Schichauwerft zu helfen, vergab das Reichsmarineamt auch ohne parla-mentarische Bewilligung einen Auftrag, ohne dabei zu bedenken, dass dies nicht unbe-merkt bleiben würde. Die Folge war ein großer Aufschrei in Großbritannien, fürchteten manche Verantwortliche dort doch nun, das Deutsche Reich werde sein ohnehin ambi-tiöses Flottenbauprogramm weiter beschleunigen und damit die Sicherheit Großbri-tanniens noch stärker bedrohen, als dies ohnehin schon der Fall war.

Von »normalen« Zeiten zu unterscheiden sind Phasen der unmittelbaren Kriegs-vorbereitung. Nun wurden ganze Volkswirtschaften regelrecht für den Krieg mobili-siert. Der private Konsum trat zu Lasten der Produktion von Kriegsmaterial weitge-hend zurück. Staatliche Behörden wie die Kriegsrohstoffabteilung in Deutschland, das *Ministry of Munitions* in Großbritannien und das *Ministère de l'Armement* in Frankreich griffen während des Ersten Weltkrieges tief in das Beschaffungswesen, die Auftrags-vergabe und die Gewinne sowie die Beziehungen zwischen Arbeitgebern und Unter-nehmern ein. Zugleich »kurbelten« sie damit die Rüstungskonjunktur in bis dahin unbekannte Größenordnungen an. Je größer der Boom, desto größer war allerdings häufig auch die anschließende Depression. Nach dem Ende von Kriegen hatten viele Betriebe große Probleme, die erweiterten Kapazitäten auszulasten. Betriebsschließun-gen und Massenentlassungen waren die Folge. Schließlich konnten Länder aber auch von Kriegen außerhalb ihrer Grenzen profitieren: Der Korea-Boom zu Beginn der 1950er-Jahre war mitverantwortlich für einen beispiellosen Wirtschaftsaufschwung in Westdeutschland.

Rüstungsexporte und Rüstungsgewinne

Kein Staat konnte seine Rüstungsindustrie dauerhaft und regelmäßig durch eigene Bestellungen auslasten. Der Export von Rüstungsgütern war daher seit der Mitte des 19. Jahrhunderts ein wesentliches Merkmal der Produktion von Waffen aller Art. Aber auch hier sind Firmeninteressen, militärische und politische Ziele nur schwer von-einander zu trennen. Für die Unternehmen bedeutete der Export hochwertiger Waf-fen zunächst einmal eine Erweiterung der Produktpalette. Indem sie nicht nur ziviles, sondern auch militärisches Material anboten, konnten sie auf den Märkten der Welt ihre allgemeine Leistungsfähigkeit unter Beweis stellen. Eigene Agenten knüpften Kontakte zu führenden Militärs und Politikern, führten Proben vor, welche die Vor-züge der Produkte deutlich machen sollten, und handelten schließlich die Preise und Lieferbedingungen aus. In zahlreichen Fällen sorgten sie auch für die Finanzierung der Bestellungen durch die Vermittlung von Krediten oder Anleihen bei den Großban-ken des eigenen Landes. Bestechungen waren dabei ein ebenso integraler Bestandteil des Geschäfts wie andere Formen der Kundenwerbung und -bindung. Das Verhalten der Kruppschen Auslandsvertretungen in China, im Osmanischen Reich und in den lateinamerikanischen Staaten unterschied sich dabei in keiner Weise von dem Auftre-ten von Schneider-Creusot, Vickers und Armstrong auf diesen oder anderen Märkten.

So anrüchig und dementsprechend politisch dieser Verkauf von Waffen ins Aus-land auch war, da diese Waffen ja durchaus auch im Krieg gegen das eigene Land ein-gesetzt werden konnten, so groß war gleichwohl das Interesse führender Militärs und Politiker an diesen Geschäften. Aus Sicht der Militärs stellten diese Exporte sicher,

Übergabe der ersten Tornados zur Ausbildung an die Bundeswehr.

dass die einheimische Rüstungsindustrie am Leben blieb und sich weiterentwickelte. Kriegsschiffe – Großadmiral Alfred von Tirpitz bezeichnete sie als die größten Industrieausstellungen auf kleinstem Raum – unternahmen daher regelmäßig Auslandsreisen, um potenzielle Käufer von der Leistungsfähigkeit der heimischen Rüstungsindustrie zu überzeugen. Der Verkauf an verbündete oder befreundete Staaten stellte zudem sicher, dass diese über die gleiche Ausrüstung verfügten. In der Regel hatten sie dabei die Rückendeckung der Politik. Auch diese war aus wirtschafts- und sozialpolitischen Gründen daran interessiert, der eigenen Industrie lukrative Aufträge zu verschaffen. Botschaften und Konsulate berichteten daher stetig über mögliche Rüstungsaufträge. Waren die jeweiligen Firmen interessiert, unterstützten sie diese bei der weiteren Anbahnung und Abwicklung der Geschäfte. Diese Geschäfte hatten neben der innen- stets auch eine außenpolitische Komponente. Rüstungs- und damit sicherheitspolitische Abhängigkeiten vergrößerten außenpolitische Einflusssphären bis in die entlegensten Regionen der Welt. Moralische Gesichtspunkte spielten dabei angesichts der unleugbaren Priorität politischer, militärischer und ökonomischer Gesichtspunkte, ungeachtet der wachsenden Bedeutung der öffentlichen Meinung, allenfalls eine untergeordnete Rolle. Kruppsche Panzerplatten für Kriegsschiffe und Geschütze aller Art, Torpedoboote von Schichau, bei Vickers und Armstrong gebaute Kriegsschiffe oder von Schneider-Creusot hergestellte Kanonen dominierten schnell die Märkte der Welt.

An diesem Grundmuster, das bereits um die Wende vom 19. zum 20. Jahrhundert voll entwickelt war, sollte sich in der Folgezeit wenig ändern. Deutsche, französische und britische, schweizerische, schwedische und niederländische Firmen konkurrierten beim Verkauf von Flugzeugen, Panzern, U-Booten und anderen Kriegsschiffen sowie Handfeuerwaffen um die Rüstungsmärkte der Welt. Auch die Staatskonzerne der ehemaligen Sowjetunion und ihrer Partner im Ostblock beteiligten sich aus den gleichen Gründen an diesem Wettbewerb um politisch, militärisch und wirtschaftlich wichtige Rüstungsaufträge. Ein Blick in die Arsenale vieler Staaten in der sogenannten Zweiten und Dritten Welt vermittelt insofern auch einen Einblick in politische Abhängigkeiten. Hochmoderne deutsche Panzer vom Typ Leopard, U-Boote des Typs 206 oder das ehemalige »G 3« der Bundeswehr lassen sich ebenso überall auf der Welt finden wie französische Flugzeuge vom Typ Mirage, schwedische vom Typ Saab oder russische Kalaschnikows.

Erwies es sich als unmöglich, Rüstungsgüter zu verkaufen, gab es immer noch die Möglichkeit, sich in ausländische Märkte regelrecht einzukaufen. Industrielle Schwellenländer wie Italien, Russland oder auch Japan, die aus den gleichen Gründen wie die weiter entwickelten Industriestaaten ihre heimische Industrie fördern wollten, waren sehr daran interessiert, ausländisches Know-how anzulocken und für den Aufbau einer eigenen Rüstungsindustrie zu gewinnen. Schneider-Creusot sowie die großen britischen Rüstungskonzerne beteiligten sich daher lebhaft an entsprechenden Firmen im Zarenreich, in Italien oder auch im Osmanischen Reich. Der größte deutsche Rüstungskonzern, Krupp, lehnte es hingegen ab, technologische Expertise zu verkaufen und damit zugleich das Risiko einzugehen, im Konfliktfalle investiertes Kapital zu verlieren. Der Verkauf von Patenten war insofern eine sicherere, gleichwohl kaum weniger anrüchige Einnahmequelle. Andere wie Schichau errichteten hingegen Zweigwerften im Baltikum, die allerdings mit Kriegsbeginn 1914 verloren gingen. Diese Erfahrungen machten auch jene französischen und britischen Rüstungskonzerne, die vor 1914 auf breiter Front in Russland investiert hatten.

Die größte öffentliche Aufmerksamkeit erregen bis heute neben den Lieferungen selbst die Diskussionen über Rüstungsgewinne. Detaillierte Zahlen gibt es nur in seltenen Fällen. Die zu Krupp, Vickers und Schneider-Creusot vorliegenden Zahlen lassen jedoch erkennen, dass sich diese Firmen die Teilnahme am Rüstungsgeschäft in der Regel gut haben bezahlen lassen. So hoch wie häufig angenommen, waren die Gewinne in der Regel allerdings nicht. Zudem darf nicht vergessen werden, dass das Rüstungsgeschäft auch mit hohen Risiken verbunden war. Investitionskapital konnte schnell verloren gehen: durch Fehlinvestitionen, Rüstungswettläufe, die in kurzer Zeit die kostspielige Entwicklung neuer Waffensysteme erforderten, oder auch politische Veränderungen wie verlorene Kriege oder unvorhergesehene Zeiten der Entspannung, z.B. nach 1990 als Rüstungsanlagen plötzlich überflüssig wurden.

Der »militärisch–industrielle Komplex«

Die Summe politischer, militärischer und volkswirtschaftlicher Entwicklungen, die Verwissenschaftlichung der Rüstungsproduktion, damit einhergehende personelle Verflechtungen von Politik, Militär, Wirtschaft und Forschung haben angesichts der gleichzeitig zunehmenden Undurchsichtigkeit mancher Entscheidungsprozesse und unleugbarer Skandale bereits US-Präsident Eisenhower veranlasst, in seiner Abschiedsrede vor den Gefahren des »militärisch-industriellen Komplexes« zu waren: »Wir dürfen es nie zulassen, dass die Macht dieser Kombination unsere Freiheiten oder unsere demokratischen Prozesse gefährdet. Wir sollten nichts als gegeben hinnehmen. Nur wachsame und informierte Bürger können das angemessene Vernetzen der gigantischen industriellen und militärischen Verteidigungsmaschinerie mit unseren friedlichen Methoden und Zielen erzwingen, so dass Sicherheit und Freiheit zusammen wachsen und gedeihen können.« Dieser Aufforderung ist auch mehr als sechzig Jahre später nichts hinzufügen.

Karsten Brüggemann

Der Russische Bürgerkrieg 1917–1922

In der Sicht der sowjetischen Geschichtsschreibung war die Zeit des so genannten Bürgerkriegs die Phase der Behauptung und Konsolidierung der von der Oktoberrevolution 1917 errichteten Sowjetmacht auf dem Territorium der schließlich am 30. Dezember 1922 gegründeten UdSSR. In dieser Perspektive wurde die Auseinandersetzung reduziert auf den Kampf zwischen den Revolutionsgegnern, den »Weißen«, und den durch historische Gesetzmäßigkeiten legitimierten Siegern, den »Roten«. In diesem Kampf gelang es den Roten sogar, sich gegen eine »ausländische Intervention« durchsetzen, welche die »imperialistischen Mächte« angeblich untereinander abgestimmt hatten.

Tatsächlich erweckt der Begriff »Bürgerkrieg« den Eindruck, als sei es um den Kampf einer Regierung gegen ihre inneren Gegner gegangen. Doch waren die Jahre von 1917 bis 1922 auf dem Gebiet des ehemaligen Russländischen Reichs von einer unübersichtlichen Vielzahl lokaler Auseinandersetzungen gekennzeichnet, die von diesem Begriff kaum erfasst werden. Hierzu zählen zum Beispiel auch der Finnische Bürgerkrieg und der Polnisch-Sowjetische Krieg, die mittlerweile einen jeweils eigenen Platz in der Geschichtswissenschaft gefunden haben. Eine umfassende Betrachtung, die den Ursprung all dieser Konflikte im Zerfall des Zarenreiches im Jahr 1917 erkennt, wird daher die Bezeichnung der »Russischen Revolutionskriege« bevorzugen wollen.

Vom Charakter der Revolutionskriege

Das Ende der russischen Monarchie im Frühjahr 1917 erzeugte herrschaftsfreie Gewalträume auf einem Gebiet zwischen Ostsee und Pazifik, zwischen Weißem und Schwarzem Meer. Noch tobte der Weltkrieg, dessen diverse Friedensschlüsse, sei es an der Ostfront im Vertrag von Brest-Litowsk oder im Waffenstillstand von Compiègne, diesem riesigen Territorium keinen Frieden bringen sollten. Das extrem komplexe Geschehen in eine kohärente und annähernd komplette Erzählung zu gießen, ist an dieser Stelle nicht möglich; daher bleiben die asiatischen und muslimischen Schauplätze weitgehend ausgeblendet. Der Revolutionsführer Wladimir I. Lenin und die *Bolschewiki* standen nicht nur einem feindlichen russischen Lager gegenüber, das von rechtsnationalen Monarchisten bis zu gemäßigten Sozialisten reichte. Hinzu kam eine ganze Reihe von sezessionsbereiten nicht-russischen Nationalitäten, die Einmischung von Deutschen, Briten, Franzosen, Amerikanern oder Japanern sowie ein gewaltsamer bäuerlicher Protest auf lokaler Ebene, der jegliche Autorität in Frage stellte. Der Zusammenbruch der Gesellschaft, der Hunger vor allem in den urbanen Zentren und später auch auf dem Land sowie verheerende Epidemien prägten einen Zeitraum, in dem sich militärische Fronten, so sie überhaupt erkennbar waren, mit schwindelerregender Geschwindigkeit verschoben. Schlachten konnten durch den Einsatz der Kavallerie oder von Panzerzügen entschieden werden, und lokale *Warlords* errichteten an allen Ecken des Landes ihre Schreckensherrschaft, wie etwa Baron Roman von Ungern-Sternberg in der Mongolei oder Ataman Grigori M. Semenov in der Baikalregion. Brutaler Terror gegen Zivilisten, darunter auch Juden, war in diesem Konflikt keine Frage der Weltanschauung und auf allen Seiten verbreitet. Dass die *Bolschewiki* in diesem Chaos an der Macht blieben, lag nicht zuletzt an der totalen Erschöpfung sämtlicher Ressourcen des seit August 1914 im Krieg befindlichen Landes.

In der Geschichte jener Jahre überschneiden sich zahlreiche Entwicklungen, die in den Revolutionen des Jahres 1917 ihren Höhepunkt erreicht hatten. Die »Diktatur des Proletariats« kam im größten Land der Erde an die Macht, woraufhin in den europäischen nicht-russischen Randgebieten bürgerliche Politiker die Gründung von Nationalstaaten anstrebten. Regionale Sonderentwicklungen prägten die Geschichte dieser Jahre auf dem ganzen Gebiet des Imperiums. Schließlich verspielten die *Bolschewiki* im »Kriegskommunismus« nicht nur die Loyalität der russischen Bauern, sondern auch die der Arbeiter. Verschiedene Autoren haben diese Aspekte – den Kampf um die Macht, die nationalen Sezessionen sowie die regionalen Aufstände und die Bauernfrage – unterschiedlich gewichtet. Dieses Kapitel bemüht sich um eine knappe Darstellung des Gesamtzusammenhangs. Da das Zarenreich ein multinationales Gebilde im Netzwerk europäischer Imperien war, kann auch seine Auflösung nur in ihren transnationalen Bezügen gesehen werden. In diesem Kontext waren die Revolutionskriege ein Konflikt von welthistorischem Ausmaß und aufgrund ihres Ausgangs ein Vorspiel des Kalten Krieges.

Der Krieg um die Macht

Anfang und Ende der Revolutionskriege sind weitgehend Interpretationssache. Zwar wird ihr Abschluss gemeinhin im Oktober 1922 gesehen, als die Japaner Wladiwostok verließen. Seither unterstand sowjetisches Territorium zumindest nominell nur noch einer Regierung (auch wenn zentralasiatische Guerillas die Rote Armee bis 1923 herausforderten). Aber bereits die Hungerkrise seit 1921 nahm der Bevölkerung weitgehend die Kraft zum Protest. Zudem hatte die weiße Bewegung ihr Ende bereits im November 1920 gefunden, als sich General Pjotr N. Wrangel mit knapp 150 000 Menschen von der Krim aus vor der Roten Armee ins Exil einschiffte. Aber wann begann der Krieg? Die ersten Zusammenstöße größerer Armeen im Sommer 1918 sind genauso als Ausgangspunkt gesehen worden wie die Auflösung der zu 80 Prozent von Sozialisten beschickten Russischen Verfassunggebenden Versammlung im Januar 1918. Mit diesem Schritt erteilte Lenin der Idee einer all-sozialistischen Koalition in Sowjet-Russland eine Absage. Man könnte auch auf den bolschewistischen Staatsstreich im Oktober 1917 oder auf den August 1917 verweisen, als General Lawr G. Kornilows Versuch scheiterte, die aus der Februarrevolution hervorgegangene Provisorische Regierung zu stürzen. Aber erst die Machtübernahme der *Bolschewiki* rief spontanen Widerstand hervor, der die hastig aufgestellten »Roten Garden« zu tagelangen Kämpfen in Moskau und einem Scharmützel mit Truppen der Provisorischen Regierung bei Petrograd zwang. Da sich jedoch die Armee im Stadium der Auflösung befand, konnte sich die Sowjetmacht entgegen der verbreiteten Erwartung ihres baldigen Scheiterns relativ ungehindert in die urbanen Zentren des Landes ausbreiten.

Der deutsch-sowjetische Vertrag von Brest-Litowsk (März 1918) machte die Revolution endgültig zu einer internationalen Frage. Deutsche Truppen drangen entlang der Ostseeküste und in der Ukraine tief auf russisches Gebiet vor, und der Transkaukasus fiel an die Türkei. Zugleich landeten Russlands Verbündete in Murmansk, Archangelsk und Wladiwostok, um eine zweite Front aufrechtzuerhalten und womöglich die *Bolschewiki* durch eine Regierung zu ersetzen, die zur Fortführung des Krieges bereit war. Die bolschewistische Regierung zog aus dem bedrohten Petrograd nach Moskau. Mit patriotischen Aufrufen öffnete sie die nun unter Leo D. Trotzki begründete Rote Armee auch für Offiziere der alten Armee, denen zur Kontrolle politische Kommissare beigeordnet wurden. Widerstand sammelte sich einstweilen an der östlichen und südlichen Peripherie des Landes.

Unmittelbar auf die Ereignisse im Zentrum wirkte sich die Revolte der sogenannten Tschechoslowakischen Legion im Mai 1918 aus. Diese Truppe bestand aus 40 000 größtenteils österreich-ungarischen Kriegsgefangenen und sollte nach Absprache mit den *Entente*-Mächten über Sibirien nach Frankreich verschifft werden, um gegen die Mittelmächte zu kämpfen. Aus Protest gegen ihre Entwaffnung übernahm sie weite Abschnitte der Transsibirischen Eisenbahn und unterstützte das demokratische »Komitee der Mitglieder der Verfassunggebenden Versammlung« (*Komutsch*), das sich in Samara aus meist menschewistischen und sozialrevolutionären Abgeordneten gebildet hatte. In Reaktion auf diese Gründung schlossen die *Bolschewiki* ihre sozialistischen Gegner aus den lokalen Sowjets aus. Aufrufen zum Kampf gegen Lenin folgte im Juli die Ermordung des deutschen Botschafters Wilhelm Graf von Mirbach-Harff durch linke Sozialrevolutionäre, was die *Bolschewiki* als Vorwand dafür nutzten, ihre Gegner auch auf dem Land energischer zu bekämpfen. Nach der Ermordung des gestürzten Zaren Nikolaus II. wenig später und einem Attentat auf Lenin im August proklamierten die *Bolschewiki* den »Roten Terror«. Damit beauftragt wurde die im Dezember 1917 begründete Geheimpolizei Tscheka.

Unter Teilnahme des *Komutsch* und der von konstitutionellen Demokraten (*kadety*) gebildeten Provisorischen Sibirischen Regierung in Omsk fand im September 1918 in Ufa eine »Staatskonferenz« statt, die in die Gründung eines Direktorats als Spitze einer russischen Provisorischen Regierung mündete, einer Koalition aus Sozialisten und *kadety*. Dessen sozialistische Mitglieder wurden jedoch im November entfernt, als mit Unterstützung der *Entente*-Vertreter Admiral Alexander W. Koltschak in Omsk als neuer starker Mann im Osten Russlands eingesetzt wurde. In der Folge gelang es dessen politischen Beratern aus dem Kreis der *kadety*, auch die diplomatischen Vertreter der Weißen bei der Friedenskonferenz in Paris auf ihn einzuschwören, der nun als »Oberster Lenker« der Weißen galt. Militärisch hatte der neue Hoffnungsträger jedoch keine Chance, das russische Kerngebiet zu erobern. Zwar standen seine Truppen Ende April 1919 knapp 100 km vor der Wolga, doch gelang es der Roten Armee im Gegenangriff schon im Juli, den Ural zu überqueren. Von nun an trieb sie ihren Gegner nach Osten, Omsk fiel im November. Koltschak wurde im Januar 1920 in Irkutsk gefangen genommen und einen Monat später exekutiert.

Zum Glück für die *Bolschewiki* waren ihre Gegner unfähig, ihre Aktionen zu koordinieren. Moskau blieb außerhalb der Reichweite weißer Armeen. Allerdings war Petrograd kurzzeitig im Frühjahr und vor allem im Herbst 1919 unmittelbar bedroht: Ende Oktober stand die Nordwest-Armee General Nikolaj N. Judenitschs vor den Toren der alten Hauptstadt. Auch wenn europäische Zeitungen bereits den Fall der »Wiege der Revolution« meldeten, scheiterte die nur knapp 20 000 Soldaten umfassende Truppe an der von Trotzki organisierten Verteidigung der Newa-Metropole. Dieser Oktober war der kritischste Moment für die *Bolschewiki*, denn zugleich stand die aus der Ukraine operierende Freiwilligenarmee von General Anton I. Denikin bei Orel, von wo aus es aber immerhin noch 300 km bis Moskau waren. Entgegen der sowjetischen Sicht kann von einem konzertierten Angriff auf die beiden Zentren der *Bolschewiki* schon aufgrund der gewaltigen Kommunikationsprobleme keine Rede sein.

Denikins Angriff entsprang dem südrussischen Widerstandszentrum, das sich in den Kosakengebieten bereits Ende 1917 bei Rostow am Don gebildet hatte. Neben den Kosaken, die primär für ihre Autonomie kämpften, entstand hier auch die für ein »Eines und Unteilbares Russland« streitende Freiwilligenarmee, die nach dem Tod Kornilows im April 1918 von Denikin übernommen wurde. Durch den noch von Kornilow geleiteten »Eismarsch« Richtung Krasnodar, der später zu einem Gründungsmythos der weißen Bewegung stilisiert wurde, hatte sie sich den Angriffen der Roten Armee entziehen können. Kosakenaufstände und die Besetzung Rostows durch die Deutschen, die den Kosaken Waffen lieferten, boten dem auf alliierte Unterstützung hoffenden Denikin die Möglichkeit, im Sommer 1918 das Kuban- und das Don-Gebiet als Basis für seine Armee zu nutzen. Vor allem die Einnahme des Schwarzmeerhafens Noworosijsk wurde wichtig, um nach der Öffnung des Schwarzen Meeres infolge der deutschen Kapitulation britische Hilfe zu erhalten. Zugleich griffen im August 40 000 Kosaken unter ihrem Ataman Pjotr N. Krasnow Zarizyn (das spätere Stalingrad) an. Dessen Einnahme scheiterte im Oktober jedoch an der überlegenen sowjetischen Artillerie – und nicht an Stalins strategischen Qualitäten, wie es die sowjetische Deutung später nahelegte.

Der Waffenstillstand im Weltkrieg ermöglichte der Roten Armee, bestärkt durch die Hoffnung auf die Weltrevolution, in die von den Deutschen verlassenen Gebiete vorzudringen. Im Süden griffen sie das Hinterland der immer noch vor Zarizyn konzentrierten Kosaken an, die nun durch Desertionen massiv an Stärke verloren. Krasnow, dem seine deutschen Patrone abhandengekommen waren, fand sich nun bereit, seine Truppen unter Denikins Kommando operativ mit der Freiwilligenarmee zu vereinigen. Allerdings kontrollierte jetzt die Rote Armee das Don-Gebiet. Gerade als Koltschak im Frühjahr 1919 auf die Wolga zustieß, saß Denikin somit am Kuban fest. Da nun aber die Ostfront Priorität für die Rote Armee hatte, gelang der durch alliierte Lieferungen und die verbliebenen Kosakentruppen verstärkten Freiwilligenarmee mit knapp 60 000 Mann der Durchbruch: Ende Juni waren Charkiw und Zarizyn in ihrer Hand. Am 3. Juli erklärte Denikin Moskau zum Ziel seiner Armee. Während die Rote Armee alle verfügbaren, nicht an die Petrograder Front entsandten Truppen vor Moskau konzentrierte, machten sich bei Denikin jedoch fehlende Reserven und zu lange Versorgungslinien bemerkbar. Nachdem die rote Kavallerie unter Semen M. Budennij ihren weißen Widerpart bei Voronež aufgerieben hatte, brach Denikins Front zusammen – und die Alliierten zogen ihre Unterstützung ab. Zarizyn und Rostow fielen Anfang Januar 1920, und im März gelang es nur noch 30 000 Mann, sich aus Noworossijsk auf die Krim zu retten, während 20 000 in Gefangenschaft gerieten. Auf der Krim übernahm schließlich Wrangel das Kommando, dessen Sommeroffensive in die Ukraine jedoch trotz des Russisch-Polnischen Kriegs nicht von Dauer war. Anfang November stieß die Rote Armee auf die Krim vor und zwang Wrangel zur Evakuation. Am Sieg der *Bolschewiki* im Bürgerkrieg gab es nun keinen Zweifel mehr.

Propagandaplakat aus der Ukraine, 1920. »Die Rote Reiterei hat Mamontow, Schkuro, Denikin vernichtet, die Herren und Petljura geschlagen, und jetzt ist es erforderlich, den nicht erledigten Wrangel zu vernichten. Arbeiter und Bauern – tretet ein in die Reihen der Roten Reiterei.« *bpk*

Sezessionskriege im Westen des ehemaligen Zarenreichs

Die Reihe der Unabhängigkeitskriege setzte mit dem Finnischen Bürgerkrieg ein. Dieser entwickelte sich, nachdem Lenin Anfang Dezember 1917 das ehemalige Großfürstentum getreu seinem Versprechen an die »Völker Russlands« in die Unabhängigkeit entlassen hatte. Wie Polen war Finnland nicht einmal für viele Weiße notwendiger Teil eines zukünftigen Russland; dieses war für sie jedoch ohne die Ostseeprovinzen, Litauen und vor allem die belarussischen und ukrainischen Gebiete nicht denkbar. Der Einsatz deutscher Truppen, der in Finnland letztlich für den Sieg der nationalen Kräfte entscheidend war, entzog Anfang 1918 auch Estland und Lettland dem Machtanspruch Moskaus. Deren Unabhängigkeitserklärungen am 24. Februar und 18. November fielen in das politische Vakuum unmittelbar vor bzw. nach der deutschen Besatzung. Dem auf die Moskauer Aufkündigung des Friedens von Brest-Litowsk im November folgenden Angriff der Roten Armee hatten die nationalen Regierungen zunächst nur wenig entgegenzusetzen. Tatsächlich standen weite Teile Estlands und Lettlands Anfang 1919 unter Kontrolle der Roten Armee. Während auch Riga besetzt wurde, blieb Tallinn in nationaler Hand. Anschließend gelang es zumindest den Esten, unterstützt von finnischen Freiwilligen, ihr Gebiet mit Hilfe einer rasch anwachsenden Armee zurückzuerobern und bereits im April Wahlen zu einer Verfassunggebenden Versammlung durchzuführen. Zugleich begannen deutsche Armeeeinheiten und Freikorps von Kurland aus, die Rote Armee aus Lettland zu vertreiben, bis sie im Juni auf nationale estnisch-lettische Truppen stießen, denen sie bei Cēsis unterlagen. Seither war auch Lettland großenteils unter Kontrolle der nationalen Kräfte.

Dieser Sieg bei Cēsis war vor allem in Estland, wo national orientierte sozialistische Parteien das revolutionäre Potenzial der Bevölkerung zunehmend integrierten, entscheidend für einen bis dahin ungekannten Patriotismus. Britische Militärhilfe und der Einsatz der weißen Russen als eine Art Grenzsicherung trugen dazu bei, dass abseits der Front mit der Staatsbildung begonnen werden konnte. Obwohl Tallinn seit Anfang September mit Moskau verhandelte, stützte es Judenitschs Angriff auf Petrograd in der Hoffnung, dass sich rote und weiße Russen gegenseitig schwächen würden. Nach Judenitschs Scheitern gelang es im Dezember mit den Resten der einst für ein »Eines und Unteilbares Russland« angetretenen Nordwest-Armee, die Grenze gegen die Rote Armee zu verteidigen. Im Frieden von Tartu erkannten sich Moskau und Tallinn am 2. Februar 1920 gegenseitig diplomatisch an; im August folgte der lettisch-sowjetische Friede von Riga.

Litauen hatte sich am 16. Februar 1919 noch unter deutscher Besatzung für unabhängig erklärt, doch wurde auch in Vilnius Anfang 1920 eine Sowjetrepublik ausgerufen, die im Februar mit der belarussischen verschmolzen wurde. Während es der Roten Armee nicht gelang, Kaunas dauerhaft zu erobern, besetzten polnische Verbände im April Vilnius. Daraufhin kam es zu zahlreichen Kämpfen, die erst nach Ende des Polnisch-Sowjetischen Krieges nachließen. Erst nach der sowjetischen Niederlage vor Warschau übergab die Rote Armee Vilnius an die litauische Regierung, wie im sowjetisch-litauischen Friedensvertrag vom 12. Juli vereinbart. Im Oktober wurde die Stadt jedoch von dem polnischen General Lucjan Żeligowski dauerhaft besetzt, was zu einem erheblichen Handicap für die polnisch-litauischen Beziehungen in der Zwischenkriegszeit wurde.

Auch in der Ukraine hatte sich 1917 eine national-orientierte Politik etabliert. Lenin erkannte die ukrainische Unabhängigkeit Ende Dezember an. Nach dem Ende der deutschen Besatzung wurde die Region jedoch zu einer Art Mikrokosmos der Revolutionskriege: In Kiew wechselten sich innerhalb von zweieinhalb Jahren neun Führungen ab, darunter *Bolschewiki*, Polen, Denikin und diverse ukrainische Gruppierungen. Bauernaufstände unterminierten jegliche Ordnung im Land, und Pogrome terrorisierten die jüdische Bevölkerung. Der Frieden von Riga vom 18. März 1921 beließ vier Millionen Ukrainer und eine Million Belarussen auf polnischer Seite, aber befriedete zugleich die sowjetische Westgrenze, die jetzt von der Belarussischen und der Ukrainischen Sozialistischen Sowjetrepublik (SSR) gebildet wurde. Gemeinsam mit der Russischen Föderativen Sowjetrepublik gehörten sie im Dezember 1922 zu den Gründungsmitgliedern der Sowjetunion, zu denen auch die im März 1922 aus den 1921/22 mit Hilfe der Roten Armee sowjetisierten Aserbaidschan, Armenien und Georgien gebildete Transkaukasische SSR gehörte.

Regionale Bauernkriege

Allen politischen Kräften war klar, dass in einem Land, in dem über 85 Prozent der Bevölkerung auf dem Lande lebten, der Umgang mit den Bauern die entscheidende Machtfrage war. 1917 hatten sich Millionen von Bauern und heimkehrenden Soldaten das Land einfach genommen. Wer die Ergebnisse dieser spontanen Agrarrevolution rückgängig machen wollte, konnte nicht auf bäuerliche Loyalität zählen. Das wussten auch die Weißen. Trotzdem stellten deren Militärverwaltungen den Großgrundbesitz oft wieder her. Gemäßigte anti-bolschewistische Kräfte, wie das von Sozialrevolutionären dominierte *Komutsch*, befanden sich in der Zwickmühle. Sie strebten eine Agrarpolitik an, die den auf der eigenen Seite kämpfenden Offizieren oft zu radikal war und den Bauern nicht weit genug ging. Die jeweilige Agrarpolitik beeinflusste in erster Linie die Zahl der Desertionen, was jedoch auch die Rote Armee traf. Denn nachdem Lenin 1917 im »Dekret über das Land« die spontanen Enteignungen rückwirkend legitimiert hatte, mussten die *Bolschewiki* in erster Linie dafür sorgen, dass Getreide in die Städte kam, um ihre wichtigste Klientel, die Industriearbeiter, bei der Stange zu halten. Daher befahl Lenin bereits im Mai 1918 Arbeitereinheiten aufs Land, die Korn konfiszieren sollten. Damit wurde den Bauern auch von bolschewistischer Seite der Krieg erklärt. Im Juni wurden »Komitees der Dorfarmut« gegründet, die den Klassenkrieg gegen die sogenannten *Kulaken*, worunter reiche Bauern verstanden wurden, anheizten und das Getreide gewaltsam eintrieben. Die relative Freiheit, die auf dem Land seit 1917 geherrscht hatte, endete mit den ersten Mobilisierungen in die Rote Armee – Schätzungen zufolge ist jedoch die Hälfte der Eingezogenen wieder desertiert.

Die Situation an der inneren Front des Bürgerkriegs eskalierte, als die *Bolschewiki* zwar die Komitees der Dorfarmut auflösten, aber 1919 erneut zur Zwangseintreibung von Getreide übergingen. In vielen Regionen rief dies heftigen Widerstand hervor. Zudem attackierte die Sowjetmacht auch noch die Religion sowie die traditionellen Familien- und Geschlechterrollen der Bauern. Dieser bäuerliche Protest wurde in der Regel gewaltsam niedergeschlagen, doch erreichte er seinen Höhepunkt erst 1920/21 bei lokalen Unruhen in Tambow sowie in der Wolga- und der Uralregion, der Ukraine und in Sibirien. Die Hoffnung der übrigen sozialistischen Parteien, nun die bol-

Die politische Gliederung Osteuropas 1919/20:
Staaten und Gebiete als Teil des geplanten »Bundes der Grenzstaaten«

Im November 1917 besetzten finnische Bolschewiki Helsinki und Südfinnland. Der zaristische General Mannerheim und in Deutschland ausgebildete finnische Truppen schlugen das kommunistische Regime nieder und besetzten Mitte 1918 ganz Finnland.
1918 unabhängig von Russland. Ausgangspunkt für den missglückten Angriff auf Petrograd 1919 durch russische Antibolschewisten unter Judenitsch.
1918 unabhängig von Russland. Den Polen für die Eroberung von Dünaburg (Daugavpils bzw. Dźwińsk) zu Dank verpflichtet. Lettland unterstützte Piłsudskis Plan.
1918 unabhängig von Russland. Ehemals Teil der alten Polnisch-Litauischen Union, die Piłsudski wiederzubeleben hoffte.
Sowohl von Polen als auch von Litauen beansprucht. Im April 1919 von Polen, im Juli 1920 von den Bolschewisten und im Oktober 1920 wieder von den Polen besetzt. Die Polen lehnten eine Übergabe an Litauen ab.
Ehemaliges russisches Gebiet, 1919 von Polen besetzt. Bis 1939 erlangten es die Russen nicht zurück.
Im Mai 1920 eroberten die Polen Kiew und hofften, sich mit den ukrainischen Nationalisten gegen die Bolschewisten zu verbünden. Die Polen wurden im Juni 1920 von den Bolschewisten aus der Ukraine vertrieben.
Herausragend im Kampf gegen die Bolschewisten, bildeten die erste Weiße Freiwilligenarmee. Unterstützt von Polen.
Stützpunkt der russischen antibolschewistischen Armee Denikins. Die Briten drängten Denikin, mit den Polen zusammenzuarbeiten, doch vergeblich.
FINNLAND
Archangelsk
Onega
Helsinki
Petrograd
Reval
ESTLAND
Pskov
Riga
LETTLAND
Daugavpils
Moskau
Ostsee
LITAUEN
Kaunas
Smolensk
Vilnius
1921
Minsk
Tambov
Warschau
Polesien
WEIßR. SSR 1919
POLEN
Brest
Tschernigow
Wolhynien
Kiew
Charkow
Don-kosaken
Lwów
Ostgalizien
Podolien
UKRAINISCHE SSR 1917
Astrachan
Rostow
Kaspisches Meer
Odessa
Kuban-kosaken
Jekaterinodar
Krim
Noworossijsk
Sewastopol
GEORGIEN
Tiflis
Baku
ASER-BAIDSCHAN
Schwarzes Meer
ARMENIEN
Jerewan
Konstantinopel
Ehemaliges österreichisches Gebiet, 1919 von den Polen besetzt unter Missachtung der Pariser Friedenskonferenz.
Polen erhielt für seinen Widerstand gegen die Bolschewisten französische, jedoch keine britische Unterstützung.
1919 versuchte Piłsudski, Staatschef der neuen Polnischen Republik, die Grenzstaaten und Nationalitäten gegen das bolschewistische Russland zu vereinen. Sein vorgeschlagener Bund der Grenzstaaten scheiterte zum Teil aufgrund des polnischen Streits mit Litauen um Vilnius, vor allem jedoch wegen der Rückeroberung der Ukraine, der Krim, des Dons, des Kubans und Transkaukasiens durch die Rote Armee.
Stützpunkt der russischen antibolschewistischen Armee des Barons Wrangel 1919-1920.
Die drei unabhängigen Transkaukasischen Republiken, früher Teil des Russischen Kaiserreichs, und Gegner der russischen bolschewistischen Herrschaft. Sie empfingen im Februar 1920 Gesandte aus Polen. 1920-21 von den Bolschewisten besetzt.
Legende:
Russlands Westgrenze 1914
Staatsgrenzen 1920
Staaten und Gebiete, die 1919 als Teil des »Bundes der Grenzstaaten« unter polnischer Führung geplant waren
Curzon-Linie

Quelle: http://geschichteinchronologie.ch/Russland-SU-karten/ 24-SU-1919-1920-politische-gliederung-osteuropa.jpg; Großer Historischer Weltatlas, Dritter Teil, Neuzeit, 4., [überarb. u. erw.] Auflage, München 1981, S. 70 f.

©ZMSBw 07648-02

schewistische Diktatur überwinden zu können, war vergeblich, da auch sie die Bauern nicht unter Kontrolle bekamen. Letztere töteten Kommunisten, zerstörten die bereits errichteten Kollektivwirtschaften und raubten Saatgut aus den staatlichen Speichern. Dies verschärfte die Hungerkrise vor allem in den Städten, deren Bewohner nun in Massen aufs Land flohen. Schuld an der Hungerkatastrophe der Jahre 1921 bis 1923 mit ihren fünf Millionen Toten war in erster Linie der sogenannte »Kriegskommunismus«, d.h. die brutale Agrarpolitik der *Bolschewiki*.

Wie sehr die Bauern auf Distanz zum Staat gingen, zeigte sich anhand der sogenannten Grünen, bäuerlichen Banden, die ganze Landstriche unsicher machten. In einigen Fällen fanden sich charismatische Anführer, die sogar den Gang der Kriege beeinflussten. Im Nordwesten terrorisierte *Batka* (Väterchen) Stanislaw Bulak-Balachowitsch das von den Weißen Mitte 1919 gehaltene Pskov. In der südwestlichen Ukraine zettelte Ataman Nikolai Grigorjew, der bereits mehrfach die Seiten gewechselt hatte, im Mai eine Rebellion gegen die Rote Armee an, in deren Auftrag er gerade die Franzosen aus Odessa vertrieben hatte. Grigorjew, dem die *Bolschewiki* die grausame Plünderung der Stadt vorwarfen, war weniger ein Abenteurer als ein konsequenter Streiter für die Interessen der Bauern. Seine Rebellion begründete er mit den Zwangseintreibungen von Getreide und der Kollektivierung der Landwirtschaft. Der Anarchist Nestor Machno wiederum, der 1918 mehrere zehntausend Bauern um sich geschart hatte, hielt die Roten für das kleinere Übel. Er kämpfte 1919 an ihrer Seite gegen Denikin und später gegen Wrangel. Manche *Bolschewiki* jedoch hielten ihn für einen *Kulaken*; daher blieb Machnos Armee, die unter der schwarzen Flagge der Anarchisten kämpfte, unberechenbar; im August 1921 wurde auch sie aufgerieben.

Die *Bolschewiki* verspielten letztlich sogar die Loyalität der Arbeiter, indem sie die nationalisierte Industrie zentralisierten, militärische Disziplin in den Fabriken einforderten und Arbeiter in die Armee einzogen. Fabrikschließungen und Inflation erhöhten die Arbeitslosigkeit und ließen die Löhne sinken, die ohnehin zu 90 Prozent in Naturalien ausbezahlt wurden. Die Schwerindustrie erreichte nur noch 20 Prozent der Leistung von 1913, und die Zahl der Arbeiter sank 1922 auf 1,6 Millionen (1914: 3 Mio.). In großen Städten waren Streiks an der Tagesordnung. Als im März 1921 auch die Soldaten der Marinebasis Kronstadt revoltierten und für Sowjets ohne Kommunisten eintraten, hatte die Regierung auch die letzte soziale Gruppe gegen sich, in deren Namen sie die Macht übernommen hatte. Indem sie den Protest brutal niederschlug, demonstrierte sie, wer mittlerweile das Gewaltmonopol besaß. Mit der Einführung der »Neuen Ökonomischen Politik« ab 1921 verschafften sich die *Bolschewiki* die notwendige Atempause, um unter etwas gelockerten Bedingungen die Kontrolle über das Land zurückzugewinnen.

Warum blieb Russland bolschewistisch?

Angesichts ihres ideologisch motivierten und unter den Bedingungen eines Bürgerkrieges durchgeführten gesellschaftlichen Umgestaltungsprozesses mag es erstaunen, dass sich die *Bolschewiki* an der Macht halten konnten. Dafür gab es jedoch Gründe.

Vor allem gelang es, eine schlagkräftige Rote Armee zu organisieren, die mit 1,5 Mio. Mann Mitte 1919 ihren Gegnern weit überlegen war. Zudem beherrschten

die *Bolschewiki* Russlands Herzland um Moskau mit den wichtigsten Eisenbahnkno-
tenpunkten. So konnten sie auf Aktionen des Gegners schnell reagieren. Die Weißen
mussten dagegen vom Rand des Reiches aus operieren. Auch blieb deren Unterstützung durch die *Entente*-Mächte halbherzig. Die anglo-amerikanische Intervention im
Norden zum Beispiel hatte kaum Auswirkungen auf den Kriegsverlauf. Zudem fanden die Weißen nie zu einer Agrar-, Sozial- oder Nationalpolitik, mit der sie die Bevölkerung auf ihre Seite hätten bringen können. Die bolschewistische Plakatpropaganda
hingegen, mit der die Weißen und ihre Verbündeten als Vertreter der alten Ordnung
bloßgestellt wurden, war in dem überwiegend analphabetischen Land äußerst wirkungsvoll. Die *Bolschewiki* wiederum mussten auf niemanden Rücksicht nehmen. Ihre
Partei wandelte sich im Lauf des Krieges immer mehr zu einer streng hierarchisch
geführten Organisation. Dagegen waren die 1917 noch weitaus populäreren *Mensche-
wiki* und Sozialrevolutionäre hin- und hergerissen zwischen der Unterwerfung unter
Lenin oder einer Allianz mit den *Entente*-Mächten. Ein solches Bündnis geriet allerdings unter den Verdacht des Landesverrats, als die *Entente*-Mächte die weiße Militärdiktatur eines Koltschak unterstützten. Somit spielte am Ende selbst ein russischer
Patriotismus, der bereits nach dem Frieden von Brest-Litowsk ehemalige Zarenoffi-
ziere dazu gebracht hatte, der Rote Armee beizutreten, den *Bolschewiki* in die Hände.

Carsten Humlebæk

Der Spanische Bürgerkrieg als europäisches Ereignis?

Im Unterschied zu den meisten anderen europäischen Ländern nahm Spanien nach den Napoleonischen Kriegen an keinem europäischen Krieg mehr teil. Deshalb gab es keinen klaren äußeren Feind und keine Feindbilder, welche die spanische Nationsbildung vorangetrieben hätten, wie das zum Beispiel in und nach dem Französisch-Preußischen Krieg von 1870/71 in Frankreich und im Deutschen Kaiserreich der Fall war. Stattdessen war das 19. Jahrhundert in Spanien durch eine Serie von Bürgerkriegen geprägt. Das führte zu einer »Bürgerkriegskultur«, die eine ganz andere Wirkung auf das nationale Selbstbewusstsein hatte als die Existenz eines äußeren Feindes.

Die Ursachen des Bürgerkrieges: Ungelöste Probleme in Spanien

Der Spanische Bürgerkrieg wird häufig als ein internationales Ereignis gedeutet. In Wirklichkeit war der Krieg jedoch zunächst einmal das Ergebnis historischer Entwicklungen in Spanien, wo seit dem letzten Drittel des 19. Jahrhunderts drängende gesellschaftliche Probleme nicht gelöst worden waren. Hier führte die Unzufriedenheit mit der Regierungsführung 1868 zur sogenannten September-Revolution (*La Gloriosa*) und zum Sturz von Isabella II. Die gesellschaftlichen Probleme betrafen insbesondere die Staatsform – Monarchie oder Republik? –, aber auch die Glaubensfreiheit, die Bodenreform und die soziale Verteilung des Reichtums. Die folgenden sechs Jahre zwischen 1868 und 1874 werden in der spanischen Geschichte als revolutionäres Jahrsechst (*Sexenio Revolucionario*) bezeichnet. In dieser kurzen Spanne erlebte Spanien eine verfassungsgebende Periode, eine konstitutionelle Monarchie (mit dem italienischen Prinzen Amadeo I. als König von 1871 bis 1873) und die Erste Spanische Republik (1873–1874), die mit einer föderalen Gliederung des Landes verbunden war. 1875 dann übernahm das Heer die Macht und stellte die Bourbonen-Monarchie wieder her. Es gab somit mehrere Anläufe, Staat und Gesellschaft in Spanien zu verändern. Doch alle Versuche, die Probleme zu lösen, führten letztlich zur Enttäuschung: Sieht man von der Überführung der Monarchie in eine konstitutionelle Monarchie und dem Zuwachs an religiöser Toleranz einmal ab, gab es keine sichtbaren Veränderungen. Das »revolutionäre Jahrsechst« brachte daher im Großen und Ganzen keine Lösungen. Der Reichtum wurde nicht umverteilt, die Bodenfrage nicht geklärt und das demokratische Element nicht ausgebaut.

Vor allem aber versuchte das Regime der »Restauration« (so nennt man in Spanien die Epoche der Wiederherstellung der Monarchie zwischen 1874 und 1923) nach den sechsjährigen Unruhen die politische Stabilität zu erhöhen. Gleichzeitig steckte den regierenden Klassen – sowohl den konservativen als auch den eher progressiv-liberal orientierten – der Schreck in den Gliedern bei dem Gedanken daran, den Landarbeitern und den städtischen Industriearbeitern mehr politischen Einfluss zu gewähren. Daher sollten manipulierte Wahlen dem Machtwechsel einen demokratischen

Anschein geben. Einerseits lieferte das Regime so eine scheinbare Lösung für das Problem der politischen Stabilität, ohne die es keinen Fortschritt und keine langfristigen Lösungen der gesellschaftlichen Probleme geben würde. Andererseits gründete das Regime darauf, den wachsenden Bevölkerungsmassen und den politischen Gegnern jeden politischen Einfluss vorzuenthalten – was sich mittelfristig zu einer tickenden Zeitbombe für die Legitimität des Systems entwickelte, da die drängenden gesellschaftlichen Fragen nicht beantwortet wurden. Die fehlende Demokratisierung darf nicht als Preis für die politische Stabilität missverstanden werden. Denn in dem Fall hätte das Regime eine Demokratisierung erst einmal durchlaufen müssen, nachdem Stabilität erreicht worden war. Doch davon konnte keine Rede sein. So spitzte sich die Legitimitätskrise des Regimes in den Jahren bis zum Ersten Weltkrieg immer weiter zu. Zunehmende Unzufriedenheit, soziale Unruhen und der Aufschwung von anarchistischen, regionalistischen und nationalistischen Bewegungen erschütterten die spanische Monarchie.

Deren Todeskampf zog sich bis 1923 hin, als General Miguel Primo de Rivera mit Billigung des Königs Alfons XIII. in einem unblutigen Militärputsch die Macht übernahm. Es wurde immer schwieriger, die »Massen« – das heißt die Arbeiterklasse in den Städten und auf dem Lande sowie die Mittelklasse – und ihre Forderung, an der Macht teilzuhaben, zu unterdrücken. Ebenso wie in vielen anderen europäischen Ländern wählten auch die spanischen Eliten eine Militärdiktatur als Lösung für dieses Problem. Angeregt durch europäische Beispiele, kam de Rivera auf den Gedanken, Demokratie durch Nationalismus zu ersetzen. Dazu stützte er sich auf nationalistische Vorstellungen, die auf Feindbildern beruhten. Das Regime vermischte die Nation, die Diktatur und das Heer zu ein und derselben Sache. Es gelang jedoch nicht, die Massen zu »nationalisieren« und so die erforderliche Zustimmung in der breiten Bevölkerung zu erlangen. Stattdessen tauchte der demokratische und nun republikanische Nationalismus – das andere nationale Projekt – stärker als je zuvor in Spanien auf. Nach der Kommunalwahl im April 1931, welche die Republikaner gewannen, war endgültig Schluss mit der Diktatur – der König verließ das Land.

Die unblutige Machtübernahme und der spontane Zusammenschluss für die neue Republik nach dem endgültigen Fall der Diktatur sorgten erst einmal in der Bevölkerung für große Begeisterung. Im Juni 1931 fanden Wahlen statt. Angeregt durch die Weimarer Verfassung 1919, verabschiedeten die Spanier im Dezember 1931 eine neue Verfassung, die allen über 23-Jährigen gleiche politische Rechte gewährte. Mit der Verfassung im Rücken ging die Mitte-Links-Regierung ein ehrgeiziges Programm sozialer Reformen an, welche die frühen Regimes aufgeschoben hatten: Dazu gehörte die Trennung von Staat und Kirche, die Verstaatlichung von Kirchenbesitz, die erweiterte Selbstverwaltung für die Region Katalonien im Nordosten Spaniens, eine Bildungsreform zur Förderung der öffentlichen Schulen als Gegengewicht zu den katholischen Schulen, die Unterstellung des Heeres unter parlamentarische Kontrolle sowie weitgehende Bodenreformen mit großflächigen Enteignungen. Die Reformen nahmen so all die gesellschaftlichen Probleme in Angriff, die seit den 1860er-Jahren im Kern ungelöst geblieben waren.

Das Problem bestand nun darin, dass die Vereinigung des linken Flügels mit den republikanischen Parteien in hohem Maße darauf beruhte, dass sich der rechte Flügel nach dem Ende der Monarchie so gut wie aufgelöst hatte. Hinter der scheinbaren Einigkeit verbarg sich daher weiterhin die Zerrissenheit der spanischen Gesellschaft und eine Spaltung des politischen Lebens. Vor diesem Hintergrund konnten sich die rechten Kräfte 1933 in einer neuen Partei sammeln und zusammen mit den rechten Republikanern die Wahl gewinnen. Zum Sieg des rechten Flügels trug ausgerechnet die Tatsache bei, dass Sozialisten und Linksrepublikaner getrennt antraten und dass gleichzeitig die Anarchisten im CNT (*Confederación Nacional del Trabajo*) ihre Mitglieder dazu aufforderten, sich der Stimme zu enthalten. Die konservativen Regierungen in den Jahren zwischen 1934 und 1935 taten alles, um die Reformen aus dem ersten Jahr der Republik rückgängig zu machen. Als sich die Regierung 1934 neu aufstellte, kam es an vielen Orten in Spanien zu Unruhen, da der linke Flügel eine Machtübernahme wie in Deutschland 1933 befürchtete. Im nordspanischen Asturien dauerte der Aufruhr über zwei Wochen. Er konnte erst durch den Einsatz des Afrikakorps des Heeres unter Führung von General Francisco Franco niedergeschlagen werden. Im Herbst 1935 wurde die Rechtsregierung in einen Korruptionsskandal verwickelt und musste für den Februar 1936 Neuwahlen ausschreiben. Aus Furcht vor einer Niederlage wie im Jahr 1933 schlossen sich die Zentrums- und Linksparteien jetzt mit den regionalen Parteien aus Katalonien, dem Baskenland und Galizien im Wahlbündnis *Frente Popular*, der Volksfront, zusammen.

Die Volksfront siegte knapp über die Parteien des rechten Flügels und konnte die Regierung bilden. Nun jedoch waren die Fronten in der spanischen Politik so verhärtet, dass die Demokratie und die Republik von zwei Seiten bedroht wurden: Der linke Flügel fürchtete einen Militärputsch, und der rechte Flügel fürchtete die Revolution. Streiks und Aufstände nahmen zu, die durch den CNT angeheizt wurden. Dessen Mitgliederzahl erreichte schon bald eine Million. Politische Gewalt und Terror flammten auf, Mord am politischen Gegner war an der Tagesordnung. Die Regierung schickte mögliche Putschisten weg, was diese aber nicht daran hinderte, sich gegen die Republik zu verschwören. Am 17. Juli 1936 begann ein Militäraufstand, der sich gegen die spanische Regierung richtete. Der Aufstand, der im Norden von General Emilio Mola und im Süden von General Franco geführt wurde, führte zur Eroberung der Macht in verschiedenen Regionen, vor allem in den ländlichen Teilen der beiden Kastilien, in Teilen von Andalusien, Aragon, Navarra, auf den Kanarischen Inseln, Mallorca und in ganz Spanisch-Marokko. In den übrigen Gebieten, insbesondere in fast allen großen Städten wie zum Beispiel in Madrid, Barcelona und Bilbao, wurde der Aufstand niedergeschlagen. Hier blieb die republikanische Regierung im Amt. Auch wenn der Plan darin bestanden hatte, die Macht schnell zu übernehmen, entwickelte sich der missglückte Aufstand zu einem langen und blutigen Bürgerkrieg mit hunderttausenden Opfern auf beiden Seiten.

So trugen die Reformen von 1931 bis 1933, die eigentlich die wichtigsten Probleme Spaniens lösen sollten, zur Spaltung des Landes bei, weil sie nicht von einer breiten gesellschaftlichen Zustimmung getragen wurden. Das politische Pendel schwang immer stärker von rechts nach links. Ab 1917 gab es keinen ernsthaften Versuch mehr, für politische Lösungen einen breiten Konsens zu finden. Diese Dynamik, die im Grunde das politische Leben in Spanien seit Beginn des Parlamentarismus im frühen 19. Jahrhunderts geprägt hatte, führte schließlich zum Bürgerkrieg. Aus historischer Perspektive betrachtet, war dieser Bürgerkrieg daher die Folge einer langen Reihe von innerspanischen Konflikten.

Der Bürgerkrieg 1936–1939: Die europäische Dimension

Der militärische Aufstand und der nachfolgende Bürgerkrieg teilten Spanien in zwei Zonen: die republikanische Zone und die sogenannte nationale oder nationalistische Zone unter der Kontrolle der aufständischen Generäle.

In der republikanischen Zone, die etwas mehr als die Hälfte des Territoriums umfasste und rund 14 Millionen Einwohner (von 24 Millionen Spaniern) zählte, bestanden die politischen Einrichtungen fort. Die Regierung unter Führung von Präsident Manuel Azaña war jedoch geschwächt. Ihr standen nicht mehr viele politische Machtmittel zur Verfügung. Das lag unter anderem daran, dass die großen Gewerkschaftsverbände von der Regierung Waffen erhalten hatten, um sich gegen die militärischen Putschisten zur Wehr setzen zu können. Das stärkte die Macht dieser Organisationen gegenüber der Regierung. Etwa 8500 Offiziere, 160 000 Soldaten, der größte Teil der Luftwaffe und fast die gesamte Flotte blieben der Republik gegenüber loyal. Doch aufgrund der Machtverschiebung in den ersten Tagen des Bürgerkrieges änderte sich die militärische Organisation radikal: Volksmilizen, welche die Gewerkschaftsverbände und die Parteien des linken Flügels aufgestellt hatten, traten an ihre Stelle.

Weil der Staat faktisch aufgelöst war, befanden sich der linke Flügel und die Gewerkschaftsverbände endlich in der Lage, eine soziale Revolution durchzuführen und die Landwirtschaft und Industriebetriebe zu kollektivieren. Im September 1936 wurde eine neue Regierung gebildet. Sie sollte die Autorität des Staates stärken und die Effizienz der Volksmilizen an der Front erhöhen. Die Zentralisierung verlief jedoch sehr langsam und stieß auf Widerstand von vielen Seiten. Die regionalen Regierungen des Baskenlandes und Kataloniens hatten fast keine Verbindung zur Zentralregierung. Zudem akzeptierten nicht alle Milizen die »Militarisierung« ihrer Organisation. Die innere Zersplitterung und die unterschiedlichen Vorstellungen, was zu tun sei, stellten die Regierung während des gesamten Bürgerkrieges vor ein Problem.

In der nationalistischen Zone, die zu Beginn knapp die Hälfte des Territoriums umfasste, lebten rund 10 Millionen Spanier. Etwa 14 000 Offiziere und 150 000 Soldaten beteiligten sich am Aufstand gegen die Republik. Darunter befanden sich jedoch die beiden Eliteeinheiten des Heeres: die Legion, die nach dem Vorbild der französischen Fremdenlegion aufgebaut war, und marokkanische Eliteeinheiten: die *Regulares*. In der Zone der Aufständischen gab es unmittelbar nach dem Kriegsausbruch keine oberste Autorität, die das Teilterritorium geeint hätte. Jeder General herrschte in seinem Zuständigkeitsbereich. Damit entstand zunächst eine Reihe von militärischen Machtzentren. Die Macht des Militärs wurde aber schon bald gebündelt. Eine diktatorische Führung setzte fortan alles daran, den Krieg zu gewinnen und die republikanischen Reformen rückgängig zu machen. Doch darüber hinaus konnte sie kein politisches Projekt, keine Alternative zur Republik, präsentieren.

Die Militärjunta ernannte im Oktober 1936 General Franco zum obersten Führer. Alle Machtbefugnisse waren in seiner Person vereint. Das Heer bildete den wichtigsten Baustein des neuen, diktatorischen Staates. Nachdem in den Aufstandsgebieten der Kriegszustand erklärt worden war, verfügte das Heer mit Franco an der Spitze über viel Macht. Das Heer der Aufrührer dagegen war bei Kriegsbeginn ziemlich klein, wies aber eine intakte Organisation und Disziplin auf. Unter den Aufrührern gab es auch zivile Milizen, die vor allem aus faschistischen Falangisten und Traditionalisten

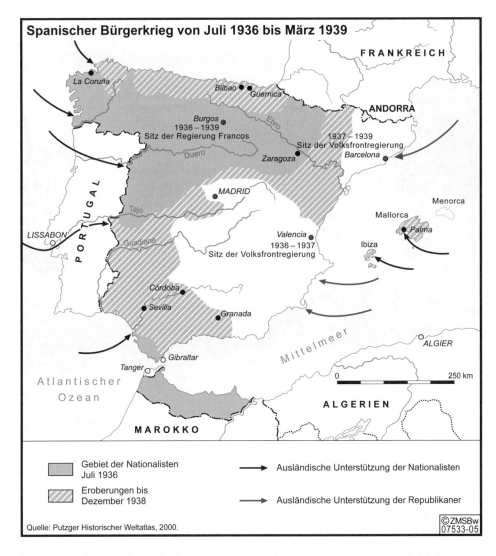

Spanischer Bürgerkrieg von Juli 1936 bis März 1939

FRANKREICH

La Coruña

Bilbao • • Guernica

ANDORRA

Burgos
1936–1939
Sitz der Regierung Francos

Ebro

1937–1939
Sitz der Volksfrontregierung

Zaragoza

Barcelona

Duero

MADRID

Menorca

Mallorca

Palma

P O R T U G A L

LISSABON

Tajo

Guadiana

Valencia
1936–1937
Sitz der Volksfrontregierung

Ibiza

Córdoba

Sevilla

Granada

Gibraltar
Tanger

Mittelmeer

ALGIER

Atlantischer
Ozean

0   250 km

ALGERIEN

MAROKKO

Gebiet der Nationalisten
Juli 1936

Ausländische Unterstützung der Nationalisten

Eroberungen bis
Dezember 1938

Ausländische Unterstützung der Republikaner

Quelle: Putzger Historischer Weltatlas, 2000.

©ZMSBw
07533-05

bestanden. Sie wurden jedoch gezwungen, in das Heer einzutreten und sich Francos Befehlen unterzuordnen.

Die politischen und sozialen Kräfte, die den Aufstand unterstützen, wurden ebenfalls »zentralisiert«. Sie setzten sich vor allem aus rechten politischen Gruppierungen, aus Monarchisten, Falangisten und Traditionalisten zusammen. Im April 1937 wurden sie alle in eine Einheitspartei gezwungen. *El Movimiento*, die Bewegung, bildete fortan die einzige zugelassene Partei. Die Kirche hatte nicht direkt am Aufstand teilgenommen, gab ihm aber ihren Segen und trug damit zur Rechtfertigung des Bürgerkrieges bei. In der nationalen Zone fand eine Gegenrevolution statt, die in scharfem Kontrast zu den revolutionären Zuständen an vielen Orten in der republikanischen Zone stand. Die Güter und Fabriken, die während der Republik verstaatlicht worden waren, wurden den ursprünglichen Eigentümern zurückgegeben. Althergebrachte,

Die Ruinen von Guernica.   BArch, Bild 183-H25224

konservative Werte kamen wieder zu Ehren: das Recht auf Eigentum, der Katholizismus, Recht und Ordnung.

Obwohl der Bürgerkrieg allein innerspanische Ursachen hatte, stellten ihn die beiden Konfliktparteien als einen Befreiungskampf dar: Beide Seiten sahen sich selbst als Kämpfer gegen das Eindringen von Kommunismus beziehungsweise Faschismus von außen. Auch außerhalb Spaniens führten die Menschen den Krieg auf den Widerstreit zwischen Kommunismus und Faschismus zurück. Insofern erhielt der Spanische Bürgerkrieg einen europäischen Anstrich, der nicht zu übersehen war. Diese europäische Dimension, genauer: die Wahrnehmung des Bürgerkrieges als eines europäischen Konflikts, dessen Bedeutung bis in den hintersten Winkel Europas reichte, mobilisierte für beide Seiten unzählige Freiwillige.

Von Anfang an erhielt der Aufstand militärische, finanzielle und politische Unterstützung aus dem diktatorisch regierten Portugal unter António de Oliveira Salazar, aus dem faschistischen Italien Benito Mussolinis und aus dem nationalsozialistischen Deutschland Adolf Hitlers. Bereits in den ersten Wochen des Aufstands kamen Deutschland und Italien den Aufständischen zu Hilfe. Sie schickten Flugzeuge und Kriegsschiffe, damit Francos Afrika-Heer die Meerenge zwischen Afrika und Spanien, die »Straße von Gibraltar«, überqueren und auf dem spanischen Festland eingesetzt werden konnte.

Die Wehrmacht stellte anschließend ein eigenes Expeditionskorps auf: Die »Legion Condor« wurde ab Mitte November 1936 auf Francos Seite vor allem als fliegende

Artillerie eingesetzt. Sie verfügte über bis zu 140 einsatzbereite Flugzeuge, aber auch über Panzer und einzelne Schiffe. Die Mannschaften waren nur kurze Zeit in Dienst, bevor sie abgelöst wurden, um das wichtigste Ziel der Wehrmacht bei dem Einsatz zu erfüllen: so viele Erfahrungen wie möglich im aktiven Kriegseinsatz zu sammeln. Insgesamt wurden so bis zum Ende des Krieges etwa 19 000 Mann in Spanien eingesetzt. Heute wird die Legion Condor vor allem mit der Zerstörung der baskischen Stadt Guernica am 26. April 1937 verbunden. Für politische Irritation sorgte der Luftangriff in der internationalen Öffentlichkeit vor allem, weil er verdeutlichte, dass die offizielle Neutralität Hitlers im Krieg ein Schwindel war. Als der britische Kriegsreporter George Steer berichtete, dass er Bombenhüllen mit dem aufgedruckten deutschen Adler gefunden habe, ging die Geschichte um die Welt. Die Aufregung wurde nur noch dadurch verstärkt, dass Franco jede Beteiligung der Deutschen bestritt. Man behauptete sogar, dass die Basken die Stadt selbst gesprengt hätten!

Die Zahl der Toten in Guernica war umstritten. Sicher ist jedoch, dass sie nicht annähernd den Angaben der Basken entsprach, die von über 1650 Toten berichteten. Die neueste Forschung spricht von etwa 160 Toten. Dieser Unterschied ist auch darauf zurückzuführen, dass die Bevölkerung von Guernica einen Luftangriff befürchtet hatte und gut darauf vorbereitet gewesen war.

Zwar ist der Angriff auf den baskischen Ort der bekannteste Einsatz der Legion Condor im Bürgerkrieg; er gilt als erster »Terrorangriff« der Geschichte. Doch die Legion Condor hatte zuvor bereits ähnliche Angriffe gegen Madrid und andere Städte in Andalusien und im Baskenland geführt. Eingesetzt unter dem franquistischen Oberkommando, war die Legion Condor bestrebt, das in Deutschland entwickelte Konzept des »operativen Luftkrieges« in die Praxis umzusetzen: Sie wollte so einen Luftkrieg führen, der von den Operationen des Heeres weitgehend unabhängig war. Der Führer der Legion Condor, Oberstleutnant Wolfram Freiherr von Richthofen, wertete in seinem Tagebuch den Angriff mit Brand- und Sprengbomben als einen »technischen Erfolg«. Den »Zerstörungsumfang« schätzte er auf 75 Prozent. Auch wenn der Angriff auf Guernica im Propagandakrieg der 1930er-Jahre Munition für entgegengesetzte Deutungen lieferte – heute besteht kaum Zweifel daran, dass die deutsche Seite die Absicht hatte, auf fremdem Territorium einen »Terrorangriff« zu erproben, mit allem, was dazu gehörte.

Dagegen vermieden die demokratischen Nationen Europas, allen voran Großbritannien und Frankreich, eine Einmischung in den Bürgerkrieg. Diese Entscheidung gegen eine Interventionspolitik nahm der Spanischen Republik die Möglichkeit, Hilfe von außen zu erhalten und die notwendigen Waffen und Munition zu kaufen. Insofern wurde die Republik das Opfer des Bemühens vor allem der Briten und Franzosen, das europäische Potenzial des Konflikts nicht in die Waagschale zu werfen. Diese Sichtweise unterstreicht ihrerseits die internationale, europäische Dimension des Krieges.

Nur die Sowjetunion und Mexiko leisteten der Republik materielle Hilfe. Große Bedeutung besaßen die »Internationalen Brigaden« – Einheiten aus antifaschistischen Freiwilligen, die durch Werbekampagnen in Europa und den USA geworben wurden. Die Initiative zur Gründung der Brigaden ging von der Komintern aus, der Kommunistischen Internationalen. Auch wenn vielen Freiwilligen die militärische Erfahrung fehlte, spielten die Brigaden eine wichtige Rolle für das Überleben der Republik. Insgesamt kamen ungefähr 50 000 Freiwillige nach Spanien, um für die Republik zu kämpfen.

Die Untätigkeit der demokratischen Staaten einerseits und die Einmischung Deutschlands und Italiens andererseits waren die ausschlaggebenden Gründe dafür, dass Franco den Spanischen Bürgerkrieg gewann. Eine andere wichtige Ursache lag darin, dass die Republikaner unter sich zerstritten waren. In einigen der für den Bürgerkrieg entscheidendsten Monate lagen Anarchisten und Kommunisten hinter der Front im bitteren Streit miteinander. In scharfem Gegensatz dazu hatte Franco bei seinen Truppen eine knallharte Disziplin durchgesetzt. Als sich das Kräfteverhältnis im Bürgerkrieg nach und nach zugunsten der Nationalisten veränderte, versuchten die Republikaner mehrfach, eine Verhandlungslösung zu erreichen. Franco wollte jedoch eine bedingungslose Kapitulation, die er mit dem Sieg am 1. April 1939 erreichte.

Der Bürgerkrieg war ein »totaler Krieg« mit massiven Zerstörungen und enormen Verlusten. Die genauen Todeszahlen lassen sich nur schwer bestimmen. Die vorsichtigsten Schätzungen gehen von 145 000 Toten auf dem Schlachtfeld aus. Die Unterdrückung der Gegner hinter den Fronten kostete fast ebenso vielen Menschen das Leben (135 000). Dazu kommen 50 000 Personen, die vom Franco-Regime im Zeitraum zwischen 1939 und 1945 hingerichtet wurden. 400 000 Soldaten wurden während der militärischen Operationen verletzt und ganz oder teilweise zu Invaliden. Bis 1945 befanden sich rund 300 000 Menschen in Kriegsgefangenschaft. Etwa eine halbe Million Menschen flüchteten aus Spanien. Das war, wie man heute sagen würde, ein »Brain Drain«. Da ein großer Teil derjenigen, die ins Exil gingen, Intellektuelle und Wissenschaftler waren, verlor Spanien zahllose Talente. Als direkte Folge des Spanischen Bürgerkrieges kam es schließlich zur Militärdiktatur, die über 36 Jahre, bis zu Francos Tod 1975, Bestand hatte.

Das Resultat des Bürgerkrieges: Die Franco-Diktatur 1939–1975

Einen Tag vor dem Ende des Bürgerkrieges schlossen das Deutsche Reich und Spanien einen geheimen Freundschaftsvertrag. Als jedoch im September 1939 der Zweite Weltkrieg begann, erklärte Franco Spanien für neutral. Hier fehlten die Ressourcen für einen neuen Krieg. Aus Furcht vor einem republikanischen Aufstand wagte es der Generalissimus nicht, das Heer außer Landes zu schicken. Im Sommer 1940, als das Deutsche Reich militärische Erfolge verzeichnete, ließ Franco den Status Spaniens auf »nicht-kriegführende« Nation ändern. Bei einem Treffen zwischen Franco und Hitler in der spanisch-französischen Grenzstadt Hendaya am 23. Oktober 1940 bot Franco den Kriegseintritt Spaniens an – als Gegenleistung für den Erhalt des britischen Gibraltar und Französisch-Marokkos. Nach Hitlers Fiasko in der Schlacht um England änderte Franco jedoch seine Position und begnügte sich damit, ab Sommer 1941 die *División Azul* zur Unterstützung der Wehrmacht an die Ostfront zu schicken. Diese »Blaue Division« bestand insgesamt aus 40 000 Freiwilligen, die für das deutsche Heer geworben wurden, um in einem »antikommunistischen Kreuzzug« gegen die Sowjetunion zu kämpfen.

Im Sommer 1942, als der Ausgang des Krieges unsicher schien, änderte Franco erneut seine Haltung. Ab Oktober 1943 kehrte er zur Neutralität Spaniens zurück und schränkte die Beziehungen mit dem Deutschen Reich ein. Das Franco-Regime trug jedoch nach wie vor eindeutig faschistische Züge. Deshalb erwarteten die meisten Beobachter, dass das Regime nach dem Ende des Zweiten Weltkrieges im Rahmen einer neuen Nachkriegsordnung in Europa beseitigt würde. Sowohl die spanische als auch die internationale Öffentlichkeit betrachteten den Bürgerkrieg somit weiterhin aus einer internationalen Perspektive.

Auch nach 1945 hielt das Franco-Regime an seiner offiziellen Deutung des Bürgerkrieges fest: Danach präsentierten sich die Franquisten selbst als Sieger über die kommunistische Infiltration in Spanien. Waren sie nicht sogar die ersten Antikommunisten? Die Alliierten, die den Zweiten Weltkrieg gewonnen hatten, waren sich uneins, wie sie mit Francos Spanien umgehen sollten. Sie wiesen darauf hin, dass die internationale Hilfe für Francos Seite durch das nationalsozialistische Deutschland und das faschistische Italien zum Ausgang des Bürgerkrieges und damit zur Errichtung der Militärdiktatur wesentlich beigetragen habe. Francos Spanien bildete insofern das einzige Überbleibsel des Faschismus aus der Zeit vor dem Zweiten Weltkrieg. Diese historische Interpretation beruhte auf der Unterscheidung zwischen faschistischen und antifaschistischen Staaten.

Was konnten die Alliierten tun, die untereinander zerstritten waren? Die Sowjetunion und Frankreich befürworteten eine Intervention in Spanien, um Franco abzusetzen. Die USA und insbesondere Großbritannien lehnten dagegen eine – wie sie es sahen – Einmischung in die inneren Angelegenheiten Spaniens ab. Am Ende setzte sich die Haltung Großbritanniens und der USA durch: Franco erhielt gleichsam die Erlaubnis, in Spanien ungestört weiter zu regieren; international wurde das Land zur Strafe aber isoliert. Erst Mitte der 1950er-Jahre – im Verlauf des Kalten Krieges – wurde diese Isolierung zum Teil aufgehoben.

Der Übergang zur Demokratie: »Vergangenheitsbewältigung«?

Wie Spanien schließlich zu einer parlamentarischen Monarchie wurde, lässt sich ohne die Erfahrungen des Bürgerkrieges nicht verstehen. Die Erinnerungen an die Zeit von 1936 bis 1939, an den Sieg der Franquisten und die langjährige Diktatur nährte unter den meisten Spaniern den überwältigenden Wunsch nach Demokratisierung, Modernisierung und Europäisierung. In dieser Verbindung aus Erfahrungen in der Vergangenheit und Erwartungen für die Zukunft liegt der Grund für den erfolgreichen Übergang zur Demokratie und die Eingliederung in die Europäische Gemeinschaft (EG) nach dem Tode Francos 1975. Diese Kombination von Erfahrung und Erwartung ist im Übrigen auch der Grund dafür, dass europäische Meinungsumfragen immer wieder die besonders positive Haltung der Spanier zur EG bzw. zur Europäischen Union (EU) registriert haben. Die hohe Zustimmung geht daher nicht in erster Linie auf die Vorteile zurück, die Spanien durch die EU-Mitgliedschaft seit 1986 erlangt haben mag. Die Zustimmung ist vielmehr ein Ergebnis des Bürgerkrieges und seiner längerfristigen Folgen: der Diktatur und der Isolierung des Landes in Europa.

Ein jüngeres Beispiel dafür, wie brisant der Bürgerkrieg und seine Deutung heute noch sind, liefert die laufende Debatte über das »historische Gedenken«. Seit dem Jahr 2000 etwa dreht sich die Diskussion darum, all jenen historische Gerechtigkeit zuteil werden zu lassen, die Opfer von Bürgerkrieg und Diktatur geworden sind. Im Kern handelt es sich um eine (Selbst-)Kritik des Übergangs zur Demokratie und der Abkommen, auf denen dieser politische Wandel beruhte. Um sich auf eine neue, demokratische Orientierung der spanischen Gesellschaft zu einigen, glaubte man zunächst die Vergangenheit »vergessen« zu müssen: Weil der Bürgerkrieg und die anschließende Diktatur die spanische Bevölkerung in zwei Lager zerrissen hatten, wäre Versöhnung sonst unmöglich gewesen. Was man als eine spanische Fassung der deutschen »Vergangenheitsbewältigung« bezeichnen kann, begann ernsthaft erst 25 Jahre nach dem Tod des Diktators. Wie sollen die Spanier mit ihrer Vergangenheit umgehen? Darüber tobt bis heute ein Streit. Die meisten Spanier wünschen sich eine offene Diskussion. Eine lautstarke Minderheit dagegen ist der Meinung, dass derartige Forderungen alte Wunden aufreißen und das Land destabilisieren würden. Die öffentliche Erinnerung an den Bürgerkrieg und seine Folgen sorgt in Spanien bis heute für Aufregung. Doch während früher dem Konflikt, der allein auf die innerspanische Entwicklung zurückging, eine entscheidende internationale Bedeutung bescheinigt wurde, spielt diese Deutung heutzutage in der Öffentlichkeit keine Rolle mehr.

Rudolf Jaun

Die Schweizer Armee: Ein europäischer Sonderfall? Wehrpflicht, Bewaffnung und Kampfführung im Wandel der »militärischen Revolutionen«

Für eine Quadratur des Kreises hält sie mancher Beobachter. Die Milizarmee der Schweiz scheint ein Widerspruch in sich zu sein, weil sie zwar den drei großen Entwicklungslinien der europäischen Militärgeschichte im 19. und 20. Jahrhundert gefolgt, zugleich aber eine Staatsbürger-Armee geblieben ist. Wie konnte das funktionieren?

Die Schweizer Milizarmee dehnte, erstens, die Wehrpflicht zwischen 1890 und 1990 auf 80 Prozent der männlichen Staatsbürger aus und erreichte damit eine der höchsten Ausschöpfungsquoten des nationalen Wehrpotenzials in Europa. Obwohl die Schweiz als Kleinstaat enge Grenzen hatte, schaffte die Schweizer Armee, zweitens, im Laufe des 19. und 20. Jahrhunderts mit wenigen Ausnahmen wie der Raketenartillerie die neuesten europäischen Waffen für die Infanterie, die Artillerie, die mechanisierte Truppe und die Luftwaffe an. Sie scheiterte aber wie die meisten europäischen Staaten daran, an Atomwaffen zu gelangen. Im Einklang mit den beschafften Waffensystemen folgte die Schweizer Armee, drittens, den europäischen Entwicklungen der Kampfweise. Dazu gehörten die napoleonische Manöverkampfführung, die freie bewegliche Operationsführung aus dem Begegnungsgefecht nach preußisch-deutschem Vorbild, die Kampfführung aus der Tiefe des Raumes und die bewegliche Gegenwehr sowie die totale Kriegführung unter atomaren Bedingungen.

Dazu kommen vier typisch schweizerische Entwicklungen, die der europäischen Entwicklung entgegenliefen: die dauernde bewaffnete Neutralität seit dem Wiener Kongress 1815; die stete Verbesserung des militärischen Verteidigungspotenzials bei gleichzeitiger struktureller Angriffsunfähigkeit; eine Militärstrategie der Dissuasion und der optionalen Kriegskoalition mit dem Feind des Feindes sowie die Bereitschaft der Bundesbehörden, Truppenformationen der Armee angesichts fehlender Bundespolizeitruppen und schwacher kantonaler Polizeikräfte den Kantonen zur Aufrechterhaltung des Gewaltmonopols zur Verfügung zu stellen.

Als eine Quadratur des Kreises musste die Schweizer Armee auch deshalb erscheinen, weil sie als reine Staatsbürgerarmee ohne Berufsoffizierkorps und ohne stehende Truppen den Hauptentwicklungen der europäischen Streitkräftebildung und Kampfweise gefolgt ist – allerdings unter größtem Anpassungsstress, mit zeitweiligen Notmaßnahmen und um den Preis des militärstrategischen Alleinganges seit dem Zweiten Weltkrieg. Diese autonome militärische Verteidigung, welche die Schweizer als Erfolgsgeschichte deuten, macht es ihnen bis heute schwer, sich auf ein europäisches Verteidigungssystem einzulassen und Vertrauen in eine europäische Sicherheitskooperation zu gewinnen.

Im Folgenden wird die Entwicklung der Wehrpflicht und der Streitkräftebildung sowie der Bewaffnung und Kampfführung im europäischen Zusammenhang skizziert. Abschließend werden der Weg der Schweiz zur autonomen militärischen Verteidigung im kurzen 20. Jahrhundert und die Funktion des Schweizer Milizsystems als Vorbild und Projektionsfläche der Militärkonzepte des europäischen Republikanismus im langen 19. Jahrhundert dargestellt.

Wehrpflicht und Streitkräftebildung

Die gemeinsame historische Grundlage der europäischen Streitkräfte sind die »Oranischen Heeresreformen«. Sie gelten als die erste von mehreren »Militärrevolutionen« in der Militärgeschichte. Die Ideen der Reform des niederländischen Heeres gegen Ende des 16. Jahrhunderts verbreiteten sich noch vor dem Dreißigjährigen Krieg (1618–1648) in Europa wie ein Lauffeuer und wurden rasch weiterentwickelt. Auch einzelne »Orte« (so hießen die Kantone bis etwa 1798) der Alten Eidgenossenschaft – reiche Städteorte wie Zürich und Bern – nahmen sie unverzüglich auf. Diese Entwicklung führte zu den regulierten hierarchisierten Milizformationen und einer standardisierten Drillausbildung. Die Landkantone zogen häufig erst im 18. Jahrhundert nach. Eine andere Quelle der europäischen Modernisierung waren die Soldregimenter, welche die Eidgenossenschaft allen großen europäischen Fürsten zur Verfügung stellte. Dafür erhielt sie nicht nur reichlich Geld, sondern auch Offiziere, die mit Innovationen vertraut waren und zu Hause die Milizformationen ausbildeten.

Mit der Übernahme der Oranischen Reformen wurde erstmals auch die Wehrpflicht geregelt. Die wehrtauglichen Männer der einzelnen Dörfer, Talschaften und Städte wurden erfasst und der Wehrpflicht unterworfen, die allerdings weitgehende Ausnahmen zuließ. Die Streitkräfte der Eidgenossenschaft folgten damit dem gesamteuropäischen Muster der Streitkräftebildung im *Ancien Régime*. Im Ausland unterhielt sie durch private Soldunternehmer geführte Söldnerregimenter: eine stehende Armee, die im Verteidigungsfall nach Hause gerufen werden konnte. Im Inland unterhielt sie eine Milizorganisation, wie viele europäische Fürsten auch.

Orientiert man sich am Modell der Militärrevolutionen, folgte die Schweiz auch im Zuge der zweiten Militärrevolution um 1800 dem europäischen Trend. Unter dem maßgeblichen Einfluss Frankreichs – die Schweiz war ein französischer Vasallenstaat – wurde die napoleonische Truppen- und Kampforganisation eingeführt, wie sie sich europaweit durchsetzte. Für das Militär, das bis 1874 immer noch föderal organisiert war, stellte dies jedoch ein großes Problem dar. Zugleich schlug die Schweiz gewissermaßen einen Sonderweg ein. Während sie an der nicht stehenden Milizorganisation festhielt, übernahm sie die anspruchsvolle napoleonische Kampfweise: Das war die Quadratur des Kreises. Die Wehrpflicht wurde nun als eine Staatsbürgerpflicht verstanden, die jeder Wehrpflichtige gegenüber den Kantonen zu erfüllen hatte. Diese mussten dem Bund aber bis 1874 nur ein Kontingent von 4,5 Prozent der gesamten Bevölkerung stellen.

Wie in den meisten europäischen Staaten kam die Wehrpflicht, die 1848 in der liberalen Bundesverfassung verankert wurde, erst nach 1870 so richtig zur Geltung. Auch die Schweiz wollte nun ihr militärisches Männerpotenzial so gut wie möglich nutzen und eine möglichst große Armee auf die Beine stellen. Durch die Einführung eines militärischen Hilfsdienstes gelang es vor dem Ersten Weltkrieg, den Anteil der eingezogenen Männer an der wehrpflichtigen Bevölkerung auf fast 80 Prozent zu steigern.

Die gut ausgebildete und erzogene Milizarmee musste ihre »Kriegstauglichkeit« jedoch weder im Ersten noch im Zweiten Weltkrieg beweisen. Dennoch hielt die Armee am Milizsystem und an der allgemeinen Wehrpflicht fest. Dienstverweigerern drohte bis zum Ende des Kalten Krieges Gefängnis. Auch nach den Weltkriegen blieb die Schweizer Armee in erster Linie eine Infanteriearmee, die ihren Personalbestand durch eine lange Wehrpflichtzeit ausdehnte. In den 1950er-Jahren dauerte die Wehrpflicht bis zum 60. Lebensjahr; von 1961 bis 1994 galt sie bis zum 50. Lebensjahr für den Dienst in der Armee, danach für den Zivilschutz. Die Armee hatte am Ende des Kalten Krieges einen tatsächlichen Bestand von 600 000 Mann! Auch hier folgte die Schweiz dem europäischen Trend, einen Krieg falls notwendig auch unter atomaren Bedingungen mit umfangreichen, »bestandsstarken« Truppen durchzustehen.

Im Gegensatz zu den meisten andern europäischen Staaten hält die Schweiz bis heute an der Wehrpflicht fest. Sie ist jedoch umstritten. Die Bewegung »Gruppe für eine Schweiz ohne Armee« (GsoA), die sich seit Mitte der 1980er-Jahre mit verschiedenen Volksinitiativen für die Abschaffung der Schweizer Armee einsetzt, will die Wehrpflicht durch eine Verfassungsänderung abschaffen (und nicht nur aussetzen, wie das seit 2011 in Deutschland der Fall ist). Doch eine Volksabstimmung im Herbst 2013 brachte ein klares Ergebnis: Fast zwei Drittel der Befragten stimmten gegen die Abschaffung. Die Wehrpflicht ist in einer Zeit der Globalisierung und des raschen gesellschaftlich-kulturellen Wandels zu einem wichtigen Element der Schweizer Identität, der *Swissness*, geworden, obwohl die Armeeplaner den Staatsbürger-Soldaten vor allem als Personalressource wahrnehmen. Die Armeeführung plant nach wie vor eine 100 000-Mann-Armee aus 20 bis 30 Jahre alten Schweizer Bürgern. Um die Schweiz zu verteidigen, werden nicht mehr alle wehrfähigen Männer benötigt – da liegt auch die Schweiz im europäischen Trend. Nur noch *Twens* sollen das souveräne Staatsvolk in der Armee repräsentierten – damit liegt sie nicht im Trend.

Bewaffnung und Kampfführung: »Sicherheit durch Kooperation«?

Auch in der Bewaffnung und Kampfführung folgte die Schweizer Armee dem europäischen Trend. Bis 1870 stand die Schweizer Armee unter starkem französischem Einfluss und folgte der napoleonischen Gefechtstaktik. Nach 1870 orientierte sie ihre Kampfführung immer mehr am preußisch-deutschen Vorbild.

Der Revolutionierung des Gefechtsfeldes durch die wiederholt gesteigerte Wirkung der Feuerwaffen konnte die Schweiz sowohl in der Bewaffnung (Magazinhinterlader-Infanterie Gewehr und Schnellfeuergeschütze der Artillerie) als auch durch die Anpassung der Gefechtsführung standhalten. Nach 1890 orientierte sich auch die Schweizer Armee an der in Preußen unter Generalfeldmarschall Helmuth von Moltke d.Ä. eingeführten Operationsführung und der situativen taktischen Führung der Truppen. Pläne zur Landesverteidigung und Kampfaufstellung wurden nicht weiter verfolgt. Die Armee sollte sich einem eingefallenen Gegner entgegenwerfen und aus der Begegnung heraus so lange erfolgreich kämpfen, bis der Feind des Feindes zu Hilfe käme und der Aggressor von dem neutralen Territorium der Schweiz vertrieben würde. Um die Schnelligkeit und die Beweglichkeit zu erhöhen, wurde die Leistungsfähigkeit der Kavallerie auf europäisches Niveau gehoben.

Nach dem Ersten Weltkrieg sollte sich jedoch zeigen, dass ein Kleinstaat an Grenzen stieß. Die Ressourcen, die für eine mechanisierte und industrialisierte Kampfführung notwendig waren, reichten in der Schweiz nicht oder konnten nur noch mit großen Verzögerungen bereitgestellt werden.

Wie neuere Studien zeigen, folgte die Schweiz in den 1920er-Jahren ansatzweise Grundsätzen der Landkriegführung, wie sie auch für die österreichischen Streitkräfte

Die erste Serie Panzer (leichter Panzer 39 Praga) für die Schweizer Armee ist 1939 eingetroffen und wird von zwei berittenen Offizieren skeptisch gemustert. Schweizer Armee – Zentrum Elektronische Medien (ZEM)

und die Reichswehr galten. Erst gegen Ende der 1930er-Jahre nahm sie die französische Doktrin der *Bataille conduite*, der geführten Schlacht, auf. Der Schweizer Armee fehlten einfach die Mittel für eine bewegliche Kampfführung, und der Kampf musste aus vorbereiteten Stellungen geführt werden. Die Schweiz war in den 1930er-Jahren nicht in der Lage, Kampfpanzer zu beschaffen oder selbst zu produzieren, ebenso fehlten ihr bei Kriegsausbruch 1939 moderne Panzerabwehr- und Fliegerabwehrwaffen. Der Motorisierungsgrad ihrer Streitkräfte blieb gering. Lediglich die Flugwaffe – wie die Luftwaffe in der Schweiz heißt – konnte einigermaßen mithalten. Sie verfügte über ein bemerkenswertes Milizpilotenkorps. Alles in allem hatte die Schweiz zunächst große Mühe, die vierte Militärrevolution, die Mechanisierung und Totalisierung, zu meistern.

Der bei Kriegsausbruch gewählte Oberbefehlshaber der Armee sah sich deshalb im Herbst 1939 gezwungen, das Heer in einer linearen, überdehnten Armeestellung ohne taktische Tiefe aufzustellen. Im Falle eines deutschen Angriffs hoffte er auf die Unterstützung durch die französische Armee, wie sie den Schweizern in Geheimabkommen zwischen den beiden Armeekommandos zugesichert worden war. Nach der raschen französischen Niederlage im Frühjahr 1940 und der daraus folgenden Rundumbedrohung durch die faschistischen Mächte zog sich die Schweizer Armee in ein Alpenreduit zurück. So hatte sie als strategisches Pfand die für Deutschland und Italien wichtigen Eisenbahnverbindungen in der Hand, welche die Alpen überquerten, und hielt so und aus anderen Gründen die Achsenmächte von einem Angriff ab.

Nach dem Zweiten Weltkrieg provozierte die Frage der richtigen Bewaffnung und Kampfweise einen großen Streit im Offizierkorps. Die eine Richtung stand immer noch unter dem großen Einfluss internationaler Militärtheorien, zunächst weiterhin der deutschen, in den 1940er- und 1950er-Jahre zunehmend der nordatlantischen und amerikanischen Militärtheorie. Sie wollte die Armee ähnlich wie die westeuropäischen Länder modernisieren und für eine auch operativ bewegliche Kampfführung fit machen. Das entsprach dem internationalen militärischen Trend. Taktische Atomwaffen, die erst noch zu beschaffen waren, sollten für die Feuerunterstützung sorgen. Die Anhänger dieser Richtung strebten mit der von ihr propagierten mechanisierten Kampfführung einen operativen Sieg und dadurch strategisch die Abschreckung des Gegners an.

Die andere Richtung wollte angesichts der beschränkten Ressourcen und nach den Erfahrungen des Zweiten Weltkrieges einen eigenen schweizerischen Weg einschlagen. Den Ausgangspunkt ihrer Überlegungen zur Bewaffnung und Kampfführung bildeten der schweizerische Raum und die Staatsbürger-Armee: Sie sollte den Gegner durch hinhaltenden Widerstand abschrecken.

Die eher im europäisch-amerikanischen Trend liegenden »operativen Sieger« hatten solange Oberwasser, bis die Beschaffung von Mirage-Kampfflugzeugen finanziell aus dem Ruder lief. Nun gewannen die »hinhaltenden Widerstandskämpfer« wieder an Gewicht. Die Schweizer Armee entwickelte 1966 auf operativer Ebene eine Abwehrdoktrin, die bis 1994 in Kraft blieb. Die *défense combinée* bestand aus einer flächendeckenden Raumverteidigung durch die Infanterie und mechanisierten Gegenschlägen durch Panzertruppen.

Diese Konzeption der militärischen Landesverteidigung erlaubte es der Armeeführung über Jahrzehnte, die Waffenarsenale zu erneuern. Noch 1984 wurden 320 deutsche Leopard-Panzer beschafft. Die Truppenverbände mussten jedes Jahr für eine dreiwöchige Wiederholungsübung in ihren Einsatzraum einrücken. Auf diese Weise wurde der Ausbildungsstand gehalten, wenn nicht optimiert. Zu dieser militärischen Landesverteidigung kam eine ausgedehnte zivile Landesverteidigung. Zusammen bildeten sie eine ausgefeilte Gesamtverteidigung für den Fall eines totalen (atomaren) Krieges. Diese Verteidigungsvorbereitungen hatten mit der NATO nichts zu tun. Das westliche Militärbündnis konnte jedoch davon ausgehen, dass die Schweiz, welche die Herausforderungen der »fünften Militärrevolution« auf ihre eigene Art bewältigte, ihr neutrales Territorium in neutraler Weise verteidigen würde.

Nach der strategischen Wende 1989/91 verkleinerte sich die Schweizer Armee. Der Grund war ein deutlicher Geburtenrückgang: Die 600 000-Sollbestands-Armee konnte wegen des Pillen-Knicks nicht mehr die notwendigen Rekruten bereitstellen. Die Verkleinerung folgte der Tendenz in der westlichen Militärtheorie und im Sinne der *Air-Land-Battle*-Doktrin. Die neue Armee war nach wie vor in erster Linie auf eine Konfrontation mit konventionellen Streitkräften ausgerichtet. Die Schweizer Armee folgte in operativer Hinsicht dem jüngsten europäischen Trend, doch strategisch und sicherheitspolitisch ging sie eigene Wege. Die Umsetzung der neuen Konzeption der »dynamischen Raumverteidigung« mit ihrem hohen Mannschaftsbestand von 400 000 und dem hohen Bedarf von operativem Feuer (Raketenartillerie usw.) wäre zudem kaum finanzierbar gewesen. Erst im letzten Jahrzehnt des 20. Jahrhundert bestimmte in der Schweiz das sicherheitspolitische Denken die Militärpolitik. Bis dahin hatte umgekehrt die Militärpolitik die Sicherheitspolitik bestimmt, die während des Kalten Krieges nichts Geringeres vorsah als die eigenständige Vorbereitung des totalen Krieges.

Auf der Grundlage eines Sicherheitspolitischen Berichtes aus dem Jahre 2000 (»Sicherheit durch Kooperation«) erfolgte der Umbau der Verteidigungsarmee zu einer Armee, die wie bereits das Vorgängermodell unterschiedliche Aufgaben erfüllen konnte, dazu aber aus verschiedenen »Modulen« bestand und einen Mannschaftsbestand von 120 000 aktiven Armeeangehörigen aufwies. Dazu kamen 100 000 Angehörige der Reserve. Dem europäischen Trend folgend, sollte die Armee XXI als »Einsatz-Armee« gestaltet werden. Die innenpolitischen Grenzen dieser Bemühungen zeigten sich jedoch bald. Das Schweizer Volk hatte schon 1992 den Beitritt zum Europäischen Wirtschaftsraum (EWR) verweigert und steht bis heute einem Beitritt zur Europäischen Union ablehnend gegenüber. 1996 lehnten die Schweizer in einer Volksabstimmung die Bildung von Blauhelm-Truppen ab. Das Parlament verweigerte auch die Anschaffung von Transportflugzeugen. Eine knappe Mehrheit befürwortete in einer Volksabstimmung 2001 die Bewaffnung des Schweizer Kosovo-Kontingentes. Sicherheit durch Kooperation wurde fortan vor allem als *innen*politische Zusammenarbeit zwischen den Kantonen sowie zwischen dem Bund und den Kantonen umgedeutet. Bei der Bewältigung von Katastrophen und Problemen der inneren Sicherheit wollte man zusammenarbeiten. Doch die Kantone, die laut Verfassung für die Sicherheit auf ihrem jeweiligen Territorium zuständig sind, wehren sich dagegen, polizeiliche und hoheitliche Kompetenzen im Konfliktfall an den Bund abzugeben. Sie sehen die Bundesarmee in erster Linie als eine Streitmacht, die zivile Sicherheitsorgane wie die Polizei, die Feuerwehr und den Sanitätsdienst im Bedarfsfall unterstützt. Zudem dient die Bundesarmee aus Sicht der Kantone dazu, bei längeren Einsätzen für die Durchhaltefähigkeit zu sorgen, ohne dass Geld aus den Kassen der Kantone fließt.

Dieser enge politische Spielraum prägt auch das Selbstbild der neutralen Schweiz im Rahmen der militärischen Friedensförderung und der internationalen Sicherheitskooperation. Hier sieht sie das Schwergewicht der Beteiligung vor allem auf der Bereitstellung von *High Value Assets*, während Einsätze von Kontingenten bislang auf den Kosovo beschränkt blieben. Militärische Einsätze zur Friedensförderung finden ausschließlich auf der Grundlage von Mandaten der Vereinten Nationen und der OSZE statt. So beschränken sich die Leistungen der Schweizer Armee auf Luft- und Landtransporte, auf den Einsatz von Sicherungskompanien, Militärbeobachtern und Militärärzten, von Stabs- und Nachrichtenoffizieren, Minenräumern, Kleinwaffen- und Sicherheitsexperten. Dagegen wurden Einsätze im Rahmen von friedenserzwingenden Operationen (*Peace Enforcement*) per Gesetz ausgeschlossen.

Sehr bald zeigte sich nach 2003, dass die Armee XXI nicht nur nicht zu finanzieren war, sondern auch von der Doktrin und dem Ausbildungsmodell her zu hoch gegriffen war. Anpassungen und Reparaturen waren notwendig: Als erstes mussten unter der etwas euphemistischen Bezeichnung »Entwicklungsschritt 08/11« Verbände und Aufgaben abgebaut werden. Auf der Grundlage eines 2010 erschienenen Armeeberichtes geht die Schadensbehebung des zu ambitiösen totalen Restrukturierungs-Programms Armee XXI weiter. Autonome Landesverteidigung soll nach wie vor die Kernaufgabe der Schweizer Armee bleiben. Allerdings sollen insbesondere die mechanisierten Mittel reduziert werden. Die zur Abwehr eines militärischen Angriffs benötigten Fähigkeiten sollen der Bedrohung entsprechend erhalten bleiben und flexibel an das sich wandelnde Umfeld angepasst werden. Gleichzeitig sollen die zivilen Sicherheitsbehörden weiter unterstützt werden; ihr Bedarf ist wahrscheinlicher als ein militärischer Konflikt. Zudem soll die Armee weiterhin häufiger im Bereich der militärischen Friedensförderung eingesetzt werden, wenn auch in einem geringeren Umfang, als das in ähnlichen Kleinstaaten wie Österreich, Schweden oder Finnland der Fall ist.

Die Schweiz steht damit in Europa als Einzelgänger da. Artillerie, Panzer, Kampfflugzeuge, Flugabwehrsysteme und Kommunikationsmittel werden in ein, zwei Jahrzehnten veraltet sein. Daher wird sich die Schweizer Armee spätestens bei der Erneuerung der Waffensysteme des Kalten Krieges möglicherweise wieder den europäischen Streitkräften und der europäischen Sicherheitspolitik annähern. Würde das schweizerische Staatsvolk dagegen lieber ausschließlich auf das Fähigkeitspotenzial des Staatsbürger-Soldaten und eine nachhaltige *Low-Tech*-Ausrüstung mit *High-Tech*-Elementen setzen, käme es erneut zur Quadratur des Kreises.

Vom republikanischen Vorbild zum militärischen Einzelgänger in Europa

Die Schweizer Armee verband mit dem prekären Erfolg der Quadratur des Kreises das politische Prinzip der Milizarmee, deren Soldaten und Offiziere nur »nebenberuflich« tätig sind, mit einer Bewaffnung und Kampfführung, wie sie in den anderen europäischen Ländern jeweils üblich waren. Diese Kombination machte die Schweizer Armee im 19. Jahrhundert zum Vorbild für die Anhänger des Republikanismus in Europa. Unter »Republik« verstanden sie ein Gemeinwesen, zu dem sich Menschen mit gleichen Rechten zu einem gemeinsamen Nutzen zusammengeschlossen hatten. Die Republikaner hielten die stehenden Heere der absolutistischen und halb-absolutistischen Monarchen für das große Hindernis auf dem Weg der Völker zu mehr Freiheit und Wohlstand. In der Schweiz mit ihrer Staatsbürger-Miliz schien sich jener Staatsbürger- und Soldatenstaat zu verwirklichen, den schon der Philosoph Niccolò Machiavelli im 16. Jahrhundert als Ideal entworfen hatte. Aus der zivilen und militärischen Erziehung der Männer sollte der Fortschritt der Völker erwachsen. Die Schweizer Milizarmee galt nach 1830 als das einzige wahre »Volksheer« Europas, das den Keim der Freiheit und des Fortschritts in sich trug.

Der in die Schweiz geflüchtete ehemalige preußische Offizier und Reformpädagoge Friedrich Beust (1817–1899) schrieb über das Schweizer Vorbild:
»Möchten alle Völker diesen Weg gehen, dann werden die Zustände in den alten Kulturländern Europas bald eine andere Gestalt annehmen, denn die Umgestaltung der stehenden Heere in eine wahre und ächte Volkswehr schliesst die Lösung der Bande in sich, mit welchen der Absolutismus die Völker gefesselt hält. Aus einem ächten Volksheer wird die Freiheit hervorwachsen und diese wiederum wird alle peinlichen und drückenden Fragen im Leben der Völker lösbar machen.«

Aus: Friederich Beust, Grundzüge der Organisation eines Volksheeres, Zürich 1867, S. 32.

Diese Hoffnung blieb jedoch eine Vision. Die Nationalstaaten wurden zumeist »von oben« durch Anhänger einer konstitutionellen, auf eine Verfassung gestützten Monarchie gegründet. Beispiele sind Camillo Benso di Cavour (Italien), Napoleon III. (Frankreich) und Otto von Bismarck (Deutschland).

Dennoch blieb die Schweizer Milizarmee bis kurz vor dem Ersten Weltkrieg Vorbild für eine demokratische und republikanische Militärreform, die dem Frieden diente. In den Augen der Kritiker waren die Heere der europäischen Großmächte für einen Angriff gedacht. Die deutschen Sozialdemokraten Karl Liebknecht und August Bebel sahen in der Schweizer Milizarmee das Gegenbild zur militaristischen Armee des Kaiserreichs und das Vorbild für eine demokratische Volkswehr. Am weitesten ging der führende Kopf der französischen Sozialisten, Jean Jaurès. Indem er die Schweizer Armee zum Vorbild nahm, versuchte er zu zeigen, dass eine *nouvelle armée* nicht nur eine neue Republik der *soldats-citoyens* hervorbringen würde. Wenn alle Staaten Europas diesem Vorbild folgten, dann, so lautete seine Vorhersage, würde ein System von nichtangriffsfähigen Armeen entstehen. Damit wäre der Frieden in Europa dann gesichert.

Daran glaubten selbst die Schweizer vor dem Ersten Weltkrieg kaum noch. Auch in der Schweiz war man überzeugt von der »reinigenden Wirkung« des Krieges. Selbst ein neutraler Staat müsse unter Umständen in einem Krieg bestehen und so seine Existenzberechtigung beweisen können. Deshalb, so glaubten viele, müsse auch die Schweizer Armee »kriegstauglich« sein, um diese staats- und geschichtsphilosophisch gedachte Prüfung zu bestehen. Die beiden Weltkriege sollten jedoch der Schweiz zeigen, wie schwierig das war. Während des Zweiten Weltkrieges musste die Schweizer Armee angesichts der Einkreisung durch die faschistischen und nationalsozialistischen Staaten Italien bzw. Deutschland zu einer problematischen Notmaßnahme greifen: Sie zog sich in den Voralpen- und Alpenraum zurück. Durch diesen Rückzug in das »Schweizer Reduit« wollte man sich das strategische Pfand der Alpentransversalen sichern und den Gegner von einem Angriff abhalten. Nur dort bestand auch die Aussicht, den Kampf überhaupt erfolgreich zu führen.

Diese positive Erfahrung des erfolgreichen Ausharrens verlängerte die Geltungsdauer der Strategie des neutralen bewaffneten Alleinganges durch Dissuasion in die Zeit des Kalten Krieges. Wieder wurde mit allen Mitteln die »Kriegstauglichkeit« angestrebt, bis zur Vorbereitung des totalen Krieges. Davon ist heute in der Schweiz wie im übrigen Europa keine Rede mehr. Doch die Verbindung zu den europäischen Streitkräften ist immer noch begrenzt. Das Neutralitätsrecht der Schweiz verbietet den Beitritt zu einer Militärallianz mit Beistandsverpflichtung. Die Schweizer Milizarmee wird auch in Zukunft mehr als eine bewaffnete Bürgerwehr sein. Angesichts der gegenwärtigen gravierenden Veränderungen im Militärwesen wird sie jedoch die europäischen und weltweiten Tendenzen der Streitkräftebildung, Kampfführung und Einsatzarten nicht ignorieren können.

Eckard Michels

Die französische Fremdenlegion als multinationale Söldnertruppe: Sonderfall oder Vorbild in der europäischen Militärgeschichte?

Noch heute existiert die 1831 gegründete französische Fremdenlegion – trotz ihrer mitunter krisenhaften Geschichte in den Gründungsjahrzehnten, im Zweiten Weltkrieg und am Ende der französischen Kolonialzeit in den 1960er-Jahren. Gegenwärtig zählt die *Légion Étrangère* etwa 7500 Mann aus 140 Nationen. Zum Vergleich: Die französischen Streitkräfte verfügen über 250 000 Angehörige. Seit 1989/90 stellen Männer aus dem vormals kommunistischen Machtbereich in Europa das stärkste Kontingent der Fremdenlegion. Auf den ersten Blick ist sie eine Ausnahmeerscheinung unter den europäischen Militärformationen der letzten 200 Jahre. Sie hat daher seit etwa 1900 in der Öffentlichkeit immer wieder großes Interesse hervorgerufen. So manche Mythen ranken sich um die Legion. Schaut man jedoch genauer hin und vergleicht sie mit der Geschichte anderer europäischer Streitkräfte, verliert sie viel von ihrer vermeintlichen Ungewöhnlichkeit. Sie weist vielmehr auch typische Merkmale auf, vor allem was das militärische Ausgreifen der europäischen Kolonialmächte nach Übersee im 19. und 20. Jahrhundert betrifft.

Die Fremdenlegion als Söldnerformation im 19. Jahrhundert

Die Fremdenlegion erschien bereits im 19. Jahrhundert wie ein Relikt aus vergangenen Zeiten. Während sich anderswo in Europa nationale Wehrpflichtigen-Armeen durchsetzten, rekrutierte die von französischen Offizieren geführte Legion Ausländer für die Mannschaften und das Unteroffizierkorps. Die Truppe erinnerte eher an die multinationalen stehenden Söldnerheere des Absolutismus vor 1789, als nationale Loyalitäten für den Kriegsdienst kaum eine Rolle gespielt hatten. Die Kritik am Söldnerwesen ist in Europa so alt wie die Sache selbst. In der Frühen Neuzeit beispielsweise galten die Söldner als unzuverlässig, unberechenbar und anrüchig. Zumindest die Mannschaften stammten in der Regel aus den Randschichten der europäischen Gesellschaften und hatten den adeligen Ritter als Herrn des Schlachtfeldes ersetzt. Im Gefolge der Revolutions- und Napoleonischen Kriege seit 1792 galten Söldner europaweit zunehmend als unmoralisch. Denn im Gegensatz zum Dienst des »zivilisierten« Bürgersoldaten in der eigenen, nationalen Armee betrieben sie das Kriegshandwerk weiterhin aus Eigeninteresse hauptberuflich statt aus edleren Motiven wie dem Patriotismus. In Frankreich selbst verbot 1832 die Regierung unter dem »Bürgerkönig« Louis-Philippe, dessen Herrschaft nach dem Erfolg der Julirevolution von 1830 die Bourbonen-Dynastie ersetzt hatte, den Dienst von Ausländern in der regulären Armee. Ausländische Soldaten galten als Ausdruck monarchischer Willkür. Ein Zeichen hierfür war die Verteidigung des Tuilerien-Schlosses gegen das revolutionäre Volk von Paris im August 1792 durch die Schweizergarde, die den französischen Königen seit Jahrhunderten gedient hatte. Bis zu Beginn des 20. Jahrhunderts empfanden französische

Offiziere eine Abordnung in die Fremdenlegion dann auch eher als Strafe denn als Auszeichnung.

Im 19. Jahrhundert wuchs die Ablehnung des Söldnerwesens in Europa. Das musste beispielsweise Großbritannien während des Krimkrieges von 1853 bis 1856 erfahren, als seine Regierung wie in vergangenen Konflikten Ausländer für die Streitkräfte rekrutieren wollte. Zum einen war der europäische Söldnermarkt durch den Aufbau der nationalen Wehrpflichtigen-Armeen weitgehend leergefegt. Zum anderen lehnten die Behörden der größeren kontinentaleuropäischen Staaten die britischen Werbeaktivitäten ab. Den Briten blieben einzig die Kleinstaaten im Deutschen Bund und auf der italienischen Halbinsel, die keinen militärischen Ehrgeiz besaßen, sowie die Schweiz. So entstanden im Laufe des Konflikts die *British-German Legion*, die *British-Italian Legion* und die *British-Swiss Legion*. Selbst in Großbritannien wuchs seit der Jahrhundertmitte in der Öffentlichkeit der Widerstand gegenüber der lang geübten Praxis. Nach den Napoleonischen Kriegen hatten die Briten von allen Großmächten noch am längsten an einem Berufsheer mit einem starken ausländischen Anteil festgehalten. Die Schweiz, die seit dem 16. Jahrhundert viele Söldner für die französische Armee, die frühe Fremdenlegion, aber auch andere Heere gestellt hatte, verbot 1859 die Anwerbung ihrer Einwohner für den fremden Kriegsdienst.

Die Fremdenlegion wurde ursprünglich gegründet, um politischen Flüchtlingen ein Auskommen zu bieten. Die hatten nach den letztlich vergeblichen Revolutionen und nationalen Erhebungen in Italien, Deutschland und Polen 1830/31 in Frankreich Asyl gefunden. Sie war zweitens als Auffangbecken für die ehemaligen Angehörigen der 1816 von den Bourbonen neu gegründeten französischen Schweizerregimenter gedacht, die 1830 aufgelöst worden waren. Weil die französische Öffentlichkeit den militärischen Einsatz von Ausländern ablehnte, konnte die Fremdenlegion nur entstehen und überleben, indem man bereits unmittelbar nach ihrer Gründung ihre etwa 6000 Angehörigen nach Algerien verschiffte. Damit war sie weit weg von französischen Bürgern, gegen die die Regierung sie hätte einsetzen können. Algerien, das die Franzosen erst 1847 unterwarfen, wurde bis zur Unabhängigkeit des Landes 1962 die eigentliche »Heimat« der Legion.

Die Fremdenlegion als Kolonialtruppe

Richtet man den Blick auf die militärischen Unternehmungen der europäischen Kolonialmächte in Übersee im 19. und 20. Jahrhundert, so erscheint die Gründung der Fremdenlegion nicht mehr unzeitgemäß. Vielmehr fügten sich ihre Existenz und ihr Einsatz nahtlos in die damals allgemein bevorzugte überseeische militärische Personalpolitik ein. Denn alle Mächte nutzten zwecks Aufrechterhaltung der Herrschaft in ihren Kolonien, aber auch für sonstige überseeische Expeditionen außerhalb der eigenen Besitzungen seit dem 18. Jahrhundert vornehmlich Söldnertruppen, deren Angehörige nicht aus dem Mutterland stammten, sondern zumeist in Übersee, in geringerem Maße aber auch im europäischen Ausland rekrutiert worden waren. Wie bei der Fremdenlegion wurde zumeist die Option gewählt, Mannschaften und Unteroffiziere der Einheiten aus landesfremden Ethnien oder Einwohnern der Kolonien selbst zu gewinnen, deren Loyalität ein Offizierkorps von Angehörigen des Mutterlandes garantieren sollte. So stammten in der britische *Indian Army* mit etwa einer viertel Million

Soldaten um 1900 zwei Drittel aus Ethnien, die auf dem Subkontinent angeworben worden waren. Aus Sicherheitsgründen kamen seit dem großen »Sepoy«-Aufstand der indischen Söldner von 1857 ein Drittel der Einheiten aus Großbritannien selbst. Die in Niederländisch-Ostindien, im heutigen Indonesien, stehenden Truppen setzten sich teilweise aus einheimischen Soldaten, teilweise aus niederländischen Freiwilligen und bis zur Jahrhundertwende auch aus europäischen Söldnern vor allem aus Deutschland, der Schweiz und Belgien unter Führung holländischer Offiziere zusammen. Die »Schutztruppen« in den seit 1884 entstandenen deutschen Kolonien rekrutierten sich überwiegend aus schwarzafrikanischen Mannschaften und Unteroffizieren. Angeleitet wurden diese von Offizieren, die aus dem Reich vorübergehend in die Kolonien versetzt worden waren. Das gleiche Muster wie bei den Schutztruppen – weiße Offiziere und schwarze Mannschaften – findet sich bei der *Force Publique* im Belgischen Kongo, den *King's African Rifles* in Britisch-Ostafrika oder den *Tirailleurs Sénégalais* in Französisch-Westafrika. Kurzum: Die europäische Kolonialherrschaft über die Welt, die am Vorabend des Ersten Weltkrieges ihren Höhepunkt erreichte, verdankte ihre Errichtung und militärische Sicherung in erster Linie nicht den europäischen Wehrpflichtigen-Heere, wie sie sich im 19. Jahrhundert durchsetzten. Entscheidend waren vielmehr außereuropäische, zumindest aber wie im Falle der Fremdenlegion ausländische militärische Profis, die aus eigennützigen Motiven in den Dienst einer Kolonialmacht getreten waren.

Für diese überseeische militärische Personalpolitik aller Kolonialmächte waren drei Gründe ausschlaggebend: Erstens kosteten in Übersee geworbene Söldner in der Regel den Steuerzahler in den Mutterländern erheblich weniger als europäische Berufssoldaten oder Wehrpflichtige. Zweitens stieß in den meisten europäischen Staaten die Eroberung und Aufrechterhaltung eines umfangreichen Kolonialreiches nicht auf allgemeine Zustimmung. Daher sollten für überseeische Unternehmungen nicht zu viele finanzielle und personelle Ressourcen der Mutterländer eingesetzt werden. Die eigenen wehrpflichtigen Landeskinder wurden zur Verteidigung des Mutterlandes gebraucht, so lautete die Auffassung in Frankreich, Deutschland und in den Niederlanden. Sie sollten daher höchstens in Notfällen, zeitlich begrenzt und nach dem Prinzip der Freiwilligkeit in Übersee Verwendung finden. Schließlich setzte sich im 19. Jahrhundert nach vielen verlustreichen Militärexpeditionen und gescheiterten Besiedlungsversuchen seit Beginn der europäischen Kolonisation um 1500 die scheinbar auf der Basis neuester wissenschaftlicher Erkenntnis fundierte Auffassung durch, dass lokal rekrutierte Truppen den geografischen und klimatischen Gegebenheiten in Übersee, vor allem aber den dort lauernden Krankheiten besser trotzten als aus Europa entsendete Truppen. Gerade die Tropen, in denen viele afrikanische Kolonien lagen, galten bis ins 20. Jahrhundert als »Grab des weißen Mannes«. Rein europäische Truppen, zumindest aber das Militärpersonal aus den Mutterländern sollten die Tropen daher nach Möglichkeit meiden.

Geht man von diesen militärpolitischen Erwägungen aus, die alle Kolonialmächte betrafen, war der Einsatz der Fremdenlegion durchaus konsequent: ab 1831 zunächst in Algerien, seit den 1880er- und 1890er-Jahren sodann bei der Ausweitung des französischen Kolonialreichs auf West- und Zentralafrika, Madagaskar, Tunesien und Indochina sowie schließlich bei der Unterwerfung Marokkos (1907–1934). Entscheidend für die Zukunft der Legion war der Wettlauf der europäischen Großmächte um die Aufteilung der noch nicht kolonisierten Teile der Welt. In dieser Ära des Hochimpe-

Aufenthaltsraum in der Kaserne des 2. Fremdenregiments in Saida in Algerien (1913).

rialismus zwischen 1880 und 1914 wurde die Fremdenlegion zu einer dauerhaften Einrichtung – obwohl sie doch zunächst eine Verlegenheitslösung gewesen war und ihre Auflösung in den folgenden Jahrzehnten wiederholt im Raum gestanden hatte. Einerseits hatte sie sich wegen ihrer großen Mobilität, ihrer Anspruchslosigkeit, ihres starken Zusammenhalts und Kampfgeistes als Kolonialtruppe militärisch bewährt. Andererseits belastete sie das Staatsbudget nicht allzu sehr, und ihr Einsatz führte im Mutterland nicht zu Grundsatzdiskussionen über Sinn und Zweck der militärischen Interventionen in Übersee.

Die Fremdenlegion innerhalb der französischen Armee

Entgegen einer weit verbreiteten Auffassung war und ist die Fremdenlegion kein Staat im Staat, keine Streitkraft innerhalb der französischen Armee. Unabhängig ist sie bis heute lediglich hinsichtlich der Rekrutierung ihrer Mannschaften und deren Ausbildung sowie bei der Auswahl der Unteroffiziere. Letztere wiederum gehen größtenteils aus den ausländischen Mannschaften hervor. Bis zum Ende des französischen Kolonialreiches, mit der Unabhängigkeit Algeriens 1962, war die Fremdenlegion stets Teil der *Armée d'Afrique*, die im Laufe der Eroberung Nordafrikas entstanden war. Die *Armée d'Afrique* setzte sich aus ganz verschiedenen Formationen zusammen. Neben der Fremdenlegion gehörten dazu Einheiten muslimischer nordafrikanischer Berufssoldaten wie etwa die *Spahis* als Kavallerie und [senegalesische] *Tirailleurs* (Schützen) als Infanterie. Hinzu kamen Einheiten aus wehrpflichtigen Siedlern, die seit 1830 nach Algerien geströmt waren: die *Zouaves* als Infanterie und die *Chasseurs d'Afrique* als Kavallerie. Nachdem Frankreich sich auch Tunesien und Marokko einverleibt hatte, dehnte sich das Rekrutierungsfeld der *Armée d'Afrique* auf die muslimischen Bewohner dieser beiden Länder aus. Die *Armée d'Afrique* sollte Französisch-Nordafrika schützen und war als Einsatzreserve für andere überseeische Expeditionen gedacht.

Im Deutsch-Französischen Krieg von 1870/71 und in den beiden Weltkriegen wurde die *Armée d'Afrique* einschließlich der Fremdenlegionäre zur Verteidigung des Mutterlandes in Europa herangezogen. Die Zahl der muslimischen nordafrikanischen Soldaten wie auch der *Tirailleurs Sénégalais*, die in den beiden Großkonflikten Frankreich dienten, überstieg die Zahl der in Europa kämpfenden Fremdenlegionäre um ein Vielfaches. Dagegen kamen die Einheiten der Armee des Mutterlandes (*La Métropolitaine*), die aus französischen Wehrpflichtigen bestanden, bis zum Algerienkrieg der Jahre 1954 bis 1962 in Übersee nicht zum Einsatz. Der Algerienkrieg galt nicht als Kolonialkonflikt, sondern als ein Krieg zur Verteidigung des Mutterlandes, weil Algerien verfassungsrechtlich ein Bestandteil Frankreichs war. Wollten Franzosen aus dem Mutterland als Mannschaften in Kolonialeinheiten dienen, so stand ihnen allerdings die Meldung zu den weißen Regimentern der *Troupes Coloniales* (*La Coloniale*) offen, in denen ebenfalls der Wehrdienst abgeleistet werden konnte. *La Coloniale* (die heute noch als *Troupes de Marine* in wesentlich geringerem Umfang weiterhin existiert) war zwar vorwiegend in Frankreich stationiert, stand dort jedoch zum Einsatz in Übersee abrufbereit. Zur *Coloniale* zählten auch die schwarzafrikanischen *Tirailleurs Sénégalais* sowie die einheimischen, auf Madagaskar oder in Indochina ausgehobenen Truppen unter Führung französischer Offiziere.

Am Vorabend des Ersten Weltkrieges umfasste die Fremdenlegion zwei Regimenter mit etwa 12 000 Soldaten, die in Algerien und Indochina in Garnisonen lagen sowie in Marokko im Einsatz standen. Dagegen zählte die *Armée d'Afrique* als Ganzes etwa 90 000 Soldaten. Nach dem Ersten Weltkrieg erweiterte sich das französische Kolonialreich mit Kamerun, Togo, Syrien und dem Libanon noch auf Kosten der unterlegenen Mächte Deutschland und Türkei. Zugleich sollte die 1914 bis 1918 unterbrochene Eroberung Marokkos zu Ende geführt werden, ohne die »Menschenreserven« des Mutterlandes weiter zu strapazieren, die im Ersten Weltkrieg schwere Verluste erlitten hatten. Um diesen vielfältigen neuen wie alten kolonialen Verpflichtungen nachkommen zu können, stieg die Stärke der Fremdenlegion bis Anfang der 1930er-Jahre auf 33 000 Soldaten. Etwa 40 bis 50 Prozent der Legionäre stellten die Deutschen. Denn Frankreich konnte bis 1930 im Rheinland, das es aufgrund des Versailler Vertrages besetzt hatte, direkt auf deutschen Boden für die Fremdenlegion Rekruten anwerben. Zugleich trieb die hohe Arbeitslosigkeit und die allgemeine Verarmung in Deutschland im Vergleich zur Zeit vor 1914 der Söldnertruppe genügend Freiwillige in die Arme. Diese mussten nun nicht einmal wie andere Nationalitäten die Grenze überqueren, um Legionäre zu werden. Auch die anderen französischen Kolonialtruppen wuchsen zahlenmäßig nach dem Ersten Weltkrieg noch an, während der Umfang der *Métropolitaine*-Streitkräfte in der Zwischenkriegszeit zurückging.

Trotz ihrer Bekanntheit blieb die Fremdenlegion aufgrund ihrer geringen Personalstärke von untergeordneter Bedeutung sowohl innerhalb der *Armée d'Afrique* als auch im Vergleich zu den *Troupes Coloniales*. Bei der Eroberung Marokkos und im verlustreichen Indochinakrieg von 1946 bis 1954 setzte Frankreich wesentlich mehr Franzosen,

Schwarz- und Nordafrikaner aus den Einheiten der *Armée d'Afrique* oder den *Troupes Coloniales* ein als Fremdenlegionäre. Die im Indochinakrieg eingesetzten 72 000 Legionäre, darunter etwa 40 Prozent Deutsche, machten nur 15 Prozent der Gesamtstärke des französischen Expeditionskorps aus. 15 Prozent der insgesamt 488 500 in Indochina kämpfenden Soldaten waren Schwarzafrikaner, 25 Prozent Nordafrikaner und 45 Prozent Franzosen. Die französischen Wehrpflichtigen aus den *Métropolitaine*-Streitkräften bildeten schließlich im Algerienkrieg die große Masse der Soldaten. Die Fremdenlegion stellte nur zwei Prozent der Kombattanten in diesem letzten Kolonialkrieg Frankreichs.

Die Fremdenlegionäre

Die Fremdenlegion ist seit Beginn des 20. Jahrhunderts die international berühmteste oder besser: berüchtigtste Truppe der gesamten französischen Armee. Das liegt an den romantisierenden oder, im Falle Deutschlands, anti-französischen Darstellungen in der Literatur und der Presse, seit den 1920er-Jahren auch im Film. Dieses Bild geht nicht so sehr auf die militärischen Leistungen der Söldnertruppe als auf ihren rein »weißen« Charakter zurück. Die europäische und die nordamerikanische Öffentlichkeit konnten sich so mit dem Leben und Leiden der Legionäre auf exotischen Kriegsschauplätzen leichter identifizieren als mit den Söldnern anderer französischer Kolonialeinheiten. Dazu kam der Mythos, dass die Fremdenlegion ein Sammelbecken von Gescheiterten sei, die durch die Annahme einer neuen Identität eine zweite Chance erhielten oder sich ihrer gerechten Strafe im Herkunftsland entziehen konnten. Diese Vorstellung regte die Phantasie der westlichen Öffentlichkeit an. Der Einsatz der Fremdenlegionäre unter französischer Fahne konnte zugleich, wie es vor allem in Deutschland und der Schweiz geschah, als unmenschlich und einer zivilisierten Nation unwürdig angeprangert werden, verriet doch Frankreich damit angeblich das von ihm selbst während der Französischen Revolution aus der Taufe gehobene Prinzip nationaler Wehrpflichtigen-Heere.

Die Fremdenlegion als Kolonialtruppe war im internationalen Vergleich seit ihrer Gründung insofern eine Ausnahmeerscheinung, als es sich bei ihren Angehörigen bis in die 1960er-Jahre hinein ausschließlich um Europäer bzw. gelegentlich weiße Nordamerikaner handelte. Traditionell stellten die deutschsprachigen Legionäre die stärkste Kohorte, gefolgt von den Italienern und Spaniern. Die 1920 ursprünglich zur Eroberung Marokkos gegründete spanische Fremdenlegion (*Tercio de Extranjero*, seit 1937 *La Legion*), die ebenfalls noch heute existiert, nahm sich zwar ursprünglich das französischen Modell als rein weiße Söldnertruppe des Kolonialkrieges zum Vorbild. Sie zog aber von Anfang an hauptsächlich Spanier an und hat über Jahrzehnte keine Ausländer eingestellt. Die Idee gemischtrassiger Einheiten überstieg bis in die Zeit nach dem Zweiten Weltkrieg hinein das Vorstellungsvermögen aller Kolonialmächte. Annehmbar war nach den damals vorherrschenden rassistischen Kriterien höchstens, dass weiße Vorgesetzte afrikanische oder asiatische Soldaten kommandierten. Das war der Fall in den meisten Kolonialeinheiten der europäischen Streitkräfte. Undenkbar dagegen war, dass europäische und nichteuropäische Mannschaftsdienstgrade Schulter an Schulter in derselben Einheit kämpften. Selbst in der *U.S. Army* wurde erst 1948 die Trennung zwischen weißen und schwarzen Einheiten zugunsten gemischtrassi-

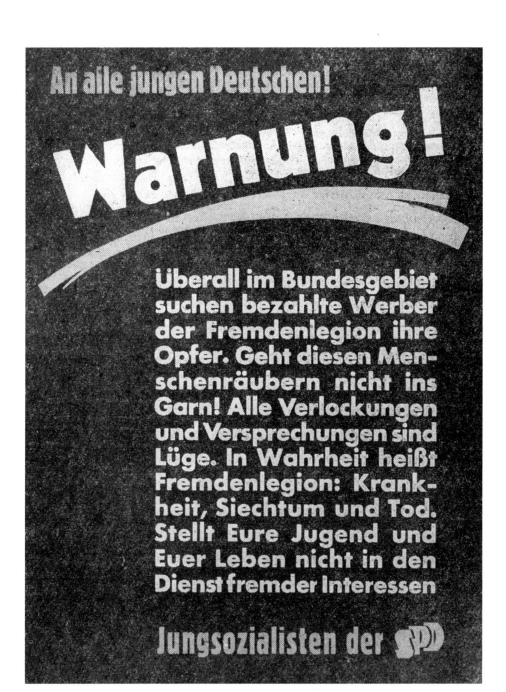

Plakat der Jungsozialisten gegen die Anwerbung für die Fremdenlegion in der Bundesrepublik (1953).

ullstein bild

Die französische Fremdenlegion als multinationale Söldnertruppe 159

ger Einheiten aufgehoben. Indem sie nur Europäer für die Fremdenlegion annahm, sorgte die französische Armeeführung dafür, dass sich ihre Angehörigen nicht mit den Kolonisierten verbrüderten. Zugleich fiel es den Legionären schwer, nach einer Fahnenflucht bei der Zivilbevölkerung Nordafrikas oder Indochinas unterzutauchen. Von den Einheimischen konnten sie keine Unterstützung erwarten. Insofern war die rein weiße Fremdenlegion für die französische Kolonialmacht bis 1962 stets eine Rückversicherung. Sollten die in Übersee rekrutierten Söldnereinheiten eines Tages revoltieren, würde es immer noch eine zuverlässige europäische Eingreifreserve geben. Diese würde wie durch »Blutsverwandtschaft« automatisch an die Seite der Kolonialmacht gedrängt werden.

Die Fremdenlegion stellte auch aus einem anderen Grund eine Besonderheit im Vergleich zu anderen Kolonialeinheiten dar. Sie setzte sich aus Mannschaften von Dutzenden verschiedener europäischer Nationalitäten zusammen, die in gemischten Einheiten dienten. Das Experiment nationaler Bataillone und Kompanien war schon im Gründungsjahrzehnt aufgegeben worden. Es wirkte sich nämlich negativ auf die Disziplin und die Treue gegenüber Frankreich aus. Dagegen setzten sich Kolonialeinheiten anderer europäische Mächte, die aus Söldnern bestanden, weitgehend aus nur einer Ethnie zusammen. Das galt etwa für die britischen *Ghurka*, die sich bis heute ausschließlich aus Nepalesen rekrutieren, oder für andere Formationen der bis 1947 existierenden *Indian Army*. Alle Kolonialmächte waren im 19. und frühen 20. Jahrhundert überzeugt, dass es in ihren Besitzungen sogenannte *martial races* gab, also Ethnien, die zum Kriegsdienst für die Kolonialmacht besonders geeignet seien und daher bevorzugt rekrutiert werden sollten. Allein dies garantierte schon eine gewisse ethnische Einheitlichkeit. In der Fremdenlegion war es zwar bis in die 1960er-Jahre hinein so, dass die französischen Offiziere die deutschsprachigen Legionäre für die besten Soldaten hielten. Insofern galt diese in den Augen der Kolonialmacht gewissermaßen als europäische *martial race*. Doch gründete die Fremdenlegion zugleich auf der Idee des Gleichgewichts zwischen den Nationalitäten. Keine Gruppe sollte nach Möglichkeit mehr als ein Drittel der Legionäre stellen, um die Vorherrschaft einer Nationalität zu verhindern. Denn das Übergewicht einer Gruppe hätte es den französischen Offizieren erschwert, sich gleichsam als Schiedsrichter zwischen den verschiedenen Gruppen von Legionären zu behaupten. Zudem wäre die Idee, dass einzig die Legion die wahre Heimat ihrer Angehörigen sei, kaum durchsetzbar gewesen. Das Motto *Legio Patria Nostra* (»Die Legion ist unser Vaterland«) hätte keine besondere Bedeutung gehabt, wenn es keine nationale Vielfalt, sondern eine relative Einheitlichkeit der Legion als Ganzes wie auch einzelner Regimenter, Bataillone oder Kompanien gegeben hätte. Die Legion wäre dann eher als Exilarmee einer bestimmten Nationalität erschienen.

Entscheidend für den Zusammenhalt der Legion und die Loyalität gegenüber der französischen Führung war und ist das Konzept der *Legio Patria Nostra*. Den Legionären wird der Glauben vermittelt, dass sie mit ihrem Eintritt in die Truppe ihre bisherige nationale, kulturelle, religiöse oder politische Sozialisation hinter sich lassen. In einer militärischen Gemeinschaft der besonderen Art würden sie, so lautet die Überzeugung, ein neues Leben beginnen. Den Söldnern wird die Illusion vermittelt, dass sie nicht etwa ihr Vaterland gegen ein neues, also Frankreich, eingetauscht haben, sondern dass sie vor allem der Legion als gleichsam frei schwebender militärischer Institution dienen. Dieser Kunstgriff machte es beispielsweise möglich, dass in den beiden Weltkriegen die deutschen Legionäre trotz verbreiteter anti-französischer Gefühle in ihrer großen Masse treu ihren Dienst in der Legion versahen. Insgesamt hat über die vergangenen zwei Jahrhunderte das Konzept der *Legio Patria Nostra* erstaunlich gut funktioniert, auch nach der Öffnung der Fremdenlegion für Nichteuropäer seit den 1960er-Jahren und der dadurch bedingten wesentlich größeren Vielfalt ihrer Mannschaften.

Die Fremdenlegion als Modell für das 21. Jahrhundert?

Seit einigen Jahren ist viel von einer Reprivatisierung militärischer Gewalt die Rede. Das staatliche Gewaltmonopol, wie es sich in der Frühen Neuzeit herausgebildet hat, scheint immer mehr aufzubrechen. Innerstaatliche und transnationale Konflikte haben in den letzten Jahrzehnten zwischenstaatliche Kriege ersetzt. Die Hauptakteure in diesen »neuen Kriegen« sind quasi-staatliche Milizen, lokale Warlords, Guerillaformationen, Drogenkartelle, internationale Terrororganisationen oder private Sicherheitsfirmen. Sie führen den Krieg zum Teil ohne ein politisches Ziel um seiner selbst willen. Der Krieg ist für sie geradezu die Existenzgrundlage. Zugleich versuchen Regierungen, diesen neuen unübersichtlichen Szenarien zu begegnen und den Verteidigungshaushalt zu entlasten, indem sie ihrerseits einen Teil der militärischen oder polizeilichen Aufgaben auf private Sicherheitsfirmen verlagern.

Geradezu altmodisch erscheint die Fremdenlegion verglichen mit diesen jüngsten Entwicklungen. Sie hat zwar stets Freiwillige rekrutiert, die sich aus materiellen Erwägungen für den Kriegsdienst entschieden. Sie beschäftigt Söldner, die sich in der Regel für die Ursachen des Konflikts, an dem sie doch beteiligt sind, oder für die politischen Absichten Frankreichs überhaupt nicht interessieren. Die »neuen Kriege« mögen Fremdenlegionären nach dem Ende ihrer Dienstzeit eine neue Gelegenheit geben, ihrem Kriegshandwerk weiter und womöglich besser bezahlt nachzugehen. Doch die Fremdenlegion ist stets eine militärische Einheit gewesen, die unter strikter staatlicher Kontrolle stand und mit Steuergeldern finanziert wurde – und nicht durch den Krieg selbst.

Weitere Unterschiede kommen hinzu. Die Fremdenlegion hat eine lange Geschichte. Ihre Organisation hat Friedens- und Kriegszeiten überdauert. Durch die Uniform ist sie sofort als französische Formation zu erkennen. Ihre Angehörigen besitzen die gleichen Rechte und Pflichten wie alle anderen französischen Militärangehörigen. Sie sind wie diese an die französischen Gesetze wie auch an das Völkerrecht gebunden. Kurzum, die Fremdenlegion ist trotz einiger Besonderheiten bei der Zusammensetzung ihres Personals ein fester Bestandteil der regulären französischen Armee geblieben. Sie ist nach wie vor ein militärisches Instrument, auf das sich die Pariser Regierungen verlassen können. Deshalb gilt die Fremdenlegion ebenso wenig wie etwa die britischen *Ghurka* als eine jener Söldnerformationen, die nach einer Konvention der Vereinten Nationen von 1989 außerhalb des Völkerrechts stehen. Solche Truppen sorgten erstmals in den Kongo-Wirren der 1960er-Jahre für internationale Aufmerksamkeit und haben die Vereinten Nationen auf Bitten vor allem der afrikanischen Staaten immer wieder beschäftigt.

Völkerrechtlich nicht akzeptable Söldnerformationen weisen andere Merkmale auf als die Fremdenlegion. Sie werden fallweise für einen bestimmten Einsatz aufgestellt. Der Sold wird mit jedem Einzelnen vereinbart und liegt in der Regel wesentlich über den staatlichen Tarifen. Vor allem aber handeln solche Kombattanten nicht im Auftrag eines völkerrechtlich anerkannten staatlichen Akteurs, der entweder direkt in einem Krieg als eine der Konfliktparteien oder in einer internationalen Schlichtungsmission beteiligt ist. Söldner nichtstaatlicher Militärformationen können sich seit 1977 ausdrücklich nicht mehr auf den Schutz der Genfer Konvention zur Behandlung von Kriegsgefangenen berufen. Die Angehörigen der Fremdenlegion dagegen haben dieses Recht.

Für die Zukunft taugt das Modell der Fremdenlegion möglicherweise in anderer Hinsicht. Nach dem Ende des Kalten Krieges haben viele westliche Länder die allgemeine Wehrpflicht abgeschafft oder, wie Deutschland, ausgesetzt. Damit haben sie sich das Problem eingehandelt, für ihre Streitkräfte genügend qualifizierte Freiwillige unter den eigenen Staatsangehörigen zu finden. Der Rückgriff auf ausländische Freiwillige nach dem 200 Jahre alten Vorbild der Fremdenlegion mag eine Lösung für die Personalprobleme der westlichen Streitkräfte sein. So rekrutiert die spanische Armee bereits seit einigen Jahren Einwanderer aus Lateinamerika. Der Ausländeranteil liegt hier zehn Jahre nach Abschaffung der Wehrpflicht 2001 bei etwa sieben Prozent. Wie das spanische Beispiel zeigt, müssen diese Freiwilligen allerdings nicht unbedingt in einer gesonderten Formation nach dem Muster der Fremdenlegion zusammengefasst werden.

Christiane Wienand

Veteranen und Versöhnung.
Der Verband der Heimkehrer und die
deutsch-französische Freundschaft

Das Denkmal neben dem Sindelfinger Pfarrwiesengymnasium sticht ins Auge: Auf einer Anhöhe stehen drei sechs Meter hohe Figuren aus Stein. Zwei stehen sich direkt gegenüber und geben sich beide Hände. Darauf liegt die Hand einer dritten Figur, deren freie Hand auf einer der Schultern der beiden anderen ruht. Hinter den drei Figuren erhebt sich eine stilisierte Stacheldraht-Säule. Der Bildhauer und Kriegsheimkehrer des Zweiten Weltkrieges Fritz Theilmann (1902–1991) hat dieses »Denkmal der Brüderlichkeit« erschaffen. Es soll die Versöhnung der Heimkehrer aus Krieg und Gefangenschaft künstlerisch darstellen und insbesondere die deutsch-französische Freundschaft symbolisieren. Eingeweiht wurde das Denkmal am 2. Juni 1968 im Rahmen eines internationalen Heimkehrertreffens, das der Landesverband Baden-Württemberg des Verbands der Heimkehrer, Kriegsgefangenen und Vermisstenangehörigen e.V. (VdH) organisierte (siehe Abb. auf S. 164).

Der VdH wurde 1950 als Zusammenschluss mehrerer regionaler Heimkehrervereinigungen gegründet. Seine Hauptaufgaben waren die Interessenvertretung der heimgekehrten Kriegsgefangenen in sozialen und politischen Belangen sowie das Mahnen an eine Entlassung der bis 1955/56 in sowjetischer Kriegsgefangenschaft befindlichen Deutschen. Mitte der 1950er-Jahre war der VdH mit rund einer halben Million Mitgliedern – primär Heimkehrer aus sowjetischer Kriegsgefangenschaft – der mitgliederstärkste deutsche Veteranenverband, der seine demokratische Orientierung und parteipolitische Neutralität betonte. Gemäß seiner Selbstdarstellung haben sich seine Mitglieder in einer »Atmosphäre allumfassender Erlebnisgemeinschaft«[1] zusammengefunden, die auf der Erfahrung der Kriegsgefangenschaft gründete. Der VdH war zugleich Erinnerungsgemeinschaft, Geselligkeitsverein, politische Lobbygruppe und Sozialverband sowie als Akteur in der politischen Bildung tätig.

Die Willensbekundungen der Veteranen, sich zu versöhnen, und die Aktivitäten, mit denen sie diesen Willen in die Praxis umsetzten, nahmen einen großen Raum im Verbandsleben des VdH ein und unterstrichen dessen Bekenntnis zur Demokratie und zu einem in Frieden geeinten Europa. So wie die deutsch-französische Freundschaft zu einem Herzstück der europäischen Integration und der Europapolitik beider Länder wurde, bildeten die deutsch-französischen Kontakte einen Schwerpunkt der Tätigkeiten des VdH für eine Versöhnung mit den einstigen Feinden in Europa.

Internationale Kontakte

Im September 1952 trafen sich Vertreter des VdH erstmalig mit Vertretern der Nationalen Vereinigung der Veteranen und Kriegsgefangenen (*Fédération nationale des anciens combattants et prisonniers de guerre*, FNCPG) zu offiziellen Gesprächen in Paris. Über zwei Jahre später, im November 1954, mündeten diese Gespräche

»Denkmal der Brüderlichkeit«, Sindelfingen.

Christiane Wienand

in die Unterzeichnung einer Vereinbarung zwischen beiden Verbänden, die den beiderseitigen Willen zur Versöhnung und zur Erhaltung des Friedens in Europa bekundete. In der Vereinbarung wurden die ehemaligen Kriegsgefangenen in Deutschland und Frankreich als Angehörige *einer* »Schicksalsgemeinschaft«[2] bezeichnet, die den Krieg und die Gefangenschaft zwar auf unterschiedlichen Seiten erlebt hatten, aber die Erfahrung und das Schicksal von Krieg und Gefangenschaft als solche teilten. Innerhalb dieser Gemeinschaft sollten sich die ehemaligen Kriegsgegner auf Augenhöhe begegnen und versöhnen. In den frühen 1950er-Jahren hatten die internationalen Kontakte des VdH auch zum Ziel, über diese Kanäle auf eine Freilassung der deutschen Kriegsgefangenen zu drängen.

1955 führte die Partnerschaft mit der FNCPG zur Aufnahme des VdH in die Internationale Vereinigung ehemaliger Kriegsgefangener (*Confédération internationale des anciens prisonniers de guerre*, CIAPG). Durch die Mitgliedschaft in der CIAPG wurde der VdH Mitglied im »Weltfrontkämpferbund«, wo die Vertreter des VdH auch auf Mitglieder trafen, die jenseits des Eisernen Vorhangs lebten.

Veranstaltungen und Denkmäler

Die Bemühungen des VdH um Versöhnung gingen über den formalen Abschluss von Partnerschaftserklärungen und die Mitgliedschaft in der CIAPG hinaus. Eine deutliche Versöhnungsrhetorik findet sich beispielsweise im Rahmen der vom VdH organisierten Veranstaltungen und im Zusammenhang der von ihm aufgestellten Mahnmale und Denkmäler.

Zwischen 1955 und 1975 organisierte der VdH alle zwei Jahre sogenannte Heimkehrer-Deutschlandtreffen. Das erste dieser Treffen fand im Juni 1955 in Hannover statt. Es stand unter dem Motto »Kriegsgeneration sucht Europa«. Laut VdH waren rund 100 000 Teilnehmer anwesend, darunter Vertreter befreundeter Verbände aus Frankreich, Italien, den Niederlanden und Luxemburg. In seiner Eröffnungsansprache verknüpfte der Hauptgeschäftsführer des VdH, Werner Kießling, das Thema der Veranstaltung mit den Versöhnungsbemühungen des Verbands. Kießlings Rede enthielt zwei Kernelemente des Versöhnungsverständnisses: »Kameradschaft« und »Europa«. Zum einen betonte Kießling die grenzübergreifende Kameradschaft der Veteranen. Diese Kameradschaft wurde gar als Grundlage für die angestrebte Versöhnung verstanden. Immer wieder bemühte der Verband das Bild einer Nachkriegs-Kameradschaft, die sich auf das Erleben desselben Krieges auf unterschiedlichen Seiten stützte. So ist an anderer Stelle die Rede von der »Kameradschaft der Kriegsgeneration«.[3] Der Begriff der Kameradschaft beinhaltete die Vorstellung, dass sich die Veteranen in einer Gemeinschaft unter Gleichen befänden, und drückte eine emotionale Verbundenheit aus. Mit der Feststellung »wir suchen Europa«[4] verknüpfte Kießling zudem die Versöhnungsbemühungen mit einem Bekenntnis zu Europa. Die Überzeugung, dass eine friedliche Zukunft nur in einem geeinten Europa möglich sei, war zu dieser Zeit nicht nur im VdH, sondern auch in anderen zivilgesellschaftlichen Organisationen gang und gäbe.

Das 11. Heimkehrer-Deutschlandtreffen 1975 in Saarbrücken unter dem Motto »Europa ruft« beendete die Tradition dieser Treffen. Fortan führte der VdH im Wechsel mit Partnerverbänden aus Frankreich, Belgien, Italien und Österreich sogenannte Europa-Treffen durch, die im jährlichen Rhythmus bis 1985 stattfanden. Die Versöhnung unter den ehemaligen Kriegsgegnern war für diese Treffen von grundlegender Bedeutung, was Wolfgang Imle, Präsident des VdH, auf dem Europa-Treffen 1980 in folgende Worte kleidete: »Diese Europa-Treffen sind die Krönung der durch den Zusammenschluss der [...] CIAPG vorgelebten Versöhnung«.[5]

In kleinerem Maßstab als diese vom Dachverband des VdH organisierten Treffen luden regionale und lokale Verbandsmitglieder zu internationalen Heimkehrertreffen ein. Der VdH in Trier beispielsweise organisierte im Mai 1961 ein »Grenzland-Heimkehrertreffen«, das ganz im Zeichen der deutsch-französischen Partnerschaft stand. Im Programmheft des Treffens, in dem neben Vertretern des VdH verschiedene lokale Honoratioren zu Wort kamen, hob der Rektor des Trierer Hindenburggymnasiums und Präsident der dortigen »Europa-Union« – einer proeuropäischen Vereinigung – insbesondere den Beitrag der Veteranen für die Versöhnung hervor, da »sie ihr persönliches Leid und Opfer mit ins Gespräch und mit in die neue europäische Gemeinschaft einbringen«.[6] Positive Einschätzungen wie diese, die noch dazu dem Sprachstil des Verbands entsprachen und die von ihm selbst immer wieder hervorgehobene Bedeutung der Heimkehrer für die Versöhnung bekräftigten, waren für den VdH wichtig. Diese Einschätzungen unterstrichen sein Selbstverständnis als Garant für den Willen der Heimkehrer, an der europäischen Einigung mitzuarbeiten.

Öffentliche Veranstaltungen stellten oftmals den zeremoniellen Rahmen dar für die Einweihung von Denkmälern und Mahnmalen, die der VdH in Auftrag gegeben hatte. So wurde das erwähnte »Denkmal der Brüderlichkeit« in Sindelfingen im Juni 1968 im Rahmen des IV. Internationalen Heimkehrertreffens des Landesverbands Baden-Württemberg enthüllt. An diesem Treffen nahmen Vertreter befreundeter Verbände aus Frankreich, Belgien, Italien und Österreich teil; im Zentrum stand jedoch die Partnerschaft mit den französischen Veteranen. Verglichen mit den Heimkehrer-Deutschlandtreffen war die Kulisse dieser Versammlung in Sindelfingen eher bescheiden, dennoch waren rund 5000 Menschen zusammengekommen, um der Enthüllung des Denkmals beizuwohnen.[7]

Der VdH ließ im Laufe seines Bestehens über tausend Mahnmale und Denkmäler aufstellen, doch das »Denkmal der Brüderlichkeit« war wohl das VdH-Denkmal, das am deutlichsten die Versöhnung und Verbrüderung der ehemaligen Kriegsgefangenen versinnbildlichte. Der VdH versah jedoch auch Mahnmale, die an das Leid im Krieg und insbesondere in der Gefangenschaft erinnerten, mit einer Versöhnungsrhetorik und wies diesen Mahnmalen damit eine Bedeutung zu, die über das Erinnern an die Vergangenheit und das Mahnen in der Gegenwart hinausging und sich auf die Zukunft bezog.

Ein Beispiel stellt die Erinnerungsstätte im ehemaligen bayerischen Grenz-durchgangslager Hof/Moschendorf dar. Die dort aufgestellte Bronze-Figur »Pleni kniend« zeigt eine abgemagerte Figur mit kahlem Kopf, welche die Arme am Körper herunterhängen lässt, die Handflächen zum Betrachter wendet und vor einer Stahl-Stacheldraht-Säule kniet. Die Bildsprache weist auf Schicksal und Leiden der Kriegsgefangenen hin. In der dort angebrachten Inschrift wie auch in den bei der Einweihungsfeier im Sommer 1980 gehaltenen Reden des VdH-Landesvorsitzenden und eines Mitglieds der bayerischen Landesregierung wurde die Erinnerungsstätte

Friedland-Gedächtnisstätte auf dem Hagenberg, errichtet 1966/67 nach einem Entwurf von Prof. Fritz Theilmann und Plänen der Arbeitsgemeinschaft Hans Wechter/Martin Bauer.

ullstein bild/Haun

jedoch nicht nur als Erinnerung an vergangenes Leid, sondern auch als Symbol des gegenwärtigen Wunsches nach zukünftiger Versöhnung und Frieden bezeichnet.[8]

Ein anderes Beispiel ist die monumentale Friedland-Gedächtnisstätte des VdH, die 1967 in der Nähe des ehemaligen Durchgangslagers Friedland errichtet wurde. Auch hier lag dem Verband daran, das Gedenken an das Schicksal der deutschen Opfer des Zweiten Weltkrieges um die Botschaft zu ergänzen, dass diese Opfer sich versöhnen wollten. Das Denkmal besteht aus vier fast 30 Meter hohen flügelartigen Betonmauern, die auf einer Anhöhe aufgestellt sind. Auf den Mauern wurden Inschriften angebracht, die vor allem auf das millionenfache Leid hinweisen, das der Krieg und seine Folgen über die Deutschen gebracht hatten. Zwei Inschriften jedoch sind der Versöhnung gewidmet: Auf Tafel 7 lautet der Aufruf »Völker versöhnt euch!«, auf Tafel 12 findet sich der Text »Völker entsagt dem Hass – versöhnt Euch – dienet dem Frieden – baut Brücken zueinander.« Diese Inschrift wurde in der Folgezeit zu einem vielzitierten Slogan, der im Verbandsleben und auf öffentlichen Veranstaltungen des VdH die Botschaft von einer Versöhnung mit den Feinden von gestern für den Frieden von morgen in die Verbandsöffentlichkeit trug.

Lokale Partnerschaften und persönliche Freundschaften

Während bei den vom VdH organisierten Treffen sowie in den Mahnmalen das Thema Versöhnung hauptsächlich als rhetorische Forderung der Funktionäre zum Ausdruck kam, wurden die Mitglieder durch lokale Partnerschaften zwischen deutschen und französischen Heimkehrergruppen aktiv in Versöhnungsaktivitäten einbezogen. Seit Ende der 1950er-Jahre und insbesondere in den 1960er-Jahren entschlossen sich viele Orts- und Kreisverbände des VdH, die Versöhnungsaktivitäten des Dachverbandes aufzugreifen und eigene Partnerschaften zu gründen. Diese bestanden aus gegenseitigen Besuchen, dem Jugendaustausch, gemeinsamen Besichtigungsreisen, dem Ausrichten gemeinsamer Veranstaltungen und geselligem Beisammensein.

In der Verbandszeitung berichteten die Teilnehmer über Partnerschaftsaktivitäten und deuteten die Treffen mit den Veteranen aus Frankreich als »kleinen Teil zur Völkerverständigung«, da »der normale Bürger [...] und insbesondere der das gleiche Leid tragende ehemalige Kriegsgefangene dort wie hier, Verständnis füreinander haben«.[9] Immer wieder wurde zudem berichtet, die deutschen und französischen Heimkehrer hätten echte Kameradschaft erfahren.

Aus diesen lokalen Partnerschaften entwickelten sich über die Jahre hinweg enge, teilweise lebenslange Freundschaften. So erzählt die Tochter eines Heimkehrers, dass ein befreundeter Veteran aus der französischen Partnerstadt die Trauerrede auf der Beerdigung ihres Vaters gehalten habe. Die Unterbringung der deutschen beziehungsweise französischen Gäste während der gegenseitigen Besuche erfolgte oftmals in den Familien der Heimkehrer, so dass persönliche Kontakte auch über den Kreis der Heimkehrer selbst hinaus entstehen konnten, die sogar zu Hochzeiten zwischen deutschen und französischen Heimkehrerkindern führten. Junge Familienmitglieder deutscher und französischer Veteranen konnten sich durch Jugendaustausch und während der deutsch-französischen Jugendwochen, die der VdH im Rahmen seiner politischen Bildungsarbeit anbot, vor Ort kennenlernen. Auch die familiären Kontakte wurden als wichtige Etappe zum »großen Ziel der Völkerfreundschaft« verstanden, und die Jugendarbeit sollte dabei helfen, ein »lebendige[s] Gefühl für eine europäische Verständigung zu entwickeln«.[10]

Insbesondere in den 1960er-Jahren gehörten zum Programm dieser deutsch-französischen Treffen auch offizielle Empfänge bei den Vertretern der Kommunen. Die Rolle der Heimkehrer aus Deutschland und Frankreich und ihr zivilgesellschaftliches Engagement wurden dabei, so ist den Berichten zu entnehmen, stets gelobt und positiv hervorgehoben. In manchen Fällen konnten die Veteranen auf bereits bestehende Städtepartnerschaften aufbauen. In anderen Fällen ging die Partnerschaft zwischen deutschen und französischen Veteranen der Aufnahme offizieller Städtepartnerschaften voraus. Im südbadischen Ettenheim zum Beispiel erhielt 1966 der damalige katholische Pfarrer eine Anfrage von Veteranen aus dem elsässischen Benfeld. Aus den ersten Kontakten entwickelte sich eine Partnerschaft zwischen den Mitgliedern des VdH in Ettenheim und den Benfelder Veteranen, die bis zur Auflösung des VdH Ettenheim 2008 Bestand hatte. 1970 folgten die Bürgermeister beider Städte dem Vorbild der Veteranen und schlossen eine Städtepartnerschaft. Das lokale Verbandsleben des VdH in Ettenheim sowie die Partnerschaft mit den Veteranen in Benfeld war durch gegenseitige Besuche, verschiedene gemeinsame Aktivitäten sowie insbesondere eine Friedensfeier geprägt, die der VdH seit 1963 jedes Jahr im September organisierte und bei der die Benfelder Kameraden beteiligt waren. Die Feier fand auf dem Grundstück eines Ettenheimer Veteranen statt, der auf diesem Gelände eine »Lourdes-Grotte«, später auch ein Friedenskreuz und Mitte der 1980er-Jahre zusammen mit seiner Familie und mit Unterstützung des VdH eine Friedenskapelle errichtete. Dieses Areal nutzte der VdH für die Demonstration seines Versöhnungswillens und seiner Hoffnung auf

Frieden. Die Veteranen agierten also nicht nur innerhalb ihres eigenen Milieus, sondern waren in größere sowohl lokale als auch grenzübergreifende Netzwerke eingebunden beziehungsweise bauten diese durch ihr zivilgesellschaftliches Engagement selbst mit auf.

Verfolgt man die Berichte über diese Partnerschaften in der Verbandzeitung, so ist ein Wandel zu erkennen: Während der 1970er-Jahre scheinen die Aktivitäten zur Aufnahme von Kontakten und zur Etablierung persönlicher Freundschaften soweit vollzogen worden zu sein, dass nun nicht mehr von einer erst zu schaffenden Versöhnung die Rede war, sondern die bereits erreichte Versöhnung gefeiert wurde. Dies drückte sich in gegenseitigen Ehrungen und offiziellen Anerkennungen des gemeinsam Geleisteten durch die Verleihung von Verdienstmedaillen und -abzeichen aus. Die Beispiele zeigen, dass dem Engagement der Verbandsmitglieder über den Bezug zu den Themen Versöhnung, Verständigung oder Völkerfreundschaft zusätzliche Bedeutung zugeschrieben wurde. Aus grenzübergreifenden Freizeitaktivitäten wie Besichtigungsreisen, Jugendaustausch, geselligen Abenden und gemeinsamen Gedenkfeiern wurden so Bekundungen des Versöhnungswillens der Veteranen, gar Akte der Versöhnung selbst.

Reibungspunkte

Liest man die Verlautbarungen der VdH-Funktionäre und Berichte der unteren Verbandsstufen zur Versöhnung mit den französischen Kameraden, entsteht der Eindruck einer reibungslosen Beziehung. Diese Partnerschaft gründete auf dem Konsens, die Vergangenheit des Zweiten Weltkrieges vor allem als eine Zeit des »Leids auf beiden Seiten« und der daraus erfolgten »Kameradschaft«, der »Schicksals-« oder der »Erlebnisgemeinschaft« zu thematisieren. Das Leid blieb dabei oft unspezifisch, und unspezifisch blieben auch die historischen Ursachen, die zu diesem Leid geführt hatten.

Von Spannungen innerhalb dieser Partnerschaft war selten die Rede. Wo jedoch Reibungspunkte dokumentiert wurden, wird deutlich, dass die Vergangenheit des Zweiten Weltkrieges eben nicht durchgängig als gemeinsames Erlebnis eines geteilten Leids auf beiden Seiten gedeutet werden konnte. Vielmehr führte sie auch zu Irritationen unter den »Kameraden«.

So kam es auf dem 7. Europa-Treffen 1981 zu Unstimmigkeiten zwischen den Vertretern des VdH und der FNCPG. Stein des Anstoßes war ein Text des FNCPG-Präsidenten im Mitteilungsblatt »Le PG«, in dem er den 8. Mai 1945 als »Symbol des Triumphs der Freiheit über die Tyrannei, des Sieges der Menschen über die grässliche Bestie« bezeichnete. Daraufhin beschwerte sich die Delegation des VdH beim Präsidenten der CIAPG, diese Deutung des 8. Mai verstoße »gegen den Geist der CIAPG«. Der VdH bezog sich auf einen Beschluss des CIAPG-Kongresses von 1975, demgemäß das Gedenken an den 8. Mai »von allen Aussagen befreit werden soll, die geeignet sind, die Antagonismen der Vergangenheit wiederzuerwecken«.[11]

Das Beispiel zeigt nicht nur, wie schnell das Eis, auf dem die Versöhnung und die internationale Partnerschaft gebaut waren, brechen konnte. Es zeigt auch, dass die Versöhnungsrhetorik unter den Mitgliedsverbänden der CIAPG auf einer Übereinkunft beruhte, die Vergangenheit – in diesem Fall das Kriegsende in Europa – auf eine Weise zu deuten, durch die die unterschiedlichen und widerstreitenden Erfahrungen und Erinnerungen eingeebnet werden sollten. Diese Übereinkunft, die im transnationalen Kontext der CIAPG getroffen wurde, stand dem nationalen Empfinden der Beteiligten entgegen.

Auch innerhalb der westdeutschen Gesellschaft sah sich der VdH mit widerstrebenden Deutungen der Vergangenheit konfrontiert, die auf Unverständnis für die vom Verband propagierte Versöhnungsidee schließen lassen. Kehren wir zurück nach Sindelfingen und zum dortigen »Denkmal der Brüderlichkeit«. Das Denkmal, das als sichtbares Zeichen der Versöhnung zwischen Deutschen und Franzosen konzipiert und vom VdH als solches in der Öffentlichkeit präsentiert wurde, hatte bereits vor seiner Enthüllung für Unmut in der Sindelfinger Bevölkerung gesorgt. Ursprünglich sollte das Denkmal mitten im Park vor der Stadthalle platziert werden. Nach öffentlichen Protesten wurde zunächst der weit weniger prominente Platz neben dem Pfarrgymnasium als Ort für das Denkmal gewählt. Die lokalen Auseinandersetzungen setzten sich jedoch fort. In der Kritik standen das Denkmal selbst – dem ein Kunstlehrer des Gymnasiums eine »schlicht gesagt kitschige, sauer gefühlsüberladene, größenwahnsinnige Form«[12] attestierte – sowie die Reaktionen des VdH. Gekränkt durch die Kritik an seinem Versöhnungszeichen, wehrte sich der VdH gegen die »Polemik«, mit der die Debatte geführt wurde, die »einst das herbeigeführt [habe], was durch dieses Denkmal in der Zukunft vermieden werden soll«. Dies erboste einen dem Denkmal kritisch gegenüberstehenden Stadtrat, der selbst Soldat und Kriegsgefangener gewesen war und dem Verband vorwarf, er klage alle Kritiker am Denkmal an, sich mit ihrer Kritik am Denkmal zugleich auch »gegen die deutschfranzösische Freundschaft« zu »vergehen«.

Der Streit kulminierte in der Nacht zum 29. Mai 1968, als das Denkmal mit roter Farbe beschmiert und unweit des Denkmals der Spruch »Wir sind gegen NS-Gesetze« angebracht wurde. Hintergrund war die bevorstehende Verabschiedung der »Notstandsgesetze« durch den Deutschen Bundestag am 30. Mai, die insbesondere unter jungen Westdeutschen als Ausdruck einer unbewältigten NS-Vergangenheit galten. Der VdH war mit seiner Botschaft einer Versöhnung, die auf einer Verbrüderung der ehemaligen Kriegsgefangenen basierte, offenbar nicht in die lokale Öffentlichkeit durchgedrungen. Vielmehr wurde das Denkmal in die Kritik an einer unzureichenden Auseinandersetzung mit der NS-Vergangenheit einbezogen, die sich an den Notstandsgesetzen entzündet hatte. Bei der offiziellen Einweihung des Denkmals im Rahmen des Heimkehrertreffens wurden diese vorab geführten Diskussionen nicht erwähnt, stattdessen die Stadt Sindelfingen ausdrücklich für ihre Unterstützung gelobt. Lediglich die Ansprache des Geschäftsführenden Präsidenten des VdH, der über die »Unruhen unter der Jugend«[13] sprach, mag eine Anspielung auf die vorangegangene Kritik und das Beschmieren des Denkmals gewesen sein.

Auch die Friedland-Gedächtnisstätte wurde im Winter 1967/68 Ziel von Unmutsäußerungen, die eine mangelnde Beschäftigung mit der NS-Vergangenheit seitens des VdH anprangerten. So wurde die Aufschrift der Tafel »Völker entsaget dem Hass – Versöhnt Euch – Dienet dem Frieden – Baut Brücken zueinander« durchgestrichen, darunter wurde das Wort »Dachau« aufgemahlt. Eine weitere Tafel wurde mit dem Wort »Lidice« übermahlt. Das Konzentrationslager Dachau und der tschechische Ort Lidice, der als »Vergeltungsakt« für das Attentat auf den stellvertretenden Reichsprotektor in Böhmen und Mähren Reinhard Heydrich zerstört worden war und dessen Bewohner in Konzentrationslager deportiert oder vor Ort ermordet worden waren, wurden als Synonyme für das verbrecherische NS-System verwendet. Wer auch immer hier zum Pinsel gegriffen hatte, wies darauf hin, dass in Friedland sowohl die Opfer des Nationalsozialismus als auch die historischen Umstände, durch die deutsche Soldaten, Kriegsgefangene, Flüchtlinge und Vertriebene zu Opfern wurden, nicht explizit thematisiert wurden.

Die Beispiele aus Sindelfingen und Friedland deuten darauf hin, dass die Versöhnungsbotschaft des VdH ab den 1960er-Jahren Unbehagen auslöste. Dieses Unbehagen kam daher, dass der VdH im Rahmen seiner Versöhnungsaktivitäten das Leid der ehemaligen Soldaten und Kriegsgefangenen betonte, während er den historischen Zusammenhang sowie das Leid, das Deutsche – darunter deutsche Soldaten – über andere Länder und Völker gebracht hatten, weitgehend ausklammerte.

Schlussbemerkungen

Versöhnung war eine Form der Auseinandersetzung europäischer Veteranen mit ihrer Vergangenheit als Soldaten und Kriegsgefangene, die sie in konstruktives Engagement für Gegenwart und Zukunft umzuwandeln suchten. Seit den frühen 1950er-Jahren engagierte sich der VdH auf allen Verbandsstufen für eine Versöhnung mit den einstigen Gegnern in Westeuropa, wobei insbesondere Kontakte zu französischen Heimkehrern gesucht und aufgebaut wurden. Während die deutsch-französischen und internationalen Kontakte des VdH und seiner Mitglieder in den 1950er- und 1960er-Jahren ganz direkt mit dem Wunsch nach Versöhnung in Zusammenhang gebracht wurden, wurde im Laufe der 1970er-Jahre der Vollzug der Versöhnung gefeiert.

Das Engagement des VdH zum Aufbau von Partnerschaften mit französischen Heimkehrern und deren Nachkommen, die auf beiden Seiten als Ausdruck des Willens zur Versöhnung gewertet wurden, knüpften auf unterschiedliche Weise an bestehende zivilgesellschaftliche und politische Aktivitäten an oder gingen diesen voraus. Der VdH beteiligte sich auch an laufenden Debatten. Dies zeigt sich insbesondere in der auch unter den Veteranen verbreiteten Rede über Europa, die in den 1950er- und den 1960er-Jahren in Politik und Zivilgesellschaft üblich war.

Versöhnungsaktivitäten und die damit verbundenen sozialen Kontakte und Freundschaften wurden für viele Heimkehrer Teil ihres gesellschaftlichen Lebens. Durch dieses Engagement suchten und erfuhren sie eine soziale Anerkennung, die ihnen als Veteranen für ihr gegenwärtiges, zukunftsgerichtetes Handeln gewährt wurde. Dies mag manchem als Ersatz dafür gedient haben, dass die (west)deutsche Gesellschaft in den Augen vieler Veteranen den »Dank des Vaterlandes« für ihren Dienst an der Waffe verwehrt hatte.

Grundlage für den grenzübergreifenden Dialog und die darauf aufbauenden Versöhnungsaktivitäten war eine Deutung aller ehemaligen Soldaten und Kriegs-gefangenen als Opfer, die sich nach dem Krieg auf Augenhöhe begegnen konnten. Fragen nach dem historischen Kontext des erfahrenen Leids, gar nach persönlicher Schuld und Verantwortung als ehemalige Soldaten eines verbrecherischen Regimes wurden nicht gestellt – zumindest nicht öffentlich. So sehr sie mit ihren Bemühungen um Versöhnung in die Gesellschaft hineinwirkten – in diesem Punkt verharrten der VdH und seine Mitglieder in ihrer eigenen Welt.

Anmerkungen

1   Der Heimkehrer (im Folgenden: DH), Oktober 1951, S. 7.
2   DH, 5.1.1955, S. 1.
3   DH, Juni 1955, S. 3.
4   DH, Sonderausgabe zum Heimkehrer-Deutschlandtreffen am 18./19.6.1955, S. 3.
5   DH, 15.6.1980, S. 1.
6   Broschüre Grenzland-Heimkehrertreffen Trier 1961, o.S.
7   DH, 30.6.1968, S. 3.
8   DH, 15.7.1980, S. I.
9   Mitteilungsblatt VdH Bezirksverband Neukölln, Sept./Okt. 1960, Nr. 9/10, S. 1.
10 DH, 30.4.1969, S. II; DH, 25.5.1964, S. 9.
11 DH, 15.6.1981, S. 1, Ebd.
12 Der Kunstlehrer und das Denkmal. In: Sindelfinger Zeitung, 17.9.2008. Daraus auch die folgenden Zitate.
13 DH, 30.6.1968, S. 3.

IV. Militär in Europa: Selbst- und Fremdbilder

Maciej Górny

Der Feind im Osten. Gewalt, Propaganda und Kultur an der Ost- und Südostfront im Ersten Weltkrieg

Der Erste Weltkrieg nimmt in der Geschichte der Propaganda einen besonderen Platz ein. An den Themen lag das nicht. Denn die Botschaft der Propaganda hatte sich seit dem späten 18. Jahrhundert kaum geändert: Der Glaube an den eigenen Sieg, das Verächtlichmachen des Gegners, die Berufung auf die göttliche Vorsehung – all das finden wir bereits in den Flugschriften der napoleonischen Zeit. Neu waren jedoch die Art der Verbreitung der Information und ihre Reichweite. Im Dienste der Kriegspropaganda stand nicht nur die altehrwürdige Druckkunst. Der Krieg fand Eingang in die Presse, die Literatur, die Museen, auf die Bühnen der Theater und auf die Leinwand der Kinos aller kämpfenden Parteien. In den amerikanischen Kinos beispielsweise wurden die Zuschauer mit so aussagekräftigen Stummfilmtiteln konfrontiert wie »To Hell with the Kaiser« (Zur Hölle mit dem Kaiser, 1918) oder auch »The Kaiser, Beast of Berlin« (Der Kaiser, das Biest von Berlin, 1918). Eine große Rolle spielten Fotografien, auf denen Kriegszerstörungen, Hinrichtungsopfer, aber auch siegreiche Helden »objektiv« dargestellt waren.

»Verrat« und »Barbarei«:
Die Hauptmotive der Kriegspropaganda

Obwohl sich beide Seiten gegenseitig unaufhörlich Lüge und Manipulation vorwarfen, wurden viele Propagandamotive mehr oder weniger durch Fakten gestützt. Das betrifft in erster Linie den Vorwurf der Grausamkeit gegenüber der Zivilbevölkerung. Die in Belgien einmarschierenden Deutschen begingen tatsächlich Kriegsverbrechen. Zu Gewaltakten kam es auch in dem von der russischen Armee besetzten Ostpreußen, in Galizien und in Serbien durch die österreichisch-ungarische Armee. Kollektivmaßnahmen, mit denen die Bewohner für den Widerstand Einzelner unterschiedslos zur Verantwortung gezogen wurden, waren an der Tagesordnung. Sowohl die Deutschen als auch die Russen nahmen Geiseln, um sich vor Ungehorsam der Bevölkerung in den besetzten Gebieten rechtzeitig abzusichern. Das Vorgehen der Besatzer war durch ihre Furcht vor den *francs-tireurs*, den nichtuniformierten Kombattanten, gekennzeichnet, wie sie besonders aus der Zeit des Deutsch-Französischen Krieges von 1870/71 bekannt waren.

Die Angst vor Heckenschützen und das daraus folgende Misstrauen gegenüber der Zivilbevölkerung spiegelten sich in zwei großen Themen der Kriegspropaganda wider. Das eine war die Barbarei, das zweite der Verrat. Als Ursache und Wirkung begründeten sie sich gegenseitig: Man musste mit dem Feind barbarisch umgehen, um sich vor seinem verräterischen Angriff zu schützen oder ihn für den Verrat zu bestrafen. Andererseits mussten die eigenen grausamen barbarischen Gräueltaten den Widerstand auch von denen hervorrufen, die keine Uniform trugen. Verrat und Barbarei dienten auch als Metaphern. Im September 1914 richteten deutsche

Professoren und Schriftsteller einen dramatischen Appell an die ganze Welt, in dem diese beiden Motive eine zentrale Rolle spielten. Die Verfasser des Appells wiesen den Vorwurf zurück, dass die einmarschierenden Deutschen die belgische Stadt Löwen (fläm. Leuven) samt der Universitätsbibliothek abgebrannt hätten. Die deutschen Professoren beließen es aber nicht bei einem einfachen Widerruf:

> »Es ist nicht wahr, daß unsere Kriegführung die Gesetze des *Völkerrechts* mißachtet. Sie kennt keine zuchtlose Grausamkeit. Im Osten aber tränkt das Blut der von russischen Horden hingeschlachteten Frauen und Kinder die Erde, und im Westen zerreißen *Dumdumgeschosse* unseren Kriegern die Brust. Sich als Verteidiger europäischer Zivilisation zu gebärden, haben die am wenigsten das Recht, die sich mit Russen und Serben verbünden und der Welt das schmachvolle Schauspiel bieten, *Mongolen* und *Neger* auf die weiße Rasse zu hetzen.«

»Barbarei« war insofern nicht nur ein Merkmal des modernen Krieges. Der Begriff stand auch für den Ausschluss aus der Gemeinschaft der zivilisierten Völker. »Verrat« bedeutete hingegen nicht mehr nur eine »gewöhnliche« Verletzung des Kriegsrechts, sondern wurde in einem übertragenen Sinn zum »Verrat an der Rasse« überhöht.

In den Geschichtsbüchern und im kollektiven Gedächtnis des Ersten Weltkrieges überwiegen Bilder von der Westfront – vor allem vom sinnlosen Tod in Schützengräben voller Regenwasser und Schlamm – und von den Angriffswellen gegen den gut befestigten Gegner. Nicht anders stellten sich die »Machtverhältnisse« zwischen der Westfront und den anderen Fronten bereits während der Kämpfe dar. Schon damals fanden die deutschen Gräueltaten in Belgien ein wesentlich stärkeres und länger anhaltendes Echo als die von den österreichisch-ungarischen Soldaten in Serbien begangenen Massaker. Einige Wochen vor der Zerstörung von Löwen machte die deutsche Artillerie das polnische Kalisz dem Erdboden gleich – die Stadt war ohne militärische Bedeutung, ihre Größe entsprach derjenigen von Löwen. Ähnlich wie im Westen wurden in Kalisz Geiseln genommen, von denen anschließend ein Teil erschossen wurde, der Großteil der Bevölkerung wurde vertrieben. Zwischen der Ost- und der Westfront gab es anfangs wesentlich mehr Ähnlichkeiten. Kampfgase wurden zum ersten Mal im Osten eingesetzt. 1915 war nicht nur London deutschen Zeppelinangriffen ausgesetzt, sondern auch Warschau, wo fast vierhundert Menschen durch Bomben ums Leben kamen.

Mit der Zeit wurden die Unterschiede zwischen den Fronten deutlicher: Die Westfront blieb im Stellungskrieg stecken, während im Osten der Bewegungskrieg weiterging. Im Endeffekt waren von Gräueltaten, die an der Westfront zu einem der Hauptmotive der Kriegspropaganda geworden waren, im Osten viel mehr Menschen betroffen. Ein beträchtlicher Teil Ostpreußens und Galiziens befand sich vorübergehend unter russischer Besatzung. Die österreichisch-ungarische Armee nahm nach ungewöhnlich erbitterten Kämpfen Serbien ein. Bulgarien vereinnahmte Mazedonien. Die deutschen, österreichisch-ungarischen und die gegnerischen russischen Truppen zogen mehrfach durch polnische, weißrussische und ukrainische Gebiete. Auf dem Balkan und in den Dardanellen landeten französische und britische Truppen. Die rumänische Besetzung Siebenbürgens war zwar kurz, sie hinterließ aber tiefe Spuren im Gedächtnis der Menschen. Die unmittelbar danach folgende österreichisch-ungarisch-deutsche Gegenoffensive führte zu einer zweijährigen Besetzung Rumäniens. Die Lage, von der im Westen die Einwohner Belgiens und die einiger französischer *Départements* betroffen waren, betraf in Ostmittel- und Südosteuropa riesige Gebiete und Millionen Menschen.

Raum war aber nicht der einzige Unterschied zwischen Ost und West. Der Krieg im Osten wies auch im Hinblick auf seine Dauer Besonderheiten auf. Weder das Jahr 1914 noch das Jahr 1918 stellten hier eine deutliche Zäsur dar. Auf dem Balkan war der Konflikt bereits 1912 ausgebrochen – und zwar unter der Beteiligung nicht nur einiger Staaten, die anschließend Teilnehmer am Ersten Weltkrieg waren, sondern auch der europäischen Diplomatie und der Öffentlichkeit. Später komplizierten unter anderem die Revolution und der bolschewistische Umsturz in Russland die Lage, die in einem langen und chaotischen Bürgerkrieg mündete. Der Übergang von den Kriegshandlungen vor der Kapitulation Deutschlands zu denen, die dann nach dem Krieg folgten, war fließend. Die Kämpfe unter Beteiligung der »roten« und »weißen« Russen, der deutschen Freikorps, der Letten, Esten und Finnen dauerten noch viele Monate. In Litauen gab es Gefechte zwischen Polen, Litauern und *Bolschewiki*. Der Osten Polens und die litauisch-weißrussischen Gebiete wurden zum Kriegsschauplatz des polnisch-bolschewistischen Krieges. In Ostgalizien gab es einen regulären polnisch-ukrainischen Krieg, gleichzeitig aber auch ukrainisch-sowjetische und polnisch-sowjetische Gefechte. Die ephemere Ungarische Räterepublik unternahm Versuche zur Ausweitung der Revolution auf die Gebiete, die vor dem Krieg zu Ungarn gehörten. Auf diese Weise wurde die Ostslowakei zum Schauplatz erbitterter Gefechte, danach Ungarn selbst, einschließlich Budapest, das von rumänischen Truppen besetzt wurde, die mit (unwilliger) Zustimmung der *Entente* intervenierten. Bis in das Jahr 1922 dauerte der Griechisch-Türkische Krieg, der mit dem ersten internationalen Abkommen über die Zwangsumsiedlung der Bevölkerung endete. Unter diesen Bedingungen dauerten viele Ereignisse, die sich im Westen zwischen 1914 und 1918 abspielten, im Osten länger und ihre Auswirkungen waren schließlich zerstörerischer. Ständig wechselnde Frontverläufe, häufige Truppendurchmärsche und der kaleidoskopartige Wechsel der »Befreier« waren die Regel.

Der geradezu grenzenlose Kriegsschauplatz führte zu dem Nebeneffekt, dass die Zivilbevölkerung einer allgemeinen und systematischen Gewaltanwendung ausgesetzt war. Schon 1913 hob die internationale Kommission der *Carnegie Endowment for International Peace* in ihrem Bericht über die Balkankriege die fatale Lage der Bevölkerung, besonders die der Frauen hervor. Ähnlich wie später die Deutschen in Belgien, reagierten bulgarische, serbische, montenegrinische und griechische Soldaten im Ersten Balkankrieg mit brutalen Repressionen auf reale und vermeintliche Anzeichen von Widerstand der muslimischen Bevölkerung.

Im Unterschied zu Belgien oder Nordfrankreich gab es an der Ostfront noch eine andere wichtige Besonderheit. Anders als im Westen, waren der Gewalt nicht nur die Bevölkerung der besetzten Gebiete, sondern auch die eigenen Bürger ausgesetzt. Beim Rückzug aus dem Königreich Polen wandte die russische Armee die Taktik der verbrannten Erde an und zwang Tausende von Menschen zur Evakuierung. Im Unterschied zu Belgien wurden in dieser Region genaue Angaben über die Zerstörungen nie erhoben. Aus bruchstückhaft vorliegenden Daten geht unter anderem hervor, dass es über 300 000 zerstörte Gehöfte allein in Galizien und in der Bukowina gab. Hinter der nüchternen Statistik verbergen sich menschliche Dramen, weil die Menschen der Willkür aller kämpfenden Parteien ausgesetzt waren. In Zamość fand ein Ereignis statt, das typisch war für jene Zeit. Nach Rückkehr der russischen Truppen in die Stadt, die vorübergehend von den Österreichern besetzt gewesen war, wurden sechzehn Mitglieder der städtischen Wachmannschaften erschossen, die nach der Evakuierung der russischen Behörden für Recht und Ordnung gesorgt hatten. Laut Befehl des Oberkommandierenden, des Großfürsten Nikolai Nikolajewitsch Romanow, wurden auf eigenem, zurückerobertem Territorium bei der Einnahme von Dörfern und Städten Geiseln genommen, die bei Widerstand zu erschießen waren. Der Verdacht der Kollaboration mit Österreich-Ungarn fiel im Gebiet von Chełm vor allem auf den Klerus der Unierten Kirche; in anderen Regionen wurden protestantische Bauern erschossen. Nicht anders verhielten sich die österreichisch-ungarischen Militärs nach Rückeroberung des von Russen besetzten Ostgalizien. Ukrainische und polnische Abgeordnete intervenierten gegen willkürliche Exekutionen unter dem Vorwurf der Kollaboration mit dem Feind sowohl im Wiener Parlament als auch unmittelbar im Kriegsministerium. Anton Holzer schätzt, dass österreichisch-ungarische Militärgerichte in den ersten Kriegsmonaten in vereinfachten Verfahren bis zu 36 000 Todesurteile fällten, die anschließend vollstreckt wurden.[1] Selbst wenn diese Zahlen zu hoch erscheinen, waren der Verdacht auf Verrat und brutale Repressionen an der Tagesordnung. Die nächsten brutalen, wenn auch nicht mehr so blutigen Maßnahmen zur Befriedung Ostgaliziens wurden vom polnischen Militär nach dem Krieg gegen die Ukraine im Frühjahr 1919 ergriffen.

Auslöser der Gewalt waren ethnische Konflikte. Die polnische Verwaltung des unabhängigen Galizien nutzte die Gelegenheit, die ukrainische Nationalbewegung zu schwächen, indem sie die Ruthenen massenweise als Russenfreunde denunzierte. Nationalistische Schriftsteller bliesen in das gleiche Horn. Aufgebrachte ukrainische Funktionäre wiesen die Vorwürfe zurück und bemühten sich, die Loyalität der ruthenischen Untergebenen und ihren elementaren Hass gegen Russland nachzuweisen. Eine Welle gegenseitiger Beschuldigungen ergoss sich über die polnische und ukrainische Presse. Bei den Behörden wurden polnische Beamte in Galizien angeschwärzt: Angeblich planten sie, die Ukrainer in Galizien auszurotten. Die Lage änderte sich nach der Rückeroberung von Lemberg durch Österreich-Ungarn. Die örtlichen polnischen Eliten hielten dem Haus Habsburg nicht immer die Treue. Also war es nicht verwunderlich, dass sich die polnisch-österreichischen Beziehungen nach der russischen Besatzung abkühlten und die Zahl ukrainischer Beamter in der Provinzverwaltung anstieg. Beide Seiten scheuten sich nicht, die Verantwortung auf die zahlenmäßig drittstärkste ethnische Gruppe Galiziens zu schieben: die Juden. Das blutige Nachspiel dieser Kampagne bildete eine Welle antijüdischer Pogrome in Ostmitteleuropa. Dank der Veröffentlichung von Jerzy Tomaszewski sind seit fast dreißig Jahren die Umstände des Pogroms von Lemberg bekannt. Polen waren hier die Täter. Als Vorwand diente ihnen die angebliche Zusammenarbeit der Juden mit den Ukrainern, die um Galiziens Hauptstadt kämpften.[2] In vielen ostgalizischen Ortschaften sowie in Wolhynien waren Ukrainer die Täter. Die Mörder wechselten häufiger – die Opfer blieben die gleichen. In Zhytomyr (poln. Żytomierz) kam es Anfang 1919 zum ersten Pogrom, als die Stadt unter ukrainischer Kontrolle war. Der zweite Pogrom geschah im Juni 1919, als die Polen die Stadt besetzten. Das waren längst nicht die tragischsten Ereignisse. In Russland ermordeten die »Weißen« im Bürgerkrieg 150 000 Juden.

Nicht nur die Zivilbevölkerung, sondern auch aktive Soldaten wurden des Verrates beschuldigt. Zu den am stärksten davon betroffenen Gruppen gehörten die Russlanddeutschen, die Juden und die Tschechen. Die ersten beiden Gruppen hatten unter der wahnhaften Angst der Russen vor Spionen ganz besonders zu leiden. Juden wurden auch zum Ziel antisemitischer Angriffe von deutschen Politikern. Diese veranlassten eine »Judenzählung« – eine staatlich angeordnete statistische Erhebung, bei der der Anteil Deutscher jüdischer Herkunft im deutschen Heer zum Stichtag 1. November 1916 festgestellt werden sollte. Hintergrund der ganzen Aktion war die Vermutung, dass Juden »Drückeberger« seien, sich dem Dienst an der Waffe entzögen und selbst wenn sie zur Armee gingen, in der Etappe Deckung suchten. Die bis Kriegsende geheim gehaltenen Untersuchungsergebnisse wurden nach ihrer Veröffentlichung von allen interessierten Parteien als Erfolg gewertet. Jüdische Organisationen betonten stolz, dass der Prozentsatz jüdischer Soldaten unter der jüdischen Bevölkerung sogar höher war als der Anteil der deutschen Soldaten insgesamt an der Bevölkerung im Reich. Antisemitische Verbände und Medien dagegen vertraten die Ansicht, dass die Juden in der Armee privilegiert gewesen seien.

In Österreich-Ungarn, dessen Armee fast frei von der krankhaften Furcht vor Juden war, kam es bereits im Krieg zu einer beispiellosen und den Interessen der Monarchie zuwiderlaufenden Kampagne gegen Soldaten tschechischer Nationalität. Die den Tschechen gegenüber gemachten Unterstellungen erinnerten in mancher Hinsicht an die antisemitische Propangadakampagne in Deutschland. Der österreichische Literaturwissenschaftler Wilhelm Kosch zum Beispiel behauptete, dass die tschechische Polytechnische Hochschule in Prag im vierten Semester des Krieges fast so viele Studenten habe wie die deutschsprachigen polytechnischen Hochschulen in Wien, Graz und Prag zusammen. Das konnte nur bedeuten, dass die Tschechen sich dem gebotenen Blutzoll für das Vaterland entzogen.[3] Seit Beginn des Jahres 1915 wiederholten sich unter den Tschechen an der galizischen Front Fälle von Fahnenflucht. Mehrfach gerieten auch größere Gruppen in russische Gefangenschaft, ohne dass sie, wie die Militärbehörden behaupteten, zuvor genügend Widerstand geleistet hätten. Obwohl spätere Untersuchungen die tschechischen Soldaten von solchen Pauschalurteilen freisprachen, lief die Hetzjagd österreichisch-deutscher Nationalisten auf Hochtouren. Im Wiener Parlament kam es zu einem Streit zwischen tschechischen und deutschen Abgeordneten, der an die Diskussion um die jüdische Statistik in der deutschen Armee erinnerte. In Wien ging es um die Frage, welche der Nationalitäten Österreich-Ungarns im Krieg die größeren Verluste erlitten hatte.

»Krieg der Geister« an der Ostfront und auf dem Balkan

Die beiden großen Motive der Kriegspropaganda, barbarische Gewalt und Verrat, hatten ihr solides Fundament im Osten demnach in den Kriegsereignissen gefunden. Andererseits waren die Möglichkeiten der Propaganda in diesem Teil Europas viel stärker eingeschränkt als in den am weitesten entwickelten Staaten im Westen. Mit Ausnahme der tschechischen Gebiete und Bulgariens waren die Bauern zum großen Teil und manchmal weit überwiegend Analphabeten ohne Bürgerrechte. Die Mobilisierung der Bevölkerung und die Weitergabe der wichtigsten staatlichen Anliegen erfolgten meist von der Kirchenkanzel. In den bis dahin neutralen Staaten wie Rumänien spielten sich die Auseinandersetzungen zwischen den Anhängern der *Entente* und denen der Mittelmächte eher in elitären literarischen Zeitschriften ab als im öffentlichen Raum. Eine nennenswerte Filmproduktion gab es nicht.

In den von Deutschland und Österreich-Ungarn besetzten Gebieten hatte der erzwungene Bruch mit den vor dem Krieg dominierenden französischen Filmgesell-

Denkschrift des Bundes zur Befreiung der Ukraine, 1915
(Auszug, ohne Hervorhebungen)

»Mit dem Ausbruche des Krieges hat sich in Lemberg aus den im Auslande tätigen
Mitgliedern verschiedener ukrainischer Parteiverbände der russischen Ukrainer
der »Bund zur Befreiung der Ukraine« gebildet. Ihm sind alle hervorragenden
Mitglieder der ukrainischen Organisation Rußlands, soweit sie sich zur Zeit
des Kriegsausbruches im Auslande befanden und schon früher für die ukrainische Sache werbetätig waren, beigetreten. Infolge der Besetzung der galizischen
Hauptstadt durch die Russen hat der Bund vorläufig seinen Sitz nach Wien verlegt, von wo aus er seine weitere Tätigkeit entwickelt [...]
    Der Bund hat sofort nach dem Ausbruche des Krieges einen Aufruf an die euro-
päischen Staaten veröffentlicht, in welchem die Bestrebungen der Ukrainer nach
Lostrennung der Ukraine von Rußland und nach Wiederherstellung eines unabhängigen ukrainischen Staates zum Ausdrucke gebracht wurde [...] Ferner wurden vom Bunde auch Flugschriften in mehreren Sprachen herausgegeben, die sich
mit der ukrainischen Frage befassen [...]
    Eine weitere Tätigkeit entwickelte der Bund unter Zustimmung der betreffen-
den Militärverwaltungen im Lager der russischen Gefangenen. Der Zweck dieser
Arbeit ist, die ukrainischen Gefangenen in nationaler Hinsicht aufzuklären und,
wie wir es möchten, für den etwaigen Einmarsch in die russische Ukraine auf seiten
[sic] der verbündeten Armeen zu organisieren [...] Der Bund legt ganz besonderes
Gewicht darauf, dass die ukrainische Sache von dem deutschen Volke ihrer wahren Gestaltung und Bedeutung nach erkannt und unterstützt werde [...] Möge uns
Gott nach dem vollen Sieg der deutschen Waffen die Erfüllung unserer Wünsche
im Interesse unserer beiden, aufeinander angewiesenen Völker gewähren [sic]!«

Aus: Die Ukraine und der Krieg. Denkschrift des Bundes zur Befreiung der Ukraine,
München 1915, S. 20–24.

schaften fatale Folgen. Für längere Zeit war der Film »Krwawe dni Kalisza« (Die blutigen Tage von Kalisch) der letzte in Warschau produzierte Film, der die deutschen Verbrechen in den ersten Kriegswochen dokumentierte. Später gehörten die Leinwände
Propagandafilmen deutscher und österreich-ungarischer Produktion. In Bulgarien
wiederum, in dem es vor dem Krieg keine einzige Produktionsfirma gegeben hatte,
entstanden die ersten abendfüllenden Filme sozusagen durch die Produktion von Propagandafilmen. Nach deutschem Vorbild wurde dort auch ein Verlag für Schützen-
grabenliteratur gegründet. Angesichts der Schwäche des Kinos war das Theater oft
Träger der Kriegspropaganda; es war zwar von begrenzter Reichweite, brachte aber
eigene und von den Verbündeten importierte Kriegsstücke auf die Bühne.
    Bis in das Jahr 1918 war die Region überwiegend nicht Produzent, sondern Rezipient
von Kriegspropaganda. Der Grund dafür scheint offensichtlich: Obwohl alle Nationen
Rekruten für die kämpfenden Armeen stellten, hatten die meisten keinen Nationalstaat,
der eine eigene Informationspolitik hätte führen können. Die Wiedergabe und die
Vervielfältigung der von den Großmächten erarbeiteten Themen fanden zwar statt, aber

an der Peripherie wurde keine solche Intensität erreicht wie im Zentrum. Hingegen blühte eine andere und wesentlich elitärere Art des Kriegsschaffens auf. Eine größere Rolle als im Westen spielten hier Artikel, Broschüren und Bücher von Intellektuellen, die dem Kriegsziel und der -bedeutung, dem nationalen Charakter des eigenen und der verfeindeten Völker wie auch schließlich der Zukunft der europäischen Zivilisation gewidmet waren. Die Erscheinung, die in Deutschland »Krieg der Geister« genannt wurde, hatte in Ostmitteleuropa und in Südosteuropa sehr ähnliche Entsprechungen. Überall traten politische Organisationen in Erscheinung, die für sich das Recht in Anspruch nahmen, die einzelnen Nationalitäten zu vertreten. Diese Organisationen nutzten verschiedene Handlungsmöglichkeiten, um ihre unterschiedlichen politischen Interessen durchzusetzen. Gemeinsam war ihnen lediglich die Tatsache, dass sie ihre Existenz und ihre politischen Ziele durch zahllose Veröffentlichungen dokumentierten. Zu den aktivsten gehörten das polnische »Oberste Nationalkomitee« (*Naczelny Komitet Narodowy* – NKN), der »Bund zur Befreiung der Ukraine« (*Sojus Wyzwolennja Ukraïny* – SWU), das »Jugoslawische Komitee« (*Jugoslovenski Odbor*), aber auch das tschechoslowakische Komitee unter der Leitung von Tomáš Garrigue Masaryk, Edvard Beneš und Milan Rastislav Štefánik.

Ohne den Rückhalt einer größeren Organisation waren der Este Aleksander Kesküla, der Litauer Juozas Gabrys, polnische und litauische Funktionäre aus dem Umkreis der Freiburger (Schweiz) Zeitschrift »Pro Lithuania« oder auch der unermüdliche Propagandist der pantürkischen Einheit, Yusuf Akçura, tätig. Die Reichweite dieser Einheiten und Organisationen war imposant – allein das Oberste Nationalkomitee verfügte über Büros in Wien, Berlin, Bern, Stockholm und Kopenhagen. Große Bedeutung hatten sowohl für die Großmächte als auch für die politische Vertretung der »kleinen« Völker ihre eigenen bewaffneten Einheiten, die zuweilen so stark waren, dass sie nicht nur eine symbolische Rolle spielten. Tatsächlich bildete das Personal der polnischen und tschechoslowakischen Legionen oder auch der ukrainischen Sitscher Schützen den Kern der Streitkräfte des jeweiligen Landes nach 1918. Die entschlossensten Schritte zur Erlangung der Unterstützung der Völker Ostmitteleuropas unternahmen die Deutschen, die inoffiziell die Organisation finanzierten, welche die nichtrussischen Völker des Imperiums vereinte. Versuche, ein gemeinsames Handeln zu erzwingen, brachten aber auf lange Sicht keine positiven Ergebnisse. Die Ziele der einzelnen Völker erwiesen sich als unvereinbar.

Weder begann der Krieg östlich von Deutschland 1914, noch endete er 1918. Auch die Fronten des »Krieges der Geister« waren dort, anders als im Westen, keineswegs deckungsgleich mit den Grenzen der kriegführenden Staaten. Es war eher die Regel, dass sie quer durch die einzelnen Mächte verliefen und nicht selten völlig an den tatsächlichen Kriegshandlungen »vorbeigingen«. Die unversöhnliche Feindschaft zwischen den polnischen und den ukrainischen Politikern in Wien und in Berlin schlug sich in einer reichhaltigen Kriegsliteratur nieder, obwohl beide Gruppen die Mittelmächte unterstützten. Bereits im Ersten Weltkrieg verschärfte sich der polnischlitauische Konflikt. Obwohl die Zensur, die im von den Deutschen besetzten russischen Teil Polens besonders aktiv war, allzu kritische Stimmen unterdrückte, besteht kein Zweifel darüber, dass die polnisch-deutsche Feindseligkeit in den Kriegsjahren keineswegs nachließ. Die politischen Vertretungen der tschechischen Nationalbewegung und der tschechischen Deutschen setzten bereits im August 1914 eigene »interne Kriegsziele« um, welche die Position der jeweils anderen Nationalität schwächen sollten. Das Pariser Jugoslawische Komitee, das hauptsächlich kroatische politische Flüchtlinge um sich scharte, begegnete dem formell verbündeten Italien mit größtem Misstrauen. Mit Misstrauen wurde aber auch Serbien behandelt.

Aus vielen dieser Konflikte, die zunächst auf dem Papier ausgetragen wurden, wurde nach 1918 ein realer Krieg. Einige fanden ihre Fortsetzung in der politischen und wissenschaftlichen Publizistik der neu entstandenen Nationalstaaten. Die Ostfront des »Krieges der Geister«, die in zahlreiche kleine Abschnitte aufgeteilt war, erwies sich zu einem großen Teil als Vorwegnahme der Nachkriegsordnung in dieser Region.

Das Arsenal der im »Krieg der Geister« an der Ostfront und auf dem Balkan eingesetzten Mittel war sogar reichhaltiger als das ihres westeuropäischen Pendants. Die Publikationen richteten sich wesentlich häufiger als im Westen (zuweilen sogar ausschließlich) an Leser im Ausland, und sie erschienen in der jeweiligen Fremdsprache. Übersetzt wurden auch ältere Arbeiten, oft in gekürzter und allgemeinverständlicher Fassung. Ein Teil der Motive war übrigens identisch. Eine beliebte Beschäftigung polnischer und ukrainischer politischer Publizisten war es – und das verband sie mit vielen Deutschen und Österreichern –, Russland als barbarischen und asiatischen Staat zu geißeln. Um die Kluft zwischen ihrem Volk und Russland so deutlich wie möglich herauszustellen, bedienten sie sich der Sprache der Rassenlehre. Daher wurden die Russen als Barbaren nicht nur in geistiger und zivilisatorischer Hinsicht dargestellt, sondern auch in biologischer – infolge der angeblich mongolischen Abstammung bzw. der Mongolisierung des ursprünglich slawischen Volkes. Trotz des gemeinsamen Feindes führten Polen und Ukrainer seit Beginn des Krieges auch einen erbitterten ideologischen Krieg. Sie warfen sich gegenseitig Barbarei, Verrat, prorussische Sympathien, aber auch Rassenverwandtschaft mit den mongolisierten Russen vor. Als Argument dienten in dieser Kampagne »harte« wissenschaftliche Fakten: Tabellen mit gemittelten Werten zum Körperbau der einzelnen Populationen, Erhebungen zur Haut-, Augen- und Haarfarbe. Die Rassenfrage spielte eine nicht geringe Rolle auch an der bulgarisch-serbischen Front des »Krieges der Geister«. Diesmal waren in den Augen der serbischen Anthropologen die Bulgaren »die Mongolen«. Letztere wiederum griffen nach kulturellen Argumenten und stellten den hohen Alphabetisierungsgrad Bulgariens dem Fehlen nennenswerter Errungenschaften auf diesem Gebiet in Serbien gegenüber. Die Verwendung dieses Arguments in der bulgarischen Propaganda funktionierte bereits 1913 bei der Gegenüberstellung der Kultur und der Barbarei. In direkter Anknüpfung an die Kriegspublikationen deutscher Intellektueller war es auch in Ostmitteleuropa üblich, die Bulgaren als »Preußen des Balkans« zu bezeichnen. In den Augen der Autoren aus den Staaten der *Entente* war diese Titulierung eher als Vorwurf zu verstehen. Einer der Publizisten der in London erscheinenden »The New Europe« bemerkte hierzu: »The ideals which inspire Prussia and Bulgaria today are identical – arrogant contempt of other peoples, ruthless efficiency, and the worship of material progress.«[4]

Eine andere Waffe lieferte im »Krieg der Geister« die vor dem Krieg beliebte »Geschlechterpsychologie«. Hiernach würden sich die Serben durch ein besonderes weiblich-kindliches Charakterelement auszeichnen. Ganz ähnlich stellte die deutsche Kriegspublizistik die Franzosen dar. Manchmal wurde dieser weibliche Charakterzug als Zeichen der Unreife gedeutet, als wären alle Serben auf der Entwicklungsstufe der Kindheit stehen geblieben. In dieser Form tauchte dieses Argument auch in deutschen und österreichisch-deutschen Publikationen über Tschechen und Polen auf, selbst wenn diese keine Kriegsgegner waren. Die Analogie zu Frauen erlaubte es, in den Bewohnern Ostmitteleuropas »weibliche« Völker in Erwartung ihrer »männlichen« Herrscher zu sehen, die wiederum am besten in deutscher Uniform daherkämen. Zu den faszinierendsten Erscheinungen des »Krieges der Geister« gehörte die Übernahme dieses Motivs durch polnische und russische Autoren und seine Umdeutung zu einem positiven Selbstbild. In ihren Publikationen wurde die Weiblichkeit des eigenen Volkes, verbunden mit einer moralischen Überlegenheit und mit Pazifismus, als ein Vorzug dargestellt. Sie war kein Ausdruck einer seelischen Krankheit, für die sie von den meisten deutschsprachigen Autoren gehalten wurde.

Anders als in Westeuropa, konnte der »Krieg der Geister« kein Allgemeinwissen über den Gegner voraussetzen. Der Schriftsteller Thomas Mann oder der Sozialwissenschaftler Werner Sombart führten bei ihren Betrachtungen des deutschen und des englischen Nationalcharakters allgemein bekannte Phänomene an. Die meisten osteuropäischen Autoren hatten diesen Vorteil nicht. Wenn sie über den Nationalcharakter des Gegners spekulierten, informierten sie die Leser zugleich über das Volk, seine Kultur und die Grenzen der eigenen Gemeinschaft. Diese Informationen waren meistens keine nüchternen Beschreibungen der Wirklichkeit, sondern stellten Forderungen auf, wie etwas zu sein hatte.

Besonders deutlich wurde das im polnisch-litauischen und bulgarisch-serbischen Gebietsstreit. Die Bevölkerung der umstrittenen Gebiete sei eine »ethnographische Masse« ohne Bewusstsein, die in der Gegend um Vilnius polnisch sprach, aber »relitauisierbar« sei, und die Bevölkerung in Mazedonien würde je nach Sichtweise die bulgarische beziehungsweise die serbische Nation gut verstärken, hieß es.

Die Debatten, welche die Ereignisse an der Ostfront und auf dem Balkan begleiteten, lassen sich wegen ihres Verlaufs, der Beteiligten, der völkerpsychologischen Argumentation dem zuordnen, was in der Geschichtsschreibung des Ersten Weltkrieges als »Krieg der Geister« bezeichnet wird. Weil die Intellektuellen Ostmitteleuropa und den Balkan in dieses Feindbild einbezogen, spielten andere Kriegsereignisse und andere Zeitpunkte eine Rolle als im Westen. Auf dem Balkan herrschten bereits seit 1912 sowohl ein echter Krieg als auch ein Krieg im übertragenen Sinn. Die Intellektuellen führten diesen Krieg während des zweiten Balkankrieges fort. Nach Beendigung des Ersten Weltkrieges dauerte dieser »Krieg der Geister« länger als zahlreiche Grenzkonflikte. Er wurde angeheizt durch die anhaltende Gefahr einer bolschewistischen Aggression, durch interne Konflikte und ungelöste Gebietsstreitigkeiten sowie durch eine intensive Propagandakampagne in Deutschland und Ungarn, in der es um die Wiedergewinnung verlorener Gebiete ging. Die Erinnerung an die militärische Gewalt, aber auch die Erwartung neuer Gewalt trieben den »Krieg der Geister« an. Die Propaganda, die im britischen und französischen Falle nur eine vorübergehende Erscheinung war, setzte sich in Deutschland und in den osteuropäischen und südosteuropäischen Ländern noch lange fort.

Anmerkungen

1 Anton Holzer, Das Lächeln der Henker. Der unbekannte Krieg gegen die Zivilbevölkerung 1914–1918, Darmstadt 2008, S. 17.
2 Jerzy Tomaszewski, Lwów, 22 listopada 1918. In: »Przegląd Historyczny« [»Historische Umschau«], LXXV (1984), 2, S. 279–285.

3   Wilhelm Kosch, Die innere Bedrohung des österreichischen Staates und ihre Abwehr. In: Deutschlands Erneuerung, I (1917), 3, S. 230–248, hier S. 243.
4   Belisarius, Bulgaria and Prussia – a Comparison and a Hope. In: The New Europe, III (1917), S. 82–86, hier S. 85.

Sven Oliver Müller

Wie national waren E- und U-Musik im Zweiten Weltkrieg? Musikalische Aufführungen zwischen nationaler Abgrenzung und europäischer Angleichung

Anfeuern, Signale geben, für gleichzeitige Bewegung sorgen: Das sind typische Aufgaben der Militärmusik, die sie als eine Musik des Krieges kennzeichnen. Wie zum Krieg aber nicht nur die militärische Auseinandersetzung in der Schlacht gehört, erschöpft sich die Rolle der Musik nicht in Märschen und Schlachtenhymnen. Wirkungsmächtiger als der Klang einer Militärkapelle ist die Musik im Radio oder auf der Schallplatte, einerseits weil sie weit mehr Menschen erreicht, andererseits weil sie für vielfältige persönliche Empfindungen und Wünsche offen ist. Im Unterschied zum Kriegsgeschehen gibt es bei musikalischen Aufführungen keine finalen Entscheidungen. So wie Krieg und Gewalt nicht identisch sind, aber unmittelbar miteinander zusammenhängen, stehen auch Kriegsmusik und Musik der Propaganda in einer Wechselwirkung. Die Barrieren zwischen Politikern, Militärs, Künstlern und Zuhörern bei der Gestaltung einer Aufführung waren daher in gewisser Hinsicht durchlässig. Der musikalische Konsum im Krieg wurde zur alltäglichen Gewohnheit.

Vor dem Hintergrund des furchtbaren Zweiten Weltkrieges scheint es auf den ersten Blick wenig verwunderlich, dass Musik eher als eine nationale Waffe auf dem Schlachtfeld diente, statt gegenseitigen Respekt zwischen den Kombattanten zu erzeugen. Dieses Kapitel handelt dagegen davon, dass Musik im Zweiten Weltkrieg sowohl national als auch europäisch gedeutet wurde. Auf der einen Seite verzichtete kein kriegführender Staat in Europa darauf, nationale Mythen im Opernhaus aufzuführen und typische Heimatlieder im Radio zu senden. Vermeintlich »nationale« Musik entstand als Ausdruck des politischen Bedürfnisses, Musik zur Sinnstiftung zu nutzen. Das galt ganz besonders für die Kriegsgesellschaft im Deutschen Reich. Auf der anderen Seite lag die Ironie darin, dass fast in ganz Europa auf ähnliche Weise »nationale« Musik geschaffen wurde. Weil das musikalische Programm, der künstlerische Geschmack und die Mittel der Darstellung immer ähnlicher wurden, kann man die angeblich einzigartigen nationalen Entwicklungen auch als eine gemeinsame europäische Entwicklung verstehen. So gesehen, war die »nationale« Musik häufig die Folge eines erfolgreichen Kulturtransfers (wie Historiker den Austausch und die Aneignung im Bereich der Kultur nennen).

Aufgrund des Krieges und der Spannung von Nationalisierung und Europäisierung ist zu fragen, ob es im musikalischen Spielbetrieb – in der sogenannten U- und E-Musik – eher nationale oder eher internationale Formen der Verständigung gab. Als Fallbeispiele dienen im Folgenden der Schlager »Lili Marleen« und die Konzerte der Berliner Philharmoniker, vor allem im besetzten Frankreich. Ist es möglich, entscheidende Veränderungen in den Aufführungen auszumachen? Hat der neue Krieg neue nationale oder kulturelle Verhaltensstandards in West- und Osteuropa hervorgebracht? Vieles spricht dafür, dass es keinesfalls so war. Vielmehr hielten sich die nationalen Interessen von Politik und Publikum mit ihrer Neugier an den musikalischen Produkten der Kriegsgegner die Waage.

Der deutsche Schlager – ein internationales Exportprodukt

Das nationalsozialistische Regime bemühte sich, die musikalische Hochkultur durch ein umfangreiches Medienangebot auch der breiten Bevölkerung zugänglich zu machen. Das Schallplattenprogramm und die Abonnement-Reihen in den Opernhäusern reichten vom »Fliegenden Holländer« bis zur »Lustigen Witwe«. Konzerte mit den Berliner Philharmonikern unter Wilhelm Furtwängler wurden ebenso im Radio übertragen wie Schlagerparaden mit dem populären Schauspieler Heinz Rühmann. Sogenannte ernste Musik nutzte das Regime ebenso wie Unterhaltungsmusik. Wenigstens 7000 Besucher konnten 1939 dank der nationalsozialistischen Freizeitorganisation »Kraft durch Freude« (KdF) die Bayreuther Festspiele besuchen. Ein Festspielarrangement mit Fahrt, Übernachtung und Verpflegung kostete inklusive dreier Vorstellungen lediglich 65 Mark. Gleichwohl interessierte sich nur eine Minderheit der »Volksgenossen« wirklich für derartige Angebote. Richard Wagners Musik hörten die meisten Deutschen, wenn überhaupt, eher in kurzen Auszügen im Radio als in der Oper. So begleitete der Trauermarsch aus der »Götterdämmerung« die Radiomeldungen vom Tod bedeutender Offiziere oder Politiker.

Den braunen Machthabern war etwas anderes wichtiger als die Förderung der klassischen Musik: Lieder über das Volk und seinen »Führer«, über deutsche Landschaften und nationale Sitten. In der Schule, in Vereinen oder im Rundfunk sollten diese Lieder verbreitet werden und ein Gefühl der Gemeinschaft entstehen lassen. In der sogenannten Unterhaltungsmusik (U-Musik), in den Schlagern und Tanzstücken, hatten extrem politische Lieder nur selten Erfolg beim Publikum. Auch die musikalische Propaganda war unbeliebt. An medienwirksamen Propagandagesängen im Rundfunk oder im Kino fehlte es nicht – das Lied »Bomben auf Engelland« ist ein bis heute bekanntes Beispiel. In der U-Musik zählten häufige, ja alltägliche Stücke. Die Menschen interessierten sich für das Gefühlsleben im Privaten. Lieder von Helden, von der Mutter, der Liebe: diese Bilder kamen bei den meisten »Volksgenossen« gut an, die das »Wunschkonzert für die Wehrmacht« einschalteten. Sie lassen sich auch als verzweifelte Versuche deutschen Humors verstehen. So wurden die Hörer an der Front, an die sich die Musikwünsche der Angehörigen im Reich richteten, schon einmal mit witzigen Namen im Radio aufgerufen. Die Schlagersendung für die »Soldaten aus dem Bunker Schnuffi« ist ein Beispiel für diese Art von Humor.

Die Musik wirkte durch die gegenseitige Verständigung: durch die persönliche Anteilnahme beim Mitsingen, beim Radiohören, beim Konzertbesuch und beim Schallplattenkauf. Die Musikaufführung in einer Panzerfabrik oder die musikalische Betreuung der Verwundeten verstärkten diese musikalische Verständigung noch. Das Mitmachen beim Musik-Konsum wurde zur Pflicht. Die Vertonung von Liebe und Kameradschaft war ein Bestandteil des Krieges.

Seit dem Beginn des Krieges stellte man den »Volksgenossen« vor allem Lieder gegen Verluste und Ängste zur Verfügung. Der Schlager »Lili Marleen« ist dafür sicher das beste Beispiel. Ein zunächst eher zufällig gesendetes Stück durch den Soldatensender Belgrad wurde zu einem Hit, der an der deutschen Front wie an der

Heimatfront in zahllosen Besetzungen immer wieder erklang. Nicht nur das: Populär war dieses Lied von Liebe, Geduld und Verlust auch bei den alliierten Soldaten. Zunächst die britischen, dann auch die amerikanischen Soldaten fanden Gefallen an dem Stück und eigneten es sich als »Kriegsbeute« an. Englische, aber auch französische, italienische und andere Fassungen wurden eingespielt. Auch nach 1945 war das Lied international erfolgreich. Doch blieb es mit seinem Zapfenstreich und seinem Marschrhythmus nicht trotz der Übersetzung ein typisch deutsches Lied? Fand nicht eine deutsche Militärschnulze den Weg in die Herzen und Köpfe der alliierten Soldaten?

Die neuere Forschung hat aber gezeigt, dass das Stück in seiner musikalischen Anlage keineswegs »typisch deutsch« war. Einzelne vermeintlich deutsche Elemente wie das Trompetensignal des Zapfenstreichs wurden in den Neufassungen der Alliierten zudem häufig durch andere Elemente ersetzt. Die Grundlage für den europäischen Erfolg des Liedes lag eben nicht in seinem ach so deutschen Charakter, sondern in seiner Mehrdeutigkeit und Anpassungsfähigkeit.

Dieses Lied sprach im Krieg nicht nur die Gefühle der Bevölkerung in einem bestimmten Land an. Es ließ sich vielmehr den emotionalen Erwartungen in verschiedenen Gesellschaften leicht angleichen. So wurden immer wieder Formulierungen in die Übersetzung eingefügt, die für die jeweilige Sprache typisch sind. »Lili Marleen« wurde ab 1942 vollständig an die jeweilige Kultur angepasst. Das Lied gehörte zur Unterhaltungsmusik deutscher Rüstungsarbeiter wie britischer Soldaten. Die frühen Versionen von »Lili Marleen«, die bei den Frontsoldaten so beliebt waren, ähnelten sich sehr, während sich die »Publikumsversionen« je nach Nation deutlich unterscheiden. Offenbar unterschieden sich die Soldaten, egal welcher Nation sie angehörten, im Hinblick auf ihre Gefühle weit weniger, als man annehmen könnte.

Aufführungen der »Berliner Philharmoniker« in West- und Osteuropa

Von »Lili Marleen« zu Wilhelm Furtwängler und von der sogenannten Unterhaltungsmusik zur Kunstmusik: Die Berliner Philharmoniker waren ein international anerkanntes Orchester, das bereits seit 1922 unter Furtwänglers Leitung stand. Der Dirigent hatte sich gleich nach Hitlers Machtübernahme an das Reichspropagandaministerium gewandt, um mit ihm einen Kooperationsvertrag auszuhandeln. Ein solcher Vertrag zahlte sich für deutsche Musiker in der Regel aus. Das galt für ihr Einkommen, ihre Karriere – und nicht zuletzt ihre Lebensdauer. Orchestermitglieder der Berliner Philharmoniker waren im Gegensatz zu den Mitgliedern anderer Orchester vom Militärdienst befreit. Um diese Vorteile zu erlangen, willigten die meisten Orchestermusiker in die kulturpolitische Strategie des NS-Regimes ein und wirkten bei Konzerten in den besetzten Gebieten mit. Kann es da überraschen, dass Reichspropagandaminister Joseph Goebbels im August 1944 alle Konzertsäle schließen ließ – mit Ausnahme der alten Berliner Philharmonie in Berlin-Kreuzberg?

Das Foto auf der folgenden Seite zeigt die Nazielite 1935, wie sie nach einer Aufführung von Ludwig van Beethovens Fünfter Symphonie dem Orchester applaudiert. Adolf Hitler, Hermann Göring und Joseph Goebbels sind in der ersten Publikums-

Die Berliner Philharmoniker spielen 1935 vor den Spitzen des NS-Regimes.

reihe gut sichtbar. Rechts im Bild verbeugt sich der Dirigent Wilhelm Furtwängler vor seinen Zuhörern. Ebenso wichtig scheint es, dass die stehenden Ovationen des Publikums unmittelbar vor den Staatsgrößen stattfinden. Das Publikum zeigt daher seine Nähe zur politischen Führung und zum musikalischen Programm. Es vermittelt gleichsam zwischen Beethovens Glanz und Hitlers Ruhm. Nicht nur das: Die Zuhörer versinnbildlichen die Verbindung von Musikkultur und Politikkultur auch auf dem Foto dadurch, dass sie gleichsam in die Mitte der Gesellschaft gerückt wurden. Der Fotograf wertete sie auf, weil sie zwischen Musik und Macht vermittelten.

Für diese öffentlich wichtige Funktion waren die Berliner Philharmoniker und ihr Chefdirigent wie geschaffen. Diejenigen Symphonien, die deutsche Komponisten geschrieben hatten, dienten als ideologische Botschaft. Die Musiker, die sie vortrugen, handelten als Botschafter des Naziregimes. Sie sorgten für das musikalische Rahmenprogramm des NSDAP-Parteitags in Nürnberg und der Olympischen Spiele 1936 in Berlin. Zugleich gaben sie weiterhin »ganz normale« Konzerte für andere NS-Organisationen.

Diese nationalistische Strategie ist nicht zu verstehen ohne das persönliche Interesse, das die Führungselite an der Schönheit »deutscher« klassischer Musik besaß. Hitler ist dafür das beste Beispiel. Im Jahre 1938 wurde Anton Bruckners Siebte Symphonie unter der Leitung von Hans Weisbach als Vorspiel einer Rede ausgewählt, die Hitler auf einer Kulturkonferenz hielt. Auch war es kein Zufall, dass Radio Hamburg das »Adagio« dieser Symphonie spielte, bevor der Sprecher am 1. Mai 1945 Hitlers Tod bekannt gab. Die Berliner Philharmoniker – wer sonst? – sollten das Publikum ein weiteres Mal auf die Nachricht musikalisch einstimmen.

Furtwängler in Frankreich: Die Aufführungen »deutscher« Kompositionen im teilweise besetzten Nachbarland veranschaulichen, welcher Zweck mit Musik im Krieg noch verfolgt wurde. Die Aufführungen der Philharmoniker vor französischem Publikum zeigen beispielhaft, wie das NS-Regime mit einer harmonisch gestimmten Botschaft politische Herrschaftsansprüche unterstrich. Die Teilhabe an einer gemeinsamen Musikkultur sollte Einigkeit herstellen und Anerkennung zum Ausdruck bringen. Das mächtige Deutschland, das Land der Musik und der Musiker, schien die Massen von seiner Größe überzeugen zu wollen – innerhalb und außerhalb der alten Reichsgrenzen. Vor allem das französische, holländische und belgische Publikum wurde zum Ziel dieser Kultur-Invasion. Nur wenige Wochen nach der Eroberung von Paris am 4. Juni 1940 öffneten die Konzertsäle und Opernhäuser wieder ihre Tore. Der Spielbetrieb ging weiter. Hochkultur sollte nicht nur die einfachen Arbeiter an der »Heimatfront« emotional an das NS-Regime binden. Sie sollte vor allem die Eliten der besetzten Gebiete von der Überlegenheit deutscher Kultur überzeugen und so die Besatzung zusätzlich legitimieren. Bereits zwei Wochen nach Beginn der Besatzungsphase gaben die Berliner Philharmoniker im Juli 1940 drei Konzerte in Paris und Versailles. Damit wollten sie nicht nur die Wünsche deutscher Soldaten in Frankreich erfüllen. Ihr Ziel war es auch, die freiwillige Zusammenarbeit von Franzosen mit der deutschen Besatzungsmacht, die »Kollaboration«, durch den gemeinsamen Musikgenuss nach Kräften zu fördern. Das Theater dagegen eignete sich aufgrund der Sprachbarriere weit weniger als Mittel einer solchen »Werbestrategie«.

Die Anzahl der Konzerte, die die Berliner Philharmoniker im Ausland veranstalteten, hatte sich im Vergleich zu den Zwischenkriegsjahren deutlich erhöht. In den ersten 50 Jahren ihrer Existenz (1885–1935) gaben sie 384 Konzerte außerhalb Deutschlands – davon 303 zwischen 1933 und 1944. Weit über 200 Konzerte fanden allein in den Kriegsjahren statt. Von 1940 bis 1942 spielten die Berliner Philharmoniker in vielen Städten in den besetzten Gebieten. Amsterdam in den Niederlanden; Brüssel, Antwerpen, Gent, Ostende in Belgien; Lille, Paris und Metz in Frankreich waren einige Stationen. Ihre Aufführungen wurden oft von Gastauftritten der Preußischen Staatsoper und von einem Opern-Ensemble unter der Leitung von Franz Léhar begleitet, einem österreichischen Komponisten ungarischer Herkunft. An den Zuschauerzahlen gemessen, waren besonders die Aufführungen deutscher Opern in Frankreich ein beachtenswerter Erfolg. Diese Gastspiele waren weder unpolitisch noch harmlos. Die Hamburger Staatsoper ging im Jahre 1942 auf Tournee mit dem komischem Singspiel »Entführung aus dem Serail« von Wolfgang Amadeus Mozart. In Paris und Brüssel zeigte man sich stolz auf die kulturelle Einheit der »Nordischen Rassen«.

Die politische Situation änderte sich, das musikalische Programm nicht. So warb ein Plakat für das Konzert der Berliner Philharmoniker in einer Fabrik in Paris im Jahre 1942. Unter der Leitung des österreichischen Dirigenten und Theaterleiters Clemens Krauss erklangen Werke von Franz Schubert und Richard Wagner. Dass Schuberts berühmteste Symphonie, »Die Unvollendete«, zusammen mit dem Trauermarsch aus Wagners »Götterdämmerung« aufgeführt wurde, ist bemerkenswert. Denn in diesem Konzert zeigte sich, wie nationalsozialistische Durchhaltepropaganda und düstere Untergangsahnungen Hand in Hand gingen. Die Kompositionen von Maurice Ravel, Claude Debussy und Hector Berlioz dagegen verschwanden beinahe vollständig aus dem Pariser Programm. In den Jahren 1939/40 bestand etwa 60 Prozent des gesamten Repertoires aus den Werken von sechs vermeintlich deutschen Komponisten:

Ludwig van Beethoven, Johannes Brahms, Anton Bruckner, Franz Schubert, Wolfgang Amadeus Mozart – und Richard Wagner. Thomas Mann spekulierte hellsichtig: »Die Deutschen sollte man vor die Entscheidung stellen: Goethe oder Wagner. Beides zusammen geht nicht. Aber ich fürchte, sie würden Wagner sagen.«[1] Zum Glück hatte er Unrecht. Die Berliner Philharmoniker spielten zwar regelmäßig Auszüge aus Wagners Opern, aber die Gesamtzahl der Aufführungen war aufgrund der oft kostspieligen Inszenierungen national und international stark rückläufig. Wagner nutzte politisch – war aber ein finanzielles Debakel.

Konzertplakat in Paris: Deutsche Musik vor französischen Arbeitern.   privat

Die Gäste aus dem Reich unterstützten die politische Kontrolle des Erzfeindes, indem sie ihm eine musikalische Freude machten. Das französische Publikum nahm seinerseits am Musikleben aktiv teil. Viele Franzosen wollten der Musikkunst auch im Besatzungsalltag einen festen Platz einräumen. Die Deutschen und die Franzosen, die Eroberer und die Eroberten, versuchten bis 1944 auf der einen Seite, durch die Aufführung von elitärer Kunstmusik die politische nationalsozialistische Besatzungsherrschaft zu rechtfertigen. Auf der anderen Seite wollten sie ihre Stellung in der Gesellschaft wahren und das Schöne in der Musik weiter genießen. Nur eine Minderheit der französischen Zuschauer begriff die Konzerte der Berliner Philharmoniker als Teil einer nationalistischen Strategie. Als die Berliner Philharmoniker unter der Leitung von Hans Knappertsbusch beispielsweise am 12. Juni 1944 ein Konzert im *Théâtre national de Chaillot* gaben, war es vollständig ausverkauft. Hunderte Zuhörer feierten die Aufführung mit tosendem Beifall und verlangten nach Zugaben.

In Polen dagegen sahen Deutschlands »kulturelle Kriegsziele« ganz anders aus. Statt auf scheinbar friedlichem Weg durch Hochkultur zu überzeugen, demonstrierten die deutschen Besatzer hier kulturpolitische Macht. Sie versuchten, einheimische kulturelle Institutionen und Traditionen zu zerstören, in dem sie Aufführungen nur für Deutsche öffneten und Polen ausschlossen. Die Konzerte der Deutschen Oper in Posen oder in der »Philharmonie des Generalgouvernements« in Krakau (poln. Kraków) fanden zwar statt, jedoch unter Ausschluss der polnischen Öffentlichkeit. Die Musik war nur für Staatsbürger des »Dritten Reiches« und dessen Verbündete. Wo das einheimische Publikum nicht komplett ausgeschlossen wurde, kam es allerdings zu den erwarteten feindlichen Reaktionen, wie aus den Berichten des Sicherheitsdienstes des Reichsführers SS über Konzerte der Berliner Philharmoniker in Krakau, Bukarest, Budapest und Zagreb im Oktober 1943 hervorgeht.

Der Kampf um nationale Genies

Die nationalistischen Politiker in Berlin benötigten Partner und Gegner in Europa, namentlich in Paris, London und Wien. Der kulturelle Nationalismus, von dem die Konzerte im Krieg zeugten, nährte den Glauben an die eigene Macht – und machte es möglich, sich gegenüber den Freunden und Feinden der eigenen Musik abzugrenzen. Mit der »nationalen Musik« ließen sich zwei Grenzen ziehen: zwischen den europäischen Kulturen und innerhalb der eigenen Kultur. Die Mitwirkung des Publikums im Opern- oder Konzerthaus lässt sich als ein Mechanismus der Nationsbildung verstehen. Wie die Forschung gezeigt hat, ist eine »Nation« keine von Anfang an existierende Größe. Sie bildet sich vielmehr als eine vorgestellte Gemeinschaft heraus, in der die Menschen so handeln, als gäbe es die »Nation«. Deshalb huldigten die Musikfreunde in Deutschland, Frankreich oder Großbritannien nicht einem abstrakten Staat, sondern genossen die eigene Teilhabe an ihrer »Nation«.

Im Zweiten Weltkrieg suchten die Politiker der Achse wie der Alliierten nach musikalischen Genies, die nationale Größe verkörpern sollten. Die Rechnung ging nicht immer auf. Vergeblich erklärte das Reichspropagandaministerium den Ungarn Franz Liszt und den Polen Frederic Chopin zu *deutschen* Geistesgrößen. Der Beethoven-Kult ist ein weiteres Beispiel. Aber welcher Beethoven war gemeint? Seine Symphonien waren für das Programm der Berliner Philharmoniker in der Kriegszeit ganz wichtig – sie machten 17 Prozent des Angebots aus. In der nationalsozialistischen Version galt Beethoven als deutscher Musikgott, gegen den andere Komponisten keine Chance hatten.

Die Größe eines deutschen Genies herauszustreichen, bedeutete umgekehrt, diejenigen Komponisten, die es angeblich nicht verdienten, aus der »Volksgemeinschaft« auszuschließen. Die Liste der Verspotteten, Verfemten und Verfolgten war lang – und wurde im Lauf des Krieges immer länger. Der Hass der Nationalsozialisten traf nicht nur die Komponisten der musikalischen Moderne wie Hans Eisler, Paul Hindemith oder Arnold Schönberg. Ihr Zorn richtete sich wenig überraschend auch gegen Künstler jüdischer Herkunft. Diese Feindschaft galt Felix Mendelssohn-Bartholdy und Gustav Mahler, Giacomo Meyerbeer und Kurt Weill, Jacques Offenbach und Friedrich Holländer. Auch namhafte Dirigenten und Instrumentalisten durften auf dieser Liste nicht fehlen – weil sie Juden waren, Demokraten oder beides. Dazu gehörten Bruno Walter, Fritz Kreisler und Richard Tauber.

International werbewirksamer und politisch erfolgreicher aber war die Strategie der Briten. Sie setzten auf die Wirkung einer gemeinsamen europäischen Musiktradition. Der britische Geniekult erfüllte einen universellen Auftrag. Verwendet wurde bezeichnenderweise Musik aus dem Deutschland des 19. Jahrhunderts – gegen das Deutschland des 20. Jahrhunderts. Im Gegensatz zu Wagner oder Mendelssohn-Bartholdy ließ sich Beethoven viel schwerer für eine Nation vereinnahmen und damit einer kriegführenden Partei zuordnen. In London spielten die Orchester das gleiche klassische Programm, doch die kulturellen Kriegsziele unterschieden sich. Statt Macht zu demonstrieren wie die Deutschen entschied sich die britische Rundfunkanstalt BBC für ein eher humanistisches Verständnis der Hochkultur. Sie betonte, dass Beethoven nicht nur ein deutscher Held sei, sondern auch ein Freund aller Menschen und Völker. Der deutsche Dirigent Fritz Busch, der als Immigrant in London lebte, organisierte für das Radio eine Konzertreihe mit allen Beethoven-Symphonien. Allerdings nutzte die BBC später im Krieg die ersten vier Noten der Fünften Symphonie als Erkennungsmelodie ihrer Nachrichtensendung.

Festzuhalten bleibt, dass das gleiche musikalische Werk sowohl die politischen Vorstellungen der nationalsozialistischen Diktatur als auch der britischen Demokratie widerspiegelte. Dieselbe Komposition rief die unterschiedlichsten Ideen und Gefühle hervor. Beethoven war sowohl eine Quelle deutscher Freude als auch deutscher Angst, was seine Kompositionen umso mehr zu Werkzeugen der Kulturpolitik im Krieg machte. Tageszeitungen und Fachzeitschriften schrieben, dass der Klang der »Eroica« zur emotionalen Hymne einer neuen Ära des deutschen Volkes geworden sei. In den USA, wohin er 1937 emigriert war, sprach sich der italienische Stardirigent Arturo Toscanini daher für mehr politische Unabhängigkeit der Kunstmusik aus. Er ärgerte sich über die breite internationale Diskussion über den Anteil an kriegerischen Gefühlen im ersten Satz von Beethovens »Eroica«. Stattdessen solle über Beethovens Kunst gesprochen werden: »Some say this is Napoleon, some Hitler, some Mussolini. For me it is simply Allegro con brio.«[2] [Einige sagen, dass sei Napoleon, andere Hitler, wieder andere Mussolini. Für mich ist es einfach nur Allegro con brio (= schwungvoll).]

Europäischer Nationalismus

Der Blick auf musikalische Aufführungen im Zweiten Weltkrieg hat gezeigt, dass Nation und Europa sich nicht ausschließen. Weil Musik von anderen übernommen und an die eigenen nationalen Traditionen angepasst werden konnte, reichte sie über Grenzen hinaus. Auch wenn es auf den ersten Blick widersprüchlich erscheint: Weil Opern, Sinfonien, Tänze und Lieder für alle Menschen offen waren, konnten einzelne Nationen sie sich aneignen und so tun, als wären sie etwas typisch Nationales. So sehr in den Musikfeuilletons von Berlin bis Paris auch von landestypischen Musikstilen die Rede war, gab es doch selbst im Zweiten Weltkrieg große Übereinstimmungen im europäischen Musikleben. Mit einem Wort: Die zunehmende Ähnlichkeit des Programms, der Vorlieben und der darstellerischen Mittel führte dazu, dass vermeintlich nationale Musik auch als Zeichen einer gemeinsamen europäischen Kultur aufgefasst werden konnte. »Nationale« Musik war das Ergebnis eines erfolgreichen Kulturtransfers. Musikkultur und militärischer Konflikt waren im Zweiten Weltkrieg oft kein Entweder-Oder der europäischen Geschichte. Musikalische Kontakte verstärkten nicht nur gegenseitiges Lernen und Toleranz, sondern auch Entfremdung und Abgrenzung. Oft hassten die Musikliebhaber in Deutschland und in Frankreich einander, nicht obwohl, sondern *weil* sie mit den Werken der Anderen in Kontakt kamen. Der optimistische pädagogische Glaube, dass gegenseitiges Kennenlernen wie von allein Verständnis zwischen den europäischen Gesellschaften stiftet, wird durch die nationalistische Rezeption von Musik widerlegt. Offen bleibt die Frage, ob der Umgang mit Musik die Verständigung zwischen Nationen und Individuen erleichterte oder erschwerte.

Anmerkungen

1   Thomas Mann, Brief an Julius Bab, 14.9.1911. In: Über Wagner. Von Musikern, Dichtern und Liebhabern. Hrsg. von Nike Wagner, Stuttgart 2003.
2   Zit. nach M.E. Bonds, Music as Thought. Listening to the Symphony in the Age of Beethoven, Princeton, NJ 2006, S. 113.

Bernd Mütter

Schlachtfelder als Erinnerungsorte?
»Geschichtstourismus« in West- und Osteuropa heute

Der Besuch von Schlachtfeldern kann viele Gründe haben. Der häufigste ist wohl die Trauer um Angehörige, die dort gefallen und oft auch bestattet sind. Derartige Reisen veranstaltet etwa der »Volksbund Deutsche Kriegsgräberfürsorge« (VDK). In anderen Ländern gibt es vergleichbare Organisationen. Weil es kaum noch Zeitzeugen der Weltkriegsepoche gibt, treten vor allem politische Motive und Bildungsinteressen in den Vordergrund. Ehemalige Schlachtfelder sind heute Ziele für Soldaten und Militärhistoriker, die sich kriegsgeschichtliche Erkenntnisse versprechen. Vor allem aber können die Kriegsschauplätze der Vergangenheit Ziele für Geschichtsinteressierte sein, die sich im Rahmen von Studienreisen ein genaueres Bild von Kampfplätzen der Weltkriegsepoche und der Gestaltung historischer Erinnerung vor Ort verschaffen wollen.

Schlachtfelder bilden eine besondere Art von »Schauplätzen der Vergangenheit«. Das wird sofort deutlich, wenn man sie etwa mit historischen Bauwerken wie Tempeln und Palästen, Villen, Mausoleen, Kirchen und Klöstern, Burgen und Festungen, Rat- und Bürgerhäusern, Bauernhöfen und Fabrikanlagen vergleicht. Schlachten sind historische Ereignisse, die – anders als zum Beispiel Großbauten – in der Regel kaum authentische Spuren vor Ort hinterlassen. Die Weltkriegsschlachtfelder hingegen sind als feste Elemente in der nationalen Erinnerungskultur der Siegermächte bewusst erhalten und gestaltet worden – sie liegen infolge der Kriegsverläufe fast ausschließlich außerhalb Deutschlands. Wir konzentrieren uns im Folgenden auf zwei bedeutende Großschlachtfelder des Zweiten Weltkrieges: Stalingrad 1942/43 und Normandie 1944. Beide sind für deutsche Touristen heute gut erreichbar, allerdings ist der Reiseaufwand im Falle von Wolgograd (wie Stalingrad seit 1961 heißt) erheblich größer. In beiden Fällen hat der Besucher aus Deutschland Schwierigkeiten, mit der dort inszenierten Erinnerung zurechtzukommen.

Im Westen Europas zeichnet sich ein langsamer Wandel von der nationalstaatlichen Kriegserinnerung zu einer europäischen, ja globalen Erinnerung ab. Dagegen ist im östlichen Europa durch den Zusammenbruch der Sowjetunion 1989/91 ein ganz neuer politischer Rahmen entstanden, in dem öffentlich an die Vergangenheit erinnert wird. Doch eine Erinnerungskultur nach dem Kommunismus ist dort bisher kaum erkennbar.

Stalingrad 1942/43 und Normandie 1944 – ein Vergleich

Den Schlachten von Stalingrad und in der Normandie kommt für den Ausgang des Zweiten Weltkrieges zwar keine direkte und allein entscheidende, aber doch eine ganz erhebliche Bedeutung zu. »Stalingrad« war zunächst eine deutsche Angriffsschlacht, schlug aber durch die sowjetische Gegenoffensive in eine Verteidigungs- und Kesselschlacht um. Die Normandie war von vornherein der Ort einer westalliierten Angriffsschlacht. Beide Male wurde die deutsche Seite in die Verteidigung gedrängt – infolge ihrer materiellen und personellen Unterlegenheit. Das Angriffspotenzial der deutschen Armeen, die in der Kriegsphase 1940/41 große Anfangserfolge erzielen konnten und tief in Feindesland standen, war im Herbst 1942 weitgehend erschöpft.

Die Schlacht von Stalingrad begann in der südrussischen Steppe im Sommer 1942 mit dem Vorstoß der 6. Armee zur Wolga, den Hitler durchgesetzt hatte. »Stalingrad« endete als ausgesprochene Winter- und Stadtschlacht. Das Schlachtfeld umfasste nördlich, westlich und südlich der Industriemetropole ein Gebiet von etwa 300 x 250 km, wenn man den deutschen Angriff auf die Stadt aus der Tiefe des Raumes, die sowjetische Zangenbewegung zur Einschließung der 6. Armee bei Kalatsch (Kalach) am Don, den gescheiterten deutschen Entsatzversuch zur Aufsprengung des Kessels und die anschließenden sowjetischen Vorstöße zur Absicherung des Einschließungsrings (ca. 90 x 50 km auf der Landbrücke zwischen Don und Wolga) bis zum Ende der Kämpfe in Stalingrad in die Betrachtung einbezieht. Die über zwei km breite Wolga bei Stalingrad mit ihrem Kontrast von schluchtenreichem Bergufer auf der westlichen und Wiesenufer auf der östlichen Flussseite begrenzte das Schlachtfeld im Osten. Die Grenzen bildeten der Don im Norden und Süden, der untere Donez und seine Zuflüsse im Westen. Das ganze Gebiet ist eine weiträumige Steppenlandschaft mit ausgeprägtem Kontinentalklima (heiße Sommer, kalte Winter) sowie Hügelzügen, tiefeingeschnittenen Flussläufen und Schluchten, Kosakenland an der Peripherie ohne hervorstechende historische Tradition. Erst der Bürgerkrieg von 1917 bis 1923, in dem Stalingrad, zuvor Zarizyn (gegr. 1589 als Handelsniederlassung und Festung am Strom) eine bedeutende Rolle spielte, dann vor allem die Kollektivierung der Landwirtschaft und die Industrialisierung unter Stalin sicherten diesem Raum eine große Bedeutung – die Stadt hatte 1940 etwa 525 000 Einwohner. Durch Flüchtlinge während des Krieges schwoll die Zahl auf fast eine Million an; viele waren in Holzbauten untergebracht. Es gab 126 Großbetriebe vor allem der metallverarbeitenden und Maschinenbauindustrie. Die Stadt zog sich in einer Breite von etwa zwei bis drei Kilometern über 70 Kilometer am Bergufer der Wolga hin.

Das Schlachtfeld in der Normandie zwischen Caen und Cherbourg, Avranches und Falaise ist kleiner als das von Stalingrad. Eine Meeresküste von etwa 80 km Länge und mit zum Teil 30 m hohen Kalksteinfelsen, vorgelagertem Sandstrand und dem Wechsel von Ebbe und Flut bietet dem Besucher jedoch mehr Abwechslung. Dahinter erstreckt sich die Heckenlandschaft der *Bocage*, durchschnitten von kleinen Flüssen, die nach Norden abfließen, bis hinauf zu den Höhen der normannischen Schweiz, etwa 40 km von der Küste entfernt.

»Stalingrad« 1942/43 und »Normandie« 1944 sind Beispiele industrialisierter Materialschlachten auf einem bis dahin beispiellosen technischen Niveau. Panzer und Flugzeuge waren auf allen Seiten perfektioniert worden und spielten bei den eigentlichen Kampfhandlungen die Hauptrolle. Die deutsche Luftwaffe legte Stalingrad ab dem 23. August 1942 weitgehend in Trümmer, 40 000 Zivilisten kamen dabei um. Stalingrad steht insofern in einer Reihe mit Hamburg 1943 und Dresden 1945. Aber die deutsche Luftwaffe war nicht mehr in der Lage, die eingeschlossene 6. Armee über eine Luftbrücke zu versorgen.

In der Normandie war die Überlegenheit der alliierten Luftstreitkräfte erdrückend: 500 deutschen Kampfflugzeugen standen 14 000 der Alliierten gegenüber. Hier entschied die unumschränkte Lufthoheit der Westmächte nach drei Monaten die Schlacht. Sie konnten die deutsche Front vom Nachschub abschnüren und alle Gegenangriffe aus der Luft zerschlagen. Die Panzer waren bei Stalingrad und in der Normandie das Instrument des großräumigen Durchbruchs, auch hier waren die Deutschen zahlenmäßig deutlich unterlegen. Erhebliche Treibstoffprobleme kamen hinzu. Was ist heute noch von diesen Geschehensabläufen vor Ort zu sehen?

Die Erinnerung auf den Schlachtfeldern heute

Wer heutzutage in die Region Wolgograd und in die Normandie reist, bemerkt auf den ersten Blick kaum noch etwas von den Zerstörungen der Weltkriegsepoche. Er muss die Orte militärischer Gewalt schon gezielt aufsuchen. Die Erinnerungsgestaltung auf den Schlachtfeldern begann mit der Sicherung von Kampfspuren vor Ort und der systematischen Anlage von Soldatenfriedhöfen. Es folgte die Errichtung von Denkmälern und schließlich von Museen und Ausstellungen vor Ort.

Stalingrad wurde während der sich hier abspielenden, ein halbes Jahr andauernden Kämpfe zu 95 Prozent zerstört. Nach der Kapitulation der deutschen 6. Armee wurde mit dem Wiederaufbau sofort begonnen, unter Einsatz von deutschen Kriegsgefangenen. Die sowjetische Führung in Moskau wollte nicht nur die Industrieproduktion rasch wiederaufnehmen, sondern ein Vorbild für den Wiederaufbau des weitgehend zerstörten Landes und ein Symbol für Durchhaltewillen und Siegeszuversicht schaffen. Der Wiederaufbau erfolgte vom Wolga-Ufer her nach den bis 1955 geltenden Maßgaben der stalinistischen Architekturauffassung: mit breiten Straßen, großen Plätzen und monumentalen Zweckbauten. Das hatte für das heutige Stadtbild zur Folge, dass nicht nur die Reste des alten Zarizyn bis auf wenige Ausnahmen verschwanden, sondern fast komplett auch die authentischen Spuren der Schlacht: Mehr als auf diese Zeugnisse des Schreckens kam es darauf an, die Schlacht als überwältigenden Sieg der sowjetkommunistischen Geschichts- und Gesellschaftsauffassung darzustellen. Das fürchterliche Leiden derer, die in der Stadt geblieben waren – Soldaten, aber auch Frauen, Kinder und alte Männer – wurde buchstäblich zubetoniert.

Nur einige Ruinen blieben als direkte Kampfspuren erhalten oder wurden als solche restauriert. Dazu gehören die Grundinin-Mühle und das Pawlowsche Haus in der Nähe des Panorama-Museums im nördlichen Stadtzentrum auf der von den Sowjetsoldaten erbittert verteidigten Frontlinie vom Herbst 1942. Die Fassade des alten zentralen Kaufhauses »Univermag« im südlichen Stadtzentrum, wo sich Generalfeldmarschall Friedrich Paulus am 31. Januar 1943 ergab, wurde in den Neubau integriert. In den alten Kellerräumen öffnete 2003, zum 60. Jahrestag der Schlacht, auf Initiative Wolgograder Kaufleute ein kleines Museum seine Tore. Hier werden am authentischen Ort die letzten Aktivitäten des Stabes der 6. Armee gezeigt.

Die »Industrieforts« im Norden der Stadt, befestigte und zäh verteidigte Fabrikanlagen, wurden schon in der letzten Kriegsphase wieder aufgebaut, um möglichst schnell erneut Waffen herstellen zu können. Vor allem handelt es sich um die chemische Fabrik »Lazur«, das Hüttenwerk »Roter Oktober«, die Geschützfabrik »Rote Barrikade« und das Traktoren- und Panzerwerk »Dsershinskij«. An ihnen lässt sich immerhin die Industrialisierung der Sowjetunion auch in Stalingrad verfolgen und vor allem die Überlebensfähigkeit der sowjetischen Industrie nach der Besetzung bedeutender Standorte durch die deutsche Wehrmacht 1941/42. Kampfspuren gibt es hier nicht mehr, nur Denkmäler erinnern an die Kämpfe.

In der *Normandie* sind die authentischen Spuren der Schlacht augenfälliger. Hier beherrschte nicht der Häuserkampf in einer Großstadt das Geschehen, sondern die Landeoperationen an den Stränden. Allein zwischen Cherbourg und Le Havre gibt es 24 Betonbunker für Artillerie und Infanterie, die inzwischen als historische Denkmäler des »Atlantikwalls« eingestuft sind. Gewaltige Bombentrichter in ihrem Umfeld bezeugen die Zerstörungskraft aus der Luft – auch wenn sie inzwischen teilweise zugeschwemmt und grün bewachsen sind. Ein besonders eindrucksvolles Beispiel findet sich an der *Pointe du Hoc* im amerikanischen Landeabschnitt »Omaha«. Einmalig sind die Reste des künstlichen Hafens *Mulberry B* an der Wattenküste vor Arromanches. In Arromanches wird für den heutigen Besucher der Unterschied zwischen der Stadt- und Kesselschlacht von Stalingrad und der amphibischen Unternehmung in der Normandie besonders sichtbar.

Soldatenfriedhöfe

Die Verluste an Menschenleben in der Schlacht von *Stalingrad* waren gewaltig, auf sowjetischer Seite noch mehr als auf deutscher. Dies lag vor allem daran, dass Stalin auf Menschenleben keine Rücksicht nahm, wie das bereits bei der industriellen Erschließung des Landes der Fall gewesen war. Das hatte zum Aufbau des berüchtigten Lagersystems (»Gulag«) geführt. Etwa 1,1 Millionen Soldaten und Zivilisten verloren bei und in Stalingrad ihr Leben – Stalin hat diese ungewöhnlich große Opferzahl bezeichnenderweise verschweigen lassen.

Auf deutscher Seite wurden etwa 250 000 Soldaten der 6. Armee zusammen mit versprengten Resten der verbündeten Rumänen und russischen Hilfswilligen im Kessel eingeschlossen. Die Luftwaffe flog etwa 35 000 Verwundete und Kranke in den Monaten November 1942 bis Januar 1943 aus. Mehr als 120 000 Soldaten fielen, erlagen ihren Verletzungen oder verhungerten. 91 000 Überlebende der Schlacht gerieten in Gefangenschaft. Nur ein Drittel überlebte nach den Strapazen und angesichts einer katastrophalen Versorgungslage im zerstörten Kampfgebiet während der Wintermonate das folgende Frühjahr. Lediglich 6000 kamen nach dem Krieg in die Heimat zurück.

Die Bestattung der zahlreichen Gefallenen stellte die Kämpfenden während des Winters bei permanentem Bodenfrost vor unlösbare Aufgaben. Nach dem Ende der Kämpfe wurden in der ganzen Region Zehntausende von Gefallenen in zahlreichen Massengräbern beigesetzt, die erst im Laufe der Zeit zusammengelegt und als Soldatenfriedhöfe gestaltet werden konnten. Das dauerte nicht nur wegen der hohen Opferzahlen und der begrenzten Mittel übermäßig lange, sondern auch weil der Wiederaufbau der zerstörten Industriemetropole Vorrang vor der würdigen Bestattung der »Namenlosen« besaß. Erst Ende der 1970er-Jahre entstand vor der Stadt auf dem »Totenfeld« ein Denkmalkomplex, der von der monumentalen Gestaltung der übrigen Gedenkstätten stilistisch abweicht. Er bringt eine Trauer zum Ausdruck, die nicht mit dem Pathos des Heldentums überzogen wird.

Nach der Wiedervereinigung Deutschlands und dem Ende der Sowjetunion kam es zur Unterzeichnung eines deutsch-russischen Kriegsgräberabkommens. Danach legte der VDK eine zentrale Kriegsgräberstätte auf dem Gelände des ehemaligen Dorfes Rossoschki an. Zunächst mussten die Mitarbeiter herausfinden, wo sich die ehemaligen, noch während der Kämpfe von den Deutschen selbst angelegten Soldatenfriedhöfe befanden. Sie waren nach all den Jahren kaum noch zu erkennen. Die Mitarbeiter entdeckten fast 170 Grablageorte. Die meisten Gräber waren geöffnet und geplündert. Gebeine lagen zerstreut im Steppensand umher und konnten nicht mehr identifiziert werden. Mit Erkennungsmarken, Stahlhelmen und anderen Nachlassgegenständen ließen sich Geschäfte machen.

In der *Normandie* waren die alliierten Verluste deutlich geringer, die Schlacht dauerte nicht einmal halb so lang wie die von Stalingrad – und vor allem: Sie fand im Sommer statt und nicht im Extremklima des russischen Winters. Hitler ging zwar mit den deutschen Menschenleben keineswegs rücksichtsvoller um als Stalin mit den russischen. Aber die Westalliierten waren nach den horrenden Verlusten im Ersten Weltkrieg, vor allem an der Somme 1916 und in Flandern 1917, sehr darauf bedacht, ihre Verluste in Grenzen zu halten. In der Normandie verloren die Alliierten bis Ende August insgesamt etwa 210 000 Mann (Gefallene, Verwundete, Gefangene, Vermisste), die Deutschen 450 000. Etwa 40 000 alliierte Soldaten fielen und etwa 60 000 deutsche.

In der Normandie gibt es 27 Soldatenfriedhöfe für die Gefallenen der Schlacht von 1944. Der größte amerikanische Friedhof ist *Colleville-sur-mer* über dem Omaha-Landestrand (9386 Gräber), der größte britische in Bayeux (4648 Gräber). Die deutschen Gefallenen wurden auf fünf großen Friedhöfen zusammengelegt. Der größte ist die deutsche Kriegsgräberstätte *La Cambe* nahe Bayeux (21 222 Gräber).

Denkmäler

Heute gibt es in *Stalingrad* etwa 400 kleinere Denkmäler, oft Steinblöcke mit aufgesetzten Panzerkuppeln, die an die Kämpfe in den einzelnen Stadtteilen und an einzelne Einheiten erinnern. Das zentrale Denkmal wurde auf der heftig umkämpften Höhe 102 errichtet, von der man eine vorzügliche Aussicht auf die Stadt, die Wolga und das gegenüberliegende Ufer hat. Heute steht hier die Gedenkstätte *Mamajew Kurgan* (*Mamajew*-Hügel; *Mamai* ist der Name eines tatarischen Heerführers). Die 87 Meter hohe Statue der streitbaren »Mutter Heimat« ist weithin sichtbar.

Der Grundstein wurde 1958 gelegt. Das damaligen Staatsoberhaupts Leonid I. Breschnew eröffnete feierlich am 15. Oktober 1967, zum 50. Jahrestag der Oktoberrevolution, die noch unfertige Anlage. Die Gedenkstätte besteht aus einem Park, der den zur Stadt hin gelegenen Abhang des Hügels einnimmt. Dort befinden sich zahlreiche Statuen, Plastiken und Reliefs, die terrassenförmig an mehreren Plätzen errichtet wurden – entlang eines etwa einen Kilometer langen Weges, der bis zur Hügelspitze hinaufführt.

An der heroisch-monumentalen Gestaltung der Schlachterinnerung auf dem *Mamajew-Kurgan* gab es erhebliche Kritik von Veteranen, die aber unterdrückt wurde. Viele ehemalige Rotarmisten waren verbittert darüber, dass Pathos den schrecklichen Kriegsalltag, ihre Ängste und Nöte in der monatelangen Stalingrader Schlacht verdrängte. Nur die Narben, die der Krieg hinterlassen habe, könnten die Kriegswirklichkeit dokumentieren, meinte dagegen der Dichter Viktor Nekrassow, der mit seiner Erzählung »In den Schützengräben von Stalingrad« (1946) Weltliteratur schrieb.

In Frankreich war man diesen Weg bereits nach dem Ersten Weltkrieg gegangen. In der *Normandie* gibt es zahlreiche, bescheiden proportionierte Denkmäler, die am Ort des Geschehens an die Kämpfe einzelner Einheiten erinnern, vor allem an der spekta-

Anlage der Gedenkstätte Mamajew-Hügel in Wolgograd.
Deutsch-Russisches Museum Berlin-Karlshorst

Erläuterungen zur Anlageskizze des Denkmalkomplexes auf dem Mamajew-Hügel (S. 200)

1   Gedenkpark
2   »Allee der Freundschaft«
3   Hochrelief »Das Gedächtnis der Generationen«
4   »Allee des Volkes«
5   Monument »Kämpfer auf Leben und Tod«. Das Gesicht des Helden lehnt sich an ein Porträt des Generals [Wassili I.] Tschuikow an.
6   »Mauerruinen«. 64 m lange Hoch- und Flachreliefs stellen die Bereitschaft der Bevölkerung dar, die Heimat und den Kommunismus zu verteidigen.
7   »Platz der Helden«. In der Mitte des Platzes befindet sich ein langes Wasserbecken, links flankiert von einer Mauer in Form einer aufgerollten Fahne. Auf der rechten Seite symbolisieren sechs Großplastiken die Werte Kameradschaft, Fürsorge, Heldenmut, Opferbereitschaft, Mut und Standhaftigkeit.
8/9 Pantheon mit der Eingangshalle und dem »Saal des Kampfesruhms«. 34 Fahnen, auf Halbmast gehängt, erinnern an die Namen von 7200 Toten. In der Mitte des Saales erhebt sich aus dem Boden ein riesiger Unterarm mit einer Fackel in der Hand.
10 »Platz der Trauer«. Hier befindet sich das Grab von Marschall Tschuikow. Aus einem Wasserbassin erhebt sich die Skulptur »Trauernde Mutter«. Seit 1997 wird am Rand des Platzes eine Kirche errichtet. [Die Kirche wurde zwischenzeitlich gebaut; B.M.]
11 Massengräber. Hier sind ca. 37 000 sowjetische Soldaten bestattet.
12 Skulptur »Mutter Heimat ruft!«

Kolossalstatue »Mutter Heimat ruft« auf dem Mamajew-Hügel in Wolgograd.   DHM

kulären Landungsküste. Eine monumentale Gedenkstätte wie in Wolgograd, in der die Überlebenden aufgerufen werden, sich wie einst die Soldaten von Stalingrad einzusetzen, wurde hier nach 1945 nicht errichtet.

Allenfalls lassen sich das Beinhaus von *Douaumont* bei Verdun und das britische *Thiepval*-Denkmal an der Somme mit dem Denkmal in Stalingrad vergleichen, die beide Anfang der 1930er-Jahre an der ehemaligen Westfront des Ersten Weltkrieges eingeweiht wurden. Das *Thiepval*-Denkmal ist ein überdimensionierter, weithin sichtbarer Triumphbogen, der die Namen von über 72 000 vermissten britischen Soldaten trägt, die kein Einzelgrab haben. Trotz des monumentalen Entwurfs des britischen Stararchitekten Sir Edwin Lutyens vermeidet die Erinnerung ein Auftrumpfen. Die Ausmaße des Denkmals symbolisieren vielmehr die Dimensionen dieses massenhaften Sterbens. Eine Bildtafel mit 600 ausgewählten Porträtfotos gibt den vielen Opfern ein Gesicht. Der ideologische Heldenkult, der die Trauer des Einzelnen ausblendet, wird heute in der Normandie ebenso vermieden wie auf den Schlachtfeldern des Ersten Weltkrieges bei Verdun und an der Somme.

Museen

In *Wolgograd* wurde 1982 das mit Abstand wichtigste Museum der Schlacht fertigge-stellt: das sogenannte Panorama-Museum. Es spiegelt die Stalingrader Schlacht aus russischer Sicht wider. Der Gebäudekomplex befindet sich in der Nähe des Wolga-Ufers. Um das Gebäude herum ist sowjetisches Kriegsgerät aus der Stalingrader Schlacht zu sehen.

Die 3500 Exponate zeigen, was üblicherweise in herkömmlichen Kriegsmuseen ausgestellt wird: Uniformen, Waffen, Sanitätsausrüstung, Karten, Plakate, Fotos und Porträts der Befehlshaber. Eindrucksvoll sind Reliefmodelle der Stadt und einzelner Stadtteile zum Zeitpunkt der Kämpfe, eine »Stalinorgel«, ein sowjetisches Flugab-wehrgeschütz und deutsche Flieger- und Versorgungsbomben. Besonders beeindruckt das große Panorama »Die Zerschlagung der deutsch-faschistischen Armee vor Stalin-grad«. Das weltweit größte Monumentalgemälde ist 120 Meter lang und 16 Meter hoch. Von einem zentralen Aussichtspunkt in der Mitte lässt es sich vollständig betrachten.

Die ersten Museen in der *Normandie* entstanden schon wenige Jahre nach den Ereig-nissen im Vorfeld des Zehnjahrgedenkens. Zwei Museen sollen im Folgenden etwas näher vorgestellt werden, weil sie den Rahmen der eher traditionellen Waffen- und Uniformschau und der Operationsgeschichte sprengen und dadurch besser zum his-torischen Verständnis beitragen: das *D-Day*-Museum in Arromanches-les-Bains (*Musée du débarquement*) und das *Mémorial de Caen*.

Das Museum in *Arromanches les Bains*, das der französische Staatspräsidenten René Coty 1954 einweihte, geht auf eine Initiative des Staates zurück. Sein Thema ist in ers-ter Linie die Geschichte des hier vor der Küste platzierten künstlichen Hafens »Mul-berry B«, dessen Reste im Wattenmeer noch heute gut zu erkennen sind. Die bis dahin beispiellose Errichtung künstlicher Häfen war für den Erfolg der Landung ausschlag-gebend. Die Häfen sollten den Alliierten wie ein künstliches Riff auch bei starkem See-gang Schutz bieten und das Entladen der Transportschiffe ermöglichen.

Das Museum besteht vor allem aus Modellen der Hafenanlage, die man mit Blick auf das Meer zu den sichtbaren Resten unmittelbar in Beziehung setzen kann. Die Vor-aussetzungen für den Landungserfolg, Erfindungsgabe und Leistungskraft, werden hier eindringlich vermittelt. Filme geben einen Eindruck von den Taten und Leiden der Soldaten und Zivilisten. Mit etwa 400 000 Besuchern jährlich ist es das am meis-ten besuchte Museum der Region.

Die Alltags-, Mentalitäts- und Sozialgeschichte der Okkupations- und Befrei-ungszeit hat auch in den Museen die Kriegsgeschichte mit ihren Waffen- und Uni-formsammlungen zurückgedrängt. Dadurch gewann die französische Perspektive an Bedeutung. Ihren Höhepunkt erreichte diese Entwicklung mit dem *Mémorial de la Paix* in Caen, das der französische Staatspräsident François Mitterrand am 6. Juni 1988 eröffnete.

Das Museum in der Stadt, die zu drei Vierteln zerstört wurde, geht zurück auf den Bürgermeister Jean-Marie Girault. Als Jugendlicher hatte er die Ereignisse miter-lebt, die ihm wie der Weltuntergang vorkamen. Das alte Caen, die Stadt des Herzog-tums der Normandie im 11. und 12. Jahrhundert, lässt sich nach den Zerstörungen des Zweiten Weltkrieges heute nur noch in wenigen rekonstruierten »Traditionsinseln«, wie der Kathedrale, der Burg und den Abteien, erahnen. Die Schließung des großen Stahlwerks im Herbst 1993, das einmal 13 000 Menschen Arbeit gegeben hatte, belastete die ohnehin strukturschwache Region zusätzlich. Ein Kulturtourismus, der sich die Geschichte, auch die Geschichte des Jahres 1944 zunutze macht, ist für Caen lebenswichtig. Angesichts der bestehenden dichten Museumslandschaft ging es daher beim *Mémorial de la Paix* um einen erkennbaren Gegenentwurf.

Das *Mémorial* in Caen, obwohl den Kämpfen von 1944 gewidmet, nennt sich provokativ *un musée pour la paix* – ein Museum für den Frieden. Das wirkt sich doppelt aus: durch den Rückblick auf die Vorgeschichte des Zweiten Weltkrieges bis zur Friedensordnung von 1919 sowie durch den Ausblick auf die kriegerischen Konflikte seit 1945 in einem eindrucksvollen Film. Die Heldengalerie ist nicht Generälen, sondern Friedensnobelpreisträgern gewidmet.

Im Mittelpunkt des Museums stehen die schwarzen Jahre Frankreichs unter der deutschen Besatzung von 1940 bis 1944. Zahlreiche Fotos, persönliche Erinnerungsstücke und vor allem die Rekonstruktion einer Gaskammer veranschaulichen die Alltagsnot und den Holocaust. In einem großen Vorführraum befindet sich eine zweigeteilte Leinwand. Auf der linken Hälfte sieht man, wie sich die alliierten Truppen auf die Landung vorbereiten, auf der rechten, wie deutsche Soldaten aus den Bunkern des Atlantikwalls aufs Meer spähen. Zwei gleichzeitig ablaufende Filme bewegen sich allmählich aufeinander zu, bis sie sich im Augenblick der Landung in ungeheurem Schlachtenlärm vereinen: »Alles Krieger, keine Helden. Kein Gut und kein Böse, sondern das rohe Antlitz des Krieges.«[1]

Das Museum in Caen bemüht sich um eine Gestaltung der Erinnerung, die über die älteren Schlachtmuseen vor Ort weit hinausgeht. Das Museum versucht, die zentrale Lehre für die Zukunft zu ziehen: dass der Frieden kein selbstverständliches, sondern ein zerbrechliches Gut ist. Der Frieden bedarf der ständigen Anstrengung von Individuen, Gesellschaften und Staaten und kann nur durch die weltweite Anerkennung der Menschenrechte gesichert werden.

Vergangenheit und Zukunft der Schlachterinnerung

Insgesamt erscheint die Gestaltung der Schlachterinnerung in Ost- und West-Europa bisher wenig zukunftsfähig. Der monumentale Heldenkult in Stalingrad ist spätestens nach dem Zusammenbruch der Sowjetunion überholt. Schon in früheren Jahrzehnten war das materielle Elend der Sieger nicht zu übersehen gewesen. Und trotz des Sieges 1945 fühlten sich die Menschen im Kalten Krieg weiter bedroht. Die horrenden Opferzahlen, die erst nach 1991 bekannt wurden, überschatteten den Sieg Stalins. Als Nikita S. Chruschtschow, der die Schlacht als Politkommissar selbst mitgemacht hatte, auf dem 20. Parteitag der KPdSU 1956 den Personenkult um Stalin abschaffte, führte das 1961 sogar zur Umbenennung der »Heldenstadt« Stalingrad in Wolgograd. Der Gegensatz von Siegern und Besiegten verblasste am Ende angesichts der stärker betonten gemeinsamen Leidenserfahrungen in zwei totalitären Systemen: dem Nationalsozialismus und dem Kommunismus. Hinter dem Interesse Wolgograds an deutschen Besuchern stehen freilich auch wirtschaftliche Interessen. Trotz der Millionen Gäste, vor allem aus den Staaten der Gemeinschaft Unabhängiger Staaten (GUS), zählt Wolgograd in den Augen der zahlungskräftigen Touristen aus dem Ausland nicht zu den attraktiven Sehenswürdigkeiten Russlands. Mit Sankt Petersburg und Moskau kann die Stadt an der Wolga nicht mithalten. Wolgograd kann hier nur mit der Schlachter-innerung »punkten« – und die interessiert nicht zuletzt die Deutschen.

In der *Normandie* wird seit Langem vorgemacht, wie eine strukturschwache Region von ihrem furchtbaren Kriegserbe profitieren kann. Jährlich besuchen Hunderttau-sende Briten und Amerikaner die Soldatenfriedhöfe, Schlachtfelder und Museen. Den Opfern folgte hier der militärische Triumph der Demokratie über die Barbarei einer rassenideologischen Diktatur. Diese – mit Ausnahme des *Mémorial* – heroisierende Sicht von Krieg und Sieg fällt aus gegenwärtiger Sicht aber hinter die Trauererfahrun-gen zurück, die nach dem Ersten Weltkrieg schon an der Somme gemacht und in dem monumentalen Denkmal von *Thiepval* zum Ausdruck gebracht wurden.

In Deutschland ist *Stalingrad* zum Mythos geworden – ganz anders als die Norman-die. Das begann mit der Verklärung der Niederlage als »Nibelungenschicksal« durch das NS-Regime. Die Propagandalüge von 1943 wirkte nach dem Krieg erstaunlicher-weise lange nach. An der Wolga waren die Folgen der Kriegführung Hitlers noch dra-matischer in Erscheinung getreten als in der Normandie. Vor allem hatte man in der Normandie den – im Rückblick – falschen Gegner bekämpft. An der Wolga hatte man gegen einen Gegner gekämpft, dem es nicht, wie in der Normandie, um die Befrei-ung, sondern ebenso wie den Nationalsozialisten um die Unterjochung Europas ging. Der Gegner des »heißen« Krieges war auch der Gegner des Kalten Krieges, dem die Menschen in Westdeutschland nun in Deutschland erneut gegenüberstanden – dies-mal im Bündnis mit den ehemaligen Westalliierten.

Die vom Krieg gezeichneten Landschaften in der Normandie und in der Region Wolgograd geben heute dem historischen Erbe einen hohen touristischen Wert. Wer könnte sich so etwas für die ehemaligen Kriegsschauplätze in Deutschland vorstellen, etwa im Aachener Raum (Hürtgenwald), am Niederrhein (Reichswald) und im Oder-bruch (Seelower Höhen)? Die Kriegserinnerung spielt in Russland, Großbritannien und in den USA bis heute eine erhebliche gesamtgesellschaftliche Rolle. Der Schlacht-feldtourismus ist eine Spielart des Kulturtourismus, der in den westlichen Wohlstands-gesellschaften große wirtschaftliche Bedeutung besitzt. Dass Geschichte finanziell und politisch genutzt wird, lässt sich kaum vermeiden – vor allem in Regionen, die auf den Tourismus angewiesen sind. Entscheidend ist aber ein Umgang, der die Würde der Opfer wahrt und die historische Wirklichkeit respektiert. Das Museum in Caen setzt diese Sichtweise im Sinne einer weltweiten Friedens- und Menschenrechtspers-pektive bereits um. Für andere Orte in der Normandie und in der Region Wolgograd bleibt da noch viel zu tun.

Anmerkung

1   Reiner Luyken, D-Day – einen Tag vier Monate lang feiern. In: Die Zeit vom 15.3.1994, S. 44.

Mary Fulbrook

Lange Schatten der Erinnerungen: Gewalterfahrungen des Ersten und Zweiten Weltkrieges im historischen Bewusstsein der Generationen im 20. Jahrhundert

Die Bedeutung von Gewalterfahrungen und -erinnerungen im Deutschland des 20. Jahrhunderts ist stark umstritten. War Deutschland durch eine besondere »Kultur der Gewalt« charakterisiert, die teilweise von den militärischen Praktiken in den afrikanischen Kolonien im ersten Jahrzehnt des letzten Jahrhunderts herrührte und die sich in den Gräueltaten gegen die Zivilbevölkerung im Ersten Weltkrieg weiter entfaltete? Wurden deutsche Soldaten durch ihre Erfahrungen im Zweiten Weltkrieg, insbesondere im Vernichtungsfeldzug an der Ostfront, »brutalisiert«, und lässt sich so die Beteiligung »ganz normaler Männer« am Massenmord an den Juden erklären – besser jedenfalls als durch antisemitische Ideologie und Gruppenzwang? Wie wurden Kulturen der Gewalt über verschiedene Generationen überliefert? Welche Folgen hatte das für die Menschen, die in der besonders gewalttätigen ersten Hälfte des 20. Jahrhunderts und darüber hinaus lebten?

Gewalterfahrungen und -erinnerungen waren unter den Deutschen nicht einheitlich. Sie variierten nicht nur aufgrund von Politik, Klasse, Geschlecht, Religion, sondern auch mit dem Alter, in dem eine Person die Gewalt des Krieges erfuhr. Die politischen Konstellationen während und nach größeren Episoden der Gewalt waren auch prägend dafür, welche »Erinnerungen« an Gewalt in späteren Staats- und Gesellschaftsordnungen historische Bedeutung erlangten und welche Interpretationen unterdrückt wurden.

Generationsbezogene Kriegserfahrungen und Rollen in den deutschen Diktaturen

In welchem Alter Menschen die Gewalt des Krieges erfuhren, hatte einen wesentlichen Einfluss auf den Stellenwert bestimmter Generationen in späteren Regimen. Das galt vor allem in der NS-Diktatur sowie in der kommunistischen Diktatur des 20. Jahrhunderts. Zwei Geburtsjahrgänge fallen hier ins Auge: zum einen die »Generation der Kriegsjugend«, die etwa im ersten Jahrzehnt des 20. Jahrhunderts geboren wurde; zum anderen die »1929er«, die in den letzten Jahren der Weimarer Republik geboren wurde, etwa zwischen 1926 und 1932. Die »Kriegsjugendgeneration« wurde zu einer wichtigen Säule des »Dritten Reiches«. Aus ihr stammte eine überproportional hohe Zahl von NS-Funktionären sowohl in den Provinzen als auch im Zentrum des Staates. Das hat zum Beispiel eine Untersuchung des Reichssicherheitshauptamtes (RSHA) gezeigt, das unter Heinrich Himmler mit der Rassenpolitik betraut war.

Die zweite Generation, die »1929er«, die vollständig im nationalsozialistischen System heranwuchs, spielte paradoxerweise eine ähnlich wichtige Rolle in der darauffolgenden kommunistischen Diktatur, der DDR. Aus dieser Generation rekrutierten sich nicht nur unverhältnismäßig viele Funktionäre in Partei und Staat. Schaut man über dieses *Who is who* der DDR hinaus, fällt auch auf, dass Menschen aus diesem Geburtsjahrgang eher den ostdeutschen Staat unterstützten und weniger an religiösen Überzeugungen festhielten oder gar politische Kritik übten. Darin unterschieden sie sich deutlich von jenen, die nur ein paar Jahre später unter dem Nationalsozialismus geboren worden waren. Diese historisch belegten Auffälligkeiten dieser beiden Generationen schreien geradezu nach einer Erklärung.

Die prägenden Kriegs- und Gewalterfahrungen als Kinder scheinen hier von besonderer Bedeutung zu sein. In seiner klassischen Generationsstudie hat der Sozialwissenschaftler Karl Mannheim die Rolle vermeintlicher Schlüsselerlebnisse betont. Personen an der Schwelle zum Erwachsensein seien in einem Alter, in dem sie durch außergewöhnliche Erfahrungen, vor allem Gewalterfahrungen im Krieg besonders geprägt würden. In der Tat prägen sich die Erfahrungen jener Personen, die zum Zeitpunkt großer historischer Brüche an dieser Schwelle standen, so stark ein, dass sie sich langfristig auf ihr Leben ausgewirkt haben. Das haben historische Aufzeichnungen gezeigt.

Solche Schlüsselerlebnisse sind natürlich von Bedeutung, allerdings reichen sie nicht aus, um Nachwirkungen der Gewalterfahrungen nach dem Krieg zu erklären. Wir müssen auch berücksichtigen, auf welche Weise sich einige Menschen für neue Ziele begeisterten, während sie andere Ziele nicht weiter verfolgten. Dabei geht es erstens um die Chancen, die jemand hatte, zweitens um die Sachzwänge, denen er ausgesetzt war, und drittens darum, wie sich die politische Lage veränderte. Welche Ansichten am Ende historisch bedeutsam wurden und welche sich nicht durchsetzen konnten, das war häufig eine Machtfrage. Aufgrund ihrer jeweiligen zuvor gemachten Erfahrungen ließen sich bestimmte Geburtsjahrgänge auf unterschiedliche Weise für neue Ideen begeistern. Das Ausmaß und die Richtung dieser Mobilisierung hingen jedoch auch von den gesellschaftlichen und politischen Bedingungen der Nachkriegszeit ab. Um die Eigenart dieser beiden Generationen zu verstehen, ist deshalb zunächst ein umfassenderer Blick auf die Bedeutung und Folgen der beiden Weltkriege nötig.

Der Mythos 1914 und 1918

Der Erste Weltkrieg hatte massive Auswirkungen auf Menschen unterschiedlichen Alters und sozialer Herkunft. Hier kommt es aber auf die Unterschiede und Abweichungen in ihren Erfahrungen an. Die vermeintliche »Frontgeneration« männlicher Personen, die aktiv Kampfhandlungen erlebt haben, war in Wirklichkeit sehr weit gefasst. Da eine außerordentlich breite Spanne an Geburtsjahrgängen eingezogen wurde, gab es auch keine generationsbedingte Einheitlichkeit. Die »Frontkämpfer« zogen auch keine einheitlichen »Lehren« aus diesem Krieg oder aus früheren gewaltsamen Einsätzen in den deutschen Kolonien. Es gab deutliche Erfahrungsunterschiede zwischen sozialen Schichten, militärischen Dienstgraden und verschiedenen Kriegsschauplätzen an der Ost- und Westfront. Nicht zuletzt die Zahl der Verletzten und »Kriegsneurosen« variierte. Die wohl häufigste Wahrnehmung infolge des Krieges, auch unter den Deutschen, die zu Hause geblieben waren – Frauen, Alte, Junge, kampfuntaugliche Männer –, war ein Gefühl, dass es niemals mehr so sein würde wie es war. Im Rückblick erschien die Zeit vor 1914 je später, je mehr als ein goldenes Zeitalter, das die Ereignisse im August 1914 längst beendet hatten.

Dennoch verbreitete sich unter den intellektuellen und gebildeten jungen Männern der Nachkriegszeit in ganz Europa der Begriff der »Generation 1914«, wenngleich er unterschiedlichste Bedeutungen besaß. Bei Begriffen wie »Generation 1914« oder »Frontgeneration« ging es eher um Mobilmachungsmythen als um angemessene Beschreibungen der Realität. Ihre Bedeutung hing von späteren Kontexten ab.

Es waren nicht so sehr die Angehörigen einer angeblichen »Generation 1914« als vielmehr die Mythen, die sich während und nach 1918 unter den besonderen Bedingungen der Weimarer Republik in rechten Kreisen schnell entwickelten und die kulturelle Entwicklung der Gewalt in Deutschland im Gegensatz zu anderen europäischen Staaten beeinflussten. In Großbritannien wurde der »11-Uhr-Waffenstillstand« vom 11. November in den Dienst des Pazifismus gestellt. In den jährlichen Feierlichkeiten zum *Poppy Day* (wörtlich: Tag des Mohns) wird bis heute jedes Jahr an den Ausgang des Krieges erinnert. In Frankreich erinnern zahllose Kriegsdenkmäler an das Leiden und die Verluste, welche die Franzosen bei der Verteidigung ihrer Heimat nicht zuletzt unter der Jugend erlitten haben. In Deutschland dagegen beschworen die national-konservativen Gruppen ganz andere »Erinnerungen«: Die »Dolchstoßlegende« wies den »Juden und Bolschewiken« die Schuld am Kriegsausgang zu, und ständig sprach man von der »Demütigung«, die Deutschland durch den »Schandfrieden« von Versailles erlitten habe. Der »lange Schatten«, den der Erste Weltkrieg auf die Nachkriegszeit warf, war für diese rechten Kreise in Deutschland aufgrund der Niederlage weniger die Erfahrung von Gewalt und Krieg als vielmehr die Erwartung, am Ergebnis des Krieges zu rütteln. »Revisionismus« nennen Historiker diese politische Einstellung.

Das war besonders für einige Angehörige der »Kriegsjugendgeneration« von Bedeutung, die den Krieg aus der Ferne beobachtet hatten, weil sie zu jung gewesen waren, um sich aktiv an der Gewalt an der Front zu beteiligen. Für viele junge Männer, die in dieser Zeit Kinder oder Jugendliche waren, wurde der Erste Weltkrieg zu einem »bestimmenden Ereignis«, zum Teil weil sie die Gewalt nur mittelbar aus der Entfernung erlebten. Zwar wirkte sich der Krieg an der Heimatfront aus: durch Hungersnot und Lebensmittelkrawalle, durch Streiks, Revolution und nicht zuletzt dadurch, dass rechtschaffene Bürger keine Skrupel mehr kannten und plötzlich anfingen zu stehlen oder die Arbeit zu schwänzen, um auf dem Land Nahrungsmittel zu beschaffen. Dennoch erreichte der Krieg Deutschland selbst nicht auf eine Weise, wie das ein Vierteljahrhundert später, im Zweiten Weltkrieg, der Fall war. Die Kriegsjugendgeneration erfuhr den Krieg im Wesentlichen als ein Spiel. Die Schüler verfolgten das Geschehen auf Karten im Klassenzimmer, fochten auf dem Schulhof Kämpfe aus und verfolgten auf dem Heimweg begeistert die Nachrichten, die ihnen an den Zeitungsständen in die Augen fielen – und diese Wahrnehmung sollte ein paar Jahrzehnte später enorme historische Bedeutung erhalten. Der deutsche Publizist und Historiker Sebastian Haffner (1907–1999) schrieb 1939 in seinen Erinnerungen im selbstgewählten Exil:

> »Vieles hat dem Nazismus später geholfen und sein Wesen modifiziert. Aber hier liegt seine Wurzel: nicht etwa im »Fronterlebnis«, sondern im Kriegserlebnis des deutschen Schuljungen. Die Frontgeneration hat ja im Ganzen wenig echte Nazis geliefert [...] Die eigentliche Generation des Nazismus aber sind die in der Dekade 1900 bis 1910 Geborenen, die den Krieg, ganz ungestört von seiner Tatsächlichkeit, als großes Spiel erlebt haben.«[1]

Viele junge Männer dieser Generation, die nie selbst mit der grausamen Wirklichkeit an der Front konfrontiert wurden, waren am Ende geschockt, als der Krieg verloren war. Im Durcheinander der ersten Nachkriegsjahre waren einige daher umso anfälliger für die Lockrufe rechter Gruppen.

Sie bildeten nie die Mehrheit ihrer Alterskohorte. Doch durch die politischen Umstände in der Weimarer Republik gerieten sie in eine besondere historische Position. In den 1920er-Jahren und Anfang der 1930er-Jahre war es eine machtpolitische Frage, welche politische Richtung letztendlich gewinnen würde. Wer gegen vorherrschende Ansichten Widerstand leistete, musste unter Umständen einen hohen Preis dafür zahlen.

Das wird besonders deutlich, wenn wir einen Blick auf den etwas ungewöhnlichen Fall von Hans Paasche werfen. Paasche entstammte einer wohlsituierten Familie, und man hätte erwarten können, dass er eine Stütze des Establishments wird. Sein Vater, ein vermögender Grundbesitzer und Wirtschaftswissenschaftler, war Reichstags-Vizepräsident (1903–1909, 1912–1918) und ein enger Freund von Großadmiral Alfred von Tirpitz 1905 war Hans Paasche als junger Marinesoldat aktiv an der gewaltsamen Unterdrückung des Aufstands in Deutsch-Ostafrika beteiligt. Diese Beteiligung an Gewalt »brutalisierte« ihn jedoch nicht, sondern brachte ihn im Gegenteil zum Pazifismus (und Vegetarismus). Er billigte die Gräueltaten nicht, wie das nach solchen Erfahrungen oft der Fall ist. Paasche war weit davon entfernt, die militärische Kultur des Deutschen Kaiserreichs im Ersten Weltkrieg zu unterstützen. Deshalb wurde er wegen angeblichen Verrats angeklagt. Allein die Stellung seines Vaters sorgte dafür, dass das Urteil »verrückt, aber nicht böse« lautete und er bis zu seiner Freilassung durch Revolutionäre im November 1918 in einer Irrenanstalt eingesperrt war. In zahlreichen Abhandlungen schrieb Paasche leidenschaftlich über Generationskonflikte und soziale Spaltungen einer Nation, die seiner Meinung nach junge Menschen als künftiges Kanonenfutter für einen neuen Krieg heranzog. Paasches Urteil war nur allzu vorausschauend: Er selbst wurde im Mai 1920 von rechten Truppen ermordet. Die Freikorps-Truppen erhielten einen Großteil ihrer Unterstützung aus der Kriegsjugendgeneration, die Haffner so eindeutig identifiziert hatte.

Der Triumph der Rechten unter Adolf Hitlers Führung im Jahre 1933 war nicht vorherbestimmt. Er war vielmehr das Ergebnis einer einzigartigen Kombination historischer Umstände. Doch als Folge des Regimewechsels kam die Kriegsjugendgeneration, die in den ersten zehn Jahren des Jahrhunderts geboren worden war, zu ihrem Recht. Als zum Teil noch junge Erwachsene verbanden die Angehörigen dieser Generation ihre Karriere mit dem NS-Staat. In der politischen Anpassung lag eine Voraussetzung für beruflichen Erfolg und schnelles Vorankommen in den neuen Machtverhältnissen. Es war durchaus üblich, Laufbahnen in der Justiz und im Staatsdienst mit militärischen Aktivitäten zu verbinden. Die Vertreter dieser Generation hielten es für normal, dass vom Staat Gewalt ausging. Vielen Rechten erschien Gewaltanwendung zur Durchsetzung politischer Ziele im Innern wie auch (später) nach außen als die richtige Antwort auf das Chaos und die Schwäche der Weimarer Republik. Das NS-Regime konnte sich auch deshalb bis zu seinem tödlichen Ende so entwickeln, weil sich insbesondere Angehörige dieser Generation für die Zwecke des Regimes vereinnahmen ließen – auch wenn ihr Zweifel an Hitlers mörderischem Unternehmen, dem rassistischem Staat, wuchs.

Der 1920 ermordete Hans Paasche über den Generationskonflikt am Ende des Ersten Weltkrieges

»Ein doppelter Riss geht durch unser Volk. Die Freien stehen den Reaktionären gegenüber unversöhnlich; und zwischen der Jugend und ihren Vätern gähnt eine Kluft so groß, wie kaum je zwischen zwei Generationen. Wenn Eltern wüßten, wie revolutionär die jetzt tätige Jugend fühlt und gerade Sprößlinge adliger, militaristischer, kapitalistischer Familien, sie würden schaudern. Weiter unten kommt dann noch einmal eine andere Jugend, das hoffnungslose Kriegserzeugnis bornierter Oberlehrer. In dieser Schicht werden die Begriffe Gewalt, Erbfeind, Vaterland vollendet lächerlich werden. (S. 7)
[...]
Wisse, Deutscher, daß du zum Knechtgeist erzogen bist [...] Gehorchen sollst du irgendwem, der sich Obrigkeit über dich anmaßt: Vater, Mutter, Lehrer, Polizist, Schaffner, sollst alle diese ehren, auch wenn es die unfreisten, drum verbrecherischsten Menschen sind, die dich von Freundschaft, Liebe, Glück absperren, die dies Leben zur Qual machen. Das Verbrechen beginnt bei den Eltern. Typische deutsche Eltern sind das untertänigste, was die Erde je hervorgebracht hat. Sie wollen, daß das Kind kein eigenes Leben führe, und erreichen das. Der Wille muß gebrochen werden [...] Aber ehret, ihr artigen Kinder, Eltern, die euch in herzlicher Liebe für alles das, für Schulbank, Kasernenhof und Massengrab zurichten. (S. 9)
[...]
Es wird immer deutlicher werden, daß das deutsche Volk einen Befreiungskampf der Jugend zu kämpfen hat. Die ältere Generation hat das vierte Gebot benutzt, die Jüngeren zu knechten. Sie wird das immer wieder versuchen [...] Wie sollte eine deutsche Jugend erkennen, daß die Eltern ihr schlimmster Feind waren! Diese Generationen, die nichts von der Liebe wußten, unglücklich waren und es deshalb nicht ansehen konnten, daß die Jugend glücklich wurde. Der Gegensatz der Alten zur Jugend geht so weit, daß sie, die nicht mehr in den Krieg zu ziehen brauchten, das gegenseitige Schlachten der jungen Generation herbeiführten [...] Eine Generation, die nicht lebt und nicht zu lieben weiß, kann nichts schaffen, was Beachtung verdiene. Ihre Leistung trägt den Keim der Zerstörung in sich. (S. 11 f.)
[...]
Am 9. November 1918 konnte das deutsche Volk zeigen, ob es für Recht und Sittlichkeit ein Gefühl habe [...] Die Völker erwarteten nichts weiter, als daß das deutsche Volk das System erkannte, in dem es verstrickt war, und dass es die Männer, die dies System mit ihren Namen gedeckt hatten, preisgab, von ihnen abrückte, sie für immer aus dem öffentlichen Leben entfernte und zu Verantwortung zog. Es hat sich von neuem belügen lassen und zugesehen, wie jeder, der im Lande die Wahrheit sagte, ermordet wurde [...] Unerhörte Taten der Freiheit müßten kommen, ein Thomas Müntzer müßte trotz einem Luther siegen, wenn das deutsche Volk das wieder gut machen wollte, was es bei der Matrosenrevolte versäumte. Dazu ist keine Hoffnung, denn noch immer neigt das Volk dazu, den zu vergöttern, der es mit Füßen tritt, und den, der es zur Freiheit führen könnte, kraft konterrevolutionären Rechtes »auf der Flucht« zu erschießen. (S. 15 f.)

Aus: Hans Paasche, Das verlorene Afrika, Berlin: Verlag Neues Vaterland, E. Berger und Co., 1919 (= Flugschriften des Bundes Neues Vaterland, Nr. 16, S. 1–19).

Die Jüngeren, die keine eigenen Erinnerungen an den Ersten Weltkrieg besaßen, hatten dessen Folgen unmittelbar gespürt: den Verlust der Väter, Onkel und älteren Brüder, die zunehmende Inflation, die Vertreibung und Arbeitslosigkeit, schließlich die politische Instabilität. Diese erste »Hitlerjugend-Generation«, die in der turbulenten Zeit vor der Stabilisierung der Weimarer Republik im Jahre 1924 geboren wurde und die als Kinder die Wirtschaftskrise und die Straßenschlachten nach dem Börsencrash an der *Wall Street* 1929 mitbekommen hatte, sollte zum glühendsten Anhänger der NS-Politik werden. Als Teenager in den 1930er-Jahren nahmen Angehörige dieser Generation bereitwillig an gewaltsamen Aktionen teil, etwa an den antisemitischen Krawallen im Sommer 1935 oder – als Mitglieder der Hitlerjugend bzw. SA – am Novemberpogrom 1938.

Für diese Generationen war der Krieg noch nicht zu Ende. Sie ließ sich schnell für den Versuch gewinnen, die Niederlage von 1918 wettzumachen. Das »Erbe von 1918« – der Revisionismus, der Militarismus und der Zweite Weltkrieg – war ein Ergebnis der militärischen Niederlage, des Zusammenbruchs der Weimarer Republik sowie der besonderen Machtstrukturen und politischen Kompromisse, die für das »Dritte Reich« typisch waren. Zu dieser Zeit wurde die Minderheit derer, die sich nach 1918 an den Kämpfen der Freikorps vor allem in den Grenzgebieten im Osten des Reiches sowie an den andauernden Gefechten zwischen Linken und Rechten auf den Straßen der deutschen Hauptstadt Berlin beteiligten, zum Wegbereiter Hitlers und des Nationalsozialismus.

Die »1929er«: Generationserfahrungen und Erbe des Zweiten Weltkrieges

Die Erfahrungen des Zweiten Weltkrieges unterschieden sich deutlich von denen des Ersten Weltkrieges. Die Massenmobilmachung war gegen Ende total: In den letzten Kriegstagen, im Frühjahr 1945, wurden alte Männer, Jugendliche und Frauen in Uniformen gesteckt und mit Waffen ausgestattet. Doch der Grad der Mobilmachung und das Ausmaß der Begegnung mit Gewalt variierten erheblich in den verschiedenen Phasen des Krieges und auf den unterschiedlichen Kriegsschauplätzen.

Während der ersten beiden Jahre, im »Blitzkrieg« und »Sitzkrieg«, bestand die Wehrmacht in erster Linie aus jenen jungen Männern, die bereits im Laufe der 1930er-Jahre durch die nationalsozialistische Erziehung und den Alltag des »Dritten Reiches« allmählich an die Brutalität gewöhnt worden waren. Während sie die Siege des Blitzkriegs feierten, wurden sie auch mit den ersten Gräueltaten konfrontiert: dem Massenmord an der jüdischen und polnischen Zivilbevölkerung, dem Niederbrennen von Synagogen nach der Invasion in Polen im September 1939. Dies erforderte eine schnelle Anpassung des Weltbilds, die sich in den kommenden Monaten und Jahren fortsetzte. Einfache Soldaten erlebten die überfüllten, von Krankheiten geplagten Ghettos und trafen auf verzweifelte, in Lumpen gehüllte, unterernährte »Ostjuden«. Wenngleich deren Situation eine Folge der deutschen Rassenpolitik war, schienen sie doch auf den ersten Blick die Klischees der antisemitischen Propaganda, mit der diese jungen Soldaten aufgewachsen waren, zu bestätigen. In den Feldpostbriefen dieser Soldaten finden sich die Argumente der nationalsozialistischen Rassenpolitik wieder. Nach dem Einmarsch in die Sowjetunion im Sommer 1941 und den horrenden Verlusten bei Stalingrad wurden Männer einer wesentlich größeren Altersspanne einberufen. Ältere Soldaten waren lange vor der Zeit der nationalsozialistischen Machtübernahme aufgewachsen. Vor allem Männer mit »linken« oder religiösen Überzeugungen waren weniger anfällig für NS-Propaganda. Dennoch wurden auch sie für einen Krieg einberufen, der immer mehr auf Völkermord und Selbstzerstörung hinauslief.

Die jüngeren Geburtsjahrgänge der »1929er«, die neue Kriegsjugendgeneration des Zweiten Weltkrieges, wurden nur in den letzten Kriegsjahren, vor allem in den letzten zehn Monaten, eingesetzt, als die Gewalt ihren Höhepunkt erreichte und die Deutschen die meisten Verluste erlitten. Ob im Reichsarbeitsdienst (RAD), als Flakhelfer, auf den »Trecks«, die vor der Roten Armee flohen, oder als Opfer alliierter Bombenangriffe: Junge Deutsche hatten in bisher nie dagewesenem Maß Gewalt zu erleiden und Gewalt selbst auszuüben. Das war etwas ganz anderes als das, was junge Leute im gleichen Alter am Ende des Ersten Weltkrieges erlebt hatten. Relativ lange hatten viele junge Leute die brutalen Folgen des Krieges kaum zu spüren bekommen. Nun waren sie den mörderischen Auswirkungen jener Weltanschauung ausgesetzt, an die zu glauben man sie verführt hatte. Viel drastischer, als dies bei der Kriegsjugendgeneration des Ersten Weltkrieges der Fall war, mussten sie erfahren, was Gewalt tatsächlich bedeutet. Kinder wurden Zeuge, wie Schulfreunde vor ihren Augen in Stücke gerissen wurden, sahen Leichen in den Straßen nach Bombenangriffen, erlebten mit, wie Großeltern oder jüngere Geschwister auf der Flucht nach Westen umkamen. Obgleich es zahlreiche Anhaltspunkte dafür gibt, dass viele »Volksgenossen« ihren Glauben an den »Führer« bis zum bitteren Ende nicht verloren, konnte sich 1945, anders als noch 1918, aufgrund der eindeutigen Niederlage keiner vorstellen, den Kampf für ein nationalsozialistisches Großdeutschland weiterzuführen oder wiederaufzunehmen.

Nach dem Zweiten Weltkrieg erfuhren diese jungen Leute einen Schock ganz anderer Art. Viele fühlten sich auch »verraten« von den Älteren, vor allem von jenen, die sie für das Geschehene verantwortlich machten. Die »1929er« waren daher nach 1945 besonders »zugänglich für eine Mobilisierung«. Sie waren geschockt und in einer besonders idealistischen Lebensphase auf der Suche nach neuem Sinn und neuen Zielen. Als junge Erwachsene übernahmen sie Verantwortung für ältere Verwandte und kleine Geschwister. Häufig gelangten sie zu der Auffassung, dass sie alles tun müssten, um »über die Runden zu kommen« und eine neue Zukunft aufzubauen. Im Gegensatz zu der Jugend von 1918 lag die Aufgabe dieser Generation nicht darin weiterzukämpfen, sondern sich von den Idealen der Vergangenheit vollständig zu lösen.

Im aufkommenden Kalten Krieg unterschieden sich jedoch die Umstände, unter denen die »1929er« die neuen Aufgaben angingen, zwischen Ost und West sehr deutlich. In den westlichen Besatzungszonen, aus denen 1949 die Bundesrepublik Deutschland hervorging, gab es eine größere Kontinuität, was Personen und Organisationen anging. In der Sowjetischen Besatzungszone, der späteren Deutschen Demokratischen Republik (DDR), gab es radikalere Veränderungen in Wirtschaft und Gesellschaft, die mit einem umfangreicheren Personalwechsel in Wirtschaft und Staat einhergingen. Für Angehörige der jüngeren Generation, die man als die »unverdorbene« Generation der Zukunft ansah, gab es deshalb nie dagewesene Möglichkeiten. Die DDR gewährte staatliche Unterstützung, um die durch den Krieg unterbrochene Weiterbildung und Hochschulausbildung fortzusetzen. Sie förderte die Ausbildung und berufliche Entwicklung von Frauen und ermöglichte jungen Leuten mit dem entsprechenden sozialen und politischen Hintergrund den schnellen Aufstieg zur Spitzenposition eines Funktionärs. Doch sobald sie im System angekommen waren, stellten viele fest, dass sie in einem »eisernen Käfig« der Parteidisziplin gefangen und den Zwängen des Systems ausgesetzt waren.

In Westdeutschland dagegen waren viele Angehörige dieses Geburtsjahrgangs im kulturellen Sinne ebenfalls »zugänglich für die Mobilisierung«. Doch angesichts der stärkeren personellen Kontinuitäten gab es für diesen Jahrgang insgesamt weniger freie Stellen und neue Möglichkeiten. Viele »1945er« – wie deutsche Historiker sie nennen – wählten daher Berufsfelder, auf denen sie leichter hervortreten konnten: die Medien und die öffentliche Diskussion. Erst im Laufe der 1960er-Jahre spielten die Spannung zwischen den Generationen und das Erbe des Krieges im Westen eine entscheidende Rolle. Hier machten nun die »68er« die Elterngeneration für den Nationalsozialismus verantwortlich. Insofern spielten sie eine bedeutendere historische Rolle als die Gleichaltrigen in der DDR.

Dort entwickelte sich eine andere Generationsdynamik. Die herausragende Stellung der »1929er« in der DDR hing mit der Bevölkerungsentwicklung zusammen. Aufgrund niedriger Geburtenzahlen im Ersten Weltkrieg und hoher Todesraten im Zweiten Weltkrieg waren die älteren Jahrgänge ausgedünnt. Doch diese demografischen Faktoren erklären nicht, warum es unter den prominenten Ostdeutschen vergleichsweise wenig »Kinder des Dritten Reiches« gab, insbesondere aus der Generation des Babybooms der 1930er-Jahre. Angesichts des dauernden Arbeitskräftemangels und der massenhaften Auswanderung vor dem Mauerbau 1961 fehlte es ihnen sicherlich nicht an Möglichkeiten, einen Platz in der Gesellschaft zu finden. Doch ihre altersbedingt andersartigen Erfahrungen erklären teilweise ihren Widerwillen, sich dem neuen Regime mit ganzem Herzen so zu verschreiben, wie dies die »1929er« taten. Die politischen Bedingungen in der DDR verhinderten, dass sich mehr als eine Handvoll Personen an den Protesten gegen die gewaltsame Niederschlagung des Prager Frühlings im Jahre 1968 beteiligte, die das Regime dann auch schnell unterdrückte.

Was die älteren Deutschen angeht, so gab es grundlegende Unterschiede zwischen den öffentlichen und privaten Kriegserinnerungen in Ost- und Westdeutschland. Die Westdeutschen unter Bundeskanzler Konrad Adenauer kümmerten sich um das Leid und die Bedürfnisse von heimkehrenden Kriegsgefangenen, von Flüchtlingen und Vertriebenen aus den Ostgebieten. Dagegen ignorierten sie weitgehend das Leiden und die Bedürfnisse jener teils namenlosen NS-Opfer, die nicht präsent waren und noch immer ausgegrenzt waren: Juden, ausländische Zwangsarbeiter, Homosexuelle, Kommunisten. Bei der überwiegenden Mehrheit der Westdeutschen stimmten daher die politischen Kriegserinnerungen mit den persönlichen weitestgehend überein. Im Gegensatz dazu herrschte in Ostdeutschland auf politischer Ebene eine Darstellung des Zweiten Weltkrieges vor, nach der die Soldaten der siegreichen Roten Armee die deutschen Arbeiter und Bauern aus der Unterdrückung durch die Nationalsozialisten »befreit« hatten. Die herrschende Einheitspartei, die SED, deutete die NS-Herrschaft als Ergebnis einer unheiligen Allianz zwischen Imperialisten, Monopolkapitalisten und Junkern (wie die preußischen Großgrundbesitzer genannt wurden). Mit dieser offiziellen Schilderung der »Befreiung« konnten aber all jene nichts anfangen, die vom Antibolschewismus der NS-Zeit weiterhin geprägt waren und die sich persönlich an Gewalt, Vergewaltigungen, Raubüberfälle und anderen Gewalttaten erinnern konnten, die Soldaten der Roten Armee begangen hatten. Diese Trennung zwischen öffentlicher Darstellung und privaten Kriegserinnerungen spielte jahrzehntelang eine Schlüsselrolle für das gegenseitige Misstrauen, dass zwischen der kleinen kommunistischen Elite und der Mehrheit der erwachsenen Ostdeutschen herrschte.

Erst im Zuge des Generationswechsels der 1970er- und 1980er-Jahre wurden die Kriegserinnerungen zunehmend in den Hintergrund gedrängt. Insbesondere die jüngeren Generationen rückten nun den Massenmord an den europäischen Juden in den Mittelpunkt der Erinnerung. Das Gedenken an den Holocaust ließ die Kriegserinnerungen der Älteren immer weiter zurücktreten. Allerdings gab es auch hier große Unterschiede zwischen Ost und West: Während in Westdeutschland eine Kultur der Scham gepflegt wurde, betonte man in Ostdeutschland den kommunistischen Widerstand und Antifaschismus. Mit der Schuldfrage setzte man sich jedoch auf keiner Seite umfassend auseinander. Dieses Thema trat erst nach der Wiedervereinigung 1989/90 in den Vordergrund.

Anmerkung

1   Sebastian Haffner, Geschichte eines Deutschen. Die Erinnerungen 1914–1933, München 2002, S. 23. Die Erinnerungen wurden erst nach Haffners Tod veröffentlicht.

Andreas Etges

Der Krieg in Europa im amerikanischen Film

»Bei Ausbruch des Zweiten Weltkrieges«, so heißt es zu Beginn des Films »Casablanca«, »wandten sich viele Augen im eingeschlossenen Europa hoffnungsvoll oder verzweifelt der Freiheit Amerikas zu.« Das Filmgeschehen spielt nicht in Europa, sondern in Nordafrika. Dennoch steht der Film, der zu den bekanntesten Hollywoodproduktionen überhaupt gehört, fast beispielhaft dafür, wie Hollywood den Zweiten Weltkrieg in Europa gedeutet und was es von ihm gezeigt hat: die Brutalität und Arroganz der »Nazis« und den manchmal verzweifelten, aber letztlich heldenhaften Widerstand in den kleineren europäischen Ländern sowie die mutige *Résistance* der stolzen Franzosen – trotz gelegentlicher Kollaboration. Den entscheidenden Umschwung aber bringt »Amerika«, in »Casablanca« verkörpert von Rick Blaine, gespielt von Humphrey Bogart. Blaine kämpfte im Spanischen Bürgerkrieg gegen Franco und lebte dann in Paris. 1941 floh er vor den einmarschierenden deutschen Truppen und landete schließlich in Casablanca. Hier, im französischen Protektorat Marokko, das von dem mit Hitler kollaborierenden Vichy-Regime verwaltetet wird, betreibt er »Rick's Café Américain«. Auf Ausreisemöglichkeiten wartende Emigranten, aber auch französische und deutsche Offiziere gehören zu seinen Gästen.

Rick steht auf der »schwarzen Liste« der Nationalsozialisten, übt aber keinen offenen Widerstand aus. An ihm hängt schließlich das Schicksal des von den Deutschen verfolgten prominenten tschechischen Widerstandskämpfers Victor László. Rick zögert zunächst, doch schließlich entscheidet er sich zum direkten Eingreifen: Um László zu retten, erschießt er einen deutschen Offizier. Dabei macht er gemeinsame Sache mit dem französischen Polizeichef Renault, der bislang mit den Deutschen zusammengearbeitet hat, Rick nun aber nicht verrät und symbolträchtig eine Flasche Wasser aus »Vichy« in den Mülleimer wirft.

Auch im anderen »Casablanca« – spanisch für Weißes Haus! – zögerte ein weiterer Amerikaner zunächst ebenfalls, in den Zweiten Weltkrieg einzugreifen. Erst im Dezember 1941, nach dem japanischen Angriff auf Pearl Harbor, wurden die USA unter Präsident Franklin D. Roosevelt Kriegspartei. »Gut dass Sie wieder in unseren Reihen sind. Ich weiß, dass wir diesmal gewinnen«, begrüßt László in »Casablanca« Ricks Entscheidung ihm zu helfen, was für diesen ein persönliches Opfer für das große Ganze bedeutet. Mit den Amerikanern, so lautet die Botschaft des Films, wendete sich das Blatt entscheidend. Sie waren den Nazis überlegen und konnten gemeinsam mit ihren europäischen Alliierten, die erst durch und mit ihnen wieder zu einflussreichen Akteuren wurden, den alten Kontinent von Hitlerdeutschland befreien.

Der 1942 gedrehte Film kam in New York bereits im Dezember des Jahres in die Kinos, um von der kurz zuvor erfolgten Landung der Alliierten in Nordafrika zu profitieren. Er ging am 23. Januar 1943 in den landesweiten Vertrieb und profitierte erneut von politischen Ereignissen: Auf der Konferenz von Casablanca besprachen Roosevelt und der britische Premierminister Winston S. Churchill die Kriegsstrategie gegen Deutschland, Japan und deren Verbündete.

In »Casablanca« fehlen eigentlich nur drei »Elemente«, die charakteristisch für Hollywood und den Zweiten Weltkrieg in Europa stehen: Das sind erstens die Briten, die

»They have a date with fate in Casablanca« (Rendezvous mit dem Schicksal in Casablanca). Plakat zum Film
»Casablanca«.

Rue des Archives/Süddeutsche Zeitung Photo

in der Regel als ein wenig sture und nicht immer brillante, aber dennoch engste und wichtigste Verbündete der Amerikaner gezeigt werden; zweitens tauchen die ehrbaren deutschen Offiziere nicht auf, die oft durch Generalfeldmarschall Erwin Rommel verkörpert werden. Drittens kommen – das ist sicherlich die problematischste Auslassung – die Russen in diesen Filmen fast nie vor. Weder werden sie im Kampf gezeigt, noch wird erwähnt oder gar gewürdigt, dass sie die Wehrmacht im Osten entscheidend zurückdrängten. Es war das amerikanische Militär, so Hollywood, das die Kriegswende brachte, die zur deutschen Niederlage und Kapitulation führte.

Dass und in welcher Weise das europäische Bild des Zweiten Weltkrieges durch amerikanische Kriegsfilme mit geprägt wurde, soll im Folgenden diskutiert werden. Um die inhaltlichen Aspekte besser herauszuarbeiten, kann auf die chronologische Feingliederung verzichtet werden, die zudem nur bedingt Entwicklungen herausgearbeitet hätte. Denn insgesamt überwiegen, so lautet die These, die Kontinuitäten in der Darstellung des Zweiten Weltkrieges in amerikanischen Spielfilmen seit 1945.

Nach Peter Bürger werden Kriegsfilme hier definiert als Filme, die »Kriegspolitik, Kriegsursachen, Kriegsgeschehen, Kriegsfolgen, Kriegstechnologie oder Militärwesen« zum Thema haben.[1] Insofern gehört auch »Casablanca« zum Genre des Kriegsfilms. Kriegsfilme und andere Spielfilme sind eines der wichtigsten Medien der Erinnerungskultur. Sie emotionalisieren, personalisieren und dramatisieren

216   Andreas Etges

Geschichte. Indem sie die Geschichte auf wenige Personen konzentrieren, verringern sie die historische Komplexität. Als Spiegel ihrer Zeit gewähren Sie einen Blick in eine fernere oder nähere Vergangenheit und ihre Deutungen. Aber sie greifen auch vorherrschende Debatten auf, spitzen sie zu und können ihnen mit ihrer Mischung aus Bildern, gesprochenem Wort, Musik und Geräuschen eine besondere Wirkungsmacht verleihen, die dann wiederum die gesellschaftliche Erinnerung und kollektiven Geschichtsbilder mit prägt. Ebenso wie Fotografien und Fernsehen seien Spielfilme »zu kriegerischen Akteuren geworden, die unsere Wahrnehmung des Krieges sowie unser Verhalten zum Krieg beeinflussen«, so urteilte der Historiker Gerhard Paul.[2] Für ihn prägen Bilder, vor allem bewegte Bilder, unsere Vorstellungen vom Krieg noch stärker, als es Texte oder Erzählungen vermögen. Sie geben dem Chaos von Krieg und Gewalt eine erzählerische Ordnung und möglicherweise sogar einen Sinn.

Kriegsfilme sind jedoch kein getreues Abbild des Kriegsgeschehens. Sie zeigen vor allem »Action« und nicht das lange Warten zwischen den Schlachten; sie zeigen Krieg als Abenteuer, als Bewährungsprobe der Männlichkeit und als Ereignis, in dem wahre Kameradschaft erlebt wird. Der Tod wird nicht immer in seinem ganzen Schrecken und Leiden gezeigt, sondern häufig ist es ein schneller Tod durch Schussverletzungen oder Explosionen. Gerhard Paul hat dies als »Entkörperlichung des Krieges und [...] Deinszenierung des Todes« beschrieben.[3]

Allein in den USA entstanden während des Zweiten Weltkrieges fast 1300 Filme mit Bezug auf diesen Krieg, von denen jeder zehnte ein Kampfgeschehen zeigte. Dieser Boom von Kriegsfilmen dauerte dann noch mehr als zehn Jahre an, danach wurden fast jedes Jahr Zweite Weltkriegs-Filme gedreht. Auch in europäischen Ländern wie Großbritannien oder der Bundesrepublik Deutschland gab es in den 1950er-Jahren wahre Kriegsfilmwellen. Neben vielen amerikanischen Filmen, die zunächst den Markt dominierten, kamen zunehmend nationale Produktionen auf den Markt, die oftmals sogar erfolgreicher waren. Zwar gibt es auch typisch nationale Erzählungen und Darstellungen, doch die amerikanischen Produktionen haben die Deutung des Zweiten Weltkrieges und die Charakterisierung der beteiligten Nationen geprägt oder zumindest verstärkt. Der Kalte Krieg hat beides immer stärker beeinflusst.

Amerikanische Kriegsfilme beschworen eine nationale Einheit, die sich von den »arischen« und rassistischen deutschen Gegnern deutlich unterschied. Die US-Armee selbst wurde meist als multiethnische Truppe dargestellt. Dazu gehören »typische« Charaktere wie der Farmerjunge aus dem Mittleren Westen, ein New Yorker Jude, ein Italo-Amerikaner, ein Amerikaner mit osteuropäischen Wurzeln und so weiter. Das Miteinander ist zwar nicht konfliktfrei, aber es funktioniert, schon weil allen klar ist, wofür die Soldaten kämpfen. Außerdem gibt es nur selten Einzelhelden. Die Harmonie funktioniert im Film auch deshalb, weil der Rassismus innerhalb der amerikanischen Streitkräfte und die Diskriminierung von Afroamerikanern meist ausgeblendet werden.

Zudem zeigen viele Filme eine ebenso klischeehafte soziale Durchmischung, die aber hohe symbolische Bedeutung hatte. Viele amerikanische Offiziere sind »Bürger in Uniform«, die zum Kampf für ihr Vaterland und die Freiheit kurzfristig ihr Privatleben aufgegeben haben. Nicht zuletzt aufgrund der »Multikulturalität« ihrer Soldaten und der Tatsache, dass vom Arbeiter und Farmer bis zum Banker und Professor alle geeint kämpfen, sind die Amerikaner den Deutschen überlegen: Diese Botschaft vermittelten die Filme.

Die USA werden außerdem als Teil einer internationalen Staatengemeinschaft gezeigt, in der vor allem Engländer, Schotten und Iren, aber auch Kanadier, Franzosen und Angehörige anderer Nationen gemeinsam und koordiniert gegen das nationalsozialistische Deutschland kämpfen. Dass es in vielen europäischen Ländern zahlreiche Unterstützer des »Dritten Reichs« gab, wird dagegen fast nie gezeigt – ebenso wenig wie die noch viel größere Gruppe derjenigen, die weder als Widerstandskämpfer noch als Kollaborateure einzuordnen sind. »Casablanca« ist da fast schon eine Ausnahme, was die Kollaborateure betrifft, aber auch hier entscheiden sie sich schließlich für den Widerstand. Die Tatsache, dass die Deutschen Verbündete hatten und dass die Italiener gemeinsam mit Hitler-Deutschland kämpften, wird ebenso selten thematisiert. In dem für das amerikanische Kriegsministerium gedrehten Film »Battle of San Pietro« von 1945 schildert Regisseur John Huston den mühsamen Kampf amerikanischer Truppen in einem von der Wehrmacht besetzten Teil Italiens im Winter 1943. Mit der Niederlage der Deutschen kann das etwas ärmliche, aber friedliche und idyllische Leben erneut beginnen. Die Trauer über die Toten und die Zerstörungen in San Pietro werden gezeigt und auch die Kinder, die nun wieder lächeln können. Die Felder werden wieder bepflanzt und alles wird wieder grün. Am Ende des Films wird Chorgesang vom Läuten einer Glocke – einer Kopie der amerikanischen »Liberty Bell« – begleitet, über die schließlich ein »V« geblendet wird, das Zeichen für »Victory«: Sieg. Dieser Teil Italiens ist »befreit« worden. Doch dass Italien wenige Monate zuvor noch mit Nazideutschland verbündet war, wird an keiner Stelle erwähnt. Und so werden die Italiener kollektiv zu unschuldigen Opfern, die auf die Hilfe der Amerikaner angewiesen sind.

Aber auch die USA konnten nicht immer alleine kämpfen, sondern brauchten und hatten Verbündete. Die Militärallianz wird nirgendwo mehr zelebriert als in dem Film »Der längste Tag«. Das gilt für seinen Inhalt wie für seine Entstehung und Umsetzung. Der auf dem Buch des Journalisten und Publizisten Cornelius Ryan basierende Film zeigt die Landung der alliierten Truppen in der Normandie am 6. Juni 1944, dem sogenannten *D-Day*, aus der Perspektive der Hauptbeteiligten: der Amerikaner, der Briten, der Franzosen und der Deutschen. Kanadier kommen nicht vor. Eine ganze Riege internationaler Filmstars – darunter John Wayne, Paul Anka, Robert Mitchum, Henry Fonda, Richard Burton, Sean Connery, Curd Jürgens und Gert Fröbe – sollte nicht nur dafür sorgen, dass einer der teuersten Schwarzweißfilme aller Zeiten genügend Geld einspielte, sondern auch die Identifikation der jeweiligen Einheiten erleichterte. Gefilmt wurde in den verschiedenen Landessprachen. Die Tatsache, dass neben dem Ungarisch-Amerikaner Andrew Marton und dem Briten Ken Annakin auch der Deutsche Bernhard Wicki als Regisseur beteiligt war, ist vor dem Hintergrund des Kalten Krieges zu sehen.

Im Herbst 1962 war die Blockkonfrontation vielen Kinogängern gegenwärtiger, als ihnen lieb sein konnte. »Der längste Tag« hatte am 25. September 1962 in Frankreich seine symbolträchtige Premiere. Ab Anfang Oktober war er in den USA zu sehen. Am 23. Oktober informierte US-Präsident John F. Kennedy eine geschockte Weltöffentlichkeit über die geheime Stationierung sowjetischer Atomraketen auf Kuba. Einen Tag zuvor war der Filmstart in Großbritannien, am 25. Oktober in Westdeutschland. Auf der Kinoleinwand besiegten die Westalliierten in einer epochalen Schlacht und unter vielen Opfern die deutsche Wehrmacht, während im wahren Leben mit der Kubakrise ein Dritter Weltkrieg drohte.

Umso passender war die filmische Erinnerung daran, dass eine enge Kooperation der Westmächte auch den stärksten Gegner besiegen könne. In der amerikanisch-britischen Koproduktion »The True Glory« brachte General Dwight D. Eisenhower, der die alliierte Landung befehligt hatte, dies bereits 1945 persönlich zum Ausdruck: »Teamwork gewinnt Kriege [...] Wir wurden zusammengeschweißt im Kampf für eine große Sache.«

Im Zweiten Weltkrieg bestand diese große Sache im Kampf gegen Deutschland und Japan. Anfang der 1960er-Jahre war der Hauptgegner die Sowjetunion. Auch deshalb hatte Produzent Darryl F. Zanuck Unterstützung aus Washington, London, Paris sowie von der NATO erhalten, die Soldaten, Schiffe, Militärausrüstung und Berater zur Verfügung stellten und denen im Gegenzug ein gewisser Einfluss auf das Endprodukt zugesagt wurde. Die Deutschen, die zu einem unverzichtbaren Teil der westlichen Allianz geworden waren, beteiligten sich ebenfalls. Auch deshalb fiel die Darstellung der Wehrmacht in dem Film vergleichsweise positiv aus.

Das gilt in besonderer Weise für Erwin Rommel, dessen Voraussage: »Für die Alliierten und für Deutschland wird es der längste Tag sein«, dem Film den Titel gab. Bereits in »Wüstenfuchs Rommel« von 1951 wurde der deutsche Generalfeldmarschall als ehrenwerter und genialer Feldherr dargestellt, von dem auch seine Gegner mit großer Hochachtung sprachen. Das gilt genauso für den Film »Patton«, der fast 20 Jahre später gedreht wurde. Rommels militärische Erfolge, seine Kritik an Hitlers Kriegführung und die Tatsache, dass er nach dem missglückten Attentat auf den Führer vom 20. Juni 1944 als angeblicher Verschwörer zum Selbstmord gedrängt wurde, machten ihn zu einem ritterlichen und ehrenwerten Gegner. Auf diese Weise unterstützte Hollywood die in deutschen Spielfilmen der 1950er-Jahre vertretene These vom »anständigen Soldaten« und der weitgehend »sauberen Wehrmacht«, die von Hitler und den Nationalsozialisten für ihre verbrecherischen Ziele missbraucht worden und so ebenfalls zu »Opfern« geworden seien.

Gleichzeitig bildeten die häufig adligen und steifen Berufsoffiziere der Wehrmacht das Gegenbild zu den meist angloamerikanischen Offizieren, die mutig sind, die Initiative ergreifen und von der Richtigkeit ihrer Sache überzeugt sind. Einige der deutschen Offiziere sind fanatische Nationalsozialisten und dem Führer hörig, andere zweifeln und verzweifeln an Hitlers Kriegführung. Sie haben den Glauben an den deutschen »Endsieg« verloren, aber sie hatten einen Eid auf den »Führer« geleistet und folgen ihm weiterhin, wenn auch zunehmend widerwillig. Auch wegen dieser Offiziere stellt Hollywood nicht in Frage, dass die Amerikaner und ihre Verbündeten selbstverständlich als Sieger aus dem Krieg hervorgehen. Individualismus siegt über Gehorsam, Demokratie siegt über Diktatur, die internationale Gemeinschaft siegt gegen deutschen Nationalismus und Militarismus.

Der Film »Gesprengte Ketten« von 1963, der an einen tatsächlichen Ausbruch alliierter Kriegsgefangener aus dem Stalag III angelehnt ist, steht beispielhaft dafür. Regisseur und Produzent John Sturges beschrieb »The Great Escape« als »perfekte Darstellung« der Gründe, warum die Alliierten den Krieg gewonnen hätten: »Auf der einen Seite war die deutsche Militärmaschinerie mit ihren glänzenden Uniformen und dem bedingungslosen Gehorsam. Auf der anderen Seite des Stacheldrahts waren Männer aus allen möglichen Ländern, unterschiedlichster Herkunft, Hintergründe und Sprache, die taten, was sie wollten. Sie formten freiwillig eine Organisation ohne willkürliche Regeln, welche die deutsche Maschine schließlich vernichtend schlug.«[4]

Zwar wird die große Mehrzahl der Ausbrecher gefangen und exekutiert, aber dennoch haben sie über die Deutschen triumphiert.

Amerikanische Kriegsfilme bestätigten noch weitere nationale Mythen zum Zweiten Weltkrieg. »Casablanca« zeigt zwar auch die mit den Nationalsozialisten kollaborierenden Franzosen, aber bereits zu Beginn des Films erklingt die *Marseillaise* als eindeutiges Signal für den bereits bestehenden Widerstandsgeist. Die französische Nationalhymne steht auch im Zentrum einer der berühmtesten Szenen des Films. Als deutsche Soldaten in Rick's Cafe das antifranzösische Lied »Die Wacht am Rhein« singen, fordert László die Kapelle auf, die *Marseillaise* zu spielen. Rick gibt sein OK, und schon nach wenigen Tönen stimmen alle anwesenden Franzosen mit Inbrunst und voller Patriotismus ein. Die »Kinder des Vaterlandes« werden dazu aufgerufen, sich gegen die Tyrannei aufzulehnen: »Zu den Waffen, Bürger! Formt Eure Schlachtreihen, Marschieren wir, marschieren wir!« Die Deutschen werden »niedergesungen« und unterliegen in diesem Sängerwettstreit. Auch am Schluss des Films erklingt die *Marseillaise*. Der Kampf wird also weitergehen – und er wird für die Franzosen und ihre Verbündeten siegreich zu Ende gehen. Auch »Der längste Tag« zelebriert die französische *Résistance* und damit indirekt den Mythos, dass das ganze Volk geeint gekämpft habe.

Die Briten spielen als engster und wichtigster westlicher Verbündeter der Amerikaner die zweite Hauptrolle in den meisten Hollywoodfilmen zum Zweiten Weltkrieg in Europa. Immer wieder findet sich zum Teil deutliche Kritik an ihren aus Selbstüberschätzung rührenden militärischen Fehlern, die nicht nur ihre eigenen Soldaten mit dem Tod bezahlen. In »Patton« wird das britische Versprechen von Unterstützung durch die *Royal Air Force* schnell Lügen gestraft. Im Film »Die Brücke von Arnheim« von 1977 wird das Scheitern der Operation *Market Garden* im September 1944 vor allem den britischen Kommandeuren zugeschrieben. Im Mittelpunkt steht der britische General Bernard L. Montgomery, mit dem sich der amerikanische General George S. Patton bereits im Juli und August 1943 eine Art Wettlauf auf Sizilien lieferte – aus dem »natürlich« der Amerikaner als Sieger hervorgeht. Getrieben von falschem Ehrgeiz, hört der britische Feldmarschall nicht auf die unter anderem von den amerikanischen und polnischen Alliierten vorgebrachten Bedenken und erklärt schließlich das offensichtliche und mit vielen eigenen Opfern bezahlte Scheitern der Operation *Market Garden* sogar zum Erfolg.

Doch auch wenn Hollywood auf diese Weise deutlich machte, dass die Briten letztendlich nur durch die amerikanische Unterstützung erfolgreich sein konnten, so stellen Filme wie »Der längste Tag« vor allem deren heroischen Kampf dar. In »Gesprengte Ketten« sind britische Kriegsgefangene die Drahtzieher. Nach 1945 konnte Großbritannien zwar nicht mehr seine einstige politische und wirtschaftliche Größe und Bedeutung wiedererlangen, doch die auch hier besonders in den 1950er-Jahren populären Kriegsfilme der Briten zelebrierten den Sieg über das NS-Regime, wenn auch zunächst oft mit britischem *Understatement*.

Die amerikanischen Kriegsfilme wirkten zusammen mit den in Europa produzierten nicht nur durch das, was sie zeigten, sondern auch durch das, was sie nicht oder nur selten thematisierten. Dass die Amerikaner mit ihren westlichen Alliierten den Nationalsozialisten überlegen waren, demonstrierten die Filme auf vielfältige Weise, von den Ausbruchsversuchen aus deutschen Kriegsgefangenenlagern in »Gesprengte Ketten« oder in Billy Wilders fast schon slapstickartigem Film »Stalag 17« (1953) bis hin zu Filmen über die großen Schlachten und die Landung in der Normandie im Rahmen der Operation *Overlord*. Filme wie »Der längste Tag« und »Patton« suggerierten, dass der Zweite Weltkrieg erst dann und dort die entscheidende Wende hin zu einer Niederlage der Deutschen nahm, als amerikanische Truppen, angeführt von entschlossenen Feldherren, am Kampfgeschehen teilnahmen.

Die Flächenbombardierungen deutscher Großstädte mit ihren vielen Opfern durch amerikanische und britische Bomberverbände werden jedoch nicht gezeigt. Sie eigneten sich nicht für eine heroische Darstellung, waren umstritten und hätten zudem alte Ressentiments auf Seiten der nunmehr verbündeten Deutschen wieder aufleben lassen können. Und während etwa »Die Brücke von Arnheim« in drastischer Weise die Auswirkungen vor allem der deutschen Kriegshandlungen auf die Zivilbevölkerung zeigt, werden der deutsche Vernichtungskrieg im Osten, die deutschen Kriegsverbrechen oder der Holocaust an den europäischen Juden bestenfalls am Rande erwähnt.

Dagegen zeigt der kommerziell sehr erfolgreiche Film »Das dreckige Dutzend« des amerikanischen Regisseurs Robert Aldrich aus dem Jahr 1967 ein amerikanisches Kriegsverbrechen, allerdings ein fiktives. Ein aus Strafgefangenen bestehendes Spezialkommando soll ein Schloss angreifen, in dem sich hochrangige deutsche Offiziere befinden. Deren Ausschaltung würde die Erfolgschancen der alliierten Invasion erhöhen. Den zwölf Mitgliedern der ethnisch bunten Gruppe, wie in vielen anderen Kriegsfilmen auch mit prominenten Schauspielern besetzt, wird die Freiheit versprochen, sollten sie die gefährliche Mission überleben, was allerdings nur drei von ihnen schaffen. Das Kommando ist dennoch »erfolgreich«: Die deutschen Wehrmachtoffiziere und ihre Frauen werden in einen Keller eingesperrt und alle getötet. Ihr Tod, auch auf diese Art, wird im Film gerechtfertigt, denn sie stellen den Feind dar, und sie hätten den so wichtigen Sieg der Alliierten gefährden können.

Die in mehrfacher Hinsicht für die Deutung des Zweiten Weltkrieges in Europa problematischste Auslassung besteht darin, dass der Krieg im Osten, in der Sowjetunion in den Hollywoodfilmen nicht thematisiert wird. Das mag auf den ersten Blick logisch erscheinen, denn amerikanische Truppen waren hier nicht involviert. Aber indem das Geschehen an der Westfront nur unzureichend in den größeren europäischen Kriegskontext integriert wird, erscheinen die Amerikaner und ihre Verbündeten als die quasi alleinigen Sieger. Die entscheidende Schwächung der deutschen Kriegsanstrengungen insgesamt erfolgte aber durch das Verfehlen der Kriegsziele an der Ostfront im Winter 1941 und die erfolgreiche, mit enormen Opfern bezahlte russische Gegenoffensive. Indem diese praktisch ausgeblendet wird, fällt das Licht umso heller auf den Westen, der sich zudem nach 1945 in einem Kalten Krieg mit der Sowjetunion, dem ehemaligen Alliierten, befand.

Im Kalten Krieg wurden die Russen zu »roten Nazis« umgedeutet, die vergleichbar mit Hitler-Deutschland nach Weltherrschaft strebten und die »eingedämmt« werden mussten. Anders als die Amerikaner oder die Briten, die in Filmen wie »Patton« oder »Die Brücke von Arnheim« als Befreier bejubelt werden, standen die Russen für die Unterdrückung der osteuropäischen Länder. Letzteres hatte durchaus seine Berechtigung, doch wurde die Befreiung Westeuropas auch mit den großen Opfern der Sowjetunion erkämpft.

Plakat zum Film »Saving Private Ryan«.

pa/Mary Evans Picture Library

Fazit

Wenige Jahre bevor sein rassistisches, aber filmhistorisches Meisterwerk »Birth of a Nation« in die Kinos kam, verkündete D.W. Griffith: »Zukünftig werden wir in der Lage sein, Geschichte mit Hilfe des Mediums Film zu unterrichten.«[5] Damit hatte der amerikanische Regisseur durchaus Recht, wenn auch nicht in der von ihm erhofften Weise, nämlich dass Filme die Geschichtsbücher ersetzen würden. Aber ähnlich wie Geschichtsbücher immer auch in ihrem zeitlichen Entstehungszusammenhang analysiert werden können, gilt dies auch für Spielfilme. Die Darstellung des Zweiten Weltkrieges in Europa in Hollywoodfilmen ist auch vor dem Hintergrund einer neuen amerikanischen Rolle nach 1945 zu verstehen: Die USA entschieden sich zu einer dauerhaften globalen Präsenz. Der Kalte Krieg war spätestens 1947 die entscheidende Prägung dieser neuen Weltrolle, die zunehmend militärischen Charakter gewann.

Die Deutung des Zweiten Weltkrieges in Hollywoodfilmen einschließlich der Bewertung und Charakterisierung der beteiligten Nationen beeinflusste, ergänzte und verstärkte nationale Geschichts- und Selbstbilder in Westeuropa, wo neben der amerikanischen und auch britischen Befreierperspektive die Widerstands- und Opferperspektive im Mittelpunkt stand. Das gilt zum Teil selbst für die Bundesrepublik, die nach 1945 schnell in das westliche Bündnis aufgenommen wurde. Die »bösen Deutschen« wurden politisch von der Figur des bösen, meist sowjetischen

222   Andreas Etges

Kommunisten abgelöst, und dementsprechend fiel die Darstellung der Wehrmacht in Hollywoodfilmen meist weniger negativ aus.

Der Vietnamkrieg hat die amerikanische Deutung des Zweiten Weltkrieges als durchweg »guten Krieg«, in dem die *greatest generation* kämpfte, noch gefestigt. Steven Spielbergs »Der Soldat James Ryan« nimmt dieses Thema 1998 mit den Anfangs- und Endsequenzen auf dem amerikanischen Soldatenfriedhof in der Normandie auf. »Saving Private Ryan« wurde vor allem aufgrund der 25-minütigen Darstellung der Landung in der Normandie am *D-Day* als »ultimativer Kriegsfilm« bezeichnet, weil er in seiner Dramatik und Brutalität neue Maßstäbe gesetzt habe. Die blutige Inszenie- rung der Gewalt ist aber nicht allein Spielbergs Talent und den besseren technischen Möglichkeiten zu verdanken, sondern hat auch mit der Entstehungszeit des Films und den Erwartungen der Zuschauer zu tun. »Der Soldat James Ryan« musste 1998 entsprechend »blutig« sein, um vom Publikum als »realistisch« akzeptiert zu werden: nur der Gestank des Todes habe noch gefehlt. Doch wie realistisch ist der Film? Der größte Teil der Handlung besteht aus einer Rettungsmission, die so niemals stattge- funden hätte. Aber auch die häufig gelobte Landungssequenz ist voller Probleme, wie Laurence Suid im Detail herausgearbeitet hat. Zudem fehlt der historische Kontext der Operation *Overlord*, und es werden allein die amerikanischen Truppen, nicht aber ihre Verbündeten gezeigt. Mit seiner These, dass »Saving Private Ryan« nicht deshalb besonders realistisch wirke, weil er den Zweiten Weltkrieg so darstelle, wie er gewe- sen sei, »sondern weil er unseren Erwartungen davon entspricht, wie ein Zweite Welt- kriegs-Film sein sollte«, stellt James Chapman den Film zurecht in die lange Tradition der Darstellung des Krieges in Europa im amerikanischen Film.[6]

Anmerkungen

1   Peter Bürger, Kino der Angst: Terror, Krieg und Staatskunst aus Hollywood, Stuttgart 2005, S. 19.
2   Gerhard Paul, Bilder des Krieges – Krieg der Bilder: Die Visualisierung des modernen Krieges, Paderborn 2004, S. 15.
3   Gerhard Paul, Krieg und Film im 20. Jahrhundert. Historische Skizzen und methodologische Überlegungen. In: Krieg und Militär im Film des 20. Jahrhunderts. Im Auftrag des MGFA hrsg. von Bernhard Chiari, Matthias Rogg und Wolfgang Schmidt, München 2003 (= Beiträge zur Militärgeschichte), S. 3–76, hier S. 61.
4   Zitiert nach Steven Jay Rubin, Combat Films: American Realism, 1945–1970, Jefferson, NC 1981, S. 85.
5   Zitiert nach ebd., S. 1.
6   James Chapman, War and Film, London 2008, S. 31.

V. Europäische Streitkräfte in militärpolitischen Bündnissen

Günther Kronenbitter

Bündnisse auf Zeit.
Siege und Niederlagen von Koalitionen europäischer Staaten bis 1945

Krieg lässt sich unter vielen verschiedenen Gesichtspunkten betrachten. Für Carl von Clausewitz, den bekanntesten Theoretiker des Krieges im 19. Jahrhundert, war jedoch klar, dass Krieg als Fortsetzung der Politik unter Einbeziehung anderer Mittel untersucht werden müsse. In seiner Zeit, der Epoche der Revolutionskriege und der Napoleonischen Kriege, bedeutete dies zumeist, dass Kriege von Koalitionen ausgefochten wurden. Nicht nur die Gegner des revolutionären Frankreich und Napoleons taten sich zusammen, sondern auch Napoleon kämpfte mit Unterstützung Verbündeter, selbst wenn er sich als unbestrittener Oberbefehlshaber fühlen konnte, der niemandem Rechenschaft schuldete, während sich seine Gegner erst mühsam auf Wege und Ziele ihrer gemeinsamen Kriegführung einigen mussten. Neu war es für Carl von Clausewitz und seine Zeitgenossen nicht, dass die Politik der Großmächte Europas das Austragen von kriegerischen Konflikten durch Bündnisse begünstigte. Großmachtkriege in Europa waren seit dem 17. Jahrhundert meistens Konflikte von Kriegskoalitionen, nicht Duelle von Einzelstaaten. Das setzte sich nach 1792 fort. Selbst in den sogenannten Reichseinigungskriegen von 1864, 1866 und 1870/71 kämpften an der Seite Preußens Verbündete mit. Auch der für die Schaffung des italienischen Nationalstaats so zentrale Krieg von 1859 wurde von einer piemontesisch-französischen Koalition gegen die Habsburgermonarchie ausgefochten. Die Napoleonischen Kriege, der Krimkrieg 1853–1856 und beide Weltkriege waren geradezu von den Charakteristika der Koalitionskriegführung geprägt.

Militärbündnisse als Allianzen auf Zeit in Krieg und Frieden

Kriegskoalitionen waren und sind Allianzen auf Zeit. Sie können, das zeigt das Beispiel von Zweibund und *Entente* zu Beginn des Ersten Weltkrieges, aus Bündnissen hervorgehen, die in Friedenzeit geschlossen wurden, oder aus politischen Absprachen, die keine militärischen Verpflichtungen enthalten. Möglich ist auch, dass erst im Krieg selbst durch Verträge und Absprachen aus einer Koalition kriegführender Staaten ein dauerhaftes Bündnis zur Ordnung der Nachkriegspolitik entsteht, wie die Quadrupelallianz und die Heilige Allianz 1814. Während die Friedenssicherung nach den Napoleonischen Kriegen aber trotzdem in erster Linie von Fall zu Fall durch Großmachtdiplomatie erfolgte, wurde 1945 mit der Gründung der Vereinten Nationen der Versuch unternommen, eine Kriegskoalition zur institutionellen Basis einer friedlichen Weltordnung umzuformen. Die Ächtung des Krieges als Mittel der Politik ist aber erst seit den 1930er- und 1940er-Jahre ein anerkanntes, wenn auch oft missachtetes Leitprinzip internationaler Politik. Vor den Erfahrungen mit der Entgrenzung der Gewalt im Ersten, vor allem aber im Zweiten Weltkrieg galt Krieg weithin noch als legitimes Mittel politischer Auseinandersetzung. Entsprechend gering war die Scheu vor Verabredungen mit dem Ziel, einen Krieg auszulösen. Dass sich etwa Piemont-Sardinien 1859 mit französischer Hilfe und das junge Königreich Italien mit Unterstützung Preußens 1866 gegen die Habsburgermonarchie durchsetzen konnten, verdankte sich Verträgen, deren politischer Zweck die Auslösung und Führung eines Krieges gegen Österreich war.

Wie die meisten Kriegskoalitionen blieben auch diese Bündnisse zeitlich begrenzt. Die Quadrupelallianz stellte bis ins letzte Viertel des 19. Jahrhunderts eines der seltenen Beispiele für militärische Allianzen in Friedenszeiten dar. Allerdings besaß der Deutsche Bund den Charakter eines verfassungsrechtlich verankerten Defensivbündnisses, auch wenn er 1859 Österreichs Interessen in Norditalien, also außerhalb des Bundesgebietes, nicht verteidigte. Der Abschluss des Zweibundvertrags 1879, in dem das 1871 gegründete Deutsche Reich sich im Fall eines unprovozierten russischen Angriffs auf Österreich-Ungarn zur Kriegsteilnahme an der Seite der Habsburgermonarchie verpflichtete, blieb 1914 in Kraft. Der erstmals 1882 geschlossene Dreibund, der außer Berlin und Wien auch noch Rom und später über einen Zusatzvertrag Bukarest zu Partnern einer Verteidigungsallianz machte, und das französisch-russische Militärbündnis zur Abwehr eines deutschen Angriffs ab 1892 schufen Grundlagen für die militärische Kooperation innerhalb von Bündnissystemen bereits in Friedenszeiten. Die Absprachen über die Entsendung von britischen Truppen auf den europäischen Kontinent oder die Kriegführung zur See gaben der *Triple Entente*, bestehend aus Frankreich, Großbritannien und Russland, bereits vor Ausbruch des Krieges 1914 den Charakter einer potenziellen Kriegskoalition.

In Friedenszeiten wurden Militärbündnisse zwar als Instrumente der Diplomatie verwendet und sie konnten auch die strategische Kalkulation der Generalstäbe für einen künftigen Krieg prägen. Eine detaillierte Vorbereitung des Bündniskrieges unterblieb jedoch. Dafür fehlte es über weite Strecken des 19. Jahrhunderts an der Dringlichkeit für Vorbereitungen auf einen Großmachtkrieg – aus politischen Gründen, aber auch aufgrund der zu erwartenden relativ langsamen Mobilisierung und Kriegführung.

Gerade der Ausbau des Eisenbahnnetzes und die Perfektionierung der Mobilmachungsvorbereitungen ließen es aber gegen Ende des Jahrhunderts immer weniger geraten erscheinen, die Zusammenarbeit mit dem Koalitionspartner erst nach Kriegsausbruch zu improvisieren. Absprachen wurden innerhalb der Bündnisse zur Regel, allerdings blieben sie weitgehend auf Grundzüge der strategischen und operativen Planung beschränkt. Frankreich unterstützte zudem durch umfangreiche Finanzhilfen die Rüstungsanstrengungen Russlands, nicht zuletzt den Ausbau der für den Aufmarsch so entscheidenden Eisenbahnlinien. Ohne französische Hilfe im Rahmen des Bündnisses wäre es Russland nicht gelungen, die Folgen der Niederlage gegen Japan 1904 so rasch zu überwinden. Die Militärallianzen, denen das Deutsche Reich angehörte, der Zweibund und der Dreibund, kamen über Vereinbarungen zwischen den beteiligten Generalstäben über die Grundlinien der Operationsführung gegen Russland und den Transport italienischer Truppen an die deutsche Front gegen Frankreich nicht hinaus. Die Absprachen zwischen den Regierungen in London und Paris zum Einsatz britischer Truppen auf dem Kontinent beruhten auf keinem Bündnisvertrag. Denn das kolonialpolitische Abkommen zwischen Großbritannien und Frankreich, die *Entente cordiale*, von 1904 besaß ebenso wenig den Charakter einer Allianz wie die russisch-britischen Vereinbarungen von 1907.

Erst im Rückblick erschienen die Vorbereitungen auf den Koalitionskrieg ausgesprochen ungenügend. Fehleinschätzungen der Leistungsfähigkeit der Verbündeten, schlechte Koordination der Operationen und das Fehlen einer gemeinsamen strategischen Führung plagten Mittelmächte wie *Entente*. Durch das Ungleichgewicht der Ressourcen erwiesen sich allerdings die Folgen dieser mangelhaften Verzahnung der Kriegsanstrengungen für Deutschland und seine Verbündeten als gravierender. Es ist jedoch bezeichnend, dass selbst nach den Erfahrungen des Ersten Weltkrieges die intensive Vorbereitung auf einen künftigen Bündniskrieg unterblieb. Deutschland wie die Sowjetunion waren international zu isoliert und Italien verfolgte eine zu eigenwillige Agenda, aber auch Großbritannien und Frankreich waren viel zu sehr auf eine eigenständige Sicherheitspolitik bedacht, um die Kriegsplanungen wirksam aufeinander abzustimmen. In einem Europa ohne wirkungsvolle Ordnungsstrukturen bestand auch kein Raum für dauerhafte Allianzen, die schon in Friedenszeiten die militärischen Vorbereitungen der Bündnispartner so koordinierten, wie dies nach dem Zweiten Weltkrieg möglich geworden ist. Bis 1945 blieb deshalb selbst dann in hohem Maße die Koalitionskriegführung improvisiert, wenn bereits zu Friedenszeiten Bündnisse bestanden. Das Leitprinzip moderner Staatsgewalt, die souveräne Entscheidung über Krieg und Frieden, blieb bei den Großmächten Europas in Kraft, bis die Zerstörung des politischen Gefüges des Kontinents im Zweiten Weltkrieg eine Neuordnung erzwang.

Der souveräne Staat hatte sich erst seit dem 18. Jahrhundert als alleiniger Akteur internationaler Politik in Europa durchgesetzt, und es bedurfte zweier Weltkriege, um die Strahlkraft dieses Leitprinzips nachhaltig zu erschüttern. Seit 1789 erlebte Europas Staatenwelt einen profunden Wandel. Die Zahl der Akteure nahm ab, denn viele kleine Herrschaftsräume verschwanden. Der Zuwachs an Machtressourcen, der bessere Zugriff auf Menschen und Finanzen, steigerte sich zunächst in den Kriegen rund um 1800. Europas beispielloser demografischer und wirtschaftlicher Aufschwung im späten 18. Jahrhundert erlaubte es den Großmächten, stärkere Streitkräfte als jemals zuvor ins Feld stellen. Dies änderte jedoch nichts an der Grundproblematik europäischer Politik: Der Wettstreit zwischen den verschiedenen Machtzentren ließ sich weder durch Hegemonie eines Akteurs noch durch eine europäische Konföderation beilegen. Die Übermacht eines Mitspielers, das hatte Napoleon erfahren müssen, bewirkte Bemühungen der übrigen Mächte, das politische und militärische Gleichgewicht wiederherzustellen.

Zwischen Staatsräson und Ideologie

Die Entscheidung für die Bildung von Koalitionen folgte meist der Logik der Staatsräson. Darunter wurde bis weit ins 20. Jahrhundert hinein vor allem die Ausrichtung an der Sicherheit und dem Einfluss, kurz gesagt an der machtpolitischen Stellung des eigenen Staates, verstanden. Seit Mitte des 19. Jahrhunderts kam dafür der Begriff der »Realpolitik« in Umlauf. Damit ließ sich kühle Machtpolitik von idealistischen Bestrebungen und ideologischen Vorlieben unterscheiden. Weltanschaulichen Fragen kam in den Kriegen zwischen dem revolutionären Frankreich und den traditionellen Regimen Europas durchaus Bedeutung zu. Antirevolutionäre Solidarität wich jedoch mitunter leicht machtpolitischem Eigeninteresse, wie es Preußens Ausscheren aus der ersten antifranzösischen Koalition 1795 belegte. Das Bekenntnis zur nationalen Idee spielte für die Italienpolitik Napoleons III. im Umfeld des Krieges von 1859 eine Rolle. Im Ersten Weltkrieg trug das Ringen der beiden feindlichen Lager in Ansätzen die Züge einer weltanschaulichen Auseinandersetzung, zumindest seit dem Ende der Zarenherrschaft in Russland. Noch ausgeprägter entwickelte sich der Zweite Weltkrieg zum ideologisch unterlegten Kampf zwischen Deutschland und seinen Verbündeten einerseits und Großbritannien und den USA sowie deren Alliierten andererseits. Die Sowjetunion unter der Herrschaft Stalins passte zwar nicht ins Schema einer Konfrontation zwischen liberaler Demokratie und autoritärer, ja totalitärer Diktatur, aber der mit radikaler Brutalität umgesetzte Herrschaftsanspruch Hitler-Deutschlands machte die Zerschlagung des NS-Regimes und die Befreiung Europas von Nationalsozialismus und Faschismus zu einem ausreichend starken Bindemittel der Anti-Hitler-Koalition.

Dieser Trend zur erneuten ideologischen Aufladung des Koalitionskrieges war nicht zuletzt die Folge einer Veränderung der politischen Entscheidungsstrukturen und des politischen Klimas in Europa. Während 1812/13 noch ein kleiner Zirkel von Staatsmännern und Monarchen die Weichen zur Bildung der Koalition gegen Napoleon stellte, erweiterte sich der Kreis derjenigen, die auf solche Beschlüsse Einfluss nahmen, dank der Entfaltung und des Bedeutungszuwachses der politischen Öffentlichkeit. Das Ausscheiden aus einer Kriegskoalition oder gar der Seitenwechsel, in der Frühen Neuzeit noch ein durchaus übliches Verfahren, wurden dadurch anrüchig und in der Praxis nur schwer durchsetzbar. Damit wuchs Kriegskoalitionen zunehmend schicksalhafte Bedeutung zu. Die Diplomatie büßte deshalb in Kriegszeiten an Flexibilität ein. Dies galt besonders dann, wenn nicht nur machtpolitische Interessen die Bildung von Kriegskoalitionen motivierten, sondern auch gemeinsame Weltanschauungen. Kriegspropaganda überhöhte teilweise die Unterschiede zwischen den gegnerischen Koalitionen und wandelte dadurch Fragen der Staatsräson zu politisch-moralischen Grundsatzentscheidungen um. Wer sich um eine rasche Kriegsbeendigung bemühte, der geriet unter den Verbündeten leicht in den Ruf eines Verräters.

Schon allein durch die verminderte politische Flexibilität erwiesen sich Kriegskoalitionen als wichtige Ursache für die lange Dauer von Kriegen. Nicht jeder Koalitionskrieg musste lange dauern – Frankreich und Piemont besiegten Österreich 1859 innerhalb weniger Monate, Preußen gelang dies 1866, obwohl die meisten deutschen Staaten an der Seite der Habsburgermonarchie kämpften –, aber lange Kriege waren Koalitionskriege. Das galt schon für einige der Franzosenkriege zwischen 1792 und 1814, aber auch für den Krimkrieg, vor allem aber natürlich für die beiden Weltkriege. Strategische Siege entscheidenden Charakters gegen eine Kriegskoalition europäischer Mächte zu erringen wurde schwieriger. Rückschläge wie die der Österreicher 1914/15 oder der Italiener 1940/41 konnte beispielsweise der deutsche Verbündete ausgleichen. Gleiches galt für die *Entente* im Ersten Weltkrieg oder Großbritannien und die Sowjetunion im Zweiten Weltkrieg. Eine Koalition von Großmächten war nur schwer und damit in der Regel auch nur langsam niederzuringen. Die Verteidigungskraft von Koalitionen war bereits Clausewitz aufgefallen, doch auch im strategischen Angriff besaßen Kriegsbündnisse erhebliche Vorteile – vorausgesetzt, man ließ sich nicht so auseinanderdividieren wie die anti-französischen Koalitionen vor 1812.

In den Kriegen der Napoleonzeit bestand nie ein ernsthafter Zweifel daran, dass nur ein Bündnis mehrerer europäischer Mächte Frankreich die Stirn zu bieten vermochte. Großbritannien, spätestens seit der Schlacht von Trafalgar (1805) die dominierende Seemacht und einziger globaler Akteur, konnte das Imperium Napoleons strategisch bedrängen. Um Frankreich aber auf dem Kontinent zu besiegen, bedurfte auch Großbritannien der Verbündeten. Solange es Napoleon gelang, seine Gegner einzeln, nacheinander zu bekämpfen und die Besiegten aus der Allianz seiner Feinde herauszulösen, war gegen die Übermacht Frankreichs kein Kraut gewachsen. Der Zusammenhalt der antinapoleonischen Koalition von 1812 bis 1814, auch im Angesicht einzelner Rückschläge, war die Hauptursache für die Überwindung der französischen Vormacht und den Sturz Napoleons. Keinen Sonderfrieden einzugehen, wurde zur entscheidenden Verpflichtung der Koalitionspartner. Diesem Muster folgten die schließlich siegreichen Kriegsbündnisse der großen militärischen Konflikte des 19. und 20. Jahrhunderts, vom Krimkrieg bis zu den beiden Weltkriegen.

Anders als beim Krieg Russlands gegen das Osmanische Reich, Großbritannien, Frankreich und schließlich noch Piemont-Sardinien 1853–1856, standen sich in den Weltkriegen auf beiden Seiten Koalitionen gegenüber. Dies bedeutete, dass für beide Kriegsparteien die jeweiligen Vorteile, aber auch die unvermeidlichen Probleme von Kriegsbündnissen zu Tage traten. Dem Zuwachs an Ressourcen und den erweiterten strategischen Möglichkeiten standen Koordinierungsschwierigkeiten gegenüber; vor allem erwiesen sich die abweichenden Interessen der Koalitionspartner als Konfliktherde. Es liegt in der Logik einer Kriegskoalition, dass der eine dem anderen Verbündeten möglichst viel der Kriegslasten aufzubürden versucht, ohne diesen strategischen Eigennutz so weit zu treiben, dass dadurch die Allianz zerbricht. Wurde nach dieser Maxime gehandelt, dann erwies es sich als möglich, von unterschiedlichen Stärken zu profitieren, etwa von der überlegenen Kriegsmarine eines der Koalitionspartner und der Kampfkraft der Landstreitkräfte eines anderen. Finanziell und ökonomisch starke Partner konnten ihre Alliierten entscheidend unterstützen. Eine solche Kombination ergab sich zwischen der Mitte des 18. und dem Anfang des 20. Jahrhunderts vor allem dann, wenn Großbritannien an einer Koalition beteiligt war. Bündnisse von Landmächten erlaubten nur den gleichzeitigen Angriff auf den Gegner an verschiedenen Fronten und zwangen ihn so zur Überdehnung seiner Kräfte. Ein eindrucksvolles Beispiel dafür bietet die einzige Kriegskoalition von europaweiter Bedeutung, die zwischen 1792 und 1945 ausschließlich aus kleineren Mächten gebildet wurde. Dem Balkanbund gelang 1912 ein Sieg über das Osmanische Reich, der das strategische Gleichgewicht in Europa massiv veränderte, selbst wenn die Verbündeten schon ein Jahr später im Streit über die Verteilung der Beute gegeneinander zu Felde zogen. Die Überbeanspruchung der Ressourcen eines der beiden Kontrahenten prägte auch die Schlussphasen der Napoleonischen Kriege oder des Zweiten Weltkrieges.

Der Erste Weltkrieg als Beispiel

Der Erste Weltkrieg trägt die Ausdehnung der Beteiligung geradezu im Namen. An ihm lässt sich besonders gut zeigen, welche Rolle Bündnisse in militärischen Konflikten spielen können. Die Allianzverträge der Friedensjahre spielten beim Kriegsausbruch nur eine Nebenrolle. Entgegen der Vorstellung, das Gegenüber zweier fest gefügter Bündnisblöcke habe die Eskalation der Julikrise hervorgerufen, bedingte eher die Sorge, dass die eigenen Allianzpartner unzuverlässig seien, eine übermäßige Risikobereitschaft der Entscheidungsträger. Im Krieg selbst erwiesen sich die Bündnisse als wesentliche strategische Faktoren. Sie führten dazu, dass Rückschläge, die ein-

zelne der kriegführenden Mächte erlitten, häufig durch das Handeln von Verbündeten ausgeglichen werden konnten. Das Osmanische Reich erfuhr in verschiedensten
Formen Hilfe von seinen Verbündeten, die Habsburgermonarchie bedurfte immer wieder massiver deutscher Unterstützung, Frankreich hielt vier Jahre lang die Front gegen
Deutschland und besiegte schließlich das kaiserliche Heer 1918 nur dank des Beistands seiner Verbündeten, insbesondere der Briten, schließlich auch der Amerikaner.

Die Mittelmächte – Deutschland, Österreich-Ungarn, Bulgarien und das Osmanische Reich – befanden sich in einer strategischen Klemme, weil die *Entente*-Mächte
nicht nur die Seewege von und nach Europa beherrschten, sondern sie ihre Gegner

auch zwingen konnten, deren Kräfte in einem Mehrfrontenkrieg zu verzetteln. Ein gut koordinierter Angriff der *Entente* an allen Fronten zur selben Zeit hätte die Mittelmächte schlicht überfordert. Dazu kam es aber in den ersten Kriegsjahren nicht, und als im Sommer 1916 Attacken an allen wesentlichen Fronten gestartet wurden, blieb der durchschlagende Erfolg aus. Schon die Abstimmung zwischen Briten und Franzosen bereitete Schwierigkeiten, die Kampfkraft der Russen reichte über anfängliche Siege gegen die Armee der Habsburgermonarchie nicht hinaus und Italiens Heeresführung kannte kein anderes Siegesrezept als fortgesetzte Angriffe an der Isonzo-Front. Gemeinsame Operationen der *Entente* an der Westfront, an den Dardanellen oder an der Saloniki-Front kamen zur strategischen Kooperation noch hinzu.

Die Mittelmächte ihrerseits besaßen im Unterschied zur *Entente* die Möglichkeit, Truppen zwischen den Kriegsfronten vergleichsweise rasch zu verschieben und so Kräfteüberlegenheit zeitlich versetzt zu erreichen. Der Vorteil der »inneren Linie« war schon für die Einleitungsfeldzüge eingeplant worden. Die Konzentration des deutschen Feldheeres bei Kriegsbeginn an der Westfront und die Angriffsoperationen der österreichisch-ungarischen Armee zur Bindung der Russen an der Ostfront in den ersten Kriegswochen erhielten ihren eigentlichen Sinn erst durch die vorgesehene Verschiebung deutscher Truppen von der West- an die Ostfront, sobald Frankreichs Armee geschlagen worden war. An einen Sieg im Zweifrontenkrieg war überhaupt nur zu denken, wenn man die »innere Linie« nutzte. Die Rechnung ging nicht auf, weder in Polen noch in Frankreich. Trotzdem gelang es den Mittelmächten durch Verlagerung von Truppen zwischen den Fronten im weiteren Kriegsverlauf mehrfach, feindliche Angriffe abzuwehren und eigene Offensiven durchzuführen. Eine optimale Bündelung der Kräfte scheiterte aber allzu häufig an voneinander abweichenden Prioritäten. Während Österreich-Ungarns Militärführung seit 1915 dem Kampf gegen Italien besondere Bedeutung zusprach, konzentrierte sich die Oberste Heeresleitung Deutschlands immer wieder auf die Westfront. Vor allem 1916 wirkten sich diese divergierenden Zielsetzungen massiv aus. Dazu kam bei gemeinsamen Operationen an der Ostfront und auf dem Balkan noch die Rivalität der militärischen Eliten der beiden Koalitionspartner, die zu Reibungsverlusten beitrug. Angesichts des demografischen, wirtschaftlichen und finanziellen Übergewichts der *Entente* konnten sich die Mittelmächte eine solche Minderung der militärischen Effizienz eigentlich nicht erlauben.

Unterschiedliche Kriegsziele und Spannungen zwischen Militärführungen führten jedoch immer wieder zu Konflikten. Der Ausstieg eines der Koalitionspartner durch einen Sonderfrieden war, wie sich zeigte, nicht möglich, denn zumindest zwischen Österreich-Ungarn und Deutschland hatte die Propaganda für die »Waffenbrüderschaft« den Spielraum der Diplomatie beschränkt. Die Allianz mit Deutschland war für weite Kreise der Habsburgermonarchie faktisch von einem Vehikel auf Zeit zu einer absoluten Bedingung ihrer Loyalität gegenüber dem eigenen Staat geworden. Im Zeitalter der Massenmobilisierung konnten Kriegskoalitionen selbst einen politischen Zweck erhalten. Die enge Verbindung zwischen Bündnisverhalten und innerer Politik lässt sich allerdings nicht bei den Mittelmächten, sondern am Beispiel Russlands am besten veranschaulichen. Kriegskoalition und Kriegsdauer hingen in den Augen der Systemgegner mit Zarismus und sozialer Ungerechtigkeit zusammen. Den Ausstieg aus der *Entente* und einen sofortigen Frieden zu fordern, war ein wichtiges Propagandainstrument der *Bolschewiki*. Innerer Umsturz und außenpolitische Kehrtwende hingen unauflöslich miteinander zusammen.

Gescheiterte Bündnisse

Aus Allianzpartnern konnten dennoch grundsätzlich Gegner werden und zwar keineswegs nur dann, wenn die politischen Entscheidungträger wechselten wie in Italien 1943, sondern auch als Folge diplomatischer Schachzüge. Dies musste Napoleon erfahren, als seine Verbündeten von 1812 nach und nach das Lager wechselten, bis er bei Leipzig nahezu allein einer Koalition fast aller anderen wichtigen europäischen Mächte gegenüberstand. Die Bindekräfte der Allianzen im Zeitalter der Weltkriege machten eine solche Entwicklung weniger wahrscheinlich, aber unmöglich wurde sie dadurch nicht. Das Bündnis zwischen Hitler und Stalin hielt nur zwei Jahre, und die 1912 siegreichen Balkanstaaten kämpften schon 1913 gegeneinander. Ohnehin gehörte es zu den Charakteristika von Koalitionskriegen, dass zwischen den Verbündeten kaum jemals völlige Einigkeit über die politischen Ziele des Kampfes herrschen konnte, denn solche ungetrübte Harmonie hätte deckungsgleiche Interessen der Beteiligten zur Voraussetzung gehabt. Stalins Misstrauen gegenüber den Westmächten, die mit der Eröffnung einer zweiten Front auf dem europäischen Festland lange warteten und zunächst im Mittelmeerraum den deutschen Herrschaftsbereich zurückdrängten, war Ausdruck eines außenpolitischen Denkens, das von machtpolitischen und ideologischen Interessengegensätzen zwischen Ost und West ausging.

Die wichtigste Ursache für das Scheitern von Koalitionen aber stellte der militärische oder politische Zusammenbruch eines oder mehrerer Verbündeter dar. Napoleon erwies sich als besonders geschickt darin, Schwachpunkte in den Koalitionen seiner Gegner zu identifizieren und durch Angriffsoperationen gezielt zu treffen. Jedoch scheiterten die Versuche der *Entente* im Ersten Weltkrieg, dieses Vorgehen zu wiederholen und Österreich-Ungarn oder das Osmanische Reich frühzeitig auszuschalten. Die britisch-amerikanische Landung in Italien 1943 führte zum Sturz des italienischen Diktators Benito Mussolini und zum Seitenwechsel Italiens; kriegsentscheidende Wirkung kam dieser Entwicklung aber kaum zu. Weit eher war es die Überbeanspruchung der deutschen Ressourcen an Soldaten, Waffen, Infrastruktur und Produktionskapazität, die den Krieg entschied, darin dem Ende des Ersten Weltkrieges durchaus vergleichbar.

Wenn es gelang, die störende Wirkung kultureller Unterschiede auf die Kommunikation der militärischen Führungseliten zu begrenzen, die schon im Krimkrieg die antirussische Allianz aus Großbritannien, Frankreich, dem Osmanischen Reich und zuletzt auch Piemont-Sardinien geplagt und wechselseitige Ressentiments begünstigt hatten, dann waren Koalitionen effektive Mittel der Kriegführung. Da sich die militärischen Strukturen in allen europäischen Staaten sehr ähnelten, waren Reibungsverluste bei der Kooperation grundsätzlich auch durchaus beherrschbar. Starke politische Führungspersönlichkeiten trugen im Krieg gegen Napoleon 1812 bis 1814 und gegen Hitler im Zweiten Weltkrieg dazu bei, dass die militärische Zusammenarbeit nicht allzu sehr von Friktionen belastet wurde. Der Kampf gegen eine drohende französische oder deutsche Hegemonie über Europa erwies sich als Markenzeichen vor allem britischer Außenpolitik. Während in der ersten Hälfte des 20. Jahrhunderts die deutsche Vorstellung von Kriegführung rein militärische Aspekte betonte, kam die Maxime von Clausewitz, dass der Krieg letztlich die Fortsetzung der Politik sei, in den Kriegskoalitionen Großbritanniens und später auch der USA immer wieder zur Geltung. So wurden die Siege der Koalitionen über das Frankreich Napoleons, das kaiserliche Deutschland und das »Dritte Reich« auch zur Bestätigung des Primats der Politik gegenüber ausschließlich militärischen Aspekten der Kriegführung.

Massimo de Leonardis

Integration = Sicherheit? Europäische Einheit, Atlantische Allianz und Sicherheitspolitik 1945–1989

Pläne für einen ewigen Frieden und eine europäische Einigung vor dem Zweiten Weltkrieg

Im Hochmittelalter war Europa in der *Res publica Christiana* geistig vereint. Ihre Klammer war der Katholizismus, und als höchste Vertreter dienten der Papst (als oberste schlichtende Instanz) und der Kaiser des Heiligen Römischen Reiches. Nach der Reformation und den Religionskriegen entstand in der Moderne das auf dem Prinzip des Gleichgewichts beruhende Westfälische System souveräner Staaten. Politiker und vor allem Philosophen schmiedeten utopische Pläne für einen ewigen Frieden durch »Staatenverbünde«. Dazu zählten der Herzog von Sully, Minister des französischen Königs Heinrich IV., die französischen Geistlichen Éméric Crucé und Charles-Irénée de Saint-Pierre, der englische Quäker William Penn, die Philosophen Jeremy Bentham sowie Immanuel Kant, der 1795 sein bekanntestes Werk »Zum ewigen Frieden« nannte.

Zwischen 1815 und 1914 beherrschte das »Europäische Konzert«, das internationale System der Großmächte. Den Begriff hatte Klemens Wenzel Fürst von Metternich geprägt, während der britische Außenminister Lord Castlereagh eher vom *Commonwealth of Europe* sprach. Die Zeit war geprägt durch eine kurze Phase der *diplomacy by conference* zwischen 1815 und 1822, durch wechselnde Abschnitte stärkerer oder schwächerer Zusammenarbeit in dem mehr oder weniger stark ausgeprägten Bewusstsein, zu einer gemeinsamen »europäischen Gesellschaft« zu gehören, und schließlich durch zunehmende Schwierigkeiten, die Rivalitäten und den Nationalismus einzudämmen. Wieder einmal träumten Intellektuelle von den »Vereinigten Staaten von Europa«: darunter die Franzosen Henri de Saint-Simon, Augustin Thierry und Victor Hugo, die Italiener Carlo Cattaneo, Giuseppe Mazzini und Filippo Turati, der Pole Wojciech Jastrzebowski und der russische Anarchist Michail A. Bakunin.

Nach dem Ersten Weltkrieg gründete der Österreicher Richard Coudenhove-Kalergi 1923 die christlich orientierte Paneuropa-Bewegung, die zwischen 1973 und 2004 unter dem Vorsitz Otto von Habsburgs stand. Ebenfalls im Jahr 1923 brachte Leo Trotzki die Losung der »Vereinigten Sowjetstaaten von Europa« auf. 1929 stellte der französische Premierminister Aristide Briand einen Plan für eine vorwiegend wirtschaftlich geprägte Europäische Föderale Union auf. 1938 gründete Lord Lothian in Großbritannien die Gruppe »Federal Union«.

Während des Zweiten Weltkrieges schmiedete das nationalsozialistische Deutschland Pläne für einen europäischen Staatenbund unter seiner Herrschaft. Gleichzeitig stellten verschiedene Widerstandsbewegungen Überlegungen zur Überwindung der souveränen Nationalstaaten an, um künftig Nationalismus und Krieg zu verhindern und den wirtschaftlichen Wiederaufbau durch einen gemeinsamen europäischen Markt zu fördern. Große Bedeutung erlangte in diesem Zusammenhang das 1941 verfasste »Manifest für ein freies und vereintes Europa« des italienischen Antifaschisten Altiero Spinelli, der später einer der führenden Köpfe der Föderalismusbewegung wurde.

Unmittelbar nach dem Krieg war der Antrieb zur Integration in Europa sowohl pragmatisch als auch ideologisch motiviert: Pragmatisch war die Feststellung, dass angesichts des Aufstiegs der Supermächte USA und Sowjetunion und ihrer sich allmählich abzeichnenden Konfrontation keine der alten Großmächte mehr in der Lage war, eine bedeutende Rolle zu spielen – Großbritannien vielleicht ausgenommen. So konnte nur eine wie auch immer geartete Einheit eine eigene Identität und eine selbstständige Position Europas in der Welt sichern. Eher ideologischer Natur war dagegen die tiefe Abneigung der Föderalisten gegen Nationalstaaten und nationalstaatliche Souveränität, die sie als eine Quelle von Konflikten ansahen. Der Ausbruch des Kalten Krieges verleitete die westeuropäischen Staaten dazu, die sowjetische Gefahr in den Vordergrund zu stellen: Die Sicherheit konnte nur durch die Beteiligung der USA an einem Bündnis gewährleistet werden.

Das Primat der Atlantischen Allianz während des Kalten Krieges

Das Atlantische Bündnis garantierte also den Frieden auf dem Alten Kontinent und die Sicherheit Westeuropas während des Kalten Krieges. Unter dem Schirm der NATO und im strategischen Rahmen der *Mutual Assured Destruction* (MAD), welche die Möglichkeit eines Konfliktes zwischen den zwei Machtblöcken als »wahnsinnig« erscheinen ließ, leitete Westeuropa mit der Europäischen Wirtschaftsgemeinschaft (EWG) einen Integrationsprozess ein, der jedoch militärische Aspekte ausschloss. Nach dem Scheitern der Europäischen Verteidigungsgemeinschaft (EVG) 1954[1] blieb die Westeuropäische Union (WEU), eine Weiterentwicklung des Brüsseler Paktes aus dem Jahre 1948, die einzige rein europäische Sicherheitsorganisation. Die WEU wurde jedoch nie mehr als ein schwaches Anhängsel der NATO.

Bereits 1944 hatte sich die britische Regierung Gedanken über die europäische Sicherheit in der Nachkriegszeit gemacht und einen Zusammenschluss der westeuropäischen Staaten in Erwägung gezogen. Mit der wachsenden Spannung zwischen Ost und West wurde deutlich, dass ein ausschließlich europäische Staaten umfassendes Bündnis völlig unzureichend gewesen wäre, um einem sowjetischen Angriff entgegenzutreten, und dass es daher erforderlich war, auch die USA zu beteiligen. Im September 1946 sprach Winston S. Churchill über die Notwendigkeit, »eine Art Vereinige Staaten von Europa zu bauen«[2], dachte aber – wie alle Briten – lediglich an eine Zusammenarbeit der Regierungen mit engen Bindungen zu den USA auf militärischer Ebene. Auf der Grundlage der außenpolitischen Doktrin der »drei Kreise« behielt sich Großbritannien eine Sonderrolle vor. Dazu gehörte seine besondere Beziehung zu Washington, seine Verbindungen zu den Mitgliedern des *Commonwealth* und des *Empire* und seine Unterstützung »von außen« für die kontinentaleuropäischen Länder, die unmittelbar an der europäischen Integration beteiligt waren.

Im Dezember 1947 stieß der britische Außenminister Ernest Bevin von der *Labour Party* jene diplomatischen Verhandlungen an, die mehr als zwei Jahre später zur Gründung des Atlantischen Bündnisses führten. Während der Verhandlungen unterstrichen die USA die zwei Grundsätze der Selbsthilfe und gegenseitigen Hilfe (*self-help*

Staaten und ihre Beitrittsdaten zu den wichtigsten atlantischen und europäischen Organisationen (1948–1989)

	NATO	WEU	EVG Nicht ratifiziert	EWG
Belgien	1949	1948 (Brüsseler Pakt)	1952	1957
Kanada	1949	–	–	–
Dänemark	1949	–		1973
Frankreich	1949	1948 (Brüsseler Pakt)	1952	1957
Bundesrepublik Deutschland	1955	1955	1952	1957
Griechenland	1952	–		1981
Irland	–	–		1973
Island	1949	–		
Italien	1949	1955	1952	1957
Luxemburg	1949	1948 (Brüsseler Pakt)	1952	1957
Norwegen	1949	–	–	–
Niederlande	1949	1948 (Brüsseler Pakt)	1952	1957
Portugal	1949	–	–	1986
Großbritannien	1949	1948 (Brüsseler Pakt)	–	1973
Spanien	1982	–		1986
USA	1949	–	–	–
Türkei	1952	–		

©ZMSBw
07597-03

und *mutual aid*): Zunächst sollten die Europäer ihre Anstrengungen bündeln, und die USA würden sich dann um all das kümmern, was zur gemeinsamen Sicherheit noch fehlte. Bis Ende der 1950er-Jahre waren die Amerikaner überzeugte Befürworter der europäischen Integration, weil diese den Zusammenhalt des Westens gegen die sowjetische Bedrohung stärkte. Eine entscheidende Etappe hin zum Atlantischen Bündnis war der am 17. März 1948 von Großbritannien, Frankreich, Belgien, Luxemburg und den Niederlanden unterzeichnete Brüsseler Pakt, der höchst zweideutig war: War er ein erster Schritt hin zur verteidigungspolitischen Integration Europas? Oder war er bloß ein notwendiges Mittel, um sich mit geringem Einsatz das militärische Engagement der Amerikaner zu sichern[3]?

Tatsächlich verlor der Brüsseler Pakt von Anfang an seine Bedeutung als europäischer Pfeiler der zukünftigen Atlantischen Allianz: Aus den sogenannten Pentagon-Gesprächen zwischen Großbritannien, USA und Kanada Ende März 1948 ging hervor, dass der vorherige Beitritt zum Brüsseler Pakt keine notwendige Bedingung für die Beteiligung eines europäischen Landes am nordatlantischen System war. Vergebens sprach sich George F. Kennan, der amerikanische Theoretiker der Eindämmungs-Politik (*Containment*), gegen den Nordatlantikpakt aus. Er zog den folgenden Ansatz vor: »die Kombination [...] von einem Element am europäischen Ende und auf der Grundlage der Brüsseler Paktes mit einem anderen Element am nordamerikanischen Ende [...] wobei die zwei Elemente unterschiedliche Identitäten und Mitglieder haben, aber miteinander verbunden sind durch die Anerkennung auf nordamerikanischer Seite, dass die Sicherheit des europäischen Elements für die Sicherheit der USA und Kanadas lebenswichtig ist«.[4] Kennan lenkte schließlich bei der Vorstellung ein, dass die USA den Nordatlantikpakt nutzen könnten, um die Mächte des Brüsseler Paktes zu einer europäischen Föderation zu bewegen, wenn sämtliche Vorteile des

Nordatlantikpaktes denjenigen Ländern vorbehalten sein würden, die mit dem Brüsseler Pakt verbundenen Verpflichtungen eingegangen waren. Diese Vorstellungen wurden vom *Department of State* verworfen. Sie gefielen auch den Kanadiern nicht. Sie befürchteten, als Teil der nordamerikanischen Komponente von den USA erdrückt zu werden, und wollten das Band zum britischen Mutterland nicht zerschneiden. Auch in Europa fanden diese Pläne keine Unterstützung. Großbritannien wollte nicht auf den »europäischen Pfeiler« eingegrenzt werden und Gefahr laufen, dass seine »besondere Beziehung« zu den USA in den Hintergrund geriet. Frankreich schwankte zwischen dem Wunsch, eine eigenständige europäische Identität zu bewahren, und der Absicht, die Amerikaner sofort an der Verteidigung Europas zu beteiligen. Außerdem duldete es die britische Vorherrschaft im Brüsseler Pakt nicht. Ein Verfechter Europas wie Robert Schuman merkte an: »Der Atlantikpakt sollte uns die Gelegenheit bieten, Marschall Montgomery [dem Oberbefehlshaber der Streitkräfte des Brüsseler Paktes] das Oberkommando im Westen abzunehmen.« Frankreich konnte sich befreien vom »Albtraum einer britischen Vormachtstellung, während sich die Realität einer amerikanischen Dominanz abzeichnete[5]«.

Das Atlantische Bündnis wurde also von zwei nordamerikanischen Staaten (USA und Kanada), den Mitgliedern des Brüsseler Paktes und fünf weiteren europäischen Staaten (Dänemark, Island, Italien, Norwegen und Portugal) gegründet. Während des Kalten Krieges traten Griechenland und die Türkei (1952), die Bundesrepublik Deutschland (1955) und Spanien (1982) der NATO bei. Daher verlor der Brüsseler Pakt nahezu seine ganze Bedeutung. Aus militärischer Sicht behielt er noch einen gewissen Stellenwert, solange das Atlantische Bündnis in fünf regionale strategische Planungsgruppen gegliedert war, denn die Planungsgruppe »Westeuropa« deckte sich in ihrer Struktur und Zusammensetzung mit dem Brüsseler Pakt. Doch mit der Einrichtung der integrierten NATO-Kommandostruktur infolge des Koreakrieges wurde die militärische Struktur des Brüsseler Paktes aufgelöst. Seine Rolle in der politischen und kulturellen Zusammenarbeit übernahm der 1949 gegründete Europarat.

Schon bei der Unterzeichnung des Nordatlantikpaktes war von einem europäischen militärischen Pfeiler und einer europäischen verteidigungspolitischen Identität kaum etwas übrig geblieben. Im Frühjahr 1949 kam das britische *Foreign Office* zu dem Schluss, dass eine unabhängige Stellung Europas im Weltgeschehen nicht realistisch war und daher kein anderer Weg blieb als der eines »engeren Zusammenschlusses mit den USA«.[6] Großbritannien konnte höchstens hoffen, jene Rolle als »Berater des neuen Fürsten« so lange wie möglich zu behalten, die Harold Macmillan bereits 1944 beschrieben hatte, als er die Briten mit den alten Griechen und die Amerikaner mit den alten Römern verglich. Ende 1950 meldete Bevin, dass Frankreich einen »französisch geführten Block auf dem Kontinent« anstrebe, »der, obwohl mit der Atlantischen Gemeinschaft verbunden, in der Weltpolitik eine Macht mit einer gewissen Unabhängigkeit darstellen würde«, und er betonte die Notwendigkeit, eine solche »Art von Krebs im atlantischen Körper« zu entfernen.[7] Die Rolle Großbritanniens als treibende Kraft der europäischen Integration hatte sich erschöpft, und die – auf den wirtschaftlichen Bereich beschränkte – Initiative ging nicht ohne Widerspruch auf Frankreich über.

Hatten sich die Briten klar positioniert, blieb die Haltung der Franzosen unklar. Sie wollten ein stärkeres militärisches Engagement der Amerikaner in Europa, ohne dass Europa jedoch zu einem Knecht der USA würde: Frankreich habe, so das französische Außenministerium im April 1950 in Anspielung auf das Bündnis der kommunistischen Parteien »Kominform«, ein Interesse daran, »die größte Handlungsfreiheit zu bewahren und die ›Kominformisierung‹ der Mitglieder der Atlantischen Allianz zu verhindern«. Frankreich sah eine britisch-amerikanische Hegemonie mit Missgunst. Es wollte an der Spitze des Bündnisses ein Dreier-Direktorium, in dem die Franzosen die strategischen Bedürfnisse Kontinentaleuropas vertreten würden. Mit der Einrichtung der *Standing Group* erhielt das Land nur eine formelle Genugtuung.

Nach dem Koreakrieg stellte sich ab Anfang der 1950er-Jahre das Problem der deutschen Wiederbewaffnung. So lagen bereits der Europäischen Gemeinschaft für Kohle und Stahl (EGKS), welche die Erzeugung von Kohle und Stahl einer gemeinschaftlichen Kontrolle unterwarf, strategische Forderungen zugrunde. Insbesondere das Projekt der Europäischen Verteidigungsgemeinschaft (EVG) brachte dies zum Ausdruck. Für viele Europabefürworter ist diese ein unerfüllter Traum geblieben. In Wirklichkeit war sie vor allem ein geschickter Schachzug. Mit der EVG sollte ein Kompromiss erzielt werden zwischen der Notwendigkeit, auch über das militärische Potenzial Westdeutschlands zu verfügen, und dem Widerstreben Frankreichs, der Wiederaufstellung deutscher Streitkräfte zuzustimmen. Die EVG hätte neben anderen europäischen NATO-Mitgliedstaaten die damals einzige Atommacht in Westeuropa, Großbritannien, nicht umfasst. Und sie hätte die Bundesrepublik Deutschland, das Land mit der gegebenenfalls größten Armee, in eine Position militärischer Unterlegenheit gebracht. Deshalb hätte die EVG nie ein starkes Europa der Verteidigung bilden können. Wie dem auch sei: Im August 1954 wurde die EVG ausgerechnet von dem Land begraben, das sie vorgeschlagen hatte: Frankreich.

Nach dem Scheitern der EVG wurde das Problem der deutschen Wiederbewaffnung auf Initiative des britischen Außenministers Anthony Eden mit der Erweiterung des in Westeuropäische Union (WEU) umbenannten Brüsseler Paktes um Italien und die Bundesrepublik Deutschland, die auch der NATO beitrat, gelöst. Wie bereits 1948/49 diente der Brüsseler Pakt auch 1955 lediglich als Brücke zum Atlantischen Bündnis, bevor er wieder in einen Dornröschenschlaf fiel. Da jedoch der EWG weiterhin jegliche sicherheitspolitische Funktion fehlte, wurde 1984 ein Prozess zur Wiederbelebung der WEU eingeleitet, der von 1987 bis 1988 am Ende des Iran-Irak-Krieges in die Minenräumoperation *Cleansweep* in der Straße von Hormuz mündete, die unter WEU-Führung durchgeführt wurde. Die WEU operierte also schon vor der NATO *out of area*. Nach dem Ende des Kalten Krieges wurde die WEU am Ende einer langen Debatte 2011 aufgelöst, weil die Europäische Union (EU, ehemals EWG) inzwischen eine eigene Sicherheits- und Verteidigungspolitik entwickelt hatte.

Die absolute militärische Vorherrschaft der USA über den Westen und Europa wurde durch die »Atomwende« und die Herstellung des Gleichgewichts des Schreckens zwischen den beiden Supermächten, die über enorme Kernwaffenarsenale verfügten, noch deutlicher. »Nach 1954 lagen sowohl die entscheidenden Waffen und grundlegenden strategischen Entscheidungen für Europas [...] Verteidigung offensichtlich allein in den Händen der Amerikaner und jenseits des Bereichs der [Atlantischen] Allianz.«[8] Die Europäer trösteten sich mit dem Gedanken, dass der nukleare Schutzschild der USA ihre eigenen Militärausgaben begrenzte.

Die Suezkrise 1956 zeigte, dass Europa keine militärische und diplomatische Autonomie mehr besaß. Sie rief zwei unterschiedliche Reaktionen hervor: Großbritannien bemühte sich, sein *special relationship* zu den Vereinigten Staaten zu festigen, während Frankreich versuchte, die Souveränität eines Europas unter französischer Führung wiederherzustellen. General Charles de Gaulle versuchte vergeblich während seiner Präsidentschaft (1959–1969), der EWG durch die Bildung eines unauflösbaren Staatenbunds mit besonderen Kompetenzen in den Bereichen Kultur-, Außen- und Verteidigungspolitik eine gemeinsame Außenpolitik zu geben. Selbstverständlich hätten die anderen fünf Staaten der EWG die französische Führungsrolle akzeptieren müssen. Allerdings gaben die anderen europäischen Staaten den Beziehungen zu den USA den Vorrang. Das war bereits in der Vergangenheit vorgekommen und würde auch in der Zukunft noch häufig geschehen. Wenn sie schon Vasallenstaaten sein sollten, dann lieber die Vasallen eines Staates, dessen Macht ihrer eigenen weit überlegen war. Am 10. März 1966 kündigte de Gaulle den Ausstieg Frankreichs aus der integrierten Militärstruktur der NATO an. Seitdem wurde das Thema eines europäischen Pfeilers innerhalb der NATO trotz Gründung der »Eurogruppe«, einer informellen Versammlung der Verteidigungsminister der europäischen Mitgliedstaaten, praktisch fallen gelassen.

»Massive Vergeltung« oder »Flexible Reaktion«? Die strategischen Probleme der Verteidigungspolitik in Europa

Als der Nordatlantikpakt unterzeichnet wurde, war klar, dass dieser »die Befreiung Westeuropas von einem Angreifer, nicht aber von einem Angriff garantiere«.[9] Der Vertrag war nämlich viel eher ein Garantiepakt auf der Grundlage des Abschreckungskonzeptes als ein integriertes Militärbündnis. Man entschied sich bewusst gegen eine massive Wiederaufrüstung. Stattdessen legte man den Schwerpunkt auf einen wirtschaftlichen Wiederaufschwung und erhöhte die Sozialleistungen. Die Annahme lautete, dass die Sowjetunion zwar die Fähigkeit, nicht aber die Absicht hatte, in Westeuropa einzumarschieren, weil sie durch das Bestehen des Nordatlantikpakts davon abgehalten würde. Bei einem Angriff gingen die Pläne des Bündnisses davon aus, dass die sowjetischen Kräfte die Pyrenäen erreichen würden (oder die Mündung des Tajo, wenn sie auch auf der Iberischen Halbinsel hätten einmarschieren wollen). Die Anschlussphase dieses Konflikts hätte zu einer Wiederholung der Vorgehensweise im Zweiten Weltkrieg geführt: ein massives Anlanden von Streitkräften auf dem europäischen Kontinent, um diesen zu befreien. Diese Strategie erschien riskant, da die Sowjetunion ab Sommer 1949 über Atombomben verfügte, die ein Anlanden zur Rückeroberung gefährlich machten. Diese Strategie wurde nach dem Einmarsch Nordkoreas in Südkorea aufgegeben. Den Einmarsch deutete der Westen als ein Zeichen des Aggressionswillens der Sowjetunion, die sich für eine massive Wiederaufrüstung entschieden und ein eigenes, echtes integriertes Militärbündnis gebildet hatte.

Kernwaffen gab es, aber sie sollten nicht eingesetzt werden. Die Abschreckungsstrategie bestand aus der »Nichtanwendung von (Nuklear-)Waffen dank eines besonnenen Umgangs mit dem Vorhandensein dieser Waffen«. Das Problem lag darin, »einer Bedrohung, von der alle wussten, dass sie irreal geworden war«, wieder Glaubwürdigkeit zu verleihen.[10] Unter diesem Blickwinkel gab es drei entscheidende Augenblicke: in den Jahren 1952, 1957 und 1967. Im Februar 1952 entschied sich die NATO für eine massive konventionelle Wiederaufrüstung zur Abwehr einer sowjetischen Invasion. Sie verfügte infolgedessen über Streitkräfte mit 96 Divisionen und 9000

Luftfahrzeugen (plus beachtlichen Seestreitkräften), die innerhalb eines Monats nach Ausbruch eines Krieges einsatzbereit waren. Dieses Rüstungsmodell wurde bald als zu kostspielig betrachtet. Im Mai 1957 übernahm der Nordatlantikrat deshalb offiziell das »Strategische Konzept MC 14/2«, das vorsah, auf sowjetische Angriffshandlungen, auch konventioneller Art, sofort und massiv mit einem nuklearen Gegenschlag zu reagieren. Diese Strategie hatte den Vorteil, dass sie die Militärausgaben verringerte und Europa eine klare Sicherung der Glaubwürdigkeit des Atomwaffenschilds der USA bot. Gleichzeitig setzte sie jedoch die Europäer der Bedrohung durch einen atomaren *second strike* der Sowjetunion aus, deren nukleares Potenzial durch den amerikanischen *first strike* nicht vollständig vernichtet worden wäre.

Als sie die Strategie der »Massiven Vergeltung« übernahmen, hielten sich die Vereinigten Staaten für immun, weil die Sowjetunion noch nicht in der Lage war, einen Atomangriff gegen amerikanisches Hoheitsgebiet zu führen. Allerdings testete die UdSSR bereits wenige Monate später ihren ersten Interkontinentalflugkörper im Pazifik und schoss ihren ersten künstlichen Satelliten namens »Sputnik« in den Orbit. Damit begann ein langer und schwieriger Prozess, der nach Frankreichs Ausstieg aus der integrierten Militärstruktur im Dezember 1967 zur Übernahme eines neuen Strategischen Konzepts führte: der »Flexiblen und kontrollierten Reaktion«. Diese zielte darauf, die »Einsatzschwelle« eines Atomschlags zu erhöhen und einen möglichen Konflikt auf konventioneller Ebene zu halten. Diese neue Strategie vermied eine atomare Vernichtung, schadete aber der Glaubwürdigkeit des amerikanischen Schutzschildes, weil, wie de Gaulle dem amerikanischen Botschafter in Paris sagte, nicht davon auszugehen war, dass die USA ihre eigenen Städte aufs Spiel setzen würden, indem sie ihre strategischen Nuklearwaffen zur Verteidigung Europas einsetzten. Außerdem musste der Umfang der konventionellen Streitkräfte deutlich erhöht werden, damit der Westen einem Angriff des Warschauer Paktes widerstehen konnte. Das Strategische Konzept von 1967, das bis 1991 seine Gültigkeit behielt, war in manchen Punkten unklar, zum Beispiel, was die Nutzung taktischer Nuklearwaffen betraf. Nach Aussagen eines anerkannten Fachmanns führte es zu »einer unangemessenen konventionellen Verteidigung, die von einer unglaublichen nuklearen Garantie gestützt werde«.[11] In einer Phase der Verschärfung des Kalten Krieges im Dezember 1979 entschied sich die NATO im sogenannten NATO-Doppelbeschluss dafür, das eigene taktische Atomwaffenarsenal, die Mittelstreckenraketen, als Reaktion auf die entsprechende Entscheidung der UdSSR ebenfalls zu modernisieren. Dadurch änderte sich das atomare Gleichgewicht in Europa, und die Sowjetunion erhielt neue Verhandlungsmöglichkeiten. SACEUR legte zur Beruhigung der europäischen Bündnispartner 1982 einen Plan zur schnellen Verstärkung vor, um bei den ersten Anzeichen einer Krise schnell auf die amerikanischen Kräfte in Übersee zurückgreifen zu können. Im November 1984 bestätigte die NATO außerdem die sogenannte Strategie des *Follow-On Forces Attack* (FOFA). Sie zielte auf den Angriff gegen die Folgestaffeln der sowjetischen Streitkräfte, die in der Tiefe in den Ländern Osteuropas und im westlichen Teil der Sowjetunion aufgestellt waren.

Während des Kalten Krieges gab es zahlreiche Meinungsverschiedenheiten zwischen Europäern und Amerikanern. Der amerikanische Außenminister Henry A. Kissinger sagte 1973, dass er »trübsinnige« Schlussfolgerungen in Bezug auf das Atlantische Bündnis ziehe. Das Bündnis sei einig nur bei »der einzigen Sache, die weniger wahrscheinlich ist: einem militärischen Angriff auf Westeuropa«.[12] Diese

Gefahr verhinderte jedoch, dass die Unstimmigkeiten überhand nahmen. Und dass diese Gefahr »unwahrscheinlich« war, verdankte man der Abschreckungswirkung der NATO.

Abschließende Betrachtungen

1945 war Europa durch zwei Weltkriege verwüstet und damit in einer ungünstigen materiellen und moralischen Ausgangssituation für die Umsetzung einer effizienten Militärpolitik. Eine vage Sehnsucht nach Frieden und der Machtantritt von Christdemokraten und Sozialisten – Kräfte, deren Hauptanliegen die Sozialausgaben waren – machten es sehr schwer, dem Druck aus dem kommunistischen Lager etwas entgegenzusetzen. Die europäischen Nationen waren den beiden Atom-Supermächten unterlegen: den USA, die sowohl Butter als auch Kanonen produzieren konnten, und der Sowjetunion, die in der Lage war, ihren Bürgern einen Verzicht auf Wohlstand zugunsten der Militärmacht aufzuzwingen. Die USA mussten allerdings Westeuropa in ihrem eigenen Interesse verteidigen. Die Zusatzkosten waren recht gering im Vergleich zu den Ausgaben für den Schutz des nordamerikanischen Hoheitsgebietes. Das *Pentagon* berechnete, dass der finanzielle Mehraufwand einer Dislozierung amerikanischer Truppen in Europa statt auf US-amerikanischem Boden nur 15 Prozent betrug. Dabei ist nicht berücksichtigt, dass die amerikanische Vormachtstellung den Verkauf vieler Waffensysteme, die den europäischen manchmal gar nicht überlegen waren, an die Bündnispartner begünstigte. Die Vormachtstellung bot die Gelegenheit zu Investitionen in einem sicheren Umfeld.

Unter dem Druck des Kalten Krieges akzeptierte (West-)Europa wohl oder übel den amerikanischen Schutz und schwankte abwechselnd zwischen zwei Ängsten: dass dieser Schutz sich als Täuschung erwies oder dass die US-Administration in Washington ihre antisowjetische Haltung übertrieb. Diese Ängste brachten die (West-)Europäer dazu, sich aus der Auseinandersetzung zwischen den Supermächten herauszuhalten oder nur zu vermitteln. Zugleich sorgten sie sich, wenn der Dialog zwischen den beiden Mächten tatsächlich über ihre Köpfe hinweg erfolgte. Da die europäischen Nationen nicht in der Lage waren, eine gemeinsame Front gegen die Vormachtstellung der USA zu bilden, zogen sie wie etwa Großbritannien die Rolle des wichtigen Nebendarstellers vor. Oder sie sicherten sich wie etwa Italien einen ordentlichen Anteil an den amerikanischen Unterstützungsgeldern. Die sowjetische Gefahr führte dazu, dass Westeuropa mit den USA einen Block bildete und der Europagedanke dem atlantischen Gedanken untergeordnet wurde. Der geopolitische Kampf war wichtiger als der industrielle Wettbewerb: Zwar dehnte sich die Abhängigkeit von den USA im Bereich der Sicherheitspolitik nicht auf Wirtschaft und Handel aus; hier bestand immer eine größere Gleichberechtigung und Konkurrenzfähigkeit. Es gab jedoch eine Schwelle, über welche die Meinungsverschiedenheiten nicht hinausgehen durften. In einer Art Aufgabenteilung stellten die USA die Truppen und die notwendigen Waffen für das Gleichgewicht der Kräfte, während die Bündnispartner das amerikanische Haushaltsdefizit ausglichen, den Energiebedarf deckten und Handelswaren lieferten. Der französische Historiker Raymond Aron spricht von dem »beispiellose[n] Umstand [...], dass eines der Zentren der menschlichen Zivilisation«, (West-)Europa, sozusagen darauf verzichtete, »sich selbst zu verteidigen«.[13]

Die wichtigsten atlantischen und europäischen Organisationen und ihre Mitgliedstaaten (1948–1989)			
NATO **1949**	**WEU** **1948**	**EVG** Nicht ratifiziert **1952**	**EWG** **1957**
Belgien Kanada Dänemark Frankreich Island Italien Luxemburg Norwegen Niederlande Portugal Großbritannien USA **Beitritte im Jahr 1952** Griechenland Türkei **Betritt im Jahr 1955** Bundesrepublik Deutschland **Beitritt im Jahr 1982** Spanien	**Brüsseler Pakt 1948** Belgien Frankreich Niederlande Luxemburg Großbritannien **WEU seit 1955** **Beitritte im Jahr 1955** Bundesrepublik Deutschland Italien	Belgien Frankreich Bundesrepublik Deutschland Italien Luxemburg Niederlande	Belgien Frankreich Bundesrepublik Deutschland Italien Luxemburg Niederlande **Beitritte im Jahr 1973** Dänemark Irland Großbritannien **Beitritt im Jahr 1981** Griechenland **Beitritte im Jahr 1986** Portugal Spanien
1989 Mitglieder gesamt **16**	1989 Mitglieder gesamt **7**		1989 Mitglieder gesamt **12**

©ZMSBw
07598-03

Die USA drängten einerseits die Europäer sich zusammenzuschließen, wunderten sich jedoch andererseits über jede selbstständige Stellungnahme. Sie forderten ihre europäischen Bündnispartner zu einem größeren Engagement in der Verteidigungspolitik auf, fürchteten aber, ihre eigene Vormachtstellung zu verlieren, falls die (West-)Europäer dieser Aufforderung zu sehr nachgekommen wären. Die Missverständnisse auf beiden Seiten des Atlantiks wurden besonders deutlich, als Kissinger 1973 das »Europajahr« ausrief. Er dachte, dass »für uns [...] die europäische Einheit das [ist], was sie immer gewesen ist: kein Selbstzweck, sondern ein Mittel, den Westen zu stärken«.[14]

Anmerkungen

1   Siehe den folgenden Beitrag von Corine Defrance und Ulrich Pfeil in diesem Band.
2   http://www.churchill-society-london.org.uk/astonish.html (15.4.2015).
3   Elizabeth Barker, The British between the Superpowers 1945–1950, London 1983, S. 127. Bevin selbst verwendete den Ausdruck »a sprat to catch a mackerel« [wörtlich: eine Sprotte, mit der eine Makrele geangelt werden soll]. (John Kent and John W. Young, The ›Western Union‹ concept and British defence policy, 1947–48. In: British Intelligence, Strategy and the Cold War, 1945–1951. Ed. by Richard J. Aldrich, London 1992, S. 171.
4   George F. Kennan, Memoirs 1925–1950, New York 1969, S. 406–409.
5   René Massigli, Une comédie des erreurs 1943–1956. Souvenirs et réflexions sur une étape de la construction européenne, Paris 1978, S. 143.
6   The National Archives, London (NA), FO 371/76386, A Third World Power or Western Consolidation?, S. 9-5-49.
7   Geoffrey Warner, The Labour governments and the unity of Western Europe. The Foreign policy of the British Labour Governments, 1945–1951. Ed. by Ritchie Ovendale, Leicester 1984, S. 75.
8   Michael M. Harrison, The Reluctant Ally. France and Atlantic Security, Baltimore, MD 1981, S. 22.
9   Atlantic Pact. In: The Economist, 19.3.1949, S. 498.
10 Anadré Beaufre, Dissuasion et stratégie, Paris 1964 (zit. nach der italienischen Übersetzung, Mailand 1965, S. 22 und 194; dt. Abschreckung und Strategie, Berlin 1966).
11 J. Michael Legge, Theater Nuclear Weapons and the NATO Strategy of Flexible Response, Santa Monica, Ca, 1983, S. 39.
12 NA, FCO 93/295, Cromer to FCO, Ceasefires in ME War, 25.10.1973.
13 Raymond Aron, Paix et guerre entre les nations. In: italienischer Übersetzung: Mailand 1970, S. 571 f.
14 Vgl. P. Mélandri, Les Etats-Unis face à l'unification de L'Europe 1945–1954, Paris, 1980, S. 490.

Corine Defrance/Ulrich Pfeil

Ein schwarzer Tag für Europa?
Idee und Scheitern der Europäischen Verteidigungsgemeinschaft (1950–1954)

Vom 17. Juli bis 2. August 1945 trafen sich in Potsdam die USA, Großbritannien und die Sowjetunion, um nach der Überwindung des »Dritten Reiches« einen »gerechten und dauerhaften Frieden« zu schaffen und zukünftig zu sichern. Zur »völligen Abrüstung und Entmilitarisierung Deutschlands« hatten sie Deutschland besetzt und die Auflösung der militärischen Strukturen von Staat, Armee und Partei verordnet, »um damit für immer der Wiedergeburt oder Wiederaufrichtung des deutschen Militarismus und Nazismus vorzubeugen«. In Punkt A.3 des Potsdamer Abkommens hieß es zudem: »Der Unterhaltung und Herstellung aller Flugzeuge und aller Waffen, Ausrüstung und Kriegsgeräte wird vorgebeugt werden«. Nachdem der von Deutschland vom Zaun gebrochene Zweite Weltkrieg über 60 Millionen Soldaten und Zivilisten das Leben gekostet hatte, war insbesondere in den von der Wehrmacht besetzten Ländern an ein Deutschland in Waffen nicht zu denken.

Waren die Länder des europäischen Ostens die Hauptleidtragenden des von Joseph Goebbels proklamierten »totalen Krieges« geworden, so beklagte doch auch Frankreich den Tod von 250 000 Soldaten und 350 000 Zivilisten. Das deutsche Besatzungsregime hatte tiefe Spuren in der französischen Gesellschaft hinterlassen; zudem hatten die Kampfhandlungen vor allem ab Juni 1944 eine Spur der Zerstörung hinter sich gezogen. Hatte der Erste Weltkrieg nur 13 *Départements* getroffen, waren es während des Zweiten Weltkrieges 74. Eine halbe Million Wohnungen waren nicht mehr bewohnbar, was einem Zerstörungsgrad von etwa 20 Prozent entsprach. Die größten Schäden musste dabei die Normandie verzeichnen; diese Küstenregion hatte nicht alleine unter den heftigen Rückzugsgefechten der deutschen Wehrmacht gelitten, sondern war – zur Befreiung des eigenen Territoriums – auch Opfer von westalliierten Luftangriffen geworden, bei denen die Hafenstädte Le Havre (82 %), Caen (73 %), Saint-Lô (77 %) und Rouen (50 %) am stärksten in Mitleidenschaft gezogen wurden.

Fünf Jahre später hatte sich die Situation geändert. Frankreich war 1945 »verspätete Siegermacht« geworden und bestimmte bis 1949 in seiner Besatzungszone den politischen und gesellschaftlichen Wiederaufbau. Mit der Gründung der beiden deutschen Staaten 1949 und dem Ausbruch des Kalten Krieges war eine neue geostrategische Situation in Europa entstanden, auf die auch Frankreich reagieren musste. Ganz konkret stellte sich die Frage einer deutschen Wiederbewaffnung, so dass der französische Ministerpräsident René Pleven am 24. Oktober 1950 einen Vorschlag für eine Europa-Armee unter dem Kommando eines europäischen Verteidigungsministers mit (west)deutscher Beteiligung vorlegte. Er wurde zur Grundlage für die Pläne einer Europäischen Verteidigungsgemeinschaft (EVG), die zwischen 1950 und 1954 Politik und Öffentlichkeit in Westeuropa beschäftigten. Dieses Kapitel zeigt, warum gerade Frankreich sich so schwer mit einem Projekt tat, das seine Ursprünge in Paris hatte und am 30. August 1954 von der französischen Nationalversammlung zu Grabe getragen wurde.

Veränderungen der internationalen Rahmenbedingungen

Nachdem der Versailler Vertrag von 1919 das Verhältnis zwischen Deutschland und Frankreich nicht befriedet hatte, galt es für die französische Deutschlandpolitik nach 1945, von Vorherrschaft und Revanche Abstand zu nehmen. Dafür entwickelten Politiker in Paris einen komplexen und für Außenstehende nicht immer leicht zu durchschauenden sicherheits-, friedens- und integrationsorientierten Ansatz, der seinen Ausdruck zum ersten Mal in dieser Deutlichkeit im Schuman-Plan vom 9. Mai 1950 fand. Der damalige französische Außenminister Robert Schuman gehörte zu den ersten, die sich zur Überwindung der »Erbfeindschaft« für den Versöhnungsgedanken stark machten. Doch wäre es falsch zu glauben, dass Frankreich Anfang der 1950er-Jahre bereits die Schrecken der Besatzungsjahre vergessen hatte. Nach drei Kriegen innerhalb von 75 Jahren gehörten Annäherung sowie Sicherheit durch Integration zu den wichtigsten nationalen Interessen Frankreichs.

Das Einschwenken auf eine kooperative Politik gegenüber (West-)Deutschland stand in unmittelbarem Zusammenhang mit dem sich Ende der 1940er-Jahre zuspitzenden Ost-West-Konflikt. Die Furcht vor einem gewaltsamen sowjetischen Übergreifen auf Westeuropa nährte parallel zum »Feindbild Deutschland« ein »Feindbild Sowjetunion«, das die Gegensätze zwischen Frankreich und Westdeutschland zu verwischen begann. Die Franzosen konnten nicht die Augen davor verschließen, dass sich die Kräfteverhältnisse in der Welt mit der Zündung der ersten sowjetischen Atombombe im Sommer 1949 und dem Angriff der nordkoreanischen Truppen auf den südlichen Landesteil verändert hatten. Da die Westeuropäer eine kommunistische Aggression auf dem europäischen Schauplatz nicht mehr ausschließen wollten und die Sicherheitsgarantie der USA für nicht ausreichend erachtet wurde, waren immer mehr Stimmen zu hören, die den Aufbau einer westeuropäischen Militärmacht forderten. Der Koreakrieg ab 1950 sowie der Aufbau einer Kasernierten Volkspolizei und paramilitärischer Betriebskampfgruppen in der SBZ/DDR schürten die Ängste vor einer militärischen Auseinandersetzung in Mitteleuropa, die Bundeskanzler Konrad Adenauer nicht ohne Hintergedanken am Lodern hielt. Denn indem er die Bedrohungslage bewusst überzeichnete, erhöhte er den Wert der Bundesrepublik für die gemeinsame Verteidigung des Westens. Unterstützung für westdeutsche Aufrüstungspläne vermutete der Bundeskanzler vor allem bei den verantwortlichen Politikern in Washington.

Wenn Frankreich eine deutsche Nationalarmee verhindern und nicht von den in Bewegung geratenen Ereignissen überrollt werden wollte, musste es eine ernst zu nehmende Alternative anbieten. Die verantwortlichen Politiker in Paris befanden sich dabei keineswegs in einer Position der Stärke, brauchten Sie doch die amerikanische Finanz- und Militärhilfe, um den Krieg in Indochina erfolgreich fortführen zu können und zugleich die französischen Streitkräfte in Europa gefechtsbereit zu halten.

Plevens Plan:
Deutsche Soldaten (nur) in einer europäischen Armee

Wollte Frankreich in dieser Situation die Zügel wieder in die Hand bekommen, um die Wirkungen des Schuman-Plans nicht verpuffen zu lassen, musste es ein weiteres Mal die Flucht nach vorn antreten. Die Pläne des französischen Ministerpräsidenten

René Pleven sahen eine europäische Armee mit einem westdeutschen Wehrbeitrag vor, nicht aber eine westdeutsche Nationalarmee. Nach dem Vorbild der 1951 gegründeten Europäischen Gemeinschaft für Kohle und Stahl (EGKS) – Montanunion genannt – war eine oberste militärische Behörde mit einem europäischen Verteidigungsminister vorgesehen, der einer europäischen Versammlung verantwortlich und einem Ministerrat untergeordnet sein sollte. Der Vorschlag beinhaltete zudem einen integrierten Generalstab mit einem französischen General an der Spitze und zielte auf eine indirekte Kontrolle der westdeutschen Wiederaufrüstung. Während die Regierung in Paris die nationale Führung über Teile seiner in Frankreich stationierten Truppen sowie der Kolonialtruppen und der Marine behalten wollte, sollte den (West-)Deutschen nicht gestattet werden, Teile ihrer nationalen Armee außerhalb der Europaarmee zu halten. Auf der Basis »kleinstmöglicher Einheiten« sollten die westdeutschen Soldaten integriert und unter die Befehlsgewalt eines integrierten Kommandos gestellt werden. Dagegen würden die anderen Mitglieder das Recht behalten, mit ihren nationalen Armeen auch weiterhin eine eigene Verteidigungs- und Kolonialpolitik zu betreiben.

Das Echo in den westlichen Hauptstädten war verhaltener als noch einige Wochen zuvor beim Schuman-Plan. In Washington vermutete man hinter der französischen Initiative ein Ablenkungs- und Verzögerungsmanöver; die britische Regierung machte sich über die mangelnde Effizienz des Vorschlages lustig – eine Meinung, die auch von französischen Militärs geteilt wurde –, und in Bonn sah Adenauer die Bundesrepublik nicht als gleichberechtigten Partner akzeptiert. Der Historiker Hans-Peter Schwarz geht noch weiter und spricht von einer »europäisch drapierten Fremdenlegion«.[1] Bei aller berechtigten Kritik stellt sich jedoch auch die Frage, ob es nicht erstaunlich ist, »dass ein französischer Ministerpräsident fünf Jahre nach dem Zweiten Weltkrieg überhaupt den Vorschlag machte, deutsche Soldaten aufzustellen«[2].

Eher pragmatisch verhielt sich in der Folge der Bundeskanzler, der die westdeutschen Möglichkeiten in einer ersten Phase ausloten wollte. Da eine NATO-Lösung in Paris vorerst nicht durchzusetzen war und er den Bruch mit Frankreich nicht riskieren wollte, schien die Idee der Europaarmee für den Moment die praktikabelste Lösung. Für sein Entgegenkommen in den nun einsetzenden EVG-Verhandlungen und die formelle Anerkennung der deutschen Auslandsschulden wurden der Bundesrepublik am 6. März 1951 weitere Lockerungen des Besatzungsstatuts zugestanden. Am 15. März 1951 konnte die Wiedereinrichtung des Auswärtigen Amts feierlich begangen werden, auch wenn die Bundesrepublik noch keine diplomatischen Beziehungen aufnehmen durfte.

Vom Pleven-Plan zur EVG

Für die (west)europäische Integration und damit auch die deutsch-französischen Beziehungen begann jedoch mit der Verkündung des Pleven-Plans eine vierjährige Leidensgeschichte, denn neben der fehlenden Integration Großbritanniens und dem ungeklärten Verhältnis der sich abzeichnenden Europaarmee zur NATO sorgten insbesondere die in dem Vorschlag formulierten supranationalen Strukturen (»eine vollständige Verschmelzung von Mannschaften und Ausrüstungen herbeizuführen«) in Frankreich für heftigen Widerspruch.

Interessant ist das Zusammenwirken von Gaullisten und Kommunisten, die gemeinsam der EVG in Frankreich »den Todesstoß versetzen«[3] wollten. Doch die Motivationen waren unterschiedlich: Während die Kommunistische Partei Frankreichs (*Parti communiste français*, PCF) eine westeuropäische Armee ablehnte, weil sie eine Gefahr für die UdSSR darstelle, sprach sich Charles de Gaulle gegen die supranationalen Strukturen der EVG und damit die weitgehende Auflösung der französischen Armee aus. Gemein war beiden – bei unterschiedlichen Motiven – die Sorge um die nationale Unabhängigkeit bzw. Souveränität, die der General mit dem ihm eigenen Pathos zum Ausdruck brachte: »Wenn ein Volk keine Armee mehr hat, besitzt es nicht mehr die Herrschaft über seine Außenpolitik, und falls es keine Armee mehr hat und falls es durch Formulare regiert wird, hat es keine Seele mehr.«[4] Dass de Gaulle die EVG ablehnte, beruhte folglich weniger auf antideutschen Reflexen – auch wenn das Misstrauen gegenüber dem Nachbarn noch nicht völlig verschwunden und die Vorstellung von deutschen Soldaten auf französischem Boden kaum akzeptabel war. Die Ablehnung hing vielmehr mit seinem Glauben an die Nation zusammen, auf der die Verteidigungsfähigkeit in erster Linie beruhe. Wie leicht vor allem aber im gaullistischen Lager die Erinnerungen an die deutsche Bedrohung mobilisiert werden konnten, verdeutlicht eine in Belfort vom gaullistischen Abgeordneten Raymond Schmittlein organisierte Mahnfeier gegen die EVG am örtlichen Kriegerdenkmal (*Monument aux morts*), die mit einer Schweigeminute und dem Abspielen der französischen Nationalhymne, der *Marseillaise*, endete.[5]

Den französischen Kommunisten ging es nicht alleine darum, sich als nationale Partei darzustellen; vielmehr diente ihnen die traditionelle Angst vor den Deutschen (Germanophobie) als ein Mittel, um sich – ganz nach den Moskauer Vorgaben – auch weiterhin als Garant für den Weltfrieden darzustellen. Sie bedienten sich in ihrer Feindbildpropaganda verschiedener Elemente, die wenige Jahre nach Kriegsende bei der französischen Bevölkerung unweigerlich die Erinnerung an Krieg und deutsche Besatzung wieder revitalisieren mussten.

Die Skepsis gegenüber der EVG ist auch den beiden großen französischen Tageszeitungen zu entnehmen. Die damals neutralistisch ausgerichtete »Le Monde« machte die alten Dämonen wieder am Horizont aus und sprach von einer »Wehrmacht à par-

---

»Neben der stets präsenten Möglichkeit einer neuerlichen Schaukelpolitik zwischen Ost und West waren es die Aussichten eines militärischen Schlags Deutschlands gegen den Osten – zur Herstellung der deutschen Einheit oder zur Rückeroberung der verlorenen Gebiete östlich der Oder-Neiße-Linie – oder eines Angriffs gegen den Westen, und hier vor allem gegen Frankreich, die als Möglichkeiten präsentiert wurden. Der Unterschied war nur, das *Le Monde* all dies für den Fall prophezeite, dass die EVG ratifiziert, *Le Figaro* dagegen für den umgekehrten Fall, dass die EVG nicht ratifiziert werden würde«.

Aus: Mareike König, Deutschlandperzeption und Europadebatte in Le Monde und Le Figaro 1950–1954, Opladen 2000, S. 211.

ticipation française«.[6] Auch der »Figaro« sah in der Bewaffnung der Bundesrepublik eine neuerliche Gefahr, doch schien ihm die Bedrohung angesichts des sowjetischen Waffenarsenals zweitrangig, so dass sich die Berichterstatter und die Kommentatoren dafür aussprachen, das Risiko in Kauf zu nehmen, um die Verbindungen zwischen Westeuropa und den USA zu festigen. Die Position war jedoch nicht gleichbedeutend mit einer deutschlandfreundlichen Haltung:

Wie umstritten die EVG-Pläne auch über das gaullistische und kommunistische Milieu hinaus in Frankreich waren, geht aus den folgenden Worten des Publizisten Alfred Grosser hervor, der nach 1945 zu den ersten Mittlern zwischen Frankreich und Deutschland gehörte:

> »Vom Gefühl her gehörte ich eher zu den Verteidigern der EVG. Doch dachte ich, dass die deutsche Wiederbewaffnung, die als ein europäischer Fortschritt präsentiert wurde, Fortschritte eher bremsen würde. Ich sah die psychologischen und politischen Schäden in Deutschland, wo die Jugend, die gestern noch für ihren Antimilitarismus gelobt, nun als Antidemokraten diffamiert wurde, weil sie keine Waffen tragen wollte. Dieser zu lange Vertragstext musste auch bei vielen Franzosen Kritik hervorrufen [...] Ich verstand auch nicht, welchen Zweck eine gemeinsame Armee haben sollte, wo es doch keine gemeinsame politische Machtinstanz gab. Den 30. August 1954 empfand ich als sehr schmerzhaft.«[7]

Die EVG und die Stalin-Note

Die EVG geriet auch sofort zu einem Spielball in der Ost-West-Konkurrenz. Die Machthaber in Moskau und Ost-Berlin beobachteten die Reaktionen in Bonn und Paris genau und versuchten die Gegensätze noch zu verschärfen, um die Öffentlichkeit gegen die westlichen Vorhaben aufzubringen und die Verhandlungen auf diese Weise zum Scheitern zu verurteilen. Am 11. September 1951 sandte die Sowjetunion eine Note an Großbritannien und Frankreich und warf beiden vor, der Bundesrepublik freie Hand bei ihren Kriegsvorbereitungen zu lassen.[8] Dem Kreml war zudem nicht entgangen, dass die am 15. Februar 1951 von den beteiligten Staaten aufgenommenen Verhandlungen zur Gründung der EVG schnell ins Stocken gerieten, was Stalin mutmaßen ließ, die militärische Integration der Bundesrepublik durch die Mobilisierung der dortigen Öffentlichkeit zum Scheitern bringen zu können. Eingebunden in diese Kampagne war auch die DDR, die mit nationaler Vereinigungsrhetorik Pluspunkte gegenüber dem westdeutschen Rivalen gewinnen sollte.

Am 10. März 1952 bot Stalin schließlich überraschend an, die Einheit Deutschlands durch freie Wahlen wiederherzustellen und dem vereinigten Deutschland einen neutralen Status zu verleihen. Die »Stalin-Note« sah weiterhin vor, die Streitkräfte der Besatzungsmächte abzuziehen und Deutschland eine eigene Armee zur Verteidigung des Landes zuzugestehen. Als Gegenleistung forderte der sowjetische Diktator eine strikte Bündnisfreiheit und die dauerhafte Anerkennung der neuen deutsch-polnischen Grenze, der Oder-Neiße-Linie. Ob Stalins Angebot ernst gemeint war, bildete über lange Jahre Stoff für Diskussionen unter Politikern und Historikern, die bis heute andauern. Die Vorschläge des sowjetischen Diktators entwickelten sich in Deutschland wie in Frankreich zu einem Zankapfel. Die DDR stellte sich ihrerseits als Garant des Friedens zwischen Deutschen und Franzosen dar, wie in der im November 1952 veröffentlichten Erklärung von Wilhelm Pieck. Der Präsident der DDR wandte sich direkt

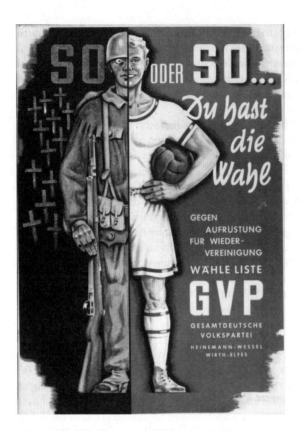

*Plakat der Gesamtdeutschen Volkspar-
tei gegen die westdeutsche Wiederbewaffnung.*

BArch, Plak 005-032-038

an das französische Volk und verkündete, dass es die DDR »nie und nimmer dulden
[werde], dass von deutscher Seite jemals wieder Krieg gegen das französische Volk
geführt wird«.[9]

Der Ratifizierungsprozess und das Scheitern

Diese Kampagnen konnten jedoch nicht verhindern, dass die Bundesrepublik mit den
drei Westmächten am 26. Mai 1952 den General- oder Deutschlandvertrag »auf der
Grundlage der Gleichberechtigung« unterzeichnete und damit die »volle Macht« über
ihre inneren und äußeren Angelegenheiten erhalten sollte. Dafür sicherten sich die
Alliierten gewisse Vorbehaltsrechte in Bezug auf Berlin und Deutschland als Ganzes
einschließlich der Wiedervereinigung Deutschlands und einer friedensvertragli-
chen Regelung. Eine endgültige Festlegung der deutschen Grenzen wurde bis zum
Abschluss eines Friedensvertrags aufgeschoben; bis dahin wollten die Vertragspartner
auf ein »gemeinsames Ziel« hinarbeiten: »ein wiedervereinigtes Deutschland, das eine
freiheitlich-demokratische Verfassung ähnlich wie die Bundesrepublik besitzt und das
in die europäische Gemeinschaft integriert ist«.[10]
    Am folgenden Tag unterzeichneten die Außenminister von Frankreich, der
Bundesrepublik, Italiens, der Niederlande, Belgiens und Luxemburgs den Vertrag

über die EVG, der nicht nur chronologisch in direktem Zusammenhang mit dem Deutschlandvertrag stand. Da Frankreich stets darauf achtete, die Bundesrepublik erst in die Souveränität zu entlassen, nachdem die Modalitäten der militärischen Integration abschließend geregelt waren, hatte es auf einer Verknüpfung beider Vertragswerke bestanden: Das Besatzungsstatut sollte erst mit der Ratifizierung des EVG-Vertrages aufgehoben werden. Nach leidenschaftlichen Debatten und nach dem Scheitern einer von der SPD beim Bundesverfassungsgericht angestrengten Prüfung der Rechtmäßigkeit des Gesetzes (Normenkontrollklage) verabschiedete der Deutsche Bundestag Deutschland- und EVG-Vertrag am 19. März 1953. Zwei Monate später, am 15. Mai 1953, ratifizierte der Bundesrat das Vertragswerk, das damit die parlamentarischen Hürden in der Bundesrepublik genommen hatte. Nun war Frankreich am Zug, wo die Ratifizierung durch die Nationalversammlung immer noch ausstand.

Welche Ängste ein wiedervereinigtes Deutschland nicht nur in Frankreich weiterhin auslöste, zeigte sich wenige Wochen später, als in der DDR der Volksaufstand vom 17. Juni 1953 ausbrach.[11] Die Aufmerksamkeit der französischen Betrachter galt immer den Rückwirkungen, die der Aufstand auf eine deutsche Wiedervereinigung und damit auf die sowjetische Deutschlandpolitik haben könnte. In der Furcht vor einer neuerlichen deutschen »Schaukelpolitik« auf der Basis einer gesamtdeutschen Bewegung »von unten« drängten die verantwortlichen französischen Politiker und Diplomaten in Paris, Bonn und Berlin immer wieder auf Ruhe, Deeskalation und Rückkehr zur Normalität. Weil der Bundeskanzler in dieser die Gemüter bewegenden Phase den Primat der Westintegration jedoch nicht in Frage gestellt hatte, entwickelte er sich für viele französische Politiker zu einer Art Lebensversicherung vor gesamtdeutschen Phantasien.

Die inneren Verbindungen zwischen den Ereignissen vom 17. Juni 1953 und den französischen Diskussionen um die EVG waren nicht zu übersehen, als diese in den folgenden Wochen in ihre entscheidende Phase traten. Vom ursprünglichen Pleven-Plan war in den Gesprächen und Verhandlungen nur wenig übrig geblieben, denn ein gemeinsames Verteidigungsministerium hatte einem neunköpfigen Kommissariat mit vornehmlich technischen Befugnissen Platz gemacht, das über 40 Divisionen à 13 000 Mann, darunter 14 französische und 12 deutsche, und ein gemeinsames Budget verfügte. Die militärischen Einheiten sollten sich nun unterhalb des Armeekorps aus rein nationalen Truppen zusammensetzen, so dass die Integration nicht mehr auf der Basis der kleinstmöglichen Einheit, sondern auf der Ebene des Armeekorps vollzogen würde. Alle wesentlichen Entscheidungen hatte ein Ministerrat einstimmig zu treffen, und die Ausbildung sowie die Rekrutierung der Soldaten oblag auch weiterhin der Zuständigkeit der Mitgliedstaaten. Jean Monnet, eigentlicher Initiator des Schuman-Plans und in verschiedenen Funktionen maßgeblicher Antreiber der Europäischen Integration seit den 1950er-Jahren, stellte bedauernd fest, dass von der Supranationalität einzig die gemeinsame Uniform geblieben sei. Demgegenüber hatte Frankreich zwei seiner wichtigsten Ziele erreicht: Die westdeutsche Aufrüstung war verzögert worden und die Bundesrepublik besaß keine Spielräume mehr für eine wie auch immer zu denkende Neutralitätspolitik. Gleichzeitig, und das wog bei den innerfranzösischen Diskussionen nun immer schwerer, wurde Frankreich stärker als ursprünglich gedacht durch die EVG eingehegt, in der alle Mitgliedstaaten mit gleichen Rechten ausgestattet sein sollten, während die anfänglich im Pleven-Plan noch enthaltenen Diskriminierungen gegenüber der Bundesrepublik – nicht zuletzt auf amerikanischen Druck hin – einem gleichberechtigteren Verhältnis Platz gemacht hatten.

Aufgrund der kritischen Haltung in der französischen Öffentlichkeit und der sich daraus ergebenden realen politischen Kräfteverhältnisse wagte es der französische Ministerpräsident René Mayer (8. Januar–21. Mai 1953) einerseits nicht, das Vertragswerk der französischen Nationalversammlung zur Abstimmung vorzulegen. Andererseits bemühte er sich bei den EVG-Vertragspartnern um »Präzisierungen«, die vor allen Dingen den »nationalen« Sektor der französischen Streitkräfte stärken sollten. Doch die Regierung in Paris konnte die gewünschten Änderungen nicht erreichen. Das erklärt, warum die Ratifizierung der EVG schließlich in der französischen Nationalversammlung am 30. August 1954 mit 319 zu 294 Stimmen scheiterte. Selbst der französische Ministerpräsident Pierre Mendès France (Juni 1954–Oktober 1955), der anfänglich zu den Befürwortern einer Europaarmee gehört hatte, enthielt sich bei der entscheidenden Abstimmung in der Nationalversammlung der Stimme. Adenauer bezeichnete die französische Entscheidung als »großes Unglück«[12] und als »entscheidenden Rückschlag«, drohte sich die Übertragung der Souveränitätsrechte auf den westdeutschen Staat doch nun wegen des Junktims zwischen Wehrbeitrag und dem Inkrafttreten des Deutschlandvertrages weiter hinauszuzögern.

Bei der Suche nach den Gründen für diesen »schwarzen Tag für Europa« (Adenauer) stoßen wir auf ein ganzes Ursachenbündel. Zum einen blieb in Frankreich die Sorge weiterhin allgegenwärtig, das der ökonomisch stärkere Nachbar unberechenbar war. Zum anderen muss die missliche Lage der französischen Streitkräfte in Indochina angeführt werden, die am 7. Mai 1954 in Dien Bien Phu eine empfindliche Niederlage erlitten hatten. Weil die amerikanische Unterstützung in den entscheidenden Momenten der militärischen Auseinandersetzung ausgeblieben war und weil die Sowjetunion eine Mittlerrolle übernommen hatte, fühlten sich jene Kräfte bestätigt, die angesichts der mangelnden amerikanischen Solidarität auch in Zukunft nicht auf nationale französische Streitkräfte verzichten wollten und weiterhin direkte Verhandlungen mit der UdSSR forderten. Anders als die Regierungen in Washington, London und Bonn nahmen französische Politiker gerade nach dem Tod von Stalin die Vorstöße und Angebote aus Moskau ernst und sahen in ihnen keineswegs nur simple Manöver, um die EVG zum Scheitern zu bringen. Über das kommunistische und gaullistische Milieu hinaus wartete man nur auf ein akzeptables sowjetisches Angebot und forderte, den Sowjets eine letzte Chance für Verhandlungen einzuräumen. Manche sahen eine Bestätigung in dem Moskauer Vorschlag zur Schaffung eines Systems kollektiver Sicherheit in Europa, das der sowjetische Außenminister Wjatscheslaw M. Molotow bei den vierseitigen Verhandlungen in Berlin (25. Januar–18. Februar 1954) seinen Gesprächspartnern als Alternative zur westlichen Bündnispolitik vorschlug. Zum großen Gelächter der westlichen Delegationen war jedoch vorgesehen, die USA an diesem Zusammenschluss nicht zu beteiligen, so dass sich die Frage stellt, ob die Sowjetunion selbst an die Annahme dieses Vorschlags glaubte. Der Kreis um Robert Schuman unterstellte dem Kreml nunmehr, die Gespräche und Konferenzen um einen Friedensvertrag in die Länge zu ziehen und zu einer Viermächtekontrolle zurückkehren zu wollen, um die Integrationsanstrengungen des Westens zu unterlaufen und den sowjetischen Einfluss weiter nach Westen auszudehnen.

Der Historiker und Publizist Waldemar Besson urteilte vor Längerem, dass die Regierung in Paris als Gegenleistung für das sowjetische Verhalten zu weitreichenden Konzessionen bereit gewesen sei: »Die Opferung der EVG war der Preis, den Mendès France für den Frieden in Indochina zahlte«.[13] Der Historiker Georges-Henri Soutou verweist solche Vermutungen jedoch in das Reich der Legenden. Plausibler erscheint in der Tat, dass die französische Regierung ihre Möglichkeiten in der bipolaren Weltordnung realistisch einschätzte und es ihr doch eher darum ging, den Beweis für die Kompromissunfähigkeit der Sowjets zu erbringen. So musste sie erst einmal auf Zeit spielen und eine Viermächtekonferenz sorgfältig vorbereiten, um den Sowjets keinen Vorwand zu geben, dem Westen die Schuld für ein Scheitern in die Schuhe zu schieben. Die Annahme des langjährigen französischen Außenministers Georges Bidault, dass die Sowjetunion in der Deutschen Frage zu keinen weiteren Zugeständnissen bereit sei, förderte seine Bereitschaft zu einer Gipfelkonferenz. Denn ihr eingeplantes Scheitern bot die Gelegenheit, den EVG-Gegnern in Frankreich den fehlenden Willen Moskaus zu einer Einigung vor Augen zu führen. Darüber hinaus scheint es nicht unerheblich gewesen zu sein, dass die französischen Militärs erste Anstrengungen zum Aufbau einer eigenständigen Atomstreitmacht unternommen hatten. Die potenziellen Beschränkungen der französischen Souveränität im waffentechnischen Bereich im Rahmen einer supranationalen europäischen Armee hätten dem jedoch im Wege gestanden. So konnte auch die Konferenz der Außenminister der EVG-Unterzeichnerstaaten (D, F, B, NL, Lux, Italien) in Brüssel im August 1954 das Scheitern der EVG nicht mehr verhindern. Nun schienen sowohl die europäische Integration als auch die deutsch-französischen Beziehungen vor dem Nichts zu stehen. Schnell zeigte sich jedoch, dass der Misserfolg bereits den Keim für seine Überwindung enthielt, denn die westdeutsche Wiederbewaffnung und Westintegration waren nicht mehr aufzuhalten.

Der »schwarze Tag« und seine Folgen

Sowohl in London als auch in Bonn gab es bereits vor dem offiziellen Scheitern der EVG Gedankenspiele für eine alternative Lösung: die Integration der Bundesrepublik in die NATO. Im Herbst 1954 fühlte vor allem der britische Außenminister Anthony Eden in den westeuropäischen Hauptstädten vor und testete die Möglichkeiten einer NATO-Lösung. Als die USA und Großbritannien bei der Londoner Neun-Mächte-Konferenz schließlich eine Garantie für die dauerhafte Stationierung ihrer Streitkräfte auf dem europäischen Kontinent abgaben, stand auch der französischen Zustimmung nichts mehr im Wege. Da die französische Armee nicht mehr Teil einer supranationalen Struktur sein sollte, sah die französische Regierung ihre Sicherheitsinteressen gewahrt. Zudem hatten die Bundesrepublik und Frankreich bei der Saarfrage – das Gebiet des heutigen Saarlands war seit 1947 eine Art französisches Protektorat – einen Durchbruch erzielt, so dass das Saarland nach einer Volksabstimmung 1957 zum zehnten Bundesland der Bundesrepublik Deutschland wurde. Als Konsequenz der am 23. Oktober 1954 unterzeichneten »Pariser Verträge« wurde die Bundesrepublik am 6. Mai 1955 Mitglied der NATO und der Westeuropäischen Union (WEU). Frankreich sah sich nach dem Scheitern der EVG gezwungen, sich wieder stärker mit dem europäischen Integrationsprozess zu beschäftigen. Da der Weg für ein politisch wie militärisch geeintes (West-)Europa nunmehr blockiert war, musste der Schwerpunkt auf das wirtschaftliche Feld verlagert werden. Nicht zuletzt auf Jean Monnets Initiative hin wurde nun ein anderer Weg beschritten: die Bildung eines gemeinsamen europäischen Marktes. So gehört die EVG zur Vorgeschichte der Römischen Verträge vom 25. März 1957, die nicht nur zur Gründung der Europäischen Wirtschaftsgemeinschaft (EWG), sondern auch zur Gründung der Europäischen Atomgemeinschaft (EURATOM) führten.

Anmerkungen

1   Hans-Peter Schwarz, Geschichte der Bundesrepublik Deutschland. Die Ära Adenauer, Bd 1: Gründerjahre der Republik 1949–1957, Stuttgart, Wiesbaden 1981, S. 135.
2   Ludolf Herbst, Option für den Westen. Vom Marshallplan bis zum deutsch-französischen Vertrag, München 1989, S. 88.
3   Marc Lazar, Le communisme. Une passion française, Paris 2002, S. 79.
4   Zitiert nach Serge Berstein, Histoire du gaullisme, Paris 2002, S. 186.
5   Renseignements généraux de Belfort aux Renseignements généraux de Paris, Telegramm vom 27.8.1954; Archives nationales Paris, F/7/15508.
6   André Fontaine, Comment équilibrer l'influence allemande? In: Le Monde, 24.10.1952.
7   Alfred Grosser, Une vie de Français. Mémoires, Paris 1997, S. 138.
8   Archiv der Gegenwart, Königswinter 1959, 11.9.1951, S. 3110.
9   L'Humanité, 13.11.1952.
10 Bundesgesetzblatt 1955, Teil II, S. 309.
11 Vgl. Ulrich Pfeil, »Comme un coup de tonnerre dans un ciel d'été«. Französische Reaktionen auf den 17. Juni 1953. Verlauf – Perzeptionen – Interpretationen, Berlin 2003.
12 Konrad Adenauer, Erinnerungen, Bd 1: 1945–1953, Stuttgart 1965, S. 351; Konrad Adenauer, Rhöndorfer Ausgabe, Teegespräche 1955–1958. Bearb. von Hanns Jürgen Küsters, Berlin 1986, S. 181.
13 Waldemar Besson, Die Außenpolitik der Bundesrepublik. Erfahrungen und Maßstäbe, München 1970, S. 151; vgl. Georges-Henri Soutou, La perception de la menace soviétique par les décideurs de l'Europe occidentale: le cas de la France. In: L'Europe de l'Est et de l'Ouest dans la Guerre froide 1948–1953. Ed. par Saki Dockrill [et al.], Paris 2002, S. 21–43.

Winfried Heinemann

Bündnisse, die Hauptakteure des Kalten Krieges. Die NATO und der Warschauer Pakt

Die Zeit des Kalten Krieges ist gekennzeichnet durch die Existenz zweier großer Lager: Ost und West. Auf beiden Seiten verbanden Bündnissysteme die jeweilige Führungsmacht USA und Sowjetunion mit einer Anzahl kleinerer Partner. Dass es zwischen den beiden Lagern immer wieder zu Spannungen kam, kann nicht überraschen. Aber auch innerhalb der beiden Blöcke blieben Konfliktunterschiede nicht aus. Wie funktionierten die beiden Bündnisse? Dienten sie nur dazu, die Interessen der jeweiligen Großmacht gegenüber den kleineren Staaten durchzusetzen? Oder konnten die kleineren Partner ihrerseits die Bündnisstrukturen nutzen, um ihre eigenen politischen Ziele zu erreichen?

Der Kalte Krieg beginnt, die NATO entsteht

Kaum einer, der in den 1960er- und 1970er-Jahren nicht Don Camillo und Peppone kannte – den schlagkräftigen Pfarrer und den kommunistischen Bürgermeister aus der italienischen Tiefebene. Die mehrfach verfilmten Geschichten von Giovanni Guareschi aus der Zeit um 1950 sind humorvoll, aber sie haben einen ernsten historischen Hintergrund: Nach dem Zweiten Weltkrieg war lange nicht klar, ob Italien zum Westen gehören oder unter sowjetischen Einfluss fallen würde.

Dabei ging es weniger um die Frage, ob Stalins Panzer durch das Land rollen würden – im Februar 1948 kam es in Prag zu einem kommunistischen Staatsstreich, ohne dass dort sowjetische Truppen gestanden hätten, und ähnliches konnte man für Rom oder Paris befürchten. Die Antwort des Westens musste auf mehreren Ebenen erfolgen: Es kam darauf an, Wirtschaft und Gesellschaft des kriegszerstörten Europas zu stabilisieren und zugleich die sich erholenden Staaten vor militärischem Druck zu schützen. Die USA waren durchaus gewillt, mit Wirtschaftshilfe (»Marshall-Plan«) und Militärhilfe zu unterstützen, aber sie legten Wert darauf, dass die europäischen Nationen eine gemeinsame Anstrengung zur Stärkung ihrer Verteidigungskraft unternahmen.

Den Westeuropäern ihrerseits war daran gelegen, die USA langfristig in die Sicherheitspolitik des Kontinents einzubinden, und zwar aus zwei Gründen: Zum einen konnte nur das strategische Atomwaffenarsenal der Amerikaner das konventionelle Übergewicht der Sowjets ausgleichen, und zum anderen war abzusehen, dass ein deutscher Verteidigungsbeitrag notwendig werden würde. Damit aber stellte sich für Länder wie Frankreich, Belgien oder die Niederlande das Problem der Sicherheit vor Deutschland ebenso wie jenes der Sicherheit mit Deutschland. Eine amerikanische Präsenz in Europa würde Ängsten vor einem wieder aufkommenden deutschen Einfluss entgegenwirken.

Die USA hatten sich seit dem frühen 19. Jahrhundert geweigert, im Frieden Bündnisse mit europäischen Mächten einzugehen (»Monroe-Doktrin«). Ein festes Bündnis im Frieden mit mehreren europäischen Staaten war eine Abkehr von den bishe-

Der Nordatlantikvertrag, Washington DC, 4. April 1949

Die Parteien dieses Vertrags bekräftigen erneut ihren Glauben an die Ziele und
Grundsätze der Satzung der Vereinten Nationen und ihren Wunsch, mit allen Völkern und Regierungen in Frieden zu leben. Sie sind entschlossen, die Freiheit, das
gemeinsame Erbe und die Zivilisation ihrer Völker, die auf den Grundsätzen der
Demokratie, der Freiheit der Person und der Herrschaft des Rechts beruhen, zu
gewährleisten. Sie sind bestrebt, die innere Festigkeit und das Wohlergehen im
nord-atlantischen Gebiet zu fördern. Sie sind entschlossen, ihre Bemühungen für
die gemeinsame Verteidigung und für die Erhaltung des Friedens und der Sicherheit zu vereinigen. Sie vereinbaren daher diesen Nordatlantikvertrag:

Artikel 1
Die Parteien verpflichten sich, in Übereinstimmung mit der Satzung der Vereinten
Nationen, jeden internationalen Streitfall, an dem sie beteiligt sind, auf friedlichem
Wege so zu regeln, daß der internationale Friede, die Sicherheit und die Gerechtig-
keit nicht gefährdet werden, und sich in ihren internationalen Beziehungen jeder
Gewaltandrohung oder Gewaltanwendung zu enthalten, die mit den Zielen der
Vereinten Nationen nicht vereinbar sind.

Artikel 2
Die Parteien werden zur weiteren Entwicklung friedlicher und freundschaftlicher
internationaler Beziehungen beitragen, indem sie ihre freien Einrichtungen festigen, ein besseres Verständnis für die Grundsätze herbeiführen, auf denen diese Einrichtungen beruhen, und indem sie die Voraussetzungen für die innere Festigkeit
und das Wohlergehen fördern. Sie werden bestrebt sein, Gegensätze in ihrer internationalen Wirtschaftspolitik zu beseitigen und die wirtschaftliche Zusammenarbeit zwischen einzelnen oder allen Parteien zu fördern.

Artikel 3
Um die Ziele dieses Vertrags besser zu verwirklichen, werden die Parteien einzeln
und gemeinsam durch ständige und wirksame Selbsthilfe und gegenseitige Unterstützung die eigene und die gemeinsame Widerstandskraft gegen bewaffnete
Angriffe erhalten und fortentwickeln.

Artikel 4
Die Parteien werden einander konsultieren, wenn nach Auffassung einer von ihnen
die Unversehrtheit des Gebiets, die politische Unabhängigkeit oder die Sicherheit
einer der Parteien bedroht ist.

Artikel 5
Die Parteien vereinbaren, daß ein bewaffneter Angriff gegen eine oder mehrere von
ihnen in Europa oder Nordamerika als ein Angriff gegen sie alle angesehen werden wird; sie vereinbaren daher, daß im Falle eines solchen bewaffneten Angriffs
jede von ihnen in Ausübung des in Artikel 51 der Satzung der Vereinten Nationen

anerkannten Rechts der individuellen oder kollektiven Selbstverteidigung der Partei oder den Parteien, die angegriffen werden, Beistand leistet, indem jede von ihnen unverzüglich für sich und im Zusammenwirken mit den anderen Parteien die Maßnahmen, einschließlich der Anwendung von Waffengewalt, trifft, die sie für erforderlich erachtet, um die Sicherheit des nordatlantischen Gebiets wiederherzustellen und zu erhalten.
[…]

Artikel 9
Die Parteien errichten hiermit einen Rat, in dem jede von ihnen vertreten ist, um Fragen zu prüfen, welche die Durchführung dieses Vertrags betreffen. Der Aufbau dieses Rats ist so zu gestalten, daß er jederzeit schnell zusammentreten kann.
[…]

Aus: www.nato.diplo.de/Vertretung/nato/de/04/RechtlicheGrundlagen/
    Nordatlantikvertrag.html (27.10.2015).

rigen Grundsätzen amerikanischer Außenpolitik. Sicherlich würde die Regierung in Washington so auch mehr Einfluss auf die europäische Politik nehmen können – aber man ging mit einer Allianz auch Verbindlichkeiten ein.

Nachdem der US-Senat signalisiert hatte, dass er einen solchen außenpolitischen Neuansatz mittragen würde, begannen im Winter 1948/49 die Verhandlungen über das neue Bündnis. An ihrem Ende stand die Unterzeichnung des Nordatlantikvertrages am 4. April 1949 in der US-Hauptstadt (der daher auch als »Washingtoner Vertrag« bekannt ist).

Dem Vertrag traten zunächst zwölf Nationen bei: USA, Kanada, Island, Norwegen, Dänemark, Großbritannien, Niederlande, Belgien, Luxemburg, Frankreich, Italien, Portugal; bereits 1952 kamen Griechenland und die Türkei hinzu. Sie verpflichteten sich zu einem gegenseitigen Beistand für den Fall eines bewaffneten Angriffs, wobei allerdings die Form des Beistands (also die Anwendung militärischer Machtmittel) jedem Partner selbst überlassen wurde. Die Beistandsverpflichtung galt zudem nur in einem eng umrissenen geografischen Raum (Nordamerika, Europa sowie die Inseln im Atlantik nördlich des Wendekreises des Krebses), weil die USA nicht gewillt waren, die verbliebenen Kolonialreiche ihrer europäischen Partner wie etwa Französisch-Indochina abzusichern. Allerdings sah der Vertrag auch eine wirtschaftliche Zusammenarbeit vor (die im Bündnisrahmen nie zustande kam) sowie die Möglichkeit politischer Konsultationen für den Fall, dass einer der Verbündeten seine Sicherheit (weltweit!) bedroht fühlt. Dazu richtete das Bündnis als internationales Novum einen ständig tagenden Nordatlantikrat ein.

Ein militärisches Instrument war zunächst nicht vorgesehen. Erst als der Angriff des kommunistischen Nordkorea auf das westlich orientierte Südkorea 1950 vielerorts die Sorge aufkommen ließ, Stalin könne auch in Europa militärisch aktiv werden (zumal die Sowjetunion 1949 ihre erste Atombombe gezündet hatte), entstand aus dem Bündnisvertrag heraus jene Organisation, die bald als *North Atlantic Treaty Organisation* (NATO) bekannt wurde.

Der Versuch, die 1949 gegründete Bundesrepublik Deutschland auf dem Umweg über eine Europäische Verteidigungsgemeinschaft (EVG) in die NATO einzubinden, scheiterte 1954 am Einspruch der französischen Nationalversammlung. Daraufhin erhöhten die USA den Druck auf die europäischen Verbündeten, die letztlich der Aufnahme Westdeutschlands als eines gleichberechtigten Partners in die NATO selbst zustimmten (Pariser Verträge 1955).

Sowjetische Interessenpolitik: der Warschauer Pakt

Die Sowjetunion hatte die nach 1945 in ihren Machtbereich geratenen Staaten zunächst mit einem Geflecht bilateraler Verträge an sich gebunden. Das Hauptziel der sowjetischen Führung war es gewesen, eine Aufnahme Westdeutschlands in die NATO zu verhindern und so weiter Einfluss auf ganz Deutschland nehmen zu können. Als sich 1954/55 abzeichnete, dass dies nicht gelingen würde, entstand ein analoges System zur NATO auch im »Ostblock«: der Warschauer Pakt. Wenige Tage nur, nachdem am 5. Mai 1955 die Bundesrepublik der NATO beigetreten war, unterzeichneten in Warschau am 14. Mai 1955 Albanien, Bulgarien, die DDR, Polen, Rumänien, Ungarn, die Sowjetunion und die Tschechoslowakei einen »Vertrag über Freundschaft, Zusammenarbeit und gegenseitigen Beistand«. Ausdrücklich nahm der Vertragstext Bezug auf die »Lage, die in Europa durch die [...] Pariser Verträge entstanden ist, welche die Bildung neuer militärischer Gruppierungen [...] unter Teilnahme eines remilitarisierten Westdeutschlands und dessen Einbeziehung in den Nordatlantikblock vorsehen«. Dadurch erhöhe sich »die Gefahr eines neuen Krieges«. Der Vertragswortlaut betonte die »Achtung der Unabhängigkeit und der Souveränität der Staaten« sowie die »Nichteinmischung in ihre inneren Angelegenheiten« – Formulierungen, die sich später noch als problematisch erwiesen.

Die Forschung geht heute davon aus, dass der Vertrag zunächst keine große strategische Bedeutung entfaltete, weil er in seinen Beistandsverpflichtungen nicht wesentlich über das hinausging, was viele bilaterale Verträge zwischen der Sowjetunion und ihren Satelliten bereits beinhalteten. Auch schuf sich das neue Bündnis – ähnlich wie der Nordatlantikvertrag – zunächst keine gemeinsamen militärischen Strukturen; diese kamen erst Anfang der 1960er-Jahre hinzu.

Vielmehr kann man davon ausgehen, dass die Sowjetunion mit dem neuen Vertrag ein Mittel suchte, den Westen politisch unter Druck zu setzen, möglicherweise die Auflösung beider Bündnisse (NATO und Warschauer Pakt) oder doch zumindest den Ausschluss der Bundesrepublik aus der westlichen Allianz zu erreichen.

Der Warschauer Vertrag orientierte sich inhaltlich und formal weitgehend am Beispiel des Nordatlantikvertrages. Mit dem »Politisch Beratenden Ausschuss« schuf auch er ein politisches Führungsorgan, aber anders als im Nordatlantikvertrag war von Anfang an ein »Vereintes Oberkommando« Teil der vertraglichen Vereinbarungen.

»Freunde« und Verbündete

Wer einem Bündnis beitritt, geht davon aus, dass seine Sicherheit innerhalb der Allianz besser gewährleistet ist als außerhalb. Der Erhalt der Allianz ist daher im nationalen Interesse eines jeden der beteiligten Staaten. Zugleich aber hat jeder Bündnispartner auch seine eigenen Interessen, die durchaus von denen anderer Partner oder von denen der Allianz selbst abweichen können. Partikularinteressen und Bündnisinteressen stehen daher immer in einem Spannungsverhältnis zueinander. Jedes der beiden Bündnisse hatte ein Interesse daran, den Zusammenhalt des jeweils anderen zu untergraben. Einfach gesagt: Je mehr sich die Bündnispartner untereinander stritten, umso weniger glaubwürdig war es, dass sie sich im Kriegsfall gegenseitig zu Hilfe kamen.

In der NATO mit ihren (zumeist) parlamentarischen Systemen und offenen Gesellschaften lagen die divergierenden Interessen recht offen zu Tage – so die schon erwähnte Sorge vieler Verbündeter vor einem wiedererstarkenden Deutschland. Aber es gab auch andere: Großbritannien, Frankreich, Belgien, die Niederlande und Portugal verfügten über verbliebenen Kolonialbesitz, und sie konnten argumentieren, sie müssten diesen gegen sowjetisch gesteuerte Aufständische verteidigen. Die USA und Kanada hingegen waren selbst aus Kolonien entstanden und keineswegs bereit, Stellvertreterkriege in der Dritten Welt zu unterstützen. 1956 verstaatlichte der ägyptische Staatschef Gamal Abdel Nasser mit sowjetischer Unterstützung den Suezkanal, der bis dahin in französischem und britischem Besitz gewesen war. Unterstützt durch Israel, intervenierten die beiden Mächte mit einer amphibischen Landung am Kanal. Der amerikanische Präsident Dwight D. Eisenhower war vorher nicht informiert worden und stand zudem mitten im Wahlkampf um seine zweite Amtszeit. Als er jede Unterstützung verweigerte, mussten zunächst Großbritannien, dann Frankreich den Rückzug antreten.

Die beiden Nationen reagierten auf diese Erfahrung mangelnder amerikanischer Solidarität (wie sie es empfanden) unterschiedlich: Großbritannien lehnte sich stärker an die USA an, kaufte beispielsweise amerikanische Nuklearwaffensysteme und akzeptierte einen erheblichen amerikanischen Einfluss auf die eigene Außen- und Sicherheitspolitik. Frankreich hingegen begann sich zu einer eigenständigen Nuklearmacht zu entwickeln und sich mehr zu seinen europäischen Partnern hin zu orientieren. 1957 entstand mit den Römischen Verträgen die Europäische Wirtschaftsgemeinschaft (die heutige Europäische Union), und 1966 schied Frankreich ganz aus der militärischen Organisation der NATO aus (nicht allerdings aus dem Nordatlantikvertrag selbst!).

Seit Ende des Zweiten Weltkrieges verfügten die Sowjetunion und ihre Verbündeten über eine erhebliche Überlegenheit bei den nicht-nuklearen (»konventionellen«) Streitkräften in Europa. Die Abschreckung des westlichen Bündnisses beruhte dagegen auf der Überlegenheit der USA bei den strategischen Nuklearwaffen. Zwar fürchteten einige westliche Beobachter, die Sowjets könnten in einem Krieg sehr schnell durch Mitteleuropa bis an den Atlantik vorstoßen, aber zugleich würde das *Strategic Air Command* der US-Luftwaffe die Sowjetunion selbst »in die Steinzeit zurückbomben«. Die Amerikaner verfügten über zielgenaue, aber in ihren Stützpunkten verwundbare Interkontinentalraketen (ICBMs). Hinzu kamen Langstreckenbomber (vor allem vom Typ B-52), von denen ständig einige in der Luft waren, die jedoch von der sowjetischen Luftabwehr bekämpft werden konnten, wenn sie in deren Reichweite kamen. Zum Atomwaffenarsenal gehörten dann noch seegestützte ballistische Raketen (SLBMs) vom Typ »Polaris«, die zwar an Bord von U-Booten praktisch unverwundbar, dafür aber so wenig zielgenau waren, dass sie die sowjetischen Raketenbasen nicht zuverlässig ausschalten konnten. Die amerikanischen Stützpunkte erstreckten sich von

Grönland über Großbritannien, Deutschland, die Türkei, Diego Garcia im Indischen Ozean bis nach Okinawa (Japan) und Alaska, so dass alle Gebiete der Sowjetunion bedroht waren. Umgekehrt beruhte das Drohpotenzial der Sowjetunion zunächst vor allem auf Bombern, die von ihren Stützpunkten im Lande selbst nur über den Nordpol hinweg die USA bedrohen konnten, wo die USA und Kanada jedoch eine wirksame Luftverteidigung aufgebaut hatten. 1957 aber schoss die Sowjetunion den »Sputnik« ins All, den ersten von Menschen geschaffenen Satelliten. Damit war klar, dass sie über das technische Know-how verfügte, um das Kernland der USA mit Kernwaffen zu bedrohen. Die Grundlagen der Abschreckung waren plötzlich nachhaltig verschoben. Bisher mochte es glaubwürdig gewesen sein, dass man in Washington auf jede militärische Aggression in Europa mit einem massiven Nukleareinsatz gegen die Sowjetunion reagieren würde – das Risiko für die USA selbst blieb ja gering. Würden die USA aber, wenn in den 1960er-Jahren die Sowjetunion ein strategisches Gleichgewicht erreicht hatte, wirklich die nukleare Vernichtung ihres eigenen Landes riskieren, etwa um die Zugangswege nach Berlin offenzuhalten?

Um Berlin entspann sich folgerichtig der nächste Konflikt zwischen Ost und West. Nach dem Krieg war Deutschland in fünf Teile geteilt worden: vier Besatzungszonen (je eine amerikanische, britisch, französische und sowjetische) sowie die Reichshauptstadt Berlin, die wiederum in vier Sektoren geteilt war, aber von allen Vier Mächten gemeinsam verwaltet werden sollte. 1949 war aus den drei westlichen Besatzungszonen die Bundesrepublik Deutschland entstanden, aus der Sowjetischen Besatzungszone wurde die Deutsche Demokratische Republik (DDR). Bis Mitte der 1950er-Jahre hatte die DDR die Grenze zwischen den beiden Teilstaaten fast unüberwindbar befestigt. Dagegen war die Grenze zwischen den drei Westsektoren und dem sowjetischen Sektor von Berlin noch offen und erlaubte einer wachsenden Zahl von DDR-Bürgern die Flucht nach West-Berlin, von wo sie über die drei den Westalliierten vertraglich eingeräumten Luftkorridore nach Westdeutschland ausgeflogen werden konnten. Die Sowjet-union drohte jetzt damit, einen Friedensvertrag mit der DDR zu schließen, ihr die volle Souveränität über ihr Territorium und ihren Luftraum zuzugestehen und somit die alliierten Zugangsrechte aufzuheben. Damit sollten die Westmächte aus Berlin verdrängt und ihnen so gezeigt werden, dass ihre Garantien für die Stadt (und damit auch für Westdeutschland) wertlos waren. Das Fernziel sowjetischer Politik war es, auf diesem Weg den Bündniszusammenhalt der NATO entscheidend zu schwächen. Den drei Westmächten war dies bewusst. Sie waren daher entschlossen, ihre Position zu behaupten, und entwickelten Pläne für eine militärische Eskalation, was wiederum der sowjetischen Führung nicht verborgen blieb. Noch war das strategische Kräfteverhältnis aber so, dass die Sowjetunion die USA nicht ernstlich würde nuklear bedrohen können.

Der Bau der Berliner Mauer 1961 bedeutete letztlich das sowjetische Eingeständnis, dass der bestehende Zustand in Mitteleuropa nicht mit der Drohung von Gewalt zu verändern war: Mit dem Mauerbau hatte Moskau die expansiv ausgerichtete Phase seiner Deutschlandpolitik beendet. Trotzdem unternahm der sowjetische Staats- und Parteichef Nikita S. Chruschtschow noch einen letzten Versuch, das strategische Gleichgewicht zu verändern: Er begann Mittelstreckenraketen auf Kuba zu stationieren, von wo aus sie mit kurzer Vorwarnzeit und ohne nennenswerte amerikanische Abwehrmöglichkeiten Washington und New York bedrohen konnten. Aufgrund der Drohung Präsident John F. Kennedys, es hierüber zum Krieg kommen zu lassen, scheiterte allerdings auch dieser Versuch.

Rede des Generalsekretärs der KPdSU, Leonid I. Breschnew, auf dem 5. Parteitag der Polnischen Vereinigten Arbeiterpartei (1968)

»Die KPdSU ist stets dafür eingetreten, dass jedes sozialistische Land die konkreten Formen seiner Entwicklung auf dem Wege des Sozialismus unter Berücksichtigung der Spezifik seiner nationalen Bedingungen bestimmt. Bekanntlich bestehen aber auch allgemeine Gesetzmäßigkeiten des sozialistischen Aufbaus. Eine Abkehr von ihnen könnte zu einer Abkehr vom Sozialismus führen. Und wenn die inneren und äußeren, dem Sozialismus feindliche Kräfte die Entwicklung irgendeines sozialistischen Landes auf die Restauration der kapitalistischen Ordnung zu wenden versuchen, wenn eine Gefahr für den Sozialismus in diesem Land, eine Gefahr für die Sicherheit der gesamten sozialistischen Staatengemeinschaft entsteht, ist das nicht nur ein Problem des betreffenden Landes.«

Aus: Prawda, 13. November 1968. Zit. nach wikipedia: http://de.wikipedia.org/wiki/
    Breschnew-Doktrin (17.4.2013).

Das nukleare Patt ließ in den 1960er-Jahren die Bedeutung konventioneller Streitkräfte wieder zunehmen, und mit ihnen das Gewicht der nicht nuklear bewaffneten Bündnispartner. Für den Warschauer Pakt bedeutete das eine wachsende Rolle des Vereinten Oberkommandos, und die dafür erforderlichen Änderungen im Vertragswortlaut erlaubten es den »Satellitenstaaten« erstmals, auch Eigeninteressen ins Spiel zu bringen. Allen war dabei bewusst, dass die Sowjetunion 1956 (ohne Beteiligung der Verbündeten) in Ungarn militärisch eingegriffen hatte, so dass sich eine allzu eigenständige Haltung verbot. Gleichwohl nutzte etwa Rumänien die anstehenden Verhandlungen über eine Stärkung des Bündnisses, um eine größere Eigenständigkeit zu erreichen. Dabei nutzte der neue Machthaber in Bukarest, Nicolae Ceaușescu, geschickt die guten Verbindungen zu dem kulturell und sprachlich verwandten Frankreich, das innerhalb der NATO eine ähnlich unabhängige Position einzunehmen begonnen hatte.

Die Kubakrise hatte Kennedy vor Augen geführt, worauf die bisherige Strategie der Massiven Vergeltung hinauslief: Er würde das Signal zum allgemeinen Atomkrieg geben, wonach die Militärs das fest vorgeplante Vernichtungsprogramm ablaufen lassen würden. Kennedy und seine Berater legten jedoch Wert auf die politische Kontrolle der Kriegführung. Die USA entwickelten daher in den 1960er-Jahren eine Strategie der Flexiblen Antwort, in der vor jeder Eskalationsstufe – etwa in einem Berlin-Konflikt – eine gesonderte politische Entscheidung getroffen werden sollte. Immerhin führten die USA ja nun auch in Vietnam Krieg, ohne auf die nukleare Ebene zu eskalieren. Für die europäischen Partner, vor allem für den westdeutschen »Frontstaat«, barg das allerdings die Sorge, dass die Regierung in Washington eine solche »Denkpause« nutzen könnte, um die weitere Eskalation abzulehnen, – und so Europa dem Schicksal einer sowjetischen Invasion überlassen würde. Andererseits schien die Drohung mit einer Massiven Vergeltung immer weniger glaubwürdig, und auch in den europäischen Hauptstädten sah man, dass eine stärkere Abstützung auf konventionelle Kräfte das Gewicht der europäischen Partner gegenüber den USA stärken würde.

Die Sowjetunion forderte in den 1960er-Jahren zunehmend eine Friedens- oder Sicherheitskonferenz aller europäischen Staaten. Die Sorge des Westens bestand darin, dass es darum gehen könnte, die USA und Kanada aus der europäischen Sicherheitspolitik herauszudrängen. Gleichwohl konnte die NATO nicht übersehen, dass in der Bevölkerung der Mitgliedstaaten der Ruf nach Alternativen zur Hochrüstung laut wurde. Die Lösung lag darin, die NATO im Jahre 1967 nicht nur auf die neue Strategie der Flexiblen Antwort festzulegen, sondern sie auch zu einem Instrument gemeinsam koordinierter Sicherheitspolitik zu machen (»Harmel-Bericht«; so genannt nach dem damaligen belgischen Außenminister Pierre Harmel).

Für den Warschauer Pakt dagegen prägte das Jahr 1968 die weitere Entwicklung. Die Tschechoslowakei verfolgte in der ersten Jahreshälfte eine zunehmend auf Unabhängigkeit von der Sowjetunion drängende Politik der inneren Liberalisierung, die von den anderen Bündnispartnern als »konterrevolutionäre Bedrohung« empfunden wurde. Allen Beteuerungen und auch dem Text des Warschauer Vertrages selbst zum Trotz, die Bündnispartner würden untereinander die nationale Souveränität achten, besetzten im August 1968 Truppen aus mehreren Mitgliedstaaten der östlichen Allianz die Tschechoslowakei. Rumänien beteiligte sich nicht, und wohl aus historischen Rücksichtnahmen schloss die sowjetische Führung in letzter Minute die Nationale Volksarmee der DDR von einer Beteiligung an dem Einmarsch selbst aus. Der sowjetische Parteichef Leonid I. Breschnew prägte kurz darauf in einer Rede in Warschau das Konzept der »begrenzten Souveränität« der sozialistischen Nationen, weithin bekannt als »Breschnew-Doktrin«.

Letztlich entsprach das der politischen Realität: Keines der sozialistischen Regime hatte eine wirkliche demokratische Legitimation, und ohne sowjetische Unterstützung war keines von ihnen überlebensfähig. Anders gesagt: Der Warschauer Pakt garantierte die Sicherheit der sozialistischen Diktaturen notfalls auch gegen ihre eigenen Bevölkerungen.

Die enge Zusammenarbeit in beiden Bündnissen hatte engere Kontakte zwischen den Soldaten der verschiedenen Länder zu Folge, allerdings in durchaus unterschiedlicher Weise. Die Sowjetarmee war, als der Warschauer Vertrag unterzeichnet wurde, nur in wenigen Paktländern stationiert – vor allem in der DDR als frühere Sieger- und Besatzungsmacht. In anderen Ländern (Ungarn, Tschechoslowakei) marschierte sie später ein, in noch anderen (Polen, Rumänien) gab es nie eine dauerhafte Stationierung sowjetischer Truppen. Die »Völkerfreundschaft« war einerseits Teil der offiziellen Ideologie, andererseits aber genau deshalb den Menschen in den Satellitenstaaten auch suspekt. Verwendete man etwa in der DDR den offiziellen Begriff der »Freunde« für die sowjetischen Stationierungstruppen, so waren die Anführungszeichen, die innere Distanzierung, häufig mitgedacht. Da die Bewaffnung und Ausrüstung weitgehend standardisiert waren, auch Einsatzverfahren und Befehlsgebung sich am sowjetischen Muster orientierten, erfolgte das operative Zusammenwirken dagegen in der Regel weitgehend problemlos.

Auch in den NATO-Staaten waren fremde Truppen stationiert, vor allem in der Bundesrepublik, wo neben den drei westlichen Siegermächten USA, Großbritannien und Frankreich auch Belgien, die Niederlande und Kanada, in der Frühphase auch noch Dänemark und Norwegen Truppen unterhielten. Hier gestaltete sich die Begegnung mit den deutschen Soldaten und der Bevölkerung unkomplizierter, wenn auch die Sprachbarrieren häufig dem Austausch Grenzen setzten. Die amerikanischen Truppen mussten 1966 Frankreich verlassen, und mit ihnen auch die bisher dort stationierten Einrichtungen der NATO wie etwa das politische NATO-Hauptquartier, das Oberkommando Europa SHAPE und das NATO Defense College. Insgesamt darf der völkerverständigende Effekt einer so lange andauernden Truppenstationierung nicht unterschätzt werden. Mehr als eine Generation amerikanischer Soldaten, darunter auch Sergeant Elvis Presley, verbrachten einen erheblichen Teil ihrer Militärdienstzeit in Deutschland.

Entspannungspolitik und Zweiter Kalter Krieg: Die Entwicklung der Bündnisse bis 1989

Die 1970er-Jahre waren zunächst eine Phase der »Entspannung«, wobei der vielgebrauchte Begriff etwas unscharf blieb. Das Vier-Mächte-Abkommen über Berlin (1971) entschärfte einen wesentlichen Krisenherd, die Ostpolitik von Bundeskanzler Willy Brandt konnte die Sorgen der DDR, Polens und der Sowjetunion vor einem westdeutschen Revanchismus reduzieren. Allerdings begann die westliche Rüstungstechnologie die strategischen Planer des Warschauer Pakts vor wachsende Probleme zu stellen. Der geostrategische Vorteil des sowjetischen Blocks war immer gewesen, dass die Sowjetunion aus der Tiefe des Raumes ihre schier unerschöpflichen Truppenreserven ungestört würde heranführen können. Neue westliche Waffensysteme (etwa das europäische Mehrzweckkampfflugzeug »Tornado«) ermöglichten es jetzt aber der NATO, diese neu herangeführten Truppen anzugreifen, bevor sie das Gefechtsfeld erreichten (*Follow-On-Forces Attack*, FOFA), und veränderten damit das nichtnukleare Kräftegleichgewicht. Die Sowjetunion reagierte, indem sie ihr Arsenal an Mittelstreckenwaffen modernisierte. Damit beschwor sie das Szenario eines Krieges herauf, in dem Westeuropa nuklear verwüstet wurde, Nordamerika jedoch unbeteiligt blieb. In einer solchen Lage mochten die USA versucht sein, nicht weiter den Krieg zu eskalieren. Die sowjetischen Mittelstreckenraketen bedrohten so den Zusammenhalt der NATO. Auf Drängen des deutschen Bundeskanzlers Helmut Schmidt forderte die Allianz 1979 die Sowjetunion auf, ihre neuen Raketen abzuziehen, und kündigte die Stationierung nuklearer Mittelstreckenwaffen in der Bundesrepublik, Italien, Belgien, den Niederlanden und Großbritannien an, falls die Sowjetunion dem nicht nachkäme.

Dieser »NATO-Doppelbeschluss« (so genannt, weil er gleichzeitig eine Abrüstungs- und eine Nachrüstungsoption enthielt) erwies sich als ein erheblicher Sprengsatz für das westliche Bündnis. In einer Vielzahl von Ländern war der Widerstand in der Bevölkerung gegen die weitere Rüstungseskalation erheblich. Es kam zu Großdemonstrationen und Blockaden militärischer Einrichtungen (*Greenham Common* in Großbritannien etwa), wobei Teile zumindest der westdeutschen Friedensbewegung auch konspirativ von der DDR unterstützt wurden. Es gelang jedoch, die Bündniskohärenz ein weiteres Mal zu retten, und ab 1983 stationierten die USA sowohl ballistische Mittelstreckenraketen als auch Marschflugkörper mit nuklearen Gefechtsköpfen in Europa. Es schien zweifelhaft, ob die Luftabwehr des Warschauer Pakts in der Lage sein würde, einen entschlossenen westlichen Luftangriff mit tieffliegenden Flugzeugen und Marschflugkörpern wirkungsvoll abzuwehren. 1987 konnte jedenfalls der deutsche Sportpilot Mathias Rust mit einer Cessna von Finnland aus in den sowjetischen Luftraum eindringen und bis zum Roten Platz in Moskau fliegen.

Der Warschauer Pakt wiederum sah sich mit einer wachsenden Entfremdung seiner Bevölkerungen von der herrschenden sozialistischen Staatsideologie konfrontiert, wozu die immer spürbarer werdenden Mängel des staatssozialistischen Wirtschaftssystems beitrugen. 1978 wurde mit dem Krakauer Kardinal Karol Wojtyła ein Pole zum Papst gewählt (Johannes Paul II.), was den regimekritischen Kräften im Lande besonderen Auftrieb gab. 1980/81 hatte die unabhängige Gewerkschaft *Solidarność* in Polen ein politisches Gewicht erlangt, das den Verbündeten große Sorgen bereitete; vor allem die DDR sah sich nun im Osten wie schon vorher im Westen von der »Konterrevolution« umgeben und forderte ein militärisches Eingreifen des Bündnisses. Der polnische Parteichef General Wojciech Jaruzelski rief daraufhin das Kriegsrecht aus, wohl in der Absicht, damit die drohende Intervention von außen abzuwenden. Zunehmend erschien die NATO als dasjenige Bündnis, das unter Belastung seine innere Kohäsion besser wahren konnte.

Das Ende des Warschauer Pakts

Die »Nachrüstung« der NATO hätte von der Sowjetunion und ihren Verbündeten wiederum erhebliche Rüstungsanstrengungen gefordert, zu denen diese mit ihren maroden Volkswirtschaften nicht mehr in der Lage waren. Hinzu kam, dass die Sowjetunion seit 1980 in einen verlustreichen und erfolglosen Krieg in Afghanistan verstrickt war, bei dem die USA die gegen die Invasoren kämpfenden islamistischen *Mudschaheddin* mit Waffen und Geld unterstützten.

Im März 1985 kam es an der Spitze der Sowjetunion zu einem Generationswechsel, als nach Breschnew und seinen zwei jeweils nur kurz amtierenden Nachfolgern der 59-jährige Michail S. Gorbatschow Generalsekretär der Kommunistischen Partei wurde. Dieser war entschlossen, die Wirtschaft zu reformieren und die politischen Prozesse durchschaubarer zu gestalten. Dazu gehörte auch, durch beiderseits kontrollierte Abrüstungsschritte die exorbitanten Militärausgaben zu reduzieren. In einer Serie bilateraler Gespräche mit dem amerikanischen Präsidenten Ronald Reagan gelang es, Übereinstimmung über die Begrenzung und Reduzierung der strategischen Nuklearwaffen zu erzielen.

Damit einher ging die Entwicklung einer neuen sowjetischen Militärdoktrin, die seit 1987 auch offiziell nicht mehr darauf setzte, bei Ausbruch eines Krieges die Kampfhandlungen sofort auf das Territorium des Gegners zu tragen (also sofort militärisch offensiv zu operieren), sondern für eine begrenzte Zeit auf dem eigenen Territorium zu kämpfen. Nach Lage der Dinge betraf diese Entwicklung allerdings vor allem das Territorium der DDR, weshalb diese neue Doktrin in Ost-Berlin mit großer Skepsis aufgenommen wurde. Zudem war die »gerontokratische« Spitze des DDR-Staates nicht gewillt, die sowjetischen Wirtschafts- und Staatsreformen mitzumachen. Je mehr sich die DDR-Führung aber von der Politik der Sowjetunion distanzierte, umso mehr entfernte sie sich von den Voraussetzungen ihrer eigenen Existenz.

Unmittelbar nach seinem Amtsantritt hatte Gorbatschow den übrigen Parteichefs erklärt, die Breschnew-Doktrin könne nicht mehr gelten. Die Sowjetunion wäre schon allein wirtschaftlich nicht mehr in der Lage gewesen, die Folgen einer Intervention in einem verbündeten Land zu tragen. Damit war das Ende des sowjetischen Satellitensystems abzusehen: Als 1989 die Bevölkerung der DDR mit Großdemonstrationen erst Veränderungen, dann ein Ende der Parteiherrschaft der SED forderte, war dem Ost-Berliner Regime bewusst, dass es nicht auf die Unterstützung der noch immer im Land stehenden über 300 000 sowjetischen Soldaten zählen konnte.

Im Frühjahr entschied sich die Bevölkerung der DDR in freien Wahlen für den Beitritt zur Bundesrepublik. Das machte den Austritt des ostdeutschen Staates aus dem Warschauer Pakt im Oktober 1990 unausweichlich. Die demokratischen Revolutionen in den anderen Mitgliedstaaten des Paktes hatten zur Folge, dass das Bündnissystem insgesamt keine Zukunft mehr hatte. Seine Militärorganisation wurde im Frühjahr 1991 abgewickelt, der Warschauer Vertrag selbst hörte zum 1. Juli 1991 auf zu bestehen. Die Sowjetunion löste sich Ende 1991 in ihre Bestandteile auf.

Existenz auch ohne den Kalten Krieg? Die NATO nach 1990

Diese Entwicklung warf die Frage auf, ob und wozu die NATO noch gebraucht wurde; immerhin war sie als Reaktion auf eine konkrete Bedrohung entstanden, die in dieser Form weggefallen war.

Andererseits hatte sich die NATO auch zu einem Element der regionalen Stabilität in Europa entwickelt. Sie band die USA in die europäische Sicherheitsstruktur ein, was angesichts eines wiedervereinigten Deutschland für viele Verbündete zusätzliche Bedeutung gewann. 1991 gingen die USA und einige ihrer Verbündeten (nicht aber das Bündnis als solches) zunächst mit Luftangriffskräften, letztlich auch mit Bodentruppen gegen den Irak vor und befreiten das von diesem besetzte Kuwait. Die Türkei beantragte beim Bündnis Schutz gegen die vom Irak angedrohten Luftangriffe, so dass erstmals auch deutsche Truppen zu einem möglichen Kampfeinsatz außerhalb des Bundesgebiets verlegt wurden.

Das Bündnis hatte als Instrument der Abschreckung begonnen. Spätestens seit dem Harmel-Report 1967 war es auch zu einem Instrument gemeinsamer regionaler Sicherheitspolitik geworden. Jetzt gewann es eine zusätzliche Rolle: Die NATO sah ihre neue Aufgabe darin, Sicherheit in andere Regionen zu exportieren. Sie bot den ehemals sozialistischen Staaten (neben den früheren Mitgliedstaaten des Warschauer Pakts auch den früheren Teilstaaten der Sowjetunion wie etwa den drei baltischen Staaten) Unterstützung bei der Schaffung demokratischer Strukturen und beim Aufbau moderner, demokratiekompatibler Streitkräfte an. Mittelfristig wurden die meisten dieser Staaten ebenfalls NATO-Mitglieder, so dass dem Bündnis heute 28 Länder angehören.

Die Atlantische Allianz entwickelte aber auch die Fähigkeit, ihre militärischen Machtmittel in neuen Konfliktszenarien einzusetzen. Der Zerfall der früheren multiethnischen Sozialistischen Föderativen Republik Jugoslawien ab 1991 führte zu mehreren Bürgerkriegen, die nur unter Einsatz von NATO-Truppen beendet werden konnten. Für den Einsatz in Bosnien-Herzegowina konnte sich die Allianz dabei auf ein Mandat der Vereinten Nationen berufen. Für die Luftangriffe auf Serbien mit dem Ziel, das Land von weiteren Gräueltaten an der auf Unabhängigkeit drängenden Bevölkerung des Kosovo abzuhalten, sowie für die bis heute anhaltende Besetzung des Kosovo fehlte es an einer solchen eindeutigen völkerrechtlichen Grundlage.

Am 11. September 2001 wurden die USA Ziel mehrerer terroristischer Anschläge islamistischer Gruppen (*Al-Qaida*). Die NATO-Staaten erklärten am folgenden Tag offiziell, damit sei der in Artikel 5 des Nordatlantikvertrages definierte Bündnisfall gege-

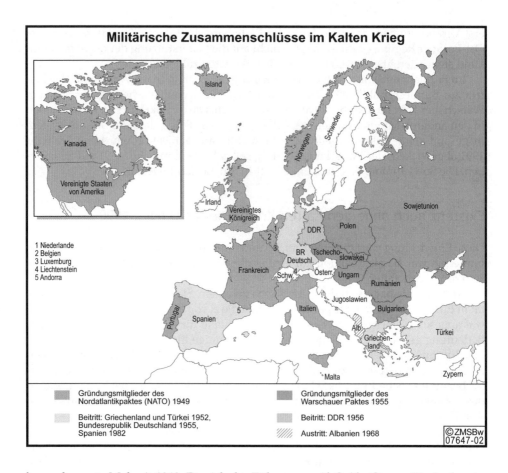

Militärische Zusammenschlüsse im Kalten Krieg

Island
Kanada
Vereinigte Staaten von Amerika

1 Niederlande
2 Belgien
3 Luxemburg
4 Liechtenstein
5 Andorra

Irland
Vereinigtes Königreich
Frankreich
Schw.
Portugal
Spanien

Norwegen
Schweden
Finnland

DDR
Polen
BR Deutschl.
Tschecho-slowakei
Österr.
Ungarn
Rumänien
Jugoslawien
Italien
Bulgarien
Alb.
Griechen-land
Malta
Sowjetunion
Türkei
Zypern

▨ Gründungsmitglieder des Nordatlantikpaktes (NATO) 1949

▨ Gründungsmitglieder des Warschauer Paktes 1955

▨ Beitritt: Griechenland und Türkei 1952, Bundesrepublik Deutschland 1955, Spanien 1982

▨ Beitritt: DDR 1956

▨ Austritt: Albanien 1968

© ZMSBw
07647-02

ben – das erste Mal seit 1949. Da sich der Führer von *Al-Qaida*, Osama Bin Laden, in Afghanistan aufhielt und die afghanische Regierung nicht gewillt war, ihn an die USA auszuliefern, schloss sich die NATO der amerikanischen Linie an, wonach eine Intervention in Afghanistan durch das Recht auf Selbstverteidigung nach der UN-Charta gedeckt sei. Auch der Sicherheitsrat der Vereinten Nationen billigte Ende 2001 ein militärisches Eingreifen des Westens in Afghanistan. Am 22. Dezember 2001 begann die militärische Präsenz des Bündnisses in Afghanistan, die noch andauert; die Stationierung von Kampftruppen wurde offiziell Ende 2014 beendet.

Die NATO als Bündnis demokratischer Staaten (zeitweise herrschten in den Mitgliedstaaten Portugal, Griechenland und der Türkei allerdings auch autoritäre oder diktatorische Regime) ist zunächst ein ausgesprochen flexibles politisches Instrument. Die politische Kontrolle aller militärischen Planungen und Operationen sollte von Anfang an gesichert sein. Die NATO als »Militärbündnis« zu bezeichnen, ist insofern irreführend. Sie ist vielmehr Ausdruck des Willens sicherheitspolitischer Kooperation zwischen den beteiligten Nationen – nicht zuletzt deshalb liegt die Federführung in Fragen des Bündnisses in allen beteiligten Staaten beim Außen- und nicht beim Verteidigungsministerium. Die Fähigkeit des Bündnisses, sich an grundsätzliche Veränderungen der Bedrohungslage anzupassen, zeigte sich vor allem in den 1960er- und

1980er-Jahren sowie nach dem Zusammenbruch des Warschauer Pakts. Ob die Nordatlantische Allianz eine Zukunft hat, wenn sich die Interessen der USA stärker in den pazifischen Raum verlagern und die EU eine stärkere sicherheitspolitische Rolle übernimmt, ist eine Frage, die Historiker nicht beantworten können. Unbestreitbar bleibt jedoch, dass die NATO einen wichtigen Beitrag zur längsten Friedensperiode in Europa seit Jahrhunderten geleistet hat.

VI. Europa in außereuropäischen Zusammenhängen

Donald Abenheim

Die militärischen Beziehungen
zwischen den USA und Europa

In »The Big Picture«, einer vom US-Heer von 1952 bis 1972 zur Massenbeeinflussung der amerikanischen Öffentlichkeit im Kalten Krieg produzierten, werbewirksam ausgeschmückten Fernsehserie, wird der Soldat in Europa als konstantes Thema der militärischen Rollen im Atomzeitalter behandelt.[1] In einer der vielen Episoden über das US-Heer in Europa wurden US-Soldaten in Westdeutschland als junge amerikanische Wehrpflichtige dargestellt, die in efeubewachsenen ehemaligen Kasernen der Wehrmacht im Südwesten Deutschlands untergebracht sind, Touristenausflüge auf dem Rhein unternehmen und an der Seite von Westdeutschen musizieren.

Bei dieser stilisierten Schwarz-Weiß-Reportage wurden weder die Bestände an amerikanischen Atombomben oder Artilleriegeschossen in der Pfalz oder in Bayern an irgendeiner Stelle erwähnt, noch gab es Hinweise auf die brutalen Kämpfe, in denen sich Deutsche und Amerikaner noch ein Jahrzehnt zuvor in den letzten Monaten des Zweiten Weltkrieges gegenseitig abgeschlachtet hatten. Tatsächlich erinnerten die Bilder vielmehr an Filmaufnahmen der »Wochenschau« aus den Jahren vor 1939, in denen Touristen, sofern sie nicht gerade Juden waren, scharenweise Hitlers Deutschland besuchten.

Kurz nach dem Krieg gab es immer noch US-Truppen in Westdeutschland, allerdings nicht als Kampftruppen. Der frühere Feind wurde in »The Big Picture« zu einem Schutzbefohlenen und Verbündeten, dessen reizvolle Kultur eine prägende Wirkung auf die amerikanischen Wehrpflichtigen hatte, die durch die Musik und Architektur selbst zu Deutschen geworden zu sein schienen.

Kräfte der militärischen Konvergenz

In den Jahrzehnten, die seit dieser Dokumentation vergangen sind, haben allerdings die freundschaftlichen Beziehungen zwischen US-amerikanischen und deutschen Soldaten und Bürgern – und das Verständnis, die Wertschätzung und der Respekt füreinander, die ebenfalls mit solchen langfristigen Beziehungen einhergingen – zunehmend gelitten, so wie der Originalfilm, auf dem diese Szenen festgehalten wurden, inzwischen verblasst ist. Die Kinder oder Enkelkinder der GIs, die das Westdeutschland der 1950er-Jahre kennengelernt hatten, dienen nicht mehr in einer Wehrpflichtarmee (viele von ihnen leisten überhaupt keinen Militärdienst), und im Staatsdienst haben sie kaum Gelegenheit, europäische Kultur zu erleben. Seit den 1990er-Jahren sind die europäischen Standorte aus den Zeiten des Kalten Krieges, die noch bis Mitte der 1980er-Jahre eine Truppenstärke von über 325 000 Soldaten aufzuweisen hatten und in denen zusätzlich noch Zivilangestellte und Familienangehörige lebten, fast allesamt so stark geschrumpft, dass sie kaum noch von Bedeutung sind. In der unruhigen geopolitischen Lage im frühen 21. Jahrhundert nach einem Jahrzehnt, das von dem Kampf gegen Aufstände, Wiederaufbauoffensiven nach Beendigung von

Konflikten, wirtschaftlichem Stillstand im Inland und einer vielfach beschworenen Hinwendung der USA nach Asien als dem Verteidigungsschwerpunkt gekennzeichnet war, ist in den USA diese fast ausschließlich positive Erfahrung der Welt, insbesondere in Deutschland, der Kriegsmüdigkeit gewichen. Die rechtsstehende US-amerikanische *Tea Party* verteufelt zudem alles, was irgendwie mit Europa zu tun hat.

Zwar haben umgekehrt einige wenige junge Soldaten im Jahr 2014 auf deutscher Seite vielleicht mit US-Truppen in Afghanistan gedient; zwar sind die USA ein immer erschwinglicheres Ferienziel geworden. Doch die meisten wissen kaum noch etwas über die militärhistorischen und theoretischen, geopolitischen und kulturellen Beziehungen zwischen dem US-Militär und Europa. Diese wichtigen Beziehungen sind das Thema dieses Kapitels und sie stellen einen unverzichtbaren Teil der Geschichte von Krieg, Staat und Gesellschaft im modernen Europa dar.

Europas Rolle als Leitbild für den Soldatenberuf und die Entwicklung des Militärs reicht von den Anfängen der US-Streitkräfte im 18. Jahrhundert bis in die heutige Zeit. Europa diente als ein Beispiel, dem nachzueifern oder das strikt abzulehnen war, als ein Todfeind, den es zu besiegen galt, oder als schmarotzende Verbündete, die ein Fass ohne Boden für amerikanische Steuergelder darstellten und denen endlich der Geldhahn zugedreht werden musste, oder als eine Region, deren Bedeutung für das nationale Interesse plötzlich wiederentdeckt wurde. Als der intellektuelle Vorfahre, Rivale oder Verbündete ebenso wie als Schauplatz entscheidender Schlachten und nachhaltiger strategischer Begegnungen hat Europa – in Bezug auf den Staat, die Gesellschaft und die Streitkräfte – einen großen Einfluss auf das Selbstbild und den institutionellen Charakter des US-Militärs.

Die Geschichte von Europa und dem US-Soldaten begann damit, dass die Amerikaner die politischen Normen und gesellschaftlichen Bräuche ablehnten, während sie sich gleichzeitig an der militärischen Ausbildung, den soldatischen Gewohnheiten und den Berufsidealen orientierten. Seit Mitte des 20. Jahrhunderts prägt die Bündniserfahrung die Beziehungen zwischen Nordamerika und Westeuropa. Diese Erfahrung mit ihren unterschiedlichen Phasen hat eine Entwicklung gefördert, die auf eine »soldatische Konvergenz« hinauslief, allem Gerede von amerikanischem Exzeptionalismus und europäischer Politik-Kultur im 21. Jahrhundert zum Trotz. Diese Annäherung von Männern (und später auch Frauen) in Waffen auf den beiden Kontinenten stellt das zentrale Thema dieses Kapitels dar. Wie führte der Weg aus der politischen und gesellschaftlichen Isolation durch Konflikte zu einer gemeinsamen Geschichte von Krieg und Frieden? Hier sind auch die Zentrifugalkräfte zu untersuchen, welche die beiden Seiten immer wieder auseinander getrieben haben.

Spätestens seit Beginn des 20. Jahrhunderts stellt der US-Soldat in großen Teilen der Politik und Gesellschaft Europas einen festen Bestandteil dar. Zwar pflegen führende Europäer im 21. Jahrhundert ein Selbstverständnis, das von dem Gefühl der moralischen Überlegenheit ziviler Macht, einer Verachtung von Machtpolitik und einer Geringschätzung bewaffneter Gewalt nachhaltig geprägt wird. Doch ein vereintes Europa, von der Selbstzerstörung in der Zeit des totalen Krieges zu Wohlstand und Frieden gelangt, ist ohne amerikanische Verteidigungspolitik ebenso undenkbar wie ohne Soldaten und Waffen. Helmuth von Moltkes abwertende Äußerung über den Amerikanischen Bürgerkrieg als einen bewaffneten Mob; die Sympathien deutscher Frauen für die US-Besatzungstruppen im Rheinland 1919, und, stärker noch, nach 1945, als schwarze US-Soldaten zu einem festen Bestandteil des Lebens in Westdeutschland wurden; die deutsch-jüdischen Emigranten, die nach 1944 als Mitglieder der US-Militärbehörden zurückkehrten: Der US-Soldat war neben US-Präsidenten und Stars der amerikanischen Popkultur im europäischen Denken ein herausragendes Symbol für die Beziehungen zwischen den USA und Europa.

Die Geschichte der USA als Militärmacht in Europa entfaltete sich auf zwei Ebenen: Erstens geht es um die Präsenz von US-Truppen auf dem europäischen Kontinent, die in Memoiren, Biografien und Operationsgeschichten behandelt werden. Zweitens gibt es den Bereich der Mentalitäten und der Kultur. Diese zwei Ebenen können nicht unabhängig voneinander verstanden werden. Politik und Diplomatie, militärische Einrichtungen, Soldaten, Gesellschaft und Kultur stehen in einem engen Zusammenhang. Er ist ebenso Bestandteil dieser Darstellung wie die Entwicklung von Strategien, das Leben von Generalen, das Schlagen entscheidender Schlachten und die Entwicklung von Taktiken und Waffen.

Das US-Militär und Europa vom 18. Jahrhundert bis 1917: Der amerikanische Exzeptionalismus und seine europäische militärische Dimension

Die erste Phase der Beziehungen zwischen den USA und Europa im Bereich von Politik, Gesellschaft und Militärwesen bezieht sich auf die Rolle, die der europäische Soldat und die europäischen Armeen für die institutionelle Konsolidierung der US-Streitkräfte im 18. und 19. Jahrhundert gespielt haben. Auch wenn die Gründer der amerikanischen Nation in dem entscheidenden Zeitraum von den 1760er- bis zu den 1790er-Jahren den Dynastien, dem Absolutismus und Merkantilismus sowie dem militärischen System der britischen und kontinentaleuropäischen Mächte mit Verachtung begegneten, wurden die ersten Generationen amerikanischer Soldaten und Militärstrategen dennoch von europäischen Gedanken über das Wesen des Krieges, die militärische Ethik und die Wissenschaft und Kunst der Strategie geprägt. »Bei der amerikanischen Art der Kriegführung«, schreibt der amerikanische Militärhistoriker Russell Weigley (1930–2004) über das Ende des 18. und die erste Hälfte des 19. Jahrhunderts, »handelte es sich um einen Ableger der europäischen Art der Kriegführung, und somit stellte die amerikanische Militärstrategie einen Zweig der europäischen Militärstrategie dar«.

Diese Erfahrung zeigte, dass eine Ablehnung auf fachlicher Ebene mit einer Nachahmung im zivil-militärischen Bereich einherging, der einen Teil der Beziehungen zwischen den USA und Europa im 18. und 19. Jahrhundert ausmachte. Die Gründer der neuen Republik distanzierten sich in ihrer Verfassungspraxis und -rhetorik vom Heimatland, während sie die Tradition der Bürgerwehr und des Bürgersoldaten beibehielten. Dies lag hauptsächlich an der Gefahr, welche die europäischen Großmächte in Nordamerika zunächst für die dreizehn Kolonien und später für die USA darstellten. Der Schwerpunkt der militärischen Anstrengungen lag auf der Verteidigung der jungen Nation gegen eine Invasion aus dem Norden, Westen oder Süden durch das Britische, Französische oder Spanische Reich. Hier bildete sich auch das Feindbild heraus, das bis ins 21. Jahrhundert fortwirkte. Das permanente Gefühl der Verletzbarkeit und Bedrohung führte, so John Shy, zu einem Streben nach absoluter Sicherheit. Diese Strategie unterschied sich zwar von der kontinentaleuropäischen Erfahrungswelt mit ihren begrenzteren strategischen Zielen im Konzert der Großmächte, entwickelte sich aber zu einem zentralen Grundsatz des amerikanischen militärischen Denkens.

Dennoch setzte George Washington als Oberbefehlshaber der Kontinentalarmee im Amerikanischen Unabhängigkeitskrieg gegen Großbritannien von 1776 bis 1781 Europäer ein, um seine Bürgerarmee zu organisieren und auszubilden. Er und seine Untergebenen entschieden sich gegen einen Guerillakrieg und den Einsatz irregulärer Truppen gegen die Briten. Sie hielten sich stattdessen an die europäischen Normen hinsichtlich der Streitkräftegliederung, des Berufsethos und der Gefechtsführung. In Bezug auf ihre innere Struktur, ihre Taktik und selbst ihre Strategie stellte diese neue Armee eine kleinere Version der Armee ihrer britischen Gegner dar. Das wurde durch die Koalition mit Frankreich, mit der sie 1781 den Sieg errang, noch verstärkt. Ungeachtet dieser Übernahme von Elementen dynastischer, absolutistischer Armeen in der Not des Krieges kehrten die Anfang der 1790er-Jahre aufgestellten Friedensstreitkräfte zur Tradition einer »wohl geordneten Miliz« (*well regulated Militia*) zurück, die in der US-Verfassung (*Amendment II*) verankert ist.

Die amerikanischen Militäreinrichtungen orientierten sich in ihren frühen Jahren mit der Trennung von Milizarmee und Berufsarmee an den mittelalterlichen englischen, schweizerischen und dynastischen Vorbildern. Die Anfänge der US-Streitkräfte sind im 18. und insbesondere im 19. Jahrhundert auf diese beiden europäischen Modelle ausgerichtet: den Bürger in Uniform und den Soldaten als taktischen Fachmann. Abgelehnt wurde dagegen das militärische System des Absolutismus mit seinem großen stehenden Heer, das von Adligen befehligt wurde, die einer konstitutionellen Regierungsform feindselig gegenüber standen.

Die Kampf- und Militärorganisation in den ersten Kriegen in Nordamerika im 17. und 18. Jahrhundert mögen sich in ihrem strategischen Ausmaß, ihrer gesellschaftlichen Basis und ihren verfassungsrechtlichen Grundsätzen vom Krieg in Europa im Zeitalter des Absolutismus unterschieden haben. Doch die Zunahme der nationalen Kriege im Verlauf des 19. Jahrhunderts führte letztendlich zu einer Annäherung der nordamerikanischen und der europäischen Kriegführung wie auch des militärischen Berufsbilds. Diese Annäherung der Kontinente im Bereich des militärischen Denkens und der Militärtheorie zeigte sich insbesondere bei der militärischen Ausbildung als Grundlage für strategische Konzepte und institutionelle Praxis. George Washington hatte zwar noch vor dem Ausscheiden aus dem Präsidentenamt im Jahr 1796 eine Militärakademie zur Ausbildung von Offizieren nach europäischem Vorbild gründen wollen. Doch erst unter Thomas Jefferson, der eine zentralisierte Bundesregierung sowie Land- und Seestreitkräfte ablehnte, wurde eine solche Institution 1802 ins Leben gerufen. Die neue Akademie lag am Hudson River, etwa einhundert Kilometer und eine Tagesreise von New York City entfernt. Sie befasste sich vor dem mit der Nationenbildung durch das militärische Pionierwesen und den Bürgersoldaten.

Dieses Ideal wich vom Bildungsideal der aufgeklärten Allgemeinbildung im Sinne Gerhard von Scharnhorsts und Wilhelm von Humboldts ab, das die Lehre in der 1810 gegründeten Preußischen Kriegsakademie prägte. In der Folgezeit verlor der Bürgersoldat in der kleinen US-Armee des frühen 19. Jahrhunderts an Bedeutung, die im Vergleich mit den Armeen Kontinentaleuropas politisch und zahlenmäßig unbedeutend war, zumindest vor dem Amerikanischen Bürgerkrieg (von 1861 bis 1865). Der »Bürgersoldat« wurde durch den Typus des militärtechnischen Experten abgelöst, der im frühen 19. Jahrhundert durch den französischen Einfluss geprägt war. Gründerväter der US-Militärakademie USMA (*U.S. Military Academy*) wie Sylvanus Thayer und Dennis Hart Mahan richteten ihre Lehrpläne in den 1820er- und 1830er-Jahren im Bereich der Verteidigung am Erbe des französischen Festungsbaumeisters Marschall Sébastien Le Prestre de Vauban und im Bereich des Angriffs am Erbe Napoleons aus. Daher wurde der Lehrplan der Pionier- und Artillerieschule des französischen Heeres in Metz übernommen. Die besten Absolventen der Militärakademie dienten als Baupioniere und errichteten Festungen an den Küsten der USA zur Abwehr einer europäischen Invasion von einem nordamerikanischen Stützpunkt aus. Diese Bauten waren sozusagen die in Stein gemeißelten Worte der Monroe-Doktrin von 1823, mit denen die Neue Welt vor europäisch-imperialistischen Raubzügen geschützt werden sollte. Die Absolventen förderten außerdem den Glauben an die Militärwissenschaft als Grundlage für das Soldatenethos.

Darüber hinaus propagierte die in das Tal des Hudson verpflanzte französische Theorie und Praxis der Taktik das Herbeiführen einer Entscheidungsschlacht nach dem Vorbild der Schlacht bei Austerlitz 1805 und pries den Nutzen von Feldbefestigungen im Gefecht. Die defensive Ausrichtung der US-Truppen mit der Reihe von Küstenbefestigungen unter der Bezeichnung *Third System* (vom Krieg von 1812 bis zum Bürgerkrieg) wurde im Mexikanisch-Amerikanischen Krieg von 1846 bis 1848 zugunsten der Expansion im Sinne der *Manifest Destiny*-Doktrin aufgegeben, jener weit verbreiteten Überzeugung, dass die USA den göttlichen Auftrag hätten, sich Richtung Pazifik auszudehnen.

Der kurz darauf Anfang der 1850er-Jahre folgende Krimkrieg bot eine Gelegenheit, die Verbindung zwischen der Ausbildung von US-Offizieren und den Kriegen und Armeen Europas zu erneuern. Dazu gehörte die Entsendung einer Elitegruppe von Offizieren der Akademie in West Point zwischen 1853 und 1854. Sie sollten die Auswirkungen der Kämpfe am Schwarzen Meer studieren, in denen Befestigungen zumindest auf der taktischen Ebene eine bedeutende Rolle spielten. Dieser Auftrag folgte der Tradition von Mahan dem Älteren, der 1826 nach Europa geschickt worden war, um militärische Einrichtungen zu studieren. Der Krimkonflikt läutete Mitte des 19. Jahrhunderts eine neue Epoche der Kriegführung ein, in der die Radikalität der Kämpfe zunahm. Die Auswirkungen dieser Entwicklung wie auch der Industriellen Revolution rückten in den Mittelpunkt des militärischen Denkens und Wissens.

Der Widerspruch zwischen einer defensiv ausgerichteten militärischen Ausbildung und der Notwendigkeit, im Amerikanischen Bürgerkrieg eine Offensivstrategie zu entwickeln, verdeutlicht die Gegensätze zwischen den militärischen Theorien und Institutionen Amerikas und Kontinentaleuropas in der Mitte des 19. Jahrhunderts. Die Kontinentaleuropäer mochten auf den Sieg der Konföderierten Staaten im Amerikanischen Bürgerkrieg hoffen und auch sonst die Politik und Gesellschaft der Unionsstaaten ablehnen. Aus sicherer Entfernung konnten preußische Generalstabsoffiziere in Deutschland die ineffektive US-Kriegführung in den frühen Jahren des Konflikts verächtlich abtun, die auf einer Milizarmee ohne einen mit dem kontinentalen Europa vergleichbaren politischen Willen und akademischen Verstand gründete und eine Entscheidungsschlacht nach preußischem Vorbild ablehnte. In ihren Augen waren dies die Folgen einer fehlgeleiteten Demokratie für den Soldatenberuf. Doch diese Kritiker der amerikanischen Gesellschaft und Fachleute für die neue operative Ebene der Kriegführung begriffen nicht, dass politische Massenideologien und das Industriezeitalter die Kriegführung so radikalisierten, dass sie mit militärwissenschaftlichen, strategischen und taktischen oder operativen Fachkenntnissen kaum zu beherrschen war. General William T. Sherman Marsch durch den Bundesstaat Georgia im Jahr 1864 und der Wechsel im Deutsch-Französischen Krieg 1870/71 von einem Krieg regulärer Streitkräfte zu einem Kampf irregulärer Truppen waren Anzeichen für diese Intensivierung des Krieges, der die Annäherung des amerikanischen und europäischen strategischen Denkens und Handelns begünstigte.

Gegen Ende der Indianerkriege in den 1880er-Jahren entstand in den USA eine neue militärische Denkschule, deren Mitglieder militärstrategische Theorien entwickelten. Ihre Theorien befassten sich mit einem Bereich, der weit über die Grenzen Nordamerikas hinausging. In diesem Zeitalter des Imperialismus lebte das nationale Interesse an Militär und an der Kriegskunst sowie am Militär neu auf. Zu den führenden Militärstrategen nach dem Amerikanischen Bürgerkrieg gehörten der frühere General und Oberst zu Friedenszeiten Emory Upton und Kapitän zur See Alfred Thayer Mahan, ein Sohn von Dennis Hart Mahan. Ihre Schriften waren eher von preußisch-deutschen und britischen Vorbildern als von französischen Modellen beeinflusst. Ihr Werk bildete zum Teil die Grundlage dafür, dass die USA in Europa im 20. Jahrhundert zur Militärmacht wurden. Upton lehnte das Konzept des Bürgersoldaten und Grundsätze der Verfassung ab, die aus seiner Sicht im Amerikanischen Bürgerkrieg zu größerer Gewalt und Verheerung geführt hatten. Auf der Grundlage der Doktrin von Helmuth von Moltke dem Älteren entwickelte er ein amerikanisches Ideal des Ethos und der Organisation einer Berufsarmee, das im Widerspruch zu den politischen Grundsätzen der Wirtschaft, des Pazifismus und der Tendenz, sich aus den Angelegenheiten zurückzuziehen (Isolationismus) stand. Mahan, dessen von Frankreich inspirierter Vater den Lehrplan an der Militärakademie der USA reformiert hatte, formulierte eine militärwissenschaftliche Interpretation der britischen Überlegenheit auf See als »Seemacht«. Diese neue Doktrin führte im Zeitalter der imperialen Expansion am Ende des 19. Jahrhunderts dazu, dass die USA einen Großmachtanspruch erhoben und Spuren ihrer Militärstrategie in Europa hinterließen – lange bevor US-Truppen das erste Mal einen Fuß auf den alten Kontinent setzten.

Im Krieg gegen Spanien um Kuba und die Philippinen im Jahr 1898 wurden einerseits die strategischen Ziele des Mahanschen Navalismus und Imperialismus und andererseits neue strategische Herausforderungen in der Karibik und im Pazifik deutlich. Die im Laufe der kubanischen und philippinischen Feldzüge aufgetretenen Probleme des US-Heeres und der US-Marine in Bezug auf Führung, Gefecht und Logistik führten die bereits zwei Jahrzehnte zuvor von Upton geäußerten, vom preußischen Denken beeinflussten Kritikpunkte an der militärischen Organisation drastisch vor Augen; sie lieferten die Grundlage für die Streitkräftereformen in den Jahrzehnten vor dem Eintritt der USA in den Ersten Weltkrieg (1917).

Zeitalter der Weltkriege zwischen Rückzug und Intervention

Das Zeitalter des totalen Krieges im 20. Jahrhundert erlebte den Aufstieg der USA als politische und militärische Macht in Europa. Zunächst jedoch verlief dieser Prozess von 1914 bis 1923 in einem schwindelerregenden Auf und Ab. Auf eine erste, von langem Zögern gekennzeichnete Phase folgte nach dem Kriegseintritt der USA im April 1917 ein kurzer, intensiver Kampfeinsatz, geleitet von den höchsten Idealen. Dann wiederum verringerte sich das Engagement in Europa unter der Last der Innen- und Machtpolitik und endete schließlich in einem ungeordneten Rückzug der Streitkräfte. In der Zwischenkriegszeit spielten die USA auch noch wirtschaftlich und diplomatisch eine Rolle. Die USA und ihre Streitkräfte waren bis 1917 für das europäische Staatensystem und seine Streitkräfte von nebensächlicher Bedeutung gewesen. In dieser entscheidenden Phase nach ihrem Kriegseintritt erfolgte die Annäherung amerikanischer und europäischer Militärkonzepte. Die Politik und Streitkräftegliederung der USA wurden im Rahmen einer neuen Doktrin des totalen Krieges grundlegend umstrukturiert. Von 1917 bis 1945, insbesondere jedoch zwischen 1938 und 1945, übernahmen die US-Soldaten die Rolle des globalen Akteurs. Das Schicksal und die Sicherheit Europas wurden für die weitere Entwicklung der amerikanischen militärischen Einrichtungen von zentraler Bedeutung. Das US-Militär wurde mit neuen Herausforderungen in Bezug auf Strategie, Kampfeinsätze und Kriegstechnologie sowie den Bündniszusammenhalt konfrontiert, ganz abgesehen von den Erfahrungen der Soldaten auf dem Gefechtsfeld und mit Nichtkombattanten.

Bis sich die USA schließlich 1917 zum Kriegseintritt entschlossen, musste einiges geschehen: der Aufbau der Marine, die Reform des Heeres und der Marine im Jahr 1916, der militärischen Intervention der USA im Mexikanischen Bürgerkrieg 1913 sowie von 1916 bis 1917. Wie zuvor bei imperialistischen Streitereien um Samoa und die Philippinen gegen Ende des 19. Jahrhunderts führten auch das Schicksal Mexikos im Bürgerkrieg und der Bau des Panamakanals fernab des europäischen Kontinents in der Tradition der Monroe-Doktrin zu Spannungen mit Deutschland. Der Anlass für das Ende der Neutralität und die amerikanische Entscheidung für einen Krieg gegen Deutschland und die Mittelmächte im April 1917, für die sich US-Präsident Woodrow Wilson einsetzte, war die Gefährdung der Freiheit der Meere durch die Entscheidung der dritten Obersten Heeresleitung des Deutschen Kaiserreichs, einen uneingeschränkten U-Boot-Krieg zu führen.

Inmitten des Kriegsjubels (und einer gehörigen Portion nationalistischer Hysterie) warb Wilson für weitreichende Kriegsziele und versprach den Völkern Europas einen demokratischen Frieden und nationale Selbstbestimmung. Mit General Tasker Bliss, der die USA beim Alliierten Obersten Kriegsrat vertrat, General John J. Pershing, der die *American Expeditionary Force* (US-Streitkräfte in Europa) kommandierte, die das französische Heer unterstützte, und Admiral William S. Sims, der die der britischen *Grand Fleet* unterstellten US-Marineverbände befehligte, kündigte sich ein Umbruch im Militär- und Marinewesen der USA an, der durch die etwa eine Million starken US-Truppen, die in der Folge in Westeuropa oder anderswo eingesetzt wurden, in die Praxis umgesetzt wurde. Bliss, Pershing, Sims und andere ranghohe Offiziere der USA sammelten neue Erfahrungen in den Bereichen Strategie, Bündniszusammenhalt und Truppenführung. Trotz mehrerer seit der Jahrhundertwende durchgeführter Reformen der Struktur und der Einsatzgrundsätze waren das US-Heer, die US-Marine und die amerikanische Industrie und Gesellschaft beim Kriegseintritt 1917 kaum in der Lage, innerhalb eines Jahres alle für diesen neuen Einsatz benötigten Waffen und die erforderliche Ausrüstung herzustellen. Ebenso hatten die US-Streitkräfte Mühe, die erforderliche Führung, Ausbildung und Kampfkraft bereitzustellen, um den sich im Krieg befindenden europäischen Staaten auf Augenhöhe begegnen zu können.

Trotz dieser Einschränkungen integrierte Pershings *American Expeditionary Force* – im strategischen und operativen Rahmen einer »assoziierten Macht«, der

Entente – im Jahr 1918 neue amerikanische Heeres- und Luftwaffenverbände zu Ausbildungszwecken in das französische Heer. Zudem bestand aufgrund des republikanischen Erbes (»Lafayette, hier sind wir!«) und einer gemeinsamen, auf das 18. Jahrhundert zurückgehenden Tradition eine enge Verbundenheit. Diese Tradition der gemeinsamen Werte und der Waffenbrüderschaft wurde durch die ersten amerikanischen Freiwilligen, die bereits vor 1917 in der französischen Fremdenlegion und der französischen Luftwaffe dienten, zum Mythos.

Die operative und taktische Einbindung von US-Bodentruppen in die anglofranzösische Front war nicht mit einer völligen Unterstellung oder Auflösung der US-Streitkräfte verbunden, auch wenn das französische Oberkommando die US-Soldaten gerne in der französischen Gefechtsgliederung verteilt hätte. Trotz vieler Herausforderungen für den Zusammenhalt des Bündnisses und Missgeschicke im Einsatz trugen die US-Truppen, die bis zum Herbst des Jahres 1918 auf eine Stärke von fast 900 000 Mann aufgewachsen waren, dazu bei, die deutschen Streitkräfte im Westen zu schlagen. Entgegen diplomatischer Vereinbarungen wollte Pershing nach dem Vorbild von Ulysses S. Grant im Jahr 1865 bis zur totalen Kapitulation Deutschlands weiterkämpfen, anstatt sich mit dem niedriger gesteckten Ziel eines Waffenstillstands zufrieden zu geben.

Die Einbindung der US-Marineverbände in die britische *Grand Fleet* von 1917 bis 1918 stellte hingegen einen Bruch mit dem Erbe der angloamerikanischen Konflikte im 18. und 19. Jahrhundert dar. Im Gegensatz zu dieser Verfahrensweise stand auch der britische Argwohn gegenüber den 1916 in Auftrag gegebenen Schiffsbauplänen der USA, die gegen Großbritannien und Japan gerichtet waren und eine unbesiegbare Marine schaffen sollten. Weiter verschärft wurde die Lage durch Persönlichkeiten in der US-Marine, die das *British Empire* als eine dauerhafte Bedrohung betrachteten. Sims ignorierte jedoch diese Feindseligkeiten und unterstellte mehr oder weniger die gesamte US-Flotte der britischen Führung, wo sie einen bedeutenden Beitrag im Kampf gegen die deutschen U-Boote leistete, während er gleichzeitig freundschaftliche Beziehungen mit der *Royal Navy* unterhielt.

Weil die Sieger keine einheitliche politische Linie bei den Friedensverhandlungen in Versailles, Saint-Germain-en-Laye und Trianon verfolgten, hielt der Erfolg der gemeinsam geschlagenen Schlachten und des Bündniszusammenhalts gegen die Mittelmächte von 1917 bis 1918 nur kurz, d.h. bis 1919 an. Gleichzeitig hielt das Primat des Isolationismus erneut Einzug in die US-Innenpolitik. Diese rückwärts gewandte Entwicklung zeigte sich in Wilsons Niederlage im Kongress beim Versuch, die Satzung des Völkerbundes gesetzlich zu verankern, sowie unter ranghohen US-Soldaten, welche die Friedensverhandlungen und den brüchigen Frieden mit Entrüstung miterlebten. Im Spiegelsaal von Versailles wuchs unter den hochrangigen US-Offizieren die Überzeugung, dass der gerade beendete Krieg ein Trick gewesen sei, der einem unschuldigen Amerika von einem gerissenen Europa aufgezwungen worden war. Diese verallgemeinerte Sichtweise beherrschte vor allem die transatlantische Diplomatie im Bereich der US-Finanzhilfen für die *Entente* und der Reparationszahlungen der Besiegten in den 1920er-Jahren, die allesamt die Innenpolitik und das internationale Wirtschaftssystem vergifteten. An keiner anderen Stelle war die Desillusionierung so spürbar wie in dem Streit zwischen Frankreich und den USA über die Rolle und den Auftrag der 15 000 Mann starken US-Besatzungstruppen in Koblenz. Einerseits widersetzte sich das kleine amerikanische Kommando den von der französischen Armee geförderten Separationsbestrebungen im Rheinland. Andererseits vertrat es vergeblich eine Weimar-freundliche Position. Der bröckelnde Frieden in den Jahren von 1919 bis 1922 führte schließlich, nach dem der Senat die Mitgliedschaft der USA im Völkerbund abgelehnt hatte, zum wenig beachteten amerikanischen Abzug aus der Garnison am Rhein, der wiederum den Auftakt zur französisch-belgischen Besetzung 1923 bildete. Als die US-Truppen schließlich abzogen, war eine so große Anzahl amerikanischer Soldaten von 1917 bis 1923 in Großbritannien, Frankreich und Deutschland im Einsatz gewesen, dass sie, die als Bürgersoldaten die Merkmale des amerikanischen Staates und seiner Gesellschaft zum Ausdruck brachten, einen tiefen Eindruck in der europäischen Gesellschaft und Kultur hinterlassen hatten.

Nachdem der letzte GI seine Rückreise über den Atlantik angetreten hatte, folgten ihm auf dem europäischen Kontinent Mitte der 1920er-Jahre Charles Lindbergh, dem 1927 der erste transatlantische Nonstopflug von New York nach Paris gelang, sowie Diplomaten mit Verträgen über Rüstungsbeschränkungen und ein Kriegsverbot im Gepäck. Angesichts der zahllosen amerikanischen Filme, Musiktitel und Billigwarenhäuser, mit denen Amerika die Europäer in den »Goldenen Zwanziger Jahren« überzog, schienen die mit Trümmern übersäten Schlachtfelder des Ersten Weltkrieges, die nun das Ziel amerikanischer Touristen wurden, in den Hintergrund zu treten. Hinzu kamen diplomatische Gardinenpredigten über Reparationszahlungen und wirkungslose Verträge zur Wahrung des Weltfriedens, die mit einer vernünftigen, realistischen Außenpolitik wenig zu tun hatten. Dem Völkerbund traten die USA gar nicht erst bei. Der Völkerbund blieb ein zahnloser Tiger. So führten die sicherheitsbildenden Maßnahmen der USA in der Nachkriegszeit zu einem trügerischen Wohlstand, der die Konfliktursachen im europäischen System nicht beheben konnte. Im Herbst 1929 brach die Nachkriegsordnung zusammen.

Vor dem Hintergrund der Wirtschaftskrise in den USA verfestigte sich in der ersten Hälfte der 1930er-Jahre die antiinterventionistische und antieuropäische Haltung in der US-Innenpolitik. Durch die von Isolationisten im Kongress erlassenen Neutralitätsgesetze sollte die Teilnahme an einem Krieg dadurch ausgeschlossen werden, dass dem Präsidenten in der Außenpolitik die Hände gebunden wurden. Die übertriebene Sparsamkeit der Regierung und irrige Vorstellungen von einem ewigen Frieden schwächten die US-Streitkräfte. Die Teilstreitkräfte bekämpften sich bei der Zuteilung von Haushaltsmitteln gegenseitig erbittert, insbesondere in Bezug auf die Rolle und Aufgaben der Luftstreitkräfte. Zwar gab es einige Offiziere in der obersten Militärführung, die bereits ab 1934 mit Sandkastenmodellen Pläne über ein zukünftiges Europa entwickelten, das sich durch Hitler-Deutschland und dessen revisionistische Verbündete radikal verändern könnte. Doch damals fehlte der politische Wille zu einer umfassenden Wiederaufrüstung. Die öffentliche Meinung blieb von Anti-Interventionismus, Pazifismus und Isolationismus geprägt – bis zum 7. Dezember 1941.

Erst während der Sudetenkrise 1938 wurde sich US-Präsident Franklin D. Roosevelt der Bedrohung bewusst, die von den europäischen Diktatoren ausging. Der Ausbruch des Krieges in Europa 1939 veranlasste Roosevelt zu einer Politik der indirekten Unterstützung Großbritanniens, die von der zum größten Teil antibritischen öffentlichen Meinung keineswegs gutgeheißen wurde, während die Regierung offiziell Neutralität wahrte. Mit dem Fall Frankreichs im Juni 1940 – ein Schock für das US-Militär und sein Europabild – gewann diese probritische Politik an Dynamik, insbesondere mit der Aufnahme von Kontakten zwischen den Streitkräften der USA und Großbritanniens. Die Zusammenarbeit durch gemeinsame Stäbe wurde intensiviert. Zudem stärkte Franklin D. Roosevelt die Briten beispielsweise durch das *Destroyers for Bases Agreement* (Zerstörer-für-Stützpunkte-Abkommen, September 1940), das Leih- und Pachtgesetz über Waffenlieferungen (März 1941) und den Schutz von Handelsschiffen im Atlantik (Sommer/Herbst 1941). Letzteres hatte die USA und Deutschland bereits an den Rand eines nicht erklärten Krieges im Atlantik gebracht, noch bevor die Japaner im Dezember 1941 Pearl Harbor und die Philippinen angriffen.

Die Grundzüge der amerikanischen Gesamtstrategie sowie gewisse Merkmale ihrer Einsätze im Zweiten Weltkrieg hatten bereits Anfang 1941 Form angenommen. Diese Entwicklung erfolgte bis 1945 in drei Phasen, wobei unter den Alliierten beträchtliche Meinungsverschiedenheiten über Ziele und Mittel bestanden. Die erste Phase, bis 1942, war durch eine Verteidigungsstrategie gekennzeichnet, die von der geringen Zahl zur Verfügung stehender Kräfte und von der Materialknappheit bestimmt wurde, während man gleichzeitig den Ausbau der industriellen Kapazitäten und den Aufwuchs der Streitkräfte erwartete. Ein Sieg über Deutschland behandelten Großbritannien und die USA als oberste Priorität. Der Kriegsschauplatz im Pazifik trat dahinter zurück. Als Deutschland im Juni 1941 die Sowjetunion angriff, stellte sich die Frage einer Anti-Hitler-Koalition neu. Die Zusammenarbeit mit den Sowjets zeichnete sich durch eine gewisse Distanz aus.

Zwar bestand zwischen den drei Alliierten im Allgemeinen Einigkeit darin, dass sie Deutschland besiegen wollten. Doch die Suche nach einer gemeinsamen Strategie führte zu endlosen Konflikten, die auf das Schicksal des europäischen Staatensystems und die Rolle der USA große Auswirkungen hatten. Im Dezember 1941 traten die USA wiederum als Juniorpartner, diesmal von Großbritannien, in den Krieg ein, während die Franzosen Franklin D. Roosevelt eher als strategischen Hemmschuh empfanden. Der angloamerikanische Schwerpunkt auf dem Einsatz von See- und Luftverbänden sowie die indirekte Vorgehensweise standen im krassen Widerspruch zu der vom US-Heer und dem neu gebildeten Gremium der *Joint Chiefs of Staff* vertretenen Strategie, die auf völlige Vernichtung zielte und kontinental orientiert war. Die *Joint Chiefs of Staff* sprachen sich für eine schnelle Invasion des europäischen Kontinents (Operation *Bolero*) und die vollständige Niederlage Deutschlands in einem totalen Krieg aus. Die Vorteile der Allianz mit der Sowjetunion lagen im Zweifrontenkrieg. Nach der vernichtenden Niederlage Deutschlands könnten sich die USA dann wie nach 1919 wieder schnell aus Europa zurückzuziehen.

Als erste US-Truppe, die Europa erreichte, landete das V. US-Korps im Januar 1942 in Nordirland. Im Mai 1942 wurde General Dwight D. Eisenhower zum Obersten Alliierten Befehlshaber im Hauptquartier für das europäische Einsatzgebiet ernannt. Ungeachtet dieses Titels unterstützte Roosevelt jedoch die britische Strategie, die den ersten Feldzug im Mittelmeer (Operation *Torch*, November 1942) als Demonstration der Stärke auf See beinhaltete und die Invasion über den Ärmelkanal erst später als Höhepunkt des Feldzuges gegen das Deutsche Reich vorsah. Diese Strategie mißfiel der US-Heeresführung, ganz abgesehen von dem Argwohn, den sie bei den Sowjets wegen der fehlenden zweiten Front auslöste.

Dieser kritische Augenblick im Jahr 1943 stellte den Beginn der zweiten Phase in der Strategiebildung der Alliierten dar, die durch den Aufwuchs der Streitkräfte und die Aufrüstung ein offensives Vorgehen in drei Dimensionen ermöglichte, und zwar mit Schwerpunkt auf See. Dieser Prozess verschärfte den Streit zwischen den drei wichtigsten Alliierten um die auf das Mittelmeer konzentrierten Operationen einerseits und einen Vernichtungsschlag gegen West- und Mitteleuropa andererseits. Mit dem Nordafrikafeldzug wurde an dem Kurs des angloamerikanischen Vormarschs im Süden festgehalten, für den die Besetzung Siziliens (Operation *Husky*) im Jahr 1943 und im Anschluss daran die Invasion in Süditalien (Operation *Avalanche*) im September 1943 weitere Meilensteine darstellten. Damit wurde die vom britischen Premierminister Winston S. Churchill unter großem Widerstand seitens des US-Oberkommandos angeordnete Marschroute befolgt, was die Spannungen zwischen dem amerikanischen zivilen und militärischen Bereich und die Missstimmung unter den drei Alliierten zusätzlich verstärkte.

Im Frühjahr 1944 verlagerte sich jedoch der strategische Schwerpunkt auf die Verbindung der USA und der Sowjetunion, während die britischen Ziele sich zunehmend auf die Peripherie des Balkans konzentrierten, nachdem sich die drei Hauptalliierten für die Invasion über den Ärmelkanal (Operation *Overlord*) und die sowjetische Offensive im Osten entschieden hatten. Der Angriff im Westen sollte von General Dwight D. Eisenhower geführt werden und stellte die dritte, letzte und entscheidende Phase der Entwicklung der Strategie zur Bekämpfung Hitlers dar.

Eisenhower als Oberster Befehlshaber verkörperte die Entwicklung führender US-Offiziere vor dem Hintergrund der Zwänge des Bündniszusammenhalts einerseits und andererseits des Primats eng begrenzter nationaler Interessen bei der Anwendung von Waffengewalt sowie traditioneller oder gar mythischer strategischer Vorstellungen, die aus dem 18. Jahrhundert in das frühe 20. Jahrhundert überliefert worden waren. Er stellte eine neue Art des US-Offiziers dar, dem die Geschicke des Krieges und des Friedens in Europa anvertraut waren und der unterschiedliche nationale Interessen als wichtige operative und taktische Überlegungen des modernen Krieges miteinander in Einklang bringen musste. Man könnte auch sagen, dass seine Biografie die oben beschriebene Konvergenz von strategischen Überlegungen und der Praxis in den USA und Europa in besonderem Maße veranschaulicht.

Diese Ereignisse in den Jahren 1944 und 1945 läuteten die militärische Vormachtstellung der USA in Europa ein, auch wenn dieser Prozess im Rückblick deutlicher hervortritt, als er den Zeitgenossen von damals bewusst war. Die Entwicklung von Strategien in Europa war in eine neue, entscheidende Phase eingetreten, in der die USA eine bedeutende oder führende Rolle spielen sollten. Sie stand im Gegensatz zu vorangegangenen Phasen, in denen sich die USA durch eine Politik der Isolation auszeichneten oder einen Juniorpartner darstellten.

Von herausragender Bedeutung war in diesem Zusammenhang Präsident Roosevelts große Idee für eine Weltordnung der Nachkriegszeit. Sein Konzept erinnerte eher an die vergeblichen Hoffnungen der Anhänger Wilsons im Jahr 1919 als an die Realität der Ereignisse in Europa bis 1947. In Roosevelts Vorstellungen gehörten die Befriedung und Abrüstung im kontinentalen Europa zu einer Weltordnung, deren Gleichgewicht vier Großmächte gewährleisten sollten: die USA, Großbritannien, die Sowjetunion und China. Ein solches System würde es den USA erlauben, sich aus einem neutralisierten, ungefährlichen Europa zurückzuziehen, weil es von den Mächten an seinen Flanken unter Kontrolle gehalten würde. Ungeachtet solch fantastischer Ziele gab es bei der praktischen Umsetzung dieser Strategie in den Jahren 1944 und 1945 zunehmend Schwierigkeiten angesichts der Schwäche Großbritanniens, der Eigensinnigkeit Frankreichs, der Widerspenstigkeit Polens und des Widerstands der Sowjetunion – von Roosevelts nachlassender Gesundheit und dessen Tod ganz abgesehen.

Im Sommer und Herbst 1944 kämpften sich die US-Truppen von der Normandie nach Aachen vor und lieferten sich Schlachten an Orten wie Arnheim, Hürtgenwald und in den Ardennen, wo eine deutsche Gegenoffensive im Dezember 1944 zu schweren US-Verlusten (76 000 Mann) führte. Die US-Offensive wurde 1945 mit einer Strategie der Vernichtung fortgesetzt, die eines Generals Grant in der Schlussphase des Amerikanischen Bürgerkriegs würdig gewesen wäre und sich von der Ruhr und dem Rheinland nach Pforzheim, Nürnberg, München und Berchtesgaden erstreckte. Zeitgleich wurden im Bombenkrieg Berlin und die Städte an Rhein und Ruhr in Schutt und Asche gelegt. Diese Gewalt in der Schlussphase des Krieges verschärfte das Dilemma, den Krieg gewaltsam zu beenden und den Frieden wiederherzustellen. Das Problem spitzte sich mit der Verschiebung des internationalen Kräftesystems auf den Trümmern des Krieges in Mitteleuropa weiter zu, da die Briten an Macht verloren und sich die Amerikaner und Sowjets an der Elbe unmittelbar gegenüberstanden. Es folgte der schnelle Abzug der US-Truppen aus Europa, zunächst durch die Verlegung in das Einsatzgebiet im Pazifik und dann durch die allgemeine Demobilisierung: Von etwa Zwei Millionen Mann am Tag der deutschen Kapitulation verblieben bis Juni 1946 nur 290 000 US-Soldaten in Europa, und zwar drei Infanteriedivisionen, Unterstützungseinheiten sowie drei mobile Brigaden der *US Constabulary*, d.h. der Polizeikräfte der Besatzungsmacht.

Die Planung der US-Regierung für die Besatzung Deutschlands durch die vier Siegermächte erfolgte sporadisch von 1942 bis 1944, verbunden mit der fixen Idee, dass die USA nach dem Ende des Krieges bald ihre Streitkräfte vollständig abziehen würden. Die US-Heeresführung lehnte sicherheitsbildende Maßnahmen nach dem Krieg vehement ab, weil Präsident Roosevelt bei diesem Unterfangen eine starke zivile Rolle wünschte und auch die in den Jahren von 1919 bis 1923 gewonnenen Erfahrungen mit solchen Polizeikräften bei den führenden Militärs mehr oder weniger in Vergessenheit geraten waren. Immerhin hatten Soldaten und Zivilisten bereits praktische Erfahrungen bei der Verwaltung der eroberten Gebiete in Nordafrika, Italien und Frankreich gewonnen, als sie 1944 deutschen Boden erreichten.

In all diesen Fällen traten die Probleme im Zusammenhang mit dem Übergang von Gefechtshandlungen zum Wiederaufbau nach einem Konflikt schnell zutage. So gab es Probleme im Garnisonsleben; nur wenige Personen waren in den strengen Regeln der Militärverwaltung ausgebildet worden. Ein großer Teil dieses mit Zivilangelegenheiten befassten Personals bestand aus deutschen Juden mit amerikanischer Staatsbürgerschaft; sie alle waren in der Regel die Bürgersoldaten in der Gesellschaft, die einen zivilen Beruf ausübten. Im eroberten Westdeutschland waren diese Probleme größer als in den vorherigen Fällen. Dazu gehörten die Abgrenzung der Besatzungszone von den Gebieten der anderen Siegermächte; die Folgen des NS-Parteistaates für die deutsche Gesellschaft; die Auswirkungen des Konflikts zwischen der Sowjetunion und den USA sowie die Spannungen mit den Franzosen. Zudem wirkte sich der Frieden auf die Moral der GIs aus, die des Soldatenlebens überdrüssig waren.

Die US-Soldaten hatten mit den Versuchungen des Siegerstatus zu kämpfen. Sie langweilten sich im »Polizeidienst«. Das Ziel der Besatzung, die Ursachen des Krieges und den »Militarismus« in Deutschland gänzlich zu beseitigen, mag löblich gewesen sein. Doch die Mittel, mit denen dieses Ziel erreicht werden sollte – zum Beispiel die Weisung JCS 1067 mit ihrem berühmt-berüchtigten Fraternisierungsverbot und eine Politik der verbrannten Erde –, stellten selbst für die Amerikaner und ihre Kultur des Optimismus und der Erneuerung ein politisches und gesellschaftliches Experiment von atemberaubender Größenordnung dar. Die Denazifizierung, Demilitarisierung und Demokratisierung standen im Widerspruch zur Realität und schienen in den Jahren von 1945 bis 1947/48 zum Scheitern verurteilt. Dennoch hatte das Unterfangen Erfolg – aufgrund von Kräften, die außerhalb des Fassungsvermögens und der Kontrolle von Bürokraten und zu Gouverneuren ernannten Soldaten in einem von Behörden blockierten provisorischen Staat auf den Trümmern des Deutschen Reiches wirkten. In diesen Jahren bildete sich die US-Besatzungszone heraus, die das heutige Bayern, Hessen und Teile Baden-Württembergs umfasste.

Die zu Beginn der Besatzung feierlich erklärten drakonischen Ziele wurden durch ein von Praktikabilität, Großzügigkeit und Milde geprägtes Vorgehen sowie durch das zunehmende Gewähren von Spielräumen abgeschwächt. Die »Umerziehung« – ein Begriff für den Versuch, den nationalsozialistischen Gedankenmüll durch Staatsbürgerkunde und eine liberale Darstellung der zeitgenössischen Geschichte aus den jungen Köpfen zu verbannen – verärgerte sicherlich oft die jetzt ihres sozialen Status beraubten, gebildeten Sprösslinge der deutschen Mittelschicht, die der Geldgeber für den Reichsführer SS gewesen war. Doch die Anziehungskraft von Wohlstand, Popmusik und technologischem Fortschritt des *American Way of Life* auf junge Westdeutsche unterminierte die hartnäckigen antiamerikanischen stereotypen Vorstellungen der jungen ebenso wie der alten Elite. Im Schatten des Hakenkreuzes unterstützte die Mehrheit der besiegten Westdeutschen langfristig die Ziele der US-Besatzer, weil es kaum eine praktische Alternative gab, das stalinistische Modell östlich des Stacheldrahtes vielleicht ausgenommen. Die Situation des deutschen Staates und seiner Gesellschaft im Jahr 1946 unterschied sich grundlegend von dem Jahr 1919. Es standen keine intakten Führungseliten bereit, die ihre Privilegien mit einer Truppe militärischer Desperados verteidigten. Der Fluch des Genozids, die vollständige Niederlage und die Trümmerlandschaft machten Widerstand ebenso unmöglich wie die Besatzungspolizei der USA. Dennoch fürchteten die Besatzer noch lange nach der Gründung der jungen Bundesrepublik ein Wiederaufleben des Nationalsozialismus.

Mit den Nürnberger Prozessen, der Währungsreform, dem Beginn der Feindschaft zwischen der Sowjetunion und den USA im sogenannten Kalten Krieg und der Teilung Deutschlands wuchs von 1946 bis 1948 unter dem Banner der Demokratisierung die Bedeutung der Zivilgesellschaft in Westdeutschland. Der »gesunde Menschenverstand« richtete sich gegen das Verbot, Kindern mit Freundlichkeit zu begegnen und eine Affäre mit jungen Frauen anzufangen (d.h., irgendwie den Geschlechtstrieb abzuschaffen, ein besonderes amerikanisches Projekt). Diese missratene Strategie führte letzten Endes zu Fehlern in der Besatzungspolitik, durch die zu viele Politiker aus der Weimarer Zeit politische Ämter wiedererlangten, zu viele ehemalige Nationalsozialisten ungestraft davonkamen oder sogar Auszeichnungen erhielten (wie Hans Hellmut Kirst es in seinem Roman »08/15« beschrieb) oder Unschuldige bestraft und entrechtet wurden (wie es Ernst von Salomon in »Der Fragebogen« darstellte). Dennoch wandelte sich das Bild des amerikanischen Soldaten als eines skrupellosen, von jüdischen Bankern kontrollierten Mörders in Uniform, wie ihn die NS-Propaganda portraitiert hatte, oder als eines gesichtslosen, mit mittelmäßigen Waffen und Kampfausrüstung versehenen Roboters ohne echten Kampfeselan, wie ihn deutsche Generalstabsoffiziere sahen. Als die ersten Monate der Besatzung zu Jahren wurden und gewisse Routine eintrat, bildete sich eine Besatzungsarmee aus den olivgrünen Truppen von leicht vertrottelten Gefreiten, pistolenschwingenden West-Point-Absolventen, jüdischen Emigranten in Uniform, Soldaten aus dem Mittleren Westen und den Südstaaten und Afroamerikanern mit blendend weißen Zähnen, die sich nicht um Uniformvorschriften scherten und – zum Wohle vaterloser Kinder und mitteloser, notleidender Frauen – über unerschöpfliche Vorräte an Jeeps, Lebensmitteln, Schokolade, Zigaretten und Jazzmusik verfügten. Dies stand im Widerspruch zu den Stereotypen die aus früheren europäischen Konflikten bekannt waren.

Anders als zwischen 1919 und 1923, ließen die politischen Verpflichtungen der USA als eine Weltmacht im Atomzeitalter, die Rolle des US-Soldaten im Rahmen einer solchen Politik und das Schicksal von West- und Mitteleuropa im Zentrum der beiden ideologischen Blöcke einen Abzug der US-Truppen in die Heimat innerhalb von zwei Jahren nach Kriegsende nicht zu, wie Roosevelt ihn im Februar 1945 verkündet hatte. Stattdessen wurde auf der Grundlage von George Kennans »Langem Telegramm« über die Beweggründe für das Verhalten der Sowjetunion, das in Washington die Runde gemacht hatte, die Eindämmungspolitik der Regierung unter Präsident Harry S. Truman gegenüber der UdSSR entwickelt. Ende 1947 führte der Griechische Bürgerkrieg zu einem transatlantischen diplomatischen Engagement der USA, das in den Hauptstädten Westeuropas weite Beachtung fand. Dieser Prozess mündete in die Truman-Doktrin über die Hilfe der USA für die Staaten, die sich dem Kommunismus widersetzten (März 1947), und in den Marshallplan (Juni 1947), der den vom Krieg zerstörten Ländern West- und Mitteleuropas wieder zu Wohlstand verhelfen sollte. Zu dem Zeitpunkt, als diese Initiativen ergriffen wurden, verfügte das Oberkommando Europa der US-Streitkräfte über etwas mehr als 100 000 Mann. Diese Zahl nahm im Zuge der Streitkräftereduzierung weiter ab, mit der die USA nach Kriegsende ihr Staatsdefizit abbauen wollten.

Diese Grundsätze, der fehlende Frieden und das Gebot der Sicherheit führten schnell zu einem Wandel der Besatzungspolitik. Die Politik der Isolation, die mit Verträgen über ein Kriegsverbot geschmückt war; das gescheiterte Konzept der kollektiven Sicherheit von 1919; die Pentarchie der alten Mächte, die mit dem Selbstmord von Hitlers Europa ihr Ende gefunden hatte: Nichts davon konnte wiederbelebt werden. Die USA verpflichteten sich vielmehr zum Aufbau von Demokratie, Wohlstand und Sicherheit für West- und Mitteleuropa sowie zur Eindämmung der Sowjetunion im Atomzeitalter. Diese diplomatische Revolution bedeutete, dass der US-Soldat in einer Phase in Europa bleiben musste, in der weder Krieg noch Frieden herrschte; sie ließ sowohl politische als auch strategische Herausforderungen erahnen, die zwar zum Teil auf frühere Epochen zurückgingen, die nun aber ein beispielloses Ausmaß angenommen hatten.

Europa im Kalten Krieg 1945 bis 1973:
Das US-Militär inmitten der Gefahren der Abschreckung und des Bündniszusammenhalts

Durch die strategischen Zwänge und die neu entwickelte Kräftegliederung der Vorneverteidigung in den Jahren von 1947 bis 1955 wandelte sich die Rolle des US-Militärs: von einer Polizeitruppe der frühen Nachkriegszeit zu Heeres-, Luftwaffen- und Marinetruppen, die zur Abschreckung im großen Umfang in West- und Mitteleuropa stationiert waren. Dieser jahrzehntelange Prozess des Wachestehens an der Front des Kalten Krieges bildet einen Gegensatz zu der Geschichte der Soldaten und Streitkräfte in den vorangegangenen Zeitabschnitten – und auch zu denen, die folgten. Entgegen den düsteren Vorhersagen aus den Jahren von 1945 bis 1947, nach denen die gleichen Probleme wie zwischen den beiden Weltkriegen wiederaufleben würden, entwickelten sich in West- und Mitteleuropa Frieden und Wohlstand. Das lag nicht nur daran, dass die Bürger zu friedlichen Menschen geworden waren, die sich das Ideal eines vereinten Europas auf einer pluralistischen Grundlage zu eigen machten. Sondern das lag auch an der vier Jahrzehnte währenden Präsenz von US-Truppen im Rahmen der NATO. Die Teilung Europas, wieviel Unrecht sie auch mit sich gebracht haben mag, verringerte die Kriegsgefahr in Europa auf eine Weise, die in früheren Epochen unmöglich gewesen war. Unter dem Schirm der erweiterten nuklearen Abschreckung ermöglichte diese Politik die Konsolidierung der atlantischen demokratischen Ordnung, den Durchbruch der sozialen Marktwirtschaft sowie den Zusammenhalt des Bündnisses.

Die Entwicklung von einer Besatzungsmacht zu einem Bündnispartner erfolgte für die US-Streitkräfte in Europa von 1947 bis 1950 als Reaktion auf eine Reihe von Krisen. Dazu gehörten der Umsturz in der Tschechoslowakei im Februar 1948, die Berlin-Blockade ab Sommer 1948, die Entwicklung der sowjetischen Atombombe im August 1949, die Niederlage Chiang Kai-sheks in China im Dezember 1949 und der Ausbruch des Koreakrieges im Juni 1950. Diese Ereignisse bestärkten die Regierung Truman in ihrem Willen, Westeuropa vor dem Zugriff durch die Sowjetunion zu bewahren und Westdeutschland die Möglichkeit zu gewähren, sich in Westeuropa zu integrieren. Dem Nordatlantikvertrag vom April 1949 vorausgegangen war eine von gegenseitiger Hilfe unter den Westeuropäern gekennzeichnete Politik, die den US-Senat dazu veranlasste, seine in der Tradition von Jefferson stehende Haltung, *entangling alliances* – also Bündnisse mit Verwicklungspotenzial – zu vermeiden. Mit der Unterzeichnung des Nordatlantikvertrags im darauffolgenden Jahr begaben sich die Bündnispartner auf den verschlungenen Weg zu einem integrierten Sicherheits- und Verteidigungsbündnis.

Während die Artikel des Nordatlantikvertrags die Werte des Bündnisses (Art. II), die Mittel der Konsensherbeiführung, der Konsultation und einer gerechten Aufgabenteilung (Art. III und IV) sowie das Primat der kollektiven Verteidigung (Art. V) unterstrichen, rückten die Politik der Lastenteilung und das Problem der Nuklearwaffen rasch in den Vordergrund. Dieses waren die Hauptprobleme, denn die Regierung Truman hatte bis kurz vor Beginn des Koreakrieges (Juni 1950) die Truppenstärke und den Verteidigungshaushalt der USA deutlich gekürzt. Das warf zwangsläufig die Frage auf, wo und wie sich weitere Truppen für Europa rekrutieren lassen könnten. Oder sollte diese Option zugunsten einer Strategie des begrenzten Engagements vor Europas Küsten ganz aufgegeben werden? Gleichzeitig war es aus ökonomischer und sicherheitspolitischer Sicht dringend geboten, Westeuropa zu dessen Erholung keine allzu große Last in Form von Waffen und Soldaten aufzuerlegen.

Bis zum Ausbruch des Koreakrieges deuteten diese Erfordernisse auf eine indirekte nukleare See- und Luftstrategie zur Verteidigung Europas hin. So waren beispielsweise die US-Truppen in Westdeutschland im Dezember 1949 nur 84 000 Mann stark. Diese Beschränkungen warfen außerdem die Frage auf, wie sich die westeuropäischen Länder selbst bewaffnen würden. Unter welchen Bedingungen solle Westdeutschland gegebenenfalls einbezogen werden? Mit dem Strategiedokument NSC-68 des Nationalen Sicherheitsrats von Anfang 1950 wurde die von Truman festgelegte Haushaltsobergrenze durch den Aufbau nuklearer und konventioneller Streitkräfte überschritten, gefolgt von der im Zuge des Koreakrieges im Sommer und Herbst 1950 verkündeten allgemeinen Mobilmachung.

Der Überfall Südkoreas durch Nordkorea beseitigte die in der Regierung Truman und den westeuropäischen Hauptstädten vorhandenen Ängste vor einer Bewaffnung Westdeutschlands schlagartig – einzig Frankreich bildete eine Ausnahme. Um einem sowjetischen Angriff zuvorzukommen und um die französische Sorge zu zerstreuen, von Amerikanern und Briten angesichts eines erstarkenden (West-)Deutschlands allein gelassen zu werden, entsandte die Regierung Truman im August 1950 vier weitere Divisionen zur Verstärkung der Verteidigung Westdeutschlands. Diese Truppen wurden zum Bollwerk der sogenannten Vorneverteidigung, d.h. einer am Rhein statt am Ärmelkanal angesiedelten Verteidigungslinie. Darüber hinaus begannen die USA, ihren NATO-Verbündeten Verteidigungshilfe zu bieten, indem sie die westeuropäischen Streitkräfte im großen Stil ausrüsteten und ausbildeten. Die französische Vierte Republik, die bereits umfangreiche US-Waffenlieferungen für den Indochinakrieg erhielt, erlaubte im November 1950 die Errichtung einer Reihe von US-Stützpunkten und Hauptquartieren in ihrem Hoheitsgebiet. Diese Stützpunkte stellten eine Verbindung zur Verstärkung Westdeutschlands dar. Gleichzeitig wurde die 1947 aufgelöste 7. US-Armee reaktiviert; sie erhielt ihr Hauptquartier in Südwestdeutschland.

US-Außenminister Dean Acheson wies darauf hin, dass diese US-Verstärkungskräfte später abgezogen würden, sobald die Westeuropäer ihre Vorkriegsstärke wieder erlangt hätten und selber wieder größere Lasten schultern könnten. Trotz des Krieges in Korea führte diese Entscheidung unter den Truman-Kritikern im US-Senat zu großen Meinungsverschiedenheiten. Der republikanische Senator Robert Taft stellte im Gegensatz zu seinem Kollegen Arthur Vandenberg die konstitutionelle Weisheit und den strategischen Zweck einer solchen Strategie und Streitkräftestruktur, die Europa Priorität einräumte, in Frage. Von Juni bis Oktober 1951 wurden die Hauptquartiere des V. und VII. Korps als Teile der 7. US-Armee nach Europa verlegt. Ihnen folgten bis Ende 1952 eine Panzer- und drei Infanteriedivisionen. Das Hauptquartier des US-Oberkommandos Europa hisste seine Flagge auf dem Gebäude der IG Farben in Frankfurt a.M. und wurde in »US-Heer Europa« umbenannt. Bis Ende des Jahres 1952 stieg die Zahl der US-Bodentruppen in Europa auf 252 000 Mann.

Das Gebot der Lastenverteilung führte zur Erweiterung des Bündnisgebietes und Einbeziehung der Bundesrepublik in die Verteidigung Westeuropas. Das bedeutete den Verzicht auf eine Entmilitarisierung Westdeutschlands. Die USA und Frankreich setzten sich in den Jahren 1950 bis 1954 gemeinsam für eine europäische Armee (Europäische Verteidigungsgemeinschaft) ein, die quasi die Quadratur des Kreises der atlantischen Verteidigung ermöglichen sollte. Dwight D. Eisenhower wurde

1951 Oberster Alliierter Befehlshaber (SACEUR), was einen wichtigen Schritt auf den Weg zu einer integrierten militärischen Struktur darstellte. 1952 folgten bereits die Verabschiedung der Streitkräfteziele von Lissabon – die mehr oder weniger mit dem Konzept des NSC-68 in Einklang standen – und der NATO-Beitritt Griechenlands und der Türkei.

Allerdings hielt diese Dynamik nur bis Mitte der 1950er-Jahre an. Der Tod Stalins, das Ende des Koreakrieges, das Aufkommen von Thermonuklearwaffen und taktischen Kernwaffen in den westlichen Waffenarsenalen sowie die Niederlage Frankreichs im Indochinakrieg (trotz US-Hilfe) beendeten die ersten Bemühungen um eine integrierte Verteidigung. Die Regierung Eisenhower (1953–1961) stellte ihr neues strategisches Konzept (*New Look*) der massiven atomaren Vergeltung (*Massive Retaliation*) im Rahmen einer stärker nuklear ausgerüsteten NATO vor. Mit dieser Politik wurden die Verteidigungsausgaben gesenkt und die Anzahl der während des Koreakrieges mobilisierten US-Bodentruppen reduziert, während die Bundesrepublik der NATO beitrat und langsam die neue Bundeswehr entstand, von vielen Kontroversen im eigenen Land und im Ausland begleitet. Ein halb geheimer Plan aus dem Jahr 1956, die US-Truppen in Europa stark zu verringern (der nach dem Vorsitzenden der *Joint Chiefs of Staff* benannte Radford-Plan) wurde bald zunichte gemacht durch den Aufstand der Ungarn gegen die Sowjets und das Suez-Debakel, das sich im selben Jahr ereignete und bei dem eine gemeinsame französisch-britisch-israelische Offensive gegen Ägypten in einem katastrophalen Zerwürfnis zwischen den Bündnispartnern und atomaren Drohungen endete.

Nachdem diese Ereignisse bereits die NATO in Unruhe versetzt und die Strategie der erweiterten Abschreckung ad absurdum geführt hatten, löste im darauffolgenden Jahr der sowjetische Satellit »Sputnik« eine weitere Krise aus, und die transatlantische Sicherheit wurde durch Nikita S. Chruschtschows Versuch, 1958 den Viermächtestatus im geteilten Berlin zu beenden, sowie durch die Krise im Libanon weiteren Belastungen ausgesetzt. Diese Rückschläge ereigneten sich just zu dem Zeitpunkt, als die erste Nachkriegsrezession der US-Wirtschaft die Kosten für die Truppen in Übersee zu einem Zahlungsbilanzproblem machte, während der US-Kongress angesichts einer angeblichen Raketenlücke infolge des »Sputnik«-Flugs die Dringlichkeit des Themas Verteidigung anmahnte. Dennoch siegte das Gebot des Bündniszusammenhalts. Das veranlasste die NATO, intensivere politische Konsultationen zu führen sowie der gemeinsamen Nutzung von Nuklearwaffen durch die Bündnispartner zuzustimmen. Dafür hatte sich SACEUR-General Lauris Norstad eingesetzt.

Nicht weniger bedeutsam als der SACEUR war im Oktober 1958 ein Rockstar, der in der Stabskompanie des 32. Panzerregiments der 3. US-Panzerdivision in Friedberg, Hessen diente: Elvis Presley. Aller Propaganda im Kalten Krieg zum Trotz, machte Elvis Presley deutlich, wie sehr gemeinsame Werte die transatlantischen Beziehungen seit dem Krieg verändert hatten. Die Westdeutschen, insbesondere die junge Generation, ließen sich begeistern vom Konsumverhalten der amerikanischen Mittelschicht und waren bereit, mit Traditionen zu brechen.

Gleichzeitig lästerten böse Zungen in der deutschen Gesellschaft der 1950er-Jahre über die »Rassenmischung« durch die Präsenz afroamerikanischer Soldaten. Die rassistischen Phrasen unterschieden sich nur wenig von den nationalsozialistischen Hetzparolen gegen die »Negermusik« (Jazz). Danach würden nur Frauen ohne Moral und von niedriger Herkunft, nicht aber Frauen mit einer ordentlichen Erziehung und aus einem anständigen Elternhaus, einen GI zum Ehemann nehmen. Sie warnten vor der Enttäuschung, wenn diese »Fräulein« mit der sozialen Ungleichheit in den USA konfrontiert würden, die sich hinter den chromblitzenden Karossen und dem reichhaltigen Warenangebot in den Geschäften auf den US-Stützpunkten auftäten. Ein Spielfilm aus dieser Zeit, »Stadt ohne Mitleid«, setzte dem Thema der sexuellen Gewalt von US-Soldaten und den »liederlichen« – oder vielleicht einfach nur modernen – deutschen Frauen ein Denkmal.

Außerdem gab es jene ehemaligen Soldaten der Wehrmacht, die in der Nachbarschaft der amerikanischen Standorte lebten und – das Landserheft in der Hand und Moltke im Hinterkopf – die US-Soldaten als undisziplinierte »Weicheier« betrachteten, die es mit den kampfgestählten »Iwan-Schlächtern« niemals hätten aufnehmen können. Ähnlich unverblümt äußerten Hitlers ehemalige Soldaten ihre Missachtung für die neue Bundeswehr, aber derlei Urteile besaßen einen eher nationalistischen Charakter.

Dennoch: Die Soldaten, die Musik und die Wirtschaftsbeziehungen der USA hatten eine ebenso nachhaltige Wirkung wie die Bereitschaft, Entschädigungen für die Kollateralschäden der Truppenstationierung – einschließlich Wildschweinschäden – zu leisten. Diese Praxis stand darüber hinaus im völligen Gegensatz zum Verhalten der in Ostdeutschland und an anderen Orten in Mittel- und Osteuropa stationierten sowjetischen Truppen, deren Kasernenleben und zivil-militärische Beziehungen durch Geheimhaltung und eine Mauer des Schweigens gegenüber der unterworfenen Bevölkerung schwer beeinträchtigt waren. Das Misstrauen saß tief, allen Beteuerungen der Waffenbrüderschaft der »deutsch-sowjetischen Freundschaft« zum Trotz.

Die Stationierung von Nuklearwaffen bei verschiedenen NATO-Streitkräften Ende der 1950er-Jahre sowie die Nuklearkrisen, die sich in den frühen 1960er-Jahren entwickelten, brachten in den Zivilgesellschaften Westeuropas eine pazifistische Anti-Atom-Bewegung hervor, die zu einer treibenden Kraft in außen- und innenpolitischen Fragen der Sicherheit und Verteidigung wurde. Das *Committee for Nuclear Disarmament* in Großbritannien und die Bewegung »Kampf dem Atomtod« in Westdeutschland waren nur zwei dieser Gruppierungen. Sie entwickelten sich zu wichtigen Akteuren der Gesellschaft und der Kultur, führten zur Entstehung weiterer politischer Bewegungen und beeinflussten die Erwartungen gegenüber den transatlantischen Beziehungen als einen festen Bestandteil des europäischen Lebens stark.

Das neue Jahrzehnt der 1960er brachte anhaltende Belastungen im Bereich der Politik, der Strategie, der Haushalte und der Streitkräftestruktur mit sich, die sich mittlerweile zu Dauerbrennern im westlichen Bündnis entwickelt hatten. Als Folge der Verschärfung der Berlin-Krise 1961 und des Zerwürfnisses der NATO-Bündnispartner über die Zukunft der nuklearen Abschreckung, die sich inzwischen in der Hand der Regierung unter Präsident John F. Kennedy befand, wurden die US-Standorte in Europa deutlich verstärkt. Gleichzeitig begann der französische Staatspräsident Charles de Gaulle damit, in Zusammenhang mit dem Algerienkrieg die ersten Verbände aus der integrierten militärischen Struktur herauszulösen. Das Konzept der Massiven Vergeltung verlor seine Überzeugungskraft, Kritiker betrachteten dessen Androhungen als eine Sackgasse in einem begrenzten nuklearen Konflikt und im Guerillakrieg. Dementsprechend verstärkte die neue US-Regierung die konventionellen Streitkräfte der USA und der Bündnispartner in dem Bestreben, angesichts des Erstarkens der Sowjetunion als Nuklearmacht im Rahmen der Nuklearstrategie der *Flexible Response* (Flexiblen Antwort) die nukleare Schwelle anzuheben. Für Kritiker der neuen Politik in Paris und Bonn bedeutete diese Neuerung einerseits eine wesentliche Reduzierung des Engagements der USA für die europäische Sicherheit, andererseits eine drohende Beschränkung des Atomkriegs auf Europa.

Dieser Konflikt trat mit dem Bau der Berliner Mauer im August 1961 noch weiter in den Vordergrund. Unter der Regierung Kennedy, die auf konventionelle Streitkräfte setzte, wurden während der Berlin-Krise zusätzlich 40 000 Mann nach West- und Mitteleuropa verlegt. Truppen der *US Berlin Brigade* standen im Oktober 1961 sowjetischen Panzern am Sektorenübergang *Checkpoint Charlie* an der kürzlich errichteten Mauer gegenüber – ein Szenario, wie der Auftakt zu einem Dritten Weltkrieg. Die Zahl der in West- und Mitteleuropa stationierten amerikanischen Bodentruppen erreichte im Juni 1962 einen Höchststand von 277 000 Mann, der teilweise auf die in der Heimat unpopuläre Mobilisierung von Reservetruppen zurückzuführen war. Die Strategie der Flexiblen Antwort erhielt durch die Kuba-Krise Ende 1962 weiteren Auftrieb. In der Folge verringerten sich die Spannungen zwischen den Supermächten und mit der Eskalation des Indochina-Konflikts verlagerte sich der strategische Schwerpunkt der USA nach Asien. War nun die Zeit für die USA gekommen, ihre Investitionen in Westeuropa zu überdenken, zumal der Wiederaufbau nahezu abgeschlossen war?

Letztlich führten die durch den sinkenden Dollarkurs steigenden Kosten für US-Standorte mit der Doppelstationierung amerikanischer Streitkräfte auf dem US-amerikanischen Festland und in Westeuropa zu erheblichen Reduzierungen der US-Truppen. Zur selben Zeit begann die Bundesrepublik mit Ausgleichszahlungen, mehr oder weniger durch den Kauf von US-Waffen für die Bundeswehr, um die Kosten der USA für die stationierten Kräfte zu senken – eine praktische Maßnahme der Lastenteilung, die allerdings keine Ruhe in die bilateralen Beziehungen brachte. Die Operation *Big Lift* im Jahr 1963 war der Vorbote für einen zunehmenden politischen Druck, die Kosten und den Umfang des US-Engagements in Europa von Mitte der 1960er-Jahre an bedeutend zu verringern. Sie fand unmittelbar vor der Ausweitung des US-Engagements in Südvietnam statt und sollte demonstrieren, wie die in den USA stationierten Streitkräfte äußerst schnell und wirkungsvoll nach Europa zurückverlegt werden konnten. Diese Entwicklung wurde durch den Beschluss des französischen Staatspräsidenten Charles de Gaulle im Jahr 1966 beschleunigt, die französischen Truppen aus der integrierten militärischen Struktur der NATO zu lösen und ausländische Militärstützpunkte auf französischen Hoheitsgebiet zu schließen.

Parallel dazu wurden die US-Streitkräfte in Westeuropa durch die Notwendigkeit neuer Verbände für den Dienst in Asien ausgedünnt. Dies führte zu einer Verringerung der Kommandoebenen für die Bodentruppen, zum Beispiel durch das Zusammenlegen des Hauptquartiers des US-Heeres, Europa mit dem Hauptquartier der 7. US-Armee. Die negativen Auswirkungen des Vietnamkriegs beschleunigten den Zusammenbruch von Kampfgeist und Kampfkraft auf amerikanischer Seite. Diese Entwicklung im militärischen Bereich spiegelte zu einem gewissen Grad die gesellschaftlichen Auseinandersetzungen in den USA und in anderen westlichen Staaten gegen Ende der 1960er-Jahre wieder. Nach dem Vorbild von US-Senator Robert Taft in der sogenannten Großen Debatte legte Senator Mike Mansfield 1966 eine Resolution zu einem Abzug eines Großteils der US-Streitkräfte vor, um so die westeuropäischen Bündnispartner mit einem Schlag zu höheren Verteidigungsausgaben zu zwingen. Entsprechende Debatten wurden im US-Senat über mehrere Jahre geführt. Sie erreichten ihren Höhepunkt, als Präsident Lyndon B. Johnson starken Druck auf die westdeutsche Regierung von Bundeskanzler Ludwig Erhard ausübte, einen noch größeren Teil der Lasten zu übernehmen, während Johnson selbst den NATO-Vorschlag für eine multilaterale Atomstreitmacht auf Kosten der westdeutschen Interessen verwarf.

Letztendlich übernahm die NATO Ende 1967 das Konzept der Flexiblen Antwort als strategische Doktrin, während am Ende des Jahrzehnts der Harmel-Bericht über die zukünftigen Aufgaben des Bündnisses die Politik der kollektiven Verteidigung an den Entspannungsprozess anpasste, indem er einen zweigleisigen Ansatz vorschlug: Entspannung und kollektive Verteidigung. Zu seiner Zeit war dieses Programm auf beiden Seiten des Atlantiks schwer zu vermitteln; einerseits hielten die Befürworter der Entspannungspolitik die NATO für überflüssig, und andererseits halfen die Kritiker, welche die Kräftegliederung der USA aus Haushaltsgründen angriffen, die Truppen zu reduzieren. Trotz des Einmarsches der Truppen der Warschauer-Pakt-Staaten in die Tschechoslowakei im August 1968 konzentrierte sich die neue Regierung unter Präsident Richard Nixon darauf, die Spannungen mit der Sowjetunion abzubauen und den Vietnamkrieg zu beenden. Begleitet wurde diese Politik durch eine stetige Verschlechterung der transatlantischen Sicherheitsbeziehungen, vor allem, weil die USA ihre Energie und Aufmerksamkeit auf Regionen außerhalb Westeuropas richteten. Die USA betrachteten die westdeutsche Ostpolitik mit Skepsis. Sie galt als Zeichen eines aufkeimenden Euro-Sozialismus oder, schlimmer noch, einer rückwärtsgewandten Schaukelpolitik, welche die Stabilität der Staatsordnung gefährde.

Gleichzeitig ließ das militärische Engagement der USA in Westeuropa zum Ende der 1960er-Jahre offenbar weiterhin nach, wohingegen der Warschauer Pakt mit atemberaubender Geschwindigkeit aufrüstete. Um dem Eindruck der USA mangelnder Bereitschaft zur Vorneverteidigung entgegenzuwirken, starteten die USA im Januar 1969 ein Manöver mit der Bezeichnung *Return of Forces to Germany* (REFORGER, Rückkehr von Streitkräften nach Deutschland). Dieses Manöver entwickelte sich zum Höhepunkt jedes militärischen Jahres, konnte jedoch nicht verbergen, dass es bei den US-Truppen in Europa Probleme mit der Kampfmoral und der Disziplin gab. Diese Schwierigkeiten hatten ihren Ursprung im Wertverlust des US-Dollars sowie in der Ausbreitung von Kriminalität, Drogen und Spannungen zwischen Weißen und Schwarzen in den US-Kasernen, die durch den kombinierten Einfluss von Ho Chi Minh, Abbie Hoffman, einer Leitfigur der Jugendrevolution, und Huey P. Newton, einem Mitbegründer der *Black Panther Party*, hervorgerufen wurden.

Auf die Schwäche der inneren Struktur des in Vietnam eingesetzten Militärs reagierte die Nixon-Regierung mit der Abschaffung der Wehrpflicht und der Einführung der ausschließlich aus Freiwilligen bestehenden Streitkräfte in den Jahren von 1972 bis 1973. Diese Reform verstärkte die Sorge in der westeuropäischen Öffentlichkeit, dass die US-Streitkräfte ihren hohen professionellen Standard aufgegeben hätten und damit ein Bollwerk der Vorneverteidigung verloren ging, das die *U.S. Army* zwanzig Jahr zuvor noch gewesen war. 1972 wurden in Frankfurt a.M. die ersten terroristischen Angriffe gegen US-Standorte in der Bundesrepublik verübt, und solche Bomben- und Mordanschläge auf die US-Soldaten setzten sich in den 1970er- und 1980er-Jahren weiter fort. Die Situation wurde in diesen beiden Jahrzehnten durch Aktionen von deutschen und italienischen linksgerichteten Terrorgruppen sowie von palästinensischen und libyschen Terrorzellen noch verschärft, die in einigen Fällen von sowjetischer Seite unterstützt wurden.

Die negative Entwicklung der Verteidigungsbeziehungen zwischen den USA und Europa erreichte 1973 ihren Tiefpunkt, nachdem im Zusammenhang mit den durch den Rückzug aus Indochina ausgelösten Hoffnungen politische Entscheidungsträger feierlich das »Jahr Europas« ausgerufen hatten. Der Versuch, die angeschlagenen Beziehungen zu kitten, endete im Oktober 1973 im Debakel des *Jom-Kippur*-Krieges außerhalb des NATO-Gebiets, den Ägypten und Syrien sowie weitere Staaten gegen Israel führten. Angesichts der Tatsache, dass Israel beinahe durch die Araber besiegt worden wäre, verlagerten die USA ihre Aufmerksamkeit und beträchtliche Summen an Hilfsgeldern nach Israel. Unterdessen verweigerten westeuropäische NATO-Bündnispartner den Amerikanern die Überflugrechte für den Transport von Waffen und Ausrüstung nach Israel.

Die vom Ölembargo ausgelösten wirtschaftlichen Turbulenzen lehrten die Amerikaner zum ersten Mal die Furcht vor der Abhängigkeit von »fremdem Öl«. Der Benzinpreis stieg von unter 40 US-Cent pro Gallone auf über einen halben US-Dollar und die Bundesrepublik führte die autofreien Sonntage ein, in einer systemischen Krise in der Wirtschaft und Gesellschaft des Westens. Der Verlauf der Kämpfe schien darüber hinaus die taktische und operative Wirkung der sowjetischen Waffen und Taktiken gegen westliche Streitkräfte zu demonstrieren – ein Aspekt, der noch beunruhigender war als die von Experten beschworene Raketenlücke. All diese Entwicklungen begannen, als der Krieg der USA in Vietnam endete und das US-Militär mit Ausgabenkürzungen und der Umstellung auf eine Freiwilligenarmee zu kämpfen hatte. Der junge Leutnant oder Obergefreite saß nun in seiner heruntergekommenen Kaserne, den Westdeutschen und seinen amerikanischen Landsleuten gleichermaßen entfremdet und in einer Zeit der Stagflation und Entspannung in Europa die Stellung haltend.

Entspannung, erneute Konfrontation und Frieden, 1973 bis 1990

1973 begann die Regierung Nixon in Wien Gespräche über beiderseitige und ausgewogene Truppenreduzierungen mit den Sowjets (*Mutual and Balanced Force Reductions*, MBFR). Das Ziel bestand zum Teil darin, die Mansfield-Gesetzesänderung zu verhindern, aber auch die Rüstungskontrolldiplomatie zu beleben, insbesondere in Bezug auf die Ost-West-Kriegsordnung an der deutschen und tschechoslowakischen Grenze. Damit wurde letztendlich der Anfang vom Ende des Kalten Krieges und der relativ stabilen, wenn auch militarisierten Ordnung der transatlantischen Beziehungen eingeläutet. Allerdings kann man es dem zeitgenössischen Beobachter kaum verdenken, wenn er den ersten schwachen Schimmer dieser Dämmerung nicht wahrnahm.

Die Gespräche über Truppenreduzierungen standen im Schatten der Rüstungskontrolle. Die Zahl der nuklearen Interkontinentalraketen und Flugkörperabwehrstellungen sollte 1986–1972 im Zuge der SALT 1-Gespräche verringert werden. Die sowjetischen Ziele der Entspannungspolitik fanden ihren Niederschlag auch in der Schlussakte von Helsinki aus dem Jahr 1975, die zur Gründung der Konferenz für Sicherheit und Zusammenarbeit in Europa (KSZE) als eine blockübergreifende paneuropäische Sicherheitsstruktur führte. Amerikanische neokonservative Kritiker des Vorstoßes von Nixon und Henry A. Kissinger, das Staatensystem in den 1970er-Jahren neu zu ordnen, prangerten die KSZE zwar als Legitimierung der sowjetischen

Hegemonie in Mittel- und Osteuropa an, aber tatsächlich verlieh die Betonung der Menschenrechte in den Protokollen der Zivilgesellschaft dort deutlichen Auftrieb. In der zweiten Hälfte der 1970er-Jahre in der Tschechoslowakei und in Polen entstehenden Bürgerrechtsbewegung wurden diese ersten Schritte allerdings fast völlig von Befürchtungen überschattet, dass das US-Verteidigungsengagement in Europa angesichts der Modernisierung und Erweiterung der Atomarsenale nicht von Dauer sein könnte.

Auf der strategischen und operativen Ebene der US-amerikanischen Land- und Luftstreitkräfte in Europa erwiesen sich die Maßnahmen als Rettung, die von Senator Sam Nunn und erfinderischen Offizieren der *U.S. Army* im Zuge der Reform der amerikanischen Bodentruppen zur Schaffung von Gesamtstreitkräften aus Reservisten und aktiven Soldaten getroffen wurden. Nunn löste Mansfield als Leitfigur im US-Senat ab, die sich mit dem Schicksal der US-Truppen in Europa befasste. Aber er handelte eher als Militärfachmann denn als Hüter der verfassungsmäßigen Rechte, wie dies bei Vandenberg und Taft in den 1940er- und 1950er-Jahren der Fall gewesen war. Diese Maßnahmen beinhalteten eine zivil-militärische Wiederbelebung von militärischen Theorien und der Militärdoktrin sowie eine Modernisierung der Waffenarsenale, die wegen des Indochina-Konflikts vernachlässigt worden war.

Im Zuge dieser Reform wurde die geltende Verteidigungsdoktrin einer mehr oder weniger statischen Kräftegliederung den amerikanischen und NATO-Grundsätzen einer mobilen Luft-Boden-Kriegführung angepasst. Strategen der Bundeswehr hatten diese lange Zeit als das Kernelement der deutschen Praxis befürwortet. Die USA verlegten außerdem Truppen aus dem Südwesten Deutschlands nach Niedersachsen und in das Norddeutsche Tiefland. Sie sollten im Kriegsgebiet Truppen des Warschauer Pakts stoppen, die wie eine Dampfwalze von der Ostsee bis zum Ärmelkanal vorrücken würden; eine solche Lage wurde als das schlimmste Szenario an der Mittelfront der NATO angenommen. Diese neue Stationierung von Truppen führte in den 1970er-Jahren zu Protesten, die den Unmut der Gesellschaft wegen der zivil-militärischen Lasten der Vorneverteidigung erahnen ließen.

Die Nuklearfrage als Problem der zivil-militärischen Beziehungen im Rahmen der atlantischen Verteidigung spielte von 1977 an eine immer größere Rolle. Der Beschluss des Nordatlantikrats, in Anbetracht der Aufrüstung des Warschauer Pakts seine Verteidigungsbestrebungen neu zu beleben und die Verteidigungshaushalte auf 3 Prozent des Bruttoinlandsprodukts zu erhöhen, führte zur Modernisierung der Atomwaffenarsenale (»taktischen Nuklearwaffen«) auf dem europäischen Kontinent – obwohl diese Waffen ihre Bedeutung zu verlieren drohten. Denn die Luft- und Raumfahrtindustrie der Supermächte hatte neue Arten von Atomsprengköpfen (Atomsprengkörper mit erhöhter Strahlenwirkung) und neue Arten von Flugkörpern (die sowjetische SS-20 und die amerikanische Pershing II sowie bodengestützte Marschflugkörper) entwickelt. Von 1976 bis 1978 lösten die Bemühungen der USA, das System ihrer an der Mittelfront der NATO stationierten nuklearen Artillerie und taktischen Flugkörper neu zu organisieren, wegen der Stationierung der Neutronenbombe eine Bündniskrise aus. Diese Episode bildete lediglich den Auftakt für die politischen Auseinandersetzungen in den Hauptstädten der NATO-Staaten von 1979 bis 1987 und noch darüber hinaus, die unter dem Damoklesschwert der Stationierung der SS-20 geführt wurden – einer Waffe, von welcher der westdeutsche Bundeskanzler Helmut Schmidt und andere Politiker fürchteten, dass sie die Westeuropäer einschüchtern und

Westeuropa vom integrierten einheitlichen Operationsplan der USA (*Single Integrated Operational Plan*, SIOP), dem Operationsplan im Falle eines Atomkriegs, abkoppeln werde.

Die politischen und militärischen Verantwortlichen auf sowjetischer Seite befürchteten ihrerseits, dass die NATO mit dem Schwert der Pershing II plötzlich die höchsten Kommandoebenen des Warschauer Pakts ausschalten könnte. Die von Teilen der politischen Elite vertretene Theorie der Abschreckung und der kollektiven Verteidigung wurde von einer Lawine des Volkszorns gegen alles Nukleare, sei es ein Kraftwerk oder ein Flugkörper, überrollt, während sich eine neue, große Friedens- und Umweltbewegung in West- und Mitteleuropa entwickelte. Am 12. Dezember 1979 verabschiedete der Nordatlantikrat den NATO-Doppelbeschluss über Atomwaffen mittlerer Reichweite: Er billigte die Stationierung neuer Gefechtsfeld-Atomwaffen in Großbritannien, den Benelux-Staaten, der Bundesrepublik Deutschland und Italien und bot gleichzeitig Verhandlungen über deren Reduzierung im Geiste des Harmel-Berichts an.

Mit den Krisen der späten 1970er-Jahre endete die Phase der Entspannung. Islamistische Fanatiker besetzten die US-Botschaft in Teheran (Iran), und die Sowjets starteten eine großangelegte militärische Operation in Afghanistan, wie man sie in Mitteleuropa bereits lange befürchtet hatte. Im Rückblick mag die Episode im Iran als ein Vorzeichen für Entwicklungen in einem neuen Jahrhundert erscheinen. Doch damals sahen westliche Strategen den sowjetischen Afghanistan-Einsatz eher als den Höhepunkt einer jahrzehntelangen Erosion der transatlantischen Stärke infolge des amerikanischen »Desasters« in Vietnam. Aus dieser Sicht stellte das sowjetische Vorgehen am Hindukusch eine neue Version des Großen Spiels mit dem Ziel dar, die Weltordnung durch das Vordringen zum Persischen Golf zu ändern.

Der Alptraum der Geiselnahme im Iran, der sowjetische Afghanistan-Feldzug und die anhaltenden Ölprobleme lösten die ersten, aufschlussreichen Phasen der Neuausrichtung der amerikanischen Großstrategie und die Verlagerung der militärischen Macht von Europa in den Nahen Osten aus. Es entstand ein neues streitkräftegemeinsames Kommando mit Verbänden für ein schnelles Eingreifen im Persischen Golf. Verstärkungstruppen, die in den kontinentalen USA als Reserve für die europäische Mittelfront vorgehalten wurden, übernahmen auch Einsätze bei Konflikten im Nahen Osten. Unter dem Banner der *Out-of-Area*-Einsätze spielten die Südflanken des europäischen Kontinents und die Gebiete jenseits des Nahen Ostens nunmehr eine wichtigere Rolle für die Planungen der NATO, wo dieses Thema zu einem dauerhaften Streitpunkt wurde. Die erste Hälfte des Jahres 1982 beherrscht allerdings ein Relikt des *British Empire* im Südatlantik. Der Krieg zwischen Argentinien und Großbritannien um die Falkland-Inseln lenkte die Aufmerksamkeit der Welt vom Arsenal der nuklearen Mittelstreckenwaffen ab. Er veranlasste die Regierung unter Präsident Ronald Reagan, die Briten militärisch zu unterstützen.

Gleichzeitig stürzte die antikommunistische Arbeiterbewegung in Polen die Ostsee-Region in die Krise. Das Schreckgespenst einer Operation des Warschauer Pakts wie im August 1968, diesmal an Ostsee und Weichsel, bedrohte den Frieden Europas, während sich der Konflikt um die nuklearen Mittelstreckenflugkörper (INF) verschärfte. 1983 spitzte sich die Krise zu; die Welt erlebte eine Spirale der Gewalt, an deren Ende durchaus ein mit allen Mitteln geführter Krieg hätte stehen können. Gebannt verfolgten die Menschen diese Ereignisse, die ihnen wie eine Neuauflage der Krisen von 1961 und 1962 erschienen. Von Frühling bis Herbst dieses Jahres war die Angst vor einem Weltkrieg weit verbreitet. Zu diesen Ereignissen gehörte die Beinahe-Katastrophe im Februar/März aufgrund der NATO-Atomwaffenübung *Able Archer*, welche die Sowjets für einen verdeckten Erstschlag hielten. Fast gleichzeitig kündigte die Regierung Reagan offiziell die Entwicklung der Strategischen Verteidigungsinitiative SDI mit ihren satellitengestützten Flugkörperabwehrsystemen an und versuchte mit hollywoodähnlichen Inszenierungen, die Menschen davon zu überzeugen. Der Herbst 1983 geriet zum sogenannten Heißen Herbst der Friedensdemonstrationen gegen die Stationierung der ersten Pershing-II-Mittelstreckenraketen und bodengestützten Marschflugkörper, nachdem die Sowjetunion ein koreanisches Passagierflugzeug über dem Pazifik abgeschossen hatte. In Beirut (Libanon) wurde die Kaserne eines amerikanischen Marineinfanterie-Korps von Islamisten bombardiert, die vom Iran unterstützt wurden, und die USA besetzten zudem die Karibikinsel Grenada, um dort eine kubanische oder sowjetische Invasion zu verhindern.

In der Mitte dieses Jahrzehnts wich der thermonukleare Schatten über Europa, mit den Regierungsreformen in der UdSSR und Michail S. Gorbatschow als neuen sowjetischen Parteichef. Den Auftakt der diplomatischen Revolution, die das Ende der sowjetisch-amerikanischen Konfrontation einläutete, bildete das Treffen von Reagan und Gorbatschow im Oktober 1986 in Reykjavik (Island) und der dort beschlossene pragmatische Ansatz der radikalen Reduzierung der nuklearen Arsenale. Dem folgte im Dezember 1987 der Vertrag zur Abschaffung der nuklearen Mittelstreckenwaffen, die eben erst stationiert worden waren. Ein Jahr später kündigte die Sowjetunion ihren Rückzug aus Afghanistan und eine einseitige Reduzierung ihrer Streitkräfte an der wichtigsten Frontlinie in Mitteleuropa um 500 000 Soldaten und 10 000 Kampffahrzeuge an. Hochrangige Planer im *Pentagon* enthüllten eine Studie mit dem Titel *Discriminate Deterrence* (Differenzierte Abschreckung), in der die Pläne zum Truppenabzug wieder auflebten, die seit Entstehung des Radford-Plans Mitte der 1950er-Jahre immer wieder Strategen entwickelt hatten. Allerdings dachten zur selben Zeit andere oder sogar dieselben Strategen auch über die Notwendigkeit der Modernisierung der nuklearen Kurzstreckenflugkörper der NATO nach – zwei höchst gegensätzliche politische Positionen, die sehr gut zu einer Zeit der radikalen Veränderungen passten.

Das Schauspiel der Verschrottung von Waffenarsenalen wurde allerdings bald durch die Massenflucht in den Westen und die Belagerung von Machtzentralen der kommunistischen Staaten in Mitteleuropa in den Schatten gestellt. Die Überwindung des Eisernen Vorhangs – entweder durch die Flucht von Ungarn nach Österreich im Frühjahr 1989 oder durch den Fall der Berliner Mauer im Herbst desselben Jahres – endete in einem Glücks- und Freudentaumel, in dem es kein Blutvergießen gab, außer im Falle Rumäniens. Im Lärm der knatternden Trabis und hupenden Autos in der Nacht des 9. November in Berlins Bornholmerstraße war bereits der Zapfenstreich für die US-Kasernen aus der Zeit des Kalten Krieges in West-Berlin und in Westdeutschland zu hören. Der friedliche Ausgang eines Jahrzehnts, in dem man einem Krieg ins Auge gesehen hatte, war jedoch nicht das letzte Kapitel in der Geschichte der US-Soldaten in Europa. Das gewaltlose Ende des Kalten Krieges verlieh denen neuen Glanz, die in den 1940er-Jahren das Verteidigungsbündnis zwischen Europa und Nordamerika geschmiedet hatten.

Aber das Ende des Zeitalters des totalen Krieges und die europäische Integration minderten nicht den Einfluss der USA im Krieg und im Frieden auf dem Kontinent.

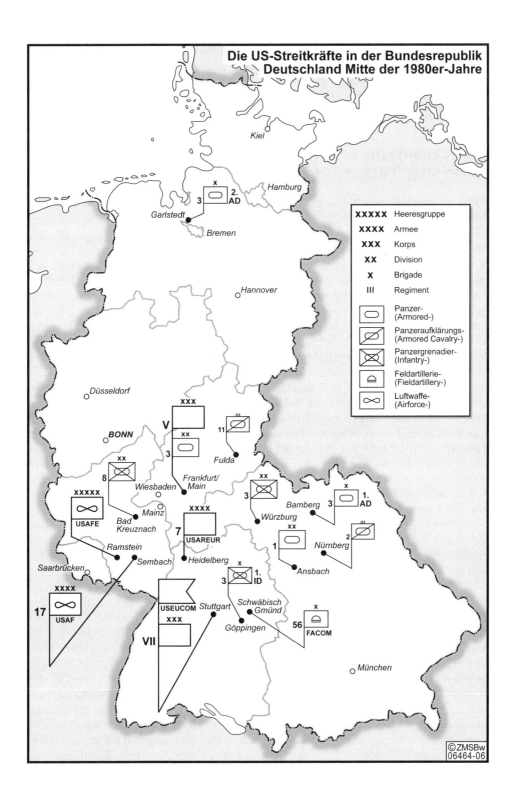

Die US-Streitkräfte in der Bundesrepublik Deutschland Mitte der 1980er-Jahre

XXXXX	Heeresgruppe
XXXX	Armee
XXX	Korps
XX	Division
X	Brigade
III	Regiment
Panzer-	(Armored-)
Panzeraufklärungs-	(Armored Cavalry-)
Panzergrenadier-	(Infantry-)
Feldartillerie-	(Fieldartillery-)
Luftwaffe-	(Airforce-)

Kiel
Hamburg
Garlstedt
3 x 2. AD
Bremen
Hannover
Düsseldorf
BONN
V XXX
xx 3
11 Fulda
8 xx
Wiesbaden
Frankfurt/ Main
USAFE XXXXX
Bad Kreuznach
Mainz
7 USAREUR XXXX
Ramstein
Sembach
Heidelberg
Saarbrücken
17 USAF XXXX
USEUCOM
Stuttgart
VII XXX
Göppingen
xx 3
Würzburg
Bamberg
3 x 1. AD
xx 1
Nürnberg
2
Ansbach
x 1. ID 3
Schwäbisch Gmünd
56 FACOM x
München

©ZMSBw
06464-06

Franklin D. Roosevelts fast vergessene Prophezeiung aus dem Jahr 1944, dass die US-Truppen innerhalb von zwei Jahren nach Kriegsende abgezogen würden, hallte in den haltlosen Vorhersagen der ersten Monate der 1990er-Jahre insofern wider: dass die NATO sich bald auflösen werde, da es keinen Grund mehr für die US-Streitkräfte gebe, sich in das Schicksal Europas einzumischen.

Die US-Streitkräfte in Europa im ersten Jahrzehnt nach dem Kalten Krieg: Engagement inmitten des Truppenabzugs

Trotz der zahlreichen Probleme und Belastungen, die Bündnisverteidigung und Bündniszusammenhalt von Anfang an mit sich brachten, blieb die Verbindung von strategischem Denken und militärischem Dienst selbst dann bestehen, als viele Waffen des Kalten Krieges auf dem Schrottplatz endeten. Der Hauptgrund für diese Kontinuität in der Politik war leicht auszumachen: Der November 1989 kündigte keineswegs ewigen Frieden für alle Europäer an. Jetzt änderte sich vielmehr der Konflikt, bei dem viele der älteren Probleme der Sicherheit und der Militärorganisation in einem größeren geografischen Gebiet erneut in Erscheinung traten. Einerseits bestanden die amerikanischen Sicherheitsinteressen in Europa fort. Andererseits entwickelten sich in den 1990er-Jahren ein Unilateralismus und ein neues Vertrauen in die Wirkung von Waffengewalt, die mit der Idee einer »zivilen Macht« in Teilen der politischen Elite auf dem europäischen Kontinent kollidierten.

Im März 1990 fegte die Volkskammerwahl in der DDR fast alles hinweg, was von der kommunistischen Regierung in Ost-Berlin noch geblieben war, und drehte den Weg für die Wiedervereinigung. In dieser Zeit brachen die Soldaten des *11th Armored Cavalry Regiment* zu ihrer letzten Patrouille an der innerdeutschen Grenze zwischen Hessen und Thüringen auf. Auf diesen letzten Einsatz an einer wegfallenden Grenze folgte innerhalb von achtzehn Monaten die Auflösung der Sowjetunion. In Ländern wie Polen, der Tschechoslowakei oder Ungarn und entlang der Donau bis zum Schwarzen Meer brach im Herzen des Kontinents eine Sicherheitslücke auf, die sowohl für die deutsche als auch für die amerikanische Politik eine besondere Bedeutung hatte. Diese Sicherheitslücke in Mittel- und Osteuropa sorgte dafür, dass das Schicksal des Kontinents auch weiterhin ein wesentlicher Aspekt der Sicherheitspolitik und der militärischen Kräftegliederung der USA blieb, auch wenn die Anzahl der dort stationierten Soldaten rapide abnahm.

Dieses Hin und Her im Verteidigungssektor der USA – erneutes Engagement einerseits und Truppenabzug andererseits – wurde ab Ende 1990 immer deutlicher, und zwar auf zwei Ebenen: Es gab die traditionelle Schule der transatlantischen Diplomatie und eine Wertepolitik (Engagement auf einer neuen Grundlage), die manchmal im Einklang, aber häufig auch im Widerspruch zu der militärisch-fachlichen Ebene standen, d.h. zu hochrangigen Zivilpersonen aus dem Verteidigungssektor und Offizieren aus den Streitkräften, die einen Abzug befürworteten. Erstere waren bemüht, das transatlantische Sicherheitsbündnis über die Trümmer des Eisernen Vorhangs hinaus zu retten und in erweitertem Umfang mit weniger, aber dafür spezialisierten Truppen zu modernisieren, wohingegen Vertreter der militärischen Einsatzebene (ausgenommen einige namhafte Offiziere, die in Europa stationiert waren und selbst Kontakt zum Militärbereich in Mitteleuropa hatten) bemüht waren, die militärische

Rolle der USA drastisch zu verringern und das transatlantische Bündnis herunterzustufen. Auf der Ebene der Außen- und Sicherheitspolitik entwickelte sich in der ersten Hälfte der 1990er-Jahre in den Schlüsselstellen der US-Regierung allmählich ein grundsätzlicher Wille zur Erweiterung der Euro-Atlantischen Sicherheits- und Verteidigungsorganisationen auf Mittel- und Osteuropa, mehr oder weniger zur selben Zeit, als es im Südosten des Kontinents erneut zum Krieg kam.

Diese Entwicklung stellte jedoch im Vergleich zur Verschärfung der Krise im Persischen Golf nach dem irakischen Überfall auf Kuwait im August 1990 nur einen Nebenkriegsschauplatz dar. Der Einmarsch irakischer Truppen in Kuwait im Hochsommer rückte den Nahen Osten und besonders den Persischen Golf in den Mittelpunkt der amerikanischen Sicherheitspolitik. Aufgrund dieser Veränderung wurde der Frieden in Europa von den US-Strategen zu einem zweitrangigen Anliegen herabgestuft, und die Probleme des Bündniszusammenhalts, der Streit um die geografischen Grenzen des Bündnisses und die Frage der Verteilung der militärischen Belastungen verschärften sich erneut.

Der Weg der US-amerikanischen Truppen zum Persischen Golf war lange vor 1990 vorbereitet worden. In den späten 1980er-Jahren hatte das *Pentagon* bereits eine bedeutende Reduzierung der nichtstrategischen Kräfte und insbesondere der Bodentruppen (der so genannten Basiskräfte) vorgenommen. Das Konzept war erstmals 1989 unter dem Vorsitzenden der *Joint Chiefs of Staff*, Colin Powell, auf den Weg gebracht worden und sah eine weitere Umorientierung nach Südwestasien auf Kosten Europas vor. Die Neuausrichtung der Bodentruppen auf eine Mission im Persischen Golf erreichte im November 1990 ihren Höhepunkt. Das aus zwei Panzerdivisionen und einem Panzeraufklärungsregiment bestehende VII. US-Korps wurde verlegt, um im Februar 1991 im Rahmen der Operation *Desert Storm* in Kuwait eingesetzt zu werden. Damit endete eine Entwicklung, die in den 1970er-Jahren begonnen hatte. Die Front der US-arabisch-europäischen Koalition an der saudisch-kuwaitischen Grenze wurde durch das *U.S. Central Command* und nicht durch die NATO organisiert. So stützte sich dieser wichtigste militärische Feldzug seit den 1960er-Jahren auf die in den 1980er-Jahren entworfene Einsatzdoktrin, die eindeutige Bezüge zu Europa aufwies, insbesondere beim Luft-Boden-Kampf. Dessen Schwerpunkt lag auf den zahlenmäßig überlegenen Kräften in der Luft und auf dem Boden gegen irakische Truppen in Kuwait.

Der vermeintliche Sieg im Golfkrieg von 1990, bei dem die Erfolge auf dem Gefechtsfeld fälschlicherweise der taktischen und operativen Ebene und ihren verbesserten Waffen zugeschrieben wurden, während der Bündniszusammenhalt und die Politik unbeachtet blieben, verdeutlicht, dass bestimmte Personen, insbesondere in zum rechten Flügel gehörenden Denkfabriken und im Verteidigungsministerium der USA, bereit waren, die Gepflogenheiten der Bündnisverteidigung und militärischen Organisation mit ihren Mitteln der Politik und Konsultation außer Acht zu lassen. Diese Veränderung wurde mit einer Post-Vietnam-Politik in Verbindung gebracht, deren Ursprung in den dunkelsten Stunden der letzten Phase des Kalten Krieges (1983/84) lag und die dann im Ersten Golfkrieg vollständig zur Geltung kam: die Weinberger-Powell-Doktrin. Ihre Verfasser stützten sich auf die Schule der *U.S. Army* nach Korea unter dem Motto »Nie wieder«, die einen begrenzten Krieg (im Gegensatz zu einem totalen Krieg) scharf verurteilte. Sie postulierten den Ansatz »Alles oder Nichts« bei der Festlegung der Strategie und der Anwendung von Gewalt.

Zu dieser Strategie gehörte außerdem die spontane Bildung von Koalitionen der Entschlossenen. Der Kuwait-Feldzug 1990/91 diente hier als Vorbild. Dieses Konzept entwickelte sich im Laufe der 1990er-Jahre zu einer einseitigen Strategie nach dem Motto »Der Einsatz bestimmt die Koalition«. Dieses neo-konservative Dogma, das einen schwachen Ersatz für die Mittel von Diplomatie und Politik im Rahmen des Bündnisses darstellte, für die sich Roosevelt, Marshall, Eisenhower, Truman und Acheson eingesetzt hatten, gefährdete den Bündniszusammenhalt und die Lastenteilung. Hier wurden die europäischen Streitkräfte und die politische Kultur Europas zur Zielscheibe einer Kritik, die nach dem Sieg über den Irak im Frühling 1991 mit neuer Schärfe geübt wurde.

Trotzdem wirkten auch weiterhin Kohäsionskräfte, nicht zuletzt deshalb, weil der radikale einseitige Impuls, die Diplomatie der NATO aufzugeben, in der Praxis auf Grenzen stieß. Die Befürworter der Erneuerung im Bündnis, die seit 1949 bereits zahlreiche Existenzkrisen ins Auge gesehen hatten, leiteten in den Jahren 1990 bis 1991 eine Reform der NATO ein. Auf einer Reihe von Gipfeltreffen wurde die Harmel-Doktrin ersetzt. Diese Treffen führten zu einer neuen Sicherheitsstrategie mit dem Ziel, den Konflikt mit der Sowjetunion/Russland beizulegen, sowie zu ersten Schritten zur Verbesserung der Zusammenarbeit mit den Staaten Mittel- und Osteuropas und der Anerkennung von Konflikten außerhalb der Grenzen Europas. Am bedeutendsten war die Gründung des Nordatlantischen Kooperationsrats durch den Nordatlantikrat im November 1991. Dieses Gremium (wie auch der NATO-Russland-Rat) bot den mittel- und osteuropäischen Staaten ein Forum neben dem Nordatlantikrat. So sollte das Schreckgespenst eines militärisch nicht verankerten »Zwischeneuropas« vertrieben werden, das die neuen demokratischen Führungen in Warschau, Prag und Budapest verfolgte. Mit der Verabschiedung eines neuen strategischen Konzepts im November 1991 wurden die nunmehr meist bedeutungslosen Doktrinen der nuklearen Abschreckung aus den 1970er-Jahren vom Nordatlantikrat an den neuen Sicherheitshorizont angepasst. Dieses Konzept war nach dem Ersten Golfkrieg stärker politisch geprägt. Die sicherheitspolitischen Auswirkungen der frühen Nachkriegsepoche, die veränderte europäische Landkarte und die Ausbreitung von Krisen über die Grenzen des Kontinents hinaus wurden jetzt berücksichtigt. Diese ersten Maßnahmen zur Öffnung der NATO verstärkten allerdings den Wunsch der Mittel- und Osteuropäer nach einem noch engeren Anschluss an den Westen.

Noch bedeutsamer war allerdings, dass Jugoslawien nach Titos Tod im Laufe der Jahre 1990 und 1991 in einen Bürgerkrieg abglitt. Es entbrannte ein grausamer Konflikt, der bei den Chefstrategen in den USA sehr lang wenig Interesse hervorrief. (Im Gegensatz dazu hatte sich in den Staaten Mittel- und Osteuropas nach der deutschen Wiedervereinigung der Wunsch nach einer stärkeren kontinentalen Integration verstärkt und dies 1992 zum Vertrag von Maastricht geführt). Während die Abspaltung Sloweniens von Jugoslawien im Wesentlichen ohne Gewalt vonstatten ging, führte die Unabhängigkeit Kroatiens und kurz darauf Bosnien-Herzegowinas zu einem Blutbad zwischen Serben, Kroaten und Bosniern. In den Jahren von 1992 bis 1994 entwickelte sich die Belagerung Sarajevos zu einem Brennpunkt der Gräueltaten. Die Vereinten Nationen entsandten die Friedenstruppe UNPROFOR, die zwar zum Großteil aus EU- und NATO-Verbündeten bestand, aber zunächst weder den politischen Willen noch die militärischen Mittel besaß, den Kämpfen Einhalt zu gebieten. Planlose Versuche eines durch Marineverbände umgesetzten Waffenembargos in der

Adria und einer Flugverbotszone im Luftraum über dem Konfliktgebiet sowie die Versorgung Sarajevos aus der Luft hatten keine wesentlichen Auswirkungen. Sie führten aber vor Augen, dass halbherzige Maßnahmen sinnlos waren.

In der ersten Hälfte der 1990er-Jahre waren die Innenpolitik sowie das Schicksal Asiens und des Nahen Ostens die beherrschenden Themen in den Führungskreisen der USA. Sie boten eine einfache Entschuldigung für eine Politik der Nichteinmischung, die durch die sklavische Wiederholung der Weinberger-Powell-Doktrin noch verstärkt wurde. Die Rezession, die auf den Einmarsch in Kuwait folgte, hatte der Forderung nach einer »Friedensdividende« weiter Gewicht verliehen und den Abzug von Truppen aus West- und Mitteleuropa beschleunigt. In der Zeit von Ende 1991 bis Ende 1994 verringerte sich zum Beispiel die Personalstärke der *U.S. Army* in Europa von 143 000 auf ungefähr 60 000 Soldaten. Die Anzahl von Stützpunkten und Einrichtungen sank drastisch, besonders in Bayern, Hessen und Rheinland-Pfalz. Viele deutsche Ortskräfte des US-Militärs wurden arbeitslos. Das deutsch-amerikanische Leben wurde zu einer Art Geisterstadt und zu einem Gegenstand der Nostalgie für diejenigen, die mit dieser Welt aufgewachsen waren. Das VII. US-Korps, einst das stärkste Glied in der Kette der Vorneverteidigung, wurde im April 1992 nach seiner Rückkehr aus dem Persischen Golf außer Dienst gestellt; dort hatte sein Kommandeur wegen mangelnden Schneids im Kuwait-Feldzug einigen Tadel einstecken müssen. Die sagenumwobene *U.S. Berlin Brigade* verließ 1994 Berlin, während die Rote Armee ebenfalls aus ihren Kasernen in Mittel- und Ostdeutschland abzog. Nicht weniger bedeutsam war, dass REFORGER von einem teuren, dieseltriefenden jährlichen Spektakel zu einer computergestützten Stabsrahmenübung schrumpfte – ein symbolisches Ende der Ära der klassischen Vorneverteidigung.

Dieser Abzug der Streitkräfte erfreute möglicherweise die Herzen der Menschen in Washington und anderswo, die den Wunsch der Mitteleuropäer nach Sicherheitsgarantien im Rahmen der NATO deshalb abgelehnt hatten, weil entweder solche Garantien die Russen irritiert hätten oder weil Europa keine Rolle in den geopolitischen Phantasien des »unipolaren Moments« spielte, die auf den Nahen Osten und Asien fixiert waren. Trotzdem boten die USA den mittel- und osteuropäischen Verteidigungsministerien, Generalstäben und Kampftruppen, die ihrer hochrangigen sowjetischen Berater beraubt waren, Sicherheitsunterstützung und fachliche Hilfe an. Bereits in Folge der KSZE-Diplomatie der vertrauensbildenden Maßnahmen hatten Tschechen, Slowaken, Polen und Ungarn Hilfe von amerikanischen Angehörigen des in Stuttgart stationierten US-Oberkommandos Europa sowie von Einrichtungen für Verteidigungs- und Militärausbildung in den USA erhalten. Diese fachliche Unterstützung beim Aufbau von Verteidigungsstrukturen nach US- und NATO-Standards besaß jedoch sicherlich einen geringeren Stellenwert als die Verpflichtung zur Bündnisverteidigung nach Art. V des Nordatlantikvertrages.

Von der Mitte der 1990er-Jahre bis zum Ende des Jahrzehnts wurden die Fliehkräfte, die das Sicherheitsbündnis zwischen den USA und Europa geschwächt hatten, umgekehrt. Das Blutvergießen im ehemaligen Jugoslawien und die Notwendigkeit, den Art. V nach Osten zu erweitern, brachten die Regierung unter US-Präsident Bill Clinton 1993/94 dazu, gemeinsam mit Bundeskanzler Helmut Kohl und dem russischen Präsidenten Boris Jelzin die Diplomatie nach Dean Acheson wiederzuentdecken. In der ersten Phase dieses Prozesses wurde im Januar 1994 das NATO-Programm »Partnerschaft für den Frieden« (*Partnership for Peace*, PfP) eingeführt. Für Polen,

Tschechen, Slowaken und Ungarn bedeutete dies einen Schritt über die Zusammenarbeit hinaus zu indirekten Vorteilen des Beitritts zur NATO (der Bündnispartnerschaft) ohne die formale Erweiterung des Bündnisses. Die »Partnerschaft für den Frieden« stellte die Reformen in Mitteleuropa und die von den Bündnispartnern bereits gemäß Art. II, III und IV des Nordatlantikvertrags auf bilateraler Ebene eingeleiteten Änderungen auf eine neue Stufe, auch wenn dieser Plan für Kritiker der PfP den Beigeschmack eines Zweiklassenbündnisses hatte, das bereits von den Gründervätern in den späten 1940er-Jahren in Erwägung gezogen worden war. Die »Partnerschaft für den Frieden« umfasste bald nicht nur den Aufbau von Verteidigungsstrukturen nach dem Vorbild der westlichen Ministerialverwaltung, sondern auch die Teilnahme an routinemäßigen Militäreinsätzen auf Grundlage der Interoperabilität der NATO.

Die Umgestaltung der Bündnisverteidigung wurde jedoch von einem Problem der kollektiven Sicherheit in den Hintergrund gedrängt: In Südosteuropa, wo das menschliche Elend immer stärker an die Jahre 1941 bis 1945 erinnerte, musste der Frieden erzwungen werden. Weil die wichtigste Diplomatie der UNPROFOR beim Schutz der bosnischen Bevölkerung und bei der Aufhebung der Belagerung von Sarajevo versagte, wurde die Strategie indirekter Maßnahmen aufgegeben. Im Frühjahr 1994 begannen die NATO-Luftangriffe gegen die bosnischen Serben. Die Bedeutung dieser Angriffe lag nicht so sehr in dem verursachten Schaden, sondern im Kurswechsel der USA und ihrer europäischen NATO-Partner hin zu einer Zwangsdiplomatie mit eskalierender Waffenwirkung. Von der Mitte des Jahres 1994 bis ins Jahr 1995 hinein, während sich der multilaterale Konsens gegen die Brutalität der bosnischen Serben (sowie das Entsetzen über die kroatischen Gräueltaten gegen die bosnische Bevölkerung) verstärkte, entfalteten die Luftangriffe in den von der NATO zu entmilitarisierten Zonen erklärten Gebieten eine größere operative Wirkung.

Anfang 1995 traf das Planungspersonal in Brüssel und Mons Vorbereitungen, um UNPROFOR mit einer neu gegründeten NATO-Schnelleingreiftruppe aus Bosnien-Herzegowina herauszuholen, was eine weitere Stufe der Eskalation darstellte. Die bosnischen Serben ihrerseits beantworteten die NATO-Luftangriffe im Sommer 1995 mit der Demütigung von UNPROFOR-Soldaten, die im Zusammenhang mit dem Massaker in Srebrenica als Geiseln genommen worden waren. Darauf folgte wiederum im selben Sommer eine kroatische Offensive (mit US-Unterstützung) gegen die Serben, durch welche die serbischen Truppen aus Ostkroatien vertrieben wurden. Weitere, immer zerstörerische Luftangriffe führten schließlich dazu, dass sich die Kriegsparteien in Dayton im US-Bundesstaat Ohio trafen, wo sie auf einem Luftwaffenstützpunkt unter den glitzernden Flugzeugrümpfen von Jagdfliegern der US-Luftwaffe einen Waffenstillstand paraphierten. Der Frieden sollte durch eine multinationale Friedenstruppe mit einem großen US-Kontingent durchgesetzt werden. Die US-Bodentruppen beendeten also ihren Marsch in Richtung Heimat und machten sich auf den Weg entlang der Donau und über die Save zu einem friedenserzwingenden und sicherheitsbildenden Einsatz. Sie sollten das Friedensabkommen von Dayton im Rahmen der NATO *Implementation Force* (IFOR) umsetzen, die innerhalb von einem Jahr in NATO *Stabilization Force* (SFOR) umbenannt wurde. Das US-Heer in Europa führte somit den größten sicherheitsbildenden Einsatz nach einem Konflikt durch, den es seit einem vergleichbaren Einsatz im Zweiten Weltkrieg unter seinen Vorgängern gegeben hatte. Die praktischen Erfahrungen aus der Vergangenheit waren allerdings im Laufe der Zeit verloren gegangen.

IFOR/SFOR entsprach so gar nicht den kürzlich abgeschlossenen Kampfhandlungen in Kuwait und lief der Kampfdoktrin zuwider, die in den zwei vorangegangenen Jahrzehnten entwickelt worden war. Diese Operation bot PfP-Staaten – darunter auch ehemals kommunistischen Ländern wie Rumänien oder neutralen Staaten wie Österreich – eine Aufgabe: Ihre Soldaten taten neben den US-Streitkräften in zunehmend integrierten, multinationalen und teilstreitkraftübergreifenden Elementen ihren Dienst. Nicht zuletzt wurden Friedenssicherungstruppen des russischen Heeres in einem bilateralen Kommando der USA und der Russischen Föderation parallel zur NATO eingesetzt – keine geringe Leistung, wenn man bedenkt, dass dieselben Soldaten noch ein Jahrzehnt zuvor bereit gewesen waren, sich gegenseitig auszulöschen.

IFOR/SFOR entwickelte sich zu einem Einsatz von großem strategischem Wert. Doch die Macher der amerikanischen taktisch-operativen Doktrin mit ihren verschwommenen Erinnerungen an die konfuse Vorgehensweise im Rheinland nach dem Ersten Weltkrieg in den 1920er-Jahren und dem verworrenen zivil-militärischen Vorspiel für die Besetzung Westeuropas von 1942 bis 1944 ignorierten dies geflissentlich. Der Einsatz wurde zur Zielscheibe des Spotts neokonservativer Traditionalisten der Weinberger-Powell-Schule, welche die sicherheitspolitische Bedeutung Europas für die USA herunterspielen wollten.

Ungeachtet dieser amerikanischen Kritiker machte die engere militärische Integration in der Friedenstruppe in Bosnien-Herzegowina die Vorzüge des Bündniszusammenhalts und den strategischen Nutzen der NATO-Erweiterung deutlich. Diese Entwicklung erhielt in den Jahren von 1995 bis 1997 auf der Linie der mitteleuropäischen Hauptstädte über Bonn und Brüssel bis Washington neuen Auftrieb. Im September 1995 bewegte sich der Nordatlantikrat mit der Veröffentlichung seiner Erweiterungsstudie endlich über die Partnerschaft hinaus. Er signalisierte die Möglichkeit des Beitritts gemäß Art. X des Nordatlantikvertrags für die mitteleuropäischen Länder, der in drei Stufen von Ende der 1990er-Jahre über das kommende Jahrzehnt hinweg ins neue Jahrhundert erfolgen sollte. Der wenig beachtete Versuch Frankreichs, wieder in die integrierte militärische Struktur der NATO einzutreten, begann Mitte der 1990er-Jahre, endete aber in einem Streit mit den USA wegen des Schicksals eines wichtigen NATO-Kommandos unter möglicherweise französischer Flagge im Hauptquartier der NATO-Kräfte Südeuropa in Neapel (Italien). 1997 kam es auf dem Nordatlantikrat-Gipfel in Madrid zu weiteren Streitigkeiten zwischen Frankreich und den USA über die Frage, wieviele mittel- und osteuropäische Staaten der NATO beitreten sollten. Die Franzosen bestanden darauf, dass Rumänien und Slowenien zusätzlich zu den Polen, Tschechien und Ungarn aufgenommen werden sollten. Die amerikanische Seite setzte sich aber mit der militärtechnischen Begründung durch, dass die drei letztgenannten Staaten besser für die Anforderungen der NATO gerüstet seien – ein Argument, das mit dem im Wesentlichen politischen Charakter einer NATO–Erweiterung wenig zu tun hatte.

IFOR/SFOR brachte zwar eine Erleichterung für die geplagten Völker von Bosnien-Herzegowina. Doch der Fluch innerstaatlicher nationalistischer und religiös geprägter Konflikte traf von 1997 bis 1998 Serbien selbst, genauer gesagt das Kosovo. Dort strebten ethnische Albaner in der jüngsten Episode eines Kampfes, dessen Ursprung im späten 19. Jahrhundert lag, die Unabhängigkeit an. Multilaterale Maßnahmen zur Konfliktbeendigung durch die USA und die EU nach bosnischem Vorbild, mit denen das Regime von Slobodan Milošević in seine Schranken gewiesen werden sollte, brachten 1998 nur wenig außer erneuten Massakern und Binnendeportationen, die im Herbst des Jahres einen Höhepunkt erreichten. Überschattet von den reißerischen Einzelheiten des Amtsenthebungsverfahrens gegen US-Präsident Bill Clinton wegen eines Sex-Skandals, wurden die Berichte über das Blutbad im Kosovo Ende 1998 endlich zu einem Thema in den USA. Der Sicherheitsrat der Vereinten Nationen forderte ein Ende der Kämpfe. Dies bewegte den Nordatlantikrat dazu, eine Luftoperation vorzubereiten, während in Frankreich multilaterale Verhandlungen zwischen den Großmächten und den Kriegsparteien damit endeten, dass die Serben den militärischen Teil der Vereinbarung ablehnten.

Am NATO-Lufteinsatz *Allied Force* von Ende März bis Anfang Juni 1999 war neben Truppen der europäischen Bündnispartner ein großes Kontingent von Luftfahrzeugen der US-Luftwaffe und der US-Marine beteiligt. Die Aufgabenverteilung erwies sich wieder einmal als der problematischste Aspekt eines bereits schwierigen Konflikts, da der tatsächliche Krieg in Südosteuropa von den theoretischen, wenn auch umfassenden Vorbereitungen für einen Krieg abwich, durch die ein Konflikt verhindert werden sollte. Das war schließlich jahrzehntelang die Hauptaufgabe der NATO gewesen. Der Zwiespalt zwischen den an den Militärakademien gelehrten Idealen der Kampfdoktrin und den politischen, strategischen und operativen Geboten des serbisch-kosovarischen Konflikts 1999 erwies sich als zu groß für die Kritiker in den USA. Sie griffen das politisch-strategische Verfahren der abgestuften Reaktion in diesem gewaltsamen Frühjahr heftig an. Sie verurteilten die in den ersten Wochen des Kampfes zaghaften Luftangriffe als Verrat an den Grundsätzen des Einsatzes weit überlegener Kräfte, also an der Weinberger-Powell-Doktrin. Zusätzlich zeigten diese Kritiker taktisch-operative Unzulänglichkeiten europäischer Piloten und Luftfahrzeuge im Gefecht auf, die von der Friedensdividende der 1990er-Jahre verursacht worden waren. Damit wurden Mängel, die regelmäßig im NATO-Fragebogen zur jährlichen Verteidigungsplanung festgestellt wurden, nun von den Anhängern der *Fata Morgana* einer unipolaren Macht auf Kosten der Völker Südosteuropas und des Atlantischen Bündnisses für einen fragwürdigen strategischen Zweck umformuliert.

Nachdem der Luftkrieg sich zu einem Zermürbungskrieg entwickelt hatte, provozierte der Befehlshaber des Operationsgebiets, der General des US-Heeres und SACEUR Wesley Clark, einen zivil-militärischen Streit. Clark bereitete eine Offensive gegen das Kosovo vor, die sich auf Raketenartillerie und Kampfhubschrauber stützte, um den serbischen Widerstand, der gegen die lasergelenkten Geschosse der Bündnispartner gefeit zu sein schien, endgültig zu beenden. Nicht wenige dieser Geschosse trafen allerdings Unschuldige. Das führte zu Protesten gegen den Krieg und zu dem Vorwurf, dass die USA und die NATO ebenso abscheuliche Monster seien wie die Serben. Clarks Vorstellung umfassender Kampfhandlungen aus der Luft und am Boden stieß bei seinen politischen Vorgesetzten im Nordatlantikrat auf wenig Wohlwollen. Sie zog auch das Missfallen der *U.S. Joint Chiefs of Staff* sowie des Weißen Hauses unter Clinton auf sich, das seine Pläne ablehnte. Zwar war dieser kurze Krieg aus der Luft möglicherweise durch Mängel in der gemeinsamen Zielsetzung des Bündnisses sowie dadurch behindert worden, dass viele fliegende NATO-Verbände eine etwas geringe Schlagkraft als die erstklassigsten Geschwader der US-Luftwaffe besaßen. Doch erwiesen sich die Schwächen der NATO als eine geringere strategische Belastung als die Schwierigkeiten, mit denen Miloševićs kriegsmüdes und isoliertes Serbien zu kämpfen hatte. Serbien gab schließlich die Kontrolle über seine vom Blut-

und-Boden-Mythos belastete Provinz im Süden an die Großmächte ab. Nicht Clarks Flugkörper und Hubschrauber, sondern die KFOR (*Kosovo Force*), ein neuer multinationaler, teilstreitkraftübergreifender Einsatzverband – beendete das Blutbad. Die KFOR überwachte eine Entwicklung, die ab Juni 1999 faktisch in die Aufteilung der Provinz in einen serbischen und einen albanischen Teil mündete.

Ungeachtet der Fehlstarts des Bündniskriegs und der Probleme bei der Aufgabenverteilung im Kosovo-Feldzug führte das Gebot des Bündniszusammenhalts zwischen den Anhängern von Acheson und Bevin und den neuen Bündnispartnern aus Mitteleuropa den Nordatlantikrat im April 1999 mit zwei Zielen nach Washington: zum einen die Werbung für ein neues strategisches Konzept, mit dem das Konzept aus dem Jahr 1991 ersetzt werden sollte (Wandel der Sicherheit in einer Phase des Wiederaufbaus nach einem Konflikt), zum anderen die Billigung des Beitritts Polens, Tschechiens und Ungarns zum Washingtoner Vertrag. Die NATO-Erweiterung erreichte ihren Höhepunkt inmitten ihres ersten großen Kampfeinsatzes, bei dem man einer Niederlage sowie dem Hoheitsgebiet der neuen NATO-Bündnispartner gefährlich nahe kam. In einigen neuen Bündnisländern gab es Sympathien für Jugoslawien und seine Politik im modernen Europa. Die Regierungen sahen sich während des Tests der Bündnissolidarität 1999 mit einer feindlich gesinnten öffentlichen Meinung konfrontiert. Dennoch endete der Konflikt, wenn auch nicht mit Frieden, mit einer Waffenruhe in Südosteuropa, dem Schauplatz der schlimmsten Kämpfe seit 1944/45 die eine unerträgliche Belastung der transatlantischen Sicherheit bedeutet hatten. Zu Beginn des Jahrzehnts war die Regierung der USA ihnen noch mit Gleichgültigkeit begegnet.

Die Geschichte der 1990er-Jahre zeigt die Einbindung und den Rückzug der US-Truppen in Europa in einer Epoche von Krieg und Frieden unter veränderten Vorzeichen am Ende des 20. Jahrhunderts. Dieses Jahrzehnt bewies die Beständigkeit der gemeinsamen Verteidigungseinrichtungen und der gemeinsamen militärischen Gepflogenheiten auf beiden Seiten des Atlantiks, auch wenn die Art der US-Kräfte in Europa sich wandelte, ihr Umfang deutlich abnahm und sich die strategischen Probleme im Rahmen der teils friedlichen, teils gewalttätigen Umstrukturierung des europäischen Systems von der atomaren Abschreckung zum Einsatz militärischer Gewalt verlagerten.

Im Widerspruch zu diesen integrierten Verteidigungsstrukturen standen allerdings die Auflösungserscheinungen und Rückzugsbestrebungen in Europa und Nordamerika. Begleitet wurden sie von einer Renationalisierung und einem innerstaatlichen Nationalismus in Südosteuropa sowie von irrigen Vorstellungen in Washington über das »Ende der Geschichte« und die unipolare Hegemonie. Dort zeigte man kaum Verständnis für die beunruhigenden Kräfte am anderen Ende der Welt oder für den Wert von Bündnissen im Allgemeinen. Die dem transatlantischen Ideal zugewandte Generation der 1990er bot nach und nach neue, zeitgemäße Kräfte auf. Dies geschah zusammen mit den Völkern Mittel- und Osteuropas, die den amerikanischen Soldaten als den Vertreter einer offenen, mehr oder weniger großzügigen Wertegemeinschaft sahen, die den Totalitarismus besiegt und halb Europa Sicherheit und Wohlstand gebracht hatte.

Schlussfolgerung: Das Rätsel von Mars und Venus in den leeren Kasernen

2011 veröffentlichte die Bundesanstalt für Immobilienaufgaben online eine Ausschreibung für den Umbau der *Campbell*-Kaserne in Heidelberg, dem ehemaligen Sitz des US-Heeres in Europa (*U.S. Army in Europa*, USAREUR) und der 7. US-Armee. Die ursprünglich im »Dritten Reich« errichteten Gebäude können leicht für eine zivile Nutzung umgebaut werden, womöglich als Teil von Heidelbergs weltweit ausgerichteter Universität, einer erstklassigen Institution in den Bereichen Wissen, Recht und Wirtschaft, in denen Deutschland im neuen Jahrhundert wieder aufstrebt. Im Zuge der allgemeinen Reduzierung und Verlagerung von Truppen, die in den frühen 1990er-Jahren begonnen hatte und von der »Abzugsstrategie« der Weinberger-Powell-Doktrin geprägt war, wurde das Hauptquartier von USAREUR schließlich vom Neckar nach Wiesbaden verlegt. Der Abzug der ranghohen amerikanischen Offiziere ging schleppend voran, parallel zu den Einsätzen zur Eindämmung der Verbreitung von Massenvernichtungswaffen und zur Terrorismusabwehr in Afghanistan und im Irak. Hier waren die Truppen nicht in mitteleuropäischen Kasernen stationiert, sondern in Saddam Husseins Palästen sowie in ausgedehnten Unterkünften und Vorposten, die von multinationalen zivilen Militärdienstleistern unterhalten wurden. Die leerstehenden Kasernen und Hauptquartiere am Neckar stehen sozusagen in der Tradition des berühmten Heidelberger Schlosses und so vieler anderer Befestigungsanlagen entlang des nahegelegenen Rheins. Auch sie sind nunmehr eine Art Ruine, Überreste des totalen Krieges im 20. Jahrhundert.

Aus der Perspektive dieses Kapitels betrachtet, drohte die Bedeutung dieses Ortes angesichts des Zerwürfnisses zwischen vielen europäischen Regierungen und der Regierung von Präsident George W. Bush in den USA in der Zeit nach dem 11. September 2001 zu einer neokonservativen Karikatur unter dem Motto »Mars gegen Venus« zu verkommen. Wahrscheinlich wird es bei den jungen Leuten, die keine Erinnerungen an das 20. Jahrhundert haben, in Vergessenheit geraten, wie die amerikanischen Soldaten nach Heidelberg kamen und die Stadt schließlich wieder verließen. Diese Geschichte sollte allerdings nicht karikiert oder vergessen werden, weder in den USA noch in der EU. Die Rolle der Europäer beim Aufbau und bei der professionellen Konsolidierung der amerikanischen Streitkräfte vom 18. Jahrhundert bis in das 20. Jahrhundert hinein, insbesondere in den Bereichen der Theorie, der Lehre und der Ausbildung, ist für das Gesamtbild von grundlegender Bedeutung. Die Rolle des US-Soldaten im Zeitalter des totalen Krieges in Europa und sein Vermächtnis im modernen Europa bilden die zweite Dimension dieser wichtigen Geschichte.

Die amerikanischen Soldaten sind mit Europa durch Schicksalsgemeinschaft verbunden, die durch wechselnde Anziehung und Ablehnung charakterisiert ist. Während sich die gesellschaftliche und politische Grundlage der ursprünglichen militärischen Einrichtungen in der USA insbesondere vom Kontinentaleuropa des 18. Jahrhunderts unterschied (Republikanismus gegen Absolutismus), übten die soldatischen Berufsideale des Kontinentaleuropas des 19. Jahrhunderts (die Entwicklung des technisierten Krieges und einer Führungselite mit eigenen Vorrechten) – sei es aus Frankreich oder später aus dem Deutschen Kaiserreich – einen starken Einfluss auf die amerikanischen Soldaten aus.

Zu diesem Prozess kamen noch das Element von Engagement und Rückzug, während die USA zur Weltmacht aufstiegen, und die Entwicklung des US-Soldaten und der amerikanischen Streitkräfte als bedeutende politische Institution in der ersten Hälfte des 20. Jahrhunderts. In der Epoche des totalen Krieges ab 1914 durch das kurze 20. Jahrhundert hindurch entwickelten sich die US-Streitkräfte zu einem wichtigen Einflussfaktor im internationalen System. Dieser Prozess gipfelte im Atlantischen Bündnis der Jahre ab 1941.

So löblich dieses Bündnis, die NATO, im Nachhinein aus dem Blickwinkel des unblutigen Endes der Teilung Europas in den Jahren nach 1989 auch gewesen sein mag, so war es durch seine Merkmale und seine Entwicklung in der Zeit von 1948 bis 1989 doch ständig anfällig für Krisen, die an frühere Zeiten des Konflikts von Politik und Strategie erinnerten. Diese Krisen lassen sich mehr oder weniger in *vier Kategorien* aufteilen, die sich häufig miteinander vermischten. *Erstens* stellte die Bereitschaft der Mitglieder des Atlantischen Bündnisses, einen integrierten Sicherheitsverbund zu gründen, eine Herausforderung hinsichtlich der Politik, der Verteilung der Verteidigungslasten und der gemeinsamen Erarbeitung einer Strategie dar, die schon in früheren Zeiten militärische und politische Probleme verursacht hatte. *Zweitens* führte die Notwendigkeit, eine einheitliche Strategie als Reaktion auf nukleare und thermonukleare Waffen zu entwickeln, zu endlosen »nuklearen Krisen« bezüglich der Mittel und des Zwecks der nuklearen Präsenz der USA in Europa, insbesondere wegen der Auswirkungen für die Menschen, die im Schatten der Atombombe lebten. Eine solche Verfahrensweise brachte die USA zwar dazu, die Interessen ihrer Bündnispartner als ihre eigenen zu übernehmen. Doch dieser Sachzwang stand im Widerspruch zum wachsenden nuklearen Arsenal der Sowjetunion in den 1950er-Jahren und testete die Grenzen der erweiterten Abschreckung. Kleinere Bündnispartner fühlten sich wiederum gedrängt, sich eventuell selbst Atomwaffen anzuschaffen oder gar aus dem Bündnis auszutreten und neutral zu bleiben.

Drittens kollidierten die Grenzen der östlichen und südlichen Linie der nordatlantischen Verteidigung (*out of area*) mit bewaffneten Konflikten in Asien (Indochina, Korea und Vietnam) und im Nahen Osten (Suez, Algerien, Arabisch-Israelischer Krieg von 1973). Diese Konflikte wirkten sich immer wieder auch auf das westliche Bündnis aus. Sie führten im europäischen und internationalen System zu einem besonderen Druck auf Frankreich sowie auf das geteilte Deutschland, der wiederum anhaltende Krisen in der Bündnispolitik und dem Bündniszusammenhalt auslöste.

Viertens kam in jedem Jahrzehnt von den 1950er- bis in die 1980er-Jahre die traditionelle Ablehnung Europas durch Teile der amerikanischen Gesellschaft zum Ausdruck, die ihre Ursprünge im 17. und 18. Jahrhundert hat. Das gilt für die Pläne des US-Verteidigungsministeriums und des Kongresses für eine deutliche Reduzierung der US-Truppen ebenso wie für die Verlagerung der Kosten für die gemeinsame Verteidigung auf die Westeuropäer im Kalten Krieg. Als der Nahe Osten ab den 1970er-Jahren zum Schwerpunkt der amerikanischen Politik wurde, verstärkte sich diese Tendenz, wenn auch nur zeitweise. Die Frage der Lastenteilung war eine unendliche Geschichte, in der das Missfallen der USA angesichts der »unzureichenden Verteidigungsbemühungen« der europäischen Bündnispartner zu einem Dauerthema wurde.

Stellt der Rückzug amerikanischer Streitkräfte in der Geschichte von USA und europäischer Militärmacht eine Kontinuität dar, führten die blitzartige Annexion der

Krim durch Wladimir Putins Russland und die Ukraine-Krise 2013/14 viele der in diesem Kapitel behandelten Gesichtspunkte vor Augen. Das betraf den Zusammenhalt der Atlantischen Allianz, ihre geografischen Grenzen, die Rolle der US-Streitkräfte in Europa. Deutlich wurde auch die fortdauernde Bedeutung der transatlantischen Beziehungen, auch wenn nach dem Irak-Krieg und dem Afghanistan-Einsatz immer wieder die zentrale Rolle Asiens für die USA hervorgehoben wurde. Mitten in einer Krise, die den Zeitgenossen als bedeutendste militärische Krise im Frieden in Europa seit den 1980er-Jahren galt, ertönte auf beiden Seiten des Atlantiks der Ruf nach einem Stopp des laufenden Truppen- und Waffenabzugs und einer Verstärkung der US-Streitkräfte in Europa.

Auch aus diesem Grund wäre die Geschichte von Krieg und Frieden in Europa unvollständig, wenn die Rolle der amerikanischen Soldaten bei der Entwicklung des europäischen Staatensystems und der Struktur der Streitkräfte im 20. Jahrhundert nicht gebührend berücksichtigt würde. Ein junger Offizier aus dem vereinten Europa, der nach den Ursprüngen der zeitgenössischen Probleme des soldatischen Dienstes und der Stellung von Befehlsgewalt und Einsatz sucht, kann diese Probleme besser verstehen, wenn er weiß, wie Europa zur Ausgestaltung der militärischen Strukturen Amerikas beigetragen hat und wie die USA im 20. Jahrhundert die alte Ordnung des Kontinents und seiner Streitkräfte veränderten, die im Zeitalter des totalen Krieges vernichtet worden waren. Das Endergebnis dieses Prozesses war eine militärische Annäherung zwischen Nordamerika und Europa über das Bündnis, auch wenn in propagandistischen Äußerungen das Gegenteil behauptet wurde. US-Soldaten in einer *Counterinsurgency*-Operation stützen sich auf erstmals von französischen und britischen Offizieren im 19. und 20. Jahrhundert entworfene Kampfgrundsätze. Europäische Soldaten kämpfen und dienen heute auf der Grundlage des Vermächtnisses der NATO-Integration, auch wenn sie dies unter der Fahne der EU tun. In einem europäischen Einsatz zur Terrorismusbekämpfung in Afrika oder anderswo lässt sich der Einfluss von multinationalen, teilstreitkraftübergreifenden Operationen amerikanischer Prägung immer leicht erkennen. Die physische Präsenz der amerikanischen Soldaten in Europa bleibt nach der Krim-Krise 2013/14 eine offene politische Frage. Aber die Auswirkungen dieser militärischen Annäherung auf die Geschichte der Streitkräfte und als Bestandteil der zeitgenössischen Erfahrungen sind auch weiterhin von großer Bedeutung, nicht weil die USA immer noch eine »Supermacht« darstellen (eine zweifelhafte Behauptung), sondern weil dieses gemeinsame Vermächtnis an Konzepten und Erfahrungen in Krieg und Frieden eine Bindung geschaffen hat, die sich als stärker erwiesen hat, als ihre Kritiker es ihr zugestehen. Auch die Krisen in der Vergangenheit und Gegenwart konnte diese Bindung nicht auseinanderreißen.

Anmerkung

1   Bei den hier zum Ausdruck gebrachten Ansichten handelt es sich um die Meinung des Autors; sie geben nicht die Position des US-Verteidigungsministeriums wieder. Der Autor bedankt sich bei Richard Hoffmann, dem Leiter des *Center of Civil Military Relations*, für seine großzügige Unterstützung bei den Recherchen. Sein Dank gilt außerdem Dr. Carolyn Halladay von der *Naval Postgraduate School* für ihre freundliche Unterstützung.

Boris Khavkin

Russland als Militärmacht im Europa des 19. und 20. Jahrhunderts

Im 19. und 20. Jahrhundert war Russland eine Großmacht nach der Begriffsbestimmung des Wiener Kongresses von 1815. Die Sowjetunion war seit Beginn der 1950er-Jahre die zweite Supermacht (nach den USA) auf der Welt. Das Russische Kaiserreich (1721–1917), die Russische Sozialistische Föderative Sowjetrepublik (1917–1922), die Union der Sozialistischen Sowjetrepubliken [UdSSR] (1922–1991): Unter welchem Namen auch immer, war Russland ein Imperium. Der zentralisierte Einheitsstaat vereinte riesige Gebiete, hatte Zugang zum Meer und besaß eine starke Armee und Flotte. Russlands Stärke hat sich immer auf seine kolossalen territorialen und personellen Ressourcen, seine Naturreichtümer, die alleinige Oberherrschaft der Kaiser (und danach der kommunistischen Diktatoren), die übermäßige Zentralisierung des Staates sowie eine Politik und Wirtschaft gegründet, die auf die Anwendung militärischer Gewalt oder die Androhung ihrer Anwendung ausgerichtet sind. »Russland hat nur zwei Verbündete: seine Armee und seine Flotte«, behauptete Zar Alexander III.

Der »Vaterländische Krieg« von 1812

Russland gehörte zu den Gestaltern der europäischen Politik. Es war Mitglied der zweiten, dritten und vierten antifranzösischen Koalition und nahm am Russisch-Österreichisch-Französischen Krieg von 1805 und am Russisch-Preußisch-Französischen Krieg von 1806 bis 1807 teil. Bis 1812 hatte Napoleon die Truppen von fünf gegen Frankreich gerichteten Koalitionen zerschlagen; ihm beugte sich fast ganz Europa. Seiner Weltherrschaft standen nur Großbritannien und Russland im Wege.

Für den Feldzug gegen Russland setzte Napoleon daher die 450 000 Mann starke *Grande Armée* in Marsch, die er persönlich anführte. Napoleon hatte vor, die russische Armee in einer oder zwei grenznahen Generalschlachten vernichtend zu schlagen, Moskau einzunehmen und dann Zar Alexander I. zur Kapitulation unter Frankreichs Bedingungen zu zwingen.

Russland konnte zu Kriegsbeginn an seinen Westgrenzen nur 220 000 Mann aufbringen. Die drei russischen Westarmeen waren auf einer Breite von 600 km auseinandergezogen, die Abstände zwischen ihnen erreichten bisweilen 200 km. Die Gesamtführung lag bei Alexander I., die Truppen befehligte Kriegsminister Barclay de Tolly.

Am 12. Juni 1812 überquerten die französischen Truppen im Raum Kowno (lit. Kaunas) den Njemen und betraten das Gebiet Russlands. Am 26. Juni nahm der Feind Minsk und am 8. Juli Mogilew, ohne eine Vereinigung der russischen Armeen zuzulassen. Die Russen ließen sich nicht auf eine Generalschlacht ein, versetzten dem Feind vielfach empfindliche Schläge und zogen sich jedes Mal zurück.

Die russischen Armeen vereinigten sich zwischen dem 4. und dem 6. August bei Smolensk. Barclay de Tolly wollte die Armee für weitere Schlachten erhalten und befahl erneut den Rückzug. Die Unzufriedenheit mit dem fortwährenden Rückzug und das zunehmende Misstrauen gegenüber Barclay de Tolly in Armee und in Gesellschaft bewogen Alexander I., am 8. August, Michail I. Kutusow zum Oberbefehlshaber zu ernennen, der bald darauf den Rang eines Generalfeldmarschalls erhielt. Aber vor Moschaisk, bei dem Dorf Borodino, machten die Truppen Halt und bereiteten sich auf die Generalschlacht vor.

Die Schlacht von Borodino fand vom 24. bis 26. August 1812 statt. Gegen Ende der Schlacht hielt die russische Armee weiterhin sicher die Front. Napoleon sah sich gezwungen, seine Truppen zur Ausgangslinie zurückzunehmen. Bei der Schlacht verloren die Franzosen 50 000 Mann an Toten und Verwundeten (französischen Angaben zufolge etwa 30 000) und die Russen mehr als 44 000 Mann. »Die französische Armee ist an der russischen zerschellt«, schrieb General Alexei P. Jermolow, der an der Schlacht teilgenommen hatte.

Auf der Tagung des Kriegsrates am 1. September in dem bei Moskau gelegenen Dorf Fili übernahm Kutusow die Verantwortung für die schwere Entscheidung, Moskau kampflos zu räumen, um die Armee zu erhalten. Auf Befehl des Moskauer Generalgouverneurs Fjodor V. Rostoptschin wurden in der zurückgelassenen Stadt alle Lager vernichtet. Napoleon zog am 2. September in das verlassene Moskau ein, und am Abend begann die an verschiedenen Stellen in Brand gesetzte Stadt, in Flammen aufzugehen. Das Feuer, das ganz Moskau erfasst hatte, vernichtete die Lebensmittel- und Waffenvorräte sowie 70 Prozent der Gebäude.

Nachdem die russischen Truppen Moskau verlassen hatten, schlugen sie 80 km südlich von Moskau bei dem Dorf Tarutino ihr Lager auf. Kutusows Manöver von Tarutino machte es möglich, sich von der Verfolgung zu lösen (Napoleon wusste zwei Wochen lang nicht, wo die russischen Truppen lagen) und strategisch vorteilhafte Stellungen zu beziehen, welche die Straßen in den Süden des Landes abriegelten. Im Rücken des Feindes entflammte ein Volkskrieg. Partisanenabteilungen des Heeres und der Bauernschaft rückten den französischen Fourageuren und Konvois zu Leibe und überfielen kleinere Garnisonen.

Napoleon, der mit seinen Truppen in Moskau abgeriegelt war, bot Alexander I. dreimal an, Friedensverhandlungen aufzunehmen, doch dieser antwortete ihm nicht. Die Franzosen konnten schon nicht mehr in der entvölkerten Stadt überwintern. Am 6. Oktober 1812 verließ die 110 000 Mann starke Armee Napoleons mit Wagenkolonnen voll geraubten Gutes die Stadt Moskau. Das Bestreben der Franzosen, nach Kaluga durchzubrechen, und die feste Entschlossenheit der russischen Truppen, dem Feind diesen Durchbruch zu verwehren, waren von vornherein für die Härte der Schlacht ausschlaggebend, die sich am 12. Oktober bei Malojaroslawez entwickelte. Die Stadt wechselte achtmal den Besitzer. Das Ergebnis der Schlacht war der Rückzug von Napoleons Armee auf der von ihr selbst verwüsteten Straße nach Smolensk. Die strategische Initiative im Krieg ging vollständig auf die Seite der russischen Armee über. In den Kämpfen bei Wjasma, Krasnoje und Molodetschno erlitten die Franzosen beträchtliche Verluste. Der Hunger, die starken Fröste und die ständigen Angriffe der Russen verwandelten ihren Rückzug in eine Flucht. Am 24. November verließ Napoleon heimlich seine geschlagene Armee und reiste nach Paris. Am 14. Dezember nahmen die russischen Truppen Belostok (poln. Białystok) und Brest-Litowsk und schlossen damit die Befreiung des Gebiets des Russischen Kaiserreichs ab. Das Manifest Alexanders I. vom 25. Dezember 1812 gab die endgültige Vertreibung der Okkupanten vom Gebiet

Russlands und den erfolgreichen Abschluss des Vaterländischen Krieges bekannt. Russland trug einen vollkommenen Sieg über die eingedrungenen napoleonischen Truppen davon und konnte die Freiheit und Unabhängigkeit des Vaterlandes verteidigen. Ende Dezember 1812 überschritten die russischen Truppen den Njemen und erreichten bald darauf die Weichsel und die Oder.

Es begann der Auslandsfeldzug der russischen Armee 1813. Im Februar wechselte Preußen auf die Seite Russlands, und im April standen die Truppen der Verbündeten schon an der Elbe. Doch im Mai warf Napoleon, der eine neue Armee aufgestellt hatte, die Alliierten bis an die Oder zurück. Im Juli waren die Koalitionskräfte stärker geworden, da Österreich und eine Reihe deutscher Staaten der Koalition beigetreten waren. Doch in der Schlacht bei Dresden am 14. und 15. August 1813 schlug Napoleon einen zahlenmäßig überlegenen Gegner in die Flucht. Vom 4. bis 7. Oktober 1813 wurde Napoleons Armee in der bedeutenden Völkerschlacht bei Leipzig (220 000 Verbündete und 175 000 Franzosen) geschlagen. Die Verluste betrugen bei den Franzosen 65 000 und bei den Koalitionstruppen 54 000 Mann. Am 18. März 1814 marschierten die Truppen der Alliierten (Russland, Großbritannien, Österreich und Preußen) nach einer Reihe verlustreicher Schlachten in Paris ein. Napoleon verzichtete auf seinen Thron und wurde auf die Insel Elba im Mittelmeer verbannt. Gemäß der Schlussakte des Wiener Kongresses vom 9. Juni 1815 sicherte sich Russland die Herrschaftsansprüche auf Finnland und Bessarabien und erhielt das Gebiet des ehemaligen Herzogtums Warschau (Königreich Polen).

Im 19. Jahrhundert warf Russland zweimal polnische Aufstände (1830 und 1863) brutal nieder. Ein wichtiger Bestandteil der Reichspolitik Russlands war seine Rolle als »Gendarm Europas«, die Zar Nikolaus (Nikolai) I. bei den europäischen Revolutionen 1848 spielte.

Russland führte den langen Kaukasuskrieg von 1817 bis 1884, einen Krieg mit der Türkei von 1828 bis 1829, den Krimkrieg (Orientkrieg) von 1853 bis 1856 und den Russisch-Türkischen Krieg von 1877 bis 1878. Im Laufe dieser Kriege strebte Russland eine Lösung der »Orientfrage« zu seinen Gunsten an. Russland konnte im Schwarzmeerraum, in Transkaukasien, an der Donau und auf dem Balkan Fuß fassen. In Folge der Niederlage im Krimkrieg wurde von Russland in den 60er- und 70er-Jahren des 19. Jahrhunderts mit Erfolg eine kapitalistische Modernisierung betrieben, wobei eine für jene Zeit moderne Armee und Flotte geschaffen wurde.

Russland im Ersten Weltkrieg

Die Teilnahme des Russischen Kaiserreichs am Ersten Weltkrieg ist nicht nur im Westen wenig bekannt, sie ist auch in Russland »vergessen« worden. An und für sich ist die Tragödie des Ersten Weltkrieges im historischen Bewusstsein der Russen von noch umfassenderen und schrecklicheren Ereignissen verdrängt worden, und zwar von der Februar- und der Oktoberrevolution 1917, vom Bürgerkrieg der Jahre 1918 bis 1922, vom Zweiten Weltkrieg 1939 bis 1945 sowie von den mit dem Letztgenannten einhergegangenen Verbrechen gegen die Zivilbevölkerung, dem Holocaust der Nationalsozialisten und der Deportationen durch Stalin.

Friedhöfe für die auf den Schlachtfeldern des Ersten Weltkrieges gefallenen Soldaten waren zu Sowjetzeiten im Wesentlichen beseitigt worden, Gedenkdaten wurden nicht festgehalten. Selbst die volkstümliche Bezeichnung des Krieges als »deutscher Krieg« ist nicht mehr gebräuchlich, vielmehr begann man den Krieg als »imperialistisch« zu bezeichnen.

Russland leistete den Verbündeten in der *Entente* beträchtliche Hilfe, allein durch die Tatsache, dass es gegen Deutschland, Österreich-Ungarn und das Osmanische Reich kämpfte und einen beträchtlichen Teil ihrer Militärmacht auf sich zog. In den Kriegsjahren wurden in Russland etwa 16 Mio. Menschen zum Wehrdienst einberufen, d.h. mehr als ein Drittel aller personellen Ressourcen, die in den Ländern der *Entente* unter Waffen standen. Die Hälfte der Divisionen, über die das Bündnis verfügte, waren russische.

1914 wurden die russischen Truppen aus Ostpreußen verdrängt. 30 000 russische Soldaten gerieten in Gefangenschaft. Dennoch mussten die Deutschen ihre Kräfte an der Westfront verringern, wodurch die britisch-französischen Truppen den deutschen Angriff in der verlustreichen Schlacht an der Marne zum Stehen bringen konnten. Im August und September des Jahres fügten die russischen Truppen in der Schlacht in Galizien den Österreichern und Ungarn eine schwere Niederlage zu, die dabei etwa 400 000 Mann verloren. Die Armeen der russischen Südwestfront rückten durch die Einnahme Galiziens 280–300 km vor. Den Versuchen der Deutschen, den russischen Truppen in Polen eine Niederlage zuzufügen (im Herbst 1914), war kein Erfolg beschieden.

Im Jahr 1914 scheiterte der deutsche Plan eines »Blitzkrieges« an den russischen Soldaten in Ostpreußen und den britisch-französischen Truppen an der Marne. Deutschland und seinen Verbündeten bot sich nunmehr die Perspektive eines langwierigen Krieges, der es der *Entente* möglich machte, ihr Übergewicht an materiellen und personellen Ressourcen zu nutzen, deren wichtigste Quelle Russland war.

1915 zog die deutsche Führung starke Kräfte an der Ostfront zusammen, um Russland vernichtend zu schlagen und es dann zu einem Austritt aus dem Krieg zu zwingen. Die russischen Truppen, die an einem katastrophalen Mangel an Waffen und Munition litten, begannen nach Osten zurückzuweichen. Als Ergebnis des deutschen Angriffs vom Frühjahr und Sommer 1915 verlor Russland Galizien, Polen sowie einen Teil des Baltikums und Weißrusslands. Die militärischen Misserfolge des Jahres 1915 zogen Umstellungen bei den Generalen der russischen Armee nach sich: Im Juni 1915 wurde Kriegsminister Wladimir A. Suchomlinow abgelöst, der des Verrats beschuldigt worden war. Auf seinen Posten kam General Alexei A. Poliwanow. Im August entband Zar Nikolaus (Nikolai) II. Großfürst Nikolai Nikolajewitsch vom Posten des Obersten Befehlshabers. Zugleich wurde der Chef des Generalstabes, General Nikolai N. Januschkewitsch, seiner Dienststellung enthoben. Den Posten des Obersten Befehlshabers nahm Nikolaus II. selbst ein, und Chef des Generalstabes wurde General Mikail W. Aleksejew, Sohn eines einfachen Soldaten, der aufgrund seiner Fähigkeiten eine glänzende Karriere beim Militär gemacht und in der Armee großes Ansehen erworben hatte. Insgesamt war der Feldzug von 1915 eine Tragödie für die russische Armee, die riesige Verluste erlitten hatte. Doch das Hauptziel, ein Ausscheiden Russlands aus dem Krieg im Jahr 1915, erreichte Deutschland nicht.

Die Ostfront besaß eine große Bedeutung. Erstmals musste eine Armee über dreieinhalb Jahre hinweg eine 1934 km lange Front vom Baltikum bis zum Schwarzen Meer (nicht eingerechnet die 1100 km lange Kaukasusfront) halten. Russland kämpfte gegen die vereinten Kräfte Deutschlands, Österreich-Ungarns und der Türkei. Dagegen wurden an der Westfront – vom Ärmelkanal bis zur Schweiz (630 km) – gegen das deutsche Heer die alliierten Streitkräfte Frankreichs, des *British Empire* und Belgiens zusammengezogen, die 1917 durch amerikanische Truppen Verstärkung erhielten. Überdies erhielten die westlichen Alliierten vier russische Brigaden als Unterstützung.

Obwohl das Russische Kaiserreich in den Krieg eingetreten war, als die Umgliederung seiner Streitkräfte noch nicht abgeschlossen war, leistete es einen enormen Beitrag zum Sieg der *Entente*. Es genügt schon zu sagen, dass Russland gleich zu Kriegsbeginn um den Preis des Untergangs der Armee von General Alexander W. Samsonow in Ostpreußen Frankreich gerettet hat.

Die unzulängliche Führung der Streitkräfte und Steuerung des Verlaufs der Kampfhandlungen von Seiten des Oberkommandos der Armee und der Regierung Russlands einerseits sowie die Abhängigkeit der russischen operativ-strategischen Planung von den Forderungen der westlichen Alliierten zum Nachteil der nationalen Interessen andererseits hatten für Russland hohe personelle Verluste zur Folge. Zwar hatte Russland ausgedehnte Gebiete verloren, konnte aber seine Kräfte für weitere Schlachten erhalten.

Während des Krieges wirkte sich der große wirtschaftliche und gesellschaftliche Unterschied aus, der zwischen den industriell entwickelten Ländern Deutschland, Großbritannien und Frankreich einerseits und dem agrar-industriellen Russland andererseits bestand. Diese Diskrepanz schlug sich in dem geringen materiellen Versorgungsgrad der russischen Armee mit modernen Waffen, im niedrigen Bildungsniveau der weisen Soldaten und im Fehlen der nötigen militärischen Ausbildung bei 60 Prozent der Rekruten nieder.

Bereits in den ersten Kriegsjahren trat die auf den eigenen Vorteil bedachte Politik der mit Russland in der *Entente* verbündeten Länder vollends zutage, die »bis zum letzten russischen Soldaten« Krieg führten. Die *Entente* nutzte die Ostfront als Gegengewicht zur deutschen Offensive an der Westfront, wobei sie sogar mehrmals die militärische und politische Führung Russlands dazu zwang, entgegen den zuvor abgestimmten strategischen Plänen nicht ausgebildete Truppen verfrüht in den Kampf zu werfen. In der Folge spielten die russischen Streitkräfte die Rolle einer »Dampfwalze«, um einen bedeutenden Teil der militärischen Gesamtstärke Deutschlands, Österreich-Ungarns und der Türkei aufzureiben. Doch weder Russland noch seiner Armee war es beschieden, nach Kriegsende in den Reihen der Sieger stehen zu können.

Der Krieg forderte von Russland die Mobilisierung sämtlicher materieller Ressourcen. Bereits 1915 war ein Mangel bei industriellen Rohstoffen und an Brenn- und Kraftstoff spürbar, der sich 1916 zu einer akuten Roh- und Brennstoffkrise entwickelte. Dies führte zu Misserfolgen an der Front und war die wirtschaftliche Voraussetzung für die Revolution des Jahres 1917.

Ihren militärischen und politischen Sieg über die Koalition der Mittelmächte konnten die USA, das *British Empire*, Frankreich, Italien und Japan Ende 1918 feiern. Im Russland der Februar- und der Oktoberrevolution von 1917 dagegen führte massenhafte Fahnenflucht und ein katastrophaler Mangel an Disziplin zum Zerfall der Armee.

Die Ergebnisse des Krieges waren für Russland somit der Sturz der Monarchie und der Untergang des Imperiums, der bolschewistische Umsturz, der »revolutionäre« Austritt aus dem Krieg am 25. Oktober 1917 (Politik nach dem Grundsatz »Weder Frieden noch Krieg«), der separate Friedensvertrag mit den Mittelmächten, der am 3. März 1918 in Brest-Litowsk unterzeichnet wurde. Danach verlor Russland Finnland,

Polen, das Baltikum, die Ukraine und einen Teil von Weißrussland. Deutschland erhielt als Kontributionszahlung über 90 Tonnen Gold. Der Friedensvertrag von Brest-Litowsk war bis November 1918 in Kraft, als ihn Sowjetrussland infolge der Revolution in Deutschland annullierte. Zu den Kriegsfolgen gehörte nicht zuletzt auch ein flächendeckender Bürgerkrieg bis 1922, der von einer ausländischen Militärintervention begleitet wurde.[1]

Die Sowjetunion im Zweiten Weltkrieg

Wie in der Sowjetunion vor 1991 spricht man auch im heutigen Russland lieber vom deutsch-sowjetischen Krieg von 1941 bis 1945 und nicht von einer Teilnahme der UdSSR am Zweiten Weltkrieg (1939–1945). Vom »Großen Vaterländischen Krieg« ist hier bis heute die Rede. Das hängt nicht nur mit den patriotischen Traditionen des Vaterländischen Krieges von 1812 zusammen, sondern auch mit dem Wunsch, »den Zeitraum der sowjetisch-deutschen Freundschaft« in den Jahren 1939 bis 1941 zu verschweigen, als Hitler und Stalin nach dem Molotow-Ribbentrop-Pakt vom 23. August 1939 und dem sowjetisch-deutschen Grenz- und Freundschaftsvertrag vom 28. September 1939 (mit geheimem Protokoll) Osteuropa unter sich aufteilten.

1939, nach dem Überfall Deutschlands auf Polen, erweiterte die Sowjetunion ihr Gebiet um die Westukraine und das westliche Weißrussland. Im Sommer 1940 nahmen sie Litauen, Lettland und Estland ein und machte sie zu neuen Unionsrepubliken. Truppenteile der Roten Armee wurden in das Gebiet Bessarabiens und der Nordbukowina entsandt. Diese Landstriche wurden in die neu gegründete Moldawische Sozialistische Sowjetrepublik bzw. in die Ukrainische Sozialistische Sowjetrepublik eingegliedert.

Am 30. November 1939 überfiel die Sowjetunion Finnland, das sich geweigert hatte, die Karelische Landenge gegen andere Gebiete zu tauschen und der UdSSR Militärstützpunkte zur Verfügung zu stellen. Der Sowjetisch-Finnische »Winterkrieg« dauerte von Dezember 1939 bis März 1940. Anfang März 1940 durchbrach die Rote Armee unter hohen Verlusten die »Mannerheim-Linie« und nahm Vyborg ein. Am 13. März 1940 wurde in Moskau der Friedensvertrag zwischen Finnland und der Sowjetunion unterzeichnet. Die Grenze auf der Karelischen Landenge wurde im Raum Leningrad und im Gebiet der Murmansker Eisenbahn nach Nordwesten verschoben. Finnland konnte jedoch seine staatliche Unabhängigkeit wahren.

Am 22. Juni 1941 änderte sich die Lage von Grund auf: Die Sowjetunion wurde Opfer eines Angriffskriegs des NS-Regimes. Die Ziele dieses nationalsozialistischen Krieges waren die Eroberung von Lebensraum im Osten, die Bekämpfung »rassisch minderwertiger« Völker und die Vernichtung des »jüdischen Bolschewismus«. Deutschlands Streitkräfte drangen mit den drei Heeresgruppen Nord, Mitte und Süd auf das Gebiet der UdSSR vor und führten zunächst einen erfolgreichen Überraschungsangriff.

Am 22. Juni mittags verkündete der sowjetische Regierungschef, Wjatscheslaw M. Molotow, im Rundfunk, dass Deutschland die Sowjetunion überfallen habe, und erklärte den Beginn des Vaterländischen Krieges. Es begann die Mobilmachung der Wehrpflichtigen der Geburtsjahrgänge 1905–1918. Ende 1941 hatte die UdSSR mehr als 14 Mio. Menschen mobilisiert.

Personalstärken und Anzahl der Kampftechnik, 1941			
Kategorie	Deutschland und seine Satellitenstaaten	UdSSR an der Westgrenze	UdSSR insgesamt
Personalstärke	4,3 Mio	3,1 Mio.	5,8 Mio.
Geschütze u. Mörser	42 601	57 041	117 581
Panzer u. Sturmgeschütze	4 171	13 924	25 784
Flugzeuge	4 846	8 974	24 488

Quelle: M.I Mel'tjuchov, Upuščennyj šans Stalina. Sovetskij Sojuz i bor´ba za Evropu: 1939–1941 [Stalins verpasste Chance. Die Sowjetunion und der Kampf um Europa 1939–1941], Moskau 2000.

©ZMSBw 07599-06

Am 23. Juni 1941 wurde das Hauptquartier des Oberkommandos eingerichtet. Ab 8. August wurde es in Hauptquartier des Obersten Befehlshabers umbenannt. Am 30. Juni wurde das Staatliche Verteidigungskomitee gegründet und die Volkswehr aufgestellt. Am 8. August wurde der Vorsitzende des Staatlichen Verteidigungskomitees Josef W. Stalin Oberster Befehlshaber.

Anfangs verlief der deutsche »Blitzkrieg« erfolgreich. Bis zum 1. Dezember 1941 hatte die Wehrmacht Litauen, Lettland, Weißrussland, Moldawien, Estland sowie einen bedeutenden Teil des Gebiets der Ukraine und Russlands besetzt. Minsk, Kiew, Charkow, Smolensk, Odessa und Dnjepropetrowsk wurden eingenommen, und Leningrad wurde belagert. Die wichtigsten Anbaugebiete für Lebensmittel in der Ukraine und im Süden Russlands fielen in die Hand des Gegners oder waren vom Zentrum des Landes abgeschnitten. Millionen von Sowjetbürgern befanden sich in den besetzten Gebieten. Die Rote Armee brachte die Wehrmacht jedoch bei Leningrad, Moskau und Rostow am Don zum Stehen. Die Angreifer erreichten die strategischen Ziele des »Unternehmens Barbarossa« nicht. Ende November/Anfang Dezember 1941 wurden die Wehrmachtdivisionen an allen Frontabschnitten zum Stehen gebracht. Die erste große Niederlage im Zweiten Weltkrieg erlitt die Wehrmacht im Winter 1941/42 vor Moskau. Der deutsche »Blitzkrieg« war vereitelt worden.

Trotz der anschließenden Erfolge der deutschen Frühjahrs- und Sommeroffensive von 1942, deren Hauptziel die Eroberung des Donbass und der Erdölvorkommen im Kaukasus sowie das Erreichen der Wolga war, konnte der wachsende Widerstand der Roten Armee nicht gebrochen werden. Stalins Befehl Nr. 227 »Keinen Schritt zurück!« vom 28. Juli 1942 verfehlte seine Wirkung nicht.

Zur entscheidenden Schlacht des Zweiten Weltkrieges wurde die Schlacht um Stalingrad vom 17. Juli 1942 bis zum 2. Februar 1943. An den Kämpfen bei Stalingrad und in der Stadt selbst waren auf beiden Seiten über 2,1 Mio. Menschen beteiligt; es kamen mehr als 26 000 Geschütze und Mörser, 2100 Kampfpanzer und mehr als 2500 Flugzeuge zum Einsatz.[2] In der Schlacht um Stalingrad erlitten Deutschland und seine Satellitenstaaten eine vernichtende Niederlage. Die 330 000 Mann starken deutschen Truppen wurden vernichtet. Mehr als 90 000 Soldaten, Offiziere und Generale gingen mit Generalfeldmarschall Friedrich Paulus an der Spitze in Gefangenschaft. Sehr hoch waren auch die Verluste der sowjetischen Truppen: Mehr als 478 000 Mann kamen ums Leben.[3]

Die entscheidende Wende zugunsten der Sowjetunion, die bei Stalingrad eingeleitet worden war, gelang während des Frühjahrs- und Sommerfeldzuges 1943 in der

Schlacht am Kursker Bogen (5. Juni–23. August 1943) und in der Schlacht um den Dnjepr, die das gesamte zweite Halbjahr 1943 andauerte.

Den Winterfeldzug 1943/44 leitete die Rote Armee mit einer erfolgreichen Offensive auf die »Rechtsufrige Ukraine«[4] ein (24. Dezember 1943–17. April 1944). Im Ergebnis der vier Monate währenden Offensive schlug sie die Heeresgruppe Süd und die Heeresgruppe A unter dem Kommando von Generalfeldmarschall Erich von Manstein bzw. Generalfeldmarschall Ewald von Kleist. Die Rote Armee befreite die Rechtsufrige Ukraine und erreichte das Karpatenvorland. Am 28. März stieß sie nach Überwindung des Flusses Prut nach Rumänien vor.

Zeitgleich mit der Befreiung der Rechtsufrigen Ukraine begann die Leningrad-Nowgoroder Operation (14. Januar–1. März 1944). Mit ihrem Angriff fügten die sowjetischen Truppen der Heeresgruppe Nord unter Generalfeldmarschall Georg von Küchler eine Niederlage zu. Sie beendeten die fast 900 Tage währende Belagerung und befreiten die Territorien der Verwaltungsgebiete Leningrad und Nowgorod. Die sowjetischen Truppen marschierten in Estland ein.

Die Monate April und Mai 1944 waren von der Schlacht um die Krim (8. April–12. Mai) geprägt. Sowjetische Truppen befreiten die Krim und zerschlugen die deutsche 17. Armee. Die Schwarzmeerflotte kehrte in ihren Heimatstützpunkt Sewastopol zurück.

Im Juni 1944 eröffneten die Alliierten in der Normandie eine zweite Front, was Deutschlands militärische Lage drastisch verschlechterte. Im Sommer- und Herbstfeldzug schloss die Rote Armee die Befreiung Weißrusslands, der Ukraine, des Baltikums (bis auf einige Gebiete Lettlands) und zum Teil der Tschechoslowakei ab. Sie befreite den Hohen Norden und Norwegens nördliche Verwaltungsprovinzen. Rumänien und Bulgarien wurden zur Kapitulation und zum Eintritt in den Krieg gegen Deutschland gezwungen. Bulgarien befand sich mit Großbritannien und den USA, aber nicht mit der Sowjetunion im Kriegszustand. Am 5. September 1944 erklärte die UdSSR Bulgarien den Krieg und sowjetische Truppen besetzten das Land. Die bulgarischen Truppen leisteten keinen Widerstand.

Im Sommer 1944 rückten die sowjetischen Truppen auf das Gebiet Polens vor. Am 21. Juli 1944 gründeten polnische Kommunisten mit Unterstützung der Sowjetunion in Chełm das Polnische Nationale Befreiungskomitee, eine zeitweilige prosowjetische Regierung, obwohl sich die Exilregierung in London als die rechtmäßige polnische Regierung betrachtete. Dieser unterstand die Armia Krajowa (AK), die polnische Heimatarmee. Am 1. August 1944, als die ersten Verbände der Roten Armee auf die polnische Hauptstadt vorrückten, löste die Armia Krajowa den Warschauer Aufstand aus.

Am 30. August 1944 begann der Slowakische Nationalaufstand. Als Unterstützung für die Aufständischen leiteten die sowjetischen Truppen am 8. September die Karpaten-Dukliner Operation ein. Doch Anfang November hatten deutsche Truppen den Aufstand niedergeschlagen, noch bevor die Rote Armee den Aufständischen zu Hilfe kommen konnte. Im Oktober 1944 führten die sowjetischen Truppen erfolgreich die Debrecener Operation durch und begannen mit der Operation »Budapest«, um die deutschen Truppen auf ungarischem Gebiet zu schlagen und Ungarns Austritt aus dem Krieg zu veranlassen. Die deutschen Truppen in Budapest kapitulierten jedoch erst am 13. Februar 1945. Am 28. Dezember 1944 wurde die Provisorische Regierung Ungarns gebildet, die am 20. Januar 1945 einen Waffenstillstand mit der Sowjetunion schloss. Am 13. Januar 1945 begann die Offensive in Ostpreußen: Die sowjetischen Truppen nahmen einen Teil Ostpreußens ein, befreiten das Gebiet Nordpolens und riegelten die ostpreußischen Wehrmachtsteile von Westen und Südwesten ab.

Am 12. Januar 1945 begann die Weichsel–Oder-Operation, in deren Verlauf das Gebiet Polens westlich der Weichsel bis zum 3. Februar von den deutschen Truppen befreit und ein Brückenkopf am linken Ufer der Oder gebildet werden konnte, der später beim Angriff auf Berlin genutzt wurde. In Südpolen und der Tschechoslowakei überwanden die Truppen der 4. Ukrainischen Front die Westkarpaten und erreichten am 18. Februar das Gebiet des Oberlaufs der Weichsel, womit sie den Vormarsch der 1. Ukrainischen Front in Schlesien unterstützten.

Am 16. März begann der Angriff auf Wien. Auf dem Weg dorthin wurde die 6. SS-Panzerarmee vernichtend geschlagen. Wien konnte am 13. April 1945 eingenommen werden. Zur selben Zeit setzten in Ostpreußen die Kämpfe um Königsberg ein. Als Ergebnis der Königsberger Operation wurden die Hauptkräfte der ostpreußischen Gruppierung der Wehrmacht zerschlagen.

Am polnischen Frontabschnitt erreichten die Truppen der 1. Weißrussischen und der 1. Ukrainischen Front die Oder–Neiße-Linie. Vom Brückenkopf Küstrin bis Berlin waren es noch 60 km Luftlinie. Am 25. April 1945 trafen die sowjetischen Truppen an der Elbe mit den amerikanischen Truppen zusammen, die von Westen her angegriffen hatten.

Vom 16. April bis zum 2. Mai 1945 fand die Schlacht um Berlin statt. Nach der Einnahme Berlins führten die sowjetischen Truppen vom 5. bis 12. Mai 1945 die Prager Operation als die letzte strategische Operation des Krieges in Europa durch.

Der Krieg endete in Europa am 8. Mai 1945 mit der bedingungslosen Kapitulation der deutschen Streitkräfte vor den Alliierten der Anti-Hitler-Koalition, d.h. den USA, Großbritannien, Frankreich und der Sowjetunion, die zwei Drittel der Streitkräfte Deutschlands zerschlagen hatte. Formal fand der Krieg zwischen der UdSSR und Deutschland jedoch erst am 25. Januar 1955 mit der Verabschiedung des Erlasses »Über die Beendigung des Kriegszustandes zwischen der Sowjetunion und Deutschland« durch das Präsidium des Obersten Sowjets der UdSSR seinen Abschluss.

Die Ergebnisse der Teilnahme der Sowjetunion am Zweiten Weltkrieg (einschließlich der Kriegshandlungen gegen Japan vom 9. August bis zum 2. September 1945) sahen wie folgt aus: Die Gesamtverluste des Landes betrugen 26,6 Mio. Menschen. 8,6 Mio. Sowjetsoldaten kamen ums Leben, 4,4 Mio. gerieten in Gefangenschaft oder waren verschollen. Die wirtschaftlichen Verluste des Landes machten 30 Prozent des Nationalvermögens aus.

Die Menschen im Vielvölkerstaat Sowjetunion bewiesen im Krieg Standhaftigkeit und Heldenmut. Es erwies sich, dass das Kriegspotenzial und die Kriegskunst der UdSSR stärker waren als auf der deutschen Seite. Die Namen der sowjetischen Heerführer Georgi K. Schukow, Konstantin K. Rokossowski, Alexander M. Wassilewski und Iwan S. Konew, welche die Wehrmacht bezwungen haben, sind in die Geschichte eingegangen.

Das Gebiet der Sowjetunion vergrößerte sich um die Westukraine und Weißrussland, das Baltikum, einen Teil Ostpreußens mit Königsberg (russ. auch Kaliningrad), Südsachalin, mehrere Kurilen-Inseln und Tuva. Das Stalinsche Regime nutzte den Sieg, um seine Macht zu festigen, und dehnte den sowjetischen Herrschaftsbereich auf Polen, die Tschechoslowakei, Ungarn, Rumänien, Bulgarien und kurzfristig Jugoslawien aus. Sowjetische Truppen besetzten einen beträchtlichen Teil des Gebietes Deutschlands und Österreichs. In Ostdeutschland wurde auf der Basis der Sowjetischen Besatzungszone die DDR gegründet.

Das internationale Gewicht der Sowjetunion nahm enorm zu. Als Großmacht und als eine Führungsnation der Anti-Hitler-Koalition wurde sie zu einem Gründungsmitglied der Vereinten Nationen.

Die militärisch und politisch erstarkte Sowjetunion prägte maßgeblich das weltweite Kräfteverhältnis nach dem Krieg. In den Konflikten des Kalten Krieges trat die Konfrontation zwischen den USA und der UdSSR sowie zwischen den von diesen Ländern angeführten militärischen Blöcken NATO und Warschauer Vertrag deutlich zutage. Die Sowjetunion geriet allmählich in ein für sie ruinöses Wettrüsten, das zu einem der Gründe für ihren Zerfall wurde.

Anmerkungen

1 Vgl. den Beitrag von Karsten Brüggemann in diesem Band.
2 Istorija Vtoroj mirovoj vojny 1939–1945 [Geschichte des Zweiten Weltkrieges 1939–1945], Bd 6, Moskau 1976, S. 34.
3 Grif sekretnosti snjat. Poteri vooružennych sil SSSR v vojnach, boevych dejstvijach i voennych konfliktach [Geheimhaltungsgrad aufgehoben. Verluste der Streitkräfte der UdSSR in Kriegen, Kampfhandlungen und militärischen Konflikten], Moskau 1993, S. 179 und 182.
4 So lautet der historische Name des westlich des Dnjepr gelegenen Teils der Ukraine.

Matthew Jamison

Humanitäre Interventionen im Spiegel der britischen Politikdebatte – nationales Eigeninteresse oder internationale Verantwortung?

Bewaffnete Interventionen, defensive und offensive, waren im Laufe der Geschichte weit verbreitet. Doch seit dem Ende des Kalten Krieges haben humanitäre Interventionen zugenommen, vor allem in Europa und durch Europäer. Mit dem Zusammenbruch des bipolaren Kräftegleichgewichts zwischen den USA und der Sowjetunion Anfang der 1990er-Jahre bestand die Hoffnung, dass humanitäre Interventionen einen Aufschwung erleben würden: und zwar mit Genehmigung und unter Aufsicht der Vereinten Nationen (UN) auf der Grundlage von Rechtsstaatlichkeit und nach dem Prinzip der kollektiven Sicherheit. Tatsächlich erlebte die internationale Gemeinschaft in der Zeit zwischen 1991 und 1993 einen Anstieg in der Stärke der stationierten UN-Friedenstruppen auf das Achtfache und eine Erhöhung des Budgets für die UN-Friedenstruppen auf das Vierfache. Gleichzeitig erweiterte sich das Spektrum der Einsätze; dazu kamen Krisenverhütung, Friedenserzwingung und die Idee der humanitären Intervention in einem laufenden Konflikt. Zwar sprach eine einflussreiche Denkschule der Internationalen Beziehungen, der »politische Realismus«, gegen die Vorstellungen von einer universellen moralischen Ordnung und die Einmischung in die inneren Angelegenheiten eines anderen Staates. Dennoch »kam es mit dem Ende des Kalten Krieges zu einem enormen Aufschwung bei humanitären Interventionen und der Thematisierung der Menschenrechte«, wie ein amerikanischer Politikwissenschaftler feststellte.[1]

Damit einher ging das ständige Bestreben der Supermächte, sich den Rückhalt durch die Vereinten Nationen zu sichern, um ihr Handeln vor der eigenen Bevölkerung zu rechtfertigen. Einen Präzedenzfall schuf die Resolution Nr. 688 der Vereinten Nationen, die deren Einmischung in die inneren Angelegenheiten eines Landes zur Linderung von menschlichem Leid rechtfertigte. Das war eine Reaktion auf den gewaltigen Zustrom von kurdischen Flüchtlingen in die Süd-Türkei und in den Nord-Iran als direkte Folge ihrer Unterdrückung durch Saddam Hussein im Irak. Die Zunahme humanitärer UN-Missionen in Kambodscha, Somalia, Bosnien-Herzegowina und im Kosovo unterstreicht eine neue humanitäre Dimension der internationalen Politik nach dem Ende des Kalten Krieges. Andrew M. Dorman, britischer Experte für internationale Sicherheit, argumentiert, dass humanitäre Intervention, die als gewaltsame Aktion ohne vorherige Einladung oder Zustimmung des Ziellandes mit dem speziellen Ziel des Schutzes grundlegender Menschenrechte definiert wird, eine »Unterart der militärischen Intervention« darstellt. Folgt man Dorman, ist der Begriff »militärische Intervention« breit genug gefasst, um sowohl eher traditionelle Belange der nationalen Sicherheit und internationale Machtinteressen als auch humanitäre Motive abzudecken. Die humanitäre Dimension ändert die entscheidenden Merkmale »traditioneller« militärischer Intervention nicht wesentlich.[2]

Es besteht jedoch ein klarer Unterschied zwischen Interventionen aufgrund traditioneller nationaler Sicherheitsinteressen wie beim Ersten Golfkrieg einerseits und humanitären Interventionen in Europa wie bei den Einsätzen des NATO-Bündnisses im Kosovo im Frühjahr 1999 andererseits. Die Intervention im Kosovo hatte der UN-Sicherheitsrat weder autorisiert noch gebilligt. Das ist an sich schon ein Unterscheidungsmerkmal. In seiner »Doktrin der internationalen Gemeinschaft« nannte der damalige britische Premierminister Tony Blair die Intervention im Kosovo einen »Krieg, der nicht auf territorialen Ambitionen, sondern Werten gründete«.[3]

Der Zusammenbruch Jugoslawiens, der in der Intervention im Kosovo gipfelte, war jedoch nur Teil einer Verkettung von Ereignissen in den 1990er-Jahren, die dafür sorgten, dass die überkommenen Vorstellungen von internationalen Beziehungen in Europa in Frage gestellt wurden und dass die humanitäre »liberal-interventionistische« Denkschule an Einfluss gewann. Man denke vor allem an den Völkermord in Ruanda 1994, den Zusammenbruch der Rechtsstaatlichkeit in vielen Teilen Afrikas und des Kaukasus, an die Zunahme des militanten islamistischen Terrorismus im Nahen Osten sowie an das (Wieder-)Aufkommen des *Empire light* oder den »postmodernen Imperialismus« in Bosnien, im Kosovo, in Sierra Leone, Afghanistan und im Irak. Die Lage verschärfte sich durch die Veröffentlichung der bahnbrechenden *National Security Strategy* der Clinton-Administration 1994. Sie schrieb eine »Strategie der Erweiterung« für die Demokratie vor, mit der sich die amerikanische Macht zu globaler Hegemonie ausweitete.[4] Statt eine neue »Weltordnung« hervorzubringen, wurde die Zeit nach dem Kalten Krieg zu einer Periode von »Unruhezonen« und »Friedenszonen«.[5] Die Antwort der beiden einflussreichsten Militärmächte in der Europäischen Union vor 1995, d.h. die Antwort des britischen Premierministers John Major, des französischen Präsidenten François Mitterrand sowie der britischen Außen- und Verteidigungsminister Douglas Hurd und Malcolm Rifkind, lautete: Wir müssen an einem »Gleichgewicht der Kräfte« festhalten und gleichzeitig die »realistischen« Elemente der Machtpolitik betonen.

In einigen Regionen, zum Beispiel in Großbritannien Anfang der 1990er-Jahre, wurde europäische Außen- und Sicherheitspolitik nur im Hinblick auf die nationalen Interessen diskutiert und betrieben. Sie erhielt eine antiimperialistische Prägung und war nicht auf Intervention angelegt. Mit dem Ende des Kalten Krieges, dem Auseinanderfallen der Sowjetunion als Supermacht und der Wiedervereinigung Deutschlands ging das bipolare System der internationalen Beziehungen in eine Zeit des Aufruhrs und der Neuorientierung auf. Doch in der britischen Außenpolitik blieb dieser Wandel in den internationalen Beziehungen unberücksichtigt. Das spiegelte sich etwa darin wider, dass Hurd das »Konzept des wohltätigen internationalen Interventionismus« ablehnte. Dieses Konzept war nach 1989 in Mode gekommen, weil es angesichts der amerikanischen und europäischen Vormachtstellung und des Zusammenbruchs der Sowjetunion eine realistische Option zu sein schien. Das Konzept »ist vielleicht attraktiv«, warnte der Außenminister, »doch wir sollten diesen neuen Weg nicht einschlagen, ohne ernsthaft darüber nachzudenken«. Hurd lehnte die

Idee einer Neuen Weltordnung, die der amerikanische Präsident George H.W. Bush entwickelt hatte, mit deutlichen Worten ab: »Wir haben keine neue Weltordnung«.[6] Die Vorstellung, dass Großbritannien und die Europäische Union (EU) die Verbreitung allgemeiner Werte um ihrer selbst willen unterstützen sollten, rief eine Art »konservativen Antiimperialismus« hervor.[7] Wer wollte schon eine teure interventionistische Außenpolitik verfolgen, die durch den Kalten Krieg keine Grenzen mehr kannte? Hurd erklärte vor dem Europäischen Parlament: »Wir haben weder das Recht noch die Macht oder gar das Verlangen, im Namen der Europäischen Ordnung Protektorate in Osteuropa einzurichten.« Erneut betonte er die Schranken der britischen und europäischen Machtpolitik: »Wir dürfen unsere Macht nicht übertreiben, um dieses Leid zu beseitigen.« Fast genau ein Jahr später sprach Hurd zu diesem Thema im Politischen Ausschuss des hochangesehenen Londoner *Carlton Clubs*: »Wir dürfen nicht mehr versprechen, als wir leisten können. Wir müssen aufpassen, dass die Realität in dieser neuen Welt [nach dem Ende des Kalten Krieges] mit unseren Bekenntnissen Schritt halten kann. Die NATO ist keine Weltpolizei. Sie ist mit Sicherheit kein Heer von Kreuzrittern, das voranmarschiert, um Kombattanten gewaltsam zu trennen oder die Flagge des Eroberers in fremden Boden zu stecken. Man kann nicht erwarten, dass die NATO alle Probleme an ihren Grenzen löst, und man kann ihr keinen Vorwurf machen, wenn ihr dies nicht gelingt. Eine neue Weltordnung gibt es nicht.«[8]

Ende Dezember 1994 bezeichnete Hurd den Auftrag, durch massive Bodentruppen in Bosnien-Herzegowina Eindruck zu machen, als »eine imperiale Rolle [...] die Legionen könnten gezwungen sein, jahrelang zu bleiben«.[9] Dieser »konservative Antiimperialismus« war das Zeichen einer »zutiefst realistischen Abneigung gegen die Zersplitterung des internationalen Staatensystems«. Die Briten waren nicht bereit, »die Dinge hinzunehmen« und die Bildung neuer souveräner Einheiten in Europa zu akzeptieren.[10] In der Tat hegte die britische Außenpolitik eine tiefe Abneigung gegenüber der Vorstellung, dass die EU eine imperiale Rolle übernehmen solle: »Ich glaube«, bemerkte Hurd, »die Geschichte dieses Jahrhunderts zeigt [...] was geschieht, wenn man diesen Weg der Europäischen Gemeinschaft geht, mit ihren Klienten und Günstlingen, die sie finanziell und anderweitig unterstützt, was letztlich zum Zusammenbruch führt. Und genau das, denke ich, ist vor dem Ersten Weltkrieg auf dem Balkan passiert.«[11]

Die Globalisierung und das Chaos in großen Teilen Europas und der Welt weckten jedoch das Interesse an den Ideen des liberal-humanitären Interventionismus. Die Schlüsselfrage lautete: Wie löst man Konflikte wie die in Jugoslawien, Nahost und Afrika, die sich ausweiten und aufgrund der Globalisierung zu ernsthaften Sicherheitsrisiken für Europa und Amerika werden? Wie Jack Straw, britischer Außenminister der *Labour*-Regierung unter Tony Blair, beteuerte, »ist den Interessen des Vereinigten Königreiches am besten gedient mit einer aktiven und engagierten globalen Außenpolitik, in der wir zusammen mit unseren Verbündeten daran arbeiten, die Grenzen des Chaos zurückzudrängen«.[12] Blair meinte, »dass wir heute mehr als je zuvor voneinander abhängig sind, dass nationale Interessen in erheblichem Maße von internationaler Kooperation bestimmt sind«.[13]

Die Diskussion über die britische Außenpolitik und der Aktivismus der EU unter der Präsidentschaft der konservativen britischen Regierung John Major Anfang bis Mitte der 1990er-Jahre zeigt die Spannungen zwischen dem eher traditionellen realistischen Herangehen an Fragen militärischer Intervention einerseits und dem neuen Interesse an einem humanitären Interventionismus, den Europäer antreiben und betreiben, anderseits. Die Regierung Major legte Anfang der 1990er-Jahre Wert auf staatliche Souveränität, auf Macht- und Realpolitik. Sie brachte den »konservativen Pessimismus« in die Debatte über die Rolle Großbritanniens in Europa und in der Welt ein. John F. Kennedys »Tradition der Beschwichtigung in der britischen Außenpolitik« war in der Rhetorik und Politik der Regierung Major deutlich erkennbar, wo es um den Zerfall Jugoslawiens ging. Die »Realisten« fanden ihr Sprachrohr in Außenminister Hurd und Verteidigungsminister Rifkind. Ihrer Überzeugung nach stehen nationale Interesse über allgemeingültigen »Werten«, wenn es um die internationalen Beziehungen, um die Verteidigungs- und Sicherheitspolitik geht. In der Tat wurden handelnde Politiker in der Ära Major von einem »zutiefst konservativen philosophischen Realismus« geprägt. James Rubin, der als stellvertretender Außenminister der Clinton-Regierung mit zahlreichen britischen Diplomaten und Staatsmännern zu tun hatte, charakterisierte sie als »Hyperrealisten« der »traditionellen britischen Art«.[14] Supranationale Organisationen, wechselseitige Abhängigkeiten und die Idee der Globalisierung an sich lehnte Hurd rundheraus ab: »So etwas wie ›die internationale Gemeinschaft‹ gibt es nicht.«[15]

Nach dem Machtantritt der *New Labour Party* von Tony Blair 1997 sagten Politikwissenschaftler voraus, dass sich die künftige Außenpolitik von den früheren Methoden einstiger konservativer und *Labour*-Regierungen unterscheiden werde. Zuerst einmal werde sie die am stärksten pro-europäisch eingestellte und europapolitisch aktive britische Regierung seit derjenigen unter Premierminister Edward Heath (1970–1974) sein. Zu Beginn der Amtszeit von Tony Blair 1997 entwickelten Akademiker, Analysten und Journalisten eine Fülle von Konzepten, um Blairs europäische und internationale Tagesordnung zu beschreiben. Die Londoner Tageszeitung »The Times« bemerkte während des Wahlkampfes 1997, dass »es in den vergangenen fünf Jahren kaum Debatten über die Außenpolitik gab [...] Douglas Hurd versuchte einen parteiübergreifenden Kurs zu steuern.« In der Opposition sah *Labour* die Außenpolitik nicht dringlich an. Doch in ihrer Erklärung zur Außenpolitik, die der außenpolitische Sprecher der Partei Robin Cook lautstark verkündete, beteuerte die *Labour Party*, dass sie »Großbritannien erneut zu einer Kraft für das Gute in der Welt machen werde«.[16] Mit der Übernahme des Ministeriums für Auswärtige Angelegenheiten und *Commonwealth*-Fragen begann die außenpolitische Neuorientierung in der Rhetorik von *New Labour*: »Durch unsere internationalen Foren und bilateralen Beziehungen werden wir die Werte der Menschen- und Bürgerrechte sowie der Demokratie verbreiten, die wir für uns selbst fordern. Die Labour-Regierung nimmt nicht hin, dass politische Werte im Stich gelassen werden, wenn wir mit unseren Pässen im diplomatischen Auftrag unterwegs sind. Unsere Außenpolitik muss eine ethische Dimension haben und die Forderungen anderer Völker nach demokratischen Rechten, auf denen wir für uns selbst bestehen, unterstützen.«

In einem Interview mit »The Times« kurz vor Bekanntgabe der Leitlinie des Außenministeriums sprach Cook von seinem Wunsch, sich der »Solidarität auf internationaler Ebene und wechselseitigen Abhängigkeiten« zu widmen. Cook bemühte sich, einen »in der Labour-Party lang gehegten bestehenden Glauben an ein moralisches und ethisches Vorgehen« zum Ausdruck zu bringen.[17] Die meisten Kommentatoren versuchten die Außenpolitik von *New Labour* mit dieser »ethischen Dimension« zu erklären, die sich auf das energische Eintreten für allgemeine Menschenrechte gründet. In den ersten beiden Jahren der Blair-Regierung drehte sich die Außenpolitik von *New Labour* um das Vokabular der »ethischen Außenpolitik« und des Dritten Weges. Robin Cook selbst stellte eine Verbindung zwischen der ethischen Dimension der Außenpolitik von *Labour* und der von der Blair-Regierung vorgebrachten Idee eines »Dritten Weges« her.[18] Das Konzept des Dritten Weges von *New Labour* wurde ursprünglich vor allem im innenpolitischen Kontext verwendet und beurteilt. Hier mündete es gewissermaßen in eine Wirtschaftsstrategie, die mehr Zustimmung fand als die Begeisterung der Neuen Rechten für die ungebremste Marktwirtschaft und als das fanatische Verfechten des Staatseigentums durch die alten Linken. Nicholas Wheeler und Tim Dunne argumentierten, dass die ethische Dimension mit dem Dritten Weg verbunden werden könne. Sie wiesen darauf hin, dass *New Labour* einen neuen Kurs in der Außenpolitik eingeschlagen habe. Sie begründeten diesen Kurs mit der neuen Identität, die von der Regierung Blair vermittelt wurde, der verwendeten Sprache, einem Bekenntnis zu einer ethischen Dimension, der Unterstützung von Menschenrechten und Veränderungen im politischen Gestaltungsprozess.[19]

Diese »ethische Dimension« war jedoch nichts Neues im außenpolitischen Kanon von *Labour*. Die meisten Mitglieder des *Labour Representation Committee*, welche die Partei gegründet hatten, waren stark von ihrem nonkonformistischen Hintergrund beeinflusst. Sie hielten an den Ideen der Brüderlichkeit fest und waren sehr um die Moral der Politik besorgt. Gerechtigkeit und die Würde unterdrückter Menschen waren wichtige Werte. Die Gewerkschaften, die *Independent Labour Party*, die *Fabian Society* und Intellektuelle wie John Hobson, Norman Angel und R.H. Tawney teilten diese Auffassung.[20] Trotz der Bedeutung, die *New Labour* dem Dritten Weg beimaß, fand Mark Wickham-Jones den Begriff »frustrierend elliptisch und vage«. Rhiannon Vickers argumentiert, dass nicht klar ersichtlich ist, wie der Dritte Weg auf die Außenpolitik angewendet werden kann. Andere beklagten zunächst, dass *New Labour* offenbar kein »schlüssiges Konzept für die Außenpolitik« habe. Die Debatte über Menschenrechte war für die britische und breitere europäische Außenpolitik nichts Grundlegendes oder Neues. Wie »The Times« bemerkte, ist die »Agenda für Menschenrechte von Labour ehrgeiziger als jede andere seit der der Regierung [des US-Präsidenten] Jimmy Carters [...] 1976; und genau wie die von Präsident Carter wird sie sich wahrscheinlich eher als allgemeiner Grundsatz verkünden als sich konsequent umsetzen lassen«.[21]

Einen außenpolitischen Wendepunkt bildete der Kosovokrieg. Der Auslöser war Blairs Rede zur »Doktrin der Internationalen Gemeinschaft« in Chicago, als die NATO-Offensive bereits im Gange war. Gleich zu Beginn seiner Rede verwies Blair auf inhumane Gräueltaten und stellte auf subtile Weise eine Parallele zwischen den Ereignissen im Kosovo und den »ethnischen Säuberungen« der Nazis her: »Während wir uns heute Abend hier in Chicago treffen, geschehen in Europa entsetzliche Dinge. Wir werden Zeugen furchtbarer Verbrechen, von denen wir nie gedacht hätten, dass sie sich wiederholen könnten – ethnische Säuberung, systematische Vergewaltigung, Massenmord.«[22]

Die Ziele der Intervention im Kosovo waren: die nachweisliche Einstellung aller Kampfhandlungen und Morde; der Rückzug von serbischem Militär, Polizei und paramilitärischen Kräften aus dem Kosovo; die Stationierung internationaler Truppen, Rückkehr aller Flüchtlinge und ungehinderter Zugang für humanitäre Hilfe sowie ein politischer Rahmen für den Kosovo auf der Grundlage des Vertrags von Rambouillet. Premierminister Blair forderte einen »neuen Rahmen« für internationale Sicherheitsfragen. »Jetzt wird unser Handeln von einer subtilen Mischung aus Eigeninteresse und moralischem Zweck bei der Verteidigung der von uns geschätzten Werte geleitet«, argumentierte er. »Am Ende gehen Werte und Interessen ineinander über. Wenn wir die Werte Freiheit, Rechtsstaatlichkeit, Menschenrechte und offene Gesellschaft etablieren und verbreiten können, dann liegt das auch in unserem nationalen Interesse.« Blair verband die nationale Sicherheit Großbritanniens und anderer europäischer Nationen bewusst mit der Verbreitung bürgerlicher Werte im Ausland, in Gegenden, wie dem Kosovo – ohne Rücksicht auf Fragen der territorialen Souveränität. Er wollte das Prinzip der Nichteinmischung in die Angelegenheiten anderer Staaten relativieren. Sein Argument war: »Akte des Völkermordes [können] niemals eine rein interne Angelegenheit sein. Wenn Unterdrückung massive Flüchtlingsströme hervorbringt, die Nachbarländer erschüttern, dann können diese zu Recht als »Bedrohung für internationalen Frieden und Sicherheit« beschrieben werden.[23]

Das auffälligste Element von Blairs »Doktrin der Internationalen Gemeinschaft« und der damit einhergehenden Kriegsziele im Kosovo war der Ruf nach einem politischen Rahmen im Kosovo, der westliche liberale Werte fördern würde. Diese Art von Ziel war nie erwähnt worden, als es um die Kriegsziele des Ersten Golfkrieges ging. Blairs früherer außenpolitischer Berater Robert Cooper hob das liberal-humanitäre Wesen des neuen politischen Rahmens für den Kosovo hervor.

In Blairs Augen gab es in Europa noch immer Bedrohungen, die kein Staat ignorieren konnte. Die liberal-humanitäre Reaktion bestand nicht darin, darüber hinwegzusehen, da keine direkte Bedrohung für die nationale Sicherheit erkennbar war, oder aus humanitären Gründen einzugreifen, das Blutvergießen zu beenden und sich dann zurückzuziehen. Stattdessen lag die Antwort darin, eine Art liberal-koloniale Verwaltung zu schaffen »wie ein freiwilliges Protektorat der Vereinten Nationen in Bosnien und Herzegowina« mit einem europäischen Hohen Vertreter und Hilfeleistungen, die Bosnien und das Kosovo am Leben halten, sowie Soldaten als unverzichtbare Kraft zur Stabilisierung. Nicht nur Soldaten kamen aus der internationalen Gemeinschaft und den Mitgliedstaaten der EU, sondern auch Polizisten, Richter, Justizvollzugsbeamte. Die Organisation für Sicherheit und Zusammenarbeit in Europa (OSZE) organisierte und überwachte Wahlen. Die Vereinten Nationen finanzierten die örtliche Polizei und bildeten sie aus. Mehr als einhundert Nichtregierungsorganisationen unterstützen diese Bemühungen – in vielen Bereichen sind sie unverzichtbar.[24] Das war liberal-interventionistischer Aufbau staatlicher Strukturen (*nation building*) in Europa durch Europäer in Aktion.

Doch in Blairs Weltsicht und Verständnis der Geopolitik waren diese Ereignisse und ihre Folgen nicht nur auf den Kontinent Europa beschränkt wie im Zweiten Weltkrieg.

Es handelte sich auch nicht um rein »humanitäre« oder »ethische« Fragen, die eine sanfte Antwort (*soft power*) erforderten. Vielmehr wollte Blair »diese Ereignisse wirtschaftlich, politisch und sicherheitspolitisch in einen breiteren Kontext stellen, da [er] nicht glaube, dass man den Kosovo isoliert betrachten kann«. Der Kosovokrieg beruhte »nicht auf territorialen Ambitionen, sondern auf Werten«.

Ein politischer Rahmen für den Kosovo war ein grundlegendes Ziel. Der (Erste) Golfkrieg 1990/91 war nach der Eroberung Kuwaits durch den Irak mit nationalen Interessen, nicht übernationalen Werten gerechtfertigt worden. Jetzt dagegen meldete Blair ganz bewusst westliche Ansprüche darauf an, die politische Lage im Kosovo zu regeln, sobald die »ethnischen Säuberungen« gestoppt und die serbischen Truppen zurückgedrängt worden waren. Statt bloß Flugverbotszonen einzurichten und Rückzugsorte festzulegen, wie dies die Bündnispartner für die Kurden im Irak getan hatten, nachdem Saddam Hussein aus Kuwait vertrieben worden war, verpflichtete Blair die westlichen Bündnispartner, vor allem die Europäer, im Kosovo staatliche Strukturen aufzubauen. Blair unterstrich die neue geopolitische Lage: »Vor zwanzig Jahren hätten wir nicht im Kosovo gekämpft. Wir hätten uns von ihm abgewandt. Die Tatsache, dass wir uns engagieren, ist das Ergebnis vielfältiger Veränderungen – das Ende des Kalten Krieges, technische Veränderungen, die Ausbreitung der Demokratie.« Diese Veränderungen allein reichten für Blair jedoch nicht aus, um militärisches Handeln im Kosovo zu begründen und zu rechtfertigen. Seit dem Fall der Berliner Mauer im November 1989 hatten sich Europa und die Welt »grundlegend verändert«. Die Globalisierung hat auch zu diesem neuen Interventionismus beigetragen.[25]

Die Grenzen zwischen Innen- und Außenpolitik waren verschmolzen. Erstmals war ein britischer Premierminister vom überkommenen nationalstaatlichen Denken abgerückt. In der Tat hätte Blair den Westfälischen Frieden von 1648, den Eckpfeiler des internationalen Staatensystems, auf den sich über Jahrhunderte die Ideen rund um staatliche Souveränität gestützt haben, wohl abgelehnt. Die Reaktion der Presse auf die Rede spiegeln die Zeilen von Michael Evans in »The Times« wider: »Tony Blair griff gestern die Kosovo-Krise auf, um seine Vision für den Umgang mit ›undemokratischen‹ eigenwilligen Führern darzulegen, die darauf abzielen, jegliche Hoffnung auf eine neue Weltordnung zu zerstören.«[26] Es schien, dass der britische Premierminister der Hauptautor dieser neuen Doktrin war, und selbst der amerikanische Präsident Bill Clinton schloss sich der Argumentation und Vision Blairs an. Er entwickelte die »Clinton-Doktrin«, die Blairs Doktrin der internationalen Gemeinschaft sehr ähnlich war.

Damit war der Anfang gemacht, einen alten Schlüsselbegriff der britischen Außenpolitik wiederzubeleben. »Nennen sie es wie sie wollen – ›liberalen Imperialismus‹ oder ›humanitäre Intervention‹ oder ›strategische Nötigung‹ – doch das Empire ist zurück«, erklärte der britische Schriftsteller Ferdinand Mount nach der Intervention im Kosovo. »Lauschen Sie den Worten des Vertreters der Vereinten Nationen in Bosnien, wie er versucht Muslimen und Serben beizubringen, wieder miteinander zu leben, und Sie hören die Stimme des guten alten britischen Kolonialbeamten, der unter Palmen Recht spricht.«[27] Sicher ist: Seit 1989 ist ein internationales Umfeld entstanden, in dem Interventionen im Ausland, vor allem in Europa, eher Zustimmung finden, als das während des Kalten Krieges der Fall gewesen war.

Anmerkungen

1   James N. Rosenau, The United Nations in a Turbulent World, London 1992, S. 44.
2   Andrew M. Dorman, Military Intervention, Dartmouth 1989, S. 89, 67, 90.
3   Rt Hon Tony Blair, Speech on the Doctrine of International Community, Chicago Economic Club, 22. April 1999. Englisches Original siehe: http://www.number-10.gov.uk/output/Page1070.asp (14.3.2015), Deutsche Übersetzung: Bastian Griegerich, Die NATO, Wiesbaden 2012, S. 62.
4   Anthony Lake, ›From Containment to Enlargement‹ (Von der Eindämmung zur Erweiterung) Rede an der Johns Hopkins Universität, 21. September 1993, http://www.mtholyoke.edu/acad/intrel/lakedoc.html (14.3.2015).
5   Max Singer and Aaron Wildavsky, The Real World Order: Zones of Peace, Zones of Turmoil, Chatham, N.J. 1993, S. 56.
6   Rt Hon Douglas Hurd MP, Rede auf der Young Conservatives Conference, 6. Juli 1992, Conservative Party Archive, Bodleian Library, CCO 150/7/2: CPC Papers, 1948–1999.
7   Brendan Simms, Unfinest Hour. Britain and the Destruction of Bosnia, London 2001, S. 46.
8   Rt Hon Douglas Hurd MP, Rede vor dem Politischen Ausschuss des Carlton Club (Carlton Club Political Committee), Conservative Party Archive, Bodleian Library, CCO 150/7/2: CPC Papers, 1948–1999.
9   Rt Hon Douglas Hurd MP, Interview mit der Zeitschrift Jane's Defence Weekly, 10. Juli 1993, http://www.janes- defence-weekly.com/?bbcam=adwds&bbkid=Jane%27s+Defence+Weekly&x= &jtid=55227&client_code=JF+-+Google (15.3.2015).
10 Simms, Unfinest Hour (wie Anm. 7), S. 34.
11 Rt Hon Douglas Hurd MP, House of Commons Foreign Affairs select committee, Hansard, 14. Januar 1992, http://www.publications.parliament.uk/pa/cm/cmhansrd.htm (15.3.2015).
12 Rt Hon Jack Straw, Rede im Foreign Policy Centre, http://www.fco.gov.uk (14.3.2015).
13 Rt Hon Tony Blair MP, Rede vor dem Chicago Economic Club, Chicago, USA, April 23 1999, http://www.number-10.gov.uk/output/Page1297.asp (14.3.2015).
14 Simms, Unfinest Hour (wie Anm. 7), S. 7.
15 Rt Hon Douglas Hurd MP (Außenminister 1989–95) Hansard, April 25 1994, http://www.publications. parliament.uk/pa/cm/cmhansrd.htm.
16 Labour Party Manifesto 1997 ›Britain will be better with New Labour‹ in ›Leadership not isolation‹, London, 1997, http://www.labour-party.org.uk/manifestos/1997/1997-labour-manifesto.shtml (14.3.2015).
17 Zit. nach Richard Little and Mark Wickham-Jones, New Labour's Foreign Policy: A New Moral Crusade?, Manchester 2000, S. 190.
18 Rt Hon Robin Cook MP, Rede über den »Neuen Denkansatz Großbritanniens in Bezug auf die Welt« (›Britain's new approach to the World‹), Labour Party Conference, Brighton, October 2 1997, http://www.labour.org.uk/ (12.4.2015).
19 Nicholas Wheeler and Tim Dunne, Good International Citizenship: a Third Way for British Foreign Policy. In: Journal of British Historical Studies, 74 (1998), 4 (October), S. 3.
20 Ebd., S. 5.
21 Zit. nach Little/Wickham-Jones, New Labour's Foreign Policy (wie Anm. 17), S. 23, 57.
22 Rt Hon Tony Blair MP, Rede vor dem Chicago Economic Club, Chicago, USA, 23. April 1999, http://www. number-10.gov.uk/output/Page1297.asp (12.4.2015).
23 Ebd.
24 Ebd., S. 8 und 10.
25 Zit. nach Robert Cooper, Re-ordering the World, Foreign Policy Centre 2002, S. 7.
26 M. Evans. In: The Times, 20. April 1999, http://web.lexis-nexis.com/professional/ (14.3.2015).
27 F. Mount. In: The Spectator, 9. Juli 1999, http://web.lexis-nexis.com/professional/ (13.4.2015).

VII. Nach dem Ende des Kalten Krieges

Leopoldo Nuti

Europa und die Auflösung Jugoslawiens (1991–1995)

Die Entwicklung der Europäischen Union (EU) wurde stark beeinflusst von der jugoslawischen Tragödie, die sich direkt an ihren Grenzen abspielte. Sowohl die Gemeinsame Außen- und Sicherheitspolitik (GASP) als auch die Gemeinsame Sicherheits- und Verteidigungspolitik (GSVP) waren weitgehend das Ergebnis der Ereignisse in Bosnien-Herzegowina und später im Kosovo. Mehr noch: Die Anfangsphase der Jugoslawienkrise fiel mit der entscheidenden Entwicklungsphase der Maastrichter Verhandlungen zur Bildung der EU zusammen.

Der Beginn der Krise

Die beiden jugoslawischen Teilrepubliken Slowenien und Kroatien erklärten am 25. Juni 1991 ihre Unabhängigkeit. Zu dieser Zeit war die Debatte der zwölf Mitglieder der Europäischen Gemeinschaft (EG) über das Wesen der zukünftigen Gemeinsamen Außen- und Sicherheitspolitik der Union, ab Inkrafttreten des Vertrages von Maastricht am 1. November 1993, in vollem Gange. Die Regierungskonferenz zur politischen Union hatte lange über die Rolle der Kommission und des Europäischen Rates in der Wahrnehmung der Sicherheitspolitik der Union diskutiert. Darüber hinaus setzte sie sich mit der wichtigen Frage auseinander, wie das Verhältnis zwischen der Union und den bereits bestehenden europäischen Sicherheitsstrukturen, der Westeuropäischen Union (WEU) und der NATO, gestaltet werden sollte. Die Debatte, in der es immer wieder um den richtigen Wortlaut zur Bestimmung des Verhältnisses zur NATO (»Arm« oder »Säule«) ging, täuschte über die tiefe Kluft hinweg, die zwischen den zwei verschiedenen Auffassungen von europäischer Sicherheit lag: der atlantischen und der eurozentrischen. Überdies schienen im Sommer 1991 andere Fragen drängender: von den Folgen der deutschen Wiedervereinigung bis hin zu den dramatischen Ereignissen im Persischen Golf, wo der Krieg gegen den Irak erst Ende Februar beendet worden war. Im Hintergrund, und doch im Bewusstsein eines Jeden, deutete sich das ungewisse Schicksal der Sowjetunion an.

Die ersten Bemühungen der EG zur Eindämmung des Konflikts zeitigten begrenzten Erfolg. Ein paar Tage später, nachdem die Jugoslawische Volksarmee Ende Juni 1991 Slowenien angegriffen hatte, setzten sich die drei Außenminister der EG-Troika für einen Waffenstillstand ein, der auf einem dreimonatigen Moratorium für jegliche Austrittserklärungen seitens Sloweniens und Kroatiens beruhte. Dieser Erfolg erwies sich jedoch bald als irreführend, da kurze Zeit später in Kroatien zwischen der örtlichen Regierung einerseits und der Jugoslawischen Volksarmee und der serbischen Minderheit andererseits eine neue Runde von Feindseligkeiten ausbrach. Als der Waffenstillstand gebrochen wurde, intensivierte die EG Anfang September ihre Bemühungen, indem sie eine Friedenskonferenz in London einberief, um zwischen den jugoslawischen Teilrepubliken zu vermitteln. Doch diese Bemühungen wurden immer wieder zunichte gemacht.

Die Eskalation in Kroatien und das Scheitern eines neuen Waffenstillstands führten unter den EG-Mitgliedern zu einer heftigen Auseinandersetzung über die Anerkennung der neuen unabhängigen Staaten. Die meisten Mitglieder der EG sträubten sich noch, Kroatien und Slowenien anzuerkennen. Sie hofften, die anderen Mitglieder der Föderation davon abzuhalten, übereilt in die Unabhängigkeit zu stürzen und ein Überschwappen von gewaltsamen Auseinandersetzungen auf die Sowjetunion zu verhindern. Jeder Versuch, eine einheitliche europäische Politik aufrecht zu erhalten, wurde jedoch durch starkes Drängen der Deutschen auf eine Unterstützung der neuen abgespaltenen Republiken vereitelt. Denn sowohl der deutsche Bundeskanzler Helmut Kohl als auch sein Außenminister Hans-Dietrich Genscher hatten deutlich gemacht, dass Deutschland seit Juni 1991 sehr daran interessiert war, Slowenien und Kroatien die Anerkennung ihrer Unabhängigkeit zu gewähren. Am 16. Dezember 1991 wurde ein zeitweiliger Kompromiss gefunden, als der Europäische Ministerrat zustimmte, jegliche Anerkennung auszusetzen, bis die Schiedskommission der Jugoslawien-Friedenskonferenz unter Leitung des Präsidenten des Französischen Verfassungsrats, Robert Badinter, geprüft habe, ob die neuen Staaten die EG-Standards zur Achtung der Menschenrechte erfüllten. Als jedoch der Kompromiss am 16. Dezember verkündet wurde, machte die deutsche Regierung deutlich, dass sie sowohl Kroatien als auch Slowenien auf jeden Fall anerkennen werde. Sie erhöhte damit die Spannungen auf einen noch nie dagewesenen Grad gerade zu der Zeit, als die Verhandlungen für den Maastrichter Vertrag kurz vor ihrem Abschluss standen. Angesichts einer drohenden tiefen Spaltung kurz vor der Unterzeichnung des EU-Vertrags wollte kein führender europäischer Politiker das Ergebnis zweijähriger Verhandlungen gefährden, und alle fanden sich damit ab, auf die Bildung einer gemeinsamen Position zum Zerfall Jugoslawiens zu verzichten.

Die Bosnien-Krise

Hätte die Krise mit den Kriegen in Slowenien und Kroatien geendet, wäre dies ein schlechtes Omen für die Zukunft der Gemeinsamen Außen- und Sicherheitspolitik der EU gewesen. Doch ihre Auswirkungen wären eher begrenzt geblieben. Wesentlich schwerer wog im Gegensatz dazu das Unvermögen, die nächste Stufe des Zerfalls Jugoslawiens zu verhindern: den Krieg in Bosnien-Herzegowina. Die Weigerung der bosnischen Serben, sich am Referendum über die Zukunft Bosnien-Herzegowinas zu beteiligen, sowie ihr nachfolgender Versuch, ihre eigene unabhängige Republik zu gründen, brachten den Krieg auf eine neue Stufe der Gewalt. Im Sommer 1992, als in ganz Bosnien-Herzegowina Feindseligkeiten tobten und Beweise für »ethnische Säuberungen«, Konzentrationslager und weit verbreitete Brutalität kursierten, wurde der Bosnienkrieg zu einer großen internationalen Krise. Europa sah sich mit einer gefährlichen Lage konfrontiert, die sich rapide zuspitzte.

Die EG bewegte sich jedoch weiterhin eher vorsichtig. Großbritannien blieb Vorreiter, um eine größere militärische Intervention zu vermeiden, während Frankreich zwischen dem Wunsch, eine aktive Rolle zu spielen, und der Besonnenheit seines Präsidenten hin- und herschwankte. Der Präsident der EU-Kommission, Jacques Delors, befürwortete angeblich eine härtere Gangart. Er hoffte, dass die Androhung einer Intervention den Krieg beenden würde. Doch die meisten anderen europäischen

Regierungen suchten lieber weiter nach einer diplomatischen Lösung. Die einzige direkte europäische militärische Initiative war ein Beschluss der WEU, das UN-Embargo gegen Serbien-Montenegro mit der Entsendung eines kleinen Marineverbandes in die Adria durchzusetzen. Ende August startete der britische Premierminister John Major eine neue diplomatische Initiative, die gemeinsame internationale Konferenz von EG und Vereinten Nationen über das ehemalige Jugoslawien (ICFY). Sie entwickelte sich zu einem neuen Ort für die Suche nach einer Verhandlungslösung. Kurz danach billigte der Sicherheitsrat der Vereinten Nationen zwei neue Resolutionen (776 am 14. September und 781 am 9. Oktober): Die erste erweiterte das Mandat der UN-Friedenstruppen (UNPROFOR) auf Bosnien-Herzegowina. Die zweite Resolution versuchte die Region durch Flugverbotszonen vor Luftangriffen zu schützen. Zunächst jedoch lehnten Frankreich und Großbritannien den amerikanischen Vorschlag ab, bei einer feindseligen Verletzung der Flugverbotszonen Streitkräfte einzusetzen.

Diese Maßnahmen formten ein Muster für den Bosnienkonflikt, das die nächsten zweieinhalb Jahre prägte. Sowohl der französische Präsident François Mitterrand als auch der britische Außenminister Douglas Hurd glaubten offenbar, dass die EU nicht in den Konflikt eingreifen sollte. In ihren Augen bestand die einzige Hoffnung darin, einen Kompromiss auszuhandeln. Da die beiden größten Militärmächte auf dem Kontinent strikt gegen die Anwendung von Gewalt waren, blieb der EU nichts anderes übrig, als sich weiterhin für eine Verhandlungslösung einzusetzen. Im Jahre 1993 unternahmen die Vorsitzenden der genannten Friedenskonferenz – David Owen für die EG/EU und Cyrus Vance, der später durch Thorvald Stoltenberg abgelöst wurde, für die Vereinten Nationen – einen neuen Versuch. Sie brachten eine Reihe von Vorschlägen ein, die von einer der Konfliktparteien, allen voran den bosnischen Serben, immer wieder abgelehnt wurden. Gleichzeitig begannen UN-Truppen mit der Stationierung in Bosnien-Herzegowina, um humanitäre Hilfslieferungen zu sichern und sogenannte Schutzzonen einzurichten. Doch ihre Bemühungen wurden zunichte gemacht und durch die brutale Fortsetzung der Feindseligkeiten verhöhnt. Darüber hinaus nahm die neue US-Regierung unter Führung des Präsidenten Bill Clinton 1993 eine stärker auf Intervention ausgerichtete Haltung an. Sie setzte sich sowohl für die Aufhebung des 1991 verhängten Waffenembargos ein, um das militärische Gleichgewicht auf dem Boden wiederherzustellen, als auch für Luftangriffe gegen jene, die den Waffenstillstand und die UN-Resolutionen verletzten. Den Europäern war es unmöglich, sich dem anzuschließen, und somit artete der Krieg in Bosnien-Herzegowina Ende 1993 in einen schwerwiegenden transatlantischen Konflikt aus. Die Amerikaner beschuldigten die Franzosen und die Briten, die Serben zu unterstützen bzw. eine zynische Haltung zu diesem Krieg einzunehmen, während die Europäer den Amerikanern vorwarfen, naiv zu sein oder in böser Absicht zu handeln, als sie einen Plan vorschlugen, den sie als eine rein rhetorische Übung für innenpolitische Zwecke ansahen.

1994 begann sich der internationale Rahmen des Bosnienkrieges durch zwei wichtige Veränderungen zu wandeln. Im April verlagerte sich der Schwerpunkt der Diplomatie von der EU-UN-Konferenz auf ein Ad-hoc-Komitee, genannt Kontaktgruppe, in dem die USA, die Gemeinschaft Unabhängiger Staaten (GUS) als Nachfolgerin der UdSSR, Frankreich, Großbritannien und Deutschland vertreten waren. Obgleich diese Verlagerung implizit die Ohnmacht sowohl der EU als auch der Vereinten Nationen bei der Beilegung des Konflikts anerkannte, bot sie einen informelleren Rahmen, der sich bei der Suche nach einer Lösung als effektiver erwies.

Ähnlich wichtig war die Vereinbarung, die NATO einzusetzen, um die mit den UN-Resolutionen geschaffenen Flugverbotszonen zuerst zu überwachen und später durchzusetzen. So wurde die NATO allmählich zu einem Teil der bosnischen Gleichung, doch viele Monate lang war ihre Handlungsfähigkeit durch eine komplizierte Befehlskette eingeschränkt, die eine doppelte Autorisierung durch den Sicherheitsrat der Vereinten Nationen und den Oberbefehlshaber der Allianz erforderte. Erst die Entscheidung, eine lang andauernde Luftoperation – Operation *Deliberate Force* – gegen die serbischen Streitkräfte in Bosnien-Herzegowina zu führen, beendete Ende August 1995 den Stillstand und machte den Weg für nachfolgende Verhandlungen in Dayton frei, die den Konflikt schließlich beendeten. Das war in der Tat die erste militärische Operation, die je vom Atlantischen Bündnis geführt wurde. Die Tatsache, dass sie anscheinend entscheidend zur Lösung des Konflikts beitrug, verbesserte das Ansehen der NATO deutlich. Sie galt vielen als die einzige nützliche und effektive Sicherheitsorganisation in der Welt nach dem Kalten Krieg. Andere Faktoren gingen mit der NATO-Offensive einher und führten zum Ende des Krieges; und dennoch war es die NATO, die als Hauptakteur gerühmt wurde, ohne die sich der Krieg endlos hingezogen hätte.

Die Jahre 1996–1999: Triumph der NATO?

Die Krise in Bosnien-Herzegowina hatte in zweifacher Hinsicht Auswirkungen auf die Entwicklung der Debatte zur europäischen Sicherheit. Einerseits prägte die brutale Realität eines grausamen Krieges direkt vor der Haustür einiger EU-Mitglieder die Diskussion über das Wesen der EG/EU-Identität. Anfang der 1990er-Jahre drehte sich die intellektuelle Debatte über die Rolle der EG/EU noch immer um die von François Duchêne in den 1970er-Jahren formulierte Definition Europas (= EU) als eine zivile Macht. Diese betonte das friedliche Wesen des europäischen Projekts und tabuisierte die Idee einer europäischen Sicherheitspolitik, die den bis dahin beschrittenen Pfad der Tugend verlassen würde. Wie ein Wissenschaftler zu dieser Zeit provokant bemerkte: Wäre der Krieg in Jugoslawien zu diesem Zeitpunkt nicht ausgebrochen, hätte diese selbstgefällige Betrachtung Europas als ein sich selbst erneuerndes Model der Tugendhaftigkeit die gemeinsame Außen- und Sicherheitspolitik wesentlich stärker geprägt und die »Anstrengungen, die notwendigen Maßnahmen zu ergreifen«, gelähmt. Die fast vierjährige tägliche Demonstration der Ohnmacht in der schwersten Sicherheitskrise in Europa seit dem Ende des Zweiten Weltkriegs kehrte jedoch diesen Ansatz um: Europa konnte sich kein weiteres Bosnien leisten, andernfalls würde die Glaubwürdigkeit des gesamten Europäischen Projekts in Misskredit gebracht.

Im offiziellen Vorschlag, den die EU-Kommission auf der für März 1996 geplanten Regierungskonferenz zur Reform des Maastrichter Vertrags zur Europäischen Union unterbreitete, heißt es eindeutig:

> »Die Außenpolitik der Union leidet unter ihrer militärischen Unglaubwürdigkeit. Das ist eine unbestreitbare Lehre aus der jüngsten Vergangenheit. Eine eigene europäische Identität in Sicherheits- und Verteidigungsfragen ist unerlässlich. Sie verlangt von den Mitgliedstaaten einen klaren politischen Willen [...] Nach Ansicht der Kommission muss eine eigene gemeinsame Außen- und Sicherheitspolitik zu einer gemeinsamen Verteidigung führen.«[1]

Der neue Vertrag, der schließlich 1997 in Amsterdam unterzeichnet wurde, war der erste Schritt, um der Union eine stärkere »Sicherheitsfähigkeit« zu geben. Der ständige Druck für eine stärkere Außenpolitik, den der Bosnienkrieg ausübte, zeigte jedoch, dass die einzige verfügbare Sicherheitsstruktur, die für eine sofortige Intervention im Balkan zur Verfügung stand, die NATO war. Die Meinung der Kommission lautete weiter:

> »Der Dreh- und Angelpunkt der Verteidigung ist nach wie vor die NATO, in der ein europäischer Pfeiler entwickelt werden sollte. In diesem Zusammenhang erfüllt die WEU eine wichtige Aufgabe entsprechend der vom Vertrag vorgezeichneten Linie. Gegenüber der NATO und der WEU gehen vorerst nicht alle Mitgliedstaaten dieselben Verteidigungsverpflichtungen ein.«

Die Bestätigung der zentralen Rolle der NATO in der Sicherheit Europas nach dem Kalten Krieg war die zweite wichtige Folge aus der Jugoslawienkrise. Erstens lieferte die NATO nicht nur die Mittel, den Krieg zu beenden. Sondern sie leitete auch die darauffolgenden Stabilisierungsbemühungen, indem sie die notwendigen Truppen für einen großen Friedenssicherungseinsatz (IFOR/SFOR) in Bosnien-Herzegowina nach Beendigung der Kämpfe stellte und damit ein Mindestmaß an Stabilität in der Region wiederherstellte. Dies hatte wiederum Auswirkungen auf die Debatte um ein europäisches oder atlantisches Sicherheitssystem. Die ersten Anzeichen für eine Annäherung der gegensätzlichen Ansichten waren bereits 1994 deutlich sichtbar, als der Nordatlantikrat auf seiner Brüsseler Tagung die Einrichtung sogenannter multinationaler teilstreitkraftübergreifender Kommandos (Combined Joint Task Force, CJTF) vereinbarte. Damit sollten die europäischen Bündnispartner auf die Ressourcen des Bündnisses zurückgreifen können, falls die USA nicht bereit seien, direkt in eine Krise einzugreifen – eine Lösung, welche die Vorrangstellung des Atlantischen Bündnisses gegenüber einer möglichen separaten europäischen Allianz bestätigte. Zwei Jahre später, im Juni 1996, bekräftigte der Nordatlantikrat auf einer Tagung in Berlin diesen Trend mit der Erklärung, die Entwicklung einer europäischen Sicherheits- und Verteidigungsidentität, die eng mit der WEU abgestimmt sei, zu unterstützen.

Die zentrale Bedeutung der NATO wurde auch durch die Entscheidung bestätigt, die Erweiterung des Bündnisses fortzuführen. Zwar hatte die Clinton-Regierung beschlossen, eine aggressivere Strategie zu verfolgen, um von der erfolgreichen Leistung der Allianz auf dem Balkan zu profitieren, und drei weitere ehemalige Mitglieder des Warschauer Pakts, und zwar die Tschechische Republik, Ungarn und Polen, in das Bündnis aufzunehmen. Dies zeigte auch die kurzzeitige Annäherung zwischen Frankreich und der NATO in der Zeit von 1995 und 1997, als die französische Regierung über eine mögliche Rückkehr in die Militärorganisation der Allianz verhandelte. Der Versuch schlug letztlich fehl, doch allein die Tatsache, dass es ihn gab, belegt die Anziehungskraft der NATO in der Mitte der 1990er-Jahre. Kurz: Die Entwicklung einer europäischen Identität innerhalb der NATO galt als das vernünftigste, effektivste und am wenigsten polarisierende Vorgehen, und das Verhältnis zwischen den USA und Europa schien in ihren neuen militärischen Einsätzen zur Stabilisierung Ost- und Mitteleuropas eine unerwartete Kraftquelle gefunden zu haben.

Der Krieg im Kosovo und seine Folgen

Diese Tendenz wurde aber auch durch die zunehmende Sorge verstärkt, dass die USA ihre Aufmerksamkeit allmählich auf Regionen außerhalb Europas konzentrieren würden, sowie durch einen deutlich sichtbaren Widerwillen des US-Militärs, in Kriegszeiten die Beschränkungen eines multilateralen Entscheidungsgremiums zu akzeptieren, was sich bereits während des Bosnienkrieges zeigte. 1998 machte die britische Regierung unmissverständlich klar, dass sie bereit war, ihre Ablehnung einer gemeinsamen europäischen Verteidigungs- und Sicherheitspolitik zu überdenken, sei es als Ausgleich für die zunehmende Marginalisierung Großbritanniens in der EU aufgrund seiner Entscheidung, der Währungsunion nicht beizutreten, sei es weil man erkannt hatte, dass eine stärkere europäische Sicherheitspolitik notwendig war, um die Glaubwürdigkeit der NATO gegenüber den USA zu erhalten. Das Treffen zwischen dem britischen Premierminister Tony Blair und dem französischen Präsidenten Jacques Chirac im Dezember 1998 in Saint-Malo schuf die Grundlage für die Entwicklung einer Gemeinsamen Sicherheits- und Verteidigungspolitik.

Das Treffen fand statt, als die letzte Phase der Auflösung Jugoslawiens begann. Als sich Chirac und Blair trafen, hing über dem Kosovo ein unsicherer Waffenstillstand. Die Möglichkeit einer neuen militärischen Intervention muss in den Gedanken der beiden europäischen Führer eine große Rolle gespielt haben, obgleich Wissenschaftler, die sich mit der Krise beschäftigt haben, es für unwahrscheinlich halten, dass sie der »entscheidende Faktor« für die britischen Entscheidung waren, die Verteidigungsfähigkeit der EU zu stärken.[2] Der Termin des Treffens lässt jedoch mehr als nur einen Zufall vermuten und zeigt die Bereitschaft, eine Wiederholung des Stillstands in Bosnien-Herzegowina zu verhindern. Blairs Verhalten während des Krieges, der dann 1999 ausbrach, steht darüber hinaus im Einklang mit seinem Einsatz für eine Stärkung der europäischen Verteidigungsfähigkeiten. Sein Eintreten für die Anwendung von Gewalt gegen die serbische Unterdrückung und für den Aufbau Europas als eines Sicherheitsakteurs sollte, so lässt sich argumentieren, den USA zeigen, dass sowohl Großbritannien als auch die übrigen europäischen Staaten in Krisenzeiten verlässliche und vertrauenswürdige Bündnispartner sind.

Der Krieg im Kosovo war sowohl der Höhepunkt des Prozesses, der die zentrale Bedeutung der NATO bestätigte, als auch der Beginn ihres Auseinanderdriftens. Nach Dayton hatte das Atlantische Bündnis ein starkes Selbstvertrauen gewonnen und glaubte, es könne eine positive Lösung der Krise durchsetzen. Dies erklärt möglicherweise das etwas großspurige Auftreten der Westmächte und vor allem der USA auf der Konferenz von Rambouillet. Sie wurde einberufen, um eine Verhandlungslösung für die Krise zu finden – oder vielmehr anzuordnen –, bevor die Krise in einem neuen offenen Konflikt ausbrach. Mit einem strikten Ultimatum konfrontiert, sollte der jugoslawische Präsident Slobodan Milošević nachgeben und die Bedingungen akzeptieren, die ihm die NATO aufzwingen wollte. Als die serbische Seite sich jedoch weigerte, das Ultimatum zu akzeptieren, war die NATO gezwungen, Gewalt einzusetzen, um als das ultimative Instrument europäischer Sicherheit ihre Glaubwürdigkeit zu wahren. Wie Tony Blair gegenüber dem Obersten Alliierten Befehlshaber Europa, General Wesley Clark, während einer ziemlich hitzigen Auseinandersetzung offen sagte: »Wenn wir nicht gewinnen, dann müssen wir alle dran glauben.«[3] Die Intervention hatte jedoch eine Reihe von Spannungen im Bündnis zur Folge. Zum einen waren die Luftangriffe gegen Serbien vom Sicherheitsrat

Einsatz der NATO-Luftstreitkräfte gegen Serbien 1999

ÖSTERREICH

UNGARN

Cluj o

1991
SLOWENIEN
o
LJUBLJANA

Pécs o

RUMÄNIEN

ZAGREB

Drau

o *Rijeka*

KROATIEN
1991

Save

Bačka Palanka
o
Novi Sad

Batajnica

Pančevo

Surčin

Donau

BOSNIEN UND HERZEGOWINA
1992

Drina

BEL-
GRAD

Smederevo

SERBIEN
2006

Srebenica o

Čačak

SARAJEVO o

Morava

Split

Kraljevo

Niš

Raška

BULGARIEN

ADRIA

2006
MONTENEGRO

2008
KOSOVO

SOFIA o

o *PODGORICA*

Dubrovnik

PRISHTINA

Uroševac

Drin

SKOPJE

ITALIEN

TIRANA
o

MAZEDONIEN
1991

Vardar

ALBANIEN

GRIECHEN-
LAND

0   100   200 km

Staatsgrenze Jugoslawiens bis 1991 —— NATO-Luftschläge 1999

– · – · – aktuelle Staatsgrenzen Gewalttätige Konflikte

1992 Jahr der Unabhängigkeit

©ZMSBw
07646-01

der Vereinten Nationen nicht formal gebilligt worden. Das führte zu einer Kluft in der Zusammenarbeit zwischen der NATO und den Vereinten Nationen, die 1992 mit dem Krieg in Bosnien-Herzegowina begonnen hatte, und verringerte die Legitimität des gesamten Unternehmens. Zum anderen ließen sich die Serben von den ersten NATO-Luftangriffen nicht nur nicht abschrecken, sondern begannen auch mit der »ethnischen Säuberung«, die das Bündnis hatte verhindern wollen. Sie unterliefen damit das Ziel der NATO, ihren Einfluss auf dem Balkan auszudehnen. Die Luftangriffe mussten daher intensiviert und die Zahl der Ziele deutlich erweitert werden, was zu einer heftigen Debatte unter den Mitgliedern des Bündnisses über die Richtigkeit dieses Vorgehens führte. Der Knackpunkt war die Frage, ob die NATO letztendlich Bodentruppen entsenden sollte, um das Ultimatum durchzusetzen. Blair war der stärkste Befürworter einer Bodenintervention, während ihm die Regierung Clinton sein Drängen übel nahm – entgegengesetzte Ansichten, die zu einigen scharfen Auseinandersetzungen und auch zum Anruf eines ziemlich gereizten US-Präsidenten beim britischen Premierminister führte. Der Krieg endete schließlich nach über zwei Monaten immer stärkerer Bombardierungen, was auch den abschließenden Vermittlungsbemühungen unter Führung eines finnischen und eines russischen Diplomaten zu verdanken war.

Die NATO errang ihren Sieg, aber zu einem viel höheren Preis, als ursprünglich gedacht. Die Gesamtoperation brachte eine Reihe schwelender Probleme zwischen den USA und den europäischen Bündnispartnern ans Licht und änderte wieder einmal die konzeptionelle Landschaft der europäischen Sicherheit. Neben der heftigen Debatte um den Einsatz von Bodentruppen grollten die Bündnispartner über die Bereitschaft der Amerikaner, dem Militär bei den Luftangriffen freie Hand zu lassen. Das US-Militär seinerseits ärgerte sich über die Bemühungen des Bündnisses, die Luftschläge genau zu kontrollieren. Darüber hinaus wurden die meisten Einsätze von der US-Luftwaffe geflogen, da die USA allein mehr als die Hälfte aller im Krieg eingesetzten Luftfahrzeuge stellten. Der Abstand zu den europäischen Bündnispartnern vergrößerte sich in den letzten Tagen des Krieges noch weiter, angesichts der Intensivierung der Einsätze. Diese Lücke wurde noch vergrößert durch die Tatsache, dass nur die USA über die technischen Möglichkeiten verfügten, bestimmte High-tech-Missionen durchzuführen: Während die US-Luftwaffe 60 Prozent aller NATO-Einsätze flog, lag ihr Anteil bei den Angriffsflügen nur bei 53 Prozent, bei den Einsätzen hingegen, die mit elektronischer Kriegführung, Nachrichtenführung bzw. Aufklärung verbunden waren, bei 90 Prozent. Schließlich setzten die USA 80 Prozent der präzisionsgelenkten Kampfmittel und 95 Prozent der im Krieg verwendeten Marschflugkörper ein.[4]

Obendrein kam es zu einem kritischen Vorfall auf dem Flughafen Priština. Als die Bombardierungen endeten und die Besetzung des Territoriums durch NATO-Truppen begann, befahl General Clark Sir Michael Jackson, dem britischen Offizier, der für die Bodenoperationen verantwortlich war, den Flughafen Priština zu besetzen, bevor die russischen Fallschirmjäger eintrafen. Diese beeilten sich in eklatanter Verletzung des Waffenstillstandsabkommens, vor den NATO-Truppen dort anzukommen – und gefährdeten so möglicherweise die Durchsetzung des Friedens. Jackson weigerte sich in einer spannungsgeladenen Atmosphäre, welche die Schwäche der Befehlskette der NATO offenbarte. Dieser Vorfall entging dem US-Militär nicht. Sollten sich künftig die USA in einer größeren Militäroperation befinden, die für die nationalen Interessen von grundlegender Bedeutung sei, dann wäre es riskant, sich auf ein Bündnis zu verlassen, das einen relativ unbedeutenden militärischen Beitrag leistete, aber in die Ausführung von Befehlen und die Umsetzung von Plänen eingriff. General Clark argumentierte nachdrücklich gegen diese Auffassung. Er betonte, dass die NATO einen unverzichtbaren politischen Rahmen biete, der für die Art multinationaler Interventionen, die aufgrund der Veränderungen in der Kriegführung in der Ära nach dem Kalten Krieg notwendig seien, einen echten Wert darstellte; doch dies war eindeutig die Meinung einer Minderheit. Andererseits erhöhten die schlechte Leistung der europäischen Streitkräfte während der Luftoperation und vor allem die Bestätigung ihrer technischen Unterlegenheit den Druck, eine gemeinsame Verteidigungs- und Sicherheitspolitik zu schaffen. Wenige Wochen nach dem Ende des Krieges wurden auf einer Tagung des Europäischen Rates in Köln (4.–6. Juni 1999) die Empfehlungen der Erklärung von Saint-Malo gebilligt und die Gemeinsame Sicherheits- und Verteidigungspolitik (GSVP) begründet. In den folgenden Monaten beschloss die EU Maßnahmen, die ihre Glaubwürdigkeit und Handlungsfähigkeit als militärischer Akteur stärken und sie in die Lage versetzen sollten, im Bedarfsfall auch eigene Streitkräfte bereitzustellen. Somit begann die EU erst nach dem Kosovokrieg eine echte Sicherheits- und Verteidigungspolitik zu definieren und zu entwickeln. Doch wenn eines der Hauptziele der GSVP darin bestand, die EU zu einem attraktiven Partner für die USA zu machen und Washington für seine Entscheidungen im neuen internationalen System nach dem Kalten Krieg in eine Art multilateralen Rahmen einzuschließen, dann zeigten der Kosovokrieg, aber auch die Reaktionen auf den 11. September, dass dies nicht der Fall war.

Schlussfolgerungen: Zu wenig zu spät?

In diesem Beitrag wurde die Auffassung vertreten, dass die Europäische Gemeinsame Außen- und Sicherheitspolitik (GASP) und vor allem ihr späterer Ableger, die Gemeinsame Sicherheits- und Verteidigungspolitik (GSVP), in erster Linie durch den Zerfall Jugoslawiens geprägt wurden. Der Krieg in Bosnien-Herzegowina und dessen entsetzliche Massaker haben die Debatte um die europäische Sicherheit entscheidend bestimmt. Mitte der 1990er-Jahre waren die meisten europäischen Länder davon überzeugt, dass es notwendig war, die Sicherheitszusammenarbeit innerhalb der EU so zu stärken, dass die Zukunft der NATO nicht gefährdet werde. Schließlich hatte sich die NATO soeben als Garant der Sicherheit in Europa erwiesen. Die Intervention im Kosovo sollte die Gültigkeit der zentralen Rolle der NATO bestätigen, am Ende führte sie jedoch zu einigen unerwarteten Ergebnissen. Auf der einen Seite waren die Europäer der Ansicht, dass die Ereignisse im Kosovo zeigten, wie notwendig es war, die Entwicklung ihrer Verteidigungsfähigkeiten zu beschleunigen. Damit setzten sie den Prozess in Gang, der zur GSVP führte. Auf der anderen Seite zog das US-Militär die umgekehrte Schlussfolgerung, dass die USA im Falle eines Krieges die volle Verantwortung für die Durchführung militärischer Operationen übernehmen mussten und dass nicht einmal die NATO – ein Bündnis, in dem die Vereinigten Staaten eindeutig die Oberhand hatten – ein verlässliches Instrument für die Durchführung echter Kampfeinsätze war. Die ganzen 1990er-Jahre hindurch hinkte die EU dem Lauf der Ereignisse immer einen Schritt hinterher. Sie versuchte mit der neuen Hegemonie der USA klarzukommen, indem sie zwischen Nachahmung und Ausgleich schwankte. Die Entwicklung der GASP sowie der GSVP erinnert an Hegels bildliche Aussage über die Philosophie, die erst mit zeitlichem Abstand zur Erkenntnis gelangt: Die Eule der Minerva beginnt erst mit der einbrechenden Dämmerung ihren Flug.

Anmerkungen

1 Commission Opinion, Reinforcing political union and preparing for enlargement (28 February 1996), http://www.ena.lu/commission_opinion_reinforcing_political_union_preparing_enlargement_february_1996-2-19374.pdf Deutsche Fassung: http://ec.europa.eu/archives/bulletin/de/9601/p202001.htm (1.3.2014).

2 Paul Latawski and Martin A. Smith, The Kosovo Crisis: The Evolution of Post Cold War European Security, Manchester 2003, S. 133.

3 Campbell, The Blair Years! The Alastair Campbell Diaries, New York 2007, S. 379.

4 Ivo H. Daalder and Michael E. O'Hanlon, Winning Ugly. NATO's War to Save Kosovo, Washington, D.C. 2001, S. 149 f.

Europa heute

Island

Alb.	Albanien
A.	Andorra
B.-H.	Bosnien und Herzegowina
K.	Kosovo
L.	Liechtenstein
Lux.	Luxemburg
M.	Montenegro
Maz.	Mazedonien
Mon.	Monaco
Slo.	Slowenien
S.M.	San Marino

Schweden
Finnland
Norwegen
Russland
Estland
Lettland
Litauen
Nordsee
Däne-mark
Ostsee
Weißrussland
Irland
Vereinigtes Königreich
Nieder-lande
Polen
Ukraine
Deutschland
Belgien
Lux.
Tschechien
Slowakei
Moldawien
ATLANTISCHER
OZEAN
Österreich
Ungarn
Rumänien
Schwarzes Meer
Frankreich
Schweiz
L.
Slo.
Kroatien
B.-H.
Serbien
Bulgarien
Mon.
S.M.
M. K.
Maz.
A.
Italien
Alb.
Türkei
Spanien
Griechenland
Mittelmeer
Zypern
Malta

©ZMSBw
07645-01

Anhang

Abkürzungen

ABM	Anti-Ballistic Missile Treaty
AK	Armia Krajowa
BBC	British Broadcasting Service
BMVg	Bundesministerium der Verteidigung
BRD	Bundesrepublik Deutschland
CED	Communauté européenne de défense (siehe EVG)
CIAPG	Confédération internationale des anciens prisonniers de guerre
CJTF	Combined Joint Task Force
CNT	Confederación Nacional del Trabajo
DDR	Deutsche Demokratische Republik
DH	Der Heimkehrer
EADS	European Aeronautic Defence and Space Company
EG	Europäische Gemeinschaft
EGKS	Europäische Gemeinschaft für Kohle und Stahl
ESDP	European Security and Defence Policy
ESVP	Europäische Sicherheits- und Verteidigungspolitik
END	European Nuclear Disarmament
EU	Europäische Union
EUPM	EU Police Mission
EURATOM	Europäische Atomgemeinschaft
EVG	Europäische Verteidigungsgemeinschaft
EWG	Europäische Wirtschaftsgemeinschaft
EWR	Europäischer Wirtschaftsraum
FACOM	Field Artillery Command
FNCPG	Fédération nationale des anciens combattants et prisonniers de guerre
FOFA	Follow-On-Forces Attack
GASP	Gemeinsame Außen- und Sicherheitspolitik
GATT	General Agreement on Tariffs and Trade
GSVP	Gemeinsame Sicherheits- und Verteidigungspolitik
GSoA	Gruppe für eine Schweiz ohne Armee
GUS	Gemeinschaft Unabhängiger Staaten
HLKO	Haager Landkriegsordnung
HMS	Her/His Majesty's Ship
ICBM	Intercontinental Ballistic Missile
ICFY	International Conference on the Former Yugoslavia
IFOR	Implementation Force
INF	Intermediate Range Nuclear Forces
IStGH	Internationaler Strafgerichtshof
IWF	Internationaler Währungsfonds
KdF	Kraft durch Freude
KFOR	Kosovo Force
Komuč	Komitee der Mitglieder der Verfassunggebenden Versammlung

KPdSU	Kommunistische Partei der Sowjetunion
KSZE	Konferenz über Sicherheit und Zusammenarbeit in Europa
MAD	Mutual Assured Destruction
MBFR	Mutual and Balanced Force Reductions
MFN	Most Favoured Nation
MGFA	Militärgeschichtliches Forschungsamt
NATO	North Atlantic Treaty Organization
NKN	Naczelny Komitet Narodowy
NS	Nationalsozialismus/nationalsozialistisch
OSZE	Organisation für Sicherheit und Zusammenarbeit in Europa
PCF	Parti communiste français
PfP	Partnership for Peace
PLO	Palestine Liberation Organization
RAD	Reichsarbeitsdienst
REFORGER	Return of Forces to Germany
RCP	Rumänische Kommunistische Partei
RGW	Rat für Gegenseitige Wirtschaftshilfe
RSHA	Reichssicherheitshauptamt
SACEUR	Supreme Allied Commander Europe
SALT	Strategic Limitation Talks
SBZ	Sowjetische Besatzungszone
SDI	Strategic Defense Initiative
SED	Sozialistische Einheitspartei Deutschlands
SFOR	Stabilization Force
SHAPE	Supreme Headquarters Allied Powers Europe
SIOP	Single Integrated Operational Plan
SLBM	Submarine Launched Ballistic Missile
SSR	Sozialistische Sowjetrepublik
SWU	Sojus Wyzwolennja Ukraïny
UdSSR	Union der Sozialistischen Sowjetrepubliken
UN	United Nations
UNPROFOR	United Nations Protection Force
USA	United States of America
USAF	U.S. Air Force
USAFE	U.S. Air Forces in Europe
USAREUR	U.S. Army in Europa
USEUCOM	U.S. European Command
USMA	U.S. Military Academy
VdH	Verband der Heimkehrer, Kriegsgefangenen und Vermissten-angehörigen e.V.
VDK	Volksbund Deutsche Kriegsgräberfürsorge
WEU	Westeuropäische Union
ZMSBw	Zentrum für Militärgeschichte und Sozialwissenschaften der Bundeswehr

Grafiken, Karten und Tabellen

Auswahlbibliografie

Die Auswahl beruht auch auf deutschen und englischen Literaturempfehlungen der Verfasser/innen für die Teile I–VII.

I. Militärhistorische Grundzüge bis 1989/90

Black, Jeremy, Rethinking Military History, New York 2004

Das ist Militärgeschichte! Probleme – Projekte – Perspektiven. Hrsg. von Christian Th. Müller und Matthias Rogg, Paderborn [u.a.] 2013

Echternkamp, Jörg, Militärgeschichte. In: Zeitgeschichte. Konzepte und Methoden. Hrsg. von Frank Bösch und Jürgen Danyel, Göttingen 2012, S. 293–312, online unter: Militärgeschichte, Version: 1.0. In: Docupedia-Zeitgeschichte, 12.7.2013, URL: http://docupedia.de/zg/Militaergeschichte?oldid=86935 (30.11.2015)

Echternkamp, Jörg, Krieg. In: Dimensionen internationaler Geschichte. Hrsg. von Jost Dülffer und Winfried Loth, München 2012, S. 9–28

Echternkamp, Jörg, Wandel durch Annäherung oder: Wird die Militärgeschichte ein Opfer ihres Erfolges? Zur wissenschaftlichen Anschlußfähigkeit der deutschen Militärgeschichte seit 1945. In: Perspektiven der Militärgeschichte. Raum, Gewalt und Repräsentation in historischer Forschung und Bildung. Im Auftrag des MGFA hrsg. von Jörg Echternkamp, Thomas Vogel und Wolfgang Schmidt, München 2010 (= Beiträge zur Militärgeschichte, 67), S. 1–38

Grundkurs deutsche Militärgeschichte, Bd 1–3. Im Auftrag des MGFA hrsg. von Karl-Volker Neugebauer, München 2006–2008

Kriegsenden, Nachkriegsordnungen und Folgekonflikte. Wege aus dem Krieg im 19. und 20. Jahrhundert. Im Auftrag des MGFA hrsg. von Jörg Echternkamp, Freiburg i.Br. 2012

Morillo, Stephen, and Michael F. Pavkovic, What is Military History?, Cambridge 2013

Nowosadtko, Jutta, Krieg, Gewalt und Ordnung. Einführung in die Militärgeschichte, Tübingen 2002

Perspektiven der Militärgeschichte. Raum, Gewalt und Repräsentation in historischer Forschung und Bildung. Im Auftrag des MGFA hrsg. von Jörg Echternkamp, Wolfgang Schmidt und Thomas Vogel, München 2010 (= Beiträge zur Militärgeschichte, 67)

Rogg, Matthias, Kompass Militärgeschichte. Ein historischer Überblick für Einsteiger. Hrsg. vom ZMSBw, Freiburg i.Br. 2013

The Changing Character of War. Ed. by Hew Strachan and Sibylle Scheipers, Oxford 2011

The Oxford Companion to Military History. Ed. by Richard Holmes, Oxford 2001

Wirsching, Andreas, Der Preis der Freiheit. Geschichte Europas in unserer Zeit, München 2012

Wolfrum, Edgar, Krieg und Frieden in der Neuzeit. Vom Westfälischen Frieden bis zum Zweiten Weltkrieg, Darmstadt 2003

II. Krieg und Frieden in Europa

Beevor, Antony, D-Day. Die Schlacht um die Normandie, München 2010

The Cambridge History of the Cold War, 3 vols. Ed. by Melvyn P. Leffler and Odd Arne Westad, Cambridge 2010

Chickering, Roger, Das Deutsche Reich und der Erste Weltkrieg, München 2004

Clark, Christopher, Die Schlafwandler. Wie Europa in den Ersten Weltkrieg zog, München 2013

Cooper, Sandi E., Patriotic Pacifism. Waging War on War in Europe, 1815–1915, Oxford 1991

Deletant, Dennis, and Mihail Ionescu, Romania and the Warsaw Pact: 1955–1989. Cold War International History Project, Working Paper no. 43, April 2004

Das Deutsche Reich und der Zweite Weltkrieg. Hrsg. vom Militärgeschichtlichen Forschungsamt, 10 Bde, Stuttgart 1979–2008

Durchhalten! Krieg und Gesellschaft im Vergleich 1914–1918. Hrsg. von Arnd Bauerkämper und Elise Julien, Göttingen 2010

Echternkamp, Jörg, »Kriegsgefangenschaft«. In: Handwörterbuch zur deutschen Rechtsgeschichte (HRG), 18. Lieferung, 2. völlig überarb. und erw. Auflage. Hrsg. von Albrecht Cordes [u.a.], Berlin 2013, S. 255–259, auch online unter: www.HRGdigital.de (30.11.2015)

Echternkamp, Jörg, Die 101 wichtigsten Fragen – Der Zweite Weltkrieg, München 2010

Echternkamp, Jörg, und Thomas Vogel, Der Zweite Weltkrieg. Multimedia-Dossier online. Hrsg. von der Bundeszentrale für politische Bildung, Bonn 2015, http://www.bpb.de/geschichte/deutsche-geschichte/der-zweite-weltkrieg/ (30.11.2015)

The Encyclopedia of The Cold War. A Political, Social, and Military History, 5 vols. Ed. By Spencer C. Tucker, Santa Barbara, CA 2008

Enzyklopädie Erster Weltkrieg. Hrsg. von Gerhard Hirschfeld [u.a.], 2. Aufl., Paderborn [u.a.] 2009

Der Erste Weltkrieg 1914–1918. Der deutsche Aufmarsch in ein kriegerisches Jahrhundert. Im Auftrag des ZMSBw hrsg. von Markus Pöhlmann, Harald Potempa und Thomas Vogel, München 2013

Esdaile, Charles, Napoleon's Wars: an international history, London 2007

Esdaile, Charles, The Peninsular War: a new history, London 2002

Frieden und Friedensbewegungen in Deutschland, 1892–1992. Hrsg. von Karlheinz Lipp, Reinhold Lütgemeiner-Davin und Holger Nehring, Essen 2011

Gaddis, John Lewis, Der Kalte Krieg. Eine neue Geschichte, München 2007

Greiner, Bernd, Kalter Krieg und »Cold War Studies«. In: Docupedia Zeitgeschichte, 11. Februar 2010, http://docupedia.de/zg/Cold_War_Studies (1.10.2015)

Grunert, Robert, Der Europagedanke westeuropäischer faschistischer Bewegungen 1940–1945, Paderborn [u.a.] 2014

Hartmann, Christian, Wehrmacht im Ostkrieg. Front und militärisches Hinterland, München 2009

Heiße Kriege im Kalten Krieg. Hrsg. von Bernd Greiner, Christian Th. Müller und Dierk Walter, Hamburg 2006

Hirschfeld, Gerhard, und Gerd Krumeich, Der Erste Weltkrieg, Frankfurt a.M. 2013

Holl, Karl, Pazifismus in Deutschland, Frankfurt a.M. 1988

Horne, John, and Alan Kramer, German Atrocities 1914. A History of Denial, New Haven, CT 2001

In der Hand des Feindes. Kriegsgefangenschaft von der Antike bis zum Zweiten Weltkrieg. Hrsg. von Rüdiger Overmans, Köln 1999

Invasion 1944. Im Auftrag des MGFA hrsg. von Hans Umbreit, Herford 1998

Kriegsgreuel. Die Entgrenzung der Gewalt in kriegerischen Konflikten vom Mittelalter bis ins 20. Jahrhundert. Hrsg. von Sönke Neitzel und Daniel Hohrath, Paderborn [u.a.] 2008

Kriegsverbrechen im 20. Jahrhundert. Hrsg. von Wolfram Wette und Gerd R. Ueberschär, Darmstadt 2001

Krumeich, Gerd, Die 101 wichtigsten Fragen – Der Erste Weltkrieg, München 2014

Leonhard, Jörn, Die Büchse der Pandora. Geschichte des Ersten Weltkrieges, München 2014

Lieb, Peter, Konventioneller Krieg oder NS-Weltanschauungskrieg? Kriegführung und Partisanenbekämpfung in Frankreich 1943/44, München 2007

Lieb, Peter, Unternehmen Overlord. Die Invasion in der Normandie und die Befreiung Westeuropas, München 2014

Linden, Wilhelm H. van der, The International Peace Movement 1815–1874, Amsterdam 1987

Loth, Wilfried, Die Teilung der Welt. Geschichte des Kalten Krieges 1941–1955, München 2000

Münkler, Herfried, Der Große Krieg, Die Welt 1914 bis 1918, Reinbek b. Hamburg 2013

Munzel-Everling, Dietlinde, Kriegsnagelungen, Wehrmann in Eisen, Nagel-Roland, Eisernes Kreuz, Wiesbaden 2008

Overmans, Rüdiger, Deutsche militärische Verluste im Zweiten Weltkrieg, 3. Aufl., München 2004

Peace Movements in Europe, Japan and the USA during the Cold War. Ed. by Benjamin Ziemann, Essen 1998

Segesser, Daniel Marc, Recht statt Rache oder Rache durch Recht? Die Ahndung von Kriegsverbrechen in der internationalen wissenschaftlichen Debatte 1872–1945, Paderborn [u.a.] 2010

Stalingrad. Mythos und Wirklichkeit einer Schlacht. Hrsg. von Wolfram Wette und Gerd R. Ueberschär, Frankfurt a.M. 1992

Steininger, Rolf, Der Kalte Krieg, Frankfurt a.M. 2003

Stöver, Bernd, Der Kalte Krieg. Geschichte eines radikalen Zeitalters 1947–1991, München 2007

Vernichtungskrieg. Verbrechen der Wehrmacht 1941 bis 1944. Hrsg. von Hannes Heer und Klaus Naumann, Hamburg 1997

Wette, Wolfram, Die Wehrmacht. Feindbilder, Vernichtungskrieg, Legenden, Frankfurt a.M. 2002

Der Zweite Weltkrieg in Europa. Erfahrung und Erinnerung. Im Auftrag des Deutschen Historischen Instituts Paris und des Militärgeschichtlichen Forschungsamtes hrsg. von Jörg Echternkamp und Stefan Martens, Paderborn [u.a.] 2007

III. Militärisch-zivilgesellschaftliche Verflechtungen

Bessel, Richard, Germany 1945. From War to Peace, New York 2009

Brüggeman, Karsten, Die Gründung der Republik Estland und das Ende des »Einen und Unteilbaren Rußland«. Die Petrograder Front des Russischen Bürgerkriegs 1918–1920, Wiesbaden 2002 (= Forschungen zum Ostseeraum, 6)

Clayton, Anthony, France, Soldiers and Africa, London 1988

Douglas, Porch, The French Foreign Legion. A Complete History, London 1991

The dynamics of military revolution 1300–2050. Ed by MacGregor Knox and Williamson Murray, Cambridge 2009

The Evolution of operational Art. From Napoleon to the Present. Ed. by Johann Andreas Olsen and Martin van Creveld, Oxford 2011

Figes, Orlando, Peasant Russia, Civil War. The Volga Countryside in Revolution (1917–1921), Oxford 1989

Figes, Orlando, Die Tragödie eines Volkes. Die Epoche der russischen Revolution 1891 bis 1924, Berlin 1998

Gefallenengedenken im globalen Vergleich. Nationale Tradition, politische Legitimation und Individualisierung der Erinnerung. Hrsg. von Manfred Hettling und Jörg Echternkamp, München 2013

Guardians of Empire. The Armed Forces of the Colonial Powers c. 1700–1964. Ed. by David Killingray and David Omissi, Manchester 1999

Hagen, Mark von, Soldiers in the Proletarian Dictatorship. The Red Army and the Soviet Socialist State, 1917–1930, Ithaca, NY 1990

Holquist, Peter, Making War, Forging Revolution. Russia's Continuum of Crisis, 1914–1921, Cambridge 2002

Jaun, Rudolf, Preussen vor Augen. Das schweizerische Offizierskorps im militärischen und gesellschaftlichen Wandel des Fin de Siècle, Zürich 1999

Jaun, Rudolf, Die Schweizer Miliz als Inspirationsquelle republikanischer Streitkräfte. Von Rüstow zu Wilhelm Liebknecht und Jean Jaurès. In: Spießer, Patrioten, Revolutionäre. Militärische Mobilisierung und gesellschaftliche Ordnung in der Neuzeit. Hrsg. von Rüdiger Bergien und Ralf Pröve, Göttingen 2010, S. 347–360

Jaun, Rudolf, Vom Bürger-Militär zum Soldaten-Militär. Die Schweiz im 19. Jahrhundert. In: Militär und Gesellschaft. Hrsg. von Ute Frevert, Stuttgart 1997, S. 48–77

Katzer, Nikolaus, Die weiße Bewegung in Russland. Herrschaftsbildung, praktische Politik und politische Programmatik im Bürgerkrieg, Köln 1999 (= Beiträge zur Geschichte Osteuropas, 28)

Klei, Andreas, Milizsystem. In: Historischen Lexikon der Schweiz, http://www.hls-dhs-dss.ch/textes/d/D43694.php (1.9.2015)

Mawdsley, Ewan, The Russian Civil War, Boston 1987 (Nachdruck Edinburgh 2000)

Michels, Eckard, Deutsche in der Fremdenlegion 1970–1965. Mythen und Realitäten, 5. Aufl., Paderborn [u.a.] 2006

Militär in Deutschland und Frankreich 1870–2010. Vergleich, Verflechtung und Wahrnehmung zwischen Konflikt und Kooperation. Im Auftrag des MGFA hrsg. von Jörg Echternkamp und Stefan Martens, Paderborn [u.a.] 2011

Münkler, Herfried, Die neuen Kriege, 6. Aufl., Reinbek b. Hamburg 2002

Perry, Sarah, Mercenaries. The History of a Norm in International Relations, Oxford 2007

Raleigh, Donald J., Experiencing Russia's Civil War. Politics, Society, and Revolutionary Culture in Saratov, 1917–1922, Princeton, NJ 2002

Raleigh, Donald J., The Russian Civil War, 1917–1921. In: Cambridge History of Russia, vol. III: The Twentieth Century. Ed. by Ronald G. Suny, Cambridge 2006, S. 140–167

Retish, Aaron B., Russia's Peasants in Revolution and Civil War. Citizenship, Identity, and the Creation of the Soviet State, 1914–1922, Cambridge 2008

Rückkehr der Condottieri? Krieg und Militär zwischen staatlichem Monopol und Privatisierung: Von der Antike bis zur Gegenwart. Hrsg. von Stig Förster [u.a.], Paderborn [u.a.] 2009 (= Krieg in der Geschichte, 57)

Service, Robert, Spies and Commissars. Bolshevik Russia and the West, London 2011

Sikora, Michael, Söldner – historische Annäherung an einen Kriegertypus. In: Geschichte und Gesellschaft, 29 (2003), S. 210–238

Smele, Jonathan D., Civil War in Siberia. The Anti-Bolshevik Government of Admiral Kolchak, 1918–1920, Cambridge 1996

Stone, David R., The Russian Civil War, 1917–1921. In: The Military History of the Soviet Union. Ed. by Robin Higham and Frederick W. Kagan, New York 2002, S. 13–33

Swain, Geoffrey, Russia's Civil War, Stroud 2008

Wienand, Christiane, Returning Memories. Former Prisoners of War in Divided and Reunited Germany, Rochester, NY 2015

IV. Militär in Europa: Selbst- und Fremdbilder

Arnold, Sabine Rosemarie, »Das Beispiel der Heldenstadt wird ewig die Herzen der Völker erfüllen!« Gedanken zum sowjetischen Totenkult am Beispiel des Gedenkkomplexes in Wolgograd. Der politische Totenkult. Kriegerdenkmäler in der Moderne. Hrsg. von Reinhart Koselleck, und Michael Jeismann, München 1994, S. 351–374

Basinger, Jeanine, The World War II Combat Film. Anatomy of a Genre, Middletown, CT 1986

Bauerkämper, Arnd, Das umstrittene Gedächtnis. Die Erinnerung an Nationalismus, Faschismus und Krieg in Europa seit 1945, Paderborn [u.a.] 2012

Besatzungsmacht Musik. Zur Musik- und Emotionsgeschichte im Zeitalter der Weltkriege 1914–1945. Hrsg. von Sarah Zalfen und Sven Oliver Müller, Bielefeld 2012

Bessel, Richard, Germany after the First World War, Oxford 1993

Bürger, Peter, Kino der Angst. Terror, Krieg und Staatskunst aus Hollywood, Stuttgart 2005

Chapman, James, War and Film, London 2008

Echternkamp, Jörg, Die Inszenierung des Krieges in Europa – Kriegsbilder zwischen Protest und Propaganda. In: Das gemeinsame Haus Europa. Handbuch zur europäischen Kulturgeschichte. Hrsg. von Wulf Köpke und Bernd Schmelz, München 1999, S. 410–424

Echternkamp, Jörg, Das Kriegsende und die Konjunkturen historischer Selbstdeutung. Der 8./9. Mai als Erinnerungsort. In: Deutsch-polnische Erinnerungsorte / Polsko-niemieckie miejsca pamięci. Hrsg. von Robert Traba und Hans Henning Hahn, Paderborn [u.a.] 2015

Echternkamp, Jörg, Stalingrad als Metapher. Zum erinnerungskulturellen Stellenwert der Schlacht in Deutschland. In: »Erinnerung an Diktatur und Krieg. Brennpunkte des ›kulturellen Gedächtnisses‹ zwischen Russland und Deutschland seit 1945«. Im Auftrag des Instituts für Zeitgeschichte hrsg. von Jürgen Zarusky, München 2015, S. 91–105

Ehre und Pflichterfüllung als Codes militärischer Tugenden. Hrsg. von Ulrike Ludwig, Markus Pöhlmann und John Zimmermann, Paderborn [u.a.] 2014

Fulbrook, Mary, Dissonant Lives. Generations and Violence through the German Dictatorships, Oxford 2011

Haak, Sebastian, The Making of The Good War. Hollywood, das Pentagon und die amerikanische Deutung des Zweiten Weltkrieges, 1945–1962, Paderborn [u.a.] 2013 (= Krieg in der Geschichte, 76)

Hull, Isabel, Absolute Destruction. Military Culture and the Practices of War in Imperial Germany, Ithaca, NY 2005

Kirsch, Wolfgang, und Olga Sajontschkowskaja, Wolgograd heute. Ein Stadtführer durch das ehemalige Stalingrad, 6. Aufl., Nürnberg 2008

Kramer, Alan, Dynamic of Destruction. Culture and Mass Killing in the First World War, Oxford 2007

Krieg und Militär im Film des 20. Jahrhunderts. Im Auftrag des MGFA hrsg. von Bernhard Chiari, Matthias Rogg und Wolfgang Schmidt, München 2003 (= Beiträge zur Militärgeschichte, 59)

McAdams, Frank, The American War Film. History and Hollywood, Westport, CT 2002

McNeill, William H., Krieg und Macht. Militär, Wirtschaft und Gesellschaft vom Altertum bis heute, München 1984

Meyer, Michael, The Politics of Music in the Third Reich, New York 1991

Moeller, Robert G., War Stories. The Search for a Usable Past in the Federal Republic of Germany, Berkeley, CA 2001

Morina, Christina, Legacies of Stalingrad, Cambridge 2011

Mütter, Bernd, HisTourismus. Geschichte in der Erwachsenenbildung und auf Reisen, 2 Bde, Oldenburg 2009

Mütter, Bernd, Somme 1916 und Normandie 1944 – zwei Erinnerungslandschaften der Weltkriegsepoche zwischen Geschichte, Politik und Tourismus. In: MGZ, 68 (2009), S. 293–326

Music and German National Identity. Ed. by Celia Applegate and P. Porter, Chicago, IL 2002

Paul, Gerhard, Bilder des Krieges – Krieg der Bilder: Die Visualisierung des modernen Krieges, Paderborn [u.a.] 2004

Rohde, Horst, Militärgeschichtlicher Reiseführer Normandie 1944, Hamburg 2004

Rose, Rosa S., Lili Marleen, Die Geschichte eines Liedes von der Liebe und vom Tod, München 2010

Rossino, Alexander B., Hitler strikes Poland. Blitzkrieg, Ideology and Atrocity, Lawrence, KS 2003

Rubin, Steven Jay, Combat Films: American Realism, 1945–1970, Jefferson, NC 1981

Schwartz, Michael, Musikpolitik und Musikpropaganda im besetzten Frankreich. In: Kultur, Propaganda, Öffentlichkeit. Intentionen deutscher Besatzungspolitik und Reaktionen auf die Okkupation. Hrsg. von Wolfgang Benz, Berlin 1998, S. 55–78

Stalingrad erinnern. Stalingrad im deutschen und russischen Gedächtnis. Hrsg. von Peter Jahn, Berlin 2003

Steinweis, Alan E., Art, Ideology, and Economics in Nazi Germany. The Reich Chamber of Music, Theatre and the Visual Arts, Chapel Hill, NC 1993

Strobl, Gerwin, The Swastika and the Stage. German Theatre and Society, 1933–1945, Cambridge 2007

Suid, Lawrence H., Guts and Glory. The Making of the American Military Image in Film, Lexington, KY 2002

Ulrich, Bernd, Stalingrad, München 2005

War and Remembrance in the Twentieth Century. Ed. by Jay Winter and Emmanuel Sivan, Cambridge 1999

Watson, Alexander, Enduring the Great War. Combat, Morale and Collapse in the German and British Armies, 1914–1918, Cambridge 2008

Wildt, Michael, Generation des Unbedingten. Das Führungskorps des Reichssicherheitshauptamtes, Hamburg 2002

Winter, Jay, Remembering War. The Great War between History and Memory in the Twentieth Century, New Haven, CT 2006

Winter, Jay, Sites of Memory, Sites of Mourning: The Great War in European Cultural History, Cambridge 1995

Wohl, Robert, The Generation of 1914, Cambridge, MA 1979

World War II: Film and History. Ed. by John Whiteclay Chambers II and David Culbert, New York 1996

Der Zweite Weltkrieg im Museum. Kontinuität und Wandel. Hrsg. von Olga Kurilo, Berlin 2007

V. Europäische Streitkräfte in militärpolitischen Bündnissen

Blueprints for Battle. Planning for War in Central Europe, 1948–1968. Ed. by Jan Hoffenaar and Dieter Krüger, Lexington, KY 2012

A Cardboard Castle? An Inside History of the Warsaw Pact. Ed. by Vojtech Mastny and Malcolm Byrne, Budapest 2005

Defrance, Corine, und Ulrich Pfeil, Deutsch-Französische Geschichte, Bd 10: Eine Nachkriegsgeschichte in Europa 1945–1963, Darmstadt 2011

Dülffer, Jost, Europa im Ost-West-Konflikt 1945–1991, München 2004

Dülffer, Jost, Jalta, 4. Februar 1945. Der Zweite Weltkrieg und die Entstehung der bipolaren Welt, München 1998

Fodor, Neil, The Warsaw Treaty Organization. A political and organizational analysis, London 1990

Gaddis, John Lewis, The Cold War. A new history, New York 2005

Gregory, Shaun R., Nuclear Command and Control in NATO. Nuclear Weapons Operations and the Strategy of Flexible Response, Basingstoke 1995

Judt, Tony, Die Geschichte Europas von 1945 bis zur Gegenwart, München 2006

Kaplan, Lawrence S., NATO Divided, NATO United. The evolution of an alliance, Westport, CT 2004

Lipgens, Walter, EVG und politische Föderation, Protokolle der Konferenz der Außenminister der an den Verhandlungen über eine europäische Verteidigungsgemeinschaft beteiligten Länder am 11. Dezember 1951. Dokumentation. In: Vierteljahrshefte für Zeitgeschichte, 32 (1984), S. 637–688

Lundestad, Geir, The United States and Western Europe since 1945. From »Empire« by Invitation to Transatlantic Drift, Oxford 2003

NATO and the Warsaw Pact. Intrabloc conflicts. Ed. by Mary Ann Heiss and S. Victor Papacosma, Kent, OH 2008

NATO Strategy Documents 1949–1969. Ed. by Gregory W. Pedlow in collaboration with NATO International Staff Central Archives, o.O. o.J. [Brüssel 1997]

NATO. The power of partnerships. Ed. by Håkan Edström, Basingstoke 2011

Neuss, Beate, Geburtshelfer Europas? Die Rolle der Vereinigten Staaten im europäischen Integrationsprozeß 1945–1958, Baden-Baden 2000

Perforating the Iron Curtain. European Détente, Transatlantic Relations, and the Cold War, 1965–1985. Ed. by Poul Villaume and Odd Arne Westad, Copenhagen 2010

Sloan, Stanley R., NATO, the European Union, and the Atlantic Community. The transatlantic bargain reconsidered, Lanham, MD 2002

Sloan, Stanley R., Permanent Alliance? NATO and the transatlantic bargain from Truman to Obama, New York 2010

Thiemeyer, Guido, Europäische Integration. Motive – Prozesse – Strukturen, Köln 2010

Umbach, Frank, Das rote Bündnis. Entwicklung und Zerfall des Warschauer Paktes 1955–1991, Berlin 2005 (= Militärgeschichte der DDR, 10)

Varwick, Johannes, Die NATO. Vom Verteidigungsbündnis zur Weltpolizei?, München 2008

Wandel und Integration: deutsch-französische Annäherungen der fünfziger Jahre. Hrsg. von Hélène Miard-Delacroix und Rainer Hudemann, München 2005

Der Warschauer Pakt. Von der Gründung bis zum Zusammenbruch (1955–1991). Hrsg. von Torsten Diedrich, Winfried Heinemann und Christian Ostermann, Berlin 2009 (= Militärgeschichte der DDR, 16)

VI. Europa in außereuropäischen Zusammenhängen

America and the Germans: an Assessment of a Three-Hundred Year History. Ed. by Frank Trommler [et al.], Philadelphia 1985

Blueprints for Battle: Planning for War in Central Europe, 1948–1968. Ed. by Jan Hoffenaar and Dieter Krüger, Lexington, KY 2012

Coffman, Edward M., The Regulars: The American Army, 1898–1941, Cambridge, MA 2004

Deutsch-amerikanische Begegnungen: Konflikt und Kooperation im 19. und 20. Jahrhundert. Hrsg. von Frank Trommler [u.a.], Stuttgart 2001

Gersdorff, Gero von, Die Gründung der Nordatlantischen Allianz, München 2009 (= Entstehung und Probleme des Atlantischen Bündnisses, 7)

Goede, Petra, GIs and Germans: Culture, Gender and Foreign Relations, 1945–1949, New Haven, CT 2003

Hammerich, Helmut, Jeder für sich und Amerika gegen alle? Die Lastenteilung der NATO am Beispiel des Temporary Council Committee, München 2003 (= Entstehung und Probleme des Atlantischen Bündnisses, 5)

Harper, Jonathan, American Visions of Europe, Cambridge 1994

Henke, Klaus Dietmar, Die amerikanische Besetzung Deutschlands, München 1995

Kohn, Richard H., The Eagle and the Sword: The Federalists and the Creation of the Military Establishment in America, 1783–1802, New York 1975

Lieven, Dominic, Russia Against Napoleon: The True Story of the Campaigns of War and Peace, London 2009

Lynn, Brian McAllister, The Echo of Battle: The Army's Way of War, Cambridge, MA 2007

Matloff, Maurice, Allied Strategy in Europe, 1939–1945. In: Makers of Modern Strategy: From Machiavelli to Nuclear Strategy. Ed. by Peter Paret [et al.], Princeton, NJ 1986, S. 677–702

Müller, Christian Th., US-Truppen und Sowjetarmee in Deutschland: Erfahrungen, Beziehungen und Konflikte im Vergleich, Paderborn [u.a.] 2012

Paret, Peter, Understanding War, Princeton, NJ 1992

Pells, Richard, Not Like Us: How Europeans Have Loved, Hated and Transformed American Culture, New York 1997

Roger, Phillipe, The American Enemy: The History of French Anti-Americanism, Chicago 2002

The Special Relationship: Anglo-American Relations since 1945. Ed. by William Roger Louis [et al.], Oxford 1986

Sprout, Harold, The Rise of American Naval Power, 1776–1918, Princeton, NJ 1966

Stoler, Mark, Allies and Adversaries: The Joint Chiefs of Staff, the Grand Alliance and U.S. Strategy in World War II, Chapel Hill, NC 2000

Sumida, John T., Inventing Grand Strategy and Teaching Command: The Classic Works of Alfred Thayer Mahan Reconsidered, Baltimore, MD 1997

Trauschwitzer, Ingo, The Cold War U.S. Army: Building Deterrence for Limited War, Lawrence, KS 2008

Upton, Emory, Armies of Asia and Europe: Official Reports, New York 1968

Die USA und Deutschland im Zeitalter des Kalten Krieges: ein Handbuch. Hrsg. von Detlef Junker, Stuttgart 2001

Watt, Donald Cameron, Succeeding John Bull: America in Britain's Place, 1900–1975, Cambridge 1984

Weigley, Russel, The American Way of War, New York 1973

Weigley, Russell, Strategy and Total War in the United States: Pershing and the American Military Tradition. In: Great War and Total War. Ed. by Roger Chickering [et al.], Cambridge, MA 2000, S. 327–345

Weisbrode, Kenneth, The Atlantic Century: Four Generations of Extraordinary Diplomats Who Forged America's Vital Alliance with Europe, New York 2009

VII. Nach dem Ende des Kalten Krieges

Caplan, Richard, Europe and the Recognition of New States in Yugoslavia, Cambridge 2005

Daalder, Ivo H., and Michael E. O'Hanlon, Winning Ugly: Nato's War to Save Kosovo, Washington, DC 2001

EU Security and Defence Policy. The First Five Years (1999–2004). Ed. by Nicole Gnesotto, Paris 2004

Glaurdic, Josip, The Hour of Europe. Western Powers and the Breakup of Yugoslavia, New Haven 2011

Gow, James, The Serbian Project and its adversaries. A Strategy of War Crimes, Toronto 2003

Latawski, Paul, and Martin A. Smith, The Kosovo Crisis and The Evolution of Post Cold War European Security, Manchester 2004

Lucarelli, Sonia, Europe and the Breakup of Yugoslavia. A Political Failure in Search of a Scholarly Explanation, The Hague 2000

Zimmermann, Warren, Origins of a Catastrophe: Yugoslavia and its Destroyers. America's Last Ambassador Tells What Happened and Why, New York 1996

Ortsregister

A

Aachen 63, 204, 282
Amsterdam 28, 189, 331
Antwerpen 63, 189
Archangelsk 127
Arnheim 63, 282
Arras 50
Arromanches-les-Bains 64, 198, 202
Auerstedt 44
Auschwitz 63, 97
Austerlitz 44, 275
Avranches 196

B

Bailén 44
Barcelona 63, 114, 137
Bautzen 47
Bayeux 199
Beirut 28, 63, 294
Belfort 248
Belgrad 28, 186, 333
Belostok *siehe* Białystok
Benfeld 168
Berchtesgaden 282
Berlin 5, 19, 28, 32, 51, 62 f., 70, 116, 175,
    181, 185–192, 210, 249–252, 260 f.,
    263–265, 282, 285, 287–289, 294, 296,
    315, 331
Bern 28, 102, 146, 181
Białystok 63, 308
Bilbao 137
Bonn 247, 249, 251–253, 289, 301
Borodino 308
Brest-Litowsk 28, 63, 125 f., 130, 132,
    134, 308, 311 f.
Brüssel 16, 63, 90, 189, 237–239, 253,
    300 f., 331
Budapest 63, 177, 191, 298, 314
Bukarest 63, 80, 83 f., 86–88, 191, 261

C

Caen 9, 64, 196, 202–204, 245
Casablanca 215
Cēsis 130
Charkow 63, 132, 313
Chatham 114
Chełm 178, 314
Chemin des Dames 50
Cherbourg 64, 196, 198
Chicago 321
Clydesdale 52
Compiègne 125
Coruña 45

D

Dachau 170
Danzig 63, 114, 118, 121
Dayton 300, 330, 332
Demjansk 59, 63
Den Haag 16, 35, 58, 90, 92, 94 f.,
    97 f., 102
Dien Bien Phu 252
Dnjepropetrowsk 313
Douaumont 201
Dresden 196, 309
Dünkirchen 114

E

El Alamein 59, 63
Elba 47
Enfield 114
Ettenheim 168

F

Falaise 196
Fili 308
Frankfurt a.M. 97, 295
Friedland 167, 170 f.

G

Gallipoli   34
Genf   16, 58, 86, 90, 92, 94 f., 102, 162
Gent   189
Graz   179
Guernica   139–142

H

Hamburg   28, 63, 196, 295
Heidelberg   304
Helsinki   15 f., 132
Hendaya   143
Hiroshima   34, 71
Hof/Moschendorf   166
Hollywood   215, 219, 220–223

I

Irkutsk   127
Ischew   114

J

Jena   44
Jerusalem   63, 97

K

Kalatsch/Kalach am Don   196
Kaliningrad *siehe* Königsberg
Kalisz/Kalisch   176, 180
Kaluga   308
Kaunas/Kowno   28, 63, 130
Kiel   118, 120, 295
Kiew   28, 63, 131 f., 313
Koblenz   278
Köln   6, 334
Königsberg   28, 63, 100, 315
Kopenhagen   28, 63, 181
Kowno *siehe* Kaunas
Krakau/Kraków   28, 190
Krasnodar   128
Krasnoje   308
Kronstadt *siehe* Sankt Petersburg
Küstrin   315
Kursk   63, 65, 314

L

Le Havre   64, 114, 198, 245
Leipzig   47, 96, 234, 309
Lemberg   63, 178, 180
Leningrad
    siehe Sankt Petersburg
Leuven   176
Lidice   170
Lille   114, 189
Lissabon   13, 28, 287
London   28, 63 f., 176, 182, 191 f., 219,
    228, 252 f., 319, 327
Löwen *siehe* Leuven
Lüttich   114 f.
Lützen   47

M

Maastricht   298, 327 f., 330
Madrid   28, 44, 114, 137, 139, 142, 301
Märzsteig   114
Malojaroslawez   308
Marengo   43
Metz   189, 275
Minsk   28, 307, 313
Mogilew   307
Molodetschno   308
Mons   300
Montreal   50
Moschaisk   308
Moskau   13, 28, 43, 58 f., 65 f., 72, 77,
    79 f., 82–84, 88, 126–128, 130, 132, 134,
    197, 203, 248–250, 263, 307 f., 312 f.
München   28, 63, 282, 295
Murmansk   63, 127, 312

N

Nagasaki   71
Nantes   114
Neapel   301
New York   99, 215, 260, 274, 279
Nootka-Sound   39
Nowgorod   314
Noworosijsk   63, 128
Nürnberg   16, 93 f., 97, 188, 282

W

Walcheren 45
Waltham Abbey 114
Warschau 28, 63, 130, 132, 176, 180,
  298, 309, 314
Washington 79, 83 f., 219, 236, 242,
  246 f., 252, 256 f., 260 f., 284, 294, 299,
  301, 303
Waterloo 47 f.
West Point 275, 284
Wien 28, 63, 101, 114, 178 f., 180 f., 191,
  291, 307, 309, 315
Wiesbaden 51, 304
Wilhelmshaven 118
Wjasma 308
Wladiwostok 126 f.
Wolgograd *siehe* Stalingrad
Woolwich 114

Y

Ypern 50

Z

Zagreb/Agram 28, 63, 191, 333
Zamość 177
Zarizyn *siehe* Stalingrad
Żeligowski, Lucjan 130
Zhytomyr/Żytomierz 178
Zürich 146

Personenregister

A

Acheson, Dean   286, 298 f., 303
Adenauer, Konrad   212, 246 f., 251 f.
Akçura, Yusuf   181
Aldrich, Robert Burgess   221
Aleksejew, Mikail W.   310
Alexander I., Zar von Russland   307 f.
Alexander III., Zar von Russland   307
Alfons XIII., König von Spanien   136
Allen, William   101
Amadeo I., König von Spanien   135
Angel, Norman   321
Anka, Paul   218
Annakin, Ken   218
Aquin, Thomas von   89
Arnaud, Émile   104
Aron, Raymond   242
Augustinus, Aurelius   89
Azaña, Manuel   138

B

Badinter, Robert   328
Bakunin, Michail A.   235
Bebel, August   152
Beethoven, Ludwig van   187 f., 190–192
Beneš, Edvard   181
Bentham, Jeremy   235
Berlioz, Hector   189
Besson, Waldemar   252
Beust, Friedrich   151
Bevin, Ernest   236, 238, 303
Bidault, Georges   253
Bielefeld, Ulrich   4
Bin Laden, Osama   266
Bismarck, Otto von   151
Blair, Tony   318–323, 332 f.
Bliss, Tasker   277
Blücher, Gebhard Leberecht von   46
Bogart, Humphrey   215

Brahms, Johannes   190
Brandt, Willy   76, 263
Breschnew, Leonid I.   199, 262, 264
Briand, Aristide   35, 89 f., 235
Bruckner, Anton   188, 190
Budennij, Semen M.   128
Bürger, Peter   216
Bulak-Balachowitsch, Stanislaw   133
Burton, Richard   218
Busch, Fritz   192
Bush, George H.W.   319
Bush, George W.   304

C

Carter, Jimmy   321
Castex, Raoul   32
Castlereagh, Lord   235
Cattaneo, Carlo   235
Cavour, Camillo Benso di   151
Ceaușescu, Nicolae   16, 80–84, 86–88, 261
Chapman, James   223
Chiang Kai-shek   285
Chirac, Jacques   332
Chopin, Frederic   191
Chruschtschow, Nikita S.   74, 203, 260, 287
Churchill, Winston S.   66, 215, 236, 281
Clark, Wesley   302 f., 332, 334
Clausewitz, Carl von   27, 32, 48, 89, 97, 227, 230, 234
Clinton, Bill   299, 302, 318, 320, 323, 329, 331, 333
Cobden, Richard   101
Connery, Sean   218
Cook, Robin   320 f.
Cooper, Robert   322
Cooper, Sandi   99
Coty, René   202
Coudenhove-Kalergi, Richard   235
Crucé, Éméric   235

Metternich, Klemens Wenzel Fürst von 20, 47, 235
Meyerbeer, Giacomo   191
Milošević, Slobodan   301 f., 332
Mirbach-Harff, Wilhelm Graf von   127
Mitchum, Robert   218
Mitterrand, François   202, 318, 329
Mola, Emilio   137
Molotow, Wjatscheslaw M.   252, 312
Moltke, Helmuth von (d.Ä.)   32, 147, 272, 276, 288
Monnet, Jean   251, 254
Monroe, James   255, 275, 277
Montgomery, Bernard L.   220, 238
Mosse, George L.   57
Mount, Ferdinand   323
Moynier, Gustave   96
Mozart, Wolfgang Amadeus   189 f.
Müntzer, Thomas   209
Mussolini, Benito   140, 192, 234

N

Napoleon Bonaparte,
    seit 1804 Napoleon I., Kaiser der Franzosen   21 f., 32, 34, 39–48, 89, 192, 227, 229–231, 234, 275, 307–309
Napoleon III., Kaiser der Franzosen   40, 151, 230
Nasser, Gamal Abdel   259
Naumann, Klaus   12
Nekrassow, Viktor   199
Nelson, Horatio   43
Newton, Huey P.   290
Nikolaus I., Zar von Russland   309
Nikolaus II., Zar von Russland   127, 310
Nixon, Richard   81, 290, 291
Nora, Pierre   19
Norstad, Lauris   287
Nunn, Sam   292

O

Offenbach, Jacques   191
Ossietzky, Carl von   106
Owen, David   329

P

Paasche, Hans   208 f.
Patton, George Smith   20, 219 f.
Paul, Gerhard   217
Paulus, Friedrich   59, 197, 313
Penn, William   235
Pershing, John J.   277, 278
Pétain, Philippe   94
Peter der Große, Zar von Russland   115
Petljura, Simon W.   129
Pieck, Wilhelm   249
Pleven, René   245, 247, 251
Poliwanow, Alexei A.   310
Powell, Colin   297, 299, 301 f., 304
Presley, Elvis   263, 287
Price, John   101
Putin, Wladimir W.   65, 306

R

Radford   287, 294
Ravel, Maurice   189
Reagan, Ronald   67, 108, 264, 293 f.
Ribbentrop, Joachim von   312
Richthofen, Wolfram Freiherr von   142
Rifkind, Malcolm   318, 320
Rivera, Miguel Primo de   136
Rokossowski, Konstantin K.   315
Romanow, Nikolai Nikolajewitsch   178
Rommel, Erwin   216, 219
Roosevelt, Franklin D.   215, 279–282, 284, 296, 298
Rostoptschin, Fjodor W.   308
Rubin, James   320
Rühmann, Heinz   186
Rust, Mathias   263
Ryan, Cornelius   67, 218

S

Saint-Pierre, Charles-Irénée de   235
Saint-Simon, Henri de   235
Salazar, António de Oliveira   140
Salomon, Ernst von   283
Samsonow, Alexander W.   311
Scharnhorst, Gerhard von   274

Autorinnen und Autoren

Donald Abenheim, Ph.D., geb. 1953, Associate Professor of National Security Affairs an der Naval Postgraduate School, Monterey/Ca. (USA); seit 1987 Gastwissenschaftler an der Hoover Institution in Stanford. *Ausgewählte Publikationen*: Bundeswehr und Tradition. Die Suche nach dem gültigen Erbe des deutschen Soldaten (1989, engl. 1988); Soldier and politics transformed. German-American reflections on civil military relations in a new strategic environment (2007)

Karsten Brüggemann, Dr. phil. habil., geb. 1965, Professor für estnische und allgemeine Geschichte an der Universität Tallinn. *Ausgewählte Publikationen*: Celebrating Final Victory in Estonia's ›Great Battle for Freedom‹: The Short Afterlife of 23 June 1919 as National Holiday, 1934–1939. In: Afterlife of Events: Perspectives of Mnemohistory. Ed. by Marek Tamm (2015), S. 154–177; Imperiale und lokale Loyalitäten im Konflikt. Der Einzug Russlands in die Ostseeprovinzen in den 1840er-Jahren. In: Jahrbücher für Geschichte Osteuropas, 62 (2014), 3, S. 321–344; (mit R. Tuchtenhagen), Tallinn. Kleine Geschichte der Stadt (2011)

Roger Chickering, Ph.D., geb. 1942, Professor Emeritus, Professor of History, BMW Center for German and European Studies, Georgetown University, Washington, DC. *Ausgewählte Publikationen*: Freiburg im Ersten Weltkrieg (2009); Krieg, Frieden und Geschichte (2007); Das Deutsche Reich und der Erste Weltkrieg (2002)

Corine Defrance, Prof. Dr., geb. 1966, Directrice de recherche am Centre national de la Recherche scientifique (SIRICE, Paris); Gastprofessorin an der FU Berlin (2011/12). *Ausgewählte Publikationen*: (Hrsg. u.a.), Lexikon der deutsch-französischen Kulturbeziehungen nach 1945 (2015); (mit Ulrich Pfeil), Deutsch-Französische Geschichte, Bd 10: Eine Nachkriegsgeschichte in Europa 1945–1963 (2011); Sentinelle ou Pont sur le Rhin? Le Centre d'Études Germaniques (2008); Les Alliés occidentaux et les universités allemandes (2000)

Massimo de Leonardis, Prof., geb. 1949, Professor of History of International Relations and Director of the Department of Political Sciences, Università Cattolica del Sacro Cuore – President of the International Commission of Military History; Vice President of the Italian Society of International History (SISI) [2012/14]. *Ausgewählte Publikationen*: La »diplomazia atlantica« e la soluzione del problema di Trieste (1952–1954) [»Atlantic Diplomacy« and the Solution of the Problem of Trieste (1952–1954)] (1992); Ultima ratio regum. Forza militare e relazioni internazionali [Ultima ratio regum. Military Force and International Relations] (2013); Guerra fredda e interessi nazionali. L'Italia nella politica internazionale del secondo dopoguerra [Cold War and National Interests. Italy in international politics after the Second World War] (2014)

Jörg Echternkamp, Dr. phil. habil., geb. 1963, Projektbereichsleiter am ZMSBw und Privatdozent für Neuere und Neueste Geschichte an der Martin-Luther-Universität Halle-Wittenberg, Redakteur der Militärgeschichtlichen Zeitschrift; 2012/13 Alfred-

Grosser-Professor SciencesPo. *Ausgewählte Publikationen*: Soldaten im Nachkrieg. Historische Deutungskonflikte und westdeutsche Demokratisierung 1945–1955 (2014); Die Bundesrepublik Deutschland 1945/49–1969 (2013); Gefallenengedenken im globalen Vergleich. Hrsg. mit M. Hettling (2013); Kriegsenden, Nachkriegsordnungen und Folgekonflikte. Wege aus dem Krieg im 19. und 20. Jahrhundert (2012); Hrsg., Das Deutsche Reich und der Zweite Weltkrieg, Bd 9/1-2 (2004/05, engl. 2008/14); Der Aufstieg des deutschen Nationalismus, 1770–1840 (1998)

Michael Epkenhans, Prof. Dr., geb. 1955, Leitender Wissenschaftler des Zentrums für Militärgeschichte und Sozialwissenschaften der Bundeswehr; 1996–2009 Geschäftsführer der Otto-von-Bismarck-Stiftung. *Ausgewählte Publikationen*: Der Erste Weltkrieg (2015); Friedrich Alfred Krupp. Ein Unternehmer im Kaiserreich. Hrsg. mit Ralf Stremmel (2010); Geschichte Deutschlands 1648–2008 (2008)

Andreas Etges, Dr. phil., geb. 1965, Wissenschaftlicher Mitarbeiter für Kulturgeschichte am Amerika-Institut der LMU München. *Ausgewählte Publikationen*: The Best War Ever? Der Deutungswandel des Zweiten Weltkriegs in US-amerikanischen Filmen am Beispiel von »The Best Years of Our Lives« und »Saving Private Ryan«. In: Krieg und Militär im Film des 20. Jahrhunderts. Hrsg. von B. Chiari, M. Rogg, W. Schmidt (2003), S. 163–178; »Western Europe«. In: Oxford Handbook on the Cold War. Ed. by Petra Goedde and Richard Immerman (2013); (mit Jula Danylow), A Hot Debate over the Cold War: The Plan for a »Cold War Center« at Checkpoint Charlie, Berlin. In: Museums in a Global Context: National Identity, International Understanding. Ed. by J. Dickey, S. El Azhar and C. Lewis (2013)

Mary Fulbrook, geb. 1951, Ph.D., Professorin für neuere Deutsche Geschichte am University College London (UCL), Vorsitzende der Sektion für Zeitgeschichte der British Academy; 1991–2010 Leiterin des Zentrums für Europäische Studien der UCL. *Ausgewählte Publikationen*: Ein ganz normales Leben. Alltag und Gesellschaft in der DDR (2008, engl. 2005); Dissonant Lives: Generations and Violence through the German Dictatorships (2011); Becoming East German. Socialist Structures and Sensibilities after Hitler (2013); Eine kleine Stadt bei Auschwitz. Gewöhnliche Nazis und der Holocaust (2015, engl. 2012)

Maciej Górny, Prof. Dr. habil., geb. 1976, Professor im Institut für Geschichte der Polnischen Akademie der Wissenschaften, wissenschaftlicher Mitarbeiter im Deutschen Historischen Institut (beides Warschau). *Ausgewählte Publikationen*: (mit Włodzimierz Borodziej), Nasza wojna, t. I: Imperia [Unser Krieg. Imperien] (2014); Wielka Wojna Profesorów (1912–1923) [Großer Krieg der Professoren, 1912–23] (2014, engl. 2016); Die Wahrheit ist auf unserer Seite. Nation, Marxismus und Geschichte im Ostblock (2011)

Winfried Heinemann, geb. 1956, Prof. Dr., Oberst, Chef des Stabes und Stellvertretender Kommandeur des ZMSBw. *Ausgewählte Publikationen*: Vom Zusammenwachsen des Bündnisses. Die Funktionsweise der NATO in ausgewählten Krisenfällen 1951–1956 (1998); Der militärische Widerstand und der Krieg. In: Das Deutsche Reich und der

Zweite Weltkrieg, Bd 9/1: Die deutsche Kriegsgesellschaft 1939–1945. Politisierung, Vernichtung, Überleben. Hrsg. von Jörg Echternkamp (2004), S. 743–892; Die DDR und ihr Militär (2011)

Jan Hoffenaar, Prof. Dr., geb. 1960, Leiter der Abteilung Wissenschaftliche Forschung, Niederländisches Institut für Militärgeschichte, und Professor für Militärgeschichte an der Universität Utrecht. *Ausgewählte Publikationen*: Warfare in the Central Sector 1948–1968. Hrsg. mit D. Krüger (2012); (mit B. Schoenmaker), Met de blik naar het Oosten. De Koninklijke Landmacht 1945–1990 (1994); (mit H.L. Zwitzer, O. van Nimwegen und C.W. van der Spek), Het Staatse leger, deel IX (1713–1795) (2011)

Carsten Humlebæk, Ph.D., geb. 1966, Associate Professor of Spanish cultural and social studies at Copenhagen Business School; 2015 Marie Curie researcher at Universidad Pablo de Olavide, Sevilla, Spanien. *Ausgewählte Publikationen*: Spain. The Invention of the Nation, Bloomsbury Academic (2015); Europæiske fællesskaber?: Identiteter, fortællinger og konflikter i Europa [European communities?: Identities, narratives and conflicts in Europe]. Hrsg. mit M. Herslund and I. Baron (2015); »Party Attitudes towards the Authoritarian Past in Spanish Democracy«. In: Dealing with the Legacy of Authoritarianism. The »Politics of the Past« in Southern European Democracies. Ed. by A. Costa Pinto and L. Morlino (2011)

Matthew Jamison, M.Phil., Consultant Fellow of the Royal United Services Institute for Defence and Security Studies; Senior Parliamentary Researcher at the House of Commons. *Ausgewählte Publikation:* Humanitarian intervention since 1990 and ›liberal interventionism‹. In: Humanitarian Intervention: A History. Ed. by B. Simms and D.J.B. Trim, S. 365–380 (2011)

Rudolf Jaun, Prof. em. Dr., geb. 1948, ehem. Professor für Militärgeschichte an der Universität Zürich und an der Militärakademie/ETH Zürich; Präsident des Comité des Archives Militaires ICMH und des Educational Committee ICMH. *Ausgewählte Publikationen*: Preussen vor Augen. Das schweizerische Offizierskorps im militärischen und gesellschaftlichen Wandel des Fin de Siècle (1999); Militär, Krieg und Geschlecht. Europäische Entwicklungslinien und schweizerische Besonderheiten. In: Armee, Staat und Geschlecht. Die Schweiz im internationalen Vergleich 1918–1945. Hrsg. von C. Dejung und R. Stämpfli (2002); Die Schweizer Miliz als Inspirationsquelle republikanischer Streitkräfte. In: Spiesser, Patrioten, Revolutionäre. Militärische Mobilisierung und gesellschaftliche Ordnung und in der Neuzeit. Hrsg. von R. Bergien und R. Pröve, S. 347–360 (2010)

Boris Khavkin, Prof. Dr., geb. 1945, Professor der Russischen Akademie der Militärwissenschaften, Professor der Russischen Staatlichen Geisteswissenschaftlichen Universität Moskau. *Ausgewählte Publikationen*: РОССИЯ и ГЕРМАНИЯ. 1900–1945. СПЛЕТЕНИЕ ИСТОРИИ [Russland und Deutschland. 1900–1945. Verflechtungen der Geschichte] (2014); РЕЙХСФЮРЕР СС ГИММЛЕР. ВТОРОЙ ПОСЛЕ ГИТЛЕРА [Reichsführer SS Himmler. Der zweite nach Hitler] (2014); Verflechtungen der Deutschen und Russischen Zeitgeschichte. Aufsätze und Archivfunde zu den Beziehungen Deutschlands und der Sowjetunion von 1917 bis 1991 (2007)

Günther Kronenbitter, Prof. Dr., geb. 1960, Lehrstuhlvertreter Europäische Ethnologie/Volkskunde (Universität Augsburg), apl. Professor für Neuere und Neueste Geschichte (Universität Augsburg). *Ausgewählte Publikationen*: »Krieg im Frieden« (2003); Besatzung (2006); Rückkehr der Condottieri? (2010)

Jean-Luc Leleu, Dr., geb. 1972, Wissenschaftlicher Mitarbeiter am Centre de Recherche d'Histoire Quantitative (UMR 6583 CNRS-Université de Caen). *Ausgewählte Publikationen*: La Waffen-SS. Soldats politiques en guerre (2007); La France pendant la Seconde Guerre mondiale. Atlas historique. Hrsg. mit F. Passera und J. Quellien (2010)

Peter Lieb, Dr. phil., geb. 1974, Wissenschaftlicher Oberrat am ZMSBw; 2005–2015 Senior Lecturer am Department of War Studies an der Royal Military Academy Sandhurst. *Ausgewählte Publikationen:* Konventioneller Krieg oder NS-Weltanschauungskrieg? Kriegführung und Partisanenbekämpfung in Frankreich 1943/44 (2007); (mit Wolfram Dornik u.a.), Die Ukraine zwischen Selbstbestimmung und Fremdherrschaft 1917–1922 (2011); Unternehmen Overlord. Die Invasion in der Normandie und die Befreiung Westeuropas (2014)

Hans-Hubertus Mack, Dr. phil., geb. 1954, Kommandeur des Zentrums für Militärgeschichte und Sozialwissenschaften der Bundeswehr; 2010–2012 Amtschef des MGFA. *Ausgewählte Publikationen*: Für ein gemeinsames Geschichtsbewusstsein in einer europäischen Armee. In: Eine einsatzfähige Armee in Europa. Hrsg. von G.F. Kaldrack und H.-G. Pöttering (2011), S. 465–475; Prolegomena für ein europäisches Geschichtsbuch für Soldaten. In: Gneisenau Blätter, 7 (2008), S. 87–97; Entschieden für Frieden – 50 Jahre Bundeswehr. Hrsg. mit K.-J. Bremm und M. Rink (2005)

Eckard Michels, Dr. phil. habil., geb. 1962, Reader in German History Birkbeck College London; *Ausgewählte Publikationen*: Deutsche in der Fremdenlegion 1870–1965: Mythen und Realitäten (1999); Guillaume, der Spion. Eine deutsch-deutsche Karriere (2013)

Sven Oliver Müller, Dr. phil. habil., geb. 1968, seit Oktober 2015 Gastwissenschaftler an der Universität Tübingen; 2010–2015 Forschungsgruppenleiter zur Emotionsgeschichte der Musik am Max-Planck-Institut für Bildungsforschung in Berlin. *Ausgewählte Publikationen*: Das Publikum macht die Musik. Musikleben in Berlin, London und Wien im 19. Jahrhundert (2014); Richard Wagner und die Deutschen. Eine Geschichte von Hass und Hingabe (2013); Deutsche Soldaten und ihre Feinde. Nationalismus an Front und Heimatfront im Zweiten Weltkrieg (2007); Besatzungsmacht Musik. Zur Musik- und Emotionsgeschichte im Zeitalter der Weltkriege (1914–1949). Hrsg. mit Sarah Zalfen (2012)

Bernd Mütter, Prof. i. R., Dr., geb. 1938, 1981–2003 Professor für Geschichtsdidaktik an der Carl von Ossietzky Universität Oldenburg; 1989–1999 stellvertretender Vorsitzender der Deutschen »Konferenz für Geschichtsdidaktik«. *Ausgewählte Publikationen*: Geschichtskultur. Theorie – Empirie – Pragmatik. Hrsg. mit B. Schönemann und U. Uffelmann (2000); HisTourismus. Geschichte in der Erwachsenenbildung und auf Reisen, 2 Bde (2008); Die Entstehung der Geschichtsdidaktik als Wissenschafts-disziplin in der Epoche der Weltkriege (2013)

Holger Nehring, Dr., geb. 1974, Professor für europäische Zeitgeschichte an der Universität Stirling (Schottland). *Ausgewählte Publikationen*: Politics of Security (2013); Den Kalten Krieg denken. Hrsg. mit P. Bernhard (2014); Frieden und Friedensbewegungen in Deutschland. Hrsg. mit K. Lipp und R. Lüttgemeier-Davin (2010)

Leopoldo Nuti, Professor, geb. 1958, Professor of international history, Roma Tre University; Co- Director, Nuclear Proliferation International History Project; President, Italian Society of International History; ehem. Public Policy Scholar, W. Wilson Center. *Ausgewählte Publikationen*: La sfida nucleare. La politica estera italiana e le armi nucleari, 1945–1991 (2007) [The nuclear challenge: Italian foreign policy and atomic weapons, 1945–1991]; The Euromissiles crisis and the End of the Cold War. Hrsg. mit F. Bozo u.a. (2015); (mit Ch. Ostermann), »Nuclear History and the Cold War: Trajectories of Research«, a special Issue of Cold War History (15.3.2015)

Ulrich Pfeil, Prof. Dr., geb. 1966, Professor für Deutschlandstudien an der Université de Lorraine, Metz. *Ausgewählte Publikationen*: Die »anderen« deutsch-französischen Beziehungen. Die DDR und Frankreich 1949–1990 (2004); (mit C. Defrance), Deutsch-Französische Geschichte, Bd 10: Eine Nachkriegsgeschichte in Europa 1945–1963 (2011); Mythen und Tabus der deutsch-französischen Beziehungen im 20. Jahrhundert (2012); Der deutsche Film im Kalten Krieg. Hrsg. mit C. Niemeyer (2014)

Carmen Sorina Rijnoveanu, M.A. geb. 1977, Wissenschaftliche Mitarbeiterin am Institute for Political Studies of Defense and Military History, Ministry of National Defense. *Ausgewählte Publikationen*: Romanian participation in post conflict/reconstruction missions/operations after the end of the Cold War. In: Occasional Papers, no. 16/2011, Military Publishing House, Bucharest, S. 94–134; Romania in the Euro-Atlantic security architecture after the Cold War: From grey zone to NATO/EU membership. In: South Africa and Romania. Transition to Democracy and Challenging Security Paradigms. Hrsg. von C. Manganyi, I. Liebenberg und T. Potgieter (2013), S. 307–340; (Mitautorin), Between the two Communist giants. Romania and North Korea relationship during the Cold War (2014)

Michael Rowe, Ph.D., geb. 1970, Senior Lecturer in Modern European History at King's College London; 1999–2004 Lecturer in Modern European History at Queen's University Belfast. *Ausgewählte Publikationen*: War, Demobilization and Memory: The Legacy of War in the Era of Atlantic Revolutions. Hrsg. mit A. Forrest und K. Hagemann (2016); From Reich to State: The Rhineland in the Revolutionary Age, 1780–1830 (2003); (Hrsg.), Collaboration and Resistance in Napoleonic Europe. State Formation in an Age of Upheaval, c. 1800–1815 (2003)

Georges-Henri Soutou, Prof. emer., Dr., Université Paris IV-Sorbonne. *Ausgewählte Publikationen*: L'Alliance incertaine. Les rapports politico-stratégiques franco-allemands, 1954–1996 (1996); La Guerre de Cinquante Ans. Les relations Est-Ouest 1943–1990 (2001); La Grande Illusion. Quand la France perdait la paix 1914–1920 (2015)

Christiane Wienand, Ph.D., geb. 1979, Koordinatorin für die Cluster und das Doktorandenkolleg im Projekt heiEDUCATION, einem Verbundprojekt der Universität und der Pädagogischen Hochschule Heidelberg, Honorary Senior Research Associate an der Faculty of Social and Historical Sciences, University College London (2015–2018). *Ausgewählte Publikationen:* Returning Memories. Former German Prisoners of War in Divided and Reunited Germany, Rochester, NY (2015)